作者简介

　　廖福田，男，中共党员，浙江省永嘉县人。

　　自部队退伍后，曾先后在公安机关、检察机关、行政监察机关、国家安全机关、纪检监察机关工作。

　　主要著作：编著《刑法分则的理论与司法实践》（法律出版社，1993年版），合著《新刑法全书》（中国人民公安大学出版社，1997年版）、《毒品犯罪惩治与防范全书》（中国法制出版社，1998年版），独著《受贿罪纵览与探究——从理论积淀到实务前沿》（中国方正出版社，2007年版）、《讯问艺术》（中国方正出版社，2010年版、2015年增订版）、《讯问的知彼知己》（中国方正出版社，2017年版）、《讯问步骤》（中国法制出版社，2021年版）。发表《刑法》相关论文多篇，其中《正确理解和掌握追诉时效》被选编为中央广播电视大学刑法学教学参考资料，《论对〈刑法〉第九十七条的修改》获中国法学会刑法学研究会"海南杯世纪优秀论文（1984—1999）"三等奖。

讯问策略

廖福田 ◎著

中国法制出版社
CHINA LEGAL PUBLISHING HOUSE

前　言

讯问策略是讯问的行为方针、方式和制胜艺术，它指导着讯问有效、科学、艺术地进行。

本书《讯问策略》分为八章对讯问策略进行叙述：第一章，讯问策略概述，叙述了讯问策略的概念、特征、作用和运用原则；第二章至第七章，分别叙述了攻心为上、重点突破、避实击虚、迂回围歼、制造错觉、分化瓦解六个具体的讯问策略的概念、作用、运用的基本要求和运用的方法和技巧；第八章，讯问策略运用中辩证方法的实施，叙述了威与恩等六对对立统一范畴在讯问策略中的运用。

概言之，本书有以下特点：

1. 理论联系实际

本书所述的讯问策略及其策略运用的方式、方法、制胜艺术均来自对讯问实践的总结，从讯问实践中总结出理论，从而使理论具有很强的实践性。在论述各讯问策略的过程中，为了更深刻地进行论述，在论述之前都举一个运用该策略的典型案例，在论述中以案例作出说明，使理论更加彰显，并符合实践。

2. 论述全面

本书不仅从宏观上概述了讯问策略的有关问题，而且从微观上叙述了六个具体的讯问策略各自以不同的方式、方法和制胜艺术对被讯问人进行讯问及其在运用中的方法、技巧和内容，从而有利于讯问人员在实践中根据所讯案件和被讯问人具体情况参照操作。

3. 运用讯问策略的手段多样

本书所论述的运用讯问策略的手段，根据每一种讯问策略的具体情况，提出了多种多样的运用手段。例如，在攻心为上的策略中，提出了势影响攻心、正面宣讲攻心、出示证据攻心、揭露谎言攻心、批驳谬论攻心、输入情感信息攻心和交易攻心等攻心手段，而且，就每一种攻心手段又提出了各种具体的攻心手段，如正面宣讲攻心，又提出了宣讲形势、宣讲政治、宣讲科学、宣讲法律、宣讲刑事政策、宣讲伦理道德、宣讲人生观、宣讲犯罪的社会危害性、宣讲道理、宣讲利害关系、宣讲两者事物辩证关系、宣讲案例等十二种正面宣讲攻心的具体手段。这些手段能够适应对各种各样的案件和被讯问人的讯问。

4. 制胜的艺术巧妙

本书在论述各讯问策略的运用过程中，力求各种制胜艺术的巧妙。例如，在避实击虚策略的击虚方法中，对各种击虚方法都进行了精心、仔细、周到的筹划、描述，使这些方法的制胜艺术在运用中不留任何的痕迹，从而做到了巧妙地使被讯问人在不知不觉中被击垮。

5. 对立统一，变幻莫测

本书在论述各讯问策略的运用过程中，不仅以对立统一的观点对各种方式、方法和制胜艺术进行辩证的阐述，使各种方式、方法和制胜艺术变幻莫测，"无穷如天地，不竭如江河。"而且，还以专章撰写了"威与恩""严与宽""张与弛""正与奇""实与虚""明与暗"这六对对立统一范畴在讯问策略中的运用，可谓出神入化。

以上是本书的一些特点，但"书不尽言，言不尽意"是自古的道理，更何况我这么一个长期工作在基层，见识短浅，且又知识浅薄、文字粗陋之人，不仅不能"书尽言，言尽意"，而且，浅陋与荒谬之处定是存在，敬请广大读者批评、指正。

廖福田

2022 年冬于浙江杭州

目录
Contents

第一章

讯问策略概述

一、讯问策略的概念和特征

(一) 讯问策略的概念

策略，即计策谋略①，是指在某一社会领域的斗争中，根据形势的发展和任务的实际需要而制定的行动方针、斗争方式和艺术。

所谓讯问策略，是指讯问人员为了实现讯问的目的，借鉴人类社会一般意义上的计策谋略，根据案件和被讯问人的情况，依据有关科学原理和运用讯问实践经验而设计和筹划的讯问行动方针、方式和制胜的艺术。

1. 讯问策略的内涵

(1) 讯问策略是人类社会一般意义上的计策谋略在讯问中的具体化

人类社会在发展的进程中，人们在实践中逐步创造、发展和完善着斗争的各种策略。《周易》以演绎八卦的方法，八八六十四卦，作"卦辞""爻辞"，其中包含着高深的朴素唯物主义和辩证的、科学的策略；《韩非子》以"初见秦、存韩、难言、爱臣、主道、有度、二柄……"等五十五篇目表述各种策略；《论语》以"学而、为政、八佾、里仁、公冶长……"等二十篇，逐一表述策略理论；《六韬》分"文韬、武韬、龙韬、虎韬、豹韬、犬韬"六部分对君王治国、打仗用兵的策略进行充分的阐述；《孙子兵法》分"计篇、作战篇、谋攻篇、形篇、势篇……"等十三篇对统摄全局的大战略策略，"不战而屈人之兵"的"全胜"策略，行之有效的"战胜"策略，重视将帅素质、主张文武兼施的治军策略进行了深入的阐述；《三十六计》分"胜战计、敌战计、攻战计、混战计、并战计、败战计"六套三十六计对兵家计谋进行总结；等等。

---

① 《辞海》，上海辞书出版社 2002 年版，第 166 页。

讯问策略借鉴了上述这些策略，并根据讯问工作的特殊性，把上述有关的策略具体化，制定出适合讯问需要的讯问行动方针、方式和制胜的艺术。

（2）讯问策略是针对案件和被讯问人情况的讯问行动方针、方式和制胜的艺术

案件的基本情况、证据情况、被讯问人的基本情况、犯罪情况、心理情况不同，讯问的策略也应不同。讯问策略在制定的过程中根据案件和被讯问人的具体情况，具体问题具体分析，具体问题具体对待，使制定的讯问策略符合案件和被讯问人的情况，是针对案件和被讯问人情况的讯问行动方针、方式和制胜的艺术。

（3）讯问策略是有关科学原理的体现

哲学、心理学、犯罪学、法学、逻辑学、教育学、语言学等科学是制定讯问策略的依据。讯问策略在制定的过程中，运用这些科学原理，也使制定的讯问策略体现着这些科学原理。

（4）讯问策略是讯问实践经验的运用

同犯罪作斗争，讯问被讯问人是一个历史的概念，历朝历代都有讯问被讯问人。在讯问被讯问人的过程中，从事讯问的人们积累了丰富的讯问实践经验，创造了各种讯问的策略。特别是新中国的司法人员，在同犯罪作斗争、讯问被讯问人的过程中，更是积累了丰富的讯问实践经验，继承、创造和发展了讯问的策略，并将其运用于讯问实践。讯问策略正是这些讯问经验的运用。

2. 讯问策略的种类

关于讯问策略的种类，笔者认为，其多种多样，有关讯问的行动方针、方式和制胜的艺术，都属于讯问的策略。

本书阐述的讯问策略有：

（1）攻心为上

所谓攻心为上，是指讯问人员根据案件和被讯问人的情况，运用形势、声势、证据、法律、政策、道德、道理、情感、利益和案例等，有

针对性地对被讯问人施加思想上、心理上的影响，消除其抗审的精神力，瓦解其抗审的意志，破除其抗审的心理障碍，激发其情感，从而转变其思想认识，促使被讯问人如实交代犯罪事实的一种讯问策略。

（2）重点突破

所谓重点突破，是指讯问人员根据案件和被讯问人的情况，把事关突破全案关键性的某一事实、情节或被讯问人抗审的某一心理作为重点进攻的目标，集中精力、集中优势、集中资源针对这一重点目标，攻下目标，打开缺口，从而促使被讯问人如实交代而突破全案的一种讯问策略。它是辩证唯物主义关于主要矛盾和矛盾的主要方面的原理在讯问实践中的运用。

（3）避实击虚

所谓避实击虚，是指讯问人员通过了解、知晓被讯问人在防御上或被讯问人自身的虚实强弱之处，在讯问中调动被讯问人，避开被讯问人坚实的地方，以优势兵力攻击被讯问人虚弱的地方，一拳击中被讯问人的软肋，使之欲反抗而无力反抗，从而突破被讯问人的口供的一种讯问策略。

（4）迂回围歼

所谓迂回围歼，是指讯问人员在讯问中，先有意绕过被讯问人犯罪事实的核心问题，对与犯罪事实有直接关系或者对认定案件事实起关键作用的事实不予正面的讯问，而是从与案件和犯罪事实表面上关系不大或没有关系，但实质上具有内在关联的事实入手进行讯问，逐步把讯问引向深入，最后突破被讯问人犯罪的核心问题的一种讯问策略。

（5）制造错觉

所谓制造错觉，是指讯问人员在讯问中以语言、动作或其他合法的手段制造出某一本不存在或事实上不是这样的现象，使被讯问人信以为真，做出错误的判断和行动，从而促使被讯问人对犯罪事实作出交代的一种讯问策略。

（6）分化瓦解

所谓分化瓦解，是指讯问人员对于共同犯罪、对合犯罪，以各种手段促使被讯问人与共同犯罪人或对合犯罪人分裂、崩溃，进而对共同犯罪事实或对合犯罪事实作出交代的一种讯问策略。

（二） 讯问策略的特征

正因为讯问策略是借鉴人类社会一般意义上的计策谋略，根据案件和被讯问人的情况，依据有关科学原理和运用讯问实践经验，依法设计和筹划的讯问行为方针、方式和制胜的艺术，因此，讯问策略具有以下的特征：

1. 科学性

所谓科学性，是指讯问策略反映的是讯问活动的本质和规律的行动方针、方式和制胜艺术，它是一种推动讯问顺利进行的革命力量。

（1） 讯问策略是从人类社会一般意义上的策略借鉴过来的

人类社会一般意义上的策略是人们在长期的斗争实践中总结出来的，是人类智慧的结晶，制胜的法宝，具有顽强的生命力，无疑具有科学性。如果其不具有科学性，就经不起历史的检验，也就不可能被人们沿用数百年乃至数千年而不变形，不走调，具有如此强大的生命力。

（2） 讯问策略是根据案件和被讯问人的情况而设计和筹划的

由于讯问策略是根据案件和被讯问人的情况而设计和筹划的，因而，其也就符合和针对案件和被讯问人的情况，从而使讯问行动方针、方式和制胜艺术行之有效。这无疑具有科学性。

（3） 讯问策略是依据有关科学原理和运用讯问实践经验而制定的

有关的科学原理无疑具有科学性；讯问实践经验是讯问成功的总结，不可争辩地具有科学性。这样，依据有关科学原理和运用讯问实践经验而制定的讯问策略就体现了有关科学和讯问实践的经验。因而，其不可争辩地具有科学性。

但值得注意的是，讯问策略的科学性并不是固有的，更不可能自然生成，它依赖于讯问人员周密的设计和精心的策划。否则，讯问策略是不可能具有科学性的。而要做到周密的设计和精心的策划，一是讯问人员要以科学的态度进行设计和筹划，而不能生搬一个策略来充当。二是要借鉴人类历史上的一般策略的智慧进行设计和筹划，而不能抛弃先人们的智慧。三是要根据案件和被讯问人的情况进行设计和筹划，而不能脱离案件和被讯问人情况的实际，想当然地去制定。四是要依据社会科学和运用讯问实践经验进行设计和筹划，而不能离开社会科学和讯问实践经验去制定。做到了上述几点，讯问策略也就具有了科学性。

2. 战略性

所谓战略性，是指讯问策略是对讯问全局方略的筹划与指导，是整个讯问活动的指导力量。

（1）讯问策略确定讯问的方针

讯问方针是讯问工作的指导原则，指导着讯问工作的进行。而讯问的方针又是根据案件和被讯问人的情况、讯问的任务和讯问的方向提出的。在整个讯问过程中，讯问策略所确定的讯问方针起着"指针"的作用，在讯问方针的指导下，围绕讯问的任务，针对讯问的方向对被讯问人进行讯问。

（2）讯问策略确定讯问的方式

讯问方式是讯问的方法或形式。讯问工作与任何工作一样，只有通过得当的方法和方式，才能实现讯问的目的，完成讯问的任务。在整个讯问的过程中，讯问策略所确定的讯问方式指导着讯问手段的正确实施。

（3）讯问策略确定讯问的制胜艺术

讯问的制胜艺术是击败被讯问人，取得讯问胜利的法宝。讯问只有讲究艺术，才能起到事半功倍的效果，使被讯问人在不知不觉中被击败。在整个讯问过程中，讯问策略所确定的制胜艺术指导着讯问巧妙地进行。

讯问策略的战略性特征，要求讯问人员在设计和筹划讯问策略的过程中，要确定正确的讯问方针、得当的讯问方式、巧妙的制胜艺术。只有这样，讯问策略才能对讯问进行精准的指导，从而保证讯问工作的胜利。

3. 思想性

所谓思想性，是指讯问策略是讯问人员的心智思维过程，是一种特有的精神活动。

讯问策略通过讯问人员的心智思维过程、精神活动而形成，因而，其属于思想范畴的东西。正因如此，讯问策略不能直接作用于被讯问人，而只能间接作用于被讯问人。也就是说，讯问策略要通过讯问手段这个媒介才能起作用，才能对被讯问人发生作用。因此，讯问策略是许多具体的讯问手段构成的。换言之，讯问策略是通过许多具体的讯问手段表现出来和实现的。

讯问策略思想性的特征，要求讯问人员在设计和筹划讯问策略的过程中，要从讯问手段入手，通过对各种讯问手段的方式、内容、步骤的斟酌、选择和安排，构筑起讯问的策略。切不可离开讯问手段的方式、内容、步骤，想当然地去设计和筹划。如果是这样，讯问策略将是一个空中楼阁，不仅在讯问中不能作用于被讯问人，而且只能起反作用。

4. 智谋性

所谓智谋性，是指讯问策略是智慧和谋略的结晶，体现的是斗智伐谋。

讯问策略是讯问人员运用人类的智慧和斗争的谋略制定的，它闪烁着人类智慧的火花和反映着制胜的权谋，是斗智伐谋的工具和手段。因此，讯问策略本身决定了它具有智谋性。

讯问策略的智谋性特征，要求讯问人员在设计和筹划讯问策略的过程中，要运用人类社会的智慧和制胜的权谋进行制定，使制定的讯问策略集人类社会的智慧和制胜的权谋于一身，"运筹策帷帐之中，决胜于千里之外"①。切不可抛弃人类社会的智慧和制胜的权谋而想当然地进行制定。如果是这样，所制定的讯问策略必然是毫无智谋性可言，从而不仅不能起到斗智伐谋的作用，无法"决胜于千里之外"，而且使被讯

---

① ［汉］司马迁著：《史记·高祖本纪》，中华书局 2009 年版，第 80 页。

问人认为讯问人员无能，增强其抗审的心理。

5. 诡秘性

所谓诡秘性，是指讯问策略是一种隐秘、不易捉摸的行动方式。

讯问策略是讯问的计策和谋略，反映着讯问人员讯问的意图、针对的目标、行动的路线。讯问策略只有做得诡秘，才能使被讯问人在不知不觉中随着讯问人员的讯问策略向前走，进而就范。如果讯问策略不诡秘，被被讯问人识破，暴露了讯问人员的讯问意图、针对的目标和行动的路线，被讯问人也就不会随着讯问策略向前走，进入讯问人员设定的伏击圈。这样，不仅不能使被讯问人就范，而且有可能使被讯问人反其道而行之。因此，讯问策略的性质决定了它必须具有诡秘性。

讯问策略的诡秘性特征，要求讯问人员在设计和筹划讯问策略的过程中，要围绕诡秘性进行设计和筹划，制定得天衣无缝，使被讯问人无法识破讯问策略；在实施的过程中，要从诡秘性出发，做得顺理成章，使被讯问人不能识破讯问策略。切不可制定的策略漏洞百出，实施的过程盲目蛮干。如果是这样，讯问策略便不识而破，不仅失去了讯问策略的意义，而且将造成危害。

二、讯问策略的作用

讯问被讯问人，促使被讯问人交代犯罪事实，是一件既复杂又难度很大的工作。这是因为，不仅犯罪是丑恶的事，被讯问人不愿让人知晓，而且交代犯罪事实是与承担法律责任紧紧联系在一起的，事关被讯问人的政治前途、人身自由，乃至生死存亡的问题，其不会轻易自愿作出交代。同时，交代犯罪事实的决定权掌握在被讯问人自己手中。因此，讯问被讯问人，促使被讯问人对犯罪事实作出交代，必须要有"棋高一筹"的艺术。这种"棋高一筹"的艺术就体现在讯问策略之中。如果讯问人员没有"棋高一筹"的讯问策略，被讯问人是不会"自愿"对犯罪事实作出交代的。

讯问策略在讯问中有着无穷的力量。它对于征服被讯问人，促使其"自愿"如实地对犯罪事实作出交代有着不可估量的作用。

（一）有利于精准地指导讯问有效进行

征服被讯问人，促使被讯问人"自愿"如实地交代犯罪事实，进行有效的讯问是前提。只有进行有效的讯问，对症下药，被讯问人才有可能被征服，进而才有可能"自愿"如实地对犯罪事实作出交代。否则，如果讯问无效，不能做到"对症下药"，不仅不能征服被讯问人，促使其"自愿"如实地对犯罪事实作出交代，而且还会增强被讯问人的抗审心理。

而要进行有效的讯问，就要有精准的指导。没有精准的指导，讯问是不可能有效的。因为，只有精准地指导，讯问才能始终坚持正确的方针、围绕明确的任务、针对准确的方向对被讯问人进行讯问，才能运用得当的方式对被讯问人进行讯问，才能以巧妙的艺术对被讯问人进行讯问，从而使讯问有效。而如果没有精准的指导，讯问就会随意化、想当然，甚至可能出现"东一榔头，西一棒子"的情况，更不可能坚持正确的方针、围绕明确的任务、针对准确的方向、运用得当的方式和巧妙的艺术。这样，讯问不仅无效，而且有害。因此，要对被讯问人进行有效的讯问，必须要在精准的指导下进行。

讯问策略是对讯问精准指导的有力力量。这是因为，讯问策略确定的是讯问的方针、讯问的方式和制胜的艺术，以这些所确定的内容对讯问进行指导，就使指导非常精准。讯问人员就能在讯问策略的指导下，做到讯问方针正确、方式得当、制胜艺术巧妙地对被讯问人进行讯问，从而使讯问有效。例如：

受贿嫌疑人叶某，系某市一政法机关领导成员兼处长，其自参加工作二十多年来一直从事刑事案件的办理工作。因收受贿赂嫌疑被某市查案机关查处。讯问人员对叶某进行了多次讯问，仍无法突破叶某的口供，成为疑难案件。后来重新组织讯问力量，讯问人员采取攻心为上的策略对叶某进行讯问，只用了二十八分钟，便突破了叶某的口供。

这起疑难案件，之所以被重新组织的讯问力量在短时间内一举突破，就是因为讯问人员在讯问策略精准的指导下，对叶某进行了有效的讯问。

重新组织讯问力量的讯问人员，根据叶某案和叶某情况的分析，认为叶某持有自信性侥幸心理、寄托心理和畏罪心理，是这些心理阻碍着叶某对受贿的事实作出交代。先前之所以对叶某讯问了多次仍不能突破叶某的口供，就是因为讯问没有针对性的策略破除叶某的拒供心理障碍和各自为战、零打碎敲。据此讯问人员认为，要突破叶某的口供，只有从思想上瓦解叶某的拒供心理，破除其拒供的心理障碍和激起其交代的情感，叶某才有可能对受贿的事实作出交代。否则，别无他途。根据这一分析，讯问人员设计和筹划了以攻心为上的策略对叶某进行讯问。

在对叶某的讯问中，攻心为上的讯问策略对讯问进行了如下精准的指导：

1. 指导讯问坚持了正确的方针

鉴于叶某拒不交代受贿的事实是因为拒供的自信性侥幸心理、寄托心理、畏罪心理的阻碍和没有交代的动力，攻心为上的讯问策略确定了"瓦解抗审心理，激发交代动力"的讯问方针。在讯问中，讯问人员坚持这一方针，采用心理战术，从思想上向叶某进攻，瓦解其抗审心理和激发其交代的动力。通过心理战术的实施，先后挖除了叶某拒供的自信性侥幸心理、寄托心理、畏罪心理的根源，破除了其拒供的自信性侥幸心理、寄托心理、畏罪心理障碍，从而瓦解了其抗审的心理。在此基础上，讯问人员又通过心理战术的实施，以情感动了叶某和以理使之明白了有关的道理，从而激发了其交代的动力。

2. 指导讯问采用了得当的方式

鉴于叶某已被讯问多次，不愿回答讯问人员的提问，攻心为上的讯问策略确定了"连续进攻"的讯问方式。在讯问中，讯问人员采用了以连续进攻的方式实施心理战术，从思想上向叶某进攻。

讯问人员将讯问的四个方面内容，即针对叶某的自信性侥幸心理，向叶某宣讲《刑事诉讼法》第四十六条①关于"没有被告人供述，证据充分、确实的，可以认定被告人有罪和处以刑罚"的规定；针对叶某的寄托心理，以其如不交代就展开彻查以及彻查给叶某所带来的不利后果向叶某施威；针对叶某的畏罪心理，以其如果作出交代，就先解除其调查措施以及解除调查措施给其带来的有利后果向叶某许以利益；针对叶某没有交代的动力，以对叶某人生所受到的挫折以及因此走上受贿道路表示同情和向叶某阐明应如何正确对待面临现实的道理进行行动之以情和晓之以理，一口气说完这四个方面的内容，并使之形成一个完整的、不可分割的整体，前后衔接，步步紧逼。

3. 指导讯问运用了巧妙的艺术

鉴于叶某精通刑事法律，具有丰富的司法实践经验和有着很强的抗审心理，攻心为上的讯问策略确定了"叙事含意，巧妙结合，威恩并济"的制胜艺术。在讯问中，讯问人员根据攻心为上讯问策略的制胜艺术，实施心理战术，从思想上向叶某进攻。

（1）叙事含意

所谓叙事含意，是指讯问人员把真正要说的话隐含在所叙述的事情之中，而不是直挺挺地说出。

①在讯问的开头，讯问人员将实质上的讯问，说成是"想把有些情况告诉你，让你知道"。把讯问隐含为"告诉情况"。从而促使叶某能认真地听讯问人员说话。

②在向叶某宣讲《刑事诉讼法》第四十六条规定时，讯问人员不是直来直去地向叶某照本宣科《刑事诉讼法》第四十六条是如何规定的，而是将《刑事诉讼法》第四十六条的内容隐含在向叶某说"是在什么情况下对其采取措施"的情况之中，并强调"我从一开始就没有打算你作交代，只打算我自己如何收集证据，并将之付诸实施"。这对于精通刑事法律的叶某来说，听了讯问人员所说的这番话，立即就会联想到《刑事诉讼法》第四十六条的规定，从而实现了宣讲法律的目的。

---

① 指办案时 1996 年修改的《刑事诉讼法》第四十六条。

（2）巧妙结合

所谓巧妙结合，是指讯问人员把要说的几个内容巧妙地结合在一起，使之成为一个有机的整体。

①在针对叶某的寄托心理向叶某施威上，讯问人员不是无端地或就事论事地对叶某进行施威，而是利用了叶某经不起彻查和指望单位领导能帮助他脱案的弱点，对叶某展开彻查，把彻查导致叶某的问题越查越严重和彻查要引起单位领导对叶某的憎恨这两者巧妙地结合起来向叶某施威。通过这样巧妙的结合，使叶某担心自己的问题越查越严重，又使叶某害怕因彻查导致单位领导对他憎恨。从而使所施之威更具威慑性。

②在针对叶某的畏罪心理、向叶某许以合法利益上，讯问人员不是简单地许以利益，而是根据案件的实际情况，把许以"只要你把我们掌握的问题讲清楚，我们就先解除对你的调查措施"这一利益与借"其得到解除调查措施"这一利益的题发挥所产生的次生利益结合起来向叶某许利，并在许利前进行一系列的铺垫。通过这样许利与借题发挥的巧妙结合，使叶某越发对讯问人员所许的"先解除对你的调查措施"这一利益的迫切需求。从而使所许之利更具诱惑性，促使叶某与讯问人员达成交易。

③在激发叶某交代的动力上，讯问人员把情与理有机地、巧妙地结合起来。讯问人员先对叶某动之以情，以叶某在人生道路上所受到挫折的具体情况和因此促使其走上违法犯罪道路涉入同情的情感信息。接着又对叶某晓之以理，以范仲淹《岳阳楼记》中的"不以物喜，不以己悲"①向其阐明道理。通过把理融于情中，情与理有机地、巧妙地结合在一起，从而使情更加真挚，理越发彰明。

（3）威恩并济

所谓威恩并济，是指讯问人员交相使用高压手段与怀柔手段，既施以威严，又给以恩惠。

---

① 见［宋］范仲淹：《岳阳楼记》，载［清］吴楚材、吴调候编：《古文观止》，浙江古籍出版社 2010 年版，第 264 页。

在运用攻心为上策略对叶某的讯问中，讯问人员交相使用施威、打击的高压手段与施恩、拉拢的怀柔手段。

讯问人员一方面对叶某进行施威、打击。一是以法律的规定和证据威慑、打击叶某。讯问一开始，讯问人员就告诉叶某，你的问题，我不需要你的交代，凭其他证据就可以认定。二是以查案机关和其单位领导的权力威慑、打击叶某。讯问人员态度坚决地指出"你若不把我们已经掌握的问题讲清楚……将你来个'挖地三尺'"，这样的后果是"你们系统就要源源不断地有人被采取调查措施，接受审查"。而这又是叶某单位主要领导最为担心和顾虑的。"难道你非要激怒你的领导不成？"通过这样的施威、打击，使叶某感觉到抗拒不仅已毫无意义，而且会给自己带来极为不利的后果。

讯问人员另一方面又对叶某进行施恩、拉拢。一是向叶某许以合法利益，许诺叶某"只要你把我们掌握的问题讲清楚，就先解除你的调查措施，让你回家，案件先不移送检察院""你主动把赃款退清，也不是非判不可""……只要检察院不坚持移送，我不会把你的案件移到检察院去……你也可以不上法庭，作党纪政纪处分了结……"。二是对叶某作出评价，"对你的问题我与书记等人议过，认为你不是一个贪财的人"，并指出"走到这一步是有客观原因的，有着一个不可忽视的因素"。三是对叶某在人生道路上所受到的挫折和因挫折而"走到这一步"表示同情。通过这样的施恩、拉拢，既减轻了叶某交代受贿问题的心理压力，又激发了叶某交代的动力。

（二）有利于对被讯问人进行科学的讯问

制服被讯问人，促使被讯问人"自愿"如实地交代犯罪事实，进行科学的讯问是关键。只有进行科学的讯问，被讯问人才有可能被制服，进而才有可能"自愿"如实地对犯罪事实作出交代。如果讯问不科学，莽撞蛮干，盲目从事，不仅不能制服被讯问人，促使其"自愿"如实地交代犯罪事实，而且有可能使被讯问人因此与讯问人员对抗到底。

而要进行科学的讯问，就要以科学的讯问方法和运用科学的原理、知识对被讯问人进行讯问，离开了科学的讯问方法和科学的原理、知识，进行科学的讯问就无从谈起。因为，科学的讯问方法和科学的原理、知识既是科学讯问的前提和基础，又是构成科学讯问的内容。没有以科学的讯问方法和运用科学的原理、知识对被讯问人进行讯问，也就不是科学的讯问。"皮之不存，毛将安傅？"① 因此，要对被讯问人进行科学的讯问，就必须以科学的讯问方法和运用科学的原理、知识对被讯问人进行讯问。

讯问策略的科学性体现着讯问方法的科学和包含着科学的原理、知识。正如我们前面所述，讯问策略是从人类社会一般意义上的策略借鉴过来，根据案件和被讯问人的情况、依据有关科学原理和运用讯问实践经验而设计和筹划的，无疑具有科学性。而讯问方法的科学和讯问中运用的科学原理、知识是从讯问策略中来的。因此，讯问策略的科学性，也就体现着讯问方法的科学和包含着科学的原理和知识。正因如此，讯问策略有利于对被讯问人进行科学的讯问。例如，我们将在第二章攻心为上中叙述的吴某案，讯问人员就是以攻心为上的讯问策略对被讯问人吴某进行科学的讯问，从而促使吴某交代了作案的经过事实，突破了吴某的口供。

（三）有利于使实施的讯问手段起到事半功倍的效果

制服被讯问人，促使被讯问人"自愿"如实地交代犯罪的事实，是通过讯问手段的实施来实现的。因而，讯问手段实施的效果如何，决定着能否制服被讯问人和促使被讯问人"自愿"如实地对犯罪事实作出交代。也就是说，讯问手段实施的效果好，就能制服被讯问人和促使被讯问人"自愿"如实地交代犯罪事实。反之亦然。

而实施的讯问手段效果怎样，取决于讯问手段实施的方式和技巧。

---

① 见《春秋左传·僖公十四年》，载程林主编：《四书五经》（第三卷），北京燕山出版社 2008 年版，第 1359 页。

换言之，讯问手段实施的方式巧，技巧妙，实施的讯问手段效果就好，而且，方式越巧、技巧越妙，效果就越好。反之亦然。因此，要使实施的讯问手段效果好，就要以巧的方式、妙的技巧实施讯问手段。

讯问策略其中的一个内容确定了讯问的方式和制胜的艺术。讯问手段是根据讯问策略所确定的讯问方式和制胜的艺术实施的。正因如此，讯问手段实施的方式是否巧，技巧是否妙，依赖于讯问的策略。在讯问中，讯问人员根据讯问策略所确定的讯问方式和制胜的艺术实施讯问手段，只要这个讯问策略是科学的、高明的，符合案件和被讯问人情况的，所实施的各种讯问手段就能做到方式巧，技巧妙。从而使实施的讯问手段起到事半功倍的效果。

（四）有利于对被讯问人进行斗智伐谋

对被讯问人进行斗智伐谋，是指以智慧对被讯问人进行斗争，以谋略对被讯问人进行攻伐。

制服被讯问人，促使被讯问人"自愿"如实地交代犯罪事实，对被讯问人进行斗智伐谋是核心。我们说过，交代犯罪事实的主动权掌握在被讯问人的手中，他死活不开口，你就无可奈何。这就需要被讯问人自己"自动地走出来"。但由于交代犯罪事实是与被讯问人的政治前途、人身自由、生命存亡紧紧联系在一起的，因而，被讯问人在一般情况下是不会"自动地走出来的"。只有在其感到交代犯罪事实比不交代对自己更为有利或在其受到某种因素的刺激认识到应当作出交代时，才有可能对犯罪事实作出交代。事实上，这种时机的到来，是建立在被讯问人心理障碍的消除和交代动机形成的基础之上的。也就是说，没有被讯问人心理障碍的消除和交代动机的形成，在法律允许的范围内，这种时机是不会到来的，被讯问人是不可能对犯罪事实作出交代的。而被讯问人心理障碍的消除和交代动机的形成，并不是光靠热情和干劲或简单、随便的行为所能达到的，它需要讯问人员以智慧、谋略对被讯问人进行斗争、攻伐才有可能达到。正所谓"攻人以谋不以力，用兵斗智不斗多"①。因此，对被讯问人进行斗智伐谋，是制服被讯问人，促使被讯问人如实交代犯罪事实的核心。

讯问策略既是人类智慧和谋略的结晶，又是人类智慧和谋略在讯问中的运用。在讯问中，讯问人员运用讯问策略以智慧对被讯问人进行斗争，以谋略对被讯问人进行攻伐，促使被讯问人在讯问策略的作用下，或消除拒供的心理障碍，或因各种因素形成供述的动机，或解除思想武装暴露问题，自己"自动地走出来"，交代犯罪的事实。因此，讯问策略有利于讯问人员对被讯问人进行斗智伐谋。例如：

我们将在本书第五章《迂回围歼》中作详细叙述的受贿嫌疑人贺某，以借款为名收受贿赂。讯问人员在设计和筹划对贺某的讯问策略时，根据贺某狡猾的作案手段，分析认为，贺某在"一对一"的秘密情况下以借款为名收受贿赂，其一定会认为，讯问人员不知道自己向哪些人"借"了多少钱，即使知道，也无法认定自己的行为是受贿。只要自己不交代，讯问人员就没有证据认定自己的受贿事实。据此，如果从正面讯问贺某的受贿问题，其一定会拒绝作出交代，只有对贺某进行斗智伐谋，在其被迷惑的情况下，抓住其矛盾，予以揭露，其才有可能对受贿的事实作出交代。

基于上述分析，讯问人员设计和筹划了迂回围歼的讯问策略。在讯问中，讯问人员根据迂回围歼的讯问策略，以欲擒故纵之计对贺某进行斗智伐谋，从而顺利地突破贺某以"借"为名收受贿赂的口供。

（五）有利于使讯问艺术化

制服被讯问人，促使被讯问人如实地交代犯罪的事实，对被讯问人进行艺术的讯问是保证。因为，被讯问人如实地交代犯罪事实，首先需要被讯问人能够接受讯问，愿意听讯问人员说话，喜欢听讯问人员所说的话，并回答讯问人员的提问。只有这样，讯问才能进行下去，才会有

---

① 见［宋］欧阳修：《准诏言事上书》，载《欧阳修全集》（上），中国书店出版社1986年版，第314页。

效果，从而被讯问人才能有如实作出交代的可能。同时，讯问事实上是做被讯问人的思想工作，解决被讯问人思想上的问题，因而，需要做得十分精细、严密、细致。只有这样，才能纠正被讯问人错误的认识，树立正确的思想，从而才有被讯问人如实交代的可能。而要使被讯问人能够接受讯问，愿意听讯问人员说话，喜欢听讯问人员所说的话，并回答讯问人员的提问，只有以艺术的话语作用于被讯问人，才有可能。而要使讯问工作做得精细、严密、细致，这就需要以艺术的方法进行，才能如此。由上述可见，对被讯问人进行艺术的讯问，是制服被讯问人，促使被讯问人如实地交代犯罪事实的保证。

讯问策略的其中一个内容是制胜的艺术，既是艺术话语和方法的设计，又是艺术话语和方法的指引。在讯问中，讯问人员根据讯问策略的制胜艺术，以艺术的话语和方法对被讯问人进行讯问，就使讯问充满艺术，把事实上的讯问以艺术的形式表现出来。因此，讯问策略有利于使讯问艺术化。例如：

盗窃犯罪嫌疑人徐某，曾因盗窃被判处有期徒刑三年，刑满释放后又因盗窃犯罪被公安机关刑事拘留。在讯问中，侦查讯问人员向其宣讲"坦白从宽、抗拒从严"的政策，出示从现场提取的其指纹、其送给姘妇的赃物手表和销赃给邻村人的赃物金项链、衣服等确实、充分的证据。但徐某在证据面前，经数次讯问仍拒不供述盗窃的犯罪事实。公安机关只得以零口供提请检察院批捕。

检察院的检察人员在审查批捕中决定提审徐某，以突破其盗窃犯罪的口供。

检察讯问人员根据徐某被判过刑和其在狱中的表现情况，分析认为，徐某之所以在确实、充分的证据面前仍拒不供述盗窃的犯罪事实，是因为其对"坦白从宽、抗拒从严"的政策有误解，认为坦白不是从宽，而是"用关"，抗拒不是从严，而是"回家过年"，只要不坦白，司法机关就没有招数。其是在"于任何情况下都不能坦白交代"的精神支柱支撑下拒绝对盗窃事实作出交代。根据这一分析，检察讯问人员认为，只有摧毁徐某的这一抗审精神支柱，其才有可能对盗窃犯罪事实作出交代。据此，检察讯问人员设计和筹划了以重点突破的策略对徐某进行讯问，即把徐某的这一抗审精神支柱作为主攻方向，集中精力、集中"武器"摧毁。

鉴于徐某已经公安机关讯问数次，戒备心理严重，已不愿听讯问人员说话，不相信讯问人员所说的话的实际情况，讯问人员认为如果再以合常规的话语进行进攻，徐某是不会听的，更不会相信。只有以反常规的话语，顺着徐某的心理进行进攻，才能使徐某听讯问人员说话，相信讯问人员所说的话，进而牵着徐某的鼻子走。于是，讯问人员又设计和筹划了这一策略的艺术话语和方法。

在对徐某的讯问中，检察讯问人员在重点突破策略的指引下，以艺术的话语和方法对徐某进行了讯问，很快便摧毁了徐某的抗审精神支柱，促使徐某交代了盗窃的犯罪事实。

讯问人员在重点突破策略的指导下，是这样以艺术的话语和方法对徐某的抗审精神支柱进行摧毁的：

一是讯问人员以艺术的话语隐蔽了讯问的意图和给徐某施加压力。讯问人员一上来便说："徐×，我是县人民检察院批捕科科长。你的案件已经到了我的手里，我按法律的规定履行一下手续。你给我一个态度就行，无论是交代还是不交代。"这样的话语，既隐蔽了讯问人员的讯问意图，把要徐某交代盗窃犯罪事实的意图，说成是"按法律的规定来履行一下手续……"并不是要徐某交代的，又给徐某以心理上的压力。因为，案件到了县检察院，批捕科科长来提审，又给予"无论是交代还是不交代"的态度，意味着徐某面临将要被逮捕的境况，这对徐某施加的无疑是一种心理上的压力。通过这样的话语隐蔽讯问意图和给徐某施加心理压力，就显得非常地艺术。

二是以反常规的艺术话语吸引住徐某。在徐某否认盗窃，讯问人员以"你有没有偷东西，不是你说了算，也不是我说了算，而是证据说了算"给予回击后，紧接着顺着徐某的心理，向徐某说了"我不想跟你讲'坦白从宽、抗拒从严'的政策。事实上，在案件还没有证据的情况下，确实不是'坦白从宽，抗拒从严'，而是相反，坦白交代了，有了证据就要关起来，而抗拒，由于没有证据就要释放"的反常规话语。由于讯问人员所说的话符合徐某的心理，正是徐某所认为的，因而，就牢牢地吸引住了徐某，揪住了徐某的心。从而促使徐某迫切地想听讯问人员的话。通过这样反常规的话语为接下来的重点突破开辟了道路，更是显得艺术。

三是以"一分为二"的艺术方法吹响了重点突破的前奏。徐某在听了讯问人员反常规的话语后，欠着身子向前，靠近讯问人员。讯问人员趁机以一分为二的哲学观点引导徐某要一分为二地看"坦白从宽、抗拒从严"的政策："世界上的任何事物都是一分为二的，都不是绝对的，而是相对的，'坦白从宽、抗拒从严'的政策也一样，有的情况下是'坦白从宽'，而有的情况下是'坦白用关'；有的情况下是'抗拒从严'，而有的情况下是'抗拒回家过年'，所以要一分为二地看'坦白从宽、抗拒从严'的政策，如果绝对化，绝对认为就是'坦白从宽、抗拒从严'，或绝对认为就是'坦白用关，抗拒回家过年'都要吃大亏。"通过这样一分为二地分析"坦白从宽、抗拒从严"政策的二重性，引导徐某要一分为二地看"坦白从宽、抗拒从严"的政策，为重点突破、摧毁徐某的抗审精神支柱吹响了前奏，不能说不艺术。

四是以艺术的方法拉开重点突破的序幕。重点突破的前奏吹过后，讯问人员以"所以，我要告诉你：有的事不仅要坦白，而且要快、彻底，越快越彻底越胜利。你懂得其中的奥妙吗？我看你不懂！"拉开了重点突破的序幕。这样拉开重点突破的序幕无疑是艺术的。

五是以艺术的方法进行重点突破。（1）讯问人员为了使突破更有成效，先设一个局：当主审要将"坦白从宽、抗拒从严"其中的奥妙说给徐某听时，根据事先的安排，辅审故意把头伸向主审，向主审轻轻地说了一句："说这些恐怕不恰当吧。"话说得虽轻，但徐某还是能听得到。主审回答了一声："没关系，反正我们是来履行手续的，又不是来要他交代的，他不交代无所谓。"通过这些对话，就使徐某对讯问人员接下来重点突破所说的话深信不疑。（2）以说"坦白从宽、抗拒从严"政策中的奥妙，进行重点突破。讯问人员明确告诉徐某"司法机关还没有掌握证据的事不能交代，要坚决顶住，这时不能相信'坦白从宽、抗拒从严'的政策；司法机关已经掌握证据的事，不能抗拒要坦白交代，而且坦白交代得越快越好，越彻底越好……这时要相信'坦白从宽、抗拒从严'的政策。所以，'坦白从宽、抗拒从严'的政策有时要相信，有时不能相信……"通过说"坦白从宽、抗拒从严"政策的奥妙进行重点突破，就使徐某对"于任何情况下都不能坦白交代"的精神支柱产生了动摇。（3）以艺术的方法宣讲《刑事诉讼法》关于"没有被告人供述，证据充分、确实的，可以认定被告人有罪和处以刑罚"的规定进行重点突破。讯问人员在以这一法律武器进行重点突破时，不是孤立地宣讲这一法律的规定，而是在向徐某说"坦白从宽、抗拒从严"政策中奥妙的过程中进行宣讲："（司法机关已经掌握证据的事，不能抗拒要坦白）因为，不坦白照样可以根据《刑事诉讼法》第三十五条的规定予以定罪判刑①，交代了就有一个认罪态度好，可以从宽处理的条件。"通过这样宣讲法律进行重点突破，就给徐某已经动摇的抗审精神支柱再轰上重重的一炮。（4）以给徐某指点的艺术方法进行重点突破。讯问人员在向徐某提出"这就看你自己如何把握了"的问题后，当徐某要讯问人员指点其"那怎么把握"时，讯问人员以给徐某出主意的方法进行重点突破："我不是说过了吗？司法机关已经掌握证据的要讲快，而且越快越彻底越好。要这样，你就要分析，司法机关掌握你什么，你分析得准就胜利，分析得不准就失败。关键在于分析准司法机关掌握什么证据，有证据的要快讲，懂了吗？"通过这样向徐某出主意继续进行重点突破，就使徐某已摇摇欲坠的"于任何情况下都不能坦白交代"的精神支柱彻底倒塌，从而实现了重点突破的目的。

最后，讯问人员以艺术的方法向徐某出示证据，表明司法机关已掌握其盗窃的犯罪证据，促使徐某对"司法机关已掌握其证据"的盗窃犯罪作出了交代。

---

① 指 1979 年颁布的《刑事诉讼法》第三十五条。

三、讯问策略的运用原则

讯问策略对于征服被讯问人，促使被讯问人在讯问策略的作用下，"自愿"如实地交代犯罪事实无疑具有不可估量的作用，是无法以物质的价值和能量去加以衡量的。但是，并不是任何的运用都能起到作用，如果运用不好，就不仅不能起到它的作用，反而会起到反作用，甚至要违反法律的规定和背弃道德伦理的规范，导致讯问违法和违背讯问人员的职业道德。因此，运用讯问策略必须遵循运用的原则。只有这样，才能使讯问策略起到它应有的作用。

（一）合法原则

所谓合法原则，是指运用讯问策略要符合我国的法律规定，不得违反法律的规定。

讯问，既是我国法律规定的侦查行为，又是收集犯罪证据的主要手段，如果不依法进行讯问，就会侵犯被讯问人的合法权利和可能造成严重的危害结果。而且，违法收集的证据"应当予以排除"。因而，必须要按照法律的规定运用讯问策略对被讯问人进行依法讯问。

我国法律对讯问作出了严格而明确的规定。《刑事诉讼法》第五十二条规定："……严禁刑讯逼供和以威胁、引诱、欺骗以及其他非法方法收集证据，不得强迫任何人证实自己有罪……"根据法律的这一规定，讯问人员在运用讯问策略对被讯问人进行讯问的过程中，就要做到严禁对被讯问人进行刑讯逼供和对被讯问人以威胁、引诱、欺骗以及其他非法的方法进行讯问。否则，就违反了法律的规定，运用的讯问策略就不合法。因此，运用讯问策略必须符合法律的规定。

在讯问中，不允许对被讯问人进行刑讯逼供和使用威胁、引诱、欺骗以及其他非法的方法，这是绝对的、不容置疑的。但是，讯问策略是讯问的计策和谋略。既然是计策和谋略，在运用的过程中，就不可避免地涉及看起来像是威胁、引诱、欺骗的问题。这似乎又与法律的规定发生了矛盾，违反了法律的规定。那么，应当如何认识讯问策略运用中涉及的"威胁""引诱""欺骗"与法律禁止的"威胁""引诱""欺骗"之间的区别和做到运用讯问策略符合法律的规定呢？

1. 正确认识讯问策略运用中涉及的"威胁""引诱""欺骗"与法律禁止的"威胁""引诱""欺骗"之间的矛盾

本书认为，正确认识它们之间的矛盾，关键在于以正确的依据从本质上区别哪些是真正的"威胁""引诱""欺骗"，是为法律所禁止的；哪些是现象上的"威胁""引诱""欺骗"，而非真正的"威胁""引诱""欺骗"，是不为法律所禁止的，而不能混淆于表面现象。

（1）关于"威胁"

就"威胁"而言，区分的依据是"威胁"的内容是否合法。如果用以"威胁"的内容是不合法的，就是法律所禁止的"威胁"；如果用以"威胁"的内容是合法的，就不是法律所禁止的"威胁"。因为，以不合法的内容对被讯问人进行"威胁"，无疑违反了法律的规定，违反法律的规定当然是法律所禁止的，因而，以不合法的内容对被讯问人进行"威胁"是法律所禁止的"威胁"。而以合法的内容对被讯问人进行"威胁"，由于其符合法律的规定，当然不在法律禁止之列，因而，以合法的内容对被讯问人进行"威胁"不是法律所禁止的"威胁"。例如，以不坦白交代就展开对其子女问题的查处，查处其子女的所有问题对被讯问人进行"威胁"，由于在查处被讯问人犯罪的案件中，查处被讯问人子女的问题违反了《刑法》罪责自负的原则，不符合法律的规定，因而，该"威胁"就是法律所禁止的"威胁"；而以不坦白交代就展开对其本人的彻查，查处其所有的问题对被讯问人进行"威胁"，由于展开对被讯问人所有的问题的彻查是符合法律规定的，因而，该"威胁"就不是法律所禁止的"威胁"。

（2）关于"引诱"

就"引诱"而言，区分的依据是"引诱"的诱饵是否有法律上的依据或是否是法律明文禁止的。如果用以"引诱"的诱饵没有法律上的依据或是法律明文禁止的，就是法律所禁止的"引诱"；如果用以"引诱"的诱饵有着法律上的依据或法律没有明文禁止的，就不是法律所禁止的所谓"引诱"。因为，以没有法律上依据或法律明文禁止的"诱饵"进行"引诱"，无疑不符合法律的规定或违反了法律的规定，而当然是法律所禁止的，因而，以没有法律依据的或法律明文禁止的"诱饵"对被讯问人进行"引诱"是法律所禁止的"引诱"；而以有法律上依据或法律没有明文禁止的"诱饵"进行"引诱"，由于其符合法律的规定或法律没有明文禁止，理所当然不是法律所禁止的，因而，以有法律上依据或法律没有明文禁止的"诱饵"对被讯问人进行"引诱"不是法律所禁止的所谓"引诱"。例如，以坦白交代了就不追究其法律责任的"诱饵"对被讯问人进行"引诱"，由于坦白交代了就不追究法律责任这一"诱饵"没有法律上的依据，因而，该"引诱"就是法律所禁止的"引诱"；而以坦白交代可以从轻处理的"诱饵"对被讯问人进行"引诱"，由于坦白交代了可以从轻处理的"诱饵"有着法律上，即《刑法》第六十七条第三款的依据，因而该"引诱"就不是法律所禁止的所谓"引诱"。又如，以坦白交代了给被讯问人某种利益的"诱饵"对被讯问人进行"引诱"，如果给被讯问人某种利益的"诱饵"是符合法律规定的或法律没有明文禁止的，那么这种"引诱"就不是法律所禁止的"引诱"，而如果给被讯问人某种利益的"诱饵"是不符合法律规定的或法律明文禁止的，那么这种"引诱"就是法律所禁止的"引诱"。

（3）关于"欺骗"

就"欺骗"而言，区分的依据是用以"欺骗"的内容是否是客观存在着的事实。如果用以"欺骗"的内容不是客观存在着的事实，就是法律所禁止的"欺骗"；如果用以"欺骗"的内容是客观存在着的事实，而只是此时没有被掌握，就不是法律所禁止的"欺骗"。因为，"欺骗"是以根本不存在的虚假事实骗人，让人上当。以不是客观存在着的事实对被讯问人进行欺骗，无疑是欺骗的行为，法律当然要禁止。因而，以不是客观存在着的事实对被讯问人进行欺骗，是法律所禁止的

"欺骗"；而以只是此时没有被掌握，但该事实是客观存在着的事实对被讯问人进行欺骗，由于客观存在着的事实不是根本不存在的事实，而是存在着的事实，只不过此时没有被掌握罢了。这种"欺骗"只是现象上的欺骗，而非本质上的欺骗，也就不存在欺骗的问题。不存在欺骗的问题，当然不在法律禁止之列。因而，以只是此时没有被掌握，但在事实上却是客观存在着的事实对被讯问人进行"欺骗"，不是法律所禁止的欺骗。例如：某一证据并未被讯问人员掌握和收集，但根据案件的情况，在客观上确实存在着这一证据，在讯问中，讯问人员以无中生有的策略"生"出这一证据，采用虚示的方法，或以虚实并举的方法出示这一证据，表明讯问人员已经掌握和收集到这一证据，这就不属于法律所禁止的"欺骗"。如果该案在客观上根本就不存在这一证据，而讯问人员以无中生有的策略臆造出这一证据，或以根本就不是该案证据冒充该案的证据向被讯问人出示，这就属于法律所禁止的"欺骗"。

事实上，在区分是法律禁止的"威胁""引诱""欺骗"，还是非法律禁止的"威胁""引诱""欺骗"中，还有一种情况，就是用以"威胁"的内容可能是合法的，用以"引诱"的诱饵可能是有法律依据的，用以"欺骗"的内容可能是客观存在的。对于这些情况，认定其是法律所禁止的"威胁""引诱""欺骗"，还是非法律所禁止的"威胁""引诱""欺骗"，笔者认为，关键在于讯问人员的"威胁""引诱""欺骗"行为是否构成强迫被讯问人证实自己有罪。如果讯问人员的这一行为足以构成强迫被讯问人证实自己有罪，被讯问人作出的交代不具有自愿性的，那么，就是法律所禁止的"威胁""引诱""欺骗"；而如果讯问人员的这一行为不足以构成强迫被讯问人证实自己有罪，被讯问人作出的交代具有自愿性的，那么，其就不是法律所禁止的"威胁""引诱""欺骗"。

2. 做到运用讯问策略符合法律的规定

运用讯问策略符合法律的规定要做到以下几点：

（1）充分认识运用讯问策略对被讯问人以刑讯逼供、威胁、引诱、

欺骗或其他非法方法进行讯问的严重危害性

讯问人员要充分认识到以刑讯逼供、威胁、引诱、欺骗或其他非法的方法运用讯问策略的严重危害性。以这些法律所禁止的方法运用讯问策略，不仅违反了法律的规定，使讯问违法，取得的证据无效，要被排除，也侵犯了被讯问人的合法权益，有可能造成冤假错案，使无辜的人受冤，真凶逃脱法网。同时，给讯问人员自己也带来了严重的危害。就刑讯逼供而言，讯问人员有可能因此而使自己入狱，受到法律的制裁；就威胁、引诱、欺骗或其他非法的方法而言，讯问人员因此而丧失了自己的人格道德和有可能因此而受到法律、纪律责任的追究。讯问人员只有充分认识到违反法律的规定运用讯问策略的严重危害性，才有可能从根本上杜绝以刑讯逼供、威胁、引诱、欺骗或其他非法方法运用讯问策略行为的发生，从而使运用讯问策略符合法律的规定。

（2）树立坚决不以刑讯逼供、威胁、引诱、欺骗或其他非法的方法运用讯问策略的思想

讯问人员要从讲政治、敬法律的高度，树立坚决不以刑讯逼供、威胁、引诱、欺骗或其他非法的方法运用讯问策略的思想，立场坚定，意志坚强，宁可讯问失败，无法突破被讯问人的口供，宁可自己不利，也不以违反法律的规定运用讯问策略。讯问人员只有树立坚决不违反法律规定运用讯问策略的坚定思想，才有可能保证运用讯问策略不违反法律的规定，从而使运用讯问策略符合法律的规定。

（3）坚决做到不以刑讯逼供、威胁、引诱、欺骗或其他非法方法运用讯问策略

讯问人员要以对党负责、对国家负责、对人民负责、对法律负责、对被讯问人负责和对自己负责的态度，做到在任何时候、任何情况下都不做出以刑讯逼供、威胁、引诱、欺骗或其他非法的方法运用讯问策略的行为，死守法律的规定，不越雷池半步，不"打擦边球"，不实施变相的行为。只有这样，才能使运用讯问策略符合法律的规定。

（4）领导人员要加强管理，严格要求

讯问中，违反法律规定运用讯问策略行为的发生，在很大程度上同

领导人员管理不严、要求不高有关。有的甚至是个别领导人员明示、暗示或威胁的。实践证明，如果领导人员加强管理，严格要求，不让干，不允许干，一出现违反法律的规定运用讯问策略的情况就予以制止，对讯问人员予以批评、教育，讯问人员是不会干的。因此，领导人员要加强管理，严格要求讯问人员按照法律的规定运用讯问策略，一有违反，就坚决予以制止和批评、教育，更不能明示、暗示或威胁讯问人员违反法律规定运用讯问策略。只有这样，才能使运用讯问策略符合法律的规定。

（5）正确区分本质上的威胁、引诱、欺骗与现象上的威胁、引诱、欺骗之间的界限

我们从前面的论述可知，运用讯问策略不可避免地要涉及威胁、引诱、欺骗的问题。同时，运用讯问策略中涉及的威胁、引诱、欺骗是否违反法律的规定，取决于这些行为的本质。也就是说，如果这些行为在本质上是威胁、引诱、欺骗的，那么，讯问人员在运用讯问策略中实施了这些本质上是威胁、引诱、欺骗的行为，也就违反了法律的规定；如果这些行为仅是现象上的威胁、引诱、欺骗，而非本质上的威胁、引诱、欺骗的，那么，就只有威胁、引诱、欺骗之名，而没有威胁、引诱、欺骗之实。因而，也就不是威胁、引诱、欺骗的行为和违反了法律的规定。因此，要做到运用讯问策略符合法律的规定，就要正确区分本质上与现象上的威胁、引诱、欺骗之间的界限。对于本质上不是威胁、引诱、欺骗的方法，运用于讯问策略中并不违反法律的规定，因而可用。而对于本质上是威胁、引诱、欺骗的方法，由于是法律所禁止的，讯问人员要做到坚决不用。只有这样，才能使运用讯问策略符合法律的规定。

（二）符合道德伦理原则

符合道德伦理原则，是指运用讯问策略要符合道德伦理的规范和准则，不得违背道德伦理。

道德伦理是社会生活中人们相处的行为规范和应遵守的准则。讯问

虽然是讯问人员同被讯问人作斗争的一种手段，但同样是讯问人员与被讯问人的相处。因此，讯问同样也应遵守道德伦理的规范和准则。

遵守道德伦理的规范和准则运用讯问策略，不仅关系到讯问人员有无道德品质和道德品质的高低，而且关系到讯问是否合法。因此，讯问人员必须遵守道德伦理的规范和准则，按照道德伦理的规范和准则运用讯问策略对被讯问人进行讯问。

在讯问中，遵守道德伦理的规范和准则运用讯问策略对被讯问人进行讯问，同样是绝对的、不容置疑的。但是，由于讯问策略是讯问的计策和谋略，运用讯问策略是用计和用谋。而用计和用谋是一种"诡道"，如果不正确运用，就有可能违背道德伦理的规范和准则，使运用的讯问策略不符合道德伦理。那么，应当如何认识"诡道"和做到正确运用讯问策略，使运用的讯问策略符合道德伦理的规范和准则呢？

1. 正确认识"诡道"

诡道，是诡诈的方法和行为。这些诡诈的方法和行为，是兵家克敌制胜的奥妙所在。讯问被讯问人无异于用兵打仗，因而，诡道同样是讯问人员攻克被讯问人制胜的奥妙所在。

对于兵者"诡道"战法，我国古代曾有人大加抨击。如苏轼认为，"兵者诡道"之论，会助长"贪""诈"之心；若此法流行，"则天下纷纷乎如鸟兽之相搏，而天下之乱何从而已乎！"（《苏轼文集》卷三《孙武论》）陈师道更称孙子的"诡道"战法为"盗术"（《后山集》卷十四《拟御试武举策》）。①

本书认为，把运用讯问策略，以"诡道"对被讯问人进行讯问称之为"骗术"，贬之为"失德的行为"，断言"不能以'诡道'对被讯问人进行讯问"的观点是不能成立的。

（1）讯问策略运用于同犯罪作斗争的领域，是马克思辩证唯物主义基本原理在讯问实践中的运用

讯问策略运用的领域是同犯罪作斗争的范围，同犯罪作斗争是维护

① 见《诸子百家名句鉴赏辞典》，上海辞书出版社 2014 年版，第 197 页。

社会治安秩序，保护人民生命财产安全、保护国家安全、巩固党和国家的执政地位，教育、改造、挽救犯罪人的需要。这个领域工作的性质有其特殊性，它不同于平时人们日常生活的领域。特殊性的矛盾要以特殊性的手段去解决，只有这样，才符合马克思辩证唯物主义的基本原理。因而，运用讯问策略，以"诡道"对被讯问人进行讯问是马克思辩证唯物主义基本原理在讯问实践中的运用。

（2）在讯问中运用讯问策略对被讯问人进行讯问，是讯问实践的需要

讯问被讯问人的目的，是促使被讯问人"自愿"、如实地交代犯罪的事实。但是，由于被讯问人交代犯罪的事实，是与其承担法律责任紧紧联系在一起的。因而，被讯问人不会轻易"自愿"、如实地交代犯罪的事实。而要促使被讯问人"自愿"、如实地交代犯罪事实，没有制胜的艺术是不可能的。这个制胜的艺术就是讯问策略的运用，以"诡道"对被讯问人进行讯问。因此，以"诡道"对被讯问人进行讯问，是讯问实践的需要。

（3）运用"诡道"对被讯问人进行讯问，是对被讯问人进行斗智伐谋，而非实施"骗术"

运用"诡道"对被讯问人进行讯问，是讯问人员运用人类智慧和谋略，以智慧对被讯问人进行斗争，以谋略对被讯问人进行攻伐，而不是以"骗术"对被讯问人进行斗争和攻伐。人类智慧和谋略与"骗术"是两个完全不同的概念，不能混淆。这是人所皆知，不言而喻的。把智慧和谋略与"骗术"相混淆，不是别有用心，就是一个误会。虽然以"诡道"对被讯问人进行讯问其中有"骗"的手段，但这种"骗"，只要用以"骗"的内容是客观存在着的事实，尽管讯问人员尚未掌握，也只是现象上的"骗"，而非本质上的"骗"。因而，也就不属于"骗"的范畴，不是真正意义上的"骗"。虽然，有的讯问人员以"诡道"对被讯问人进行讯问其中有真正意义上的"骗"的手段，但这只是实施这种"骗"的手段的讯问人员的行为，而非"诡道"的行为。把实施这种"骗"的手段的讯问人员的行为视为"诡道"的行为，显然是混

淆了概念，冤枉了"诡道"。因此，运用"诡道"对被讯问人进行讯问，是对被讯问人进行斗智伐谋，而非实施"骗术"。

（4）运用"诡道"对被讯问人进行讯问，向被讯问人施以的是有德之行为而非失德之行为

是有德之行为，还是失德之行为，取决于所实施的行为的方法。如果实施的行为方法有德，便是有德之行为。反之亦然。

讯问的目的是取得被讯问人的口供，即收集证据。我国法律对收集证据的方法有着严格的规定，"严禁刑讯逼供和以威胁、引诱、欺骗以及其他非法的方法收集证据"。以这些非法的方法收集的口供"应当予以排除"。如果讯问人员运用"诡道"对被讯问人进行讯问，收集被讯问人口供这一证据违反了法律的这些规定，就要承担相应的法律责任和收集的口供要被"排除"的后果。因此，讯问人员必须，也只能严格地遵守法律的这些规定去运用"诡道"对被讯问人进行讯问，收集证据。而遵守法律的规定运用"诡道"，所实施的行为方法必然是有德的方法。因为，它符合法律的规定，符合法律规定的行为方法无疑是有德的方法，而不可能是失德的方法。因此，运用"诡道"对被讯问人进行讯问，向被讯问人施以的是有德之行为，而非失德之行为。

不可否认，在讯问实践中，有的讯问人员并没有遵守法律的规定运用"诡道"对被讯问人进行讯问，实施失德的行为。但是，这种失德的行为是讯问人员实施的，而非"诡道"所固有的。因此，把这种某个讯问人员实施的行为强加在讯问"诡道"身上，显然是"张冠李戴"，以此强行给讯问"诡道"扣上"失德的行为"的帽子无疑是"栽赃陷害"。

2. 正确运用讯问策略，使运用的讯问策略符合道德伦理的规范和准则

我们知道讯问策略是否符合道德伦理的规范和准则，不在于讯问策略本身，而在于讯问人员运用讯问策略的动机和所使用的内容。这是因为，策略本身就其称谓而言，它仅仅是一个符号；就其性质而言，它仅仅是一个工具；就其作用而言，它仅仅是一种方法。而运用讯问策略的

动机和内容，主体出于什么样的动机运用讯问策略，就会有什么样的客观后果；主体以什么样的内容运用讯问策略，就会有什么样的运用的形式。因而，运用讯问策略的动机是所使用的讯问策略是否符合道德伦理规范和准则的前提，运用讯问策略所使用的内容是所运用的讯问策略是否符合道德伦理规范和准则的关键。因此，要使运用的讯问策略符合道德伦理的规范和准则，就要做到出于符合道德伦理规范和准则的动机和使用符合道德伦理规范和准则的内容。

（1）出于符合道德伦理规范和准则的动机运用讯问策略

讯问人员对讯问策略的运用，一定要做到出于符合道德伦理规范和准则的动机，而不能出于违反道德伦理规范和准则的动机，更不能出于卑劣、恶毒的动机。这不仅是使运用的讯问策略符合道德伦理规范和准则的需要，而且是讯问人员作为执法者和教育者应具备的健全人格和起码的道德品质的需要，更是讯问人员使自己成为一个有人格、有道德的人，而不是丧尽天良的人的需要。为此，要做到以下几点：

①要加强道德伦理修养，增强运用讯问策略的道德伦理意识

讯问人员要加强自己的道德伦理修养，提高自己的道德伦理素质，努力使自己成为一个人格健全、品德高尚的执法人员。增强自己运用讯问策略的道德伦理意识，在任何时候、任何情况下都能以道德伦理的标准规范自己的运用讯问策略的言行。只有这样，才能保证以符合道德伦理规范和准则的动机运用讯问策略，使运用的讯问策略符合道德伦理的规范和标准。

②要出于正义之心运用讯问策略

讯问人员运用讯问策略要出于正义之心，为维护法律的尊严，维护社会治安秩序，保护国家安全，保护人民生命财产安全，巩固党和国家的执政地位的目的而运用讯问策略。而不能为了自己的私利或不可告人的目的而运用讯问策略。

③要出于公正之心运用讯问策略

讯问人员运用讯问策略要出于公正之心，为给被讯问人以公平公正处理的目的而运用讯问策略，而不能为了偏斜的目的而运用讯问策略。

④要出于实事求是之心运用讯问策略

讯问人员运用策略要出于实事求是之心，为实事求是地查清案件的事实、情节，实事求是地取得被讯问人犯罪的证据，实事求是地认定案件的性质和被讯问人犯罪的事实、情节，实事求是地对被讯问人作出处罚的目的而运用讯问策略，而不能为了自己的功劳的目的而运用讯问策略，更不能为了欲加之罪的目的而运用讯问策略。

⑤要出于善良之心运用讯问策略

讯问人员运用讯问策略要出于善良之心，为教育挽救被讯问人，给被讯问人以出路，使之回归社会，保护被讯问人的合法权益的目的而使用讯问策略，而不能为了害被讯问人而使用讯问策略，更不能为整被讯问人，置被讯问人于死地的目的而运用讯问策略。

（2）使用符合道德伦理规范和准则的内容运用讯问策略

讯问人员对讯问策略的运用，所使用的内容一定要做到符合道德伦理的规范和准则，而不能使用不符合道德伦理规范和准则的内容，更不能使用那些歹毒、阴险的内容。这不仅决定所运用的讯问策略是否符合道德伦理的规范和准则，而且表明讯问人员是否是一个有人格、有道德的人。为此，要做到以下几点：

①要增强道德伦理意识

讯问人员要增强道德伦理意识，以道德伦理的规范和准则武装自己的头脑和严格要求自己，把遵守道德伦理的规范和准则作为做人和处事的头等大事。只有这样，才能在运用讯问策略中自觉地使用符合道德伦理规范和准则的内容。

②要提高道德伦理水平

讯问人员要加强道德伦理的修养，不断提高自己的道德伦理的境界和水平，使自己道德伦理的境界和水平达到一个新的高度。只有这样，才能正确地选择出符合道德伦理规范和准则的讯问策略的使用内容。

③要一丝不苟地选择和组织符合道德伦理规范和准则的讯问策略的使用内容

讯问人员要抱着对党负责、对人民负责、对被讯问人负责、对自己负责的精神，以严肃而又慎重的态度，一丝不苟地选择和组织符合道德伦理规范和准则的讯问策略的使用内容，做到选得准，选得精，组织得合理，组织得严密。只有这样，才能使选择和组织的讯问策略的使用内容符合道德伦理的规范和准则，在讯问策略的运用中起到应有的作用。

④要对选择和组织的讯问策略使用内容进行严格的审查

讯问人员要根据道德伦理的规范和准则，对选择和组织的讯问策略的使用内容进行严格的审查，凡是不符合道德伦理规范和准则的内容要坚决地予以排除。只有这样，才能保证所使用的讯问策略内容符合道德伦理的规范和准则。

⑤要做到坚决不使用不符合道德伦理规范和准则的内容

讯问人员要树立坚决不使用不符合道德伦理规范和准则的讯问策略内容的观念，在运用讯问策略中，做到坚决不使用不符合道德伦理规范和准则的内容。宁可讯不出，也不使用不符合道德伦理规范和准则的内容。只有这样，才能使使用的讯问策略内容符合道德伦理的规范和准则。

（三）攻心第一原则

所谓攻心第一原则，是指在运用讯问策略对被讯问人进行讯问的过程中，要坚持把攻心放在第一位，通过攻心，摧毁被讯问人抗审的心理防线，促使被讯问人心理的转化而实现运用讯问策略的目的。

运用讯问策略对被讯问人进行讯问，运用的无论是哪一种讯问策略，都是讯问人员与被讯问人心理上的交锋，是一个心理战的过程。任何一个被讯问人，拒供心理障碍的破除，抗审心理防线的摧毁，如实交代犯罪事实的作出，都源于其心理的转化，即由拒供的心理逐步转化为动摇心理，再转化为交代心理。可以说，没有被讯问人心理的转化，就没有被讯问人对犯罪事实交代的作出。而被讯问人心理的转化，并不会凭空而就，它需要外因的作用。离开了这个作用的外因，被讯问人的心理是不可能转化的。而心理的转化属于思想范畴，根据马克思主义不同质的矛盾要用不同质的方法去解决的原理，思想范畴的东西，只有从思想上去解决才能奏效。因此，促使被讯问人心理转化的这个外因，就只能是对被讯问人进行有效的攻心，通过有效的攻心，解决被讯问人的思想问题，从而促使其心理的转化。离开了攻心，其他任何手段都不能真正解决被讯问人心理上的问题。由此可见，运用讯问策略，要坚持攻心第一的原则。只有这样，才能促使被讯问人的拒供心理最后向交代心理的转化，实现运用讯问策略的目的。

运用讯问策略坚持攻心第一，要做到以下几点：

1. 要树立攻心第一的坚定思想

在运用讯问策略对被讯问人进行讯问的过程中，讯问人员要坚定地树立起攻心第一的思想，不可有任何的怀疑和动摇。无论在任何时候，任何情况下，也无论是对哪一个被讯问人进行讯问，运用的是哪一种讯问策略进行讯问，都要坚持攻心第一的思想，以攻心第一的思想为指导运用讯问策略对被讯问人进行讯问。讯问人员只有指导思想明确，才能在运用讯问策略中自觉地坚持攻心第一，才能在讯问策略的运用中切实地做到攻心第一。

2. 要切实地做到攻心第一

在运用讯问策略对被讯问人进行讯问的过程中，讯问人员在行动上要切实地做到攻心第一。

（1）要扎扎实实地进行攻心

运用讯问策略对被讯问人进行攻心，无论是势攻、证据攻、法攻、政策攻、理攻、情攻，还是计攻，都要做到扎扎实实，攻在重点处、要害处、虚弱处，弹无虚发；攻得稳、攻得准、攻得狠，矢中其的。

（2）攻心手段要多管齐下，相互配合

运用讯问策略对被讯问人进行攻心，各攻心手段，即势攻、证据攻、法攻、政策攻、理攻、情攻、计攻要多管齐下，不能单打一。在多管齐下的过程中，做到相互配合，互为作用。同时，要以其他的手段配合攻心。

（3）要排除干扰

运用讯问策略对被讯问人进行攻心，要排除来自自身和外界的各种干扰。有的被讯问人凶残、狡猾，讯问人员有可能怒火中烧，而放弃了攻心第一；有的讯问人员急于求成，想一蹴而就，而放弃攻心第一；有的来自他人的干扰，而放弃了攻心第一；等等。讯问人员要排除这些干扰，坚持攻心第一。

3. 要实施好攻心第一的方法

在运用讯问策略对被讯问人进行讯问中，讯问人员要实施好攻心第一的方法。

（1）要根据案件和被讯问人的情况，实施好攻心第一的方法

在运用讯问策略中对被讯问人进行攻心，讯问人员要根据案件和被讯问人的情况，具体问题具体对待，以针对性的方法对被讯问人进行攻心。

（2）要根据讯问策略的情况，实施好攻心第一的方法

在运用讯问策略中对被讯问人进行攻心，讯问人员要根据讯问策略的情况，不同的讯问策略要运用不同的方法对被讯问人进行攻心。

（3）要根据变化了的情况，实施好攻心第一的方法

在运用讯问策略中对被讯问人进行攻心，讯问人员要根据讯问的变化情况，以相应的攻心方法对被讯问人进行攻心。

关于攻心第一原则的具体运用，本书将在第二章"攻心为上"的讯问策略中作详细的叙述。

（四）隐蔽原则

所谓隐蔽原则，是指运用讯问策略要做到隐蔽，不被被讯问人察觉。

运用讯问策略对被讯问人进行讯问，是对被讯问人进行斗智伐谋。斗智伐谋，"凡谋之道，周密为宝"①，保守秘密最为重要。讯问人员只

---

① 见《六韬·武韬·三疑》，载唐书文撰：《六韬·三略译注》，上海古籍出版社 2012 年版，第 40 页。

有保守住讯问策略的秘密，不被被讯问人察觉，斗智伐谋才能顺利地进行，被讯问人才能在不知不觉中为讯问人员所调遣，"扶而纳之"，扶着被讯问人进入圈套。从而被讯问人员智斗得不知反抗，被讯问人员谋伐得吐露真情。如果讯问人员不能保守住讯问策略的秘密，被被讯问人察觉，被讯问人知道了讯问人员的讯问意图、讯问的指导方针、目标和行动路线，其就会针对讯问人员所施的计策和谋略进行防守、破解，从而不仅失去了讯问策略的价值，不能对被讯问人进行斗智伐谋，而且，所施的计策和谋略有可能被被讯问人将计就计，造成自己的被动和不利。因此，运用讯问策略一定要隐蔽，保守住讯问策略的秘密，不被被讯问人察觉。

运用讯问策略要做到隐蔽，要做到以下几点：

1. 增强运用讯问策略要做到隐蔽的意识

讯问人员要通过提高对运用讯问策略做到隐蔽对于讯问取得胜利重要性的认识，增强运用讯问策略必须要做到隐蔽的意识，树立运用讯问策略必须要做到隐蔽的坚定思想。只有这样，才能在运用讯问策略中自觉地做到隐蔽，把运用讯问策略的隐蔽贯穿于运用讯问策略的始终。

2. 把讯问策略融合在讯问手段之中

讯问人员要在设计和筹划讯问策略的过程中，把讯问策略融合在讯问手段中。在运用讯问策略的过程中，通过讯问手段的实施来实现和完成讯问策略的运用，使被讯问人感受到的只有讯问的手段，而感受不到讯问的策略。只有这样，才能使讯问策略在运用中悄悄地进行，神不知，鬼不觉，讯问策略才能不被被讯问人察觉。

3. 管住自己的言行、神态

在运用讯问策略对被讯问人进行讯问的过程中，讯问人员自始至终都要管住自己的言行和神态，围绕讯问策略的实现，以有利于讯问策略隐蔽的言行和神态出现在被讯问人面前，对被讯问人进行讯问，切不可表露出不利于讯问策略隐蔽的言行和神态，在不经意中让言行和神态暴露了讯问策略。只有这样，才能有利于讯问策略不被被讯问人察觉。

4. 手段的实施要巧妙

讯问策略是通过讯问手段的实施实现的。讯问手段实施得巧妙也就等于讯问策略运用得巧妙。因而，讯问人员在实施讯问手段的过程中，要以最巧、最妙的手法实施讯问手段，隐蔽讯问策略。只有这样，被讯问人才有可能觉察不到讯问策略。

5. 运用的过程要自然、周密

讯问人员运用讯问策略，运用的过程要自然、周密。

运用过程自然，不勉强，不做作，不呆板，就使讯问策略的运用顺理成章，既符合情理，不悖常理，又自然地产生讯问策略所要达到的结果。这样，就没有理由让被讯问人觉察到讯问策略。

运用过程周密，准确完备，没有缺陷，这就使讯问策略的运用滴水不漏，既周到严密，没有漏洞，又严谨周密，无懈可击。这样，就不会因疏忽让被讯问人觉察到讯问策略。

（五）针对原则

所谓针对原则，是指运用讯问策略要根据案件和被讯问人的情况，运用针对案件和被讯问人情况的讯问策略和以针对案件和被讯问人情况的方式、方法、内容、制胜艺术运用讯问策略对被讯问人进行讯问。

案件和被讯问人的情况不同，运用的讯问策略和运用讯问策略的方式、方法、内容和制胜的艺术也应不同。换言之，运用讯问策略对被讯问人进行讯问，所运用的讯问策略要针对案件和被讯问人的情况和以针对案件和被讯问人情况的方式、方法、内容和制胜的艺术运用讯问策略。这是马克思主义具体问题具体分析，具体问题具体对待，不同质的矛盾要以不同质的方法去解决的基本原理在运用讯问策略中的具体运用。运用讯问策略，只有具体问题具体分析，具体问题具体对待，运用针对性的讯问策略和以针对性的方式、方法、内容和制胜的艺术运用讯问策略，才能对症下药，药到病除，从而起到讯问策略的作用。否则，运用的讯问策略，因违反了马克思主义的基本原理，不仅不能起作用，而且要起反作用。因此，运用的讯问策略必须具有针对性。运用针对案件和被讯问人情况的讯问策略和以针对案件和被讯问人情况的方式、方法、内容、制胜艺术运用讯问策略。

运用讯问策略具有针对性，要做到以下几点：

1. 针对案件情况运用讯问策略

讯问人员要根据案件的作案时间、地点、现场、工具、经过、手段、后果和案件的性质、形式、证据、赃物、被害人等情况，具体问题具体分析，具体问题具体对待，运用有针对性的讯问策略和以针对的方式、方法、内容、制胜艺术运用讯问策略。切不可不顾案件的情况，千篇一律，盲目、主观地运用讯问策略。只有这样，讯问策略的运用才有可能做到有针对性。

2. 针对被讯问人的情况运用讯问策略

讯问人员要根据被讯问人的阅历、人生轨迹、表现、人品、特点、家庭、社会关系、社会交往和犯罪、心理等情况，具体问题具体分析，具体问题具体对待，运用有针对性的讯问策略和以针对的方式、方法、内容、制胜艺术运用讯问策略。切不可离开被讯问人的这些情况，千篇一律，盲目、主观地运用讯问策略。只有这样，讯问策略的运用才有可能做到有针对性。

3. 针对变化了的情况运用讯问策略

讯问人员在开始的时候，由于限于条件，掌握的案件、被讯问人情况可能不全、不深、不细，也有可能不准，随着讯问的进行出现了新的情况。同时，随着讯问的进行，被讯问人的心理、抗审态度、精神支柱都有可能发生变化，出现了新的情况。在这种情况下，讯问人员要根据案件和被讯问人变化了的情况，具体问题具体分析，具体问题具体对待，针对变化了的情况运用有针对性的讯问策略和以针对的方式、方法、内容、制胜艺术运用讯问策略。切不可不顾变化了的情况，仍以"老黄历"运用讯问策略。只有这样，讯问策略的运用才有可能做到有针对性。

（六）相辅而行原则

所谓相辅而行原则，是指在运用讯问策略对被讯问人进行讯问的过程中，把几个讯问策略配合使用，相互作用，相辅相成，使讯问策略的运用既艺术，又协同。

运用讯问策略对被讯问人进行讯问，无论是对哪一个被讯问人进行讯问，也无论是哪一场讯问，在讯问的过程中，所运用的讯问策略都不会只是一种，而是两种、三种，甚至是多种。即使是在运用一种讯问策略的情况下，在这种讯问策略运用的过程中，对有些情况也需要以另外的讯问策略进行讯问，即讯问策略中的策略。正如我国古代军事著作《兵法圆机》所说"凡用计者，非单计孤行，应多计相辅"。[①] 这样运用讯问策略，就使众计迭出、互相配合，以形成纵向型、多角度的智谋对策。

这种以几种讯问策略对被讯问人进行讯问和讯问策略中的策略对被讯问人进行讯问，就有几个讯问策略配合使用和讯问策略与讯问策略中的策略配合使用的问题。只有做好它们之间的配合使用，相辅而行，才能使讯问策略的运用既艺术，又协同，从而使讯问策略发挥出事半功倍的效果。

要使讯问策略相辅而行，要做到以下几点：

1. 要增强相辅而行的意识

讯问人员要在明确讯问任何一个被讯问人、任何一场讯问运用的讯问策略都不是单一的，而是多种的基础上，增强各讯问策略之间、讯问策略与讯问策略中的策略之间配合使用的意识。只有这样，才能在运用讯问策略的过程中，自觉地、有意识地注重它们之间的配合使用，从而才有可能做好它们之间的配合使用。

2. 要作出统一的筹划

讯问人员在运用讯问策略对被讯问人进行讯问前，要全局一盘棋，

---

① 引自车明正等著：《用计与防计》，中国国际广播出版社 1992 年版，第 344 页。

对讯问策略的配合使用问题作出统一的筹划。要明确运用哪几个讯问策略，各在什么时候运用，如何进行运用，要注意什么问题，哪个策略运用在前，哪个策略运用在后，前后如何配合，中间应做哪些铺垫，如何才能顺利地从前一个策略转到后一个策略。只有这样，才能在运用讯问策略中做到有条不紊，按图施工。从而在运用讯问策略中做到配合使用。

3. 要切实做到相辅而行

讯问人员在运用讯问策略对被讯问人进行讯问的过程中，要按照筹划，并根据讯问的实际情况及时调整、修改，切实地做到讯问策略之间的配合使用。

（1）运用好每一个策略

讯问人员要以高度的负责精神，严谨的讯问态度，一丝不苟的讯问作风，高超的讯问技巧，扎扎实实地运用好每一个策略，使每一个策略的运用都炉火纯青。

（2）做到互相衔接

讯问人员在运用各讯问策略的过程中，要做到讯问策略之间的互相衔接，使之成为一个和谐的有机整体。不能不顾前后衔接，各自为战，各吹各的号，各唱各的调，使讯问策略的运用支离破碎，漏洞百出，自损效果。

（3）做到相互配合

讯问人员在运用各讯问策略的过程中，要做到讯问策略之间的相互配合。前一个策略在发挥自己作用的同时，要为后一个策略开辟道路，打下基础，后一个策略亦在发挥自己作用的同时，为前一个策略做好支撑，巩固前一个策略的成果，使运用的讯问策略相互作用，共同张力，相辅相成。

（七）辩证原则

所谓辩证原则，是指运用讯问策略要把对立统一的两个方面有机地结合起来对被讯问人进行讯问，使之发挥出最大的效果。

讯问策略的运用，是人类辩证思维在讯问实践中的具体运用。在运用讯问策略的过程中，把对立统一的两个方面有机地结合起来加以实施，能够更加彰显所实施手段的成效，从而使讯问策略发挥出最大的效果。

辩证地运用讯问策略，要做到以下几点：

1. 要高度树立辩证运用讯问策略的思想

讯问人员要充分认识世界上任何事物都是辩证的，都是对立统一的两个方面，讯问策略的运用当然也不例外。

对立统一规律既是辩证唯物主义的核心，又是认识问题、处理问题、解决问题最有效的方法，没有辩证的观点、方法，就无法正确地认识问题，精准地处理问题，圆满地解决问题，更不可能止于至善。讯问策略的运用必须要运用对立统一规律，以辩证的方法作用于被讯问人，以对立统一的两个方面对被讯问人进行讯问。只有这样，才能使讯问策略的运用"无穷如天地，不竭如江河"，从而"决胜于千里之外"，击被讯问人于"谈笑间，樯橹灰飞烟灭"。而要做到这样，讯问人员首先要克服单打一的思想，高度树立辩证运用讯问策略的思想。

2. 要辩证地运用讯问策略

在运用讯问策略的过程中，讯问人员要对讯问策略做到辩证地运用：既威又恩、既严又宽、既张又弛、既正又奇、既实又虚、既明又暗、既露又隐、既惑又醒、既直又迂、既害又利、既堵又疏、既聚又分。把这些既对立又统一的两个方面有机地结合起来对被讯问人进行讯问，切忌只威不恩或只恩不威、只严不宽或只宽不严、只张不弛或只弛不张、只正不奇或只奇不正、只实不虚或只虚不实、只明不暗或只暗不明、只露不隐或只隐不露、只惑不醒或只醒不惑、只直不迂或只迂不直、只害不利或只利不害、只堵不疏或只疏不堵、只聚不分或只分不聚。

3. 要讲究运用的方法

在运用对立统一的两个方面中，无论运用哪一个方面，讯问人员都要十分讲究运用的方法，切不可顾此失彼。

（1）运用针对性的方法

在运用中，要根据案件和被讯问人的情况，运用针对性的方法对对立统一的两个方面予以实施。

（2）运用恰当的方法

在运用中，要根据对立统一两个方面各自的具体情况，运用最恰当的方法予以实施。

（3）运用巧妙的方法

在运用中，要根据案件和被讯问人的情况与对立统一两个方面各自的具体情况，运用最巧妙的方法予以实施。

4. 要把握好一个度

在运用对立统一的两个方面中，无论运用哪一个方面，讯问人员都要把握好一个度，做到既不过又无不及。因为，过犹不及，不及犹过。只有适量、适中，恰到好处、恰如其分，才能发挥作用。否则，就会起反作用。

5. 要重视两者的结合

在运用对立统一的两个方面中，讯问人员要十分重视对立统一这两个方面的结合，使之有机地结合在一起，天衣无缝成为一个和谐的整体。只有这样，这两个对立统一的方面才能相互张力，相互作用，使被讯问人既敬畏，又融洽。否则，就会功亏一篑。

关于讯问策略辩证原则对立统一两个方面的具体运用，将在本书第八章"讯问策略运用中辩证方法的实施"中作详细的阐述。

第二章

攻心为上

一、攻心为上策略的概念、作用和运用的基本要求

为了更深刻地阐述攻心为上这一讯问策略的概念、作用和运用的基本要求，我们先来看一个案例。

某市发生一起向境外间谍机关报送国家机密案。作案人将国家一重要机密以书写信函投邮的方法向境外间谍机关报送，在邮寄途中被该市口岸部门工作人员吴某在正常工作中截获。某市国家安全机关经对这份情报的详细研究，发现作案人的作案手段极其狡猾，其书写情报的明文和密写以及信封上的所有文字的字体都是临摹他人的笔迹，就连落款日期数码字也都是临摹他人的笔迹，而且是多人的笔迹。案发后，该市国家安全机关组织力量对该案展开侦查。但经一年多的侦查，案件毫无进展，未能发现作案嫌疑人。在此情况下，局长下定了"挖地三尺也要破这个案件，把作案人揪出来"的决心。于是，局党委调整了侦查处处长，重新组织了以处长为组长的强有力的侦破队伍，开展对该案的侦查。经侦查，找到了大部分这份情报书写的字所临摹的原件，只有几个字临摹的原件未能找到。这些已找到的所临摹文字的原件全部属于国家的绝密材料，能接触到这些绝密材料的只有吴某和另外的十九人。于是，侦查人员把作案嫌疑对象确定在这二十人之中。为了确定作案人是谁，该市国家安全局请来六名全国笔迹鉴定最权威的专家，对这份情报的文字进行鉴定。经专家研究，这份情报书写文字笔迹的起笔和落笔与这二十人中的吴某的笔迹最为相似。但由于还有几个文字临摹的原件未能找到，不能作出鉴定意见。在这种情况下，侦查人员又对那几个未找到临摹原件的文字的原件进行查找，结果找到了所有文字的临摹原件，这些原件也都是国家的绝密材料，同样只有吴某和另外那十九人能接触到。找到了所有文字临摹的原件后，该市国家安全局又请那六位专家前来研究鉴定。经六位专家研究鉴定，一致认为该份情报书写的文字笔迹在起笔和落笔上与这二十人中的吴某的笔迹相一致，但毕竟全是临摹他人的笔迹，立即作出鉴定意见，就认定是吴某作案的理由不充分。专家

建议，要先突破吴某的口供。于是，侦查人员决定对吴某进行讯问，以突破其作案口供。

　　侦查人员在对吴某讯问前，又深入地分析了吴某的心理。经对吴某作案手段的分析认为，吴某以如此隐蔽、狡猾的手段作案，其一定认为自己的作案手段隐蔽、高明，没有留下作案的痕迹，自己隐藏得很深，侦查人员不可能发现，即使怀疑到自己身上，由于没有留下作案的客观物质痕迹，也没有被人知晓过而留下作案的主观知觉痕迹，侦查人员无法拿到自己作案的证据，只要自己不承认，侦查人员就奈何不了自己，一点办法都没有。根据这一分析，侦查讯问人员认为，吴某的自信性侥幸心理一定特别强，其会在这一心理的支配下与讯问人员抗衡。侦查讯问人员在分析了吴某具有自信性侥幸心理后，继续分析认为，吴某是一个不从事法律和司法工作的人，其不知道我国《刑事诉讼法》有"没有被告人供述，证明充分、确实的，可以认定被告人有罪和处以刑罚"的规定。因而，如果通过讯问，在破除了吴某的自信性侥幸心理后，吴某一定会因受历史上"无供不录案"的影响，认为只要自己不交代，即使讯问人员掌握了自己作案的确实证据，没有自己的口供，也无法认定自己有罪和处以刑罚。根据这一分析，侦查讯问人员认为，在破除了吴某自信性侥幸心理后，吴某又会产生盲目性侥幸心理，其会在这一心理的支配下，拒绝对作案事实作出供述，继续与讯问人员抗衡。侦查讯问人员在分析了吴某可能产生盲目性侥幸心理后，根据吴某和吴某的家庭情况继续进行分析，认为吴某是一个一直要求进步迫切的人，平时工作积极，认真负责，勤勤恳恳，多次被评为先进工作者。据此，吴某真正想把情报提供给间谍机关的可能性不大，其极有可能是为了截获情报以示自己工作出色而立功，因为以往，凡是在工作中截获情报的，都予以立功表彰；吴某的家庭对吴某寄予很大的希望，其父母要求吴某一心扑在工作上，争取政治上的进步，其妻子为了吴某能进步，自己包揽了全部家务。据此，吴某一定会认为，如果承认了是自己作的案，对作案的事实作出交代，定会按照《刑法》关于向敌特机关报送情报所涉的罪名定罪处罚。这样，不仅自己被判了刑，断送了前途，而且辜负了父母、妻子的一片苦心。根据这一分析，侦查讯问人员认为，吴某还具有很强的畏罪心理。

根据上述分析，侦查讯问人员认为，对吴某的讯问应运用攻心为上的策略，只有从思想上、心理上瓦解吴某的斗志，破除其抗审的心理障碍，才能促使吴某对作案的事实作出交代。于是，侦查讯问人员又对如何从思想上、心理上瓦解吴某的斗志，破除其抗审心理障碍进行了研究。经研究，制定了对吴某运用攻心为上策略的讯问方案。

在运用攻心为上的策略对吴某进行讯问的整个过程中，讯问人员运用以下方法对吴某进行攻心：

1. 以查案的声势对吴某进行攻心

在正面接触吴某的两天前，局长带领侦查小组的人员前往案发的口岸部门，召开了包括吴某在内的全口岸工作人员参加的大会，局长在会上作了"挖地三尺，把作案分子挖出来"的讲话，大造查案的声势，敦促作案者主动交代犯罪事实。会后，又组织大家进行讨论。

2. 以威势对吴某进行攻心

以威势对吴某进行攻心，作了以下的安排：

（1）组织了由侦查处长为主审的五人讯问队伍，负责对吴某的正面讯问。

（2）以安排吴某出差为由，在吴某前往出差的途中将吴某拦下带往讯问地点进行讯问。

（3）将讯问地点安排在异地，并对讯问的地点进行了精心的布置，显得十分威严。在吴某出差的当日，四名侦查人员在吴某车子必经之处等候，吴某乘坐的车子经过该处时，侦查讯问人员在交警的配合下将吴某乘坐的汽车拦下，走上汽车责令吴某下车，并要求其上了侦查讯问人员的车子，车子直奔讯问地点。到达讯问地点后，吴某一见威严的讯问环境和侦查处长端坐在讯问室，顿时显得十分惊慌。

（4）讯问开始，三名侦查讯问人员坐成一排，两名侦查讯问人员站在吴某的两边，为了不使吴某惊慌过度而起反作用和消除吴某的畏罪心理打下基础，侦查处长向吴某发话："吴×，今天叫你到这地方来，目的是影响小一点，你不用紧张，我只是有几个问题想问问你。"

通过上述以声势和威势对吴某进行攻心，为瓦解吴某的斗志打下了扎实的基础。

3. 以道理对吴某进行攻心

侦查讯问人员针对吴某的自信性侥幸心理的认识根源，以"要想人不知，除非己莫为"的道理对吴某进行攻心。在以这一道理对吴某进行攻心时，侦查讯问人员用以下内容对吴某进行了攻心：

（1）向吴某阐述了"要想人不知，除非己莫为"道理的基本内容

侦查讯问人员向吴某指出："我想告诉你的道理是：任何事干得不论手段如何诡秘，行为如何隐蔽，它总是要留下蛛丝马迹的。要想别人不知道，除非自己没有干过。凡是已经干过的事，别人是不可能不知道的。不是有'床底角吃柿子，也会被人知道'这样一句俗语吗？这是因为在床底角吃柿子，要在嘴边、牙齿缝中留下吃柿子的痕迹，在口中要留下柿子的气味。所以，他虽然在床底角很秘密地吃了柿子，没人看见，但还是要被他人知道他吃过柿子。这就是'要想人不知，除非己莫为'的道理。"

（2）以辩证唯物主义关于物质世界普遍联系的原理向吴某阐述"要想人不知，除非己莫为"的道理

侦查讯问人员向吴某指出："物质世界是普遍联系的。也就是说，事物之间和事物内部诸要素之间是互相影响、互相作用、互相制约的。辩证唯物主义这一联系的理论告诉我们：物质世界是普遍联系的统一体，没有什么事物是孤立存在的，无论在自然界、人类社会还是思维领域，事物之间或事物内部各要素之间的互相影响、互相作用、互相制约无所不在；联系是事物的内在本性，它不以人的主观意志为转移；事物联系又具多样性，有内部与外部、本质与非本质、必然与偶然、直接与间接、主要与次要的联系。根据联系的理论，当某一事物发生变化的时候，它必然要引起对其他事物的影响，使之也产生了变化，这是客观存在的事实，是不以人们的意志为转移的。同样，当一个人实施了犯罪的行为，无论他的作案手段是如何的秘密、隐蔽、狡猾，也必然会影响、

作用其他的事物，使其他的事物发生变化，而留下蛛丝马迹。如同刚才说的床底角吃柿子。这就为查案机关知道谁是作案者提供了线索，或者说是基础。办案人员再顺着这个线索顺藤摸瓜，不就弄清了来龙去脉，查到了这个作案的人了吗？所以说：'要想人不知，除非己莫为'其道理就在这里，你说是吗？"

（3）联系案件的实际向吴某阐述"要想人不知，除非己莫为"的道理

侦查讯问人员继续向吴某指出："我们现在再具体一点，来说说这个案件。有人作了案，向敌特机关报送了这么一个情报，它需要通过书写文字来完成。由于书写文字的行为，它就影响作用了另一事物，即纸张，引起了纸张的变化，本来是一张空白的纸，现在却有了文字在上面。而这文字是人书写的，也就留下了书写人的笔迹。这书写人的笔迹就为我们知道谁是作案人提供了线索。我们再顺着这条线索查下去，同时利用现代科学技术进行鉴定，不就查到作案人了吗？这是肯定的。"

（4）以事实向吴某阐述"要想人不知，除非己莫为"的道理

侦查讯问人员先向吴某提出了"你知道那份情报的笔迹全部都是临摹他人的字体，而且是多人的字体吗"的问题，在吴某作了"我听说过，这跟我有什么关系"的回答后，向吴某指出："这肯定与你有关系，而且有很大的关系。我现在要告诉你的是：我已经把那份情报上所有字临摹的原件都找到了。由于这些原件属于党和国家的核心机密，因此，被临摹的这些字的原件只有你和少数几个人可以接触到，而且，我把能接触到这些原件的几个人都明确地确定下来了。除了你和这几个人以外的别人是不可能接触到这些原件的。于是，我把作案人限定在你们这几个人之中，也就是说，只有你们这几个能接触到原件的人其中之一作的案。这不会有问题吧！我想，这肯定没有问题。"

（5）以规律向吴某阐述"要想人不知，除非己莫为"的道理

在吴某作了"这能证明是我干的？这也当得了是我干的证据？我说过了，如果是我干的，我就不会把它截获"的狡辩后，侦查讯问人

员向吴某指出："有一个道理我还想告诉你：尽管都是临摹他人的字体，但一个人的书写习惯是很难改变的，例如起笔和落笔，无论怎么伪装，在不经意的时候还是会把书写习惯流露出来的。也就是说，作案人不可能始终如一地伪装下去，这几个字注意伪装了，临着临着就忘了伪装，把书写的习惯流露出来了。可能开始注意伪装，继而又忘了伪装……这样，尽管这份情报书写的字的笔迹都是临摹他人的字体，但也显露着作案人的书写习惯。你说是吗？我想，肯定是这样的。"

（6）以技术鉴定向吴某阐述"要想人不知，除非己莫为"的道理

此时的吴某一惊，对侦查讯问人员的"你说是吗？我想，肯定是这样的"迟迟才答上"我不懂什么书写习惯"一句。侦查讯问人员接上吴某的回答，向吴某指出："你不懂书写习惯没关系，但是，这对我破这个案来说就非常有关系，而且非常重要。有了这份情报字体的书写习惯，有了作案人书写这份情报很难改变的起笔和落笔，我就可以通过技术鉴定，对这份情报的书写习惯、起笔和落笔进行鉴定，把这个作案人找出来。这可是科学技术！难道你不相信科学技术吗？你不相信也没关系，因为科学技术是公认的、是真理，你相信或不相信，其结果都是一样的，确定无误的。也就是说，通过对这份情报书写习惯，起笔、落笔的鉴定，结论是谁的笔迹，谁就是这个案件的作案者。"

通过上述以"要想人不知，除非己莫为"的道理对吴某进行攻心，挖除了吴某认识上的自信性侥幸心理的根源。

4. 以证据对吴某进行攻心

侦查讯问人员针对吴某自信性侥幸心理的客观根源以暗示证据的方法对吴某进行攻心："我还想告诉你的是，可能你也已知道，我为了破这个案件，曾先后从公安部、国家安全部、上海市公安局和国家安全局、广州市公安局和国家安全局请来全国一流的笔迹鉴定专家对这份情报的笔迹进行研究、鉴定，前几次都由于还有几个字临摹的原件没有找到而作罢。这一次，我刚才说过全都找到了，所以，我又把这些专家一起请过来，他们工作了几天，昨天刚走。你知道吗？"

通过上述向吴某暗示鉴定意见这一证据对吴某进行攻心后，吴某显

得惊慌，在惊慌中陷入沉思，忧心忡忡。此时的吴某通过联想侦查讯问人员前面的道理攻心，认为侦查讯问人员确已取得了鉴定意见这一证据，从而从客观上挖除了吴某自信性侥幸心理的根源。随着吴某认识上、客观上自信性侥幸心理根源的挖除，也就破除了吴某的自信性侥幸心理。

5. 以法律对吴某进行攻心

侦查讯问人员以攻心为上的策略破除了吴某的自信性侥幸心理后，紧接着针对吴某的盲目性侥幸心理，继续运用攻心为上的策略，以《刑事诉讼法》第三十五条①的规定对吴某进行攻心。为了使吴某对这一法律的规定有更深刻的了解，侦查讯问人员不是自己直接向吴某宣讲这一法律的规定，而是先向吴某提出"你学过《刑事诉讼法》吗？知道该法的第三十五条是怎么规定的吗"的问题，在吴某回答"我忘掉了"后，向吴某指出："我这里有一本《刑事诉讼法》，你拿过去念念第三十五条的规定吧！"并把事先已准备好的《刑事诉讼法》条文本子递给吴某，说："你自己念念吧！"在吴某读了《刑事诉讼法》第三十五条关于"对一切案件的判处都要重证据，重调查研究，不轻信口供。只有被告人供述，没有其他证据的，不能认定被告人有罪和处以刑罚；没有被告人供述，证据充分、确实的，可以认定被告人有罪和处以刑罚"的规定后，侦查讯问人员指出："法律的规定是明确的，'没有被告人供述，证据充分、确实的，可以认定被告人有罪和处以刑罚'。"

紧接着，侦查讯问人员对《刑事诉讼法》第三十五条的规定作了语词上和学理上的解释，再次严肃地指出："你以为自己不交代，没有你的口供，就奈何不了你！就无法认定你有罪和对你处以刑罚！法律却不是这样规定的。你现在应该明白了吧！"

---

① 　指1979年7月1日第五届全国人民代表大会第二次会议通过，1980年1月1日起施行的《刑事诉讼法》第三十五条，办理此案是在该《刑事诉讼法》施行期间。下同。

吴某在侦查讯问人员的以法攻心下，手拿《刑事诉讼法》文本，待在那里，没有回答。此时侦查讯问人员顺势说："你不懂法律的规定，更不懂我国刑事诉讼的证据理论，死抱'只要我不开口，你就是神仙也难下手'的观念不放。这样，你是要吃大亏的。我告诉你：任凭你不开口，我有证据在手，根据法律的规定，定能下得了手。"

讯问人员以《刑事诉讼法》第三十五条规定对吴某进行攻心后，紧接着，讯问人员又以《刑事诉讼法》第三十一条①关于证据的含义及法定种类的规定和《刑事诉讼法》有关证明标准的规定对吴某进行攻心。

6. 以法律理论对吴某进行攻心

侦查讯问人员在以《刑事诉讼法》的规定对吴某进行攻心后，又以刑事诉讼的证据理论对吴某进行攻心。在攻心中，侦查讯问人员大篇幅地阐述了刑事诉讼的证据理论，从刑事证据的一般理论到刑事证据的种类；从刑事诉讼的证明到刑事证据的分类；从刑事证据的审查判断到刑事证据的运用原则。在阐述中，侦查讯问人员有意识地重点阐述了刑事证据的适用原则。吴某静静地听着，额头冒出了汗珠。

通过上述以《刑事诉讼法》第三十五条、第三十一条的规定和刑事诉讼理论对吴某进行攻心，破除了吴某的盲目性侥幸心理。

7. 继续以法律规定和法律理论对吴某进行攻心

侦查讯问人员在破除了吴某的盲目性侥幸心理后，又针对吴某的畏罪心理，以刑法理论关于犯罪构成的四个要件和《刑法》第九十七条②关于资敌罪的规定及该罪的犯罪构成、处罚对吴某进行攻心。在攻心中，侦查讯问人员先针对吴某的"我没有做那件事，如果是我做的，我就不会将它截获了"的辩解，向吴某提出了"你刚才说，'那件事如果是你做的，你就不会将它截获了'，也许问题就在这里。你懂我国《刑法》的犯罪构成理论和第九十七条的规定吗"的问题，再向吴某宣

---

① 指 1979 年 7 月 1 日第五届全国人民代表大会第二次会议通过，1980 年 1 月 1 日起施行的《刑事诉讼法》第三十一条。

② 指 1979 年 7 月 1 日第五届全国人民代表大会第二次会议通过，1980 年 1 月 1 日起施行的《刑法》第九十七条，办理此案是在该《刑法》施行期间。下同。

讲了犯罪构成的四个要件和《刑法》第九十七条的规定及该罪的犯罪构成、处罚。特别强调指出："《刑法》第九十七条规定的资敌罪，属于《刑法》分则第一章规定的反革命罪。构成反革命这类犯罪的行为人在主观方面出于直接故意，而且必须具有推翻人民民主专政的政权和社会主义制度的反革命目的。这是构成反革命罪的主观要件。如果没有反革命的目的，就不构成反革命罪。也就是说，构成资敌罪，应当以反革命为目的。"

侦查讯问人员在以《刑法》的规定和刑法理论对吴某进行攻心后，为使吴某确信侦查讯问人员所说的话，又拿起早已准备好的由高铭暄教授主编的《刑法学》一书，并翻到这一页递给吴某，说："你自己看吧！"吴某认真地看着。看了一遍再看一遍后，脸上露出了微笑，抬起了头。

通过上述以犯罪构成的四个要件理论和《刑法》第九十七条关于资敌罪的规定及该罪的犯罪构成要件对吴某进行攻心，破除了吴某的畏罪心理。

8. 以情对吴某进行攻心

侦查讯问人员在以声势、威势、道理、证据、法律、法律理论对吴某进行攻心，破除了吴某的自信性侥幸心理、盲目性侥幸心理和畏罪心理后，又以情对吴某进行攻心。在以情对吴某进行攻心中，侦查讯问人员一是向吴某涉入其父母、妻子对其关心，希望其能进步的信息："你父母对你倾注了极大的关心和爱护，希望你能进步。而你虽然进步不了，但至少总要做到不要让父母为你的平安而担心；据我们了解，你妻子是很贤惠的，她为了你能进步，包揽了全部的家务，不让你干，你总要为你妻子想想，不要让你妻子为你的平安而担心。"二是以对吴某关心的口气规劝吴某："如果不是出于反革命目的，你又为何不作辩解？"这句话隐含了侦查讯问人员认为其行为不是出于反革命的目的的实事求是态度。

通过上述以情对吴某进行攻心，吴某脱口而出："我干这事确不是为了反革命目的……"

上述案例中，侦查讯问人员通过运用攻心为上的策略对吴某进行讯问，在讯问中，对吴某进行声势攻心、威势攻心、理攻心、证据攻心、法攻心、法律理论攻心和情攻心，最后促使吴某交代了作案的经过事实，突破了吴某的口供。

（一）攻心为上策略的概念

所谓攻心为上，是指讯问人员根据案件和被讯问人的情况，运用形势、声势、证据、法律、政策、道德、道理、情感、利益和案例等，有针对性地对被讯问人施加思想上、心理上的影响，消除其抗审的精神力，瓦解其抗审的意志，破除其抗审的心理障碍，激发其情感，从而转变其思想认识，促使被讯问人如实交代犯罪事实的一种讯问策略。

攻心为上策略的概念有以下几点：

1. 攻心为上是讯问最为重要的一种策略

讯问策略有诸多种，而攻心为上只是诸多种讯问策略中的一种，且是诸多种讯问策略中最重要的一种，这是由讯问的性质所决定的。我们知道，讯问的性质与用兵打仗的性质是一样的，而用兵打仗最高明的策略就是攻心为上，正所谓"夫用兵之道，攻心为上，攻城为下，心战为上，兵战为下"①。在讯问中，讯问人员只有运用攻心为上的策略，对被讯问人进行攻心，才能真正制服被讯问人，使被讯问人从心服到口服，在心服的支配下做到口服，如实地交代犯罪事实。如果讯问人员不运用攻心为上的策略对被讯问人进行讯问，而仅运用其他的策略对被讯问人进行讯问，虽然有的也能突破被讯问人的口供，但不能做到使被讯问人心服或完全使被讯问人心服，那么被讯问人在交代中就不会完全彻底地如实交代犯罪的事实，在交代中极有可能对一些问题予以隐瞒、抵赖或作出不实的交代。

上例吴某案，正因为讯问人员运用了攻心为上的策略对其进行讯

---

① 见［晋］陈寿撰、［宋］裴松之注：《三国志·蜀书九》，中华书局 2006 年版，第 585 页。

问，使吴某心服口服，从而促使其彻底如实地交代了作案的经过事实。如果讯问人员不是运用攻心为上的讯问策略对其进行讯问，就不可能使吴某心服口服，从而也就有可能突破不了其口供或使吴某在交代中避重就轻。因此，攻心为上的策略是讯问最为重要的一种策略。

2. 攻心为上是有针对性地解决被讯问人思想上、心理上抗审的一种策略

攻心为上的策略是根据案件和被讯问人的具体情况而设计的。讯问人员在设计攻心为上策略的过程中，根据案件和被讯问人的具体情况，设计出针对案件和被讯问人的具体情况的行动方针和斗争的艺术。这些有针对性的行动方针和斗争艺术就为解决被讯问人思想上、心理上抗审的问题成为可能，从而在讯问中解决了被讯问人思想上、心理上的抗审问题，进而促使被讯问人对犯罪事实作出如实交代。

上例吴某案，根据吴某的自信性侥幸心理、盲目性侥幸心理和畏罪心理，攻心为上的策略针对吴某的这些抗审心理，有针对性地解决了吴某思想上、心理上的这些抗审问题。因此，攻心为上是有针对性地解决被讯问人思想上、心理上抗审的一种策略。

3. 攻心为上是运用多种攻心手段解决被讯问人思想上、心理上抗审的一种策略

攻心的目标是要解决被讯问人思想上、心理上的抗审问题。而解决被讯问人思想上、心理上抗审的问题，并不是一件容易的事，它需要运用多种手段才有可能奏效，解决其思想上、心理上的抗审问题。而攻心为上的讯问策略由于是针对案件和被讯问人的具体情况而设计的，因而，其在攻心的手段上也就针对了案件和被讯问人的具体情况。正因为攻心的手段是针对案件和被讯问人具体情况的，那么，其也就不会只是一种攻心手段，而是针对案件和被讯问人具体情况的多种攻心手段。

上例吴某案，讯问人员运用声势攻心、威势攻心、道理攻心、证据攻心、法律攻心、法理攻心、情感攻心等多种攻心手段，从而解决了吴某思想上、心理上的抗审问题。因此，攻心为上是运用多种攻心手段解

决被讯问人思想上、心理上抗审的一种策略。

4. 攻心为上是从根本上解决被讯问人抗审问题的一种策略

攻心为上是从思想上、心理上消除被讯问人抗审的精神力，瓦解其抗审的意志，破除其抗审的心理障碍，激发其情感的策略。也就是说，攻心为上解决的是被讯问人思想上、心理上的问题。而人的行为是受思想、心理支配的，即受心支配。正所谓"心为万事主"①。心的问题解决了，也就从根本上解决了问题。

上例吴某案，在讯问中运用攻心为上的策略，解决其心理上认为讯问人员不可能掌握其证据、没有自己的口供不可能被定罪处罚、害怕被法律制裁的问题，也就从根本上解决了其抗审的问题。因此，攻心为上是从根本上解决被讯问人抗审问题的一种策略。

5. 攻心为上是其他讯问策略都离不开它配合的一种讯问策略

运用其他讯问策略对被讯问人进行讯问，促使被讯问人对犯罪事实作出交代，离不开攻心为上策略的配合。因为，被讯问人最终作出交代，归根结底，还是要解决思想上、心理上的问题，思想上、心理上的问题不解决，被讯问人是不可能作出交代的。因而，无论运用其他什么策略对被讯问人进行讯问，都有一个要解决被讯问人思想上、心理上的问题。而要解决被讯问人思想上、心理上的问题，就要对被讯问人进行攻心，不对被讯问人进行攻心，单独运用某一种其他策略，是无法解决被讯问人思想上、心理上的问题的。因此，攻心为上是其他讯问策略都离不开它配合的一种讯问策略。

（二）攻心为上策略的作用

攻心为上策略在讯问中有以下重要的作用：

1. 有利于解决被讯问人抗审的根本问题

被讯问人在讯问中是否进行抗审，如何进行抗审都源于"心"这

---

① 见［唐］吴兢：《贞观政要·规谏太子第十二》，载骈宇骞译注：《贞观政要》，中华书局 2011 年版，第 301 页。

个根本问题，受"心"的主宰。被讯问人抗审的这个根本问题不解决，其就会在这个根本的支配下进行抗审，实施其抗审的行为。即使在有的情况下，慑于某种原因，表面上停止抗审行为的实施，但其内心仍然是想着抗审的问题，一有时机，其就会死灰复燃，继续实施抗审行为，而且有过之而无不及。被讯问人只有在这个抗审的根本问题得到解决的情况下，其才有可能真正地停止抗审，进而对犯罪事实作出交代。因此，要解决被讯问人抗审的问题，就要解决"心"这个根本问题。

解决了被讯问人抗审的"心"这个问题，也就从根本上解决了被讯问人的抗审问题。我们知道，世界上的任何事情都有一个开始和终了的问题，任何事物都有一个根源或最重要的部分和细枝末节的问题。解决事物的矛盾，只有抓准了这个根源或最重要的部分并对这个根源或最重要的部分予以解决，这个方法才是正确的，才能解决这个事物的矛盾。正所谓"物有本末，事有终始，知所先后，则近道矣"。① 如果在解决矛盾的过程中，不抓住这个根源或最重要的部分并予以解决，而是抓住细枝末节进行解决，就不能解决这个事物的矛盾，这是马克思辩证唯物主义的基本原理，也是解决问题基本的立场、观点和方法。被讯问人抗审的"心"这个问题，就是被讯问人进行抗审的根源和最重要的部分。正所谓"万事以心为本，未有心至而力不能者"。② 讯问人员只有抓准了被讯问人抗审的这个根本问题并切实地予以解决，才能从根本上真正解决被讯问人抗审的问题，使被讯问人在"心"的支配下，不再抗审，接受讯问，对犯罪事实作出交代。而要解决被讯问人抗审的"心"这个根本问题，根据马克思主义具体问题具体对待，不同质的矛盾要运用不同质的方法解决的原理，只有对被讯问人进行攻心，才能予以解决，即对被讯问人从精神上、心理上进行瓦解。通过对被讯问人从

---

① 见《大学》，载程林主编：《四书五经》（第一卷），北京燕山出版社 2008 年版，第 3 页。

② 见［宋］欧阳修：《苏子美论书》，载《欧阳修全集》（下），中国书店出版社 1986 年版，第 1049 页。

精神上、心理上进行瓦解，解决被讯问人抗审的"心"这个根本问题，使之转变思想，放弃抗审，配合讯问。

我们在前面叙述的吴某案，讯问人员就是抓准了被讯问人吴某抗审心理这个根本的问题，并针对这个根本问题，运用攻心为上的策略对其进行讯问，从而从根本上解决了吴某的抗审问题，促使吴某对作案的事实经过作出如实交代。

从以上理论和实践相结合的论述可见，攻心为上的讯问策略，有利于解决被讯问人抗审的根本问题。

2. 有利于使被讯问人丧失抗审的气势

被讯问人之所以在讯问中能进行抗审，就是因为其有抗审气势的使然。如果被讯问人丧失了抗审的气势，那么，其也就不能进行抗审了。正所谓"气者，战之所恃也。夫含生禀血，鼓作斗争，虽死不省者，气使然也"。[①] "民之所以战者，气也。气实则斗，气夺则走。"[②] 因此，要使被讯问人不能进行抗审，进而突破被讯问人的口供，就要使被讯问人丧失抗审的气势。否则，被讯问人就会在抗审气势的使然下进行抗审，与讯问人员抗衡下去。

而要使被讯问人的抗审气势丧失，最有效的方法就是对被讯问人实施攻心。通过攻心，使被讯问人的气势丧失。正所谓"夺气之法，则在攻心"。[③] 我们知道，被讯问人的气势来源于被讯问人的精神力，被讯问人的精神力强盛，其抗审的气势就强大，反之亦然。而被讯问人抗审的精神力又不是凭空而来的，它产生于抗审的心理，即认为讯问人员没有能力斗得过自己，不是自己的对手。被讯问人在这种心理的支配下，产生抗审的精神力，进而出现抗审的气势。正由于被讯问人抗审气

---

① 见《孙子兵法·军争篇》注释引张预言，载陈曦等译注：《孙子兵法·三十六计》，中华书局 2016 年版，第 184 页。

② 见《尉缭子·战威第四》，载徐勇注译：《尉缭子吴子》，中州古籍出版社 2010 年版，第 50 页。

③ 见《三十六计·釜底抽薪》，载陈曦等译注：《孙子兵法·三十六计》，中华书局 2016 年版，第 403 页。

势的根源在于被讯问人抗审的心理，因而，丧失被讯问人抗审的气势也就无疑应针对被讯问人抗审的心理而进行，通过针对其抗审心理的攻心，使其感受到讯问人员气势强盛，能力非凡，水平高超，业务精通，自己根本就不是讯问人员的对手，根本没有能力与之抗衡。这样，就使被讯问人从气势上败下阵来，最终使被讯问人丧失抗审的气势，即"夺"走被讯问人的"气"。

我们在前面叙述的吴某案，讯问人员在运用攻心为上讯问策略的过程中，先以强盛的气势对吴某进行攻心；接着，以高超的理论水平阐述"要想人不知，除非己莫为"的道理对吴某进行攻心；再接着，以巧妙的艺术出示证据对吴某进行攻心；又接着，以精通法律的能力宣讲法律的规定和理论对吴某进行攻心。通过这一系列的攻心，使吴某切身地感受到自己在讯问人员面前就像螳臂想阻挡滚滚车轮一样，太渺小了。从而使吴某丧失抗审的气势，再也没有气势和勇气与讯问人员抗衡。

从上述可见，攻心为上的策略，有利于使被讯问人丧失抗审的气势，也就是"夺"走被讯问人的"气"。

3. 有利于瓦解被讯问人抗审的意志

被讯问人之所以在讯问中坚持抗审，就是因为其有抗审意志的支配。如果被讯问人没有了抗审的意志，那么，其也就不会再坚持抗审。正所谓"若志不强毅，意不慷慨，徒碌碌滞于俗，默默束于情，永窜伏于凡庸，不免于下流矣！"[①] 因此，要使被讯问人不再坚持抗审，进而突破被讯问人的口供，就要瓦解被讯问人抗审的意志，使之丧失抗审的意志。否则，被讯问人就会在抗审意志的支配下，坚持抗审。

而要瓦解被讯问人的抗审意志，最有效的方法同样是对被讯问人实施攻心。我们知道，意志是自觉地确定目的，并根据目的来支配、调节

---

① 见［三国蜀］诸葛亮：《诫外生书》，载段熙仲等编校：《诸葛亮集》，中华书局 2012 年版，第 28 页。

自己的行动，克服困难，实现预定目的的心理过程。① 可见，意志是人的心理活动。被讯问人的抗审意志，是被讯问人在思考分析自己的犯罪和其自己情况的基础上，认为讯问人员不可能掌握自己犯罪的证据，或认为自己有外援，或认为自己有能力，能够取得抗审的胜利，进而树立起抗审的信心，下定抗审的决心，保持抗审的恒心，坚持抗审的耐心而产生抗审的意志，在讯问中与讯问人员抗衡。正由于被讯问人的抗审意志是被讯问人上述的心理活动的过程，因而，瓦解被讯问人的抗审意志也就不得不针对被讯问人的上述心理活动而进行。通过针对其抗审心理活动的攻心，使其感到讯问人员已掌握了其犯罪的证据，或外援已不起任何的作用，或自己已不可能再将抗审进行下去。这样，就使被讯问人从意志上败下阵来，从而达到瓦解被讯问人抗审意志的目的，使被讯问人丧失抗审的意志，进而放弃抗审。

我们在前面叙述的吴某案，讯问人员在运用攻心为上讯问策略的过程中，针对被讯问人抗审心理活动的过程，以气势、威势、道理、法理、证据、法律对吴某进行攻心，使吴某感到讯问人员确实已掌握了其犯罪的证据，自己不供认，讯问人员照样能根据《刑事诉讼法》的规定认定自己有罪和处以刑罚，继续抗审已毫无意义，自己不应当再坚持抗审。从而瓦解了吴某的抗审意志，不再进行抗审，

从上述可见，攻心为上的策略，有利于瓦解被讯问人抗审的意志，使被讯问人感到抗拒已无出路，促使其抗审心理向交代心理转化，进而对犯罪事实作出交代。

4. 有利于破除被讯问人抗审的心理障碍

被讯问人之所以进行抗审，其中还有一个很大的原因就是被讯问人有抗审的心理障碍。如果破除了被讯问人抗审的心理障碍，那么也就为被讯问人铺平了交代的道路，其也就不会再进行抗审。因此，要铺平被讯问人交代的道路，使之不再抗审，就要破除被讯问人抗审的心理障碍，使之交代不再受阻。否则，被讯问人就会在抗审心理障碍的阻碍

---

① 见《辞海》1999 年版缩印本（音序），上海辞书出版社 2002 年版，第 2027 页。

下，坚持抗审。

而要破除被讯问人抗审的心理障碍，最有效的方法就是要对被讯问人实施攻心。我们知道，被讯问人抗审心理障碍的产生都是有其根源的，即被讯问人抗审的精神支柱。其在抗审精神支柱的支撑下，是不可能对犯罪事实作出交代的。因而，只有挖除了被讯问人抗审的心理障碍的根源，即摧毁被讯问人抗审的精神支柱，才能破除被讯问人抗审的心理障碍，进而，才有可能促使被讯问人对犯罪事实作出交代。事实上，挖除被讯问人抗审心理障碍根源的过程，就是破除被讯问人抗审心理障碍的过程。因为，破除被讯问人抗审的心理障碍就要针对被讯问人抗审心理的根源进行攻心。通过对其抗审心理根源进行有针对性的攻心，使被讯问人认识到自己的抗审依据是站不住脚的，是荒谬的，事实并不是如此的，如果自己再以这些依据进行抗审必将以惨败而告终，得到的是更严厉的处罚，应尽快放弃这些抗审的依据，转变思想认识。这样，也就挖除了被讯问人抗审的根源。随着被讯问人抗审根源的挖除，被讯问人的抗审心理障碍也就随之被破除，其也就不能、不会再坚持抗审。

我们在前面叙述的吴某案，讯问人员在运用攻心为上策略的过程中，针对吴某抗审的根源，即吴某认为自己作案手段诡秘，讯问人员不可能掌握证据，没有自己的口供，讯问人员就不能认定自己有罪和处以刑罚，自己作出供认，必被判处刑罚来进行有针对性的攻心，挖除了吴某抗审的根源，使吴某没有了抗审的根基，从而，也就破除了吴某抗审的心理障碍，为吴某的交代铺平了道路。

从上述可见，攻心为上的策略，有利于破除被讯问人的心理障碍，为被讯问人的交代铺平道路，促使被讯问人对犯罪事实作出交代。

5. 有利于激发被讯问人的情感，使之"言无所择"

被讯问人之所以进行抗审，拒不交代犯罪的事实，有的被讯问人就是因为其关闭了感情的窗户，万念俱灰，形如槁木，心如死灰，对生活失去了信心。如果激发了被讯问人的感情，使之在心理得到某种满足或促使其怀念亲人，觉得自己对不起亲人，重新燃起其生活的信心，那么，其也就不会继续抗审，在感情的促使下对犯罪事实作出交代。正所谓"疾痛则呼父，穷窘则号天，盖情发于中，言无所择"①。因此，要使被讯问人不再抗审，进而突破被讯问人的口供，就要激发被讯问人的情感，使之"言无所择"。否则，被讯问人就会因万念俱灰而拒不交代犯罪的事实。

而要激发被讯问人的情感，最有效的方法还是对被讯问人实施攻心。我们知道，情感是人对客观事物所持的态度中产生的主观体验，与人的社会性需要有关，当对客观事物持肯定态度时，就会感到愉快、满意、兴奋，从而激发出积极的情感；持否定态度时，就会感到憎恨、愤怒、压抑，从而激发出消极的情感。每个人都有情感，平时埋藏在心底深处，只有在受到某种刺激的时候才引起心理反应而激发出情感。可见，要使人激发出积极的情感，就要向其输入某种对客观事物持肯定态度的刺激其心理的信息。因而，在讯问中，讯问人员只有对被讯问人以情攻心，向被讯问人输入某种对客观事物持肯定态度的刺激其心理的情感信息，被讯问人才能在这种情感信息的刺激下，引起心理反应而激发出积极的情感。否则，被讯问人是不可能激发出情感，更不可能激发出积极的情感的。

我们在前面叙述的吴某案，讯问人员在对吴某实施了气势、威势、道理、证据、法律和法理攻心后，及时地向吴某输入其父母、妻子对其关心，希望和讯问人员实事求是，对其帮助、挽救的这些信息，以情对吴某进行攻心，刺激吴某的心理，从而激发出吴某积极的情感，促使吴某在情感的作用下"言无所择"地脱口而出，交代了作案的事实经过。

从上述可见，攻心为上的策略有利于激发被讯问人的情感，使之"言无所择"地交代犯罪的事实。

（三）攻心为上策略运用的基本要求

攻心为上策略对于从根本上解决被讯问人思想上、心理上的拒供问

---

① 见［宋］苏轼：《代滕甫辩谤乞郡状》，载《苏东坡全集》（第四卷），北京燕山出版社 2009 年版，第 2193 页。

题具有其他讯问策略所不可替代的作用，而且是非常有效的。因而，攻心为上的策略在讯问实践中被普遍地运用。但是，这并不表明在讯问中只要运用了攻心为上的策略，就能从根本上解决被讯问人思想上、心理上抗审的问题。恰恰相反，如果攻心为上的策略运用得不当，不仅不能从根本上解决被讯问人思想上、心理上的抗审问题，而且有可能强化被讯问人的抗审心理。因此，要使攻心为上的讯问策略运用得当，能够起到从根本上解决被讯问人思想上、心理上拒供问题的作用，在运用中，就要做到以下几点。

1. 攻心的目标要具有准确性

所谓攻心的目标要具有准确性，是指攻心所针对的目标要准确无误，也就是说目标要搞准。

攻心的目标准确，是从根本上解决被讯问人思想上、心理上抗审问题的前提。攻心的目标不准，从根本上解决被讯问人思想上、心理上的抗审问题就无从谈起。因为，讯问人员只有在攻心目标准确的情况下，攻心所针对的目标，才是被讯问人思想上、心理上抗审的症结所在，针对这个目标以有效的手段和针对性的内容进行攻心，随着这个目标的攻破，也就解决了被讯问人思想上、心理上的抗审问题。而如果攻心的目标不准确，即使这个目标被攻破，但解决的却不是被讯问人思想上、心理上抗审的症结问题，被讯问人思想上、心理上抗审问题仍然没有得到解决，照样好端端地还在那里。因此，攻心的目标一定要准确无误，只有这样，才有可能从根本上解决被讯问人思想上、心理上抗审的问题。

而要使攻心的目标做到准确无误，讯问人员就要根据案件和被讯问人的情况，通过由此及彼、由表及里的科学分析，摸准被讯问人思想上、心理上支配抗审的误区，即抗审的症结所在。把抗审的症结所在作为攻心的目标，切不可不加分析而凭想象或主观臆测确定攻心的目标，或没有目标地对被讯问人进行攻心。如果是这样，势必是攻心的目标不准确或没有攻心的目标，其结果就是瞎弄一场。因此，只有通过科学分析的方法，才有可能做到攻心的目标准确。

我们在前面叙述的吴某案，讯问人员在对吴某讯问前，根据吴某作案的手段和吴某的自身、家庭情况，以科学的方法进行研究分析，认为吴某抗审的症结是其认为讯问人员不可能掌握自己作案的证据，即使讯问人员掌握证据，没有自己的口供也不能认定自己有罪和处以刑罚。正是由于讯问人员摸准了吴某思想上、心理上支配抗审的误区，即抗审的上述症结所在，以此作为攻心目标，才有接下来针对攻心的目标以有效的方法、针对性的内容对吴某进行攻心。通过攻心，从根本上解决了吴某思想上、心理上抗审的问题，促使吴某对作案的事实作出了交代。如果讯问人员没有以科学分析的方法摸准吴某抗审的症结所在，在攻心目标不准确或没有攻心目标的情况下对吴某进行攻心，也就不会有针对准确的目标对吴某进行攻心，显然也就不可能从根本上解决吴某思想上、心理上的抗审问题，其结果也就不能突破吴某的口供。

从上述可见，攻心的目标一定要具有准确性，这是攻心有效的前提。

2. 攻心的氛围要具有威慑下的和谐性

所谓攻心的氛围要具有威慑下的和谐性，是指对被讯问人的攻心，要在既威慑又和谐的氛围中进行，使被讯问人既感觉到威慑，又感觉到和谐。

威慑下和谐的讯问氛围，是整个讯问过程中都必需的。这是由讯问的性质所决定的。① 但是，对被讯问人攻心的氛围更应该突出威慑下的和谐。因为，只有首先以威慑，被讯问人才有可能接受讯问人员的攻心，听讯问人员的攻心，否则，被讯问人是不会接受的、不会听的。被讯问人不接受讯问人员的攻心，不听讯问人员的攻心，讯问人员即使说干了口，磨破了嘴皮，攻心也就毫无效果；只有和谐，被讯问人才能听得舒心，听得进讯问人员的攻心，从而在其思想上、心理上起作用。否

---

① 关于威慑下和谐的讯问氛围，笔者曾在《讯问艺术》（增订版）中以专章形式进行了较为详细的论述，在此不予赘述。见《讯问艺术》（增订版），中国方正出版社2015年版，第261—310页。

则，被讯问人对讯问人员的攻心就会反感、厌恶，也就听不进讯问人员的话。被讯问人反感、厌恶讯问人员的攻心，听不进讯问人员攻心的话，讯问人员即使同样说干了口，磨破了嘴皮，不仅不起作用，反而有可能要起反作用。因此，攻心的氛围一定要做到威慑下的和谐。只有这样，才有可能使讯问人员的攻心起作用。

而要使攻心的氛围做到威慑下的和谐。讯问人员在对被讯问人进行攻心的过程中，除了要做到在仪表上既要庄严，又要憨厚；在举止上既要庄重，又要礼貌；在神情上既要刚毅，又要慈善；在言语上既要郑重，又要深切；在态度上既要严肃，又要诚恳；在心理上既要严格，又要宽容外，① 特别强调要做到在威慑下建立起与被讯问人良好的心理接触，使被讯问人一方面感到大兵压境、兵临城下、形势严峻，另一方面感到讯问人员在如此严峻的形势下出手救自己。这样，讯问人员的攻心不仅被讯问人愿意听，喜欢听，而且能深深地触动被讯问人的心灵，从而使讯问人员的攻心成为解决被讯问人思想上、心理上抗审问题的一剂良药，药到病除。

我们前面叙述的吴某案，讯问人员对吴某的攻心首先营造出一种威严的气氛，在途中拦下吴某，带往异地讯问，又以强大的阵势对吴某进行讯问。在讯问开始时，讯问人员又缓和了一下严肃的气氛，体现和谐。在以道理、证据、法律对吴某进行攻心的过程中，一方面表现出严肃的态度，另一方面又表现出诚恳的态度，最后以情对吴某进行攻心，把和谐推向了高潮。整个攻心过程始终在吴某的心理与讯问人员的心理有着良好接触的氛围中进行。通过在这种良好氛围中对吴某的攻心，使攻心发挥出了最大的效用，从而解决了吴某思想上、心理上的抗审问题。如果讯问人员对吴某的攻心不是在这样威慑下和谐的氛围中进行，或只有威慑，或只有和谐，或吴某没有与讯问人员建立起良好的心理接

---

① 关于对讯问人员的这些要求，笔者曾在《讯问艺术》（增订版）中作过较为详细的论述，在此不予赘述。见《讯问艺术》（增订版），中国方正出版社 2015 年版，第 286—310 页。

触，那么，吴某或者不听讯问人员说话，或者会认为讯问人员是在求他。这样，攻心就不会有任何的效果，其结果也就无法突破吴某的口供。

从上述可见，攻心的氛围一定要具有威慑下的和谐性，这是攻心有效的基础。

3. 攻心的过程要具有条理性

所谓攻心的过程要具有条理性，是指在攻心的过程中要做到有条不紊，一个问题一个问题地予以解决，不能杂乱无章。

攻心的过程有条不紊，有条理、有次序地一个问题一个问题地予以解决，是取得攻心胜利很重要的一环。攻心的过程没有条理，杂乱无章，将被讯问人思想上、心理上抗审的不同错误观点混在一起进行攻心，是无法取得攻心的胜利的。因为，被讯问人思想上、心理上的抗审错误观点往往不止一个，有的甚至是多个，而且，这些错误的观点之间有着联系。讯问人员只有对被讯问人这些抗审的错误观点有条理、有次序地一个一个地予以解决，并落到实处，才有可能最终解决被讯问人思想上、心理上抗审的所有问题，从而取得攻心的胜利。如果不是这样，这个抗审的错误观点还没有彻底解决，就去解决另一个抗审的错误观点，或一会儿解决这个错误观点，一会儿又解决那个错误观点，一会儿再转过来解决这个错误观点，或不加区别地将不同的错误观点混在一起，统统给它"抹万金油"，用同一剂"药"去对付不同的"病症"，其结果，或是各个错误观点只给它"踏踏皮破"，不能致其命，一个错误观点都得不到解决；或是没有针对性，各个错误观点都安然无恙。这样，讯问人员的攻心即使攻得最凶猛，但猛而无果。因此，攻心的过程一定要做到有条理性，有条不紊地一个问题一个问题地予以解决。

而要使攻心的过程做到有条理性，讯问人员要在分析准被讯问人抗审错误认识的基础上，根据主要矛盾和次要矛盾的理论，按照阻碍被讯问人交代的错误认识的阻碍程度的轻重，从重到轻依次排列攻心的目标，即把阻碍程度最重的排在首位，作为攻心的首要目标，把阻碍程度最轻的排在末位，作为进攻的最后目标。在攻心的过程中，先针对排在首位的阻碍被讯问人交代的错误认识进行攻心，在攻下这一错误认识后，再对第二个目标进行攻心，在攻下第二个目标后，再对第三个目标进行攻心，依次而行。直到攻克各个错误认识为止。通过这样有条不紊，一个问题一个问题地予以解决，也就解决了被讯问人思想上、心理上的抗审问题。

我们前面叙述的吴某案，讯问人员经分析，认为吴某自信性侥幸心理的错误认识是最阻碍吴某交代的问题，这个问题不解决，吴某就永远无法对犯罪事实作出交代，因而，讯问人员将此排在攻心的首位；吴某的盲目性侥幸心理次之，因而，讯问人员将此排在攻心第二；吴某的畏罪心理再次之，所以将此排在攻心第三。在讯问中，讯问人员根据这个排列，讯问一开始就针对吴某的自信性侥幸心理，以"要想人不知，除非己莫为"的道理和出示证据对吴某进行攻心。通过攻心，吴某认识到讯问人员已掌握了其犯罪的证据，从而解决了吴某自信性侥幸心理的错误认识。在吴某自信性侥幸心理的错误认识解决后，讯问人员接着针对吴某的盲目性侥幸心理，以《刑事诉讼法》关于"没有被告人供述，证据充分、确实的，可以认定被告人有罪和处以刑罚"的规定和证据理论等对吴某进行攻心。通过攻心，使吴某认识到没有自己的口供，讯问人员照样可以根据法律的规定认定自己有罪和处以刑罚。从而解决了吴某盲目性侥幸心理的错误认识。在吴某盲目性侥幸心理的错误认识解决后，讯问人员再接着针对吴某的畏罪心理，以《刑法》关于犯罪构成要件的理论和资敌罪的法律规定和构成要件对吴某进行攻心，通过攻心，使吴某认识到自己的行为不符合资敌罪的犯罪构成，从而解决了吴某畏罪心理的错误认识。通过这样有条理地对吴某进行攻心，从而解决了吴某思想上、心理上的抗审的所有错误认识。如果不是这样有条理地对吴某进行攻心，显然难以解决吴某思想上、心理上的抗审问题。

从上述可见，攻心的过程一定要具有条理性，这是攻心有效且很重要的一环。

4. 攻心的手段要具有多样性

所谓攻心的手段要具有多样性，是指讯问人员在对被讯问人实施攻心的过程中，要运用多种攻心手段对被讯问人进行攻心，不能单打一。

攻心的手段多样，是取得攻心胜利的关键。攻心的手段单一，显然不能解决被讯问人思想上、心理上的抗审问题。这是因为，被讯问人思想上、心理上抗审的错误认识往往不只是一种，而是多种。这多种的错误认识的具体情况各不相同。对于不同的错误认识，就要以不同的方法去攻心，只有这样，对被讯问人的攻心才能有效。即使在只有一种错误认识的情况下，由于被讯问人的错误认识的产生是由各种主客观原因促使其形成的，这就需要讯问人员针对这些促使被讯问人形成错误认识的各种主客观原因对被讯问人进行攻心，只有这样，才能解决这种抗审的错误认识问题。再者，被讯问人抗审的错误认识属于思想上、心理上的问题，而思想上、心理上的问题是顽固的，不可能一蹴而就，它需要从多方面对其进行影响。因而，这就需要运用多种手段进行攻心。如果讯问人员以单打一的手段对被讯问人进行攻心，显然不能解决被讯问人抗审的各种错误认识，或解决促使被讯问人错误认识形成的各种主客观原因和被讯问人顽固的思想问题。因此，攻心的手段一定要具有多样性，以多种手段对被讯问人抗审的错误认识进行攻心。

而要以多种手段对被讯问人进行攻心，讯问人员就要根据案件和被讯问人抗审错误认识的具体情况，具体运用多种攻心手段，多管齐下对被讯问人抗审错误认识进行攻心。

我们前面叙述的吴某案，讯问人员在以气势和威势的手段对吴某进行攻心的同时，根据吴某自信性侥幸心理的具体情况，以阐述道理和出示证据这两种手段进行攻心；根据吴某盲目性侥幸心理的具体情况，以宣讲《刑事诉讼法》规定和阐述证据理论的手段对吴某进行攻心；根据案件和吴某畏罪心理的具体情况，以宣讲刑法犯罪构成理论和《刑法》规定的手段对吴某进行攻心；根据吴某和其家庭的情况，以向吴某输入情感信息的手段对吴某进行攻心。通过这样以声势、威势、阐明道理、出示证据、宣讲有针对性的法律规定和法律理论、输入情感信息等多种攻心手段对吴某进行攻心，最后攻下了吴某的"心"，取得了攻心的胜利。如果讯问人员不是以这样多种手段对吴某进行攻心，而是以单一的手段对吴某进行攻心，显然是不可能取得这场攻心的成功的。

从上述可见，攻心的手段一定要具有多样性，以多种手段，多管齐下对被讯问人进行攻心，这是取得攻心胜利的关键。

5. 攻心的内容要具有针对性

所谓攻心的内容要具有针对性，是指讯问人员用以对被讯问人进行攻心的内容要针对案件以及被讯问人抗审错误思想认识的具体情况，做到对症下药。

攻心的内容针对案件以及被讯问人抗审错误思想认识的具体情况，是从根本上解决被讯问人思想上、心理上抗审问题的核心。攻心内容没有针对性，攻心犹如"药不对症"，从根本上解决被讯问人思想上、心理上的抗审问题将无功而返。因为，每一个案件，每一个被讯问人，每一种抗审的错误思想认识都是各不相同的。根据马克思主义具体问题具体对待的原理，不同情况的案件，不同情况的被讯问人，不同情况的错误思想认识，只有运用针对其具体情况的内容进行攻心，才会有效果。否则，是不会有任何效果的。这如同医生治病一样，只有"捉得病根，对症下药"才有疗效，否则，是治不好这个病的。因此，攻心的内容一定要具有针对性，运用针对案件、被讯问人和被讯问人抗审错误思想认识具体情况的内容对被讯问人进行攻心。

而要以针对性的内容对被讯问人进行攻心，讯问人员首先要弄清案件以及被讯问人抗审错误思想认识的具体情况，然后根据这些具体情况，选择出针对这些具体情况的材料内容，在讯问中对被讯问人进行攻心。只有这样，才能"药到病除"，也才能从根本上解决被讯问人思想上、心理上抗审的问题，从而促使被讯问人对犯罪事实作出交代。

我们在前面叙述的吴某案，讯问人员根据对案件的分析，弄清了吴某持有自信性侥幸心理；根据对吴某情况的分析，弄清了吴某持有盲目性侥幸心理和畏罪心理。接着，讯问人员又对吴某自信性侥幸心理、盲目性侥幸心理、畏罪心理的具体情况进行分析，在分析的基础上，针对吴某自信性侥幸心理的具体情况，并根据案件的具体情况，选择以辩证唯物主义普遍联系的观点、限定作案人范围的理由、书写文字的起笔和落笔很难改变的事实等内容来论述"要想人不知，除非己莫为"的道理和暗示鉴定意见这一证据对吴某进行攻心；针对吴某盲目性侥幸心理的具体情况，选择以《刑事诉讼法》关于"没有被告人供述，证据充分、确实的，可以认定被告人有罪和处以刑罚"的法律规定和刑事诉讼证据理论等内容对吴某进行攻心；针对吴某畏罪心理的具体情况，选择以犯罪构成四个要件和《刑法》关于资敌罪的规定及该罪的犯罪构成理论对吴某进行攻心；根据吴某本人和家庭的情况，选择以其父母、妻子对其关心和讯问人员实事求是态度等内容对吴某进行攻心。在讯问中，讯问人员以选择的攻心内容对吴某展开攻心。由于攻心的内容针对性强，便一举解决了吴某思想上、心理上的抗审问题，突破了吴某的口供。如果讯问人员不是以如此针对的内容对吴某进行攻心，是无法解决吴某思想上、心理上的抗审问题的。

从上述可见，攻心的内容一定要具有针对性，这是攻克被讯问人思想上、心理上抗审问题的核心。

6. 攻心的言语要具有情理性

所谓攻心的言语要具有情理性，是指讯问人员在对被讯问人进行攻心的过程中，所表达的言语要既符合常情，也符合事理。即对被讯问人进行入情入理的攻心。

攻心的言语既符合常情，也符合事理，是从根本上解决被讯问人思想上、心理上抗审问题一个很重要的方面。攻心的言语不符合常情、事理，从根本上解决被讯问人思想上、心理上抗审的问题将是一句空话。因为，攻心的过程事实上是说服被讯问人的一个过程。而要说服被讯问人，讯问人员所说的话就要有说服力，只有有说服力的话，才有可能说服被讯问人，而没有说服力的话是不可能说服被讯问人的。而符合常情和事理的话，不仅具有说服力，而且表明诚意。因而，只有符合常情和事理的话，才有可能说服被讯问人。而不符合常情和事理的话不仅没有说服力，而且没有诚意。因而，也就不可能说服被讯问人。正所谓"成事在理不在势，服人以诚不以言。理之所在，以为则成，以禁则止，以赏则劝，以言则信"。① 因此，讯问人员攻心的言语一定要具有情理性，以有说服力和诚意的话对被讯问人进行攻心。

　　而要以具有情理性的言语对被讯问人进行攻心，讯问人员就要入情入理地对被讯问人进行攻心，在攻心中坚持摆事实，讲道理，使说的每一句话都符合常情和事理，以事实和道理说服被讯问人，切不可强词夺理。只有这样，才能说服被讯问人，进而从根本上解决被讯问人思想上、心理上的抗审问题。

　　我们在前面叙述的吴某案，讯问人员在以"要想人不知，除非己莫为"的道理对吴某进行攻心时，不是简单地把这一道理强加于吴某，而是在阐述这个道理的含义后，先以辩证唯物主义联系的观点阐述当一个人实施了犯罪行为，无论他作案的手段如何诡秘、隐蔽、狡猾，也必然会影响、作用其他事物，使其他事物发生变化，而留下蛛丝马迹。这就从事情的一般道理阐述了"要想人不知，除非己莫为"这一道理，从而使讯问人员所说的话既符合常情，又符合事理。接着，讯问人员联系本案的具体情况，以"有人作了案，向敌特机关报送了这么一个情报，他需要通过书写文字来完成。由于这文字是人书写的，也就留下了书写人的笔迹。这书写人的笔迹就为我们知道作案人是谁提供了线索"的事实说明"要想人不知，除非己莫为"的道理。再接着，讯问人员继续联系本案的具体情况，以"我已经把那份情报上所有字临摹的原件都找到了。由于这些原件属于党和国家的核心机密，因此，被临摹的这些字的原件只有你和少数几个人可以接触到，而且，我把能接触到这些原件的几个人都明确地确定下来了。除了你和这几个人以外别人是不

---

　　① 见［宋］苏轼：《拟进士对御试策并引状问》，载《苏东坡全集》（第三卷），北京燕山出版社 2009 年版，第 1476 页。

可能接触到这些内容的。于是，我把作案的人限定在你们这几个人之中，也就是说，就是你们这几个人其中之一作的案"的事实进一步说明"要想人不知，除非己莫为"的道理。又接着，讯问人员以"尽管都是临摹他人的字，但一个人的书写习惯是很难改变的，例如起笔和落笔，无论怎么伪装，在不经意的时候还是会把书写习惯流露出来的，也就是说，作案人不可能始终如一地伪装下去……这样，尽管这份情报的笔迹都是临摹他人的字，但也显露着临摹人的书写习惯"的道理和事实，更进一步说明"要想人不知，除非己莫为"的道理。还接着，讯问人员以"有了这份情报字体的书写习惯，我就可以通过技术鉴定把这个作案的人找出来"的科学道理再深一步地说明"要想人不知，除非己莫为"的道理。通过上述以事实和道理说明"要想人不知，除非己莫为"的道理向吴某进行攻心，就使讯问人员所说的话既符合常情，又符合事理，具有了充分的说服力。如果讯问人员不是这样以事实和道理说明"要想人不知，除非己莫为"的道理向吴某进行攻心，也就不可能具有充分的说服力。

从上述可见，攻心的言语一定要具有情理性，这是攻克被讯问人思想上、心理上抗审问题非常重要的一个方面。

7. 攻心的实施要具有细致深入性

所谓攻心的实施要具有细致深入性，是指讯问人员对被讯问人进行攻心，要做到精细、周密、深刻、透彻，不能简单从事。

对被讯问人进行攻心，做到精细、周密、深刻、透彻，是从根本上解决被讯问人思想上、心理上抗审问题的保证。攻心做不到精细、周密、深刻、透彻，从根本上解决被讯问人思想上、心理上的抗审问题就会完全落空，得不到落实。因为，解决被讯问人思想上、心理上抗审的问题不仅本身就是一件很细密的工作，而且，其实质上是在做被讯问人的思想工作。细密的工作就需要精细、周密地去做，做到精密、细致、细心、周到、不可粗略，只有这样，才能做好攻心这件细密的工作；思想工作就要深刻、透彻地去做，做到达到问题的本质，详尽而深入，不可简单从事，浮在表面，只有这样，才能做好思想工作，做得有成效。而不细致深入地去进行攻心，做得粗略简单，如此精细的工作就会因粗野而办砸，思想工作就会因简单从事而毫无效果。因此，攻心的实施一定要做到细致深入，精细、周密、深刻、透彻地对被讯问人进行攻心。

而要使攻心的实施做到细致、深入，讯问人员在攻心中就要把攻心当作一件艺术品去制作，精雕细琢；当作一台精密仪器去制造，周到细密；当作一种疑难杂症去医治，深达本质；当作一门科学去攻克，详尽深入。只有这样，才能实施好攻心，进而才能从根本上解决被讯问人思想上、心理上的抗审问题。

我们在前面例举的吴某案，在整个攻心中，既以势攻、威攻、理攻、证据攻、法攻、法理攻，又以情攻；既攻吴某的自信性侥幸心理，又攻吴某的盲目性侥幸心理，还攻吴某的畏罪心理，可谓精雕细琢，周到细密。以势对吴某的攻心，既以在其出差途中将其拦下带往异地讯问，又以强大的阵势对其讯问，亦可谓精雕细琢、周到细密。对吴某的自信性侥幸心理的攻心，在阐述"要想人不知，除非己莫为"的道理中，从多个方面阐述这一道理，可谓详尽深入，深达本质；在出示证据中，以暗示的方法虚实并举地出示鉴定意见，可谓精雕细琢，周到细密。对吴某的盲目性侥幸心理的攻心，以让吴某自己看法律的规定和讯问人员阐述证据理论相结合的方法进行攻心，可谓精雕细琢，详尽深入。对吴某畏罪心理的攻心，在宣讲刑法理论和《刑法》有关规定后，以将权威的刑法学教科书递给吴某看的方法进行攻心，可谓周到细密、深达本质。以情对吴某的攻心，既向吴某输入其亲人对其的关心的信息，又输入讯问人员对其实事求是态度的信息，可谓周到细密、详尽深入。如果讯问人员在实施对吴某的攻心中不是这样精雕细琢，周到细密、深达本质、详尽深入地进行攻心，就很难保证实现攻心的目的。

从上述可见，攻心的实施一定要做到细致深入，这是攻克被讯问人思想上、心理上抗审问题的保证。

二、攻心为上策略运用的方法

总结讯问实践，攻心为上策略的运用主要有以下几种方法。

（一）势影响攻心

所谓势影响攻心，是指讯问人员运用声势、阵势、气势、威势、大势等给被讯问人以强烈感觉，影响其心理，对被讯问人进行攻心的一种攻心方法。

1. 以浩大的查案声势对被讯问人进行攻心

浩大的查案声势所表现出来的是舳舻千里、旌旗碧空、浩浩荡荡、所向无敌的声威。被讯问人在浩大的声势面前，就会感到自己的渺小，产生自卑的心理，慑于这种声势而丧失抗审的信心，没有胆量与这种声势相对抗。因此讯问人员要善于以浩大的查案声势对被讯问人进行攻心。

以浩大的查案声势对被讯问人进行攻心，主要从以下方面进行：

（1）营造出查案的浩大声势

浩大的查案声势不会自动生成，它需要讯问人员有意识地将其营造出来。

①通过召开各种大会、小会、座谈会，公布案情，号召群众积极参与、支持、协助查案机关的查案工作，激发群众的热情和积极性。群众纷纷投入查案机关的查案工作，提线索、摆疑点、出主意，付出人力物力。营造出正在打一场人民战争的浩大声势。

②通过电视、广播、张贴标语、公告，宣传查案工作和政策，表明查案机关的态度和决心，敦促犯罪分子主动交代，走坦白自首的道路，营造出强大的查案舆论声势。

③传达、宣传上级领导对查案工作的批示、指示，党委、政府、查案机关的领导亲临查案一线，听取汇报，组织协调查案工作，指示各部

门通力协助查案，抽调各部门力量参与查案，营造出党委重视，各职能部门共同参与、各司其职的查案浩大声势。

④召开由各职能部门和协助部门参加的查案动员会、誓师会、协调会，表决心，表态度；部署查案工作，落实查案的各项措施，营造出既轰轰烈烈，又扎扎实实的查案浩大声势。

⑤侦查人员广泛走访群众，调取监控录像，获取与案件有关的各种信息，采取多点突破，全面开花，而又抓住要害，重点进行的方法展开对案件的侦查，营造出既全方位，又突出重点展开查案的声势。

（2）宣扬查案的声势

在讯问中，讯问人员要有意识地向被讯问人宣扬查案的声势，把群众已广泛发动起来，正在打一场人民战争；领导对查案的批示、指示；党委领导，各部门共同参与，通力协作；查案人员深入各地，采取有效措施和手段获取证据；舆论部门大造舆论，使被讯问人知道查案声势的浩大。

通过上述以查案的浩大声势对被讯问人进行攻心，被讯问人就有可能慑于查案的浩大声势，为争取主动而交代犯罪的事实。例如：

某市监察机关在查处某县粮食系统贪污、受贿、挪用公款窝案、串案中，由市长出面抽调监察审计部门力量参与组织调研组前往该县。在进行了前期的调查后，市委书记和市长一起听取了调查人员的汇报，并作了重要的批示、指示。查案队伍公开展开对该案查处后，又抽调了该县的监察、纪委、公安、审计等部门的力量共同参与查案；再一次召开了全县粮食系统干部、职工大会，在会上，传达了市委书记和市长的批示、指示，敦促违法犯罪人员自首，走"坦白从宽"的道路。会后，为迅速打开案件查处的局面，当天就同时对五名贪污、受贿、挪用公款的嫌疑人采取合法措施进行讯问，在对这五名嫌疑人的讯问中，讯问人员都先向被讯问人宣扬了查案的声势，以查案的声势对被讯问人进行攻心。并着重指出"你们这个案件是市委下决心要查的，市委书记明确指示：'组织强有力的查案力量，坚决地把××县粮食系统的腐败案件查到底，彻底查清为止'，并强调'在案件查处中要讲政策，从重从轻都要抓典型'。根据书记的指示，由我们市监察局牵头，组织起强大的查案力量赴你们县，会同你们县的监察、纪委、公安、审计一起查这个案件。有市委领导的坚决态度，有这样一支查案队伍，还怕什么案件查不下去！你自己掂量掂量"。这五名嫌疑人经讯问人员的声势攻心，为争取主动，能作从宽处理的典型，除交代了已被讯问人员掌握的犯罪事实外，还交代了未被讯问人员掌握的受贿、共同贪污和向他人行贿的事实，有一名嫌疑人同时还揭发、检举了局长何某等人的违法犯罪问题，从而打开了案件查处的局面。在接下来的案件查处中，讯问人员均对被讯问人先进行声势攻心，都顺利地突破其口供。有几名违法犯罪人因慑于查案的声势，主动携带赃款前来投案自首。案件查处势如破竹。

2. 以强大的查案阵势对被讯问人进行攻心

强大查案阵势所表现出来的是雄兵百万、精兵强将、人才济济、能征善战的情势和场面。被讯问人在强大的查案阵势面前，就会产生畏惧、胆怯的心理，慑于这种阵势而丧失抗审的意志，不敢与这种阵势相抗衡。因此，讯问人员要善于以强大的查案阵势影响被讯问人，对被讯问人进行攻心。

以强大的查案阵势影响被讯问人，对被讯问人进行攻心，主要从以下方面进行：

（1）组织起一支精干的查案队伍，显示出强大的阵势

要组织起一支强大精干的查案队伍展开对案件的侦查或调查。组织的查案队伍要有领导亲自挂帅，必要时，局长、处长、科长各级领导都要亲自领导并参与直接的查案工作；查案队伍中要有侦查专家、痕迹专家、证据专家、各类技术专业人员；查案人员的水平要高，业务要精，能力要强，作风要深入，干劲要实足。通过组织一支强大的查案队伍展开对案件的侦查，给被讯问人施加心理影响，使之感到自己的犯罪事实根本就无法隐瞒，从而瓦解其抗审的意志。

（2）组织起一支富有战斗力的讯问力量，显示出强大的阵势

要组织起一支富有战斗力的讯问力量对被讯问人进行讯问。组织的

讯问力量要有讯问专家、证据专家、法律专家参加，富有极强的战斗能力。必要时，领导要亲临讯问第一线，担任主审或坐镇指挥讯问。通过组织一支富有战斗力的讯问力量对被讯问人进行讯问，给被讯问人施加心理影响，使被讯问人感到自己根本就不是这些讯问人员的对手，无法与之较量，从而瓦解其抗审的意志。

（3）实施技术手段和侦查手段，显示出强大的阵势

要实施技术手段和侦查手段对案件展开侦查和对被讯问人进行讯问。在对案件的侦查中要实施技术手段对案件展开侦查。在讯问时，对需要勘验被讯问人身体的，有专业技术人员当场进行勘验，对需要搜查被讯问人人身的，有侦查人员当场对被讯问人的人身进行搜查。讯问的场所要装好录音、录像设备，以示对讯问工作的重视，有条件的地方，还可以带上测谎仪，由专家对被讯问人进行测谎。通过实施技术手段和侦查手段给被讯问人施加心理影响，使被讯问人感到自己的犯罪事实在技术手段和侦查手段面前就是小菜一碟，从而瓦解其抗审的意志。

（4）以得力的指挥和有效的保障，显示出强大的阵势

在查处案件和讯问中，要有得力的指挥对查处案件和讯问进行指挥，及时、有效地指挥案件的查处和讯问，使查处案件和讯问扎扎实实、有条不紊地进行；要有效地对案件的查处和讯问予以保障，提供后勤服务，及时地查证被讯问人在讯问中的供述或辩解，为讯问提供证据。通过得力的指挥和有效的保障，给被讯问人施加心理影响，使被讯问人感到自己根本就坚持不了抗审，根本就要不了滑，从而瓦解其抗审的意志。

（5）以威严的环境，显示出强大的阵势

对被讯问人进行讯问，除布置威严、肃穆的讯问场所，把被讯问人置于其中对其进行讯问外，有条件的，要有武警或警察站岗或站在被讯问人的边上，没有条件的，要有办案人员站岗或站在被讯问人的边上，监视被讯问人的一举一动，被讯问人稍有不规范的行为，立即予以制止。通过威严的环境，给被讯问人施加心理影响，使被讯问人感到自己只有老老实实的份，从而瓦解其抗审的意志。

通过上述以强大的查案阵势对被讯问人进行攻心，被讯问人就有可能慑于强大的阵势，对犯罪事实作出交代。例如：

郲某是某局局长，因在负责大厦建设中收受贿赂、玩忽职守，致使施工方偷工减料，使用不合格的建筑材料，大厦结顶后，发现有严重的质量问题，不能使用，要炸毁重建，造成国家数亿元的损失，又因在其他行政工作中收受贿赂被查处。

该案的查处得到当地党政领导和该局的中央和省业务主管机关领导的高度重视，当地查案机关派出主管案件查处的领导负责对该案的查处，并抽调了公安机关的查案能手、法律专家参与查处；该局的中央和省业务主管机关派出领导和人员参与对该案的查处。组织起了一支由当地查案机关主管案件查处的领导挂帅和查案人员参与，中央和省业务主管机关领导和工作人员协助的五十余人的查案队伍，分几个小组展开对案件的查处，查案的阵势可谓强大。

郲某归案后，由于其早有思想准备，经一个月的讯问，拒不交代收受贿赂的问题。负责案件查处的领导认为原有讯问人员的讯问思路已被郲某熟悉，已无法把郲某讯下来。为了突破郲某的口供，负责该案查处的领导又从各县（市、区）查案机关抽调了近十名办案和讯问精英，先进行培训、熟悉案情和讨论对郲某的讯问方案。然后，组织了专门的讯问班子，由负责该案查处的领导坐镇指挥讯问，一名处长具体统筹案件的讯问和保障工作，一名由县查案机关抽调来的，有攻坚克难能力和丰富讯问经验的科长担任主审，两名由县查案机关抽调来的科长担任辅审，其余从县查案机关抽调来的科长负责看护，在讯问休息时伺机"敲边鼓"。同时，确定了后勤保障人员和及时查证的人员。在组织起讯问力量和明确分工后，当晚将郲某转到布置威严、肃穆，由办案人员站岗的讯问场所对郲某进行讯问。

负责案件查处的领导和主审、辅审及记录人员一字排开先端坐在讯问室，六名看护人员站立在讯问室的两边，郲某被带到讯问室时，一见这阵势，打了一个冷战。郲某坐下后，在门口站岗的两位同志站在了郲某的两边。郲某见坐在中间的是案件查处机关的领导，因其认识这位领导，很不自然地问了一句："×局长，你也在这啊?"这位领导既严肃又诚恳地回了一句："我是来听听你是要从宽处理，还是要从严处理的。"

讯问开始后，主审先就大厦建设收受贿赂向郏某发起了凌厉的进攻。在主审进攻的间隙，辅审围绕主审的思路助战。辅审助战后，主审向郏某提出了最要害的问题："你把8月25日通过你妻子存入××银行的这二十万元的来源说清楚!"郏某知道讯问人员掌握了其受贿的赃款，但又不想就此认输，狡辩说："我不知道，你问我妻子，这是她的事。"主审即从案卷中抽出郏某妻子的证言递给站在边上的一位陪护人员，陪护人员接过材料递到郏某面前，郏某一见是其妻子的证言，便哑口无言。主审盯住郏某问："说!哪里来的!"郏某仍不死心，说："让我想想，让我想想，嗯，我想起来了，是一个人借我的钱还给我的。"主审紧追："谁借你的钱还给你的!说!"郏某编了一个人。坐镇的领导写了一张条子，交给站在边上的看护："你把这张条子交给徐处长，让他亲自去马上找到这个人，根据我所写的要求进行查证。"郏某见此，又说："好像不是他，我再想想。"此时，坐镇的领导站起走到郏某的身边，说："郏局长，你不要往这个方向想了，你想不出真实的，你编出来的是经不起查的，我的人在外面等，你说出来的我们马上就去查，不会等到天亮再去查。我想，你还是往事实的方向想，这样对你有好处。人要识时务，要面对现实。我还要告诉你，北京我们要找的人找过来了，广东要找的人也找过来了，本地的几个同你有关的企业老板我们也找过来了，他们都能识时务，你也应该要识时务。"接着坐镇领导对郏某进行了诚恳的政策和法律教育。尔后，拉了郏某一把："你虽然在我这里一个多月都没有把问题讲清，但我亲自同你谈毕竟是第一次，你如能把问题讲清楚，我仍然认定你的态度是好的，我会对你提出从宽处理的意见。"

郏某经讯问人员上述讯问，无可奈何地说了一句："你摆下这样的阵势，我吓都吓着了，好了，避不过去了，我把我的问题交代清楚，那你说的认定我态度是好的，会提出对我从宽处理意见的话要算数的啊。"坐镇领导回答："这我以人格保证。"

接着，郏某便开始交代收受贿赂的事实。

3. 以强盛的气势对被讯问人进行攻心

讯问人员强盛的气势所表现出来的是战无不胜、攻无不克、气吞山河的力量。被讯问人在讯问人员强盛的气势面前，就会有一种无形的压力向其压去，从而从精神上败下阵来，似"草上之风必偃"。[①] 因此讯问人员要善于以强盛的气势影响被讯问人，对被讯问人进行攻心。

以强盛的气势影响被讯问人，对被讯问人进行攻心，主要从以下方面进行：

（1）从讯问人员的仪表上表现出气势

讯问人员的仪表要堂堂，仪容要端庄、威武，仪态要英姿、整肃，做到威仪凛然。通过讯问人员的仪表表现出讯问人员强盛的气势，给被讯问人施加心理影响，使之感到自己根本无法与讯问人员较量，从而使之从精神上败下阵来，瓦解其抗审的意志。

（2）从讯问人员的精神上表现出气势

讯问人员的精神要饱满，神采要挺拔，情绪要高涨，斗志要昂扬，意气要风发。通过讯问人员的精神表现出讯问人员强盛的气势，给被讯问人施加心理影响，使之感到一种无形的压力正向其袭来，自己根本就不是讯问人员的对手，从而使之从精神上败下阵来，瓦解其抗审的意志。

（3）从讯问人员的气质上表现出气势

讯问人员的气质要高雅，"直而温，宽而栗，刚而无虐，简而无傲"[②]，也就是说，要正直而温和、宽大而严肃、刚正而不凌人、威武而不傲慢。通过讯问人员的气质表现出讯问人员强盛的气势，给被讯问人施加影响，使被讯问人感到讯问人员刚柔并济，任何的难题在他面前都能迎刃而解，从而使之从精神上败下阵来，瓦解其抗审的意志。

---

① 见《论语·颜渊》，载程林主编：《四书五经》（第一卷），北京燕山出版社2008年版，第89页。

② 见《尚书·虞书·尧典》，载王世舜、王翠叶译注：《尚书》，中华书局2012年版，第28页。

（4）从讯问人员的目光上表现出气势

讯问人员的眼睛要清亮有神，闪闪发光，目光炯炯，火眼金睛，洞若观火。通过讯问人员的目光表现出讯问人员强盛的气势，给被讯问人施加心理影响，使被讯问人感到讯问人员明察秋毫，任何隐瞒都是徒劳的，都无法逃过讯问人员的眼睛，从而使之从精神上败下阵来，瓦解其抗审的意志。

（5）从讯问人员的举止上表现出气势

讯问人员的举止要庄重，不轻浮；稳重，不随便；沉着，不慌乱；文明，不野蛮；灵活，不呆板。通过讯问人员的举止表现出讯问人员强盛的气势，给被讯问人施加心理影响，使之感到讯问人员胸有甲兵，足智多谋，自己在讯问人员面前就是小巫见大巫，从而使之从精神上败下阵来，瓦解其抗审的意志。

（6）从讯问人员的言谈上表现出气势

讯问人员的言辞要郑重，语气要坚定，音调要铿锵，用语要庄重文明，内容要客观、合法。通过讯问人员的言谈表现出讯问人员的强盛气势，给被讯问人施加心理影响，使之感到任何的抗拒、隐瞒、狡辩，想蒙混过关的企图在讯问人员面前都是不堪一击，注定要失败的，从而使之从精神上败下阵来，瓦解其抗审的意志。

（7）从讯问人员的态度上表现出气势

讯问人员的态度要严肃、强硬，对问题的看法要坚定，表明的决心要坚决，采取的行动要果断，没有任何的商量余地。通过讯问人员的态度表现出讯问人员的强盛气势，给被讯问人施加心理影响，使之感到只有老老实实交代犯罪事实，才是自己的唯一出路，从而使之从精神上败下阵来，瓦解其抗审的意志。

通过上述以强盛的气势对被讯问人进行攻心，被讯问人就有可能慑于讯问人员的气势，对犯罪事实作出交代。例如：

被讯问人陈某曾因盗窃被劳动教养，释放后不思悔改，继续进行盗窃犯罪活动。某日深夜其以破锁手段潜入某商店盗窃被当场抓获送至派出所。但陈某对当场被抓获的盗窃行为也矢口否认。经对陈某的住处进行搜查，发现了皮箱、手表、毛线等赃物。陈某被刑事拘留后，经多次讯问，拒不交代盗窃的犯罪事实。

后来，派出所L所长前往看守所对陈某进行讯问。L所长在讯问中从仪表上、精神上、目光上、举止上、言谈上、态度上表现出强盛的气势，在以虚实并举的方法向陈某出示证据后，先一字不差熟练地向陈某背诵了刚颁布不久的《刑事诉讼法》第三十五条的规定①，接着，对《刑事诉讼法》第三十五条的规定进行了宣讲，并严厉地向陈某指出："死争有用吗！争要看什么事。如果什么事都争得了，法律还规定'没有被告人供述，证据充分、确实的，可以认定被告人有罪和处以刑罚'干什么！"

……

接着，陈某交代了自劳动教养②释放后，先后盗窃作案十二起，窃取皮箱、手表、皮鞋、衣、裤、毛线及现金等财物的犯罪事实。

陈某被批准逮捕，在预审中向预审员交代了盗窃的犯罪后对预审员说："我交代的这些问题，你要认定我交代态度好，如果我不交代，你们是无法查清的，定不了我罪的。"预审员反问陈某："那你为什么又交代了？"陈某说："对'坦白从宽、抗拒从严'的政策我领教过了，所以，前几次我一直不交代，就是对当场被抓获的我也不交代。后来，那个派出所所长来讯我，我也知道交代了等于要逮捕，要判刑，但那个派出所所长太吓人了，虽没有打我、骂我，但比打骂厉害十倍还不止。他的仪表气质里显示出一种锐不可当的气势，精神情绪显示出即使是铜墙铁壁也能把你摧毁。我一进到讯问室，他的目光射过来，我就一惊，一见他的模样，有一种说不出的压力向我压来，再加上他讲有新的法律刚公布出来，不交代也要判刑。他讲起那个法律规定一字不差地背下来，

---

① 指1979年颁布，1980年1月1日起施行的《刑事诉讼法》第三十五条。

② 2013年12月28日，全国人民代表大会常务委员会通过了《关于废止有关劳动教养法律规定的决定》，这意味着已实施50多年的劳动教养制度被依法废止。该决定规定，在劳动教养制度废止前依法作出的劳动教养决定有效；劳动教养制度废止后，对正在被依法执行劳动教养的人员，解除劳动教养，剩余期限不再执行。

讲起法律一套一套的，就好比一拳拳打在我心头，人打晕了，给鬼磨了一样，不知怎么搞得就都说出来了。运气怎么会这样差，碰到这样的人。"

从该例可见，以强盛的气势对被讯问人进行攻心，其所起的作用是巨大的，而且是不可估量的，是其他的一些方法所不可及的。

4. 以敬畏的威势对被讯问人进行攻心

讯问人员敬畏的威势所表现出来的是一种无形的威力，无坚不摧，无往不胜。被讯问人在讯问人员敬畏的威势面前，就会肃然起敬，顿感敬畏，对讯问人员既敬重，又畏惧。自感根本就不可能，也不应该同讯问人员相抗衡，从而从心理上败下阵来。因此，讯问人员要善于以敬畏的威势影响被讯问人，对被讯问人进行攻心。

以敬畏的威势对被讯问人进行攻心，主要从以下方面进行：

（1）从讯问人员的高尚品格表现出威势

讯问人员品格要高尚，从高尚的品格表现出威势。特别是讯问人员要刚正不阿，铁面无私，秉公执法，不屈从于权力，不迎合于权势，不谄谀于权贵，不屈服于恶势力，不随波逐流于众口一词。"举事不私，听狱不阿"[①]，铮铮铁骨，玉树临风；要公平、公正，坚持以事实为依据，以法律为准绳，不偏不斜，不枉不纵，依据法律公平正确而不偏斜，坚持法律面前人人平等，"无虐茕独，而畏高明"[②]"不别亲疏，不殊贵贱，一断于法"，[③] 忠实于法律，公正合理而不偏袒；要诚恳善良，出于教育、挽救被讯问人的目的对被讯问人进行讯问，胸怀开阔，宽容厚道。通过讯问人员的这些高尚品德，表现出威势。

（2）从讯问人员的顽强意志表现出威势

讯问人员意志要顽强，从顽强的意志表现出威势。特别是讯问人员

---

① 见《晏子春秋·内篇问上七》，载汤化译注：《晏子春秋》，中华书局 2015 年版，第 178 页。

② 见《尚书·洪范》，载王世舜等译注：《尚书》，中华书局 2012 年版，第 148 页。

③ 见［汉］司马迁著：《史记·大史公自序》，载中华经典普及文库《史记》，中华书局 2006 年版，第 759 页。

要有必胜的信心，不怕困难，不怕挫折，在任何困难、挫折面前都满怀必胜的信心；要有坚强的决心，无论在什么时候、什么情况下都能做到稳定坚强，坚定不移；要有坚持到底的恒心和毅力，锲而不舍，坚韧不拔。

（3）从讯问人员的优良作风表现出威势

讯问人员的作风要优良，从优良的作风表现出威势。特别是讯问人员要实事求是。实事求是既是一种美德，同时又是一种优良的作风。坚持尊重客观事实，以事实为依据，从事实出发，忠实于事实真相，以事实说话，不先入为主，不主观臆断，不强词夺理，更不歪曲事实；要细致深入认真，从大处着眼，细微处入手，"为大于其细"①，不放过任何的疑点，不放过蛛丝马迹，不被表面现象所迷惑，由此及彼，由表及里，一丝不苟，"君子无所不用其极"②，用尽心力，达到最善的境界；要当断则断，果敢处事，"不疑行"，行动不迟疑不决，"不疑事"，做事不犹豫不定。

（4）从讯问人员的聪明睿智表现出威势

讯问人员要聪明睿智，从聪明睿智表现出威势。特别是讯问人员要看得深远，有远见卓识；要思维清晰，"若网在纲，有条而不紊"③；要知识渊博，具有较高的文化基础知识、社会科学知识、自然科学知识、现代科学知识和丰富的阅历、经验，并能在讯问中熟练地运用这些知识。

（5）从讯问人员的超众能力表现出威势

讯问人员的能力要超众，从超众的能力表现出威势。特别是讯问人员要具有运用与讯问有关的政策和法律的能力；分析和抓准被讯问人薄

---

① 见《老子》第六十三章，载饶尚宽译注：《老子》，中华书局2016年版，第159页。

② 见《大学》，载程林主编：《四书五经》（第一卷），北京燕山出版社2008年版，第4页。

③ 见《尚书·盘庚上》，载王世舜等译注：《尚书》，中华书局2012年版，第106页。

弱环节的能力；运用针对性讯问对策的能力；运用讯问策略和手段的能力；收集证据和建立证据体系的能力；全面、完整、准确、快速地制作讯问笔录的能力等。

通过上述以敬畏的威势对被讯问人进行攻心，被讯问人就有可能敬畏讯问人员的威势，对犯罪事实作出交代。

5. 以所趋的大势对被讯问人进行攻心

大势所趋所表现出来的是一种势如破竹、潮流所至的威力，"天下大势之所趋，非人力之所能移也。"① 没有办法可以阻挡，被讯问人在所趋的大势面前就会感到"大势已去，时不再来。巨厦之崩，一木不能支！洪河已决，掬壤不能救"，② 抗审已毫无意义，从而从信心上败下阵来。因此，讯问人员要善于以所趋的大势影响被讯问人，对被讯问人进行攻心。

以所趋的大势影响被讯问人，对被讯问人进行攻心，主要从以下方面进行：

（1）讯问人员采取的措施要坚决果断

讯问人员采取的措施坚决果断，表明讯问人员成竹在胸，稳操胜券，非常有把握，从而呈现出案件所趋的大势。通过坚决果断地采取查案措施，使被讯问人感到已是大势所趋，进而瓦解被讯问人抗审的意志。

（2）讯问人员进攻要凌厉

讯问人员的进攻凌厉，表明讯问人员进攻的武器精良，炮弹充足，必能攻破被讯问人的防线，从而呈现出案件所趋的大势。通过凌厉的进攻，使被讯问人感到自己根本无法抵挡讯问人员的进攻，自己的犯罪事实被揭露的大局已定，已是大势所趋，进而瓦解被讯问人的抗审意志。

（3）讯问人员要所向披靡

讯问人员所向披靡，表明讯问人员进攻所指向的对象在讯问人员的

---

① 见［宋］陈亮：《上孝宗皇帝第三书》，载邓广铭点校：《陈亮集》（增订本）（上），中华书局1987年版，第14页。

② 见［明］洪梦龙：《醒世恒言》（卷二十四），线装书局2007年版，第255页。

进攻下就像草木随风倒伏一样，力量达到的地方，一切障碍都被扫除，从而呈现出案件所趋的大势。通过所向披靡，使被讯问人感到讯问人员力量强大，似风卷残云，席卷大地，整个局势必定崩溃，无法挽回。

通过上述方法营造出所趋的大势，对被讯问人进行攻心，被讯问人就有可能畏惧大势，对犯罪事实作出交代。例如：

某市查案机关在查处一宗重大腐败窝案、串案中，讯问人员营造出所趋的大势，对违法犯罪分子进行攻心。

第一，对违法犯罪分子采取坚决果断的措施。

案件查处进入突破阶段后，讯问人员第一次就同时对五名违法犯罪分子采取调查措施，将他们缉捕到案，分别带往五个办案点，接受讯问。

第二，向违法犯罪分子发起凌厉的进攻。

五名违法犯罪分子被带到五个办案点后，各个点的讯问人员在讯问中都对被讯问人发起凌厉的进攻，被讯问人在交代了犯罪事实后，又对其他的违法犯罪分子采取果断的调查措施，突破其口供。如此循环，不到二十天，就有二十多名违法犯罪分子被采取调查措施，接受讯问人员的讯问。

第三，讯问人员的所向披靡。

这二十多名违法犯罪分子，经讯问人员的凌厉进攻，除一名违法犯罪分子外，其余十九名都顺利地突破了他们的口供。对这名未有突破口供的被讯问人，负责指挥案件查处的领导及时地重新组织讯问力量对其进行讯问，很快也突破了其口供。接着，讯问人员继续对另外的违法犯罪分子采取调查措施进行讯问，对涉案证人采取叫过来，对知情证人采取走过去的方法进行取证，均顺利地突破被讯问人的口供和促使证人进行如实作证。讯问人员的所向披靡，案件查处势如破竹，凡讯问人员所到之处，无不招供。

在这种大势所趋下，违法犯罪人刘某曾以身体不好外出医治逃避躲匿，其得知这样的大势后，主动回来，携带赃款前来投案自首，以争取从宽处理。

（二）正面宣讲攻心

所谓正面宣讲攻心，是指讯问人员在运用攻心为上策略的过程中，以向被讯问人正面宣讲形势、政治、科学、法律、刑事政策、伦理道德、人生观、行为社会危害性、道理、利害关系、辩证关系、案例等对被讯问人进行攻心的一种攻心方法。

1. 以向被讯问人正面宣讲形势进行攻心

形势是事物的状况及其发展的趋势。形势决定着打击犯罪的力度和被讯问人的切身利益，被讯问人在形势面前只有顺应，才能对其有利，而逆形势，就将给其带来极为不利的后果。因此，讯问人员要善于运用形势对被讯问人进行攻心。

（1）向被讯问人正面宣讲的形势内容

①向被讯问人宣讲严厉打击犯罪的形势

讯问人员要向被讯问人宣讲严厉打击犯罪的形势，大讲党中央严厉打击犯罪的态度和决心；大讲各级党委坚决贯彻落实党中央严厉打击犯罪的部署；大讲广大群众坚决拥护严厉打击犯罪、纷纷参与打击犯罪的斗争，同犯罪进行坚决的斗争；大讲对犯罪决不姑息，坚决予以查处和依法予以从重处罚。通过以向被讯问人正面宣讲严厉打击犯罪形势对被讯问人进行攻心，使被讯问人感到形势严厉，自己根本无法与如此严厉的形势相抗衡。在如此的形势之下，自己的犯罪行为无法隐瞒，也隐瞒不了，如果自己认不清形势，逆历史潮流而动，必将被潮流所吞噬。从而使被讯问人从信心上败下阵来，瓦解其抗审的意志。

②向被讯问人宣讲此次查案的严厉形势

讯问人员要向被讯问人宣讲此次查案的严厉形势，大讲各级党委和政府领导的指示和批示；大讲查案机关领导坚决贯彻党委和政府领导的指示和批示的态度；大讲侦查讯问人员的态度和决心；大讲查案的强大力量和采取的严厉措施；大讲广大群众已经充分发动起来，积极提线索，摆疑点，协助查案机关查案，犯罪分子已陷入人民战争的汪洋大海之中，成为过街的老鼠，人人喊打；大讲查案的顺利推进，已向纵深发展。通过以向被讯问人正面宣讲此次查案的严厉形势对被讯问人进行攻心，使被讯问人感到百万雄师在群众的支持下已潮水般地涌来，自己已无法藏身。如果自己认不清形势，坚持抗审，必将被潮水所淹没而葬身鱼腹。从而使被讯问人从决心上败下阵来，瓦解其抗审的意志。

③向被讯问人宣讲此次查案中涉案人员纷纷争取从宽处理的形势

讯问人员要向被讯问人宣讲此次查案中出现的涉案人员纷纷争取从宽处理的形势，大讲共同或对合犯罪人纷纷投案自首；大讲他们揭发检举犯罪，走立功的道路；大讲他们悔罪悔错，认罪认罚，积极退赃，赔偿损失。通过以向被讯问人正面宣讲此次查案中出现的这些形势对被讯问人进行攻心，使被讯问人感到自己如果继续坚持抗审，不抓紧交代犯罪的事实，就要处于十分被动的境地。从而使被讯问人从毅力上败下阵来，瓦解其抗审的意志。

（2）向被讯问人正面宣讲形势对被讯问人进行攻心，要注意以下几点：

①宣讲形势的严厉不要过头

讯问人员向被讯问人宣讲形势的严厉程度不要宣讲过头，要做到恰到好处。宣讲过头了，过犹不及，会出现三点不良的后果：一是宣讲过头了，就有可能出现不符合事实的情况，这样，被讯问人一听就有可能觉得讯问人员这是虚张声势，事实并非如此，是吓吓人罢了，从而被讯问人就会把讯问人员宣讲的严厉形势不当成一回事，反而使之镇定下来；二是宣讲过头了，就有可能出现一些恐怖的色彩，这样，被讯问人一听就有可能陷入极度的恐怖之中，被讯问人被吓住而不敢交代犯罪事实；三是宣讲过头了，容易使被讯问人"破罐了破摔"，认为自己在这样的形势下实施了犯罪行为，已没有了任何的希望，交代问题要得到从重的处罚，不交代问题也不过是得到从重处罚，反正结果都是一样的，既然结果是一样的，不如不交代，或许讯问人员证据不足定不了自己的案，自己反而有希望。这样，被讯问人就不会交代犯罪的事实，攻心不仅起不到作用，反而起了反作用。因此，宣讲形势的严厉不要讲得过头。

②宣讲形势的严厉要让被讯问人从严厉中看到希望

讯问人员向被讯问人宣讲形势的严厉，一方面是给被讯问人施加压力，另一方面要让被讯问人从严厉的形势中看到希望，从而通过形势攻心，使被讯问人在压力和希望的双重作用下，起到促使其交代犯罪事实的作用。为此，讯问人员在宣讲严厉的形势中，不仅要宣讲形势的严厉，而且更重要的是要宣讲严厉形势的特点，即越是打击犯罪的形势严厉，就越强调宽严相济。凡是拒不交代犯罪事实，没有悔改表现的，就没有任何的余地；凡是如实交代犯罪事实，有悔改表现的，甚至可以不作犯罪对待。这样，就使被讯问人看到了希望，有了努力的方向。因此，宣讲形势严厉，要让被讯问人从严厉中看到希望。

③宣讲形势要向被讯问人指出出路

讯问人员以宣讲形势对被讯问人进行攻心，特别是以此次查案的形势和查案中出现的涉案人员纷纷争取从宽处理的形势对被讯问人进行攻心时，要向被讯问人指出出路，从而通过攻心，使被讯问人在出路的指引下，促使其对犯罪事实作出交代。为此，对于单独犯罪的被讯问人来说，讯问人员在宣讲形势严厉、严峻的同时，要向被讯问人表明，其若作出如实交代，就会充分考虑其如实交代可以从宽处理的这一条件。这样，就向被讯问人指出了其出路在于如实交代犯罪的事实；对共同或窝案、串案的被讯问人，讯问人员在宣讲形势严厉、严峻的同时，要向被讯问人表明，从重、从轻都要抓典型，其若能如实交代问题，交代彻底，悔罪表现好，就可以做一个从轻的典型。这样，就向被讯问人指出了其出路在于如实交代，彻底交代，悔罪表现好。通过向被讯问人指出出路，被讯问人就有可能沿着讯问人员给其指出的出路走上"坦白从宽"的道路。因此，宣讲形势要向被讯问人指出出路。

通过上述正面向被讯问人宣讲形势，对被讯问人进行攻心，被讯问人就有可能在形势的威慑下，为顺应形势而交代犯罪的事实。

2. 以向被讯问人宣讲政治进行攻心

向被讯问人宣讲政治，对被讯问人进行攻心，主要从以下几个方面进行：

（1）讲明打击犯罪是巩固我党执政地位的需要

我们党作为执政党，首先是为人民服务，犯罪危害人民利益，就意味着犯罪严重地危害党的执政地位。打击犯罪是关系我党生死存亡的原则问题，在这个大是大非的问题上，我党的态度一贯是坚决的，是绝不含糊的，不会因为被讯问人不交代，就改变打击犯罪的态度和决心，而是要坚决地查到底。因为，这是巩固我党执政地位的需要。通过这样从政治的高度对被讯问人进行攻心，就有可能使被讯问人感到自己不交代是过不了这一关的，从而瓦解被讯问人抗审的意志。

（2）讲明打击犯罪是国家行为

向被讯问人阐明，打击犯罪是国家行为，其面对的是国家机器。既然是国家行为，是国家机器在运作，就没有解决不了的问题。同时警告被讯问人，其拒不交代犯罪事实，是在同国家机器较量。通过这样从查处犯罪是国家行为的高度对被讯问人进行攻心，就有可能使被讯问人感到自己的抗审行为是"以卵投石""螳臂当车"，岂有不粉身碎骨之理，从而瓦解被讯问人的抗审意志。

通过上述向被讯问人宣讲政治，对被讯问人进行攻心，被讯问人就有可能在国家权力的威慑下，不敢与国家权力相抗衡，从而对犯罪事实作出交代。

3. 以向被讯问人宣讲科学进行攻心

科学是从实际中总结出来的系统知识，以向被讯问人宣讲科学进行攻心，主要从以下方面进行：

（1）选择有针对性的科学对被讯问人进行攻心

由于案件和被讯问人情况的不同，用以对被讯问人进行攻心的科学也应不同。只有这样，以科学对被讯问人进行攻心才能起作用。为此，讯问人员要根据案件和被讯问人的情况，在摸准被讯问人抗审心理和错误思想认识的基础上，选择有针对性的科学对被讯问人进行攻心。

①选择有针对性的社会科学对被讯问人进行攻心

社会科学是以社会现象为研究对象的科学。它的任务是研究并阐述各种社会现象及其发展规律，属于上层建筑的意识形态范畴，涉及领域十分广泛。讯问人员要在这广泛的社会科学中，根据案件和被讯问人的情况选择出针对被讯问人抗审心理和错误思想认识的科学内容对被讯问人进行攻心。例如：

我们在前面叙述的吴某案，讯问人员根据吴某书写情报的每一个字都临摹他人笔迹的作案手段，经分析，吴某持有自信性侥幸心理，其认为自己的作案手段十分诡秘，讯问人员不可能发现是自己作案，更不可能取得自己犯罪的证据，针对吴某的这一抗审心理，讯问人员在社会科学中选择出针对其这一心理的辩证唯物主义关于物质世界普遍联系的科学内容对吴某进行攻心。通过这些科学内容的攻心，使吴某感到自己的作案手段尽管十分诡秘，但由于物质世界的普遍联系，自己书写文字的行为已经留下了自己作案的痕迹，从而破除了吴某抗审自信性侥幸心理的认识基础。在该例中，讯问人员如果不是选择有针对性的社会科学对吴某进行攻心，是难以破除其自信性侥幸心理的认识基础的。

②选择有针对性的自然科学对被讯问人进行攻心

自然科学是研究自然界的物质形态、结构、性质和运动规律的科学。它的目的在于认识自然规律，为人类正确改造自然开辟道路。自然科学涉及的领域同样十分广泛。讯问人员要在这广泛的自然科学中，根据案件和被讯问人的情况选择出针对被讯问人抗审心理和错误思想认识的内容对被讯问人进行攻心。

③选择有针对性的思维科学对被讯问人进行攻心

思维科学是研究人的思维的规律、方法和应用的综合性科学。研究的内容亦十分广泛。在讯问实践中应用最多的是逻辑学。讯问人员要根据案件和被讯问人的情况选择出针对被讯问人抗审心理和错误思想认识的思维科学内容对被讯问人进行攻心。例如：

荣某受贿案。荣某是某县人民政府副县长，因收受贿赂嫌疑接受某查案机关讯问。在讯问中，荣某认为问题比他大的人多的是，查案机关不去查问题大的人，偏查他，查他的问题是小题大做，是有人有意在整他。因而，荣某在讯问中与讯问人员闹对立，拒不接受讯问。在此情况下，讯问人员根据案件和荣某的情况，选择针对荣某抗审心理和错误思想认识的逻辑学同一律对荣某进行攻心：在同一思维的过程中，思维对象确定以后，在关于这个问题的思考和讨论上，必须始终以这个对象为对象，围绕这个确定的对象来进行，而不应当中途变换，否则，就违反了同一律的要求，得出的结论就是错误的。并根据同一律向荣某指出：查他的问题，是根据其违法犯罪的事实和有关法律法规的规定进行的。在这里讨论的对象是"其违法犯罪的事实"和"有关法律、法规的规定"。也就是说，根据其存在的问题，对照法律、法规的规定，应不应该查。而荣某不是在这一个对象上来思考和讨论该不该查，而是把讨论的对象偷换成了"他人存在的问题"和"没有查他人的问题"，违反了同一律的要求，因而，得出了查他的问题是小题大做，是有意整他的错误结论。通过以逻辑学同一律对荣某进行攻心，使荣某认识到自己偷换了概念，违反了逻辑学的同一律，从而促使荣某由对立情绪向接受讯问转变，接受讯问人员的讯问。

（2）要层层深入地阐明科学的内容

讯问人员在以科学对被讯问人进行攻心中，要向被讯问人层层深入地阐明用以攻心的科学的内容。也就是说，要把这一科学的具体内容一层一层地向被讯问人进行阐述，不能只笼统地说或说一个大概。只有这样，被讯问人才能听得明白，听得深刻，才能根据这一科学的内容进行联想，从而使这一科学发挥攻心的作用。如果讯问人员不将这一科学的内容层层深入地进行阐明，只说一个笼统或大概，被讯问人就会听得不明白、不深刻，其就无法根据这一科学内容进行联想。这样，以科学对被讯问人进行攻心就成了一句空话。因此，讯问人员以科学对被讯问人进行攻心，一定要层层深入地向被讯问人阐明这一攻心科学的内容。例如：

我们在前面叙述的吴某案，讯问人员在以辩证唯物主义关于物质世界普遍联系的科学内容对吴某进行攻心中，以六个层次对这一科学进行阐述：

①总体上阐明：物质世界是普遍联系的，事物之间和事物内部诸要素之间是互相影响、互相作用、互相制约的。

②深一层地阐明：物质世界是普遍联系的统一体，没有什么事物是孤立存在的，自然界、人类社会或思维领域，事物之间或事物内部诸要素之间的互相影响、互相作用无所不在。

③再深一层地阐明：联系是事物的内在本性，它不依人的主观意志为转移。

④又深一层地阐明事物联系的多样性：事物联系有内部与外部、本质与非本质、必然与偶然、直接与间接、主要与次要的联系。

⑤还深一层地阐明：当某一事物发生变化的时候，它必然要引起对其他事物的影响，使之也发生变化。

⑥更深一层地阐明：当一个人实施了犯罪的行为，无论他作案的手段是如何的诡秘、隐蔽、狡猾，也必然会影响、作用其他的事物，使其他事物发生变化，而留下蛛丝马迹。

通过上述层层深入地阐述辩证唯物主义关于普遍联系的科学内容，就使吴某听得明白、听得深刻，从而促使吴某联想自己的犯罪行为。

（3）要联系案件的实际进行阐述

讯问人员在以科学对被讯问人进行攻心中，还要联系案件的实际进行阐述。也就是说，做到理论联系实际。只有这样，才能使这一科学更具生命力，更能发挥攻心的作用。如果讯问人员不联系案件的实际，而是从理论到理论，阐述的针对性就会不强，被讯问人就难以受到震动，从而达不到攻心的效果。因此，讯问人员以科学对被讯问人进行攻心，用以攻心的科学一定要联系案件的实际。例如：

我们在前面叙述的吴某案，讯问人员在以辩证唯物主义关于物质世界普遍联系的科学内容对吴某进行攻心中，联系该案的作案手段进行了阐述："有人作了案，向敌特机关报送了这么一个情报，他需要通过书写文字来完成。由于书写文字的行为它就影响作用了另一事物，即纸张，引起了纸张的变化，本来是一张空白的纸，现在却有了文字在上面。而这文字是人书写的，也就留下了书写人的笔迹。这书写人的笔迹就为我们知道作案人是谁提供了线索。"通过这样联系案件的实际进行阐述，就使物质世界普遍联系的科学内容更加彰明，从而产生更大的威慑力。

4. 以向被讯问人宣讲法律进行攻心

法律是人民的意志，是国家强制力保证实施的行为规范。既然法律是由国家强制力保证实施的行为规范，那么，被讯问人在法律面前就无法进行反抗，只有乖乖地服从法律。因此，讯问人员要善于运用法律对被讯问人进行攻心。

以向被讯问人宣讲法律进行攻心，主要从以下几个方面进行：

（1）选择有针对性的法律对被讯问人进行攻心

各个案件和被讯问人的情况以及被讯问人抗审的心理是不同的。不同的情况，只有用不同的法律进行攻心，才能从根本上解决被讯问人思想上、心理上抗审的问题和错误的思想认识。为此，讯问人员以法律对被讯问人进行攻心，就要根据案件和被讯问人的情况，分析准被讯问人抗审的心理和错误的思想认识，选择有针对性的法律对被讯问人进行攻心。切不可盲目乱讲法律，牛头不对马嘴。

①选择有针对性的《刑法》规定对被讯问人进行攻心

《刑法》是规定犯罪、刑事责任和刑罚的法律。《刑法》规定了刑法的任务、基本原则和适用范围、犯罪、刑罚、刑罚的具体运用、各种具体犯罪的构成和处罚。被讯问人实施的行为是否是犯罪，是什么罪，罪轻还是罪重，是否给予处罚，给予什么样的处罚，最终依据的是《刑法》这根准绳。讯问人员要善于根据案件和被讯问人的情况以及被讯问人抗审的心理和错误思想认识，选择有针对性的《刑法》规定对被讯问人进行攻心，解决其思想上、心理上的抗审问题和错误的思想认识。

②选择有针对性的《刑事诉讼法》的规定对被讯问人进行攻心

《刑事诉讼法》规定了刑事诉讼的任务、基本原则、证据、强制措施、立案、侦查、提起公诉、审判、执行等一系列刑事诉讼的活动问题。对被讯问人实施的犯罪行为的侦查，是否需要采取强制措施，采取什么样的强制措施，其犯罪行为的证据是否确实、充分，是否需要提起公诉，是否需要交付审判以及审判的程序，是否需要交付执行以及执行的程序，都由《刑事诉讼法》调整，依据的都是《刑事诉讼法》。讯问人员要善于根据案件和被讯问人的情况以及被讯问人抗审的心理和错误思想认识，选择有针对性的《刑事诉讼法》的规定对被讯问人进行攻心，解决其思想上、心理上的抗审问题和错误的思想认识。例如：

我们在前面叙述的吴某案，讯问人员经分析认为，吴某还持有盲目性侥幸心理，针对吴某的盲目性侥幸心理，讯问人员选择了以下有针对性的《刑事诉讼法》规定对吴某进行攻心：

第一，选择《刑事诉讼法》第三十五条①的规定对吴某进行攻心

讯问人员以让吴某自己念《刑事诉讼法》第三十五条关于"对一切案件的判处都要重证据，重调查研究，不轻信口供。只有被告人供述，没有其他证据的，不能认定被告人有罪和处以刑罚；没有被告人供述，证据充分、确实的，可以认定被告人有罪和处以刑罚"的规定和对《刑事诉讼法》第三十五条作了词语上和学理上的解释向吴某宣讲了《刑事诉讼法》的这一规定。通过《刑事诉讼法》这一规定对吴某进行攻心，使吴某认识到，能否认定自己有罪和对自己作出刑罚处罚取决于证据是否充分、确实，而不是取决于有无自己的口供，没有自己的口供，证据充分、确实的，照样能认定自己有罪和处以刑罚。

第二，选择《刑事诉讼法》第三十一条②的规定对吴某进行攻心

讯问人员向吴某宣讲了《刑事诉讼法》第三十一条关于"证据有下列六种：（一）物证、书证；（二）证人证言；（三）被害人陈述；（四）被告人供述和辩解；（五）鉴定结论；（六）勘验、检查笔录"的规定，并指出："这六种法定证据有着各自的特征和优势，并以各自的方式证明犯罪事实，在证明犯罪事实中发挥着各自重要的作用。而被告人的口供只是这六种法定证据中的一种，尽管被告人不交代，没有他

---

① 指1979年颁布，1980年1月1日起施行的《刑事诉讼法》第三十五条的规定。
② 指1979年颁布，1980年1月1日起施行的《刑事诉讼法》第三十一条的规定。

的口供，但其他种类的证据能从不同的角度，不同的方面证实被告人的犯罪事实。"通过以《刑事诉讼法》的这一规定对吴某进行攻心，使吴某认识到，证据的种类是多种的，自己的口供只是这多种类证据中的其中一种，没有自己的口供，其他证据同样能证明自己的犯罪事实。

第三，选择《刑事诉讼法》关于证明标准的规定对吴某进行攻心

讯问人员根据《刑事诉讼法》的规定，向吴某宣讲了我国刑事诉讼的证明标准是"犯罪事实清楚，证据确实、充分"。并指出："一个案件只要达到了'犯罪事实清楚，证据确实、充分'的要求，就符合了证明的标准，足以证明犯罪事实，并非一定要有被讯问人的口供才符合证明的标准。"通过以《刑事诉讼法》的证明标准对吴某进行攻心，使吴某认识到，证明自己的犯罪事实，只要事实清楚，证据确实、充分，就足以证明，并非需要自己的口供，自己是否作出供述无关大局。

通过上述以《刑事诉讼法》的规定对吴某进行攻心，破除了吴某的盲目性侥幸心理。

（2）掌握好法律攻心的时机

以法律对被讯问人进行攻心，时机甚为重要。在有利的时机对被讯问人进行法律攻心，就能起到事半功倍的效果，而在不利的时机对被讯问人进行法律攻心，就有可能不仅没有效果，而且有可能起反作用。因此，讯问人员在运用法律对被讯问人进行攻心时，一定要在最有利的时机进行。不能不顾时机地想说就说，或在时机成熟的时候该说不说。

关于法律攻心最有利的时机，一般表现为：被讯问人愿意听讯问人员说话的时候；被讯问人想知道法律对这个问题是如何规定的时候；被讯问人对讯问人员的讯问有所震动的时候。讯问人员要根据讯问的进程情况和被讯问人在讯问中的表现情况掌握好法律攻心的时机。例如：

我们在前面叙述的吴某案，讯问人员不是一上来就向吴某宣讲法律的规定，而是在向吴某暗示证据后，在吴某的自信性侥幸心理被破除，显得惊慌的情况下，针对吴某的盲目性侥幸心理，向吴某宣讲了《刑事诉讼法》的有关规定。在此时向吴某宣讲《刑事诉讼法》的规定，吴某不仅愿意听，而且由于其自信性侥幸心理刚被破除，其极想知道法

律对他这种情况究竟是如何规定的。因而，在此时向吴某宣讲《刑事诉讼法》的规定对其进行攻心就显得非常有利，吴某就会集中精力去听，去体会法律的规定。

（3）实施好法律攻心的过程

法律攻心的过程只有实施精当，才能使被讯问人深刻地了解法律的规定和起到积极的作用，从而从根本上解决被讯问人思想上、心理上的抗审问题和错误的思想认识。

实施好法律攻心的过程，着重要做到结合性：

①要做到原则性和灵活性相结合

讯问人员以法律对被讯问人进行攻心，宣讲法律要做到原则性和灵活性相结合。也就是说，在宣讲法律的过程中，既要坚持以法律为依据的原则，对法律进行准确的阐述、解释，所讲的话一定要有法律的依据，不得随意发挥，更不得歪曲法律的规定，也要坚持对法律进行灵活宣讲，不能千篇一律，死板机械地说教。在宣讲的形式上，采取灵活多样的形式进行宣讲，可以由讯问人员讲，也可以由被讯问人自己读、自己看法律的规定，还可以采取互相讨论的方法讲。总之，何种形式能使被讯问人更深刻地了解法律的规定，就以何种形式讲；在宣讲的内容上要灵活取舍，宣讲那些有利于解决被讯问人抗审问题和错误思想认识的内容，避开那些不利于解决被讯问人抗审问题和错误思想认识的内容；在宣讲的方法上要灵活掌握，根据案件和被讯问人的情况，或直接阐明，或间接阐明，或以分析阐明的方法对法律进行宣讲。

②要做到法律的规定和法律理论相结合

讯问人员以法律对被讯问人进行攻心，宣讲法律要做到把宣讲法律的规定和宣讲法律的理论结合起来。也就是说，在宣讲法律规定的同时，也要宣讲法律的理论，不能光讲法律的规定或光讲法律理论。只有这样，才能使被讯问人听得深刻，听得入耳，才能使被讯问人真正地了解和懂得法律的规定，从而起到攻心的作用。

③要做到法律和案件的事实相结合

讯问人员以法律对被讯问人进行攻心，宣讲法律要做到法律和案件的事实相结合。也就是说，不能光讲法律的规定或法律理论，而应当将法律的规定或法律的理论与案件的事实联系起来，以法律的规定或法律理论论证案件事实，以案件事实解释法律规定或法律理论，使宣讲的法律更加彰明，更具威慑和感召力。

5. 以向被讯问人宣讲刑事政策进行攻心

刑事政策是国家为实现打击犯罪任务而规定的行动准则。既然刑事政策是打击犯罪的行动准则，那么，对犯罪行为的处理就要遵循刑事政策这一行动准则进行。正因如此，刑事政策对被讯问人的感化和感召无疑具有巨大的作用。因此，讯问人员要善于运用刑事政策对被讯问人进行攻心。

我国的刑事政策主要有：坦白从宽、抗拒从严的刑事政策；宽严相济的刑事政策；教育、感化、挽救的刑事政策等。在这些刑事政策中，讯问实践中对被讯问人进行攻心运用最为普遍的是"坦白从宽、抗拒从严"和"宽严相济"这两项刑事政策。

（1）以"坦白从宽、抗拒从严"的刑事政策对被讯问人进行攻心

以"坦白从宽，抗拒从严"的刑事政策对被讯问人进行攻心，主要从以下方面进行：

①矫正被讯问人对该项政策的错误认识

"坦白从宽、抗拒从严"的政策可谓家喻户晓，人人皆知。在讯问实践中，对任何一个被讯问人的讯问，讯问人员都要运用"坦白从宽，抗拒从严"的政策对被讯问人进行攻心。正因为上述的原因，有些被讯问人认为"坦白从宽、抗拒从严"的政策是假的，是骗人的，实际上是"坦白从宽，马上就关；抗拒从严，回家过年"。因而，有些被讯问人在讯问中对讯问人员宣讲的这一政策不相信，往往持逆反的心理态度，从而导致这项政策在攻心中发挥不了作用。

为了使这项政策在对被讯问人的攻心中发挥出其应有的作用，讯问人员在以此政策对被讯问人进行攻心时，首先就要矫正被讯问人对这项政策的错误认识。为此，讯问人员应向被讯问人指出：就被讯问人已暴

露的犯罪事实来说，"坦白从宽，抗拒从严"的政策是建立在犯罪事实已经暴露，已被讯问人员掌握了证据的基础之上的，而不是建立在尚未暴露的犯罪事实基础之上的。在犯罪事实已经暴露，已被讯问人员掌握了证据的情况下，其如果能对犯罪事实作出交代，根据"坦白从宽"的政策，给予的是从宽的处理；其如果不对犯罪事实作出交代，根据《刑事诉讼法》第五十五条的规定和"抗拒从严"的政策，给予的是从严的处理。

②掌握向被讯问人宣讲"坦白从宽，抗拒从严"政策的时机

向被讯问人宣讲"坦白从宽，抗拒从严"的政策对被讯问人进行攻心，同样要掌握在最有利的时机向被讯问人进行宣讲。这是由前面叙述的问题所决定的。如果在被讯问人尚未感觉到讯问人员已掌握其犯罪事实的情况下向其宣讲"坦白从宽、抗拒从严"的政策，其就会认为坦白不是"从宽"，而是"用关"，其也就不会走"坦白从宽"的道路，"坦白从宽，抗拒从严"政策的攻心也就不会有任何的效果。而如果在被讯问人感觉到讯问人员已掌握其犯罪事实的情况下向其宣讲"坦白从宽、抗拒从严"的政策，被讯问人就会认为，如果自己作出如实的交代，根据"坦白从宽"的政策，自己就可以得到从宽的处理；如果自己不作出交代，讯问人员不仅照样可以根据《刑事诉讼法》第五十五条的规定认定自己有罪和处以刑罚，而且根据"抗拒从严"的政策，给予的必然是从严的处罚。由此可见，向被讯问人宣讲"坦白从宽、抗拒从严"的政策，对被讯问人进行攻心，一定要掌握在被讯问人感觉到讯问人员已掌握其犯罪证据的时机进行。

③结合法律的规定进行宣讲"坦白从宽，抗拒从严"的政策

讯问人员向被讯问人宣讲"坦白从宽、抗拒从严"的政策对被讯问人进行攻心，要联系被讯问人所犯的罪的性质，结合法律对该种犯罪的规定进行宣讲，阐明在坦白交代的情况下能得到什么幅度的从宽处理，而在抗拒交代的情况下，得到的是什么幅度的从严处理。通过这样阐明"坦白从宽、抗拒从严"的政策，使被讯问人对"坦白从宽"的结果和"抗拒从严"的结果看得见，摸得着，其就有可能慑于"抗拒

从严"，在"坦白从宽"的感召下对犯罪事实作出交代，从而起到这一政策攻心的作用。

（2）以"宽严相济"的刑事政策对被讯问人进行攻心

以"宽严相济"的刑事政策对被讯问人进行攻心，主要从以下方面进行：

①向被讯问人宣讲"宽严相济"刑事政策的基本含义

"宽严相济"的刑事政策，对于大多数被讯问人来说，不是特别熟悉。因而，讯问人员以"宽严相济"的刑事政策对被讯问人进行攻心，首先要向被讯问人宣讲"宽严相济"刑事政策的基本含义。

所谓"宽严相济"的刑事政策，是指在打击犯罪中，要宽大和严厉相辅而行。对罪行十分严重，社会危害性极大的犯罪要严厉，而对情节较轻、社会危害性较小的犯罪则要宽大。对不同的犯罪和犯罪分子予以区别对待。在严厉中做到有宽大，以宽大补益严厉；在宽大中做到有严厉，以严厉补益宽大。

在向被讯问人宣讲"宽严相济"的刑事政策中，要向被讯问人宣讲清楚上述基本含义，即讲清什么是严，对哪些要从严；什么是宽，对哪些要从宽；什么是相济，怎样相济，从而使被讯问人懂得"宽严相济"刑事政策的基本含义以及"宽严相济"的政策是我国重要的刑事政策，从而为接下来的攻心打下基础。

②向被讯问人宣讲"宽严相济"刑事政策在司法实践中的运用

讯问人员要在宣讲"宽严相济"刑事政策基本含义的基础上，向被讯问人宣讲"宽严相济"刑事政策在司法实践中的运用。

第一，在司法实践中，根据"宽严相济"刑事政策中的从"严"，对于那些罪行十分严重，社会危害性极大，依法应当判处重刑或死刑的，予以坚决地判处重刑或死刑；对于那些社会危害性大或者具有法定、酌定从重处罚情节，以及主观恶性深、人身危险性大的被告人，予以依法从严惩处。在打击犯罪活动中，通过依法从"严"的政策要求，有效震慑犯罪分子和社会不安定分子，达到有效遏制犯罪、预防犯罪的目的。

第二，在司法实践中，根据"宽严相济"刑事政策中的从"宽"，对于那些罪行、情节较轻、社会危害性较小的犯罪，或者罪行虽然严重，但具有法定、酌定从宽处罚情节，以及主观恶性相对较小，人身危险性不大的被告人，可以依法从轻、减轻或者免除处罚；对于那些具有一定社会危害性，但情节显著轻微危害不大的行为不作为犯罪处理；对于那些依法可不监禁的，尽量适用缓刑或者判处管制、单处罚金等非监禁刑；对于那些所犯罪行不重，主观恶性不深，人身危险性较小，有悔改表现，不致再危害社会的犯罪分子，要依法从宽处理。对于其中具备条件的，应当依法适用缓刑或者管制、单处罚金等非监禁刑。同时配合做好社区矫正，加强教育、感化、帮教、挽救工作；对于那些较轻犯罪的初犯、偶犯，综合考虑其犯罪的动机、手段、情节、后果和犯罪时的主观状态，酌情予以从宽处罚。对于犯罪情节轻微的初犯、偶犯，可以免予刑事处罚；依法应当予以刑事处罚的，也应当尽量适用缓刑或者判处管制、单处罚金等非监禁刑。对于那些未成年人犯罪，在具体考虑其实施犯罪的动机和目的、犯罪性质、情节和社会危害程度的同时，还要充分考虑其是否属于初犯，归案后是否悔罪，以及个人成长经历和一贯表现等因素，坚持以"教育为主，惩罚为辅"的原则和"教育、感化、挽救"的方针进行处理。对于老年人犯罪，要充分考虑其犯罪的动机、目的、情节、后果以及悔罪表现等，并结合其人身危险性和再犯可能性，酌情予以从宽处理。犯罪人案发后对被害人积极进行赔偿，并认罪、悔罪的，依法可以作为酌定从轻情节予以考虑。

第三，在司法实践中，根据"宽严相济"刑事政策的"相济"，在对各类犯罪依法处罚时，综合运用宽和严两种手段，对不同的犯罪和犯罪分子区别对待，做到严中有宽，宽以济严；宽中有严、严以济宽。具体是：

1) 在对严重刑事犯罪依法从严惩处的同时，对犯罪分子具有自首、立功、从犯等法定或酌定从宽处罚情节的，注意做到宽以济严，根据犯罪的具体情况，依法应当或可以从宽的，都应当在量刑上予以充分考虑从宽。

2）在对较轻刑事犯罪依法从轻处理的同时，注意做到严以济宽，充分考虑犯罪人是否具有屡教不改、严重滋扰社会、群众反映强烈等酌定从严处罚的情况，对于不从严不足以有效惩戒者，应当在量刑上有所体现，做到济之以严，使犯罪分子受到应有的处罚，切实增强改造效果。

3）对于犯罪分子同时具有法定、酌定从严和法定、酌定从宽处罚的案件，在全面考察犯罪的事实、性质、情节和对社会危害程度的基础上，结合犯罪人的主观恶性、人身危险性、社会治安状况等因素，综合作出分析判断，总体从严，或者总体从宽。

通过上述"宽严相济"刑事政策在司法实践中运用的宣讲，使被讯问人认识到，所犯的罪行严重，虽然根据"宽严相济"刑事政策的从"严"，要得到从严的处理，但是，如果如实交代犯罪事实，认罪、悔罪态度好，人身危险小，根据"宽严相济"刑事政策的"相济"，就可严中有宽，宽以济严，得到从宽的处理；而所犯的罪行不严重，虽然根据"宽严相济"刑事政策的从"宽"，可以得到从宽的处理，但是，如果拒不交代犯罪事实，不认罪、悔罪，人身危险性大，就要宽中有严，严以济宽，得到从严的处理。

③结合被讯问人的犯罪事实宣讲宽严相济的刑事政策

以宽严相济的刑事政策对被讯问人进行攻心，还要结合被讯问人犯罪的事实进行宣讲。

第一，结合被讯问人犯罪的性质进行宣讲

对于那些性质严重的犯罪，讯问人员要在指出犯罪性质严重的基础上，向被讯问人强调：其犯罪的性质如此严重，根据"宽严相济"刑事政策的从"严"，其得到的是从严惩处。但是，其如果能够如实交代犯罪的事实，认罪、悔罪，人身危险性小，根据"宽严相济"刑事政策的"相济"，就可严中有宽，宽以济严，得到从轻的处罚。

对于那些性质较轻的犯罪，讯问人员要在实事求是地指出犯罪性质较轻的基础上，向被讯问人强调：其犯罪性质较轻，根据"宽严相济"刑事政策的从"宽"，其得到的是从宽的处理。但是，其如果拒不交代犯罪的事实，不认罪、悔罪，人身危险性大，根据"宽严相济"刑事政策的"相济"，就要宽中有严，严以济宽，其得到的是从严的处理。

第二，结合被讯问人犯罪的情节进行宣讲

对于那些情节严重的犯罪，讯问人员要在联系案件的实际，指出情节严重的事实的基础上，向被讯问人强调：其这些情节严重的事实，根据"宽严相济"刑事政策的从"严"，其得到的是从严的惩处。但是，其如果能够如实交代犯罪的事实，认罪、悔罪，人身危险性小，根据"宽严相济"刑事政策的"相济"，就可严中有宽，宽以济严，得到从轻的处罚。

对于那些情节较轻的犯罪，讯问人员要在联系案件的实际，实事求是地指出情节较轻的事实的基础上，向被讯问人强调：其这些情节较轻的事实，根据"宽严相济"刑事政策的从"宽"，其可以得到从宽的处理。但是，其如果拒不交代犯罪的事实，不认罪、悔罪，人身危险性大，根据"宽严相济"刑事政策的"相济"，就要宽中有严，严以济宽，必然要得到从严的处理。

第三，结合被讯问人犯罪的后果进行宣讲

对于那些后果严重的犯罪，讯问人员要在联系案件的实际，指出后果严重的事实的基础上，向被讯问人强调：其犯罪的后果严重，根据"宽严相济"刑事政策的从"严"，其得到的是从严的处理。但是，其如果能够如实地交代犯罪的事实，进行认罪、悔罪，赔偿损失，退赃、退赔，弥补损害结果，或取得被害人或其家人的谅解，人身危险性小，根据"宽严相济"刑事政策的"相济"，就可严中有宽，宽以济严，得到从轻的处罚。

对于那些后果不严重的犯罪，讯问人员要在联系案件的实际，实事求是地指出后果不严重的事实的基础上，向被讯问人强调：虽然其犯罪的后果不严重，根据"宽严相济"刑事政策的从"宽"，可以得到从"宽"的处罚，但是，其如果拒不交代犯罪的事实，不进行认罪、悔罪，不退赃、退赔，不赔偿损失，或得不到被害人或家人的谅解，人身危险性大，根据"宽严相济"刑事政策的"相济"，就要宽中有严，严以济宽，必然要得到从严的处理。

通过上述结合被讯问人的犯罪事实宣讲"宽严相济"的刑事政策，使罪行严重的被讯问人认识到，自己的罪行本身严重，如果没有较好的认罪态度、悔罪表现，按照"宽严相济"中的从"严"，自己必然要被从严惩处；如果有较好的认罪态度、悔罪表现，按照"宽严相济"中的"相济"，尽管自己罪行严重，可以"宽以济严"，能够得到从宽的处理；使罪行较轻的被讯问人认识到，如果自己有较好的认罪态度、悔罪表现，按照"宽严相济"中的从"宽"，就可得到从宽的处罚；如果自己没有较好的认罪态度、悔罪表现，尽管自己的罪行本身不严重，按照"宽严相济"中的"相济"，就会"严以济宽"，必然要得到从严的处理。

6. 以向被讯问人宣讲伦理道德进行攻心

伦理道德是人们共同生活及其行为和处理相互关系所应遵循的规范和准则。既然伦理道德是人们所应遵循的规范和准则，那么，被讯问人在伦理道德面前就应无条件地服从和遵循。因此，讯问人员要善于运用伦理道德对被讯问人进行攻心，以矫正被讯问人沦丧的伦理道德观念，唤起被讯问人的良知，促使被讯问人心向道德、敬畏道德、服从道德。

以道德对被讯问人进行攻心，主要从以下方面进行：

（1）宣讲有针对性的伦理道德准则和规范对被讯问人进行攻心

被讯问人的犯罪行为，不仅违反法律的规定，而且也必然违反了伦理道德的规范和准则。被讯问人之所以会实施该犯罪行为，就是因为其在该方面的伦理道德沦丧。某方面的伦理道德沦丧，只有以某方面正确的伦理道德对其进行攻心，对症下药，才能矫正被讯问人该沦丧的伦理道德观念。因此，讯问人员以伦理道德对被讯问人进行攻心，要针对其沦丧的伦理道德，向其宣讲有针对性的伦理道德规范和准则。

而要针对被讯问人沦丧的伦理道德进行攻心，讯问人员就要根据被讯问人实施的犯罪行为和被讯问人的情况，推断出被讯问人所沦丧的伦理道德。然后，根据其所沦丧的伦理道德，选择正确的伦理道德向其宣讲，进行有针对性的攻心。

通过向被讯问人宣讲有针对性的伦理道德规范和准则，对被讯问人进行攻心，为矫正被讯问人沦丧的道德观念，打下扎实的基础。

（2）向被讯问人宣讲违背伦理道德的危害，对被讯问人进行警示

讯问人员在向被讯问人宣讲了有针对性的伦理道德的规范和准则后，紧接着要向被讯问人宣讲违背伦理道德的危害，对被讯问人进行警示。

向被讯问人宣讲违背伦理道德的危害，对被讯问人进行警示，要根据被讯问人所沦丧的伦理道德的具体情况，从理论上和实践上对被讯问人进行警示。

①从理论上进行警示

讯问人员要根据被讯问人所沦丧的伦理道德的具体情况，从理论上向被讯问人指出，其沦丧的伦理道德对其都有哪些危害，有什么样的后果，对其有什么样的不利，把违背这种伦理道德对其的危害一五一十地摆在被讯问人的面前。通过从理论上摆出违背这种伦理道德的诸种危害，警示被讯问人。由于这些危害关系到被讯问人的切身利益，就能引起被讯问人的震动，从而起到以伦理道德进行攻心的作用。

②从实践上进行警示

讯问人员在从理论上对被讯问人进行警示的同时，还要根据被讯问人所沦丧的伦理道德的具体情况，从实践上对被讯问人进行警示。为此，讯问人员要例举违背伦理道德而遭人唾弃、诋毁，身败名裂、臭名昭著、遗臭万年，导致家庭门风扫地，亲人不好做人的典型案例向被讯问人进行警示，把活生生的事实摆在被讯问人的面前。在以案例进行警示中，最好选择那些被讯问人身边或被讯问人知道的典型案例对被讯问人进行警示，使被讯问人听得更直观，更深刻，更具威慑力。

通过从理论和实践的结合上向被讯问人宣讲违背伦理道德的危害，对被讯问人进行警示。使被讯问人认识到违背伦理道德是要付出代价的。如果继续拒不认罪，坚持沦丧的伦理道德，只能是产生更严重的后果，从而促使被讯问人醒悟，萌发出交代犯罪事实的动意。

（3）正告被讯问人做人要有伦理道德

讯问人员在向被讯问人宣讲了有针对性的伦理道德的规范和准则和

向被讯问人警示后，要对被讯问人发出正告，严正地告诉被讯问人：做人要有伦理道德，要按照伦理道德的规范和准则处理人们的相互关系，按照伦理道德的规范和准则生活，按照伦理道德的规范和准则实施其行为。

在正告被讯问人做人要有伦理道德时，讯问人员同样要结合被讯问人所沦丧的伦理道德对被讯问人进行正告，做到具体问题具体对待。因而，讯问人员要根据被讯问人所沦丧的伦理道德的具体情况，正告被讯问人，其在这方面的伦理道德应遵守什么，如何遵守；不能违反什么，怎样才能不违反；已经违反了，应怎样改正。使被讯问人明白自己应当怎样去做，从而使伦理道德攻心起到应有的作用。

通过上述向被讯问人宣讲有针对性的伦理道德的规范和准则，违背伦理道德的危害和对被讯问人发出正告对被讯问人进行攻心，被讯问人沦丧的伦理道德观念就有可能得到矫正，从而树立起正确的伦理道德观念，在正确的伦理道德观念的促使下，对犯罪事实作出交代。例如：

被讯问人孙某，为人凶狠、残忍、阴险，动辄打人、骂人，肆无忌惮。因在下电梯中争先推开一抱小孩的妇女，遭到该妇女刘某的指责。孙某即转身夺过刘某抱在手中的小孩，将小孩重重地摔在地上，然后扬长而去。造成小孩颅骨骨折，致重伤。案发后，孙某在确实、充分的证据面前，拒不交代犯罪事实，辩称是妇女刘某自己没有抱好小孩摔下摔伤的。公安机关以零口供提请检察机关对孙某批准逮捕。

在审查批捕中，检察讯问人员决定对孙某进行提审。在讯问前，检察讯问人员根据案件和被讯问人孙某的情况，经分析，认为孙某善恶观念伦理道德沦丧，决定运用攻心为上的讯问策略，以善恶伦理道德对孙某进行攻心。在讯问中，检察讯问人员对孙某进行了如下的讯问：

第一，向孙某宣讲有针对性的善恶伦理道德的规范和准则

讯问开始后，检察讯问人员在作了简单铺垫的基础上，即向孙某宣讲善恶伦理道德的规范和准则。指出：人与人在共同生活中要有恻隐之心、羞恶之心、辞让之心，要与人为善，心地要善良，言语要和善，行为要仁慈，这是人们在这个社会共同生活的规范和准则，也是我们中华上下五千年的传统文化。只有这样，这个社会才能正常运转，才能安

定。否则，这个社会就成了像猛兽任意撕咬，猛禽任意叼食，毒蛇任意横行的世界，社会秩序怎么维持，人们的合法权益怎么保障？在这个世界上同样有比你孙某强的人，你遇到了比你强的人，那你的合法权益怎么保障？你岂不要成为比你强的人的腹中之物？你愿意吗？你甘心吗？你服气吗？你肯定不愿意，肯定不甘心，也肯定不服气。站在你自己的立场，能近取譬地思考这个问题，你就能知道你的行为是与人为恶，违背了伦理道德的规范和准则，破坏了人们共同生活的规则。

第二，向孙某宣讲违背伦理道德、与人为恶的危害，从理论和实践上对孙某进行警示

①从理论上指出与人为恶的危害，对孙某进行警示

在这一方面，讯问人员向孙某指出了违背伦理道德，与人为恶的如下危害：

1）违背伦理道德，与人为恶，导致的是行为人把自己划归到禽兽的行列

检察讯问人员向孙某指出：是否具有伦理道德，是人与禽兽的分水岭。人之所以成为人，就是因为人有伦理道德，按照伦理道德的规范和准则处理人们之间的相互关系。按照伦理道德的规范和准则与人们共同生活，按照伦理道德的规范和准则实施行为。而禽兽之所以是禽兽，是因为禽兽没有伦理道德，其不会按照伦理道德的准则和规范处理相互关系，也不会按照伦理道德的准则和规范与其他禽兽共同生活，更不会按照伦理道德的准则和规范实施行为。因此，一个人丧失了伦理道德，也就丧失了做人的基本条件而与禽兽无异。

2）违背伦理道德，与人为恶，导致的是失去一切

检察讯问人员向孙某指出：违背伦理道德，与人为恶，就要失去他的一切。正所谓"道善则得之，不善则失之矣"①。行为善良，就会得到天命；行为不善良，就会失去天命，使之一无所有。

---

① 见《大学》，载程林主编：《四书五经》（第一卷），北京燕山出版社2008年版，第10页。

3）违背伦理道德，与人为恶，导致的是受到社会和众人的诋毁、唾弃

检察讯问人员向孙某指出：违背伦理道德，与人为恶的人，良心丧尽，其必然要受到社会和众人的诋毁、唾弃，正所谓"为恶，不自毁而人毁之"。① 作恶的人，不需要自己诋毁，而要遭到众人的诋毁。其也就成了过街的老鼠，人人喊打。

4）违背伦理道德，与人为恶，导致的是遗臭万年

检察讯问人员向孙某指出：违背伦理道德，与人为恶，在人们的心目中其是一个没有道德的人，臭名就会远扬，人们对他的感觉是臭烘烘、恶心的。正所谓"为恶则遗臭万年"②。作恶的人就会臭名昭著，遗臭万年。谁见了或提起他，都会讨厌、憎恨、恶心。

5）违背伦理道德，与人为恶，导致的是招来灾祸，最终灭亡

检察讯问人员向孙某指出：违背伦理道德，与人为恶，由于其作恶多端，"积恶在身，犹火之销膏"③，触犯了刑律，其必然要被绳之以法。正所谓"恶不积，不足以灭身"④"恶积者丧"⑤，也就是说，灭身是因为积恶，没有积恶就不会灭身，积恶的人的结果是丧亡。

6）违背伦理道德，与人为恶，导致的是家庭门风扫地，亲人、下代子孙无脸见人

检察讯问人员向孙某指出：违背伦理道德，与人为恶，不仅对其本人的危害极大，而且导致其家庭门风扫地，大家都会认为其家庭没有教养、道德败坏。这样，就使其亲人、下代子孙没有脸面见人，使他们难

---

① 见［宋］苏轼：《拟进士对御试策》，载《苏东坡全集》（第三卷），北京燕山出版社 2009 年版，第 1476 页。

② 见［清］程允升：《幼学琼林·人事》，载陈才俊主编：《幼学琼林全集》，海潮出版社 2012 年版，第 161 页。

③ 见［汉］班固撰：《汉书·董仲舒传》，中华书局 2007 年版，第 568 页。

④ 见《周易·系辞下》，载程林主编：《四书五经》（第二卷），北京燕山出版社 2008 年版，第 595 页。

⑤ 见《三国志·蜀书三·后主传》，裴松之注引：《诸葛亮集》，载［晋］陈寿撰、［宋］裴松之注：《三国志》，中华书局 2006 年版，第 534 页。

以在社会上生活。

②从实践上以典型案例对孙某进行警示

检察讯问人员在从理论上向孙某阐述了违背伦理道德，与人为恶的危害后，又从实践上以典型案例对孙某进行警示。讯问人员例举了孙某隔壁地方某村的周某因违背伦理道德，实施报复杀人行为，拒不交代杀人的犯罪事实，而被人民法院判处死刑、立即执行的案例对孙某进行宣讲。把周某因拒不交代而被执行死刑，至今仍受到众人唾弃，其臭名远扬、下代子孙被人指责、抬不起头的事实摆在孙某的面前，对孙某进行警示。孙某受到了极大的震动。

第三，正告孙某做人要有伦理道德

检察讯问人员从以下方面正告孙某做人要有伦理道德：

①正告孙某做人要以善为宝

检察讯问人员正告孙某：善良是宝贝，做人要"惟善以为宝"①，把善良当作宝贝来对待，珍惜善良，爱护善良。

②正告孙某做人要行善，不要为恶

检察讯问人员正告孙某：要堂堂正正做人，"君子莫大乎与人为善"②，做人没有比与人为善更大的事了，因而做人要与人为善，不要与人为恶，"为善则预，为恶则去"③，做善事就积极参与，做恶事就赶紧离开。

③正告孙某善良不可丧失，恶行不可滋长

检察讯问人员正告孙某：在人生的旅途中，要"善不可失，恶不可长"④，善良千万不可失去，恶行万万不可滋长。

---

① 见《大学》，载程林主编：《四书五经》（第一卷），北京燕山出版社 2008 年版，第 11 页。

② 见《孟子·公孙丑上》，载程林主编：《四书五经》（第一卷），北京燕山出版社 2008 年版，第 166 页。

③ 见［北齐］颜之推：《颜氏家训·省事第十二》，载王利器撰：《颜氏家训集解》，中华书局 2014 年版，第 319 页。

④ 见《春秋左传·隐公六年》，载程林主编：《四书五经》（第三卷），北京燕山出版社 2008 年版，第 1269 页。

④正告孙某见善事要追求，见恶事要避开

检察讯问人员正告孙某：人生随时都能遇见善事和恶事，要"见善如不及，见不善如探汤"①，见到美善的事，要尽力追求，如同会赶不上似的；而见到丑恶的事，要急忙避开，如同把手伸进沸水里似的。

⑤正告孙某已为不善，要抓紧改正

检察讯问人员正告孙某：是人都会有过错，都可能会有不善的行为，但有了过错，就要改正，"人谁无过，过而能改，善莫大焉"②，任何人都会有过错，有了过错就能够改正，没有比这再好的事情了。因而，已经实施了不善良的行为，"过则匡之"③，要抓紧改正。

孙某经检察讯问人员上述以伦理道德攻心后，望着检察讯问人员问："我知道自己犯了罪，违背了伦理道德，是一个没有道德的人。我知道自己必受刑罚处罚，也应当受到惩罚，但我想挽回自己的道德，我现在如实交代，能挽回我的道德吗？"检察讯问人员回答："你能如实交代，不仅可以得到从轻的处理，而且，定能挽回你的道德，表明你是一个有良知的人。古人说过：'君子之过也，如日月之食焉。过也，人皆见之；更也，人皆仰之'④，也就是说，人的过错，像日食、月食一样，犯了过错，人们都会看到，改正了错误，人们都会敬仰他。"孙某听检察讯问人员这么一说，便说，能挽回我的道德，我交代。于是，便交代了故意伤害的犯罪事实。

7. 以向被讯问人宣讲人生观进行攻心

人生观，是指对人生目的、意义和价值等的根本看法。具体表现在幸福观、公私观、生死观、荣辱观、爱情观等方面，是世界观在人生问

---

① 见《论语·季氏》，载程林主编：《四书五经》（第一卷），北京燕山出版社2008年版，第109页。

② 见《春秋左传·宣公二年》，载程林主编：《四书五经》（第三卷），北京燕山出版社2008年版，第1460页。

③ 见《春秋左传·襄公十四年》，载程林主编：《四书五经》（第四卷），北京燕山出版社2008年版，第1605页。

④ 见《论语·子张》，载程林主编：《四书五经》（第一卷），北京燕山出版社2008年版，第119页。

题上的表现①。

不少被讯问人之所以实施犯罪行为和在实施犯罪行为后，在讯问中拒不交代犯罪的事实，就是因为其人生观出了问题，在错误人生观的指导下实施了犯罪行为和坚持抗审。这种被讯问人的人生观如果得不到矫正，其很难对犯罪事实作出交代。因此，对这种被讯问人，讯问人员要善于运用正确的人生观对被讯问人进行攻心，矫正其错误的人生观，促使其对犯罪事实作出交代。

以正确的人生观对被讯问人进行攻心，主要从以下方面进行：

（1）分析准被讯问人人生观的错误的部位和错误的具体情况

以正确的人生观对被讯问人进行攻心，首先要知道被讯问人人生观的错误的部位和错误的具体情况。即被讯问人的人生观是在幸福观、公私观、生死观、荣辱观、爱情观的哪一个"观"上出了毛病，毛病的具体情况怎样。只有这样，以正确的人生观对其进行有针对性的攻心，才能起到攻心的效果。

而要知道被讯问人人生观的错误部位和错误的具体情况，讯问人员就要根据案件和被讯问人的情况进行分析。通过分析，掌握被讯问人的人生观在什么问题上出了毛病，是在幸福观、公私观、生死观、荣辱观上出了毛病，还是在爱情观上出了毛病，出了什么样的毛病，具体情况怎样。这样，讯问人员就可根据被讯问人人生观出毛病的部位和毛病的具体情况，对症下药，以针对性的内容对被讯问人进行攻心，从而药到病除，矫正被讯问人错误的人生观。否则，没有目标或目标不明，是无法进行有针对性的攻心的，也就不可能矫正被讯问人错误的人生观。因此，以向被讯问人宣讲人生观进行攻心，首先要分析准被讯问人人生观的错误部位及其具体的情况。

（2）指出这种人生观的错误所在

讯问人员在掌握了被讯问人的人生观在什么问题上出了毛病，出了什么样的毛病以及毛病的具体情况后，在讯问中，要向被讯问人指出这

---

① 见《辞海》1999 年版缩印本（音序），上海辞书出版社 2002 年版，第 1398 页。

种错误人生观的错误所在。即向被讯问人指出这种错误人生观错在哪里，为什么错了。

在向被讯问人指出这种错误人生观的错误所在时，要做到以下几点：

①指出错误的态度要严肃

讯问人员向被讯问人指出这种错误人生观的错误所在的态度要严肃。只有严肃的态度，才能引起被讯问人的重视，被讯问人才能把它当成一回事。否则，被讯问人就会不以为然，认为讯问人员只是随便说说而已。这样，就不会有威慑力，从而也就起不到攻心的效果。

②指出错在哪里要具体

讯问人员向被讯问人指出这种错误人生观错在哪里要具体，具体地指出这种人生观错在哪里，不能以笼统的"错误"来代替，更不能戴帽子、打棍子。只有具体地指出这种人生观错在哪里，被讯问人才能听得明白，明白自己在什么问题上错了。否则，被讯问人就不清楚错在哪里，在什么问题上错了。这样，就不会有力度，从而同样起不到攻心的效果。

③指出为什么错了要有根据

讯问人员向被讯问人指出这种错误人生观为什么错了要有根据，或依据事实，或依据伦理道德，有根有据地指出这种人生观的错误。只有有根有据地指出这种人生观的错误，被讯问人才能听得心服口服。否则，被讯问人就不会服气。这样，就不会有说服力，从而起不到攻心的作用。

（3）针对被讯问人人生观的错误所在以针对性的内容进行攻心

讯问人员在指出被讯问人的错误人生观错在哪里，为什么错了后，要针对被讯问人人生观的错误所在，以针对性的内容对被讯问人进行攻心。

①指出这种错误人生观的实质

讯问人员要根据被讯问人错误人生观的错误所在，以针对性的内容指出这种错误人生观的实质是对自己不负责、对家庭不负责、对社会不负责。而对自己不负责、对家庭不负责、对社会不负责，也就丧失了这个人的价值和意义，更是失去了这个人的伦理道德和良心，其也就不是一个真正意义上的人。

②阐明这种错误人生观导致失去宝贵的东西

讯问人员要根据被讯问人错误人生观的错误所在，向被讯问人阐明这种错误人生观会使其失去什么宝贵的东西。通过向被讯问人阐明其这种错误人生观导致的结果，使被讯问人认识到失去这种宝贵的东西的可惜，从而促使被讯问人对这种宝贵的东西的向往和追求。

③强调这种错误人生观的危害

讯问人员要根据被讯问人这种错误人生观的错误所在，向被讯问人强调这种错误人生观的危害，把这种错误人生观的危害摆在被讯问人的面前，使被讯问人认识到这种错误人生观对自己的危害是极大的，对自己是非常不利的。如果继续坚持这种错误的人生观，这些危害就将降临到自己身上，"灾必逮夫身"[①]。

④揭露被讯问人心理上的矛盾

讯问人员要根据被讯问人这种错误人生观的错误所在，揭露被讯问人因这种错误人生观而产生的心理矛盾。通过心理矛盾的揭露，辅以针对性的内容对被讯问人进行感化。使被讯问人在感化中认识到要抓紧抛弃这种错误的人生观，从而矫正被讯问人错误的人生观。

⑤宣讲正确的人生观

讯问人员要根据被讯问人这种错误人生观的错误所在，向被讯问人宣讲正确的人生观。通过正确人生观的宣讲，使被讯问人树立起正确的人生观。

通过上述指出被讯问人错误人生观的错误所在，以针对性的内容对被讯问人进行攻心，就有可能矫正被讯问人错误的人生观，树立起被讯问人正确的人生观，促使被讯问人在正确人生观的作用下，对犯罪事实

---

① 见《大学》，载程林主编：《四书五经》（第一卷），北京燕山出版社 2008 年版，第 11 页。

作出交代。例如：

故意杀人犯罪嫌疑人郑某，是一个社会混混，平时受其父母溺爱，养成了狂妄自大、唯我独尊、视生命如儿戏的性格。某日，被害人李某当众斥责郑某的不端行为。郑某即拔出随身携带的匕首向李某刺去，李某急忙逃跑而未被刺中。当晚，郑某来到李某家，向正在吃晚饭的李某的背部连戳两刀，戳破李某的心脏，使李某当场死亡。

案发后，郑某被公安机关刑事拘留。郑某在关押期间，趾高气扬，向同监人声称："我大仇已报，死而无憾，十八年后又是一条好汉。"在讯问中，郑某拒不交代杀人的犯罪事实。讯问人员向郑某出示证据，郑某回答："我知道你们有证据，你们根据证据判我死刑好了。我不怕死。"讯问人员向其宣讲"坦白从宽、抗拒从严"和"宽严相济"的刑事政策，郑某回答："我不怕杀头，不要从宽。我是'生的伟大，死的光荣'。"连续讯问了多次，郑某都是这样与讯问人员叫板，均无法深入进行。在此情况下，讯问人员根据郑某在关押期间与同监人所说的话和在讯问中的表现对郑某进行了分析。通过分析，讯问人员认为，郑某之所以以这样的态度对待讯问和拒不交代犯罪事实，是因为其人生观出了问题，其所持的是错误的生死观，在错误生死观的支配下拒不交代杀人的事实。如果不纠正其错误的生死观，树立正确的生死观，其是不会对杀人的犯罪事实作出交代的。因此，必须要以正确的生死观对郑某进行攻心，矫正其错误的生死观，树立其正确的生死观。

讯问人员在分析准了郑某错误的人生观的具体情况后，在接下来的讯问中以针对性的内容对郑某进行了攻心。

讯问人员在讯问中，是这样对郑某进行攻心的：

第一，向郑某指出其生死观错在哪里

讯问人员向郑某严肃地指出："从你的表现来看，你不怕死是事实。但你这个不怕死的'不怕'错了，错就错在你不能正确理解死的意义，不能正确地认识死的价值，因而，你不能正确地对待死。人虽然都是要死的，但死的意义不同。有的人死得比泰山还重，流芳百世，而有的人却死得比鸿毛还轻，遗臭万年。古人早就说过：'人固有一死，死或重于泰山，或轻于鸿毛，用之所趣异也。'① 一个人死要死得有意义，为人民利益而死，为国家事业而死，这样的死才有意义，而现在如果给你判处死刑，你不是为人民利益、为国家事业而死，而是为你自己所谓的报仇而死，这样的死不仅没有意义，而且死得臭烘烘。一个人的死要死得有价值，有价值的死值得去死，才是死得光荣，比泰山还重；没有价值的死不值得去死，如果没有价值的死，就是死得可耻，比鸿毛还轻。而你现在的不怕死，是没有价值的死，所以，如果你死了，落得的是可耻的死。正因为你不能正确理解死的意义和认识死的价值，所以，你的这个'不怕死'，是不能正确地对待死，与'生的伟大，死的光荣'根本就不是一回事，而是正好相反。"

第二，针对郑某错误的生死观进行有针对性的攻心

讯问人员针对郑某错误的生死观，进行了以下有针对性的攻心：

①向郑某指出其错误生死观的实质

讯问人员向郑某指出："你这种所谓的不怕死，实质上是对你自己、对你的家庭、对社会不负责的表现。一个人在死的问题上，要做到对自己负责，对家庭负责和对社会负责。对自己负责，就要遵守法律，不被法律处死。在死的问题上，要死得其所，死得光荣。对家庭负责，就要孝敬父母、体贴妻子、关爱子女。在死的问题上，不要无端地让父母替自己担心，不要让妻子无端地替自己悲伤，不要让子女无端地替自己害怕。对社会负责，就要爱他人、仁慈他人，对他人以恕为体，对社会力行贡献。在死的问题上，不能侵害他人，危害社会。而你的不怕死，既对你自己不负责，也对你的家庭不负责，还对这个社会不负责。你的这三个不负责，不仅失去了你的价值和意义，而且失去了你的伦理道德和良心，更是失去了你做人的基本条件。"

②向郑某阐述其错误生死观导致失去的是人宝贵的生命

讯问人员向郑某阐述："你这种所谓的不怕死，导致的结果是白白

---

① 见［汉］司马迁：《报任安书》，载［清］吴楚材、吴调候编：《古文观止》，浙江古籍出版社 2010 年版，第 143 页。

失去你最宝贵的生命。人的生命只有一次，人死不可能复生。'生命对于每个人，都是上苍只有一次的馈赠'。可见生命之宝贵。'生命是无尽的享受，永久的快乐，强烈的陶醉'。人一旦失去了生命，就没有了一切，无法再看到这个多彩的世界，无法再听到美妙的声音，无法再享受大自然的恩赐，无法再赡养父母，无法再抚养妻儿，无法再为自己的理想和事业而奋斗。只有生命的存在，一切才有希望和可能。正所谓'留得五湖明月在，何愁没处下金钩'①。因此，人的生命是可贵的，人必须要爱惜自己的生命而不轻易地失去。只有为了比生命更可贵的，才可以舍弃生命。你如此毫无意义地丢弃生命，值得吗？你愿意吗？"

③向郑某强调其错误生死观的危害

讯问人员向郑某强调："你这种所谓的不怕死，是因犯罪而死，死得不仅比鸿毛还轻，而且将臭名昭著，遗臭万年。留下的是你臭不可闻的名气，极大地损害了你的家庭门风，严重地影响到你家人和下代子孙的脸面，使他们无法面对这个社会，难以做人。你想你的家人和下代子孙生活得没有尊严，没有脸面吗？"

④揭露郑某心理上的矛盾

讯问人员对郑某心理上的矛盾进行了揭露："你这种所谓的不怕死，在你心理上是有矛盾的。事实告诉我们：人都是怕死的，世界上没有不怕死的人，而只有不怕死的时候。你在这个时候不怕死，但过了这个时候，你就会怕死，到那时你怕死，就来不及了。即使你无论在任何时候都不怕死，但有人怕你死！你的父母怕你死，你的妻子怕你死，你那两岁的儿子怕你死。你父母不想白发人送黑发人，老年丧子；你妻子不想没有丈夫，中年丧夫；你儿子不想没有父亲，幼年丧父。老年丧子、中年丧夫、幼年丧父是人生最为悲惨和痛苦的事，谁都不想见到。你愿意让你的父母、妻子、儿子见到吗？你想到这些，你就会怕死！光嘴硬是没有用的！"

---

① 见吴承恩著：《西游记》第八十二回，载《西游记》（下），人民文学出版社2010年版，第1015页。

⑤向郑某宣讲正确的生死观

讯问人员向郑某宣讲："一个人要树立正确的生死观，做到'生的伟大，死的光荣'。一方面要珍惜生命，珍惜生命的目的是为国家、为社会、为人民作贡献，为家人尽义务，做到'生的伟大'；另一方面要见危授命，当国家和人民受到危难时，要勇于献出自己的生命，有着'人生自古谁无死？留取丹心照汗青'① 的气概，做到'死的光荣'，死得其所。"

通过上述以生死观对郑某进行有针对性的攻心，矫正了郑某错误的生死观。郑某沉默了良久，可怜巴巴地望着讯问人员答道："为了父母、妻子、儿子，我不想死。我现在如实交代，能免我一死吗？"讯问人员没有正面回答郑某，而是以"坦白从宽，抗拒从严"是我党的一贯刑事政策，"惩前毖后，治病救人"是我党对待罪犯的一贯方针，对郑某进行教育来代替回答。

郑某开始交代故意杀人的犯罪事实。

8. 以向被讯问人宣讲犯罪行为的社会危害性对被讯问人进行攻心

犯罪行为的社会危害性，是犯罪最本质的特征。某种行为之所以被规定为犯罪，就是因为该种行为具有社会危害性。

被讯问人之所以不交代犯罪的事实，就是因为有的被讯问人认识不到其所实施行为的社会危害性，认为查案机关查他的问题是"狗抓耗子，多管闲事"而产生逆反心理。这种被讯问人，如果不让其知道所实施行为的社会危害性，其就受不到良心的谴责，也就不会对犯罪的事实作出交代。因此，讯问人员要善于利用犯罪行为的社会危害性对被讯问人进行攻心，促使其受到良心的谴责，为求得良心上的安稳而交代犯罪的事实。

以向被讯问人宣讲犯罪行为的社会危害性对被讯问人进行攻心，主要从以下方面进行：

---

① 见［宋］文天祥：《过零丁洋》，载章培恒等主编：《文天祥诗文选译》，凤凰出版社 2011 年版，第 101 页。

（1）宣讲行为的社会危害性是犯罪的最本质特征

讯问人员要向被讯问人宣讲：行为具有一定的社会危害性，是犯罪最本质、最基本的特征。所谓社会危害性，是指行为对刑法所保护的社会关系造成这样或那样损害的特性，也就是指对国家和人民利益的危害性。犯罪的本质就在于危害了国家和人民的利益，危害了社会，如果某种行为根本不可能给社会带来危害，法律就无必要把它规定为犯罪，也不会对它进行惩罚和处理。因此，没有社会危害性，就没有犯罪。

决定某种行为是否具有社会危害性，危害性的轻重大小是由这种行为侵犯的客体，即这种行为是否侵犯了社会关系，侵犯了什么样的社会关系；行为的手段，后果以及时间地点；行为人的情况及主观因素来决定的，而不是由某个人的主观认识来决定的。

通过上述从理论上向被讯问人宣讲行为的社会危害性是犯罪的最本质特征和决定行为社会危害性的因素，使被讯问人认识到其行为是否是犯罪，是否应受刑罚的处罚，是由其所实施行为的社会危害性决定的，并不是由自己的主观想象所决定的，从而为被讯问人认识到自己的行为应受刑罚处罚打下基础。

（2）向被讯问人宣讲其行为的社会危害性

讯问人员要根据被讯问人所实施的行为，向被讯问人宣讲其行为的社会危害性。

①根据被讯问人实施的行为所侵犯的客体，宣讲其行为的社会危害性

讯问人员要根据被讯问人实施的行为所侵犯的客体，即行为所侵犯的社会关系，宣讲其行为的社会危害性。指出其行为侵犯了什么样的社会关系。这种社会关系侵犯所产生的是什么样的社会危害，这种危害具体表现在什么地方，有多大的危害等。在宣讲中，要从历史的观点进行宣讲，要从发展的观点进行宣讲，要从全面的观点进行宣讲，要透过现象抓住本质进行宣讲。

②根据被讯问人实施行为的手段、后果以及时间、地点宣讲其行为的社会危害性

讯问人员要根据被讯问人实施行为的手段、后果以及时间、地点的

情况向被讯问人宣讲其行为的社会危害性，指出其实施行为的这种手段具有什么样的社会危害，其行为所产生的后果有多大的社会危害，其在该时间、该地点实施犯罪行为有怎样的社会危害等。在宣讲中，实事求是地向被讯问人指出其实施行为的手段、后果以及时间、地点所产生的社会危害。

③根据被讯问人的情况及其主观因素宣讲其行为的社会危害性

讯问人员要根据被讯问人的情况及其主观因素宣讲其行为的社会危害性，从其是成年人还是未成年人、老年人；是直接故意、间接故意还是过失；是预谋还是没有预谋；动机、目的的卑劣程度；是偶犯还是累犯、惯犯等，指出其行为的社会危害。在宣讲中，恰如其分地评价其行为的社会危害程度。

（3）向被讯问人宣讲其行为所产生的严重后果

讯问人员要根据被讯问人所实施的犯罪行为，宣讲其行为对本人、家人、被害人、被害人的家人和社会带来的严重后果。

①宣讲其行为给本人带来的严重后果

讯问人员要向被讯问人指出，其犯罪行为触犯了法律，要受到法律的制裁，触犯刑律的，要被判处刑罚，从而使其失去人身自由，承受劳役之苦，甚至有可能被判处死刑，失去宝贵的生命；是共产党员、公职人员的，要被开除党籍、开除公职，断送或影响被讯问人美好的政治前途。

②宣讲其行为给家庭、亲人带来的严重后果

讯问人员要向被讯问人指出，实施了犯罪行为被判刑或被开除党籍、公职，使其家庭失去了经济收入或稳定的经济收入，造成其家庭生活的困难，而且，家庭的社会地位明显地受到影响，使家庭门风狼藉；其父母、妻子、子女要为其担心，日夜不安，以泪洗面；父母得不到赡养，妻子得不到爱护，子女得不到父爱，其亲人要遭人白眼、奚落，使他们在社会上抬不起头。如果其被判处死刑，父母就要老年丧子，妻子就要中年丧夫，子女就要幼年丧父，这些人生最不幸的事就要降临到亲人的头上。其亲人就要承受这些谁都不愿意承受的事。一些有被害人的案件，还要进行赔偿。

③宣讲其行为给被害人带来的严重后果

对于有被害人的案件，讯问人员要根据被讯问人实施的犯罪行为，向被讯问人指出，其实施的犯罪行为侵犯了被害人的人身权利或民主权利，造成了被害人精神上、肉体上、健康上的痛苦，使被害人不能正常地在社会上生活，一辈子承受痛苦，甚至使被害人无端地失去生命，等等。

④宣讲其行为给被害人的家人带来的严重后果

对于有被害人的案件，讯问人员在向被讯问人宣讲其行为给被害人带来严重后果的同时，还要向被讯问人宣讲其行为给被害人的家人带来的严重后果。向被讯问人指出，由于其实施的犯罪行为，给被害人的家庭带来了极大的不幸，或使被害人家庭破碎，或使被害人的家庭遭受经济损失，或使被害人的家庭失去亲人，从而使被害人的家人处在极大的痛苦之中，等等。

⑤宣讲其行为给社会带来的严重后果

讯问人员要向被讯问人指出，其犯罪行为严重地扰乱了社会正常的秩序，破坏了人们的工作秩序、生产秩序、生活秩序，造成了社会的不安定。或使国家的安全受到威胁，或使社会的公共安全遭受危害，或使市场经济秩序遭到破坏，或使公民的人身权利、民主权利遭到侵犯，或使国家和人民群众的财产遭受到损失，或使党和国家的廉洁性遭到侵犯，从而严重地影响党和政府的威信，等等。

通过上述向被讯问人宣讲行为的社会危害性是犯罪的最本质特征，被讯问人行为的社会危害性和被讯问人的行为对其本人、家庭、被害人、被害人家庭、社会所带来的严重后果，对被讯问人进行攻心，就有可能使被讯问人认识到其行为已造成了重大的危害，使其感到对不起自己，对不起家人，对不起被害人，对不起被害人的家庭，对不起这个社会，从而使其良心受到谴责，产生心理压力，觉得不交代犯罪事实，不认罪、不悔罪，不足以谢罪，进而交代犯罪的事实。

9. 以向被讯问人宣讲道理对被讯问人进行攻心

道理是事物的规律和事情的理由。因而，被讯问人在道理面前只能是服从，正所谓"孔德之容，惟道是从"。① 而且，取得讯问的胜利"成事在理不在势"。② 因此，讯问人员要善于运用道理对被讯问人进行攻心，使被讯问人知道、懂得道理，从而产生认罪的心理，促使其对犯罪事实作出交代。

以向被讯问人宣讲道理对被讯问人进行攻心，主要从以下方面进行：

（1）要针对被讯问人抗审的心理根源选择有针对性的道理对被讯问人进行攻心

被讯问人抗审的心理根源各不相同。不同的抗审心理根源，只有运用不同的道理去攻心，才能奏效。因此，讯问人员要根据被讯问人抗审的心理根源的具体情况，以有针对性的道理向被讯问人进行宣讲，对被讯问人进行攻心。为此，讯问人员要根据案件和被讯问人的情况，通过分析，摸准被讯问人抗审的心理根源及其具体情况，然后，根据被讯问人抗审心理根源及其具体情况，在众多的道理中选择出对被讯问人抗审心理根源最有效用的道理，在讯问中以针对性的道理对被讯问人进行攻心。

（2）宣讲道理，要讲清道理的内容和这个道理为什么是这样

讯问人员以宣讲道理对被讯问人进行攻心，不能简单从事，首先要讲清这个道理的内容，即含义，使被讯问人知道这个道理是什么。然后，要从理论和实践的结合上向被讯问人阐明这个道理为什么是这样，即向被讯问人阐明这个道理的依据，不仅使被讯问人知其然，而且使被讯问人知其所以然。只有这样，才能使被讯问人听得明白，听得入耳，听得深刻，从而才能起到攻心的作用。

---

① 见《老子》二十一章，载饶尚宽译注：《老子》，中华书局2016年版，第55页。
② 见［宋］苏轼《拟进士对御试策》，载《苏东坡全集》（第三卷），北京燕山出版社2009年版，第1476页。

（3）宣讲道理，要结合被讯问人犯罪案件的情况进行宣讲

讯问人员在向被讯问人讲清道理的内容和这个道理为什么是这样后，还要结合被讯问人犯罪案件的情况进行宣讲，进一步阐明这个道理。只有这样，被讯问人才能根据讯问人员所宣讲的内容联想到自己的犯罪。通过联想，使被讯问人感觉到确实是讯问人员所说的这个情况，从而使攻心产生效果，发挥作用。

（4）宣讲道理，说理要透彻，逻辑要严密

以道理对被讯问人进行攻心，是通过向被讯问人阐述道理，使被讯问人明白懂得这个道理来征服被讯问人的。而要使被讯问人明白这个道理，就要做到说理要透彻，逻辑要严密，只有这样，被讯问人才有可能听得明白懂得这个道理。如果讯问人员说理不透彻，含义不清，言不达意，那么，被讯问人就不能听得明白；如果讯问人员逻辑不严密，概念不明确，判断不恰当，推理不准确，东一榔头，西一棒子，那么，被讯问人就不能懂得这个道理。因此，讯问人员以道理对被讯问人进行攻心，向被讯问人宣讲道理，一定要做到说理要透彻，逻辑要严密。

（5）宣讲道理，要把情与理结合起来

讯问人员以宣讲道理对被讯问人进行攻心，还要把情与理有机地结合起来，即在宣讲道理中，辅之以情，以对被讯问人教育、挽救、帮助的真挚感情进行宣讲道理，把情裹在理外，把理融于情中，使被讯问人听得亲切、感动，从而把道理说在被讯问人的心坎上，使之感到像大热天吃冰激凌那样无限地舒服。只有这样，才能使道理起到事半功倍的效果。

通过上述向被讯问人宣讲道理对被讯问人进行攻心，就有可能促使被讯问人在道理的作用下，从根本上解决思想上、心理上抗审的根源问题，进而促使被讯问人对犯罪事实作出交代。

10. 以向被讯问人宣讲利害关系对被讯问人进行攻心

利害关系直接关系到被讯问人是得到利益，还是受到损害，与被讯问人的切身利益息息相关，紧密相连。被讯问人在利害关系面前不得不

思考自己该如何做。因此，讯问人员要善于利用利害关系对被讯问人进行攻心，从而使被讯问人进行趋利避害，促使被讯问人在趋利避害的思考中对犯罪事实作出交代。

以向被讯问人宣讲利害关系对被讯问人进行攻心，主要从以下方面进行：

（1）要根据案件和被讯问人的情况向被讯问人宣讲利害关系

向被讯问人宣讲利害关系对被讯问人进行攻心，所宣讲的利害关系只有符合案件和被讯问人的情况，才能使被讯问人觉得确有这个利和确有这个害，从而才有可能震动被讯问人。否则，被讯问人就会认为讯问人员所说的这些利和害与自己无关，或认为这些所说的利和害根本就不可能出现，是讯问人员胡编乱造的，不过是诱诱人和吓吓人罢了。从而，以利害关系对被讯问人进行攻心就不会有任何的效果，反而要增强被讯问人的抗审心理。因此，讯问人员要根据案件和被讯问人的情况，向被讯问人宣讲符合案件和被讯问人情况的利和害对被讯问人进行攻心，从而使被讯问人感觉到确有这些利和这些害的存在，是实实在在的利和害。如果自己作出交代，就会得到这些利，反之，就会遭受到这些害。

（2）要从多个角度向被讯问人宣讲利害关系

向被讯问人宣讲利害关系，要从多个角度向被讯问人进行宣讲，既要从被讯问人的角度，向被讯问人宣讲对被讯问人的利和害，又要从被讯问人亲人、家庭的角度，向被讯问人宣讲对被讯问人亲人、家庭的利和害；既要从政治的角度，向被讯问人宣讲利和害，又要从经济的角度，向被讯问人宣讲利和害；既要从直接的角度，向被讯问人宣讲利和害，又要从间接的角度，向被讯问人宣讲利和害；既要从现实的角度，向被讯问人宣讲利和害，又要从发展的角度，向被讯问人宣讲利和害；既要从理论的角度，向被讯问人宣讲利和害，又要从实践的角度，向被讯问人宣讲利和害；等等。只有这样，才能使被讯问人感到利和害之多，从而使被讯问人更想得到利，迫切要避开害。

（3）要以对比的手法向被讯问人宣讲利害关系

向被讯问人宣讲利害关系，要以对比的手法进行宣讲。即把利和害这两种情况进行相对比较，向被讯问人指出其如实交代在这方面的利和其拒绝交代在这方面的害。只有这样，被讯问人才能听得更明白、更深刻，从而更能震动被讯问人，使被讯问人对利更加渴望，对害更加忌讳。

通过上述向被讯问人宣讲利害关系对被讯问人进行攻心，被讯问人就有可能真正地认识到如实交代的利和拒绝交代的害，从而在趋利避害心理的作用下，对犯罪事实作出如实的交代。

11. 以向被讯问人宣讲两者事物的辩证关系对被讯问人进行攻心

不少的两者事物从表面上看是对立的，甚至是不可调和的，但从实质上看，两者又是统一的。例如，讯问人员和被讯问人的关系，查处案件和挽救被讯问人的关系，隐蔽和暴露的关系，内因和外因的关系，有利和不利的关系，犯罪和前途的关系，等等。

被讯问人之所以不交代犯罪的事实，有的被讯问人就是因为在这些两者的关系上，不能辩证地看问题，只看到两者的对立，而看不到两者的统一。因而，产生拒供的心理，拒不交代犯罪的事实。因此，讯问人员要善于运用两者的辩证关系对被讯问人进行攻心，促使被讯问人正确地、全面地、辩证地看问题，消除其在两者关系上的错误看法，树立正确的看法，从而使之在正确看法的作用下对犯罪事实作出交代。

以向被讯问人宣讲两者事物的辩证关系对被讯问人进行攻心，主要从以下方面进行：

（1）向被讯问人宣讲要全面地看问题的观点

讯问人员要向被讯问人宣讲看问题要全面，而不能片面的观点。向被讯问人指出：看问题要全面，而不能片面，这是马克思辩证唯物主义最基本的原理之一。只有全面看问题，才能看清事物本来的面目，才能不被现象所蒙蔽、所欺骗。因为，任何事物都具有二重性，就单一事物来说，都存在着好的和不好的两个方面，不可能绝对的都好，或绝对的都不好。好之中隐藏着不好的，不好之中隐藏着好的。就两者事物的关系而言，都存在着对立的和统一的两个方面，不可能绝对的对立，也不可能绝对的统一，对立之中有统一，统一之中有对立。因而，看问题要全面，而不能片面。也就是说，既要看到事物好的一面，又要看到事物不好的一面；既要看到事物之间的对立，又要看到事物之间的统一。如果看问题不全面，这不仅违反了马克思辩证唯物主义的基本原理，而且要给被讯问人自己带来极为不利的后果。

在这里，讯问人员可以例举不能全面看问题而出现的不利后果向被讯问人进行宣讲，从而使被讯问人听得更为明白、深刻。

（2）以针对性的两者辩证关系对被讯问人进行宣讲

向被讯问人宣讲两者辩证关系对被讯问人进行攻心，要向被讯问人宣讲有针对性的两者辩证关系。也就是说，被讯问人在哪两者辩证关系上不能全面地看问题，就向被讯问人宣讲该两者的辩证关系。只有这样，所宣讲的两者辩证关系才能起到攻心的作用。如果讯问人员不顾被讯问人在哪两者关系上不能辩证地看问题，向被讯问人宣讲与被讯问人不能辩证地看问题的"风马牛不相及"的两者辩证关系，也就不能做到对症下药。其结果不仅不能起作用，而且要引起被讯问人的反感而起反作用。因此，要以针对性的两者辩证关系对被讯问人进行宣讲。

而以针对性的两者辩证关系对被讯问人进行宣讲，讯问人员就要根据案件和被讯问人的情况，特别是被讯问人的心理情况，分析准被讯问人在哪两者关系上不能辩证地看问题，进而根据被讯问人在该两者关系上不能辩证看问题的情况，以针对性的内容进行宣讲，对被讯问人进行攻心。

（3）要讲清两者的辩证关系

讯问人员向被讯问人宣讲两者的辩证关系，一定要讲清楚这两者的辩证关系，讲得逻辑严密，条理清晰，讲得既符合常情，又符合事理。只有这样，才能使被讯问人真正明白该两者的辩证关系，从而起到攻心的作用。为此，讯问人员就要既讲清该两者的对立，对立的表现，为什么会对立，又讲清该两者的统一，统一的表现，为什么是统一的。切忌在宣讲中简单从事，或逻辑混乱，或有悖情理。从而使攻心入情入理。

通过上述向被讯问人宣讲两者事物的辩证关系对被讯问人进行攻

心，被讯问人就有可能对该两者有一个全面的、正确的认识，不再片面。从而在正确认识的作用下，从思想上、心理上解决其抗审的问题。

12. 以向被讯问人宣讲案例对被讯问人进行攻心

案例是已经作出处理的案件。某案件之所以能够作出这样的处理，就是因为该案件有认定的事实依据和处理的法律依据。向被讯问人宣讲案例，被讯问人就会根据讯问人员所宣讲的案例，与自己的犯罪问题进行对照。而且案例具有形象性、生动性、直观性、警戒性和榜样性，更能震动被讯问人，更能警示被讯问人。因此，讯问人员要善于以向被讯问人宣讲案例对被讯问人进行攻心，促使被讯问人"前车之覆，后车之鉴"，或在榜样的作用下对犯罪事实作出交代。

以向被讯问人宣讲案例对被讯问人进行攻心，主要从以下方面进行：

（1）选择好用以攻心的案例

以案例对被讯问人进行攻心，首先要有用以攻心的案例，没有用以攻心的案例，对被讯问人以案例进行攻心就无从谈起。而且，以案例对被讯问人进行攻心，并不是任何一个案例就能起到攻心作用的，有的案例不仅起不到攻心的作用，而且有可能起到反作用。因此，讯问人员就要对被讯问人进行攻心的案例予以选择，选择那些能起到攻心重大作用的案例，在讯问中对被讯问人进行攻心。

而要选择能起到攻心重大作用的案例，讯问人员就要根据案例的情况，被讯问人拒供的心理障碍情况和被讯问人的犯罪情况进行选择。

①根据案例的情况进行选择

案例能否起到攻心的作用，首先在于这个用以攻心的案例是否典型，具有代表性。只有具有代表性的典型案例，被讯问人才能听得深刻，引起被讯问人的震动，从而起到攻心的作用。而那些没有代表性的一般案例，被讯问人是不会将其当成一回事的，也就难以起到攻心的作用。因此，讯问人员要根据各个案例的情况，选择具有代表性的典型案例对被讯问人进行攻心。

②根据被讯问人的拒供心理障碍及其根源情况进行选择

案例能否起到攻心的作用，关键在于这个用以攻心的案例是否具有针对性，即这个用以攻心的案例是否能针对被讯问人的拒供心理障碍及其根源。以针对被讯问人拒供心理障碍及其根源的案例对被讯问人进行攻心，就有可能顺利地破除被讯问人的拒供心理障碍和挖除被讯问人拒供心理的根源，从而起到攻心的作用。而如果以与被讯问人拒供心理障碍及其根源"风马牛不相及"的案例对被讯问人进行攻心，不能做到对症下药，是不可能破除被讯问人拒供心理障碍和挖除其拒供心理障碍的根源的，攻心也就不会有任何的效果。因此，讯问人员要根据被讯问人的拒供心理障碍及其根源的情况，选择针对被讯问人拒供心理障碍及其根源的案例对被讯问人进行攻心。

③根据案件和被讯问人的情况进行选择

案例能否起到攻心的作用，还有一个因素就是用以攻心的案例是否同被讯问人犯罪的性质、事实、情节相似和被讯问人是否知道这个案例。案例同被讯问人的犯罪的性质、事实、情节相似，被讯问人对照自己就会对照得密切，案例是被讯问人所知道的，被讯问人就能听得更深刻、更形象、更直观，从而就能起到重大的作用。如果用以攻心的案例同被讯问人犯罪的性质、事实、情节根本不同，就没有比拟性，被讯问人就不能进行对照；被讯问人根本不知道的案例，被讯问人就会听得云里雾里，甚至对讯问人员宣讲的案例半信半疑或根本就不相信，从而就起不到攻心的作用，更不可能起到重大的作用。因此，讯问人员要根据案件和被讯问人的情况，选择同被讯问人犯罪的性质、事实、情节相似和离被讯问人不远或闻名的案例对被讯问人进行攻心。

（2）把握好以案例攻心的时机

以案例对被讯问人进行攻心，时机非常重要。在有利的时机对被讯问人进行案例攻心，攻心就能取得事半功倍的效果。而在不利的时机或时机不成熟的时候对被讯问人进行案例攻心，被讯问人就不会去听讯问人员讲案例，即使听了，其也不会当一回事，这样，以案例攻心就不会有成效。因此，讯问人员一定要把握好以案例攻心的时机，做到在最有利的时机对被讯问人进行案例攻心，"顺时而动，因机以发"。①

那么，什么时机对被讯问人进行案例攻心最有利呢？

我们知道，要使案例攻心起作用，首先需要被讯问人能听讯问人员宣讲的案例。被讯问人只有在能听讯问人员宣讲案例的情况下，其才有可能听得进讯问人员所宣讲的案例，进而才有可能与其相对照，从而起到案例攻心的作用。如果被讯问人不听讯问人员宣讲案例，或听而不闻，那么，案例攻心就仅是空气震动而已。而被讯问人能够听讯问人员宣讲案例，只有在被讯问人的抗审精神支柱受到重创、摇摇欲坠的时候，其才有可能去听讯问人员宣讲的案例，否则，其就会心不在焉，心思在如何继续抗审的问题上。可见，在被讯问人的抗审精神支柱受到重创、摇摇欲坠的时候是宣讲案例进行攻心的有利时机。因此，讯问人员要把握在这个时机对被讯问人进行宣讲案例攻心。

（3）实施好案例攻心的步骤和方法

案例攻心和其他攻心一样，也有一个步骤和方法的问题。案例攻心的步骤得当，方法巧妙，就能有效地起到案例攻心的作用，而如果案例攻心的步骤不当，方法拙劣，就难以起到案例攻心的作用，甚至要起反作用，加强被讯问人的抗审心理。因此，讯问人员以案例对被讯问人进行攻心，一定要精心实施好案例攻心的步骤和方法。

对被讯问人以案例攻心，可以按以下的步骤和方法进行：

①根据被讯问人的抗审精神支柱，创造出进行案例攻心的有利时机

我们刚在前面说过，对被讯问人以案例攻心的有利时机表现为被讯问人的抗审精神支柱受到重创、摇摇欲坠的时候。但这个有利时机不会自动从天而降送到讯问人员的手中，它需要讯问人员自己去创造。而创造这一时机的唯一途径是讯问人员加强对被讯问人的讯问，对被讯问人的抗审精神支柱进行狠摧。因而，讯问人员对被讯问人进行案例攻心，第一步就要狠摧被讯问人的抗审精神支柱，使被讯问人的抗审精神支柱

---

① 见［晋］陈寿撰、［宋］裴松之注：《三国志·魏书·贾诩传》，引《九州春秋》，中华书局 2006 年版，第 198 页。

摇摇欲坠，从而创造出案例攻心的有利时机。切忌在还没有创造出这一案例攻心的有利时机就向被讯问人宣讲案例。

②针对被讯问人的抗审心理进行案例宣讲

讯问人员在创造出案例攻心的有利时机后，就要不失时机地向被讯问人宣讲案例，以案例对被讯问人进行攻心，向被讯问人再重重地轰上案例这一炮，彻底摧毁其抗审的精神支柱，破除其抗审的心理障碍。由于向被讯问人宣讲案例进行攻心的目的是彻底摧毁其抗审精神支柱，破除其抗审的心理障碍，因而，宣讲案例就要针对被讯问人的抗审心理进行。例如，被讯问人的抗审心理是认为自己有外援，靠外援定能脱案的优势心理，讯问人员在宣讲案例时就要针对被讯问人的这一优势心理，着重宣讲案例中依靠外援不仅不起作用，不能脱案，反而带来严重不利后果的事实。只有以针对被讯问人抗审心理的方法向被讯问人宣讲案例，才有可能起到攻心的追加作用，从而彻底地摧毁被讯问人的抗审精神支柱，破除其抗审的心理障碍。因此，对被讯问人进行案例攻心的第二步是针对被讯问人的抗审心理进行案例宣讲，切忌宣讲案例中与其抗审心理无关的内容。

③要向被讯问人表明态度

讯问人员在针对被讯问人抗审心理宣讲案例后，要及时地向被讯问人表明讯问人员的态度。表明态度亦要根据被讯问人的抗审心理表明有针对性的态度。只有这样，才能增强案例攻心的效果。因此，对被讯问人进行案例攻心的第三步是向被讯问人表明有针对性的态度，切忌不表态度。

通过上述向被讯问人宣讲案例对被讯问人进行攻心，被讯问人就有可能"前车之覆，后车之鉴"，或以案例为榜样，作出正确的选择。例如：

我们将在第三章"重点突破"中详细阐述吴某某行贿案。在对吴某某讯问中，吴某某自恃该查案机关的上级查案机关中主管案件查处的领导是他的亲戚，态度极其恶劣，气焰十分嚣张，大骂讯问人员，并以手指戳讯问人员和推搡讯问人员，致使讯问根本无法进行。后来，讯问人员经思考，决定以摧毁吴某某抗审精神支柱的方法对吴某某进行讯问，在摧毁其抗审精神支柱中，以向吴某某宣讲案例对吴某某进行攻心。

讯问人员向吴某某宣讲案例攻心是这样进行的：

第一，讯问人员选择好用以攻心的案例

讯问人员为了实现案例攻心的目的，使案例攻心起到彻底摧毁吴某某抗审精神支柱的作用，根据参选案例的情况、吴某某拒供心理障碍的情况和吴某某的行贿犯罪情况，选择了某某集团公司董事长万某某和总经理万某向某县副县长钱某行贿的案例对吴某某进行攻心。讯问人员之所以选择这起案例对吴某某进行攻心，是因为：一是这起案例本身具有代表性。在办理该起案件中，讯问人员顶住了来自高层实权人物的压力，刚正不阿，秉公执法，最后把万某某和万某送上了法庭，是一起办得非常成功的案件。并且，这起案件也是查处吴某某案的查案机关的同一位讯问人员办理的，非常典型。二是这起案例的犯罪人万某某和万某的拒供心理障碍及其根源同吴某某一样，都是自恃自己有后台，自认为依靠后台定能脱案的优势心理，而且这起案例犯罪人的后台比吴某某的后台还硬。三是这起案例的性质也是行贿，在事实、情节上与吴某某案相似。四是这起案例的犯罪人不仅同吴某某的职业相同，都是经商办企业，而且这两个犯罪人就是吴某某隔壁县的人，吴某某也认识。五是这起案例由于犯罪人万某某和万某的拒供，导致查案机关不仅查处了他们的行贿问题，而且对他们的犯罪进行了彻查，还查处了他们倒卖土地使用权、虚开增值税发票等犯罪问题，使万某某、万某受到了数罪并罚。

第二，把握了在最有利的时机向吴某某宣讲该案例

讯问人员在选择好向吴某某宣讲万某某和万某行贿案进行攻心后，认为不能一开始就向吴某某宣讲这一案例对其进行攻心，而是应当把握在吴某某的抗审精神支柱受到重创，在吴某某见到讯问人员根本就不买其亲戚的账，感到其亲戚出面已可能不起作用，靠亲戚出面脱案不仅可能已成泡影，而且可能要给自己带来更为不利的后果的时候，即吴某某的抗审精神支柱摇摇欲坠的时候，向吴某某宣讲这一案例。

　　第三，有步骤、讲方法地向吴某某宣讲这一案例，对吴某某进行攻心

　　讯问人员在对吴某某进行案例攻心中，以下列步骤和方法对吴某某进行攻心：

　　①创造出对吴某某进行案例攻心的有利时机

　　讯问人员为了在最有利的时机对吴某某进行案例攻心，首先对攻心的时机进行了创造。讯问人员在讯问吴某某中，拿出手机拨通了上级机关这位主管案件查处领导，即吴某某亲戚的电话，当着吴某某的面向这位领导说了，如果吴某某不把已掌握证据的问题说清楚，就把其公司的账搬过来，查他的偷税和所有的问题的话。虽然这话讯问人员是同吴某某的亲戚说的，但正是在对吴某某的抗审精神支柱进行摧毁，使吴某某见到了讯问人员根本就不买他亲戚的账，从而使其感到亲戚出面已不可能有什么作用。讯问人员同吴某某的亲戚通话后，接着又郑重地向吴某某说了同其亲戚说的相同意思的话。这就使吴某某感到靠亲戚关系脱案，不仅可能已不起作用，而且有可能要给自己带来严重的后果。通过上述对吴某某抗审精神支柱的摧毁，创造出了对吴某某进行案例攻心的有利时机。

　　②针对吴某某的抗审心理对案例进行了宣讲

　　吴某某的抗审心理是优势心理，其认为自己亲戚是上级查案机关主管案件查处的领导，上级查案机关是管下级查案机关的，亲戚开口为自己脱案，下级机关就得照办，自己就可脱案。讯问人员为了彻底地摧毁吴某某的抗审精神支柱，在宣讲案例的有利时机出现后，便不失时机地针对吴某某抗审的优势心理，向吴某某宣讲万某某和万某行贿的案例，以案例对吴某某进行攻心。讯问人员向吴某某指出："你以为你有后台，你的亲戚是我的领导，我就会买他的账，凭此你便可脱案！我告诉你，你的想法错了，而且是大错特错，你凭你的亲戚不仅脱不了案，而且要给你带来更严重的后果，从我刚才同你亲戚的通话中便知。也许你不信，认为我只是说说而已，那我就先给你举一个例子让你听听：××县的万××和万×，你知道吧！他们也是行贿，案子也是我办的，他们的后台是一位高层领导，比你硬，先是这位高层领导亲自来这里，要我们

不要查处万××和万×的案件，我们照样查处，将万××和万×追捕归案。万××和万×归案后，同你一样，自恃有后台，拒不交代行贿的事实，我也跟他俩说过的，你把这个问题讲清，我就让你回去，若不讲清，我就查你所有的问题。他们自恃有后台，认为后台能让自己脱案，听不进我说的话，认为我是吓吓他，不敢真正查。所以我们便启动了对他们进行彻查的程序，查清了他们还有倒卖土地使用权、虚开增值税发票等罪。在对他们展开彻查后，他俩见后台不起作用，便交代了行贿的事实。当然，交代了行贿事实可以从宽处理，但交代晚了一点，因为我们已查清了他们倒卖土地使用权、虚开增值税发票的事实，收集到了证据。结果是他俩以行贿罪、倒卖土地使用权罪、虚开增值税发票罪进行数罪并罚，被判处重刑。如果他俩不自恃自己有后台，在开始的讯问中就如实交代行贿的事实，不仅不会有查清的倒卖土地使用权罪和虚开增值税发票罪连同行贿罪进行数罪并罚，而且行贿也可按照《刑法》第三百九十条第二款的规定，可以减轻处罚或者免除处罚。你说说看，自恃有后台不交代，是值还是不值……我来问你：你是要从万××和万×的前车之覆中来个后车之鉴，还是要仿效万××和万×的前车之鉴，你的后车不鉴也来个数罪并罚……"通过这样针对吴某某的抗审心理宣讲万某某和万某行贿案例，彻底地摧毁了吴某某抗审的精神支柱。

③向吴某某表明了有针对性的态度

讯问人员向吴某某宣讲了案例后，又针对吴某某的抗审心理向吴某某表明了"你这个问题我们是要坚决查下去的，如果你不把这个问题讲清楚，我明天就把你公司的账全部搬过来……，一查到底。"通过这样向吴某某表明有针对性的态度，增强了案例攻心的效果。

上例吴某某，讯问人员通过以案例攻心，最后促使吴某某交代了行贿的事实。

（三）出示证据攻心

证据是证明被讯问人犯罪事实的依据。事实上，案件查处和讯问打的就是证据仗。一旦案件的证据确实、充分，案件的事实也就查清，被讯问人也就没有了任何的反抗余地，即使其还要进行反抗，但也已没有任何的意义。因而，被讯问人最怕的是讯问人员掌握其犯罪的证据，一旦其感到讯问人员已掌握了其犯罪的证据，思想上、心理上的抗审问题也就得到了解决。因此，讯问人员要善于以证据对被讯问人进行攻心，促使其在证据面前停止抵抗，对犯罪事实作出交代。

以出示证据的方法对被讯问人进行攻心，主要从以下方面进行：

1. 选择好要出示的证据

讯问人员通过对案件的侦查或调查，一般来说，都已收集到了被讯问人犯罪的证据，或通过分析，掌握被讯问人犯罪客观上有但尚未收集到的证据。这些证据，有的能直接证明案件的事实，有的不能直接证明案件的事实；有的具有很强的证明力，有的则不具有证明力或证明力不强；有的证据在被讯问人作出交代前已知道了该证据同被讯问人犯罪事实的联系情况，而有的则不知道该证据同被讯问人的犯罪事实究竟有什么联系，是怎样的一种联系；等等。而且，由于案件和被讯问人情况的不同，被讯问人抗审的心理也不同。正因为证据的情况不同和被讯问人抗审的心理不同，讯问人员以出示证据的方法对被讯问人进行攻心，就要对这些证据在审查判断的基础上进行选择，选择好要出示的证据。

（1）选择能直接证明案件事实，具有很强证明力的证据向被讯问人出示

证据能直接证明案件的事实，具有很强的证明力，对被讯问人无疑具有强大的威慑力。被讯问人在这种证据面前没有反抗的余地，其就无法对这种证据进行狡辩、否定。即使其进行狡辩、否定，也不可能狡辩得了，否定得了，不会有任何的作用。从而证据就能起到攻心的作用。如果讯问人员不对证据进行选择，在不知道证据的情况下，盲目地拿一个证据进行出示，若出示的证据不能直接证明案件的事实，具有可辩性，或出示的证据没有证明力，也就不能形成对被讯问人的威慑，被讯问人就会针对证据提出理由进行狡辩和否定，最后辩得证据毫无作用，否定得证据毫无意义。从而以证据攻心就没有任何的效果。因此，要通

过对证据的选择，选择能直接证明案件事实，且有很强证明力的证据向被讯问人出示，对被讯问人进行攻心。

（2）选择确实和知道同案件联系情况的证据向被讯问人出示

向被讯问人出示确实和知道同案件联系情况的证据对被讯问人进行攻心，表明讯问人员已真正掌握了案件的事实情况和被讯问人犯罪的铁证，使被讯问人感到自己不交代，不仅无任何的意义，而且要得到从重的处罚。这样，以证据攻心就起到了作用。如果讯问人员不对证据进行选择，在不知道证据真假和同案件联系情况的情形下，任意出示证据，若出示的证据是虚假的，或半真半假的，或同案件没有联系的，或不是这种联系的，就等于告诉被讯问人，讯问人员并未掌握其犯罪的事实和证据。这样，以证据攻心，不仅起不到它的作用，而且起了反作用，加强了被讯问人抗审的心理，使被讯问人更加坚定了抗审的信心和决心，从而与讯问人员抗衡到底。因此，要通过对证据的选择，选择真实可靠和知道同案件联系情况的证据向被讯问人出示，对被讯问人进行攻心。

（3）选择针对被讯问人心理的证据向被讯问人出示

被讯问人的抗审心理及其根源是不同的，不同的抗审心理及其根源只有用不同的证据进行攻心，攻心才有效果。也就是说，只有以针对被讯问人抗审心理及其根源的证据对被讯问人进行攻心，才能起到攻心的作用。例如，自信性侥幸心理，有的是认为自己作案手段诡秘，讯问人员不可能取得其犯罪的证据。对此，讯问人员就要选择针对其心理的因其作案手段不诡秘而留下的证据或虽然其作案手段诡秘，但仍留下了的证据向被讯问人出示。有的是认为自己已同对合人或同案人订立攻守同盟，讯问人员不可能取得对合人或同案人的供述。对此，讯问人员就要选择针对其心理的对合人或同案人的供述向被讯问人出示。有的是认为自己的犯罪证据"一对一"，只要自己不交代，讯问人员就不能认定自己的犯罪事实和对自己作出处罚。对此，讯问人员就要选择针对其心理的充分的证据向被讯问人出示，等等。如果讯问人员不对证据进行选择，出示的证据不能针对被讯问人的心理及其根源，也就不能破除被讯问人抗审的心理障碍，使出示的证据毫无效果，起不到攻心的作用。因此，要通过对证据的选择，选择针对被讯问人心理的证据向被讯问人出示，对被讯问人进行攻心。

2. 把握好出示证据的时机

以证据对被讯问人进行攻心，出示证据的时机至关重要。在有利的时机向被讯问人出示证据，对被讯问人进行攻心，就能起到事半功倍的效果，达到攻心的目的，而在不利时机向被讯问人出示证据进行攻心，不仅达不到以证据攻心的目的，而且会把自己讯问的意图暴露给被讯问人，使被讯问人早作准备，从而增强被讯问人抗审的心理。因此，讯问人员以证据对被讯问人进行攻心，一定要把握好出示证据的时机，在最有利的时机向被讯问人出示证据进行攻心。

出示证据的有利时机，一般表现为：被讯问人侥幸心理严重，对证据最没有思想准备的时候；被讯问人的抗审心理出现动摇的时候；被讯问人认为讯问人员已可能掌握其犯罪证据的时候；被讯问人赖以支撑的抗审精神支柱受到重创或被摧毁的时候；被讯问人在心理上与讯问人员做到沟通相容的时候；被讯问人交代有了一定进展的时候；被讯问人伪供的时候；被讯问人的口供出现矛盾的时候；说服教育不起作用，讯问出现僵局的时候；向被讯问人阐述了有关道理或科学技术在侦查工作中运用的时候；被讯问人交代完某一犯罪事实，需要对被讯问人进行深挖的时候；等等。讯问人员要把握在这些有利时机向被讯问人出示证据进行攻心。

把握好出示证据的时机，在最有利的时机向被讯问人出示证据进行攻心，要注意做到以下几点：

（1）要坚决克服随意抛证据的做法

讯问人员以出示证据对被讯问人进行攻心，一定要做到坚决克服随意抛证据的做法，不能随便出示证据。避免那种一见被讯问人不开口，就抛出证据，被讯问人供认了一点，又不开口了，就再抛证据，被讯问人再讲一点又不讲了，讯问人员手中的证据抛完了，被讯问人就不会再讲了。要是这样，被讯问人也就摸到了讯问人员的底细，其再也不会对犯罪事实作出交代了。这是讯问中非常忌讳的事。因此，讯问人员一定要坚决克服随意抛证据的做法。

（2）出现出示证据的有利时机，要果断地出示证据

讯问人员以出示证据对被讯问人进行攻心，在出现出示证据的有利时机，一定要紧紧地抓住这一有利时机，果断地向被讯问人出示证据，像"脱兔"一样迅速。杜绝那种见机不动，或优柔寡断，丧失良机情况的发生。时机的到来，非常难得，而时机的失去却十分容易。如果不能抓住有利时机，果断地向被讯问人出示证据，也就失去了出示证据的有利时机。时机一失，便不会再来。因此，在出现出示证据有利的时机，讯问人员一定要紧紧地抓住时机，果断地向被讯问人出示证据。

（3）创造有利时机，向被讯问人出示证据

出示证据的有利时机，绝大多数不可能自发地从天而降，消极地坐等是等不到有利时机的，它需要讯问人员努力创造出出示证据的有利时机。因而，讯问人员在没有出示证据有利时机的情况下，要做到以积极的态度努力创造出示证据的有利时机，然后抓住这一有利时机，向被讯问人出示证据进行攻心，而不能"守株待兔"，坐等时机的出现。

3. 运用恰当的方式出示证据

以出示证据对被讯问人进行攻心，出示证据的方式不可忽视。由于在讯问中向被讯问人出示的证据不同于刑事诉讼意义上的证据，有的是刑事诉讼上的证据，有的还只是一条线索、一种现象、一个情况、一则信息、一个疑点，而有的是客观上有这个证据，但讯问人员尚未收集到。证据的这些情态不同，出示的方式也应不同。同时，被讯问人的抗审心理和抗审的强度是不同的，不同的抗审心理和抗审的强度，出示证据的方式也应不同。只有这样，才能使出示的证据起到攻心的作用。如果讯问人员不顾证据的情态、被讯问人抗审的心理和强度而任意地运用出示证据的方式出示证据，那么，出示证据对被讯问人进行攻心不仅不会有任何的效果，而且会把讯问人员并未掌握被讯问人犯罪证据的底细暴露给被讯问人，从而增强被讯问人抗审的心理。因此，讯问人员以证

据对被讯问人进行攻心，一定要运用恰当的方式出示要出示的证据。

出示证据的方式主要有：口头表述证据；宣读证据；行为动作显示证据；出示实物证据（包括物证、书证、言词证据载体及照片）；播放录音、录像；证人、对合人、同案人当面指证；等等。讯问人员要根据证据的情态，被讯问人抗审心理和强度，从这些出示证据的方式中选择出恰当的出示证据方式向被讯问人出示证据进行攻心，切忌不顾证据的情态，被讯问人的抗审心理和强度，以不恰当的方式出示证据。

运用恰当的方式出示证据对被讯问人进行攻心，要注意做到以下几点：

（1）明确所要出示的证据的情态、被讯问人的抗审心理和抗审的强度

出示证据的方式是否恰当，是由所要出示的证据的情态、被讯问人抗审的心理和抗审的强度所决定的，因而，要使出示证据的方式恰当，讯问人员就要明确所要出示的证据的情态，被讯问人抗审的心理和抗审的强度情况。为此，讯问人员就要弄清所要出示的证据是已经收集到的确确实实的刑事诉讼意义上的证据，还是只是一条线索、一种现象、一个情况、一则信息的证据，或是客观上有，但尚未收集到的证据；被讯问人的抗审心理是什么和抗审强度的强弱情况。只有这样，才能根据所要出示的证据的情态、被讯问人的抗审心理和抗审强度的情况，选择出恰当的出示证据的方式。如果讯问人员不明确所要出示的证据的情态、被讯问人的抗审心理和抗审强度，那么，以恰当的方式出示这个证据就无从谈起。因此，要以恰当的方式出示证据，就要明确所要出示的证据的情态、被讯问人的抗审心理和抗审的强度情况。

（2）根据所要出示的证据的情态、被讯问人的抗审心理和抗审强度的情况进行选择，选择出恰当的出示证据方式对证据进行出示

要使出示证据的方式恰当，讯问人员就要根据所要出示证据的情态、被讯问人的抗审心理和抗审强度的情况，对出示证据的方式进行选择。只有这样，出示证据的方式才有可能是恰当的。例如，如果所要出示的证据的情态是已经收集到的确确实实的刑事诉讼意义上的证据，根

据证据的这一情态，就可选择以宣读证据或出示证据载体的方式出示证据；而如果所要出示的证据的情态还只是一条线索、一种现象、一个情况、一则信息的证据，根据证据这些情态，就要选择以口头表述证据或行为动作显示证据的方式出示证据；又如，如果被讯问人的抗审心理是自信性侥幸心理，根据被讯问人的这一抗审心理，就要选择以出示证据载体的方式出示证据；如果被讯问人的抗审心理是畏罪心理，根据被讯问人的这一心理，就要选择以表述证据的方式出示证据；再如，如果被讯问人抗审的强度强，根据被讯问人的这一抗审强度，就要选择出示证据载体或播放录音、录像的方式出示证据；而如果被讯问人抗审的强度弱，根据被讯问人的这一抗审强度，就要选择口头表述或动作行为显示证据的方式出示证据；等等。总之，出示证据的方式要根据证据的情态、被讯问人的抗审心理和抗审的强度而定。只有这样，出示证据的方式才有可能是恰当的。

（3）在运用该种方式出示证据时，要把握好出示证据的度

讯问人员无论以何种方式出示证据对被讯问人进行攻心，在运用中都要把握好出示证据的度。即做到适度，既不过，又无不及。过了，就有可能暴露讯问人员的底细；不及，就不足以震慑被讯问人，起不到出示证据的作用。因此，在运用该种方式出示证据中，讯问人员要把握好出示证据的度，只有这样，才能使该种出示证据的方式恰当，从而起到以证据攻心的作用。

4. 实施好出示证据的方法

出示证据对被讯问人进行攻心，能否取得攻心的效果，出示证据的方法是关键。也就是说，出示证据的方法得当，出示证据的方法实施得巧妙，就有可能取得以证据攻心的效果，解决被讯问人思想上、心理上的抗审问题。如果出示证据的方法不恰当，出示证据的方法实施得拙劣，那么，就有可能不仅不能起到攻心的作用，而且有可能起到反作用，增强被讯问人的抗审心理。因此讯问人员以出示证据对被讯问人进行攻心，一定要十分注重实施好出示证据的方法。

实施好出示证据的方法，要注意做到以下几点：

（1）选择好出示证据的方法，以得当的出示证据方法出示证据

实施好出示证据的方法，其基础是出示的方法要得当，只有以得当的出示证据方法出示证据，才有可能实施好出示证据的方法。如果出示证据的方法不得当，不具备基础条件，那么，无论怎么去实施，仍然是无法实施好出示证据的方法的。因此，要实施好出示证据的方法，就要选择好出示证据的方法，以得当的方法对证据进行出示。

出示证据的方法，主要有：明示证据、暗示证据、明暗结合出示证据、实示证据、虚示证据、虚实并举出示证据，等等。这些出示证据的方法各有其优点和弱点，但本身并不存在优劣、得当不得当的问题。在出示证据的过程中，是得当，还是不得当，是由所出示的证据的情态和被讯问人的心理决定的。也就是说符合证据的情态和被讯问人心理的出示证据方法，其就是得当的，反之，其就是不得当的。因此，讯问人员要以得当的方法对证据进行出示，就要根据所要出示的证据的情态和被讯问人的心理情况，对出示证据的方法进行选择，选择出符合所要出示的证据的情态和被讯问人心理情况的出示证据方法，在攻心中，以这种得当的方法出示证据。

（2）发挥出示证据方法的优点，避开出示证据方法的弱点对证据进行出示

上述这几种出示证据的方法，都有其优点和弱点，不可能都是优点，也不可能都是弱点。这是由任何事物都具有二重性所决定的。因此，讯问人员要想实施好所出示证据的方法，就要根据所出示证据方法的优点和弱点，在实施中发挥出示证据方法的优点，避开出示证据方法的弱点。只有这样，才有可能实施好这种出示证据的方法。

而要发挥好出示证据方法的优点，避开出示证据方法的弱点，讯问人员就要以辩证的方法分析这种出示证据方法的优点、弱点和以认真的态度研究发挥、避开的问题。通过分析和研究，明确这种出示证据方法的优点是什么，表现在哪些地方，如何才能发挥这些优点，这些优点各应以什么方法予以发挥，在发挥中应注意什么问题；明确这种出示证据

方法的弱点是什么，表现在哪些地方，如何才能避开这些弱点，这些弱点各应以什么方法予以避开，在避开中应注意什么问题。在分析研究的基础上，在实施这种方法对证据进行出示中，切实地发挥这种出示证据的优点和避开这种出示证据的弱点，从而实施好这种出示证据的方法。

（3）以巧妙的技巧实施出示证据的方法，对证据进行出示

出示证据的方法实施得巧，还是不巧，是实施好出示证据方法的核心。出示证据方法实施巧妙，以巧妙的方法出示证据，也就实施好了出示证据的方法，从而就能起到以证据攻心的作用。如果出示证据方法实施不巧，以拙劣的方法出示证据，那么，实施好出示证据的方法也就无从谈起。因此，讯问人员要想实施好出示证据的方法，就要在技巧上做文章。只有这样，才有可能实施好出示证据的方法。

而要以巧妙的技巧实施出示证据的方法，讯问人员就要根据案件情况、被讯问人的心理情况和证据的情态情况，分别以不同的技巧出示证据：有的对证据进行直接出示；有的对证据进行间接出示；有的对证据进行连续出示；有的对证据进行点滴出示；有的对证据进行综合出示；有的对证据进行分解出示；有的对证据进行结合出示；有的对证据进行并举出示；等等。

5. 辅之以其他攻心方法

以证据对被讯问人进行攻心，实质上是讯问人员通过向被讯问人出示证据，表明讯问人员证据已在手，从而使被讯问人感觉到讯问人员已掌握了其犯罪的证据，进而促使其产生争取从宽处理的心理，为争取从宽处理而交代犯罪事实来实现攻心目的。被讯问人在讯问人员向其出示证据对其进行攻心后，思想上、心理上的抗审问题并不会马上得到解决，而是展开激烈的思想斗争。而激烈的思想斗争一般围绕以下三个方面进行：一是讯问人员是否真的掌握了自己犯罪的证据；二是自己是交代还是不交代；三是交代了能否得到从宽的处理，是否比不交代有利。因而，讯问人员就要围绕被讯问人思想斗争的这三个方面辅之以其他的攻心方法对被讯问人进行攻心。通过攻心，一是促使被讯问人真切地感

觉到讯问人员确实已掌握其犯罪的证据；二是促使被讯问人认识到自己不交代已没有任何的意义，照样可以认定事实和作出处罚，而且是从重的处罚；三是促使被讯问人看到自己作出如实交代能够得到从轻的处理。只有这样，才能实现以证据攻心的目的。因此，讯问人员为实现证据攻心的目的，就不能只向被讯问人出示证据，而应当在出示证据的同时，辅之以其他攻心手段促使被讯问人这三个方面正确认识的形成。

就第一个方面而言，由于案件尚在侦查或调查阶段，讯问人员掌握的证据非常有限，有的甚至没有掌握被讯问人犯罪的证据，而只掌握某一线索、现象、情况、信息或疑点，或只是通过分析客观上有这么一个证据。因而，讯问人员不可能把证据实实在在地摆在被讯问人面前，使其见到讯问人员已掌握其犯罪确实的证据。这样，被讯问人这一方面认识的形成就要靠被讯问人的联想来实现。因而，讯问人员在出示证据前或出示证据后，要辅之以其他攻心方法，促使被讯问人联想。例如，向被讯问人宣讲"要想人不知，除非己莫为"的道理，使被讯问人从讯问人员的宣讲中体会到讯问人员掌握其犯罪的证据是必然的，进而促使被讯问人依据讯问人员阐明的这一道理，与自己实施的犯罪行为产生联想，形成心理上的证据，从而使被讯问人认识到讯问人员已确实掌握了其犯罪的证据。

就第二个方面而言，被讯问人产生自己不交代已没有任何的意义，照样可以认定事实和作出处罚的认识不会凭空而来，它需要在讯问人员的促使下才有可能产生这一认识。因而，讯问人员在出示证据后，要辅之以其他的攻心方法，促使其这一认识的产生。例如，向讯问人宣讲证据的理论和证据的运用原则或《刑事诉讼法》第五十五条关于"没有被告人供述，证据确实、充分的，可以认定被告人有罪和处以刑罚"的规定，使被讯问人从讯问人员的宣讲中产生这一认识。

就第三个方面而言，从宽处理是要有法律上或事实上的依据的，被讯问人只有看到法律上或事实上的依据，才能看到自己如实交代能得到从宽处理的希望，也就是说，被讯问人看不到如实交代从宽处理法律上或事实上的依据，也就看不到自己如实交代能得到从宽的处理。因而，讯问人员在出示证据后，要辅之以其他攻心方法，通过其他攻心方法使被讯问人看到如实交代从宽处理的依据。例如，向被讯问人宣讲"坦白从宽，抗拒从严"的政策、《刑法》第六十七条第三款的规定、《刑事诉讼法》第十五条的规定，使被讯问人看到如实交代的从宽处理的法律依据；实事求是地指出被讯问人从宽的情节，"拉"被讯问人一把，使被讯问人既看到如实交代从宽处理的事实依据，又激发其情感，从而使被讯问人从讯问人员的宣讲中真正看到如实交代能得到从轻的处理。

从上述叙述可见，以证据对被讯问人进行攻心，要辅之以其他攻心的方法。只有这样，才能起到以证据攻心的效果，实现以证据攻心的目的。

要辅之以其他攻心方法，讯问人员就要根据案件情况、被讯问人的心理情况、所出示证据的情况，做到具体问题具体对待，或对被讯问人宣讲有关的道理，或对被讯问人宣讲有关的法律和法律理论，或对被讯问人宣讲有关的政策，或实事求是地指出其从宽的情节，或"拉"被讯问人一把，或向其输入情感信息，或给其布一个台阶，等等。总之，辅之以针对性的攻心方法。

通过上述以证据对被讯问人进行攻心，就有可能解决被讯问人思想上、心理上的抗审问题，从而促使被讯问人对犯罪事实作出如实的交代。例如：

被讯问人祝某，因利用审批下拨农村建设资金的职权，先后收受25个行政村的贿赂被查处。查案机关收集到25个行政村向祝某行贿的行贿人的证言。查案机关的讯问人员历时3个月，先后对祝某多次讯问，在讯问中，也向祝某出示行贿人的证言对祝某进行攻心，但祝某就是拒不交代收受贿赂的事实。后来，上级查案机关派出讯问人员对祝某进行讯问，以出示证据的方法对祝某进行攻心，结果讯问不到半个小时便突破了祝某收受贿赂的口供。

上级查案机关的讯问人员通过审阅案卷和向原讯问人员了解讯问祝某的情况，经分析，认为祝某拒不交代受贿的事实是因为祝某认为，其收受这25个行政村行贿人的贿赂都是"一对一"的进行，只要自己不交代，查案机关就不能认定自己的受贿事实和处以刑罚。祝某所持的是自信性侥幸心理。讯问人员经研究，认为对祝某的这种自信性侥幸心理，只有以向祝某出示充分的证据对其进行攻心，才有可能解决其思想上、心理上的抗审问题，突破其口供。于是，讯问人员便决定以向祝某出示证据的方法对祝某进行攻心。

第一，讯问人员对攻心的证据进行选择

讯问人员经对查案中收集到的 25 个行政村行贿人证人证言的审查判断，认为这些收集的证据都能直接证明祝某收受贿赂的事实。经对前面多次讯问曾向祝某出示过这些证据而未能突破祝某口供情况的分析，讯问人员认为，虽然前面的多次讯问均向祝某出示过这些能直接证明祝某受贿事实和确实的证据，但出示的证据不能针对祝某"一对一"的证据不能认定事实和作出处理的抗审心理，必须要以针对祝某抗审心理的证据向祝某出示对祝某进行攻心，才有可能破除祝某的这一抗审心理。于是，讯问人员根据祝某的抗审心理选择有针对性的证据。讯问人员通过阅卷发现有两个村各两个行贿人的证言能够互相印证祝某已收受贿赂的事实，即两个行贿人到达祝某的家门口后，其中的一人进到祝某的家中将钱送给祝某，另一人在祝某的家门口等候，待送钱人从祝某家出来后，站在门口等候的那人将进去送钱人的全身搜了个遍，就连裤裆和鞋底都搜过，在确认进到祝某家的送钱人的身上已没钱了，已把钱送给祝某后，两人才一起回来。这两份证据，进到祝某家送钱给祝某的证言，直接证明了祝某受贿的事实。站在门口等候的人的证言，虽然不能直接证明祝某收下钱的事实，但其对送钱人从祝某家出来后一系列动作的陈述足以佐证进到祝某家送钱人的证言，证明钱已送给祝某，祝某已予以收受。为了使这两个村各两个送钱人的证言确实、详细，讯问人员又对这 4 人进行了重新取证，取得了这 4 个人详细的、确实的证言。取得了这两个村各两人的详细证言，再加上这两个村各村向祝某送钱报销的会计账目凭证，讯问人员认为，祝某收受这两个村的贿赂的证据已不再是"一对一"，而是充分了。于是，讯问人员将这两个村各两人的证言和会计账目凭证选择为向祝某出示的证据。

第二，在最有利的时机向祝某出示证据

经前面多次讯问，讯问人员已向祝某出示过该 25 个行政村向祝某送钱人的证言，出示的证言都是单一的，即只有直接进到祝某家送钱给祝某的人的证言。因而，祝某对讯问人员已掌握其收受贿赂充分的证据毫无思想准备。讯问人员认为，祝某对证据最没有思想准备的时候，是向祝某出示证据的有利时机。于是，讯问人员将讯问切入主题后，紧紧抓住这一有利时机，便向祝某出示证据。祝某看完一个村其中一人的证言后，在看另一个人证言看到一半多的时候，便傻乎乎地呆在那里。

第三，运用恰当的方式向祝某出示证据

讯问人员在向祝某出示证据前，经对所要出示证据的情态的分析，认为这 4 份证言材料和村会计账目凭证都是已收集到的确确实实的刑事诉讼意义上的证据，而且证据表述的事实清楚、确定，证据没有任何的瑕疵。讯问人员经对祝某心理的分析，认为祝某经前面的多次讯问，其自信性侥幸心理极强，认为讯问人员不可能有其收受贿赂充分的证据。讯问人员根据祝某的抗审心理认为，对祝某如此强的抗审心理，如果不让其看到实实在在充分的证据，是无法破除这种自信性侥幸心理的。讯问人员又根据所要向祝某出示的证据的情态认为，向祝某出示实物证据不会有什么不良后果。据此，讯问人员选择以出示实物证据的方式向祝某出示证据。在讯问中，讯问人员把其中一个村向祝某送钱的两人的证言材料和村会计账目凭证 3 份证据载体实物向祝某出示。为了把握好出示证据的度，讯问人员对另一个村的 3 份证据材料举在手中，不直接向祝某出示。

第四，实施好出示证据的方法

讯问人员根据所要出示的证据是已收集到的，且表述的事实清楚、确定的情态和祝某抗审的侥幸心理很强的情况，选择并以明示的方法向祝某出示证据。讯问人员又根据明示证据的优点是它的真实性、威慑性，为发挥明示证据的这两个优点，让祝某自己看证据材料。这样，就彰显了出示的证据的真实性和威慑性。讯问人员为使出示证据做到巧妙，根据祝某抗审心理强的实际，采取把证据向祝某扔过去的方法向祝某出示证据，以增强出示证据的气势，同时，讯问人员采取了连续出示证据的方法，在向祝某出示了其中一个村的 3 份证据，祝某看后出现神态慌张时，又一边拍拍放在桌上的案卷材料，以示这里的材料都是这个样子，一边举起另一个村的 3 份证据材料，做出要向祝某再出示证据的样子。这样向祝某出示证据无疑具有巧妙性，从而实施好了出示证据的方法。

第五，对祝某辅以其他攻心的方法

讯问人员在向祝某出示证据后，对祝某辅以了以下的攻心方法：

1. 对祝某进行法律攻心

讯问人员向祝某宣讲了我国刑事诉讼的证据理论，着重讲了证据的收集、审查判断和运用原则，并将《刑事诉讼法》递给祝某，让祝某自己看《刑事诉讼法》关于"没有被告人供述，证据确实、充分的，可以认定被告人有罪和处以刑罚"的规定。

2. 对祝某进行政策攻心

讯问人员以例举坦白得到从轻处理的典型案例的方法向祝某宣讲"坦白从宽，抗拒从严"的政策。

3. 对祝某进行情感攻心

讯问人员根据案件的事实，实事求是地向祝某指出："从你收受贿赂的事实来看，你都是在他人主动送给你的情况下收下的，有的你还推辞过，只是人家硬把钱丢在你家就跑出去了，你才拿起来的，主要原因在对方，你都是被动的嘛。只要你把问题讲清楚，从宽处理是有条件的，但你却不愿意把问题讲清，本来是可以从宽处理的，却失去了从宽的机会，我觉得怪可惜的。"

祝某经讯问人员上述以证据攻心和辅之以法律、政策、情感攻心，交代了收受 25 个行政村贿赂的事实。

（四）揭露谎言攻心

以谎言掩盖犯罪事实，是被讯问人抗审的惯用手段之一。被讯问人为了掩盖犯罪事实，脱逃法网，总是编造各种谎言来对付讯问人员的讯问。被讯问人的谎言不被揭露，将其暴露在光天化日之下，使之理屈词穷，其思想上、心理上的抗审问题就无法得到解决，其也就不会对犯罪事实作出交代。因此，讯问人员要善于以揭露被讯问人谎言，对被讯问人进行攻心，揭穿被讯问人的谎言，使之体无完肤，失去抗审的能力。

以揭露谎言对被讯问人进行攻心，主要从以下几个方面进行：

1. 善于发现被讯问人的谎言

以揭露谎言对被讯问人进行攻心，首先要有谎言的发现，没有谎言的发现，不知道谎言是什么，以揭露谎言攻心也就无从说起。被讯问人不会告诉讯问人员哪些是谎言，它需要讯问人员自己去发现。而且，谎言往往具有隐蔽性、欺骗性和伪装性，不易被讯问人员发现，甚至有一些伪装起来的谎言显得是那样的真实。因此，讯问人员要善于发现被讯问人的谎言。

而要发现被讯问人的谎言，讯问人员就要根据被讯问人所说的话，与客观事实、规律、证据、情理、法理、当地的风俗习惯相对照，或根据被讯问人说话时的肢体动作、面部表情、语音语调来进行分析，或根据被讯问人自己前后所说的情况或所说的内容来进行判断，判明被讯问人所说的话是真话还是谎言。

（1）与客观事实、规律、证据、情理、法理、当地风俗习惯相对照

凡是编造的谎言，往往都与客观事实、规律、证据、情理、法理、当地风俗习惯相悖或有矛盾。因而，被讯问人所说的话，如果符合客观事实、规律、证据、情理、法理、当地风俗习惯的，那么，其可能就是真话，如果同这些不符合或有矛盾的，那么，就很有可能是谎话。因此，讯问人员在判别被讯问人的话是真话，还是谎言时，要将被讯问人所说的话与客观事实、规律、证据、情理、法理、当地风俗习惯相对照，从中发现被讯问人的谎话。

（2）根据被讯问人说话时的肢体动作、面部表情、语音语调进行分析

被讯问人在说谎的情况下，往往会出现其所说的话是一种意思，而

他的肢体动作、面部表情或语音语调则表示另一种完全不同的意思。也就是说，被讯问人的谎话会被他自己的肢体动作、面部表情或语音语调所出卖。因而，讯问人员通过对被讯问人说话时的肢体动作、面部表情或语音语调的分析，就有可能判明被讯问人所说的是假话，进而对被讯问人所说的话展开调查，就能发现被讯问人的谎话。

（3）根据被讯问人自己前后所说的情况或其所说的内容进行判断

被讯问人说谎，由于其是编造事实，因而，其对同一个事实或同一种情况的说法往往前后很难统一，不可避免地会出现矛盾。被讯问人先前没有说过的某一事实或某一情况，被讯问人所说的该事实或该种情况，在被讯问人说谎的情况下，其所说的内容往往没有细节，因为细节是最难编造的。因此，讯问人员通过对被讯问人自己前后所说情况对照比较，或对其所说的内容是否具有细节进行分析，就有可能发现被讯问人前后所说的矛盾，或其所说的内容没有细节，进而对发现的矛盾展开甄别或对其所说的内容展开调查，就能发现被讯问人的谎话。

2. 把握揭露谎言的时机

做任何事情，无论是宏观的，还是微观的，都要有时机，没有时机，就不能做成事情。揭露被讯问人的谎言，同做任何事情一样，必须要有时机。时机有利，就有可能一举揭穿被讯问人的谎言，而如果时机不利，就有可能无法针对被讯问人的谎言进行揭露，从而也就无法揭穿被讯问人的谎言。因此，讯问人员一定要把握好揭露被讯问人谎言的时机，在最有利的时机对被讯问人的谎言进行揭露。

而要把握揭露被讯问人谎言的时机，在最有利的时机对被讯问人的谎言进行揭露，讯问人员就要根据被讯问人谎言的情况对揭露谎言的时机进行把握。

（1）对于已经暴露无遗的谎言，要把握好在谎言暴露出来的时候即进行揭露

这种已经暴露无遗的谎言，被讯问人的说谎已经完成，谎言的内容已经固定。而且，被讯问人在刚说出谎言的时候，其并未对如何支持谎

言成立的理由进行思考。也就是说，被讯问人还没有对付讯问人员揭露谎言的对策。在这种情况下，其面对讯问人员的揭露就束手无策，只能眼睁睁地被讯问人员揭穿。如果在此时不对被讯问人的谎言进行揭露，就会导致以下问题：一是被讯问人认为讯问人员并未掌握自己犯罪的事实，如果掌握了，讯问人员就会对自己的谎言进行揭露，从而增强了被讯问人说谎的信心和决心，增强抗审的心理；二是被讯问人经思考，就会在完善自己的谎话上下功夫，把自己谎话的漏洞补上，将谎话说圆，说得天衣无缝，进行严严实实的伪装，并思考如何支持谎言成立的理由，以对付讯问人员揭露。如果被讯问人增强了说谎的信心和决心，并把谎言说圆，讯问人员要揭穿其谎言就不是一件容易的事。因此，对于这种已经明显暴露出来的谎言，讯问人员要在被讯问人谎言暴露出来的第一时间对谎话进行揭露，给被讯问人当头一棒。

（2）对于尚未完全暴露的谎言，要待谎言完全暴露的时候再进行揭露

这种尚未完全暴露的谎言，谎言的内容并未固定下来，矛盾没有彻底暴露，它需要被讯问人继续暴露谎言的内容，把矛盾完全地暴露出来。这样讯问人员才有可能针对其谎言的内容和暴露出来的矛盾进行揭露。在被讯问人尚未完全暴露谎言的内容和彻底暴露矛盾的情况下，如果讯问人员就急不可耐地对其谎言进行揭露，会有以下问题：一是讯问人员揭露的目标不甚明确，不能抓住谎言的要害进行揭露。二是被讯问人就会缩回去，矛盾就会暴露不出来或没有彻底地暴露。而矛盾没有暴露出来或彻底地暴露，讯问人员就无矛盾可以揭露。三是被讯问人会对已说的谎话进行修正、弥补，或从另外一个方面去说明、解释。这样，就使谎言溜走，没有谎言可以揭露或难以揭露被讯问人的谎言。因此，对于这种尚未完全暴露的谎言，讯问人员要促使其继续编造，让其完全暴露谎言，待谎言完全暴露的时候，再针对谎言进行揭露。

3. 以针对性的方法和内容予以揭露

由于被讯问人谎言的表现形式不同，有的谎言表现为与客观事实相

矛盾，有的表现为与客观规律相矛盾，有的表现为与证据相矛盾，有的表现为与法理相矛盾，有的表现为与当地的风俗习惯相矛盾，有的表现为被讯问人的口供前后自相矛盾。而且，就同一表现形式，又有内容的不同，有的是这方面的内容，有的是那方面的内容。对这些不同表现形式和不同内容的谎言，要以不同的方法和不同的内容予以揭露。只有具体问题具体对待，以针对性的方法和内容对被讯问人的谎言进行揭露，才有可能揭穿被讯问人的谎言。离开了针对性，是无法揭穿被讯问人的谎言的。因此，以揭露被讯问人的谎言对被讯问人进行攻心，要以针对性的方法和内容对谎言进行揭露。

而要以针对性的方法和内容对被讯问人的谎言进行揭露，讯问人员就要根据被讯问人谎言的表现形式和谎言内容的具体情况，选择有针对性的方法和内容，并以选择的针对性方法和内容对被讯问人的谎言进行揭露。

（1）选择出有针对性的揭露方法和内容

讯问人员只有选择出有针对性的揭露谎言的方法和内容，才能在揭露谎言中有条不紊地以针对性的方法和内容对被讯问人的谎言进行揭露。否则，在进行揭露时就会不知所措，不知以什么方法和内容对被讯问人的谎言进行揭露，而无论以一种方法或一个内容对谎言进行揭露，势必"画虎不成反类犬"，达不到揭露被讯问人谎言的目的。因此，讯问人员对被讯问人的谎言进行揭露，就要选择好揭露谎言的方法和内容，做到心中有数，胸有成竹。

由于针对性的揭露谎言的方法和内容是由被讯问人谎言的表现形式和谎言的内容决定的。因而，讯问人员选择揭露谎言的方法和内容就要根据被讯问人谎言的表现形式和谎言的具体内容进行选择。只有这样，选择出的揭露方法和内容才有可能具有针对性。例如，被讯问人的谎言与客观事实相矛盾，讯问人员就要根据被讯问人的谎言与什么客观事实相矛盾，矛盾在何处，选择以向被讯问人提出客观事实的方法和选择与被讯问人谎言相矛盾的客观事实作为揭露被讯问人谎言的方法和内容。

（2）运用好针对性的方法予以揭露

讯问人员在选择出针对性的揭露谎言的方法后，在揭露谎言的攻心中，就要运用好这种有针对性的揭露方法对被讯问人的谎言进行揭露。只有运用好揭露谎言的方法，才有可能将被讯问人的谎言揭露得淋漓尽致，暴露得充分彻底，赤裸裸地悬于光天化日之下，从而起到揭露谎言对被讯问人进行攻心的作用。

要运用好有针对性的揭露谎言的方法，讯问人员要做到：一是要以一丝不苟的认真态度去运用这种有针对性的揭露方法，而不能敷衍了事地去运用；二是要精心地去运用这种有针对性的方法，而不能粗心大意地去运用；三是要根据这种揭露方法的优点和弱点，发挥其优点，避开其弱点去运用这种有针对性的方法，而不能不顾其优点和弱点盲目地进行运用。

（3）运用好针对性的内容进行揭露

讯问人员在揭露被讯问人的谎言对被讯问人进行攻心中，要运用好揭露谎言的内容对被讯问人的谎言进行揭露。揭露谎言的内容运用得好，还是运用得不好，是能否揭露被讯问人的谎言，从而能否起到揭露谎言对被讯问人进行攻心作用的关键。因此，讯问人员一定要运用好揭露被讯问人谎言的内容。

要运用好揭露被讯问人谎言的内容，讯问人员要做到：一是运用内容的用词要准确无误，不能错误或不当。二是运用内容的概念要明确，而不能模糊；判断要恰当，而不能失当；推理要准确，而不能错误。三是运用内容的技巧要巧妙，而不能简单、拙劣。

4. 入情入理、入筋入骨地进行揭露

以揭露谎言对被讯问人进行攻心，在揭露中，要对谎言进行入情入理、入筋入骨的揭露，即使揭露谎言符合常情、符合事理，又使揭露谎言深达问题的本质。只有这样，才能真正地揭穿谎言，使之原形毕露，也只有这样，才能使被讯问人口服心服，不仅制服被讯问人之口，而且使被讯问人"乃以心服而不敢蘁（wù）立"①。如果讯问人员对谎言的

---

① 见《庄子·杂篇·寓言》，载方勇译注：《庄子》，中华书局 2015 年版，第 475 页。

揭露不能做到入情入理、入筋入骨，不仅不能真正地揭穿谎言，而且被讯问人也不会真正服气。因此，讯问人员对谎言的揭露，要做到入情入理、入筋入骨。

而要对谎言的揭露做到入情入理、入筋入骨，讯问人员在揭露被讯问人的谎言中就要做到以下几点：

（1）要坚持摆事实，讲道理

讯问人员对被讯问人的谎言进行揭露，要坚持摆事实，讲道理。在揭露中，只有做到摆事实，讲道理，才能既符合常情，又符合事理，从而做到入情入理。对于被讯问人的谎言与客观事实相矛盾的，讯问人员就要一五一十地向被讯问人摆出针对被讯问人谎言的客观事实，把客观事实摆在被讯问人的面前，使被讯问人无话可说；对于被讯问人的谎言与客观规律相矛盾的，讯问人员就要从理论和实践的结合上向被讯问人阐明针对被讯问人谎言的客观规律，使被讯问人在客观规律面前不得不低头；对于被讯问人的谎言与案件事实和证据相矛盾的，讯问人员就要向被讯问人摆出针对被讯问人谎言的案件事实和证据，使被讯问人在案件事实和证据面前原形毕露；对于被讯问人的谎言与情理相矛盾的，讯问人员就要向被讯问人叙述针对被讯问人谎言的情理，使被讯问人在情理面前理屈词穷；对于被讯问人的谎言与法理相矛盾的，讯问人员就要向被讯问人阐述针对被讯问人谎言的法律规定和法理，使被讯问人在法律和法理面前只有服从；对于被讯问人的谎言与当地的风俗习惯相矛盾的，讯问人员就要向被讯问人指出针对被讯问人谎言的当地风俗习惯，使被讯问人的谎言不攻自破；对于被讯问人自相矛盾的谎言，讯问人员就要以被讯问人口供的一个谎言去揭露另一个谎言，使被讯问人无言以对；等等。

（2）要揭得深，揭得透

讯问人员对被讯问人的谎言进行揭露，要揭得深，揭得透，不能简单从事，不能停留在表面，隔靴搔痒。只有这样，才能使揭露揭得入筋入骨，深达问题的本质。为此，讯问人员要抓住被讯问人谎言与客观事实、客观规律、案件的事实和证据、情理、法理、当地风俗习惯、其口供相冲突的矛盾本质，从理论和实践的结合上揭深、揭透，揭得被讯问人一败涂地，自惭形秽。

（3）要既严厉，又诚恳

讯问人员对被讯问人的谎言进行揭露，既要严厉，进行无情的揭露，同时又要诚恳，出于挽救被讯问人的诚心，只有这样，才有可能使揭露谎言入情入理、入筋入骨。为此，讯问人员在对谎言进行揭露时，一边要坚决，绝不心慈手软；一边又要对被讯问人进行诚心诚意的教育，绝不强词夺理，绝不戴帽子、打棍子。

5. 掌握好揭露的度

以揭露谎言对被讯问人进行攻心，在揭露中，要掌握好揭露的度。也就是说，揭露要揭得恰到好处，正好达到最适当的程度，既不能不及，也不能过头。如果揭得不及，不能从根本上揭穿被讯问人的谎言；如果揭得过头，就"过犹不及"，会使被讯问人"破罐子破摔"。因此，讯问人员对被讯问人谎言的揭露，一定要掌握好揭露的度，恰到好处。

而要对谎言的揭露掌握好度，讯问人员要做到以下几点：

（1）要确立揭露谎言的标准

讯问人员以揭露谎言对被讯问人进行攻心，要确立揭露谎言的标准。没有标准，就不知道什么是不及，什么是过头。正所谓"不以规矩，不能成方员"。[①] 笔者认为，揭露谎言的标准是：谎言已被揭穿，被讯问人已承认自己所说的是谎言。确立了这一揭露谎言的标准，讯问人员在揭露的过程中，要根据这一标准来衡量揭露谎言是否已恰到好处。也就是说，符合了这个标准的是恰到好处，不符合这个标准的就不是恰到好处。

（2）要揭露到符合这一标准

讯问人员在揭露被讯问人谎言的过程中，要以这一标准为尺度对被讯问人的谎言进行揭露。对于谎言尚未揭穿，被讯问人还不承认自己所

---

① 见《孟子·离娄章句上》，载〔清〕焦循撰：《孟子正义》，中华书局 2017 年版，第 392 页。

说的是谎言，或继续以谎言对付讯问的，讯问人员要坚持揭露，直到揭穿谎言，被讯问人承认是谎言或不再以谎言对付讯问为止。否则，揭露谎言就是不及，起不到以揭露谎言对被讯问人进行攻心的作用。

（3）要适可而止

讯问人员在揭露被讯问人谎言的过程中，要视情形适可而止。对于被讯问人的谎言已经被揭穿，被讯问人已经承认自己所说的是谎言，或不再以谎言对付讯问的，讯问人员就要停止对被讯问人谎言的揭露，或转而对被讯问人进行教育，或转而给被讯问人搭一个"台阶"，或让被讯问人交代犯罪的事实，而不能再死死揪住谎言不放，凭着自己的兴趣一路穷追猛揭。这样，就有可能使被讯问人看不到出路，或出现逆反心理，横下一条心与讯问人员对抗，"破罐子破摔"，从而使已产生的攻心效果毁于一旦，使被讯问人重新回到抗拒的道路上。讯问人员要充分认识到不适可而止的危害，在揭露被讯问人的谎言对被讯问人进行攻心的过程中，一定要做到适可而止，而不要做得过头。只有这样，才能起到揭露谎言对被讯问人进行攻心的作用。

通过上述以揭露被讯问人的谎言对被讯问人进行攻心，就有可能使被讯问人改弦易辙，不再撒谎，从而对犯罪事实作出如实的交代。例如：

被讯问人任某与同村任某某有仇。某日任某某正在一悬崖边砍柴，在不远处亦砍柴的任某走了过来，乘任某某不备之机猛推任某某，使任某某滑下山崖。在这千钧一发之际，任某某双手抓住了山崖边的一棵小树，正要往上爬时，任某又用刀砍断了这棵小树，致任某某摔下山崖当场死亡。此事实经过被正在不远处砍柴的郭某和高某看见。

任某被采取强制措施后，在讯问中，先是否认自己的犯罪行为，但当讯问人员向其出示郭某和高某的证言后，任某自知自己犯罪的事实经过已隐瞒不了，便在交代这一事实经过的同时，辩称自己是同任某某闹着玩的，并不是要将他推下山崖摔死，自己主观上没有要杀死任某某的犯罪故意。

对于任某的这一辩解，讯问人员经与该案的事实和证据相对照，认为其辩解与案件的事实和证据相矛盾，从而发现了任某的辩解是谎言。于是，讯问人员便决定以揭露谎言的方法对任某进行攻心。

第一，把揭露任某谎言的时机把握在任某提出辩解的时候

讯问人员认为，任某提出这一辩解时，案件的事实和证据已经清楚，且任某谎言已经暴露无遗，谎言的内容已经确定，无须再继续暴露任某的谎言，这正是揭露任某谎言的有利时机。因而，在任某提出这一辩解谎言后，讯问人员即对任某的谎言进行了揭露。

第二，以针对性的方法和内容对任某的谎言进行了揭露

1. 选择出了揭露谎言的方法和内容

讯问人员在揭露任某谎言时，根据任某谎言的表现形式是其谎言与案件的事实和证据相矛盾，选择出了以向任某摆出案件事实和证据的方法对其谎言进行揭露。根据任某谎言的内容是"我是同任某某闹着玩的，并不是要将他推下山崖摔死，在主观上没有要杀死任某某的犯罪故意"，选择出了任某是要把任某某推下山崖摔死的行为的内容进行揭露。

2. 运用好了揭露谎言的方法

讯问人员在选择好了揭露任某谎言的方法和内容的同时，以认真的态度对以摆出事实和证据揭露谎言的方法进行了精心运用，向任某一一地摆出了案件的事实和证据，尔后，根据案件的事实和证据论述了其具有杀死任某某的故意。

3. 运用好了揭露谎言的内容

讯问人员在运用针对任某谎言的案件事实和证据对任某谎言进行揭露的过程中，所运用的事实清楚，运用的证据充分；在用词上做到了准确无误，在逻辑上做到了概念明确、判断恰当、推理准确；在论述任某具有杀死任某某的故意上，做到了论点明确、论据充分、论证有力，从而使任某无言以对，再也没有辩解的理由。

第三，对任某的谎言进行了入情入理、入筋入骨的揭露

讯问人员针对任某"我是同任某某闹着玩的，并不是要将他推下山崖摔死，在主观上没有要杀死任某某的犯罪故意"的谎话，进行了

如下入情入理、入筋入骨的揭露：

1. 讯问人员坚持摆事实，以事实对任某的谎言进行揭露

讯问人员向任某摆出了以下有针对性的事实：

（1）向任某出示了：任某某在悬崖边砍柴，其乘任某某不备之机，猛推任某某的事实。

（2）向任某出示了：当任某某双脚滑下山崖，双手抓住山崖边的一棵小树，正要往上爬时，其又用刀砍断了这棵小树，致任某某摔下山崖当场死亡的事实。

2. 讯问人员坚持讲道理，以道理对任某的谎言进行揭露

讯问人员指出："有一个道理我要告诉你，根据刑法理论，行为人在主观上有无犯罪的故意，是通过行为人的行为表现出来的，而不是凭行为人自己说有就有，说没有就没有。也就是说，犯罪嫌疑人在主观上的犯罪故意，是由犯罪嫌疑人所实施的犯罪行为所决定的。你实施的乘任某某不备之机，猛推在悬崖边的任某某和当任某某抓住悬崖边的小树正要往上爬时，又用刀砍断了这棵小树的行为，都证明了你具有杀死任某某的主观故意。"

3. 讯问人员对任某的谎言以刑法理论进行了深入、透彻的揭露

讯问人员指出："刑法理论告诉我们，主观上的故意是由认识因素和意志因素构成的。你是一个智力正常的人，能够认识到猛推在悬崖边砍柴的任某某，定会将其推下山崖，将人推下如此高的山崖必然是要摔死的；你也能够认识到砍断任某某抓住的小树，必然要致任某某摔下山崖而死。你在认识到将任某某推下山崖必然要致任某某死亡和砍断任某某抓住的小树必然要致任某某摔下山崖而死的情况下，却先后决意实施了推任某某的行为和决意砍断了小树的行为，致任某某摔下山崖死亡。因而，你具有致任某某死亡的认识因素和意志因素，表明你希望任某某摔下山崖致死。如果不是希望，你为什么在悬崖边趁任某某不备猛推任某某？当任某某抓住小树时，你为什么砍断小树？你说那是同任某某闹着玩的辩解能否定你致死任某某所具有认识因素和意志因素吗？显然不能！"

最后，讯问人员把握好了揭露的度。在任某无言以对，再也没有辩解的理由时，讯问人员停止了对任某谎言的揭露，转而对任某进行了政策和法律的教育。

通过上述对任某谎言的揭露，任某交代了故意杀人的事实。

（五）批驳谬论攻心

不少的被讯问人在讯问中，往往以散布谬论对付讯问人员的讯问。被讯问人抗审的谬论，有的是其抗审的精神支柱，有的是其抗审的伎俩。不驳倒被讯问人的抗审谬论，其不仅会认为讯问人员无能，辩不过自己，从而看不起讯问人员，增强抗审的信心和决心，而且其会在谬论的支持下或依仗谬论进行抗审。因此，讯问人员要善于以批驳谬论对被讯问人进行攻心，驳倒被讯问人的谬论，使之认识到自己谬论的错误和谬论不会起任何作用，从而解决其思想上、心理上的抗审问题。

以批驳谬论对被讯问人进行攻心，主要从以下方面进行：

1. 要露头就批驳

谬论不同于谎言，谬论一露头就是固定的，在其露头的时候进行批驳不仅不会有什么不利的后果，而且只有有利的结果。而谎言在刚开始的时候，还不能充分暴露出矛盾，需要彻底暴露以后才有利于对其进行揭露。因而，谎言在彻底暴露矛盾以后才可进行揭露。

对被讯问人的谬论，在其露头时就及时对谬论进行批驳。这样做，一是有利于使被讯问人认识到讯问人员不是一个等闲之辈，而是一个威严且有智慧的人，使被讯问人在接下来的讯问中老实地接受讯问。二是有利于给被讯问人当头一棒，使被讯问人认识到自己散布谬论在讯问人员面前没有任何的作用，讯问人员根本不吃他这一套。三是有利于及时打消其继续散布谬论的念头，使之在接下来的讯问中不再散布谬论，以谬论对抗讯问。四是由于刚出现的谬论还不牢固，有利于以较小的力量驳倒被讯问人的谬论。五是有利于避免谬论固定后不易纠正而形成僵持局面情况的发生。因此，在被讯问人谬论出现的时候，讯问人员就应及时地予以批驳，在第一时间驳倒被讯问人的谬论，将被讯问人的谬论扼杀在萌芽状态。

2. 要有理有据地进行批驳

对被讯问人谬论的批驳要做到有理有据。只有有理有据地对谬论进行批驳，才能驳倒谬论，才能使被讯问人认识到其谬论的错误，错在什么地方，为什么错了，从而才能使被讯问人心服口服。如果对谬论的批驳不能做到有理有据，不仅不能驳倒谬论，使被讯问人心服口服，而且会强化被讯问人的抗审心理，继续以谬论对付讯问人员的讯问。这样，就会使讯问变成了斗嘴或陷入僵局。因此，对被讯问人的谬论进行批驳，一定要做到有理有据。

被讯问人的谬论之所以是谬论，就是因为谬论违反事实，或违反法律，或违反道理。正因为谬论违反事实、违反法律、违反道理，要对谬论进行有理有据的批驳，就应以事实、法律或道理对谬论进行批驳，只有这样，有理有据地批驳才成为可能。

（1）以事实对谬论进行批驳

被讯问人有的谬论违反客观事实或案件事实，对于这种违反客观事实或案件事实的谬论，讯问人员就要以客观事实或案件事实对谬论进行批驳，向被讯问人摆出客观事实或案件事实，使被讯问人的谬论在客观事实或案件事实面前露出原形，无法立足，从而驳倒被讯问人的谬论，以事实制之，使被讯问人心服口服，认识到自己谬论的错误。否则，驳不倒被讯问人的谬论，被讯问人也不会认识到自己的谬论是错误的。

（2）以法律对谬论进行批驳

被讯问人有的谬论违反法律的规定或法理，对于这种违反法律规定或法理的谬论，讯问人员就要以法律的规定或法理对谬论进行批驳，向被讯问人宣讲法律的规定或法律理论，使被讯问人的谬论在法律或法理面前露出其谬论的真面目，无法再成立，从而驳倒被讯问人的谬论，以法制之，使被讯问人心服口服，认识到自己的谬论是违反法律的规定或法理的，是真正的错了。否则，是驳不倒被讯问人的谬论的，被讯问人也无法认识到自己的谬论是错误的。

(3) 以道理对谬论进行批驳

被讯问人有的谬论违反道理，对于这种违反道理的谬论，讯问人员就要以道理对谬论进行批驳，向被讯问人宣讲道理，把道理摆在被讯问人的面前，使被讯问人的谬论在道理面前露出谬论的丑恶嘴脸，无法再蒙混下去，从而驳倒被讯问人的谬论，以理服之，使被讯问人心服口服，认识到自己的谬论是违反道理的，是彻底错了。否则，是驳不倒被讯问人的谬论的，被讯问人也无法认识到自己的谬论是错误的。

此外，有的谬论违反客观规律，有的谬论违反道德伦理，等等。讯问人员对这些谬论都要进行有理有据的批驳，通过有理有据的批驳制服被讯问人，而不能以强势压服被讯问人。以强势强压，必然压而不服，无法使被讯问人心服口服，不仅没有任何效果，反而要产生不良的后果。

3. 要进行有针对性的批驳

对被讯问人谬论的批驳要做到有针对性。只有有针对性的批驳，做到对症下药，才有可能驳倒被讯问人的谬论，才有可能使被讯问人明白确实是错了，从而起到以批驳谬论进行攻心的作用。如果讯问人员不能做到有针对性的批驳，即使批驳得很好，也不能驳倒被讯问人的谬论，更不能使被讯问人认识到确实是错了。因此，对被讯问人谬论的批驳一定要具有针对性。

要进行有针对性的批驳，就要做到以下三个方面：

(1) 以针对性的内容予以批驳

被讯问人谬论的具体情况是不同的。我们刚才说过，被讯问人的谬论有的违反客观事实或案件事实，有的谬论违反法律的规定或法理，有的谬论违反了道理，还有的谬论违反了客观规律或道德伦理。而且，就同一类型而言，被讯问人谬论违反的具体情况也是不同的。例如，被讯问人的谬论违反的是客观事实，而客观事实是多种多样的，这就使违反客观事实的谬论有的是违反这一客观事实，而有的则是违反那一客观事实，对不同的客观事实的违反，就要以不同内容的客观事实进行批驳，这样的批驳才具有针对性。也就是说，被讯问人的谬论违反的是什么，就要以针对什么的内容对谬论进行批驳。只有这样，才能驳倒被讯问人的谬论，使被讯问人认识到错误。而随便拿一个内容对被讯问人的谬论进行批驳，是驳不倒被讯问人的谬论的，被讯问人也就认识不到错误。因此，要驳倒被讯问人的谬论，使被讯问人认识到错误，就要以针对性的内容予以批驳。

（2）以针对性的方法予以批驳

被讯问人对谬论的认识情况是不同的。有的被讯问人认识不到其谬论是谬论，而认为这样认识问题是正确的；有的被讯问人的认识有误解，其在误解的支配下产生了谬论；有的被讯问人本身就认识到这是谬论，是错误的，为达到抗审的目的有意制造谬论，与讯问人员相对抗；等等。被讯问人对谬论的认识情况不同，就应以不同的方法对谬论进行批驳。对被讯问人认识不到其谬论是谬论的批驳，讯问人员就要针对其认识不到的情况，以让被讯问人能认识到这是谬论、是错误的方法对谬论进行批驳；对被讯问人认识有误解而产生的谬论，讯问人员就要针对其认识误解的情况，以让被讯问人消除误解的方法对谬论进行批驳；对被讯问人认识到是谬论而有意制造的谬论，讯问人员就要针对其有意制造谬论的情况，以让被讯问人知道制造这种谬论不仅对其毫无意义、不起任何作用，而且将给其造成不利的方法对谬论进行批驳。只有这样，才能驳倒被讯问人的谬论，起到以驳斥谬论攻心的作用。如果不是以针对性的方法对谬论进行批驳，同样无法驳倒被讯问人的谬论，至少是不能彻底驳倒被讯问人的谬论。因此，要驳倒被讯问人的谬论，使被讯问人放弃谬论，就要以针对性的方法予以批驳。

（3）以针对性的表述予以批驳

对被讯问人以批驳谬论进行攻心，是靠讯问人员的言语表述来实现的。而被讯问人的情况是不同的，有的被讯问人的阅历深、知识渊博、丰富、水平高、理解能力强，而有的被讯问人则阅历浅、知识贫乏或没有什么知识、水平低、理解能力差，等等。针对被讯问人的这些不同情况，就应以不同的表述对谬论进行批驳。对阅历深、知识渊博、丰富、水平高、理解能力强的被讯问人谬论的批驳，在表述上，就要突出理论性和逻辑性，以高超的理论水平和严密的逻辑思维对谬论进行批驳。只有这样，被讯问人才能听得深刻。而对那些阅历浅、知识贫乏或没有什么知识、水平低、理解能力差的被讯问人谬论的批驳，在表述上，就要突出实践性和朴素性，深入浅出地对谬论进行批驳。只有这样，被讯问人才能听得明白。如果不针对被讯问人的情况对批驳进行表述，被讯问人就会或听得不深刻，或听得不明白，那么，就不会有攻心的效果。因此，要驳倒被讯问人的谬论，使被讯问人不再坚持用谬论进行抗审，就要以针对性的表述予以批驳。

4. 要以既严肃，又诚恳的态度进行批驳

讯问人员在对被讯问人的谬论批驳的过程中，要以既严肃，又诚恳的态度进行批驳。严肃体现出讯问人员作为执法者的威严，对被讯问人的谬论绝不容忍；诚恳体现出讯问人员作为教育者的真心，对被讯问人谬论的批驳意在教育、挽救被讯问人。只有这样，批驳才能达到最佳的效果。如果讯问人员对被讯问人谬论的批驳不严肃，被讯问人就会认为讯问人员是一个随便的人，甚至认为讯问人员是"病猫"，从而看不起讯问人员，不把讯问人员的批驳当成一回事；如果讯问人员对被讯问人谬论的批驳不诚恳，被讯问人就会认为讯问人员是在整人，是要把自己置于死地，从而出现逆反心理，与讯问人员抗衡，甚至与讯问人员斗嘴、争吵。因此，对被讯问人谬论的批驳，在态度上一定要做到既严肃又诚恳。

而要做到批驳的态度既严肃，又诚恳，讯问人员就要做到：用以批驳谬论的内容要厉害，用以批驳的理由要充分，用以批驳的言辞要郑重，用以批驳的语气要坚定，以体现出严肃；用以批驳的内容要符合事实，用以批驳的理由要符合情理，用以批驳的言辞不搞人身攻击，用以批驳的语气要真挚，以体现出诚恳。

由于被讯问人对谬论的认识情况不同，讯问人员以既严肃又诚恳的态度对谬论进行批驳还要做到区别对待：对于被讯问人不能认识到是谬论的谬论或因误解而产生的谬论，在批驳时要以诚恳为主，在诚恳中体现严肃；对于被讯问人有意制造的谬论，在批驳时要以严肃为主，在严肃中体现诚恳。

5. 要掌握好一个度

批驳被讯问人的谬论对被讯问人进行攻心，同样要掌握好一个批驳的度，做到恰到好处，适可而止。在这个问题上，要特别注意不要得理不饶人，于被讯问人在已认识到自己错误的情况下，仍凭着自己的兴趣对被讯问人的谬论进行穷批猛驳。如果得理不饶人，不顾被讯问人已认识到错误，仍进行穷批猛驳，极有可能伤害被讯问人的自尊心，引起被讯问人的反感而产生对立情绪，增强抗审的心理。因此，批驳被讯问人的谬论，在被讯问人认识到自己的谬论是谬论、是错误的时候，就应停止继续批驳，转而对被讯问人进行教育或"拉"被讯问人一把，促使被讯问人对犯罪事实作出交代。

通过上述以批驳被讯问人的谬论对被讯问人进行攻心，就有可能驳倒被讯问人的谬论，使被讯问人认识到错误，放弃谬论，进而对犯罪事实作出如实交代。

（六）输入情感信息攻心

向被讯问人输入情感信息，激起被讯问人的情感，对于促使被讯问人对犯罪事实作出交代的作用是巨大的。一个人一旦情感被激发，就会情不自禁，从而作出交代。不少被讯问人之所以宁愿被判处重刑，甚至死刑，也不愿意交代犯罪事实，就是因为其情感未被激发。如果激发出其情感，是不可能不对犯罪事实作出交代的。因此，讯问人员要善于向被讯问人输入情感信息对被讯问人进行攻心，促使其在情感的作用下对犯罪事实作出交代。

以输入情感信息对被讯问人进行攻心，主要从以下方面进行：

1. 了解掌握被讯问人情感上的执着点或弱点

由于每个被讯问人所处的社会环境、家庭状况、人生经历、社会交往、性格特点等的不同，在情感上的执着点或弱点也就不同。有的被讯问人执着于父母的感情；有的被讯问人执着于子女的感情；有的被讯问人执着于孙子的感情；有的被讯问人执着于兄妹的感情；有的被讯问人执着于恋人的感情；有的被讯问人执着于朋友的感情；等等。有的被讯问人对他人的关心、爱护、帮助特别能产生情感；有的被讯问人对他人的理解、同情、宽容特别能产生情感；有的被讯问人对某种情景特别能产生情感；等等。针对被讯问人不同的情感执着点或弱点，只能用不同的方法、不同的情感信息去刺激，具体问题具体对待，才有可能激起被讯问人的情感。否则，是无法激起被讯问人的情感的。而要具体问题具体对待，讯问人员就要知道被讯问人情感上的执着点或弱点是什么。因此，输入情感信息对被讯问人进行攻心，就要了解掌握被讯问人情感上的执着点或弱点。这是输入情感信息攻心的前提。

2. 选择好用以攻心的情感信息

以输入情感信息对被讯问人进行攻心，要有用以攻心的情感信息向被讯问人输入，没有攻心的情感信息输入，以情感信息对被讯问人进行攻心就无从谈起。这是不言而喻的道理。而情感信息是多种多样的，不同的情感信息表现着不同的内容，不同的情感信息内容所起的作用也是不同的。这个不同表现在两个方面：一是所起作用的对象不同。也就是说，有的情感信息内容对这种情感上的执着点有作用，而对那种情感上的执着点没有作用，甚至有反作用；有的情感信息内容对那种情感上的弱点有作用，而对这种情感上的弱点没有作用，反之亦然。二是所起作用的大小不同。也就是说，有的情感信息内容对激起被讯问人的情感能起到重大的作用，而有的情感信息内容对激起被讯问人的情感则作用不大，甚至不能激起被讯问人的情感。正因为此，要使以输入情感信息攻心起作用，就要以对被讯问人情感上执着点或弱点能起作用或能起到重大作用的情感信息内容对被讯问人进行攻心。否则，以输入情感信息对被讯问人进行攻心就将付诸东流，毫无意义。而情感信息内容是否能对被讯问人情感上的执着点或弱点起作用或起到重大的作用，是通过对情感信息内容的选择实现的。不经选择，随便拿一个情感信息内容，对被讯问人进行攻心，肯定是不能奏效的，即使侥幸有效，那也是"瞎猫碰到死老鼠"。因此，以输入情感信息对被讯问人进行攻心，就要对用以攻心的情感信息内容进行选择，选择那些在内容上对被讯问人情感上执着点或弱点能起作用或能起到重大的作用的情感信息对被讯问人进行攻心。

向被讯问人输入的情感信息能否对被讯问人情感上的执着点或弱点起作用或起到重大作用，取决于情感信息的内容是否针对被讯问人情感上的执着点或弱点和针对的程度。也就是说，情感信息的内容是针对被讯问人情感上的执着点或弱点的，就能起作用，不针对的，就不能起作用，甚至有可能起反作用；针对程度强的，就能起重大作用，针对程度弱的，就不能起重大作用。因此，讯问人员以输入情感信息对被讯问人进行攻心，就要选择那些在内容上针对被讯问人情感上的执着点或弱点和针对程度强的情感信息对被讯问人进行攻心。

而要选择在内容上针对被讯问人情感上的执着点或弱点和针对程度强的情感信息，讯问人员就要根据被讯问人情感上的执着点或弱点的具体情况进行选择，从而选择出在内容上有针对性和针对程度强的情感信息对被讯问人进行攻心。

3. 掌握好输入情感信息攻心的时机

时机是一个老题目了，在前面所述的几个攻心中几乎都讲到时机的问题。但由于时机在输入情感信息攻心中显得非常重要，因而，在此不得不强调时机问题。

时机在输入情感信息攻心中的重要性，突出地表现在有利时机向被讯问人输入情感信息，被讯问人就会如饥似渴地接受讯问人员向其输入的情感信息，从而起到事半功倍的作用，有力地激发出被讯问人的情感，促使其在情感的作用下"言无所择"。而如果在时机不利的时候向被讯问人输入情感信息，被讯问人就会十分反感和厌恶，认为讯问人员是在巴结他、献媚他、求他，从而增强被讯问人的抗审心理。因此，讯问人员以输入情感信息对被讯问人进行攻心，必须要掌握好输入情感信息攻心的时机，在最成熟、最有利的时机向被讯问人输入情感信息，对被讯问人进行攻心。

而要掌握好输入情感信息的有利时机，讯问人员就要做到以下几点：

（1）明确什么时候是输入情感信息最有利的时机

掌握好输入情感信息的有利时机，讯问人员首先要明确什么时候是输入情感信息的有利时机。只有明确什么时候是输入情感信息的有利时机，才有可能在这一时机出现的时候，把握住这一时机向被讯问人输入情感信息。否则，讯问人员就有可能把不利时机当成有利时机，或即使有利时机出现，也会因不知道这是有利时机而使时机丧失。因此，掌握有利时机，首先要明确什么时候是输入情感信息的最有利时机。

总结讯问实践，以下是输入情感信息的有利时机：

①被讯问人有这种需求的时候

被讯问人有这种需求的时候，向被讯问人输入这种情感信息，被讯问人对讯问人员输入的情感信息就会有一种"雪中送炭""饥中送饼"的感觉。因而，这个时候是输入情感信息的有利时机。

②被讯问人感情上出现痛苦的时候

被讯问人感情上出现痛苦的时候，他需要摆脱这种痛苦，此时向被讯问人输入情感信息，被讯问人就会寻求慰藉。因而，这个时候是输入情感信息的有利时机。

③被讯问人心理上产生压力的时候

当被讯问人心理上产生压力的时候，他需要减轻这种压力，此时向被讯问人输入情感信息，其就会有一种如释重负的感觉。因而，这个时候是输入情感信息的有利时机。

④被讯问人意志上出现动摇的时候

被讯问人意志上出现动摇的时候，其处于是交代还是不交代的两难抉择中，此时向被讯问人输入情感信息，其就会有一种难题被解的感觉。因而，这个时候是输入情感信息的有利时机。

⑤被讯问人感觉凄惨的时候

被讯问人感觉凄惨的时候，其需要温暖，此时向被讯问人输入情感信息，其就会有一种温暖的感觉。因而，这个时候是输入情感信息的有利时机。

（2）根据讯问情况和被讯问人的心理去洞悉有利时机

时机不会告诉讯问人员有利时机已经出现，而是需要讯问人员去洞悉。而有利时机是通过讯问中的情况和被讯问人的心理表现出来的。因此，要掌握输入情感信息的有利时机，讯问人员就要根据讯问的情况和被讯问人的心理去洞悉有利时机，进而掌握有利时机。

（3）创造输入情感信息的有利时机

输入情感信息的有利时机，绝大部分，如被讯问人感情上的痛苦、心理上的压力、意志上的动摇、感觉上的凄惨都不会自动从天而降，它们需要通过讯问人员对被讯问人的讯问，创造出这些有利时机。因此，讯问人员要加强对被讯问人的讯问，在讯问中创造出这些有利时机，进而掌握这些有利时机。

4. 运用好输入情感信息攻心的方法

输入情感信息对被讯问人进行攻心，需要依照方法向被讯问人输入。输入情感信息的方法越得当，越巧妙，就越能激起被讯问人的情感，达到攻心的目的。而输入的方法不得当、不巧妙，不仅不能激起被讯问人的情感，而且有可能引起被讯问人的反感而增强被讯问人的抗审心理。因此，讯问人员在输入情感信息对被讯问人进行攻心时，一定要运用好输入情感信息的方法，以最得当、最巧妙的方法向被讯问人输入情感信息。

向被讯问人输入情感信息的方法，从讯问实践来看，主要有行为输入、言语输入、情景输入等。

（1）行为输入

行为输入，就是讯问人员通过自己的行为动作向被讯问人输入情感信息。例如，照顾被讯问人的身体，关心被讯问人的生活，帮助被讯问人解决困难等。

要使行为动作向被讯问人输入情感信息的方法做得得当、巧妙，就要做到以下几点：

①行为动作要顺理成章、合乎情理、不悖常理，不要牵强附会、生拉硬扯、勉强凑合，做出不符合情理，有悖常理的行为动作。

②行为动作要得体、合时宜，不要做出不当、不合时宜的行为动作。

③行为动作要自然，不勉强、不局促、不呆板、不做作。

④行为动作要适当，切合实际情况，符合各种条件，不过分，不要做出不合实际情况、不符合条件、过分的行为动作。

⑤行为动作要真诚，真实诚恳，诚心诚意。不要做出虚情假意的行为动作。

（2）言语输入

言语输入，就是讯问人员通过自己的言语向被讯问人输入情感信息。例如，对被讯问人表示理解、同情、可惜，解脱其压力，赞美其闪光点，抒发其最在意的人对其关心、思念的感情等。

要使言语向被讯问人输入情感信息的方法做得得当、巧妙，就要做到以下几点：

①言语输入的情感信息的内容要符合事实，不要编造不符合事实或根本不是这种情况的内容向被讯问人输入。

②言语输入的语调要朴实、动听，不要阴阳怪气，怪声怪调，干巴巴，使人听了厌恶。

③言语输入时的感情要真挚，真诚恳切，不要虚伪。

（3）情景输入

情景输入，就是讯问人员通过让被讯问人看某种场景或向被讯问人叙述某种场景向被讯问人输入情感信息。

要使情景向被讯问人输入情感信息的方法做得得当、巧妙，就要做到以下几点：

①输入的情景要真实。向被讯问人输入的情景要真实，无论是让被讯问人看场景，还是向被讯问人叙述场景，情景一定要真实，不能假造场景或编造场景向被讯问人输入。

②情景的输入要先做好铺垫。向被讯问人输入情景要在做好铺垫的基础上进行，不要一上来就输入情景。

③要抒发讯问人员的感情或表明讯问人员的态度。向被讯问人输入情景信息后，讯问人员要抒发自己的感情或表明态度，不能只输入情景信息了事。

5. 实施好输入情感信息攻心的步骤

以输入情感信息对被讯问人进行攻心，需要按一定的步骤进行。输入情感信息的步骤恰当，且实施得好，就能顺利地激起被讯问人的情感。而实施的步骤不恰当，不仅难以激起被讯问人的情感，而且有可能暴露讯问人员的意图而增强被讯问人的抗审心理。因此，讯问人员在输入情感信息对被讯问人进行攻心中，要实施好输入情感信息攻心的步骤。

总结讯问实践，输入情感信息攻心的步骤一般是：调动被讯问人的情感、刺激被讯问人的情感、帮助被讯问人解脱感情上的痛苦。讯问人员要按照输入情感信息的步骤，实施好这些步骤对被讯问人进行攻心。

（1）调动被讯问人的情感

讯问人员在了解掌握了被讯问人情感上的执着点或弱点，选择了有针对性攻心情感的信息内容后，当出现有利时机的时候，就要对被讯问人的情感进行调动。

调动被讯问人的情感，就是引起被讯问人对其执着的人或事的思念和惦记。因而，讯问人员要以恰当的语言把被讯问人的注意力引导到其所执着的人或事上来，引起被讯问人对其所执着的人或事的思念和惦记，进而使被讯问人深深地陷入其中而不能自拔。

（2）刺激被讯问人的情感

讯问人员在调动了被讯问人的情感之后，就要刺激他的情感，使被讯问人对其所执着的人或事的思念、惦记、关心进一步加剧，陷入情感的痛苦之中。

刺激被讯问人的情感，就是向被讯问人输入情感信息的内容。因而，讯问人员要根据情感信息的不同内容，以不同的方法向被讯问人输入情感信息的内容，或提出与情感信息内容有关的一些问题、情况，刺激被讯问人的情感。

（3）帮助被讯问人解脱感情上的痛苦

被讯问人的情感在受到刺激后，当被讯问人处在感情的痛苦之中时，讯问人员要适时帮助被讯问人解脱这种痛苦。

讯问人员要根据被讯问人感情痛苦的具体情况，以针对性的方法予以解脱。例如，被讯问人深感自己对不起亲人的，讯问人员就要以其如何做才能对得起亲人解脱其感情上的痛苦。又如，有的被讯问人因感情痛苦向讯问人员提出要求，对被讯问人提出的要求，在不违反法律和原则的情况下，讯问人员可以答应，解脱其感情上的痛苦。再如，被讯问人因自己被限制人身自由不能解决某些事情而痛苦的，只要是不违反法律和原则的问题，讯问人员可以答应帮助给予解决。已经帮助解决的，讯问人员要告知其已解决的情况。

通过上述向被讯问人输入情感信息对被讯问人进行攻心，就有可能激起被讯问人的情感，促使被讯问人在情感激发中情不自禁地交代犯罪的事实。例如：

被讯问人钱某因贪污被查案机关查处，讯问人员对钱某进行过多次讯问。在讯问中，讯问人员运用证据攻心和法律、政策攻心对钱某进行讯问，但钱某在证据和法律、政策攻心面前无动于衷，一直保持沉默，不开口说话，案件陷入了僵局。讯问人员经分析认为，对钱某输入情感信息对其进行攻心或许能起作用。于是，讯问人员便决定对钱某进行以情攻心。

在钱某被查处期间，钱某在外地读书的儿子得知父亲被采取监视居住的强制措施，便放下学业请假赶回家乡，向他人借了1万元钱，到了其父亲被监视居住的某宾馆，向讯问人员交上1万元钱表示为其父退赃，并要求讯问人员不要将其父拘留、逮捕，早点释放其父。钱某的儿子交钱后，冒着凌厉的寒风，倚靠在宾馆外的墙角等候父亲的消息，一连两天，都是天未亮就来，深夜才回去。

讯问人员经了解，钱某就这一个儿子，他对这个儿子疼爱有加，是他生命的全部。据此，讯问人员认为，钱某对儿子的感情是钱某情感上的执着点和弱点。讯问人员在掌握了钱某情感上的执着点和弱点后，经对钱某儿子上述举动情况的分析，讯问人员认为，钱某儿子的这一举动，特别是站在那里冒着凌厉的寒风等待父亲消息的举动，钱某一旦知晓，作为深爱着儿子的他不会无动于衷，定能刺激钱某的感情，使之陷入深深的情感煎熬痛苦之中，觉得自己对不起儿子。为了儿子不能再这样等下去，其在情感促使下，就有可能对贪污的事实作出交代。于是，讯问人员便将钱某儿子的举动选择为向钱某涉入情感信息的内容。

在了解掌握钱某情感上的执着点和弱点，选择了针对钱某情感上执着点和弱点的情感信息内容后，讯问人员又开始了对钱某的讯问。在讯问中，当钱某叹了一口气时，讯问人员认为，向钱某输入情感信息，对其进行攻心的时机已经成熟。于是，讯问人员便开始向钱某输入情感信息，对钱某进行攻心。

讯问人员是这样向钱某输入情感信息，对钱某进行攻心的：

第一，讯问人员先对钱某的感情进行调动。

讯问人员先问了钱某有几个子女，在钱某回答了就一个儿子时，讯问人员向钱某叙述了其儿子得知其被采取监视居住，接受调查，特地放下学业，向学校请假赶回来，为了使其不被拘留、逮捕，能早点出来，向别人借了钱为其退赃的情况。并接着说，你儿子"借钱来退赃表明了你儿子的一番苦心，为的是你能平安地出来。你被监视居住，你就不想想你儿子的心头是一番什么滋味。有这样孝顺的儿子，也算是你的福气"。钱某的感情在讯问人员这样的调动下，低下了头。

第二，讯问人员对钱某的情感进行刺激。

讯问人员在调动了钱某的情感后，便对钱某的情感进行刺激。讯问人员先以言语对钱某的情感进行刺激："我还要告诉你的是，这几天，你儿子每天都来这里，有时我们还没起床，他就来了，站在门外等我们起床，有时晚上我们要睡觉了，他还站在外面，一个人倚着墙角，翻着上衣领遮风，跺着脚御寒，在那里等消息。我们劝他回去，站在外面天气冷，他刚走了几步，又转回来，站在墙角边。我注意了一下，他每天都是到下半夜一点多钟才离开，但第二天早上我们醒来时他就已经站在那里，也不知道他是什么时候来的……说实在的，我们不忍心留你在这里，也不愿看到这样的情景。但我们也是无奈啊！"此时的钱某已有抽泣声。接着，讯问人员以情景对钱某的情感进行刺激：讯问人员先向钱某说了"现在已是晚上11点了，天怪冷的，你也该休息了。在睡觉前，你要不要向窗外瞧瞧你儿子是否还站在那里？我想，你还是瞧一瞧吧！"讯问人员边说边与钱某走到窗边。讯问人员拉开窗帘，打开窗户，一阵寒风袭来，钱某缩了一下头，又将头伸向窗外，顺着讯问人员的手所指望去。顿时，钱某失声："春儿，你站那里干嘛？"春儿听到父亲的声音，抬起头，向这里望来："爸！"但泣不成声。钱某又向春儿说："你要冻坏的，快回家吧！"与其说钱某这句话是说出来的，不如说这句话是哭出来的。春儿哭着回答："我不回家，站这里等你。"讯问人员说了一声"天太冷了"。边说边关上窗户。钱某的情感在讯问人员这样的刺激下，已泣不成声，眼泪刷刷地往下流，陷入了深深的自责和痛苦之中。

第三，讯问人员帮助钱某解脱感情上的痛苦。

钱某在老泪纵横之时，讯问人员递过纸巾，钱某用纸巾擦着泪水。钱某边擦泪水边说："我对不起儿子，我无法承受眼前的情景……"讯问人员接过钱某的话说："只要你交代清楚，你儿子又主动来退赃，是完全有条件可以从宽处理的。你交代清楚后，我就让你们父子见面，我现在就把你儿子叫到隔壁的房间里来。"讯问人员同时吩咐辅审去叫钱某的儿子。

钱某在情感的攻心下，顺口说出"我交代，是关是放总有一个结局"，便边擦泪水，边开始交代贪污的事实。

（七）"交易"攻心

所谓交易攻心，是指讯问人员以给被讯问人某种利益或不剥夺被讯问人的某种利益与被讯问人交代犯罪事实相交换，如果被讯问人交代犯罪事实，讯问人员就给予被讯问人这种利益或不剥夺被讯问人的这种利益，如果被讯问人不交代犯罪的事实，讯问人员就不给予被讯问人这种利益或剥夺被讯问人的这种利益。

利益对一个人至关重要，任何人都重视利益，被讯问人也不例外。以交易对被讯问人进行攻心，被讯问人就有可能对讯问人员的利益动心，为了能得到讯问人员利益或使自己的利益不失去，其就有可能作出与讯问人员进行交易的决定，以交代犯罪事实与讯问人员给予的利益或不使被讯问人员剥夺自己的利益相交换，进而对犯罪事实作出如实的交代。因此，讯问人员要善于以交易对被讯问人进行攻心，促使被讯问人对犯罪事实作出交代。

以交易对被讯问人进行攻心，主要从以下几个方面进行：

1. 选择好与被讯问人进行交易的利益

利益是多样的，但由于有的利益不符合案件的实际情况，被讯问人不会相信；有的利益的利少于被讯问人不交代的利，被讯问人不会进行交易；有的利益是被讯问人不需要、不感兴趣的，其无所谓，被讯问人也不会进行交易；有的利益无法兑现，交易了就失信于被讯问人，要留下后患；有的利益违反法律和政策的规定，不能与被讯问人进行交易；等等。讯问人员要对用以交易的利益进行选择，选择出符合案件的实际情况，被讯问人所欲望和期盼的，能够兑现的和符合法律、政策的利益，在交易攻心中与被讯问人进行交易。

（1）选择的用以交易的利益要符合案件和被讯问人的实际

讯问人员选择的用以与被讯问人交易的利益要符合案件和被讯问人的实际情况。只有符合案件和被讯问人实际情况的利益，被讯问人才有可能相信讯问人员给予其的利益或保住其利益是真实的，认为讯问人员是诚心交易，不是在骗自己，从而才有可能与讯问人员进行交易。否则，被讯问人就不会相信讯问人员用以与其交易的利益是真实的，从而也就失去了被讯问人对讯问人员的信任。交易攻心不仅不能起作用，反而使被讯问人认为讯问人员是在骗他、坑他，会激发出被讯问人的对立情绪，增强其抗审的心理。因此，讯问人员选择的用以与被讯问人交易的利益一定要符合案件和被讯问人的实际情况。

要使选择的用以交易的利益符合案件和被讯问人的实际情况，讯问人员就要根据案件的性质、事实、情节、后果和被讯问人的情况进行分析，分析这样的案件情况能给予被讯问人什么样的利益，不能给予被讯问人什么样的利益；给予被讯问人什么样的利益是符合案件的实际情况的，给予被讯问人什么样的利益是不符合案件情况的；给予被讯问人什么样的利益被讯问人是能够相信的，给予什么样的利益被讯问人是不会相信的。分析这样的情况，给予被讯问人什么利益是符合被讯问人情况的，被讯问人确有这利益的需求；保住其什么利益是符合被讯问人情况的，被讯问人确有这样的利益需保住。通过这样的分析，选择出符合案件和被讯问人的实际情况，能够使被讯问人相信的利益，作为与被讯问人进行交易的利益。切不可离开案件和被讯问人的具体情况，不加分析地随意确定一个利益作为与被讯问人进行交易的利益。

（2）选择的用以交易的利益的利要大于被讯问人不交代的利

讯问人员选择的用以交易的利益的利要大于被讯问人不交代的利，害要小于被讯问不交代的害，只有这样，被讯问人才有可能对讯问人员与其交易的利益予以重视，从而进行权衡利弊，在"两利相权中取其大，两害相权中取其小"，进而与讯问人员进行交易。否则，被讯问人对讯问人员给予的利益或保住其的利益就会不屑一顾，根本不会进行权衡利弊。即使其进行权衡利弊，也会认为讯问人员给予或保住其的利益的利远比不上自己不作出交代的利，而害却大于自己不作出交代的害，还是不作出交代对自己有利。这样，被讯问人就不会与讯问人员进行交易。因此，讯问人员选择的用以与被讯问人交易的利益的利要大于被讯问人不交代的利。

要使选择的用以交易的利益的利大于被讯问人不交代的利，讯问人员同样要根据案件的性质、事实、情节、后果和被讯问人的情况进行分析。通过对案件的性质、事实、情节和后果的分析，分析出这样的案件情况在被讯问人不交代、态度恶劣的情况下，对被讯问人有哪些利和害，有多大的利和害；通过对被讯问人情况的分析，根据被讯问人的情况，分析出被讯问人在这样的情况下，剥夺其的利益对其有哪些害，有多大的害。然后根据被讯问人不交代的利和害，对给予被讯问人的利或保住被讯问人的利进行选择，选择出大于被讯问人不交代的利的利，作为用以同被讯问人交易的利益。切不可离开案件和被讯问人的情况而盲目地任意确定一个利益作为与被讯问人交易的利益。

（3）选择的用以交易的利益要是被讯问人所欲望或必须保住的利益

用以同被讯问人进行交易的利益是被讯问人所欲望或必须保住的利益，才能引起被讯问人的兴趣或重视，感觉到讯问人员的利益可贵或失去这一利益无论如何不行，必须要保住。这样，被讯问人就有可能在欲望的促使下或在必须要保住这一利益心理的支配下，与讯问人员进行交易，进而交代犯罪事实。否则，被讯问人就会认为得到这一利益或失去这一利益无所谓，得到也没有什么意义，失去也没有什么危害。这样，被讯问人就不会与讯问人员进行交易。因此，讯问人员选择的用以与被讯问人交易的利益是被讯问人所欲望或必须要保住的利益。

要使选择用以交易的利益是被讯问人所欲望或必须保住的利益，讯问人员就要根据被讯问人的情况进行分析，分析什么利益是被讯问人所欲望的；分析什么利益对被讯问人是有用处的，有多大的用处；分析什么利益是被讯问人最重视的；分析什么利益是被讯问人认为必须要保住的；分析什么利益是看得见、摸得着的；分析什么利益是能够被剥夺的。在分析的基础上选择出被讯问人所欲望或必须保住的利益作为交易的利益。切不可不加分析地选择，把那些被讯问人认为无所谓，有它不多没它不少的利益或被讯问人根本不在乎失去的利益作为用以同被讯问人进行交易的利益。

（4）选择的用以交易的利益是要能够兑现的利益

选择的用以交易的利益是能够兑现的利益。讯问人员在与被讯问人达成交易，被讯问人对犯罪事实作出交代后，就能兑现给被讯问人用以交易的利益或保住被讯问人的某一利益。否则，被讯问人就得不到这一利益或照样要失去这一利益。讯问人员言而无信将会留下极大的后遗症，甚至被讯问人有可能以讯问人员诱供、骗供为借口进行翻供。因此，讯问人员选择的用以同被讯问人交易的利益必须是能够兑现的利益。

要使选择的用以同被讯问人交易的利益是能够兑现的利益，讯问人员就要根据案件和被讯问人的情况，对选择出来准备作为同被讯问人交易的利益进行分析，分析该作为同被讯问人交易的利益能否向被讯问人兑现，或能否保住被讯问人的这一利益。通过分析，如果该作为同被讯问人交易的利益是能够兑现的，或该利益讯问人员是能够保得住的，不予剥夺是可以的，即将其确定为同被讯问人交易的利益。否则，就应再行选择。

（5）选择的用以交易的利益是符合法律、政策规定的利益

选择的用以交易的利益符合法律、政策的规定，是一个原则问题。只有以符合法律和政策的利益同被讯问人进行交易，这个交易才是合法的，才是有效的。而且，也只有符合法律和政策的利益，才有可能向被讯问人兑现。否则，用以交易的利益违反法律和政策的规定，不仅使交易非法、无效，而且，也无法向被讯问人兑现。因此，讯问人员选择的用以同被讯问人交易的利益必须要符合法律和政策的规定。

要使选择的用以交易的利益符合法律和政策的规定，讯问人员就要根据法律和政策的规定去分析，分析哪些利益是符合法律和政策规定的，哪些利益是不符合法律、政策规定的，或保住被讯问人的什么利益法律和政策是允许的，保住被讯问人的什么利益法律和政策是不允许的。通过分析，选择出那些符合法律和政策的利益作为同被讯问人交易的利益。

2. 把握好交易的时机

交易攻心与其他攻心相比，交易的时机显得尤为重要。时机成熟，对交易有利，交易的进行就会顺利，实现交易就能轻而易举。如果时机不成熟，在被讯问人不愿意交易的时候进行交易，不仅无济于事，无法实现交易，而且被讯问人会认为讯问人员是急于要其口供，所以才拿利益与自己进行交易。这样，就会增强被讯问人的抗审心理。因此，讯问人员要特别注意交易的时机，在最有利的时机拿利益与被讯问人进行交易。

要在最有利的时机拿利益与被讯问人进行交易，讯问人员就要知道什么时机是交易的最有利时机。笔者认为，交易的最有利时机表现为被讯问人对讯问人员与其交易的利益最迫切需要得到或不被剥夺的时候。因为，在这个时候讯问人员拿利益与其交易，其对讯问人员与其交易的利益就会垂涎欲滴，有一种雪中送炭之感，非常乐意接受，迫不及待地要与讯问人员达成交易，以得到讯问人员给予的利益或不被剥夺利益。

而被讯问人对讯问人员与其交易的利益最迫切需要得到或不被剥夺的时机，不会凭空而来，它需要通过讯问人员的主观努力、客观行动、千方百计、想方设法去创造，才有可能创造出这一最有利的交易时机。因此，讯问人员要根据案件和被讯问人的情况，围绕创造这一最有利的时机对被讯问人进行讯问，以积极的态度、不懈的努力、艰苦细致的工作去创造出这一最有利的交易时机，而不能消极地坐等交易时机的到来，消极坐等是等不来交易时机的。

讯问人员在创造出交易的有利时机时，就要不失时机地与被讯问人进行交易，切不可优柔寡断而丧失交易的时机。

3. 实施好交易的步骤和方法

实施好交易的步骤和方法，是交易攻心的核心。这个过程实施得好，实施得巧妙，就能顺利地实现同被讯问人的交易，达到攻心的目的。而如果这个过程实施得不好，实施得不巧妙，交易攻心就将毁于一旦，全盘皆输。因此，讯问人员一定要精心地实施好交易的步骤和方法，以最得当的步骤、最巧妙的方法对被讯问人进行交易攻心，实现交易，促使被讯问人对犯罪事实作出交代。

对被讯问人进行交易攻心，可以按以下步骤和方法进行。

（1）把被讯问人逼到悬崖边，使之没有任何退路

讯问人员要根据案件和被讯问人的情况，对被讯问人实施有针对性的各种讯问手段，向被讯问人发起凌厉的攻势，使被讯问人节节败退，把被讯问人逼到悬崖边，使之没有任何退路，心中既害怕又渴望讯问人员能拉他一把，把他从悬崖边拉回来，救他一命。从而促使其产生对讯

问人员救援行为的渴求，为接下来讯问人员的施救行为，即与其交易打下良好的基础。只有这样，被讯问人才有可能接受讯问人员与其的交易。如果不把被讯问人逼到悬崖边，使之没有任何退路，被讯问人就不会想着讯问人员去救他，而是想着和做出从其他退路逃窜的行为。这样，被讯问人就不会接受讯问人员与其交易而获救，而是从其他退路逃窜而获救。因此，以交易对被讯问人进行攻心，前提是要把被讯问人逼到悬崖边，使之没有任何退路。

（2）向被讯问人提出交易

讯问人员把被讯问人逼到了悬崖边，在其已没有了任何退路的情况下，不要再实施攻打行为，而应抓住这一有利时机，向被讯问人提出交易，摆出交易的利益和交易的条件。

向被讯问人提出交易要讲究方法，不要一开始就赤裸裸地把自己与其交易的利益和交易的条件向被讯问人提出来，而是应以巧妙的方法向被讯问人提出。

向被讯问人提出交易的巧妙方法，主要有以下两种：

①先引起被讯问人对讯问人员与之交易的利益的渴望，然后再向被讯问人提出与其交易的利益和交易的条件。

②先向被讯问人叙述其拒绝交代将要面临的危害结果，在被讯问人向讯问人员提出要这一利益或保住这一利益要求时，讯问人员答应其要求，并提出与其交易的利益和交易的条件。

（3）向被讯问人阐述获得利益或保住利益的次生利益和得不到利益或失去利益的次生危害

讯问人员向被讯问人提出交易的利益和条件后，不能就此了事，等候被讯问人接受交易，而应当向被讯问人阐述获得利益或保住利益的次生利益和得不到利益或失去利益的次生危害。

在向被讯问人阐述获得利益或保住利益的次生利益和得不到利益或失去利益的次生危害时，讯问人员要以借题发挥的手法向被讯问人阐述获得利益或保住利益而产生的各种次生利益和得不到利益或失去利益而产生的各种次生危害，把各种次生利益和次生危害一五一十地摆在被讯问人的面前。通过对次生利益和次生危害的提出，使被讯问人进一步认识到获得利益或保住利益的可贵，得不到利益或失去利益的可悲，从而促使被讯问人对获得利益更加渴望，对保住利益更加迫切。使被讯问人感觉到不与讯问人员达成交易不行。

通过上述以向被讯问人交易对被讯问人进行攻心，被讯问人就有可能接受讯问人员与之交易的利益和交易的条件，进而达成与讯问人员的交易，对犯罪事实作出交代。例如：

我们在第一章"讯问策略概述"中曾叙述过的叶某受贿案，① 讯问人员最后就是运用交易攻心的方法对叶某进行攻心，促使叶某对受贿的事实作出了如实交代。

讯问人员对叶某的交易攻心是这样进行的：

第一，讯问人员选择了要与叶某交易的利益

讯问人员为了实现交易攻心的目的，首先根据叶某受贿案的实际情况选择了要与叶某交易的利益。讯问人员通过对叶某受贿案实际情况的分析，认为根据叶某受贿的数额，其行为已构成受贿罪，在一般情况下，叶某是要被判处刑罚的。但叶某受贿的数额并不大，情节也不是很严重，如果叶某能如实交代受贿的事实，退清赃款，真诚悔罪，并不一定要被判处实刑，对其判处缓刑是符合法律规定的。据此，讯问人员选择了"只要你讲清问题，我先解除对你的调查措施，让你先回家"的利益作为与叶某交易的利益，而不是选择"不判他的刑"作为与叶某交易的利益。讯问人员选择的与叶某交易的这一利益符合案件的情况。因为，叶某长期从事司法审判实践，其对自己收受贿赂，且达到一定数额的行为应当被追究刑事责任这一点是非常清楚的，如果以"不判他的刑"作为交易的利益，叶某就会认为讯问人员是在骗他。而以"只要你讲清问题，我先解除对你的调查措施，让你先回家"作为交易的

---

① 叶某系某市政法系统一司法机关的领导成员兼处长，因在办理案件中收受贿赂被查案机关查处。叶某被采取调查措施后，经多次的讯问，只字不供，而且采取不听讯问人员说话、不回答讯问人员提问的方法对付讯问，使案件陷入僵局。后来重新组织了讯问力量，讯问人员只用了二十八分钟，就突破了叶某的口供。

利益，由于其受贿的数额不是很大，情节不是很严重，先解除其调查措施，让其先回家的利益在叶某听来，讯问人员不是在骗他。而且，这一利益的"利"明显大于叶某不交代的利。因为，叶某如果能得到这一利益，其就不用被关押，判处缓刑就有了希望，这无疑是大利；而如果其不交代受贿的事实，其必然要被关押而被判处实刑，判处缓刑就没有了希望。这就毫无利而言。正因为此，这一利益是叶某所想要的。另外，对于这一利益，是讯问人员职权范围内的事，讯问人员作为主管案件的领导完全有权对此作出决定，能够兑现。同时该利益符合法律的规定，给叶某该利益不违反法律的规定。

第二，讯问人员对交易的时机进行了把握

讯问人员认为，以交易对叶某进行攻心的时机，不能在讯问开始和讯问的中途进行。而应当在破除其自信性侥幸心理和寄托心理后，针对其畏罪心理对其进行交易攻心。因为，如果在其自信性侥幸心理和寄托的心理未被破除的情况下，其会在自信性侥幸心理和寄托心理的支配下与讯问人员抗衡，其根本不需要得到讯问人员的上述利益。只有在其自信性侥幸心理和寄托心理被破除，既没有抗审的精神支柱，又没有抗审依托的情况下，其畏罪心理才需要得到讯问人员的上述利益。因而，讯问人员把交易的时机把握在破除了叶某的自信性侥幸心理和寄托心理后，其畏罪心理产生对上述利益迫切需要的时候作为交易的时机。

第三，讯问人员精心地实施了交易的步骤和方法

讯问人员在实施与叶某的交易中，采取了以下的步骤和方法：

1. 把叶某逼到悬崖边，使之没有任何退路

讯问人员在同叶某交易前的讯问中，对叶某的自信性侥幸心理和寄托心理进行破除。通过讯问，破除了叶某的自信性侥幸心理和寄托心理，使叶某既没有了抗审的精神支柱，又没有了抗审的依托，从而把叶某逼到了悬崖边，再也没有了退路。

（1）讯问人员针对叶某自认为能证明其受贿的妻子周某已逃匿，查案机关不可能找到她取得证明自己受贿的证据的自信性侥幸心理根

源，以宣讲《刑事诉讼法》第四十六条的规定①，以"无中生有"的计谋出示其妻子已被抓获，证明其收受贿赂的证言对叶某进行讯问，使叶某认识到自己的受贿问题，即使自己不作出供述，讯问人员完全可以根据证据（行贿人的证言、其妻子周某的证言）和《刑事诉讼法》第四十六条的规定认定自己有罪和处以刑罚，从而破除了叶某的自信性侥幸心理，摧毁了其抗审的精神支柱。

（2）讯问人员针对叶某自认为其单位领导有可能为其说话，或许能脱案的寄托心理的根源，以慑之以威的谋略对叶某进行讯问。即利用叶某经不起彻查和指望单位领导能对他予以关心的弱点，先以彻查叶某的问题来引出彻查的结果不仅会导致叶某问题越查越严重，而且会牵出其系统其他同志的违法犯罪问题而致其系统源源不断地出现有人被采取调查措施后果的情况，再以其单位一把手正担心此事来引出叶某的拒供必然要激怒领导而怪罪于他的问题，以此对叶某进行威慑。这使叶某认识到，如果自己不交代，讯问人员就要彻查，这样，不仅自己的问题会越查越严重，而且单位一把手所担心的问题也会发生，其必然要激怒单位一把手而怪罪自己，单位领导不仅不会帮自己，而且要恨自己。从而破除了叶某的寄托心理，摧毁了叶某的抗审依托。

通过对叶某自信性侥幸心理和寄托心理的破除，叶某没有了抗审的精神支柱和抗审的依托，这样就把叶某逼到了悬崖边，使之再也没有了其他退路。在这种情况下，叶某要想获救，只有讯问人员能救他，换言之，其只能听任讯问人员摆布。这就为接下来的交易打下了基础，或者说，创造了交易的有利时机。

2. 向叶某提出了交易

叶某的自信性侥幸心理和寄托心理虽然已被破除，但叶某的畏罪心理仍阻碍着叶某对受贿事实作出交代，为破除叶某的畏罪心理，讯问人员在叶某已没有了任何退路的情况下，向叶某提出了与其交易的利益和条件。

---

① 指 1996 年修正的《刑事诉讼法》第四十六条。

讯问人员在向叶某提出交易的过程中，并不是一开始就赤裸裸地向叶某提出与其交易的利益和交易的条件，而是先引起叶某对讯问人员与其交易的利益的渴望。为此，讯问人员先严肃地向叶某指出："根据我国法律的规定，你是要上法庭的，这一点你应当清楚。"紧接着，讯问人员继续向叶某指出："但是上法庭有两种不同的上法：一种是戴着手铐从看守所出来，由法警押着上法庭，庭审结束后，由法警押回看守所；另一种是穿着西服、戴着领带从家里出来，由亲人陪着上法庭，庭审结束后，由亲人陪着回家。这两种上法庭的方式，你还是可以选择的，因为，毕竟不是很大的数额。"通过这样向叶某指出，就为接下来叶某对讯问人员与其交易的利益产生渴望打下了扎实的基础。因为，叶某知道，"另一种"上法庭方式的前提是自己不被关押，如果被关押，就是前一种上法庭的方式。

讯问人员在引起叶某对利益的渴望后，向叶某提出了与其交易的利益和条件："现在我给你一个态度：只要你把我们掌握的问题讲清楚，我们就先解除对你的调查措施，让你回家。对你的案件，我们先不移送检察院，待你单位的全案查结后再商请检察院是否将你的案件移送给检察院。"

3. 向叶某阐述了其获得这一利益所产生的次生利益

讯问人员向叶某提出了交易的利益和交易的条件后，紧接着以借题发挥的手法向叶某阐述了获得这一利益所产生的次生利益："这样，就是上法庭，你也可以从家里出来，由亲人陪着上法庭，而不是从看守所出来，戴着手铐，由法警押着上法庭，判处缓刑也就有了可能。"讯问人员再阐述次生利益："你出来后主动把赃款退清，根据你的犯罪情节、悔罪表现，也不是非判不可，非得要上法庭。"这些符合法律规定的次生利益，不仅使叶某感到非常实际，而且使叶某感到，要使自己获得这些次生利益，只有在先获得"先解除对你的调查措施，让你回家""先不移送检察院"的利益下才有可能，从而进一步激起了叶某对讯问人员与其交易利益的渴望，使利益具有更大的诱惑力。在此基础上，讯问人员再提出与其交易的合法利益："我不会立即以文字形式向检察院移送，而是先口头同检察院商量，只要检察院不坚持要移送，我不会把你的案件移到检察院去，这样，你也可以不上法庭，作党纪政纪处分了结，岂不更好。"这一利益与前面的利益和次生利益相呼应，使叶某认识到要使检察院"不坚持要移送"，只有事先做好检察院的工作和退清赃款才有希望。进而，使叶某越发对讯问人员与其交易的"先解除对你的调查措施，让你回家"利益的迫切需求。

叶某经讯问人员的上述交易攻心，同讯问人员达成了交易，如实地交代了收受贿赂的事实。

第三章

重点突破

一、重点突破策略的概念、作用和运用的基本要求

为了更深刻地阐明重点突破这一讯问策略的概念、作用和运用的基本要求，我们先来看一个案例。

我们在前面攻心为上策略中叙述的吴某某因行贿被某查案机关查处，在前两场的讯问中，吴某某的态度极其恶劣，气焰十分嚣张，辱骂、推搡讯问人员，致使讯问无法进行。后来，讯问人员得知吴某某之所以态度如此恶劣，气焰如此嚣张，是因为其亲戚是该查案机关上一级查案机关主管案件查处的领导。据此，讯问人员分析认为，吴某某亲戚是上级查案机关主管案件查处的领导，其一定会认为讯问人员不敢、不能对其怎么样，只要自己的亲戚出面打招呼，自己便可脱案，其抗审的精神支柱是其认为自己有亲戚做后台。于是，讯问人员针对吴某某的心理，以"上级查案机关的领导是公正的，是会支持下级查案机关办案的……"对吴某某的抗审精神支柱进行摧毁。但未等讯问人员把话说完，吴某某便变本加厉，破口大骂讯问人员，边骂边说："他支持你把我搞死，你做梦去吧！"并狠推讯问人员，讯问同样无法进行。在此情况下，讯问人员分析认为，吴某某的抗审心理是其认为自己的亲戚一定会向查案机关的领导打招呼，查案机关不敢不顾全自己亲戚的面子，不敢不按照自己亲戚的指示办，不敢不买自己亲戚的账，自己的亲戚定能使自己脱案。据此，讯问人员认为，如果不摧毁吴某某的这一抗审精神支柱，使其认识到自己的亲戚出面打招呼，查案机关不会顾及其亲戚的面子，不会按照其亲戚的指示办，不买其亲戚的账，其亲戚不能使其脱案，就永远无法对吴某某进行讯问，更不可能突破其行贿的口供。于是，讯问人员决定在重新对吴某某的讯问中，把吴某某的这一抗审精神支柱作为突破的重点，以重点突破的讯问策略对吴某某进行讯问，促使其对行贿的事实作出交代。

在对吴某某的重新讯问前，讯问人员在接到吴某某亲戚，即上级查案机关领导打招呼的电话时，有意识地向这位领导说了自己在讯问吴某

某时准备要说的话。

在讯问中，讯问人员是这样运用重点突破的讯问策略对吴某某进行讯问的：

第一，讯问人员先将自己的姓名、职务、住址告诉吴某某，以示自己不会顾忌其亲戚的。

讯问一开始，讯问人员就说："我叫×××，职务是副局长，分管案件查处工作，家住××××（×副局长把家庭住址详细地告诉吴），这是我的身份证（×副局长将身份证递给吴），我的姓名、住址都对得上吧！记住它，省得你以后又要去调查，怪麻烦的。"

第二，讯问人员引出摧毁吴某某抗审精神支柱的话题。

接着，讯问人员以自己为什么找吴某某谈话为由来引出摧毁其抗审精神支柱的话题："本来我是不会同你谈的，因为，把你叫进来了，办案人员会同你谈，平时，正县级干部叫进来，我也不同他谈。我之所以同你谈，是受你的亲戚，我的领导，上级×××厅长的委托来跟你谈的。"

此时吴某某的脸上露出了得意的微笑："他给你打电话了？"

讯问人员说："他是给我打电话了，但你不要高兴，效果没有你想象得那么好……说白了，没有什么效果。"吴某某听讯问人员这么说，便："嘿嘿，你有这个胆量！"

讯问人员边说："那就试试看嘛！"边拿出手机，拨通了这位领导的电话。

第三，讯问人员在电话中向这位领导说了摧毁吴某某抗审精神支柱的话。

讯问人员拨通这位上级厅长的电话，当着吴某某的面向这位领导说："我受你的委托，正在与您的亲戚吴××谈话，他不配合啊，拒绝交代我已掌握证据的问题，这叫我不好办啊！我还是上午跟你讲的那几句话，他如果不把我们已掌握证据的问题讲清楚，那他只好在我这里待下去。我这不是采取调查措施，是配合谈话。他如果继续不配合，我还要把他公司的账都搬过来，查他的偷税和所有的问题，那我只好得罪您了，哎呀，真是'大水冲了龙王庙'了，不好意思。我把手机给您亲戚，他同您说几句。"

吴某某接过讯问人员的手机，刚凑近耳朵，便失声道："大哥，真是你啊……"

第四，讯问人员乘势继续对吴某某的抗审精神支柱进行摧毁。

讯问人员严肃地说："你以为我是唬弄你！你以为我不敢得罪领导！你以为我不敢对你怎么样！你看错人了！"

此时的吴某某以攻为守，对讯问人员进行威胁："我要控告你！"

第五，讯问人员义正词严地对吴某某的威胁进行回击。

讯问人员针对吴某某"我要控告你"的威胁，义正词严地回击道："好啊！欢迎啊！但我告诉你：你要告，只有等你出去之后才有可能告，否则，你人在我这里，怎么告上去？而你讲不清问题，根本就出不去，我一开始不就告诉过你吗？我是这个局的副局长，是分管案件查处的领导。你出不出去的决定权在我这里，而不是在其他人那里，别人要让你出去，只能通过我。我不同意，除非有人给你抢出去。抢出去了，我还会把你再弄回来。"

"我还要告诉你，我不怕告，我今年已经 56 岁了，明年 2 月就退居二线，等你告上去，我已经退下来了。况且，我这是为了工作，又不犯法，弄不好，我刚正不阿、秉公执法还要受到表扬呢！"

第六，讯问人员向吴某某表明了态度。

讯问人员表明态度继续对吴某某的抗审精神支柱进行摧毁："我把我的态度再跟你重复一遍：你想出去，路子只有一条，那就是把我们已经掌握证据的问题讲清楚。讲清楚了，让你出去。你如果不讲清我们已掌握证据的问题，你休想出去。我还要把你公司的账本都搬过来，查你违法经营和偷税等所有的问题。这我同你的亲戚、我的领导都已经说清楚了，你都听到的，我敢说，我更敢干，不信，你试试看！"

第七，讯问人员针对吴某某抗审的精神支柱，以典型案例对吴某某的抗审精神支柱进行摧毁。

讯问人员向吴某某表明了态度后，针对吴某某的抗审精神支柱，以宣讲典型案例对吴某某抗审精神支柱继续进行摧毁：向吴某某宣讲了自己亲手经办的，后台比吴某某硬，后台出面的力度比吴某某后台出面的力度大得多的某集团公司董事长万某某、总经理万某行贿，不仅查清了其行贿，而且还因其凭借后台抗拒交代行贿事实而展开对其倒卖土地使用权、虚开增值税发票等所有犯罪事实的查处，查清其所有问题，得到从重处理的典型案例。

第八，讯问人员最后仍继续对吴某某的抗审精神支柱进行摧毁。

讯问人员严肃地指出："吴××，我明确地告诉你：你这个问题我们是要坚决查下去，一查到底的，如果你不把我们已掌握证据的这个问题讲清楚，我明天就把你公司的账全部搬过来，查你的偷税、非法经营以及所有的违法问题。你如果讲清这个问题，我就让你回去，账也不搬了。"

最后，讯问人员正言厉色，指示辅审"把吴××带回房间去！看严点，有责任我来负！带出去！"

吴某某被带离讯问室只十多分钟，陪护人员便报告：吴某某要见讯问人员。

在再次讯问中，吴某某便交代了行贿的问题。

上例吴某某一案，讯问人员运用重点突破的策略，把吴某某的抗审精神支柱，即认为亲戚一定会出面为其向查案机关打招呼，查案机关不敢不顾全其亲戚的面子，不敢不按照其亲戚的指示办，不敢不买其亲戚的账，作为进攻的目标，在讯问中，始终针对这一进攻目标进行多层次的进攻，直至攻克这一目标，摧毁吴某某的抗审精神支柱，从而促使吴某某对行贿的事实作出交代。

（一）重点突破策略的概念

所谓重点突破，是指讯问人员根据案件和被讯问人的情况，把事关突破全案关键性的某一事实、情节或被讯问人抗审的某一心理作为重点进攻的目标，集中精力、集中优势、集中资源对这一重点目标进行轮番轰炸，攻下目标，打开缺口，从而促使被讯问人作出如实交代而突破全案的一种讯问策略。它是辩证唯物主义关于主要矛盾和矛盾的主要方面的原理在讯问实践中的运用。

重点突破策略的概念有以下几点:

1. 重点突破是把事关全案突破的某一关键性的事实、情节或被讯问人抗审的某一心理作为进攻的重点目标的一种讯问策略

重点突破是把事关全案突破的某一关键性的事实、情节或被讯问人抗审的某一心理,也即把这一关键性的问题作为重点目标对其进行进攻,通过进攻、攻克这一目标,进而促使被讯问人对犯罪事实作出交代。

在上例中,讯问人员把吴某某心理上的抗审精神支柱这一事关全案突破的关键性问题作为进攻的重点目标。因为,吴某某的抗审精神支柱支撑着吴某某的抗审,在其抗审精神支柱不倒的情况下,吴某某就会在这一抗审精神支柱的支撑下与讯问人员抗衡到底,只有摧毁吴某某的抗审精神支柱,其才有可能对行贿的事实作出交代。因而,要突破全案,就要突破这一关键性的问题。否则,突破全案就无从谈起,吴某某是不可能对行贿的事实作出交代的。因此,重点突破是把事关全案突破的某一关键性的案件事实、情节或被讯问人抗审的某一心理作为进攻的重点目标的一种策略。

2. 重点突破是始终针对重点进攻目标进行进攻的一种讯问策略

重点突破的进攻目标确定后,就要始终针对进攻目标这一重点发起进攻。只有这样,才有可能攻克这一重点目标,否则,东一榔头、西一棒子不仅不可能攻克这一重点目标,反而有可能会巩固这一重点目标。为此,运用重点突破的讯问策略,就要集中精力、集中优势、集中资源始终针对进攻目标这一重点进行进攻,直至彻底地攻克这一目标为止。

在上例中,讯问人员把吴某某抗审的精神支柱确定为重点进攻目标后,始终针对这一目标向吴某某发起进攻:一是以自己不会顾忌其亲戚向这一目标进行进攻;二是以其亲戚向讯问人员打电话说情并没有什么效果向这一目标进行进攻;三是在电话中以向吴某某的亲戚表明态度向这一目标进行进攻;四是乘势连续以三个"你以为"加大力度向这一目标进攻;五是以回击吴某某的威胁向这一目标进攻;六是以表明坚决的态度向这一目标进攻；七是以典型案例向这一目标进攻；八是以再次表明严肃的态度向这一目标进攻。通过这样集中精力、集中优势、集中资源坚定不移地针对进攻目标进行进攻，攻克了进攻的目标，摧毁了吴某某的抗审精神支柱。如果讯问人员不是这样始终针对进攻目标这一重点进行进攻，是无法攻克这一目标的，吴某某的抗审精神支柱不仅不可能被摧毁，而且极有可能要加强。因此，重点突破是始终针对进攻目标这一重点进行进攻的一种讯问策略。

3. 重点突破是辩证唯物主义关于主要矛盾和矛盾的主要方面的原理在讯问实践中运用的一种策略

辩证唯物主义关于主要矛盾和矛盾的主要方面的原理告诉我们，事物起决定作用的是主要矛盾和矛盾的主要方面，主要矛盾和矛盾的主要方面解决了，其他的问题就会迎刃而解。重点突破正是这一原理在讯问实践中的运用。

在上例中，讯问人员摧毁了吴某某抗审的精神支柱，也就解决了吴某某抗审的主要矛盾和矛盾的主要方面。如果讯问人员不摧毁吴某某的抗审精神支柱这一抗审的主要矛盾和矛盾的主要方面，是无法突破吴某某的行贿口供的。因此，重点突破是辩证唯物主义关于主要矛盾和矛盾的主要方面原理在讯问实践中运用的一种讯问策略。

（二）重点突破策略的作用

重点突破策略在讯问中有以下重要的作用：

1. 有利于讯问人员对重点问题的突破

任何工作都要抓重点，只有抓住了重点，解决了重点问题，其他问题才能迎刃而解。如果没有重点，眉毛胡子一把抓，不对重点问题予以解决，是无法干好工作的。讯问工作同样是这个道理。只有抓住了案件的重要事实、情节，或被讯问人心理上拒供的重点问题，以针对性的方法进行讯问，解决了重点问题，才有可能突破被讯问人的口供，促使被讯问人对犯罪事实作出交代。如果讯问工作没有重点，不抓住案件的重要事实、情节或被讯问人心理上拒供的重点问题进行讯问，那么，也就解决不了要解决的重点问题。而重点的问题解决不了，也就无法突破被讯问人的口供，被讯问人就不可能对犯罪事实作出交代。因此，要突破被讯问人的口供，促使被讯问人对犯罪事实作出交代，就要抓住案件的重要事实、情节或被讯问人心理上拒供的重点问题进行讯问。

重点突破的讯问策略，正是抓住案件的重要事实、情节或被讯问人心理上拒供的重点问题进行讯问的一种策略。在重点突破策略的指导下，讯问人员根据案件和被讯问人的情况，把事关全案突破的某一关键性的事实、情节或被讯问人心理上拒供的重点问题作为进攻的目标，在讯问中，针对这一进攻目标，集中力量、集中优势、集中资源，以针对性内容、有效的方法向进攻目标发起进攻，从而突破这一重点问题，进而促使被讯问人对犯罪事实作出交代。因此，重点突破的讯问策略，指导着讯问人员对重点问题进行讯问，有利于讯问人员对重点问题的突破。

在上例中，讯问人员在重点突破策略的指导下，把吴某某抗审的精神支柱，即吴某某认为其亲戚一定会向查案机关打招呼，查案机关不敢不顾全其亲戚的面子，不敢不按照其亲戚的指示办，不敢不买其亲戚的账，凭其亲戚的权力定能脱案，作为进攻的目标。在讯问中，始终针对这一进攻目标，以针对性的内容、有效的方法向这一目标进行进攻，从而摧毁了吴某某抗审的精神支柱，突破了重点的问题，促使吴某某对行贿的事实作出了交代。在该案中，如果不运用重点突破的策略，不针对吴某某心理上拒供这一重点问题进行突破，是无法摧毁吴某某抗审的精神支柱的，那么，也就无法促使吴某某对行贿的事实作出交代。

2. 有利于避免在讯问中出现东一榔头，西一棒子的情况

讯问中出现东一榔头、西一棒子的情况，是讯问最为忌讳的。这种情况的出现，不仅不能突破被讯问人的口供，反而会加强被讯问人抗审的心理。讯问只有始终朝着一个目标，集中精力向这个目标进行进攻，才有可能攻克这个目标，否则，东一榔头、西一棒子是不可能攻克要攻

克的目的的。因此，在讯问中，必须要避免东一榔头、西一棒子情况的发生。

要避免在讯问中出现东一榔头、西一棒子的情况，讯问人员只有在指导思想上有着避免东一榔头、西一棒子情况出现的意识，才能在行动上做到避免东一榔头、西一棒子情况的出现。而重点突破的讯问策略正是指导着讯问人员始终朝着一个目标，集中精力向这个目标进行进攻的一种策略，这就增强了讯问人员避免东一榔头、西一棒子情况发生的意识。在讯问中，讯问人员在重点突破讯问策略的指导下，就能始终围绕进攻的目标，进行有针对性的讯问，从而在行动上做到避免东一榔头、西一棒子情况的发生。因此，重点突破的讯问策略，有利于避免在讯问中出现东一榔头、西一棒子情况的发生。

在上例中，讯问人员在重点突破讯问策略的指导下，在指导思想上有着强烈的始终针对吴某某的抗审精神支柱进行突破的意识，从而做到了在行动上坚定不移地向吴某某的抗审精神支柱发起进攻，直至摧毁吴某某的抗审精神支柱。在该案中，如果没有重点突破讯问策略的指导，讯问人员就不可能有始终针对吴某某的抗审精神支柱进行突破的强烈意识，在行动上也就难以做到坚定不移地向吴某某的抗审精神支柱发起进攻，而有可能出现东一榔头、西一棒子的情况。特别是当吴某某以控告对讯问人员进行威胁时，讯问人员就有可能不会针对吴某某的抗审精神支柱表明不买其亲戚账的"你出不出去的决定权在我这里，而不是在其他人那里，别人要让你出去，只能通过我。我不同意，除非有人给你抢出去，抢出去了，我还会把你再弄回来"的强硬态度，这里的"你出去的决定权在我这里，而不是在其他人那里，别人要让你出去，只能通过我"都是针对吴某某的抗审精神支柱的。也就是告诉吴某某其出去的决定权不在其亲戚那里，其亲戚不可能使其出去。通过这样始终针对吴某某的抗审精神支柱进行突破，避免出现东一榔头，西一棒子的情况，才有后来的摧毁吴某某的抗审精神支柱。

3. 有利于一举摧毁被讯问人抗审的心理防线

被讯问人抗审的心理防线建立，从理论上说，有情绪基础、理论基础、意志基础、认识基础和客观基础。① 但这些基础并不是等量齐观的，主要取决于认识基础和客观基础。也就是说，被讯问人抗审心理防线的认识基础和客观基础是被讯问人抗审心理防线的主要矛盾。虽然在摧毁被讯问人抗审心理防线的过程中，对这些基础都要予以摧毁，但由于认识基础和客观基础是被讯问人抗审心理防线的主要矛盾，因而，摧毁被讯问人抗审心理防线的重点就要放在摧毁被讯问人抗审心理防线的认识基础和客观基础上。被讯问人抗审心理防线的主要矛盾解决了，其抗审的心理防线也就处于崩溃的状态。

而要摧毁被讯问人抗审心理防线的主要矛盾，就要针对其主要矛盾以针对性的内容和有效的方法进行摧毁，通过摧毁，使被讯问人认识到其主观上的抗审认识在理论上是错误的，在实践中是有害的，使被讯问人见到其抗审的客观基础已不复存在。只有这样，才有可能摧毁被讯问人抗审心理防线的主要矛盾，进而摧毁被讯问人的抗审心理防线，使其抗审心理防线全线崩溃。如果不针对抗审心理防线的主要矛盾，以有针对性的内容和有效的方法对主要矛盾进行摧毁，也就摧毁不了被讯问人抗审心理防线的主要矛盾，而被讯问人抗审心理防线的主要矛盾摧毁不了，摧毁被讯问人抗审心理防线也就无从谈起。因此，要摧毁被讯问人的抗审心理防线，就要摧毁被讯问人抗审心理防线的主要矛盾，即摧毁被讯问人抗审心理防线的认识基础和客观基础，使认识基础和客观基础不复存在。

重点突破的讯问策略正是解决主要矛盾的一种策略，在重点突破讯问策略的指导下，讯问人员就有可能以针对性的内容和有效的方法对被讯问人抗审心理防线的主要矛盾，即抗审心理防线的认识基础和客观基础进行摧毁，解决被讯问人抗审心理防线的主要矛盾，进而一举摧毁被讯问人的抗审心理防线。因此，重点突破的讯问策略有利于一举摧毁被讯问人抗审的心理防线。

在上例中，讯问人员在重点突破讯问策略的指导下，针对吴某某的

---

① 见拙作《讯问步骤》，中国法制出版社 2021 年版，第 382—563 页。

抗审精神支柱，以当着吴某某的面向其亲戚打电话表明讯问人员态度的方法对吴某某抗审心理防线的客观基础进行摧毁，把其亲戚出面已不起作用的客观事实摆在吴某某的面前，从而摧毁了吴某某抗审心理防线的客观基础。以"他如果继续不配合，我还要把他公司的账都搬过来，查他的偷税和所有的问题，那我只好得罪你了"的内容对吴某某抗审心理防线的认识基础进行摧毁，使吴某某认识到依靠亲戚已脱不了案，从而一举摧毁了吴某某抗审心理防线的认识基础。如果讯问人员不是针对吴某某的抗审精神支柱，以针对性的内容和有效的方法对其抗审心理防线的主要矛盾，即吴某某抗审心理防线的认识基础和客观基础进行摧毁，其抗审心理防线的主要矛盾就摧毁不了，那么，吴某某的抗审心理防线就无法一举摧毁。

（三）重点突破策略运用的基本要求

从前面论述的重点突破策略的作用可知，重点突破的策略对于讯问人员对重点问题的突破，避免在讯问中出现东一榔头、西一棒子的情况，一举摧毁被讯问人抗审的心理防线都具有重要的作用。但是，这并不意味着在讯问中只要运用重点突破的讯问策略对被讯问人进行讯问，就能起到这些作用，从而突破被讯问人的口供。如果讯问人员在运用重点突破讯问策略的过程中，不能正确地运用重点突破的讯问策略，就有可能不仅起不到这些作用，无法突破重点问题，而且有可能加固重点问题，导致无法突破被讯问人的口供。因此，要使重点突破的讯问策略起到其应有的作用，讯问人员在运用重点突破的讯问策略中，就要做到以下几点。

1. 重点突破的目标要精准

所谓重点突破的目标要精准，是指重点突破所针对的目标，即这个要予以突破的重点问题要非常准确，通过对这个重点问题的突破，即能突破全案。

重点突破的目标精准，是一举摧毁被讯问人抗审心理防线，促使被讯问人作出交代的前提。突破的目标精准，通过对这个重点问题的突破，就能一举摧毁被讯问人抗审的心理防线，从而促使被讯问人对犯罪事实作出交代。如果重点突破的目标不精准，这个目标不是案件的关键事实、情节，或不是被讯问人心理上拒供的重点问题，即使突破了这一目标，也仍不能摧毁被讯问人抗审的心理防线，无法促使被讯问人对犯罪事实作出交代。这样，重点突破讯问策略的运用就失去了它的意义，无法实现讯问人员运用这一讯问策略的目的。因此，运用重点突破的讯问策略对被讯问人进行讯问，首先要把重点突破的目标搞精准，使之非常准确。

要搞精准重点突破的目标，讯问人员就要在了解掌握案件和被讯问人情况的基础上，根据案件和被讯问人的情况并结合有关情况由此及彼、由表及里地分析，去伪存真、去粗存精，确定重点突破的目标。只有这样，才有可能搞精准重点突破的目标。否则，想当然或随意地把某个问题作为重点突破的目标，是不可能搞准重点突破的目标的，更不可能搞得精准，反而有可能使这个目标与重点问题相反。因此，讯问人员一定要通过对案件事实、情节情况和被讯问人情况并结合有关情况的分析，精准地确定重点突破的目标。

上例吴某某案中，讯问人员在得知吴某某的亲戚是上级查案机关主管案件查处的领导后，仅根据吴某某的这一情况，分析认为吴某某的抗审精神支柱是寄希望于其亲戚出面打招呼脱案。由于没有分析准吴某某抗审的精神支柱，重点突破的目标不精准，致使吴某某在讯问中，当讯问人员以"上级查案机关的领导是公正的，是会支持下级查案机关办案的"对其抗审的精神支柱进行摧毁时，却变本加厉，越发地猖狂，辱骂、推搡讯问人员。后来，讯问人员结合吴某某的情况进行分析，认为吴某某的抗审精神支柱是其认为其亲戚一定会向查案机关打招呼，打招呼一定能起作用，查案机关不敢不顾全其亲戚的面子，不敢不按照其亲戚的指示办，不敢不买其亲戚的账，其亲戚定能使其脱案。在重新对吴某某的讯问中，讯问人员把吴某某的这一抗审精神支柱作为重点突破的目标。由于重点突破的目标精准，讯问人员针对重点突破的目标进行了针对性的摧毁，很快便突破了这一重点问题，一举摧毁了吴某某抗审的心理防线，促使吴某某对行贿问题作出了交代。可见，重点突破的目标一定要精准。

2. 重点突破的条件要具备

所谓重点突破的条件要具备，是指对确定为重点突破的目标进行突破，要具备用以突破的各种条件。

突破重点目标，需要具备一定的突破条件，才有可能突破。这如同过河需要船或桥，打仗需要武器一样。讯问人员在对重点突破的目标进行突破的过程中，只有利用这些所具备的条件进行突破，才有可能突破这个要突破的重点目标。如果讯问人员对这个重点突破的目标不具备突破的条件，仅凭空口是无法突破重点目标的。例如，要突破某一重要的事实、情节，讯问人员就要具备突破这一重要事实、情节的证据的条件，如果讯问人员不具备这一条件，也就无法突破这一重要的事实、情节。因此，运用重点突破的讯问策略对被讯问人进行讯问，就要具备用以突破这一重点突破目标的各种条件。

而要具备重点突破的各种条件，讯问人员就要围绕确定为重点突破的目标，根据案件和被讯问人的情况，以及有关的各种情况，一一梳理出突破的条件，再对各个条件进行深入的分析，斟酌用这些条件能否突破要突破的重点目标。如果围绕确定为重点突破的目标，列不出突破的条件，或列出的条件不足以突破这个重点目标的，讯问人员就应放弃这个突破的重点，另行再确定重点突破的重点目标，或改用另外的讯问策略对被讯问人进行讯问，切忌"骑驴看唱本——走着瞧"。

值得讯问人员注意的是，重点突破的条件，在绝大多数的情况下，它不会从天而降，而是需要讯问人员去创造，通过讯问人员的努力，创造出重点突破的条件。

3. 重点突破的突破口要选好

所谓重点突破的突破口要选好，是指重点突破的突破口要选在最薄弱、最容易突破的环节上。

　　重点突破同样有一个突破口选择的问题。重点突破的突破口选得好、选得准，就能顺利地攻克重点突破的目标，摧毁被讯问人抗审的心理防线，及时地突破被讯问人的口供。突破口选得不好、选得不准，就会强化被讯问人的抗审心理，不能攻克重点突破的目标，无法摧毁被讯问人抗审的心理防线，使讯问出现僵局，甚至形成疑难案件。因此，运用重点突破的讯问策略对被讯问人进行讯问，要十分重视突破口的选择，选好、选准突破口。

　　关于讯问突破口的选择，笔者曾在《讯问艺术》（增订版）① 中作过详细的论述。作为重点突破的讯问突破口的选择，事实上是在讯问的突破口中选择突破口，即对突破口的突破口选择。因而，选择重点突破的突破口，除应遵循突破口选择的基本要求外，还要根据重点突破目标的具体情况对突破口进行选择。只有这样，重点突破的突破口才有可能选得好、选得准。否则，是难以选好、选准重点突破的突破口的，结果也就无法突破重点突破的目标。

　　而要根据重点突破目标的具体情况对突破口进行选择，讯问人员就要对重点突破目标进行分析，通过分析寻找出重点突破目标最为薄弱、最容易突破的环节，将其选择为突破口。

　　在上例中，讯问人员将吴某某抗审精神支柱确定为重点突破的目标后，对吴某某抗审精神支柱进行了分析。经分析，讯问人员认为，吴某某抗审精神支柱最为薄弱之处，是吴某某自信地认为其亲戚出面向查案机关打招呼，讯问人员定能按其亲戚的指示办。这种自信的弱点在于吴某某只想到讯问人员定能按其亲戚的指示办，自己定能因此而脱案，而没有想到讯问人员不按其亲戚指示办的问题，更没有去想讯问人员不按其亲戚的指示办应如何继续抗审的问题。这样，一旦其知道讯问人员不按其亲戚的指示办，要坚决地将他的问题查下去时，其也就措手不及，没有了继续抗审的招数，抗审的精神支柱也就随之倒塌，抗审的心理防线也就随之崩溃，再也不能进行抗审。据此，讯问人员便把重点突破的

---

　　①　见拙作《讯问艺术》（增订版），中国方正出版社 2015 年版，第 168—259 页。

突破口选择在吴某某自信地认为其亲戚出面向查案机关打招呼，讯问人员定能按其亲戚的指示办这一薄弱之处上，并组织了针对这一薄弱之处的突破内容，创造了针对这一薄弱之处的突破条件，筹划了针对这一薄弱之处的突破方法。在突破中，讯问人员针对这一薄弱之处，巧妙地运用突破的内容、突破的条件、突破的方法向吴某某发起进攻，对突破的目标进行突破，从而一举攻克了重点突破的目标，摧毁了吴某某的抗审精神支柱，突破了吴某某的抗审心理防线，促使其对行贿的事实作出了交代。如果讯问人员的突破口选得不好、不准，也就不能如此顺利地突破这一重点。

4. 重点突破的步骤要条理

所谓重点突破的步骤要条理，是指重点突破进行的程序层次要分明，秩序要井然，做到有条不紊。

重点突破的步骤条理，讯问人员就能步步深入、层层推进、井然有序、有条不紊地对重点突破的目标进行突破。只有这样，才能攻克重点突破的目标，促使被讯问人对犯罪事实作出交代。如果重点突破没有步骤，或步骤没有条理，打的势必是一场无计划、无秩序的混乱仗，其结果不仅不能突破重点，而且有可能使被讯问人乱中取利。因此，运用重点突破的讯问策略对被讯问人进行讯问，一定要做到步骤有条理，有条不紊地对重点突破的目标进行突破。

重点突破的步骤要做到有条理，讯问人员就要根据重点突破目标和被讯问人的情况，在突破前作出周密的计划和部署，筹划好重点突破分哪几步，哪一步在先，哪一步随后，哪一步最后，每一步应当如何走，前一步与后一步如何衔接。在突破中，按照计划和部署"按图施工"，并根据突破的实际情况，灵活地予以调整，走好每一步，稳、准、狠地对重点突破的目标进行突破。只有这样，才能使重点突破的步骤做到有条理，从而避免混沌沌、乱哄哄场面的出现，打一场有计划、有秩序的攻坚战。

在上例中，讯问人员根据重点突破目标，即吴某某抗审精神支柱的情况，经筹划，决定以先后有序的步骤对吴某某的抗审精神支柱进行摧毁，并安排了各步的先后次序和如何实施各步的事宜。在突破中，讯问人员根据策划和突破中的情况，用以下八步对吴某某的抗审精神支柱进行摧毁：第一步讯问人员把自己的姓名、职务、住址告诉吴某某，以表明自己光明正大，什么都不怕，向吴某某施威。第二步讯问人员向吴某某表明其亲戚已给讯问人员打电话说情，但说情没有效果，讯问人员不买其亲戚的"账"，开始对吴某某的抗审精神支柱进行摧毁。第三步讯问人员拿出手机，拨通吴某某所寄托的其亲戚的电话，当着吴某某的面向吴某某的亲戚表明了"他如果继续不配合，我还要把他公司的账都搬过来，查他的偷税和所有的问题，那我只好得罪您了"的强硬态度。这一步无疑是对吴某某抗审精神支柱的重创。第四步讯问人员以"你以为我是唬弄你！你以为我不敢得罪领导！你以为我不敢对你怎么样！你看错人了"对已受重创的吴某某的抗审精神支柱进行追加摧毁。这一步的追加使吴某某的抗审精神支柱雪上加霜。第五步讯问人员以回击吴某某的威胁再次对其抗审的精神支柱进行摧毁。这一步使已受重创的吴某某的抗审精神支柱发生了动摇。第六步讯问人员以打、拉结合的方法表明讯问人员的态度。这一步的一打一拉使吴某某已发生动摇的抗审精神支柱处于摇摇欲坠的境地。第七步讯问人员以典型案例继续对吴某某的抗审精神支柱进行摧毁，这一步使吴某某看到了前车之覆的惨状，其不得不引以为戒。第八步讯问人员再次以打、拉、打结合的方法对吴某某已处于摇摇欲坠的抗审精神支柱进行最后的摧毁：先轰上"你这个问题我们是要坚决查下去的……我明天就把你公司的账全部搬过来，查你的偷税、非法经营以及所有的违法问题……"重重的一炮；接着以"你如果能把这个问题讲清楚，我就让你回去……"拉了吴某某一把；紧接着，讯问人员又以"把吴××带回房间去！看严点，有责任我来负！带出去"给吴某某再轰上重重的一炮。这最后一步的两打一拉彻底地摧毁了吴某某的抗审精神支柱。如果讯问人员突破的步骤不是如此有条理，是难以摧毁吴某某的这种抗审精神支柱的。可见，重点突破的步骤一定要有条理。

5. 重点突破的内容要有针对性

所谓重点突破的内容要有针对性，是指重点突破用以对突破目标进行进攻的内容要针对突破的目标，即对症下药。

重点突破的内容要有针对性，是突破重点突破目标的核心。讯问人员只有以针对性的内容对重点突破目标实施突破，做到对症下药，才有可能药到病除，从而突破重点突破的目标，摧毁被讯问人抗审的心理防线，促使被讯问人对犯罪的事实作出交代。如果重点突破的内容没有针对性或针对性不强，用根本不对路的内容对重点突破的目标实施突破，不仅不能突破目标，而且会使被讯问人认为讯问人员根本就没有药到病除的良药，从而增强被讯问人抗审的心理，以更加恶劣的态度对付讯问，与讯问人员抗衡到底。因此，运用重点突破的讯问策略对被讯问人进行讯问，用以向重点突破目标进行进攻的内容一定要针对突破的目标。

要使重点突破的内容针对重点突破的目标，讯问人员就要在搞准重点突破目标的具体情况，即搞准"病症"的基础上，根据重点突破目标的具体情况，即根据"病症"，对重点突破的内容进行选择，选择出那些针对性强的内容作为用以重点突破的内容。在重点突破中，以这些选择出来的针对性强的内容对重点突破的目标进行突破，切忌不加选择，不顾突破的内容是否针对而任意地拿一些内容作为重点突破的内容对重点突破的目标进行进攻。

在上例先前的讯问中，讯问人员以"上级查案机关的领导是公正的，是会支持下级查案机关办案的"内容来对重点突破的目标即吴某某的抗审精神支柱进行突破。由于这一突破内容根本就不针对吴某某的抗审精神支柱，因而，导致吴某某的态度越发恶劣，气焰越发嚣张，辱骂、推搡讯问人员。在后来的讯问中，讯问人员在搞准吴某某抗审精神支柱是吴某某认为"其亲戚一定会向查案机关打招呼，查案机关不敢不顾全其亲戚的面子，不敢不按照其亲戚的指示办，不敢不买其亲戚的账，其亲戚定能使其脱案"的基础上，根据吴某某抗审精神支柱的这一具体情况，对重点突破的内容进行了选择，选择出了"他如果继续不配合，我还要把他公司的账都搬过来，查他的偷税和所有的问题，那我只好得罪您了""你以为我是唬弄你，你以为我不敢得罪领导！你以为我不敢对你怎么样！你看错人了！""让不让你出去，我说了算，没有我的允许，你休想出去，你出不出去的决定权在我这里，而不是在其他人那里，别人要让你出去，只能通过我……"和典型案例等内容对吴某某的抗审精神支柱进行摧毁。这些内容正是针对了吴某某的抗审精神支柱：你吴某某认为讯问人员不敢不顾全你亲戚的面子，不敢不按照你亲戚的指示办，不敢不买你亲戚的账，你亲戚定能使你脱案，讯问人员就以敢于不顾全你亲戚的面子，敢于不按照你亲戚的指示办，敢于不买你亲戚的账，你亲戚不能使你脱案的针对性内容对你抗审的精神支柱进行摧毁，做到了对症下药，从而摧毁了吴某某抗审的精神支柱，突破了重点突破的目标。如果讯问人员不是以如此针对性的内容对吴某某的抗审精神支柱进行摧毁，是无法突破这一目标的。可见，重点突破的内容一定要有针对性。

6. 重点突破的方法要有效

所谓重点突破的方法要有效，是指讯问人员在运用重点突破的策略对重点突破的目标进行重点突破的过程中，用以实施的方法要有成效。

重点突破的方法有效，是突破重点突破目标的关键，讯问人员只有以有效的方法对突破目标实施突破，才能不"失诸正鹄"①，从而射中靶心，深达要害。这样，才有可能突破重点突破的目标，摧毁被讯问人抗审的心理防线，促使被讯问人对犯罪事实作出交代。如果讯问人员用以重点突破的方法没有成效，那么，其对重点突破的目标进行突破，就会似"隔靴搔痒"，被讯问人就会认为讯问人员没有招数，"技止此耳"，已是"黔驴技穷"。这样，不仅不能突破重点突破的目标，反而加固了重点突破的目标，被讯问人就会死守抗审的心理防线，甚至有可能转守为攻，使讯问人员陷于极为不利的境地。因此，运用重点突破的

---

① 见《中庸》，载程林主编：《四书五经》（第一卷），北京燕山出版社 2008 年版，第 20 页。

讯问策略对被讯问人进行讯问，用以实施的方法一定要有成效。

要使重点突破的方法做到有效，讯问人员要在搞准重点突破目标具体情况和分析准被讯问人心理的基础上，根据重点突破目标的具体情况和被讯问人的心理，对重点突破的方法进行斟酌，确定以最有效的方法作为重点突破的方法。在重点突破中，以斟酌确定的有效方法对重点突破的目标实施突破。切忌不经斟酌确定而随意地拿一种方法对重点突破的目标实施突破。

在上例中，讯问人员把吴某某的抗审精神支柱作为重点突破的目标后，便对重点突破目标的具体情况进行了详细了解和对吴某某的心理进行了分析，通过了解和分析，掌握了重点突破目标的详细情况和吴某某的心理。在此基础上，讯问人员对突破的方法进行了斟酌，先打算以向吴某某正面直接表明讯问人员的态度的方法对重点突破的目标进行突破。但经思考，讯问人员认为，吴某某的亲戚毕竟是讯问人员的上级领导，这样正面直接向吴某某表明态度，吴某某会认为讯问人员只是背着其亲戚说说而已，不敢真正这样做，其不会相信讯问人员所说的是真的，只是虚张声势罢了。这种方法不会有什么成效。于是，讯问人员重新斟酌突破的方法，经斟酌，讯问人员认为，突破这一目标最有效的方法是当着吴某某的面向吴某某的亲戚表明讯问人员的态度，把"威"施在吴某某的亲戚身上，慑在吴某某的心里，使吴某某间接地感到"威"。这样，吴某某听到了讯问人员向其亲戚表明的态度，其就会感到，讯问人员当面都敢与其亲戚说这样的话，那么，讯问人员肯定敢做这样的事。这样，吴某某就会深切地认为讯问人员真的不会按照其亲戚的指示办，而是要将自己的问题查到底。于是讯问人员确定了以这种方法对重点突破的目标进行突破。讯问人员又经斟酌，认为这种方法虽然能突破要突破的目标，摧毁吴某某的抗审精神支柱，但也有可能把吴某某打到绝路上去，认为自己反正已没有了希望，交代是这样，不交代也是这样，不如破罐子破摔。为了避免这种情况的发生，讯问人员经斟酌，认为在以这种方法对重点突破的目标进行突破的同时，要以"拉"的方法"拉"吴某某一把，使之看到出路，看到希望。于是，讯问人员又确定了"拉"的方法，以打、拉结合的方法对重点突破的目标进行突破。在讯问中，讯问人员根据斟酌确定的突破方法，以最有效的打的方法开路，当着吴某某的面向吴某某的亲戚表明讯问人员的态度，在打了一阵后，又以拉的方法拉了吴某某一把。最后，又对吴某某打一把，拉一把，再打一把。通过这样打、拉结合，打打拉拉，拉拉打打，打中有拉，拉中有打，最后突破了重点突破的目标，彻底地摧毁了吴某某的抗审精神支柱，促使吴某某对行贿的犯罪事实作出了交代。如果讯问人员不是以如此有效的方法对吴某某的抗审精神支柱进行摧毁，是无法实现这一突破目标的。可见，重点突破的方法一定要有效。

7. 重点突破的力量要集中

所谓重点突破的力量要集中，是指重点突破要集中精力、集中优势、集中资源对重点突破的目标进行进攻。

重点突破的力量要集中，是突破重点突破目标的保证。讯问人员只有集中精力、集中优势、集中资源对重点突破的目标进行进攻，做到火力集中，锲而不舍，才有可能突破重点突破的目标，摧毁被讯问人抗审的心理防线，从而促使被讯问人对犯罪的事实作出交代。因为，重点突破的目标是顽固的，攻克它，不可能一蹴而就，它的攻克需要讯问人员集中力量和始终如一。如果讯问人员在重点突破中，对重点突破目标进攻的力量不集中，不能始终向着这一目标进攻，而是力量分散，零打碎敲，或东一榔头，西一棒子，不仅无法攻破重点突破的目标，而且有可能使重点突破的目标在讯问人员不集中力量的进攻中不断地完善加固。因此，运用重点突破的讯问策略对被讯问人进行讯问，讯问人员一定要集中力量，对重点突破的目标进行进攻。

集中力量对重点突破的目标进行进攻，要做到以下几点：

（1）要树立集中力量对重点突破目标进行进攻的意识

讯问人员在思想上要树立集中力量对重点突破目标进行进攻的意识，充分认识集中力量对重点突破目标进行进攻对于攻克重点突破目标的意义和力量不集中的危害，做到在讯问中时时刻刻自觉地集中力量对重点突破的目标进行进攻，在任何时候、任何情况下在主观上都不分心，在客观上都不分散力量。

（2）要死死咬住重点突破的目标不放松

讯问人员在重点突破中，要死死咬住重点突破的目标不放松，始终针对重点突破的目标进行进攻，只要是重点突破的目标未被攻克，就要咬住不放，直至攻克重点突破的目标为止，其间不得转移斗争的矛头。在遇到困难和阻力的时候，不气馁，树立起坚定的信心，以顽强的意志、坚决的态度、坚强的决心，坚持对重点突破的目标进行进攻。

（3）要集中多种内容进行进攻

讯问人员在重点突破中，要集中政治的、法律的、道德的、证据的、道理的、情感的、案例的等多种内容对重点突破的目标进行进攻。只要这些内容具有针对性，就将其集中起来用于进攻，而不应单打一。

（4）要集中多种方法进行进攻

讯问人员在重点突破中，要集中出示证据的方法、表明决心和态度的方法、宣讲的方法、输入情感信息的方法、指明出路的方法等多种方法对被讯问人既打又拉、打拉结合地向重点突破的目标进行进攻，以多管齐下的方法，有效地对重点突破的目标实施不间断的轮番轰炸。

（5）要从多个角度进行进攻

讯问人员在重点突破中，要从多个角度对重点突破的目标进行进攻，既从正面的角度进行进攻，又从侧面的角度进行进攻；既从直接的角度进行进攻，又从间接的角度进行进攻；既从宏观的角度进行进攻，又从微观的角度进行进攻。总之，从四面八方对重点突破的目标进行进攻，攻得被讯问人风声鹤唳、草木皆兵、四面楚歌。从而攻克重点突破的目标，摧毁被讯问人抗审的心理防线，促使被讯问人对犯罪事实作出交代。

在上例中，讯问人员正是集中力量对吴某某的抗审精神支柱这一重点突破的目标进行进攻，从而摧毁了吴某某的抗审精神支柱，使吴某某的抗审心理防线全线崩溃，不得不对行贿的事实作出交代。

二、重点突破的重点

运用重点突破的策略对被讯问人进行讯问，就要知道哪些是重点突破的重点。只有知道了哪些是重点突破的重点，才有可能抓住重点进行突破。如果讯问人员不知道哪些是重点，就有可能把重点的问题当成次要问题，而把不是重点的问题作为重点，那么，也就无法进行重点突破。因此，讯问人员要知道哪些是重点突破的重点。

（一）被讯问人的抗审精神支柱

被讯问人的抗审精神支柱，是被讯问人抗审的中坚力量，它支撑着被讯问人的抗审。被讯问人的抗审精神支柱不倒，其就会在抗审精神支柱的支撑下与讯问人员进行着垂死的搏斗，拒绝对犯罪事实作出交代。而如果被讯问人的抗审精神支柱倒塌，其抗审也就没有了支撑，再也不能坚持抗审，从而其也就会随着抗审精神支柱的倒塌而对犯罪事实作出交代。因而，被讯问人的抗审精神支柱是重点突破的重点。讯问人员应将被讯问人的抗审精神支柱作为重点突破的目标，在讯问中予以重点突破，摧毁其抗审的精神支柱，使之失去抗审的支撑。

被讯问人的抗审精神支柱，从讯问实践来看，主要有以下几种：

1. 认为讯问人员不可能发现和掌握自己犯罪的证据。只要自己不交代，讯问人员就没有证据，也就无法认定自己的犯罪事实和对自己作出处罚。被讯问人在这种抗审精神支柱的支撑下，拒绝对犯罪事实作出交代。

这种抗审精神支柱的产生，主要有以下原因：

（1）认为自己的犯罪行为是在极其秘密的情况下实施的，只有"天知、地知、我知"，除自己以外，再无他人知道该犯罪行为是自己实施的或自己实施的犯罪行为，只要自己不说，讯问人员就不可能知道该犯罪行为是自己实施的或自己实施的犯罪行为，也就无法收集到自己犯罪的证据。没有证据，也就不能认定自己的犯罪事实和对自己作出处罚。因而，产生了这种抗审精神支柱。

（2）认为自己的作案手段高明，在作案的过程中没有留下任何能证明是自己实施犯罪行为的痕迹、物证。只要自己不交代，讯问人员就收集不到能证明是自己实施犯罪行为的证据。没有证据，也就无法认定自己的犯罪事实和对自己作出处罚。因而，产生了这种抗审的精神支柱。

（3）认为自己已对现场进行了破坏、清理或伪造，现场已不可能再有能证明是自己实施犯罪的证据遗留或遗留的已不是自己犯罪的证据。只要自己不交代，讯问人员就不可能收集到能证明是自己实施犯罪的证据或收集到的不是自己犯罪的证据，而是他人的犯罪证据。讯问人员收集不到自己犯罪的证据，也就不能认定自己的犯罪事实和对自己作出处罚。因而，产生了这种抗审的精神支柱。

（4）认为自己已隐匿或销毁了证据，已对赃物进行了匿藏，或对尸体进行了分尸，已沉入大海或江底，或对作案工具进行了清洗、匿藏或丢弃，或对书证进行了烧毁，所有的物证、书证都已匿藏或毁灭，已没有证据可供讯问人员收集。只要自己不交代，讯问人员再也收集不到自己犯罪的证据。讯问人员收集不到这些证据，就无法认定自己的犯罪事实和对自己作出处罚。因而，产生了这种抗审精神支柱。

（5）认为自己与同案人、对合人或知情人关系密切，是铁杆，是世交，他们不可能作出交代或进行作证，出卖自己。而且，同案人作出交代，其自己也要承担法律责任；对合人作出交代，其不仅要承担责任，而且其已牟取的利益就要丧失；知情人进行作证，其就要与自己结下仇怨。因而，他们不会、不敢作出交代或进行作证。只要自己不交代，讯问人员就无法收集到自己犯罪的证据，收集不到证据，也就无法认定自己的犯罪事实和对自己作出处罚。因而，产生了这种抗审的精神支柱。

（6）认为自己已与同案人、对合人或知情人订立过攻守同盟，统一过口供，或喝血起誓绝不交代或作证，与自己订立过攻守同盟的同案人、对合人或知情人一定会信守诺言，按照统一过的口供对付讯问或绝不会作出交代或作证。所订立的攻守同盟固若金汤，牢不可破。只要自己不交代，讯问人员就什么证据也收集不到。讯问人员收集不到证据，就无法认定自己的犯罪事实和对自己作出处罚。因而，产生了这种抗审的精神支柱。

（7）认为自己已做好了被害人及其亲属的工作，被害人及其亲属已答应不告发，即使讯问人员向被害人及其亲属调查，被害人及其亲属也会按照统一的口供作出自己无罪的陈述，而不会作出自己有罪的陈述。只要自己不交代，讯问人员就收集不到自己有罪的证据。讯问人员收集不到自己有罪的证据，自己的犯罪事实就不复存在，也就没有证据证明自己有罪和对自己作出处罚。因而，产生了这种抗审的精神支柱。

（8）认为被害人、同案人、对合人或知情人这些知道自己犯罪事实的人已经死亡。由于人死不可能复生，被害人不可能再陈述被害的事实经过和指证自己的犯罪；同案人、对合人不可能再对自己的共同犯罪事实或对合犯罪事实作出交代；知情人不可能再对自己的犯罪事实进行作证，讯问人员再也收集不到这些已死亡人的证言。只要自己不交代，讯问人员就没有自己犯罪的证据。没有自己犯罪的证据，讯问人员就无法认定自己的犯罪事实和对自己作出处罚。因而，产生了这种抗审的精神支柱。

（9）认为同案人、对合人或知情人等知道自己犯罪事实的人已经潜逃或已出境。认为已经潜逃的人，讯问人员不可能再找到或暂时不能找到其进行取证，已无法收集到这些已潜逃人的证言；认为已经出境的人，讯问人员不可能到境外向他们取证，即使到境外向他们取证，在境外，讯问人员不可能限制他们的人身自由，他们是不会轻易向讯问人员提供证据的，也就无法收集到这些已出境人的证言。只要自己不交代，讯问人员也就没有了证据。讯问人员没有证据，也就不能认定自己的犯罪事实和对自己作出处罚。因而，产生了这种抗审的精神支柱。

（10）认为查案机关和讯问人员没有特别的能力。讯问人员是人，而不是神，没有能力发现自己的犯罪事实，更不可能有能力收集到自己犯罪的证据。只要自己不交代，讯问人员就发现不了自己的犯罪事实和收集到自己犯罪的证据。讯问人员没有证据，就不能认定自己的犯罪事实和对自己作出处罚。因而，产生了这种抗审的精神支柱。

2. 认为证据"一对一"，只要自己不交代，讯问人员就没有确实、充分的证据，也就无法认定自己的犯罪事实和对自己作出处罚。被讯问人在这种抗审精神支柱的支撑下，拒绝对犯罪事实作出交代。

有的案件在发生时只有被讯问人与同案人、对合人、知情人或被害人两人在场，这种案件使被讯问人认为自己在实施犯罪行为时，只有自己与同案人、对合人、知情人或被害人两人在场，即使同案人、对合人作出交代，知情人进行作证，被害人作出陈述，只要自己不交代，或坚决予以否认，或说明当时不是同案人、对合人、知情人或被害人所说的情况，而是怎样的一种情况，证据"一对一"。而"一对一"的证据无法达到证据确实、充分的证明要求。讯问人员也就无法认定自己的犯罪事实和对自己作出处罚。因而，被讯问人产生了这种抗审的精神支柱。

3. 认为"无供不录案"。被讯问人由于受历史上"无供不录案"的影响，认为认定自己有罪和处以刑罚，必须要有自己的口供。没有自己的口供，即使其他证据确实、充分，犯罪事实清楚，也不能认定自己有罪和对自己处以刑罚。因而，认为只要自己撑得住，在任何情况下都不开口交代犯罪事实，没有了自己的口供，就无法认定自己有罪和对自己处以刑罚。被讯问人在这种抗审精神支柱的支撑下，拒绝对犯罪事实作出交代。

这种抗审精神支柱的产生，主要有以下原因：

（1）被讯问人不知道我国刑事诉讼的证据理论和我国《刑事诉讼法》有"对一切案件的判处都要重证据，重调查研究，不轻信口供。只有被告人供述，没有其他证据的，不能认定被告人有罪和处以刑罚；没有被告人供述，证据确实、充分的，可以认定被告人有罪和处以刑罚"的规定。因而，产生了这种抗审的精神支柱。

（2）被讯问人不相信我国刑事诉讼的证据理论和《刑事诉讼法》关于"没有被告人供述，证据确实、充分的，可以认定被告人有罪和处以刑罚"的规定，认为这些理论和法律的规定只是纸上写写而已，在实践中是不可能真正按照这些理论和规定去认定案件事实和作出处罚的。即使查案机关按照这些理论和规定认定自己有罪，但只要自己不承认，没有自己的口供，检察院、法院或上级机关也会不予认定。如果自己承认了，有了自己的口供，就没有了翻盘的机会。因而，产生了这种抗审的精神支柱。

4. 认为自身硬，讯问人员没有真正的胆量和办法动得了自己。只要自己不交代，讯问人员就会知难而退，案件就会不了了之。被讯问人在这种抗审精神支柱的支撑下，拒绝对犯罪事实作出交代。

这种抗审精神支柱的产生，主要有以下原因：

（1）认为自己担任或担任过重要的职务，位高权重，手中握着或曾握有过实权。在社会上有地位、有影响、有名声。而且有一大批干部是自己培养出来的，他们分布在各条战线上掌握着实权，对自己这个"恩师"敬重有加、言听计从、忠心耿耿。讯问人员不敢真正动自己，也动不了自己。只要自己不交代，讯问人员就一点办法都没有，就会知难而退，案件就会不了了之。因而，产生了这种抗审的精神支柱。

（2）认为自己财富多，富甲一方，为地方经济建设作出过重大贡献或正在作重大贡献，或认为自己是税收大户，是地方经济的主要来源，查了自己，地方的经济建设就无法进行或地方经济就没有了来源，领导肯定会过问，讯问人员不敢真正地查下去。只要自己不交代，到时领导一过问，讯问人员就得鸣金收兵，案件也就不了了之。因而，产生了这种抗审的精神支柱。

（3）认为自己曾立过大功，为党和人民作出过重大贡献，组织和领导是不会不顾自己曾作出过的重大贡献而将自己查到绝路上去的，定能网开一面。只要自己不交代，到时领导一发话，讯问人员也就不能查下去。因而，产生了这种抗审的精神支柱。

（4）认为自己担负着国家的重大任务，或被聘从事有关国家利益的秘密工作，身份特殊。讯问人员无权查处自己，查了自己就是损害了国家的利益。只要自己不交代，讯问人员就不敢把案件查下去。因而，产生了这种抗审的精神支柱。

（5）认为自己掌握着某高新领域的现代化科学技术，是这个领域的领军人物，正在从事这个领域的科研工作，这个领域离开了自己不行。查了自己，这个领域的科研和工作就无法开展和继续进行。领导肯定要过问。只要自己不交代，到时领导一过问，为了这个领域的科研和工作能继续进行下去，讯问人员就不得不停止对自己的查处。因而，产生了这种抗审的精神支柱。

（6）认为自己是名人，广播中有声，报纸上有名，电视里有身影。自己名气大，粉丝多，中外闻名，备受社会关注。查了自己，必然引起社会的极大反响。领导不可能不管，讯问人员不可能不顾社会的反响、群众的呼声而一味地查下去。只要自己不交代，到时领导一管，群众的呼声一起，讯问人员就得停止对自己的查处。因而，产生了这种抗审的精神支柱。

（7）认为自己水平高、能力强、知识渊博、业务精通、阅历深、经验足、精明强干、善于应变、能言善辩，自己完全可以凭着这身真功夫同讯问人员斗下去，立于不败之地。讯问人员不是自己的对手，是斗不过自己的，必以失败告终。只要自己不交代，讯问人员就没有办法和能力与自己斗下去，只能是知难而退，不了了之。因而，产生了这种抗审的精神支柱。

5. 认为自己有后台、有靠山、有关系网，自己被查，这些后台、靠山、关系网定会出手相救。只要自己不交代，自己的这些后台、靠山、关系网一出手相救，给讯问人员施加压力，讯问人员就会惧怕而停止对自己的查处。如果自己作出了交代，证据确实、充分，自己的这些后台、靠山、关系网也就不好出面，即使出面，由于事实已经清楚，证据已经确实、充分，也就发挥不了作用。被讯问人在这种抗审精神支柱的支撑下，拒绝对犯罪事实作出交代。

这种抗审精神支柱的产生，主要有以下原因：

（1）认为自己与领导关系密切，是领导的心腹。领导无论有什么重要的事、秘密的事都交由自己去办。平时无话不说，无事不谈，与领导的交往密、感情深，深受领导的宠爱和器重。领导对自己被查不会不管，定会为自己开脱。只要自己不交代，到时领导一出面打招呼，讯问人员就不得不买账，案件也就不了了之。因而，产生了这种抗审的精神支柱。

（2）认为自己的家人与一些有权的高官是同学、战友、朋友或上下级、同事关系，平时联系密切、来往频繁，互相照应、利用。自己的家人也为高官办过一些私事。自己被查，家人肯定不会坐视不管，一定会求助于这些交往密切的高官，高官也定会出手相救，向查案机关的领导发指示、打招呼、讲人情，为自己开脱。只要自己不交代，到时高官一出面，查案机关的领导就不得不买账，领导一开口，讯问人员就要照办，案件也就不了了之。因而，产生了这种抗审的精神支柱。

（3）认为自己的亲属或亲戚是查案机关的领导或高官，手中握有实权，自己被查，握有实权的亲属或亲戚必会全力以赴，千方百计为自己开脱，而且，讯问人员对自己握有实权的亲属或亲戚定会有所顾忌。只要自己不交代，一旦自己握有实权的亲属或亲戚一出面或讯问人员知道了自己的亲属或亲戚是其领导或高官，是握有实权的人物，讯问人员就不敢得罪自己的亲属或亲戚而将案件查下去，定能知难而退，不了了之，而且，有可能为讨好自己的亲属、亲戚而主动为自己开脱。因而，产生了这种抗审的精神支柱。

（4）认为自己平时靠金钱或美色结交了一批朋友，罗织了层层关系网，特别是自己结交了一批有权有势的领导，与之称兄道弟，称姐道妹。平时也信誓旦旦地有福同享、有难同当。现在自己被查，这些关系网一定不会坐视不管，必会出手相救，发挥出关系网的作用。只要自己不交代，到时这些有权有势的领导朋友出手相救，向讯问人员讲人情、施压力，发挥出关系网的作用，讯问人员必会顾忌自己的这些关系网而不敢继续查处自己的问题，甚至有可能为讨好自己的关系网而设法为自己开脱，自己定能因此脱案。因而，产生了这种抗审的精神支柱。

（5）认为自己的同学、战友、朋友本来就多，自己平时又广交朋友，结拜了一批同盟兄弟。自己的这些朋友与自己交往深，江湖义气重，能为朋友两肋插刀。平时自己与这些朋友互相帮忙，互相出头，自己也为朋友办了不少的"好事"。现在自己出事，被查案机关查处，自己的这些朋友肯定不会丢下自己不管，定会"各显神通"，以各种办法为自己开脱。只要自己不交代，自己的这些朋友一出手，讯问人员就经不住自己朋友这股强大势力所施的压力，定会知难而退，败下阵来。自己定能因此脱案。因而，产生了这种抗审的精神支柱。

（二） 被讯问人抗审的恶劣态度

被讯问人抗审的恶劣态度，是阻碍讯问进行的巨大障碍，它破坏了讯问的正常秩序。被讯问人恶劣的态度得不到端正，其就会以恶劣的态度与讯问人员对着干，对抗讯问，拒不接受讯问。这样，讯问也就无法进行，让被讯问人交代犯罪事实更是无从谈起。讯问人员只有刹住被讯问人抗审的恶劣态度表现，挖除其抗审恶劣态度的根源，端正其对待讯问的态度，讯问才有可能进行。从而，才有可能使被讯问人接受讯问。进而，使被讯问人对犯罪事实作出交代。因而，被讯问人抗审的恶劣态度是重点突破的重点。讯问人员应将被讯问人抗审的恶劣态度作为重点突破的目标，在讯问中予以重点突破，刹住其抗审的恶劣态度表现，挖除其抗审恶劣态度的根源，使之端正对待讯问的态度，进而促使被讯问人对犯罪事实作出交代。

关于被讯问人抗审的恶劣态度这一重点突破的重点，被讯问人恶劣态度的表现主要有：气焰嚣张、激烈对抗、藐视一切、胡搅蛮缠、矢口否认、闭口不语、撒泼等。被讯问人产生这些恶劣态度的原因主要有：认为自身硬；认为自己有外援；认为讯问人员不可能掌握证据；认为"无供不录案"；认为自己的行为不是犯罪；认为比自己问题大得多的人多的是，不查问题大的人而查自己，是有意要整自己；认为可以吓住讯问人员；认为可以使讯问人员无计可施等。对于被讯问人恶劣态度的这些表现和产生恶劣态度的这些原因（根源），笔者曾在拙作《讯问步骤》一书中进行过较为详细的论述。[①]

（三） 被讯问人思想上的顾虑

被讯问人思想上的顾虑，是被讯问人交代犯罪事实的重大障碍和沉

---

① 见拙作《讯问步骤》，中国法制出版社 2021 年版，第 242—254 页。

重包袱，它严重地阻碍和压制着被讯问人对犯罪事实作出交代。被讯问人思想上的顾虑不消除，其就会在思想顾虑的阻碍和压制下不敢交代犯罪的事实。讯问人员只有消除了被讯问人思想上的顾虑，排除了障碍，卸掉了其思想上沉重的包袱，被讯问人才有可能对犯罪事实作出交代。因而，被讯问人思想上的顾虑是重点突破的重点。讯问人员应将被讯问人思想上的顾虑作为重点突破的目标，在讯问中予以重点突破，消除其思想上的顾虑，使之没有交代的障碍和包袱。

关于被讯问人思想上的顾虑这一重点突破的重点，被讯问人思想上的顾虑担心主要有：顾虑担心自己或家人受到打击、报复；顾虑担心自己被人唾骂、贬视、孤立；顾虑担心坦白交代了仍得不到从轻处理；顾虑担心自己没脸见人；顾虑担心得不到家人的谅解，要妻离子散；顾虑担心自己的前途；顾虑担心断送了自己的家庭；顾虑担心影响子女的前途；顾虑担心害了他人等。对于被讯问人思想上顾虑的这些情况和产生这些顾虑的原因笔者亦曾在拙作《讯问步骤》一书中进行过较为详细的论述。[①]

（四）被讯问人心理上的矛盾

所谓被讯问人心理上的矛盾，是指被讯问人在交代犯罪事实的问题上，在心理上处于是作出交代还是不作出交代的矛盾斗争之中，徘徊在是作出交代好还是不作出交代好的十字路口。

被讯问人心理上的矛盾，是阻碍被讯问人作出交代的强大阻力，它严重地阻碍着被讯问人对犯罪事实作出交代，使被讯问人处于两难的选择之中，从而导致讯问处于胶着的状态。被讯问人心理上的矛盾不解决，被讯问人就无法对犯罪事实作出交代。而且，随着被讯问人的思想斗争的进行，被讯问人不作出交代的方面就有可能战胜作出交代的方面而坚定被讯问人的抗审决心，拒绝对犯罪事实作出交代。讯问人员只有及时地解决被讯问人心理上的矛盾，促使被讯问人作出交代的方面战胜

[①]　见拙作《讯问步骤》，中国法制出版社 2021 年版，第 630—634 页。

不作出交代的方面，被讯问人才有可能对犯罪事实作出交代。因而，被讯问人心理上的矛盾是重点突破的重点。讯问人员应将被讯问人心理上的矛盾作为重点突破的目标，在讯问中予以重点突破，解决其心理上的矛盾，使之在两难中选择作出交代。

被讯问人心理上矛盾的产生，主要有以下原因：

1. 被讯问人感觉到同案人、对合人可能已作出交代，知情人可能已进行作证，但被讯问人又不能确切地知道同案人、对合人是否已作出交代，知情人是否已进行作证，侥幸地认为同案人、对合人还没有作出交代，知情人还没有进行作证。于是，便产生了怕同案人、对合人已作了交代，知情人已进行了作证，自己不交代要被从重处理；又怕同案人、对合人未作出交代，知情人未进行作证，自己作出交代太不值得了。

2. 被讯问人认为同案人、对合人可能会作出交代，知情人可能会进行作证，但又不知道同案人、对合人是否真的会作出交代，知情人是否真的会进行作证，侥幸地认为同案人、对合人不会作出交代，知情人不会进行作证。于是，便产生了怕同案人、对合人先交代了，知情人先进行作证，自己迟交代会处于被动的地位；又怕自己作出了交代，同案人、对合人不会作出交代，知情人不会进行作证，觉得自己太亏了。

3. 被讯问人认为同案人、对合人、知情人会讲义气，不会作出交代或进行作证，又认为同案人，对合人、知情人不会讲义气，会作出交代或进行作证。于是，便产生了怕自己作出交代，不够义气，对不起他人；又怕自己不交代，同案人、对合人、知情人不讲义气，作出了交代或进行作证，自己要被认定为交代态度差而得到从重的处罚。

4. 被讯问人认为讯问人员可能已掌握了自己犯罪的证据，但又不知道讯问人员是否已真的掌握了自己犯罪的证据以及掌握了什么样的证据和掌握证据的程度。于是，便产生了怕自己交代了，若讯问人员没有掌握证据或掌握的证据不能证明自己的犯罪事实不值得；又怕自己不交代，讯问人员已经掌握了证据或掌握的证据能够证明自己的犯罪事实，自己要被从重处罚。

5. 被讯问人认为自己的外援可能真的不会出来营救自己，或即使出来营救也救不了自己，但又侥幸外援是会出来营救自己的，是能营救得了自己的。于是，便产生了怕自己交代了，若外援出来营救并能救得了自己，岂不是太亏了；又怕自己不交代，若外援不出来营救，或出来营救救不了自己，岂不是自己的寄托成为泡影。

6. 被讯问人认为自己作出如实交代可能会得到从轻处理，讯问人员所说的话是真的；但又不知道如实交代是否真的会得到从轻处理，也许讯问人员是在骗自己，交代了仍得不到从轻处理。于是，便产生了怕交代了得不到从轻的处理；又怕不交代要得到从重的处理。

（五）案件的某一主要事实和情节

所谓案件的主要事实和情节，是指所实施的行为是不是犯罪和犯罪行为人是谁这两个问题。

案件的主要事实和情节，有的是认定被讯问人的行为是犯罪，有的是认定这一犯罪行为是被讯问人所为。这些案件的某一主要事实和情节，都与被讯问人的犯罪事实具有内在的联系。只要突破了某一主要事实和情节，被讯问人承认了案件的某一主要事实或情节，也就等于其承认了犯罪的事实，因而，案件的某一主要事实和情节是重点突破的重点。

根据案件的主要事实和情节是所实施的行为是不是犯罪和犯罪行为人是谁这样两个问题，案件的某一主要事实和情节就表现在刑法对某一行为是犯罪的规定上和某一行为是谁实施的问题上。

1. 刑法对某一行为是犯罪的规定

（1）故意、明知

我国《刑法》规定相当一部分行为要具备故意、明知，才被认为是犯罪行为或是该种犯罪行为，如果不具备故意、明知，就不构成犯罪或该种犯罪。例如，《刑法》第二百三十二条规定的故意杀人罪，以故意为构成该罪的要件，如果不具有故意，便不构成故意杀人罪；《刑法》第一百七十一条规定的运输假币罪，以"明知是伪造的货币"为界限，如果不知道是伪造的货币而予以运输，就不构成此罪。对于这种要具备"故意、明知"才被认为是犯罪的行为，"故意""明知"就是重点突破的重点。当然，是否具有故意、明知并不是凭被讯问人如何说，而是依据其实施这种行为时的认识因素和意志因素来认定的。因而，这种要具备"故意""明知"才被认为是犯罪或该种犯罪的案件，被讯问人实施这种行为时的认识因素和意志因素是重点突破的重点。

（2）某种特定目的

我国《刑法》规定某些行为要具备某种特定的目的才被认为是犯罪行为或是该种犯罪行为，如果不具有某种特定的目的，就不构成犯罪或构成该种犯罪。例如，《刑法》第二百三十九条规定的绑架罪，"以勒索财物为目的"为构成该罪的要件，如果不具有"以勒索财物为目的"，便不构成此罪。对于这种有特定目的规定的犯罪，特定目的就是重点突破的重点。当然，是否具有某种特定的目的，同样不是凭被讯问人如何说，而是根据其实施这种行为的具体情况来认定。因而，这种要具备某种特定目的才能被认为是该犯罪的案件，被讯问人实施这种行为的具体情况就是重点突破的重点。

（3）严重、恶劣的情节

我国《刑法》规定有相当一部分行为要具备情节严重、恶劣才被认为是犯罪行为。如果不具备"情节严重""情节恶劣"，就不构成犯罪。例如，《刑法》第二百四十三条规定的诬告陷害罪，以"情节严重"为构成该罪的要件，如果不具备"情节严重"，便不构成犯罪；又如，《刑法》第二百六十条和第二百六十一条规定的虐待罪、遗弃罪，以"情节恶劣"作为成立犯罪的要件，如果情节不恶劣就不能成立犯罪。对于这种有"情节严重""情节恶劣"规定的犯罪行为，情节严重、情节恶劣就是重点突破的重点。当然，某种行为是否情节严重、恶劣，同样不是凭被讯问人如何说，而是根据其实施这种行为的情节来认定的。因而，这种要具备"情节严重""情节恶劣"才被认为是犯罪的案件，被讯问人实施这种行为的情节是重点突破的重点。

（4）后果严重或引起某种结果的严重危险

我国《刑法》规定某些行为要具备后果严重或引起某种结果的严重危险才被认定是犯罪行为，如果某种行为的后果不严重或没有引起某种结果的严重危险，就不构成犯罪。例如，《刑法》第一百三十三条规定的交通肇事罪、第一百三十四条规定的重大责任事故罪，均以造成严重后果为要件，如果没有造成严重后果，则不构成犯罪；又如，《刑法》第三百三十条规定的妨害传染病防治罪，以"引起甲类传染病……传播或者有传播严重危险"作为构成犯罪的要件，如果没有"引起甲类传染病传播或者有传播严重危险"的则不构成犯罪。对于这种有后果严重或引起某种结果的严重危险规定的犯罪，后果严重或引起某种结果的严重危险，就是重点突破的重点。当然，某种行为是否后果严重或引起了某种结果的严重危险，同样不是凭被讯问人说是后果严重或引起了某种结果的严重危险，还是后果不严重或没有引起了某种结果的严重危险而转移，而是根据其实施的这种行为的事实来认定的。因而，这种要具备后果严重或引起某种结果的严重危险，才被认为是犯罪的案件，被讯问人实施这种行为的事实情况是重点突破的重点。

（5）致使公共财产、国家和人民利益遭受重大损失

我国《刑法》有的规定某一行为要具备"致使公共财产、国家和人民利益遭受重大损失"的要件才被认定为犯罪行为。如果该行为不具备"致使公共财产、国家和人民利益遭受重大损失"的要件，就不构成犯罪。例如，我国《刑法》第三百九十七条规定的滥用职权罪、玩忽职守罪，均以"致使公共财产、国家和人民利益遭受重大损失"为要件，如果没有致使公共财产、国家和人民利益遭受重大损失的，则不构成犯罪。对于这种有"致使公共财产、国家和人民利益遭受重大损失"规定的犯罪，"致使公共财产、国家和人民利益遭受重大损失"就是重点突破的重点。同样，该种犯罪行为是否"致使公共财产、国家和人民利益遭受重大损失"，并不是依被讯问人如何说，而是根据其实施这种行为所出现的结果事实来认定。因而，这种要具备"致使公共财产、国家和人民利益遭受重大损失"才被认定是犯罪的案件，被讯

问人实施这种行为和这种行为所引起的结果事实，是重点突破的重点。

（6）数额较大、巨大或者数量大、较大

我国《刑法》有的规定某一行为要具备"数额较大""巨大"或者"数量大、较大"才被认定为犯罪行为。如果该行为不具备"数额较大""巨大"或"数量大、较大"，就不构成犯罪。例如，《刑法》第二百六十六规定的诈骗罪，以"数额较大"为要件；《刑法》第一百五十八条规定的虚报注册资本罪，以"虚假注册资本数额巨大、后果严重或者有其他严重情节"为成立犯罪的要件；《刑法》第三百四十八条规定的非法持有毒品罪，以"毒品数量大"为成立犯罪与否的界限；《刑法》第三百五十二条规定的非法买卖、运输、携带、持有毒品原植物种子、幼苗罪，以"数量较大"为要件。对这种有"数额较大""巨大"或"数量大、较大"规定的犯罪，"数额较大""巨大"或"数量大""较大"就是重点突破的重点。

（7）使用法律规定的犯罪方法

我国《刑法》规定相当一部分行为要具备使用法律规定的犯罪方法才被认为是犯罪行为或该种犯罪行为，如果不具备法律规定的犯罪方法，就不构成犯罪或构成该种犯罪。例如，《刑法》第二百三十六条规定的强奸罪，要具备"以暴力、胁迫或者其他手段"的犯罪方法，如果不具备"暴力、胁迫或者其他手段"的方法，则不构成强奸罪；又如，《刑法》第二百五十七条规定的暴力干涉婚姻自由罪，以是否使用暴力方法作为是否构成犯罪的界限。对这种要具备法律规定的犯罪方法才被认为是犯罪或该种犯罪的行为，使用法律规定的犯罪方法就是重点突破的重点。

（8）法律特别规定的犯罪对象

我国《刑法》有的规定某一行为要具有法律规定的犯罪对象才被认为是犯罪行为。如果不是该种犯罪对象，就不构成犯罪。例如，《刑法》第三百二十九条规定的抢夺、窃取国有档案罪，以及擅自出卖、转让国有档案罪，只能以国家所有的档案为犯罪对象，如果不是国家所有的档案，就不构成该罪。对于这种法律特别规定的犯罪对象才被认为是犯罪的案件，法律特别规定的犯罪对象就是重点突破的重点。

（9）特定时间内或地点

我国《刑法》有的规定某一行为要在特定的时间内或地点实施才被认为是犯罪行为或该种犯罪行为，如果不具备在特定的时间内或地点，则不构成该种犯罪。例如，《刑法》第一百一十二条规定的资敌罪，以战时为构成犯罪的要件，如果不是在战时，则不构成该罪；又如《刑法》第一百二十三条规定的暴力危及飞行安全罪，以在"飞行中的航空器上"为要件，如果不在"飞行中的航空器上"，则不构成该罪。对这种有特定时间内或地点规定的犯罪，特定的时间内或地点，就是重点突破的重点。

（10）首要分子、直接责任人员、领导人等特定身份

我国《刑法》有的规定某一行为的实施者要具有首要分子、直接责任人员、领导人等特定身份才被认为是犯罪行为，如果不是首要分子、直接责任人员、领导人等特定身份，则不构成该犯罪。例如，《刑法》第二百九十一条规定的聚众扰乱公共场所秩序、交通秩序罪，其构成仅限于"首要分子"，如果不是"首要分子"，则不构成该罪；《刑法》第二百四十四条之一规定的雇用童工从事危重劳动罪，只有用人单位的直接责任人员可以构成，如果不是直接责任人员，就不构成该罪；《刑法》第二百五十五条规定的打击报复会计、统计人员罪，其主体仅限于"公司、企业、事业单位、机关、团体的领导人"，如果不是这些领导人，则不构成该罪。对于这些有特定身份规定的犯罪，特定的身份就是重点突破的重点。值得注意的是，是否具有首要分子、直接责任人员的身份，并不是凭被讯问人说自己是首要分子、直接责任人员，或者不是首要分子、直接责任人员而转移，而是根据其实施的行为和所起的作用来认定。因而，这种要具备特定身份才被认为是犯罪的案件，被讯问人实施的行为和所起的作用是重点突破的重点。

2. 某一行为是谁实施

（1）实施的行为

任何犯罪，都要有犯罪行为的实施。没有犯罪行为的实施，也就没

有犯罪。如果该犯罪行为是被讯问人实施的，其必然实施了这一犯罪行为。只要被讯问人承认其实施了该犯罪行为，也就等于其承认了该犯罪的事实。因而，实施的行为是重点突破的重点。例如，被害人是因被他人用钝器猛击其头部的行为造成颅骨骨折而死亡的。该案的犯罪行为是钝器猛击被害人头部的作为行为。对此，以钝器猛击被害人头部的行为是重点突破的重点。只要被讯问人承认其以某钝器击过被害人的头部，也就等于其承认了杀人的犯罪事实。

（2）使用的手段

任何犯罪行为的实施，行为人都要使用某种手段实施犯罪行为。如果该犯罪行为是被讯问人实施的，被讯问人无疑实施了该犯罪的手段。只要被讯问人承认其在实施犯罪行为的过程中，使用了该种手段，也就等于其承认了该起案件的犯罪事实。因而，使用的手段是重点突破的重点。例如，被害人是被他人以酒灌醉后，于不省人事的情况下被窃走财物的，对此，以酒灌醉被害人的作案手段就是重点突破的重点。只要被讯问人承认其以酒灌醉被害人而取走被害人财物的，也就等于其承认了抢劫的犯罪事实。

（3）基本事实

任何犯罪都有一个基本事实的问题。只有基本事实存在，才有可能成立犯罪。有的案件，犯罪的其他要件都具备，但基本事实尚未查清或被讯问人坚决予以否定。在这种基本事实不清的情况下，被讯问人实施了犯罪行为也就无法认定。如果该犯罪行为是被讯问人实施的，其无疑实施了该基本事实的行为。只要被讯问人承认了该基本事实，也就等于其承认了犯罪的事实。因而，对这种基本事实尚未确认的案件，案件的基本事实就是重点突破的重点。

（4）犯罪情节

犯罪情节，又称"定罪情节"。是指对犯罪的成立，对区分罪与非罪、此罪与彼罪、重罪与轻罪起决定作用的各种具体事实情况，也是指与犯罪构成主客观方面有关的某些特殊事实情况。

一个案件往往有许多情节。这些情节，有的能直接证明被讯问人的犯罪事实或与被讯问人的犯罪事实存在着内在联系；有的则要同其他的情节联系起来才能证明被讯问人的犯罪事实。对于这些不同情节的情况，重点突破的目标亦应不同，要做到具体问题具体对待：

①对于能直接证明被讯问人犯罪事实或与被讯问人犯罪事实存在着内在联系的情节，由于其能直接证明被讯问人的犯罪事实或与被讯问人犯罪事实存在着内在联系，只要被讯问人承认了这一情节，也就等于其承认了犯罪的事实。因而，能直接证明被讯问人犯罪事实或与被讯问人犯罪事实有着内在联系的情节就是重点突破的重点。例如：被讯问人在对他人进行诈骗的过程中，有虚构事实这一情节。由于这一情节能直接证明被讯问人的行为是诈骗。对此，被讯问人虚构事实这一情节就是突破的重点，只要被讯问人承认了其对被害人虚构的事实，也就等于其承认了诈骗的犯罪事实。

②对于不能直接证明被讯问人的犯罪事实，需要同其他情节联系起来才能证明被讯问人犯罪事实的情节，由于其不能直接证明，而要与其他情节联系起来才能证明，这表明要证明被讯问人的犯罪事实，需要该情节与其他情节同时具备，只要被讯问人承认了该情节和其他的情节，也就等于其承认了犯罪的事实。因而，该情节和其他情节就是重点突破的重点。例如，被害人因受被讯问人的威胁而与被讯问人发生了性行为，就发生性行为这一情节，并不能证明被讯问人实施了强奸行为。发生性行为这一情节只有与被讯问人对被害人进行威胁的情节结合起来，才能证明其实施了强奸的行为。反之亦然。对此，被讯问人与被害人发生性行为的情节和对被害人进行威胁的情节就是重点突破的重点。只要被讯问人承认了这两个情节，也就等于其承认了强奸的事实。

（5）过程的关键环节

犯罪行为的实施都有一个过程，这个过程有的简单，有的复杂，有的较长，有的较短。但无论过程如何，必有决定被讯问人的行为是犯罪的关键性环节。只要被讯问人承认了这一关键性环节，也就等于其承认了犯罪的事实。因而，被讯问人犯罪过程中的这一关键性环节就是重点突破的重点。

（6）在案件的细节上

任何一个案件都有各种各样的细节，只不过有的细节与被讯问人的犯罪事实没有什么内在的联系，而有的细节则与被讯问人的犯罪事实有着内在的联系。只要被讯问人承认了与其犯罪事实有着内在联系的细节，也就等于其承认了犯罪的事实。因而，与被讯问人犯罪事实有着内在联系的细节就是重点突破的重点，例如，行为人用三角刮刀刺穿被害人的心脏，扭转三角刮刀并抽出致被害人死亡。在对被害人实施侵害的过程中，有甲、乙、丙三个犯罪嫌疑人均拿三角刮刀对被害人实施侵害。在该案中，谁在刺向被害人的过程中扭转三角刮刀并抽出，谁就是杀死被害人的凶手。对此，在刺被害人的过程中扭转三角刮刀这一细节就是重点突破的重点。只要哪一个被讯问人承认其在用三角刮刀刺被害人的过程中扭转过三角刮刀这个细节，也就等于其承认了杀死被害人的犯罪事实。

（7）所说的话

被讯问人在与同案人、对合人共同或对合犯罪，或对被害人实施侵害行为之前或过程中，其极有可能与同案人、对合人或被害人说过话。所说的话有的可能与被讯问人的犯罪事实无关，而有的就有可能与被讯问人的犯罪事实紧密相连，甚至可以决定被讯问人的犯罪事实。只要被讯问人承认了其与同案人、对合人或被害人所说的这些与其犯罪事实紧密相连或决定其犯罪事实的话，也就等于其承认了犯罪的事实。因而，被讯问人与同案人、对合人或被害人所说的与犯罪事实紧密相连或决定犯罪事实的话就是突破的重点。例如，被讯问人因与被害人争生意，某日，其同手下的工作人员某甲说："你叫几个人一起去给我好好地教训××（被害人）一顿。"某甲即叫某乙、丙、丁等人一起对被害人进行了一顿毒打，结果致被害人××肝脏破裂而死亡。对此，被讯问人同某甲说的"你叫几个人一起去给我好好地教训××一顿"的话，就是突破的重点，只要被讯问人承认其同某甲说过这话，也就等于其承认了故意伤害致死被害人的犯罪事实。

（8）某一痕迹、物品

有的案件在现场留下了作案人犯罪的痕迹或物品，有的案件被害人在遭受侵害反抗的过程中伤到作案人的身体某部位而留下痕迹。由于这些在现场留下的作案人的痕迹、物品，或作案人身体被伤的痕迹与犯罪事实紧密相连，只要被讯问人承认这些痕迹、物品是其留下的，或其身体上被伤的痕迹是被害人造成的，也就等于其承认了犯罪的事实。因而，现场留下的痕迹、物品，或被讯问人身体上被伤的痕迹就是重点突破的重点。例如，被讯问人在以暴力抢劫被害人财物的过程中，被害人在反抗中捡起石头击打了被讯问人的额部而致被讯问人的额部留下痕迹，对此，被讯问人额部所留的痕迹就是重点突破的重点。只要被讯问人承认其额头的这一痕迹是被害人用石头击打的，也就等于其承认了抢劫的犯罪事实。

（9）赃物的去向

有的被讯问人将犯罪所得的赃物销赃给他人或送给他人。由于赃物同犯罪事实紧密地联系在一起，只要被讯问人承认某赃物是其卖给某人或送给某人的，也就等于其承认了犯罪的事实。因而，赃物卖给某人或送给某人就是重点突破的重点。例如，某商场被盗，其中被盗某品牌手表一只。在侦查中发现被讯问人的姘妇于商场被盗后有了手表，经突审被讯问人的姘妇，这只手表是两日前，被讯问人送给她的。并经核实，这只手表就是商场被盗的那只。对此，被讯问人送给其姘妇的这只手表就是重点突破的重点，只要被讯问人承认其姘妇的这只手表是其送给她的，也就等于其承认了盗窃商场的犯罪事实。

（10）与被害人的关系

有的被讯问人的行为，如果其与被害人有着某种密切的关系，其行为就有可能不构成犯罪，而如果其与被害人没有某种密切的关系，或素不相识，其行为就可能构成了犯罪。对于这种案件，只要被讯问人承认自己同被害人没有某种密切关系或素不相识，也就等于其承认了犯罪的事实。因而，被讯问人与被害人的关系就是重点突破的重点。例如，被讯问人奸淫某女的事实被该女以强奸罪控告后，被讯问人辩称自己是在同该女恋爱过程中的越轨行为，不是强奸行为。如果被讯问人与该女有着恋爱的关系，其行为就有可能不构成强奸罪，而如果被讯问人与该女没有恋爱关系，或素不相识，其行为就有可能构成了强奸罪。对此，被讯问人与该女的关系就是重点突破的重点。

（11）某一行为或意思表示

有的被讯问人收受他人财物的行为败露以后，因收受的事实已客观存在，便以没有收受的故意，是要把财物还给他人的理由进行狡辩。由于要归还他人要有归还的行为或意思表示，如果被讯问人没有归还的行为或意思表示，也就不存在要归还他人的问题，其也就具有了受贿的故意。只要被讯问人承认没有归还的行为或意思表示，也就等于其承认了具有收受贿赂的故意。因而，被讯问人是否有归还的行为或意思表示就是重点突破的重点。例如，被讯问人收受请托人财物时，其妻子在场，其知道收受的事实已无法否定，于是，其便以自己在收受过程中曾对请托人所说的"拿钱不行，钱你拿回去"为由辩解自己没有收受的故意，是要把钱还给请托人的。对此，被讯问人后来有无归还的行为或意思表示就是重点突破的重点。只要被讯问人承认在收下钱后没有归还的行为或意思表示，也就等于其承认了收受贿赂的犯罪事实。

（12）犯罪的结果

不少犯罪都造成了有形的危害结果，这种危害结果是谁造成的，就是谁实施了犯罪的行为。由于犯罪结果与犯罪行为具有刑法上的因果关系，只要被讯问人承认这种危害结果是其造成的，也就等于其承认了犯罪的事实。因而，犯罪的结果就是重点突破的重点。例如，被讯问人持杀猪刀和同案人持匕首共同对被害人实施侵害行为，结果被害人肝脏被刺贯通经抢救无效死亡。经核验，被害人肝脏被刺贯通是由杀猪刀造成的。在该案中，被害人肝脏被杀猪刀刺贯通的犯罪结果就是重点突破的重点。只要被讯问人承认被害人的肝脏贯通是其以杀猪刀造成的，也就等于其承认了故意杀人的犯罪事实。

三、重点突破的步骤和方法

重点突破要按步骤、有方法地进行。只有这样，才能突破重点的问题，进而突破被讯问人的口供，迫使或促使被讯问人对犯罪事实作出交代。重点突破的步骤和方法是：

（一）摸准重点突破的目标

运用重点突破的策略对被讯问人进行讯问，首先要摸准重点突破的重点是什么，即重点突破的目标，这是运用重点突破策略的前提和基础。讯问人员只有首先摸准重点突破的这个重点问题是什么，重点突破才有准确的目标，进而才能对这个重点目标进行突破。离开了重点突破的目标，重点突破就无从谈起。因此，讯问人员首先要摸准重点突破的重点是什么，明确重点突破的目标。

我们在前面论述了重点突破的重点主要有被讯问人的抗审精神支柱、被讯问人抗审的恶劣态度、被讯问人思想上的顾虑、被讯问人心理上的矛盾和案件的某一主要事实和情节五个方面的问题。这五个方面的问题具体又是多样的。由于案件和被讯问人情况的不同，各个案件和被讯问人在讯问中的重点突破问题也就不同，讯问人员要善于摸准该案件和被讯问人的重点突破问题是什么，并将其确定为重点突破的目标。

摸准重点突破的目标的方法主要有：

1. 通过向有关人员的调查了解，摸准重点突破的目标

被讯问人抗审精神支柱、被讯问人抗审恶劣态度的根源、被讯问人思想上的顾虑、被讯问人心理上的矛盾，是被讯问人的内心思想活动。虽然，摸准这些内心思想活动有一定的难度。但是，既然这些是内心思想活动，被讯问人在内心思想活动的过程中就不可避免地要引起其情绪、言语、举止、行为的变化，通过情绪、言语、举止、行为而将内心

思想活动的情况表现出来，从而被有关人员所知晓。讯问人员通过向有关人员的调查了解，将调查了解所得的情况进行去伪存真、去粗存精，便可掌握被讯问人的内心思想活动，从而摸准重点突破的目标。

向有关人员调查了解，主要是向被讯问人有接触的下列有关人员进行调查了解：

（1）被讯问人的亲属、亲戚、朋友、同学、战友等

被讯问人的亲属、亲戚、朋友、同学、战友等平时同被讯问人有着较为密切的接触和联系，其相信和信任这些人。被讯问人在实施犯罪行为后，在同这些人的接触中，其内心思想活动通过其情绪、言语、举止、行为都有可能在这些人面前表露出来。而且，有的被讯问人还可能主动向这些人表露心迹，征求意见；有的被讯问人还可能同这些人商量对策，应对查案机关的查处和讯问；有的被讯问人还可能让这些人为其提供某种帮助，例如，匿藏赃物，毁灭证据，做这些人的工作，为其作伪证，等等。讯问人员通过向这些人调查了解，就有可能了解掌握被讯问人的内心思想活动，从而摸准重点突破的目标。

（2）被讯问人周围的群众

被讯问人周围的群众，例如邻居、同事等，与被讯问人有着一定的接触。被讯问人在实施犯罪行为后，在同周围群众的接触中，其内心思想活动通过其情绪、言语、举止、行为亦都有可能在周围群众面前表露出来而被他们知晓。讯问人员通过向被讯问人的周围群众调查了解，就有可能了解掌握被讯问人的内心思想活动的情况，从而摸准重点突破的目标。

（3）看守或看护人员

看守或看护人员同被讯问人有着直接的接触。被讯问人在关押或留置期间的内心思想活动通过其情绪、言语、举止、行为表现出来，看守或看护人员对其有着直接的了解。而且，有的被讯问人做出了反常的表现；有的被讯问人向看守或看护人员了解、探听有关的情况；有的被讯问人设法与外界取得联系，并进行了联系；等等。讯问人员通过向看守或看护人员调查了解，就有可能了解掌握被讯问人的思想内心的活动情况，从而摸准重点突破的目标。

（4）同案人或对合人

同案人或对合人与被讯问人共同实施犯罪行为或对合实施犯罪行为，都与被讯问人有过直接、密切的接触。在预谋犯罪或犯罪过程中，他们对被讯问人的表现和所说过的话、做过的动作最为清楚，在实施共同或对合犯罪时，他们对是否还有他人在场或被目击最为了解，在实施共同或对合犯罪后，有无串供、订立攻守同盟和毁灭、匿藏证据以及如何串供、订立攻守同盟和毁灭、匿藏证据最为知情。讯问人员通过向同案人或对合人调查了解，就有可能了解掌握到被讯问人最为核心的思想内心活动，从而摸准重点突破的目标。

（5）同监人

同监人与被讯问人朝夕相处，与被讯问人有着直接、密切的接触。其对被讯问人在情绪、言语、举止、行为都有什么表现，有什么反常的情况了如指掌。有的被讯问人有意或不自觉地向同监人表明一些情况，或谈论某个问题；有的被讯问人向同监人探听某个情况或咨询某个问题；有的被讯问人与同监人商量对策；等等。讯问人员通过向同监人调查了解，就有可能了解掌握到被讯问人真实的思想内心活动情况，从而摸准重点突破的目标。

（6）原办案人员

原办案人员有的是收集第一手材料、证据的人，有的是现场勘查人员，有的是参与案件侦破全过程的人，有的是抓获被讯问人的人，有的是讯问过被讯问人的人。这些原办案人员对被讯问人的作案手段、方式、方法的特点、规律、作案的具体情况、案件的证据情况、被讯问人在抓获过程中的表现、被讯问人在讯问过程中的态度、反应等都较为直观、清楚。讯问人员通过向原办案人员调查了解，就有可能了解掌握到被讯问人真实的思想内心活动情况，从而摸准重点突破的目标。

2. 通过对被讯问人表现的观察和言语的倾听，摸准重点突破的目标

我们刚才说过，被讯问人的思想内心活动的情况不可避免地要通过

其情绪、言语、举止、行为表露出来。因而，讯问人员通过对被讯问人表现出来的情绪、举止、行为的观察和言语的倾听，便可掌握被讯问人的思想内心活动，从而摸准重点突破的目标。

对被讯问人表现的观察和言语的倾听，主要有以下方法：

（1）在正式接触被讯问人的过程中，观察被讯问人的表现和倾听被讯问人的言语

被讯问人到案时和对被讯问人进行讯问时，讯问人员同被讯问人的接触，都是正式接触被讯问人的过程。在这些同被讯问人正式接触的过程中，讯问人员要注意观察被讯问人的情绪、举止和行为，倾听被讯问人的言语，必要时，讯问人员还要有意识地提出一些涉及被讯问人内心思想活动的问题让被讯问人回答，说一些涉及被讯问人内心思想活动的情况，观察被讯问人的反应和倾听被讯问人的回答。通过观察被讯问人的表现和倾听被讯问人的言语，就有可能捕捉到被讯问人内心思想活动的信息情况，从而摸准重点突破的目标。

（2）在非正式接触被讯问人的过程中，观察被讯问人的表现和倾听被讯问人的言语

在讯问前或讯问后，或讯问人员对被讯问人的生活、身体进行关心的非正式接触被讯问人的过程中，讯问人员同样要注意观察被讯问人的情绪、举止和行为，倾听被讯问人的言语。特别是在关心被讯问人的生活、身体的过程中，讯问人员要有意识地同被讯问人进行自由交谈，向被讯问人提出一些涉及其内心思想活动的问题和说明一些涉及其内心思想活动的情况，观察被讯问人的反应，倾听被讯问人的言语。通过这样非正式地接触被讯问人，就有可能捕捉到被讯问人内心思想活动的信息情况，从而摸准重点突破的目标。

（3）在间接接触被讯问人的过程中，观察被讯问人的表现和倾听被讯问人的言语

在必要的情况下，讯问人员要通过有关人员注意观察被讯问人的情绪、举止和行为，主动靠上去同被讯问人聊天、闲谈，在聊天、闲谈中倾听被讯问人都说了些什么。通过这样间接接触被讯问人，被讯问人就

有可能将内心思想活动和盘托出，从而摸准重点突破的目标。

3. 通过对案件和被讯问人情况的分析，摸准重点突破的目标

我们知道，人的内心思想活动不可能凭空产生，一定有其产生的依据。被讯问人抗审的精神支柱、恶劣态度的根源、思想上的各种顾虑和心理上的各种矛盾这些内心思想活动，同样不可能凭空产生，都是有其产生的依据的。由于案件和被讯问人的情况，决定或影响着案件和被讯问人的结局，因而，被讯问人的内心思想活动就会围绕案件的情况和自己的有关情况而展开。这样，案件和被讯问人的情况就成为产生其内心思想活动情况的依据。因此，讯问人员通过对案件和对被讯问人情况的分析，便可掌握被讯问人内心思想活动的情况，从而摸准重点突破的目标。

通过对案件和被讯问人情况的分析，摸准重点突破目标的方法主要有：

（1）根据被讯问人作案时的情况进行分析，摸准重点突破的目标

不少被讯问人的犯罪行为是在极其秘密的情况下实施的，只有"天知、地知、我知"：有的被讯问人实施犯罪行为时，只有其一人在场，没有其他知道案件情况的人；有的被讯问人选择在极其隐蔽、秘密的地点实施犯罪行为；有的被讯问人选择在异地，没有人知道他到过此地的地方实施犯罪行为；有的被讯问人选择在夜深人静的时候实施犯罪行为；有的被讯问人避开监控，选择在监控的死角实施犯罪行为；等等。讯问人员通过对被讯问人作案时这些情况的分析，就可推断出被讯问人的抗审精神支柱是认为讯问人员不可能发现和掌握其犯罪的证据，只要自己不交代，讯问人员就没有证据，无法认定自己的犯罪事实和对自己作出处罚。产生这一抗审精神支柱的根源，就是其认为自己的行为是在极其秘密的情况下实施的，只有"天知、地知、我知"，除自己以外，再无他人知晓自己实施了犯罪行为。如果被讯问人的态度恶劣，其恶劣态度的根源也是基于此。

不少被讯问人在实施犯罪行为时只有二人在场。有的是被讯问人与

同案人二人在场；有的是被讯问人与对合人二人在场；有的是被讯问人与被害人二人在场。讯问人员通过对被讯问人作案时只有被讯问人与另一人在场情况的分析，就可推断出被讯问人的抗审精神支柱是认为自己犯罪时的证据"一对一"，讯问人员无法取得自己犯罪确实、充分的证据，只要自己不交代，讯问人员就没有确实、充分的证据认定自己的犯罪事实和对自己作出处罚。产生这一抗审精神支柱的根源，就是其认为自己在实施犯罪行为时只有自己和另一人在场，再无其他人在场。

（2）根据被讯问人的作案手段情况进行分析，摸准重点突破的目标

有的被讯问人的作案手段非常纯熟，显得非常自然，难以看出是被讯问人有意而为之；有的被讯问人的作案手段非常狡猾，对作案手段进行伪装，难以看出是被讯问人所为；有的被讯问人穿着鞋套潜入，戴着手套作案，不留下自己作案的痕迹；等等。讯问人员通过对被讯问人这些作案手段情况的分析，就可推断出被讯问人的抗审精神支柱是认为自己在犯罪中没有留下痕迹，讯问人员不可能发现和掌握其犯罪的证据，只要自己不交代，讯问人员就没有证据认定自己的犯罪事实和对自己作出处罚。产生这一抗审精神支柱的根源，就是其认为自己作案手段高明，没有留下自己犯罪的痕迹证据。

（3）根据犯罪的现场情况进行分析，摸准重点突破的目标

有的被讯问人在实施犯罪行为后，对犯罪现场进行了破坏或清理，毁灭犯罪行为所留下的痕迹、物证；有的被讯问人对犯罪现场进行伪造，在现场出现了该出现而没有出现，或不该出现而出现了的痕迹，或出现了不是被讯问人所留下的痕迹、物证。如果犯罪现场出现了这些被破坏、清理或伪造的情况，讯问人员通过对这些情况的分析，就可推断出被讯问人的抗审精神支柱是认为自己已没有犯罪的痕迹可供讯问人员收集，讯问人员不可能收集到其犯罪的证据，只要自己不交代，讯问人员就没有证据认定自己的犯罪事实和对自己作出处罚。产生这一抗审精神支柱的根源，就是其认为自己已对现场进行了破坏、清理或伪造，现场已不再有自己的犯罪证据可供讯问人员收集。

（4）根据赃物和作案工具或书证的去向情况进行分析，摸准重点突破的目标

有的被讯问人在实施犯罪行为后，便对赃物进行了匿藏或处理，对犯罪的工具进行匿藏或销毁或清洗，对书证进行匿藏或烧毁。如果赃物、作案工具或书证出现了这些情况，或去向不明的情况，讯问人员通过对这些情况的分析，就可推断出被讯问人的抗审精神支柱是认为讯问人员不可能收集到其犯罪的证据，只要自己不交代，讯问人员就没有证据认定自己的犯罪事实和对自己作出处罚。产生这一抗审精神支柱的根源，就是其认为自己已对赃物、作案工具或书证进行了匿藏或销毁或清洗，讯问人员再也找不到自己犯罪的物证或书证。

（5）根据被讯问人与同案人或对合人或知情人关系进行分析，摸准重点突破的目标

有的被讯问人与同案人或知情人，或是亲属、亲戚，或是世交，或是铁杆关系；有的被讯问人与对合人的关系非常密切，且被讯问人已为对合人牟取了利益。如果被讯问人与同案人、对合人或知情人是这种关系，讯问人员通过对这些情况的分析，就可推断出被讯问人的抗审精神支柱是认为讯问人员收集不到同案人、对合人或知情人提供的证据，只要自己不交代，讯问人员就没有证据认定自己的犯罪事实和对自己作出处罚。产生这一抗审精神支柱的根源，就是其认为自己与同案人、对合人或知情人的关系密切，同案人或对合人或知情人不可能会出卖自己，他们不会不顾与自己的关系或其自己的利益而向讯问人员提供证据。

（6）根据被讯问人订立攻守同盟的情况进行分析，摸准重点突破的目标

有的被讯问人在犯罪的过程中或在犯罪后便与同案人、对合人或知情人统一口供，或订立攻守同盟。如果被讯问人有与同案人、对合人或知情人统一口供或订立攻守同盟的情况，讯问人员通过对统一口供或订立攻守同盟情况的分析，就可推断出被讯问人的抗审精神支柱是认为讯问人员不可能收集到同案人、对合人或知情人的言词证据，只要自己不

交代，讯问人员就没有证据认定自己的犯罪事实和对自己作出处罚。产生这一抗审精神支柱的根源，就是其认为统一过的口供不会改变，所订立的攻守同盟牢不可破，与自己统一过口供，订立过攻守同盟的同案人、对合人或知情人一定会信守承诺，一定会坚守统一过的口供、订立的攻守同盟，讯问人员是无法突破统一过的口供和订立的攻守同盟的，也就不可能收集到同案人、对合人或知情人的言词证据。

（7）根据被讯问人或其亲人做被害人或家属工作的情况进行分析，摸准重点突破的目标

有的被讯问人在对被害人实施侵害行为后，被讯问人自己或其亲人去做被害人或被害人家属的工作，许诺给以某种利益或进行威胁，要被害人或被害人的家属不要控告，或要被害人把被讯问人对其实施的侵害行为说成不是犯罪的某种行为。如果有这种情况的出现，讯问人员通过对被讯问人或其亲人做被害人或家属工作情况的分析，就可推断出被讯问人的抗审精神支柱是认为讯问人员不可能收集到被害人的陈述这一证据，只要自己不交代，讯问人员就没有证据认定自己的犯罪事实和对自己作出处罚。产生这一抗审精神支柱的根源，就是其认为自己或亲人已对被害人或家属许诺了利益或进行了威胁，做好了被害人或家属的工作，他们不会或不敢向讯问人员提供证据，讯问人员收集不到被害人的陈述这一证据。

（8）根据同案人、对合人或知情人的情况进行分析，摸准重点突破的目标

有的案件的同案人或对合人或知情人已经死亡；有的案件的同案人或对合人已经逃跑躲匿或已出境；有的案件的知情人已经出境。如果案件有这些情况的出现，讯问人员通过对这些情况的分析，就可推断出被讯问人的抗审精神支柱是认为讯问人员收集不到这些死亡、逃跑或出境的同案人、对合人或知情人的言词证据，只要自己不交代，讯问人员就没有证据认定自己的犯罪事实和对自己作出处罚。产生这一抗审精神支柱的根源是其认为同案人、对合人或知情人已经死亡，死无对证，或认为同案人、对合人或知情人已逃跑或已出境，讯问人员抓不到已逃跑的

人或不可能到境外去取证。

(9) 根据被讯问人的自身情况进行分析，摸准重点突破的目标

有的被讯问人总是看不起讯问人员，也不知道侦查机关的侦查手段和科学技术在侦查工作中的运用。如果被讯问人是这样的一个人，讯问人员通过对被讯问人这一情况的分析，就可推断出其抗审的精神支柱是认为讯问人员不可能发现和取得其犯罪的证据，只要自己不交代，讯问人员就没有证据认定自己的犯罪事实和对自己作出处罚。产生这一抗审精神支柱的根源是其认为侦查机关和讯问人员没有特别的能力，没有能力破案和收集到自己的犯罪证据。

有的被讯问人没有法律知识或不懂得辩证唯物主义认识论的原理。如果被讯问人是这样的一个人，讯问人员通过对被讯问人这一情况的分析，就可推断出被讯问人的抗审精神支柱是认为只要自己不交代，没有自己的口供，其他证据再确实、充分，讯问人员也无法认定自己的犯罪事实和对自己作出处罚。产生这一抗审精神支柱的根源是其不知道我国刑事诉讼的证据理论和《刑事诉讼法》第五十五条的规定，或不相信在刑事诉讼中真的是按照刑事诉讼的证据理论和《刑事诉讼法》第五十五条的规定去认定案件事实和作出处罚的。

有的被讯问人正在担任或曾担任过重要的领导职务；有的被讯问人是富豪，富甲一方；有的被讯问人曾为党和人民作出过重大贡献，立过大功；有的被讯问人担负着国家重大任务或被聘为从事有关国家利益的秘密工作；有的被讯问人掌握着某高新领域的现代化科学技术；有的被讯问人是名人；有的被讯问人能力强，水平高，知识渊博，阅历深，经验丰富，且能言善辩；等等。如果被讯问人有这些情况，讯问人员通过对这些情况的分析，就可推断出被讯问人的抗审精神支柱是认为讯问人员没有真正的胆量和办法动得了自己，只要自己不交代，讯问人员就会知难而退，案件就会不了了之。产生这种抗审精神支柱的根源是其认为自身硬，讯问人员不敢真正动自己，或认为领导会过问，或认为自己所在的机关会以国家利益出面，或认为讯问人员斗不过自己。

（10）根据被讯问人、家庭和社会关系的情况进行分析，摸准重点突破的目标

有的被讯问人与领导的关系密切，是领导的心腹；有的被讯问人的家人与高官的关系密切；有的被讯问人亲属或亲戚是查案机关的领导或是高官；有的被讯问人结交了一批高官朋友；有的被讯问人有一大批的同学、战友、朋友，势力强。如果被讯问人的家庭或社会关系有这些情况，讯问人员通过对这些情况的分析，就可推断出被讯问人的抗审精神支柱是认为自己有后台、靠山、关系网的外援力量，只要自己不交代，自己的这些后台、靠山、关系网一出手相救，自己定能脱案。产生这种抗审精神支柱的根源是其认为自己的这些后台、靠山、关系网定能出手相救，定能把自己救出来。

4. 根据案件的性质和《刑法》的规定，摸准重点突破的目标

根据我国《刑法》的规定，我们在前面的论述中论述了有的行为需要具备"故意""明知"，才能构成某种性质的犯罪；有的行为需要具备某种特定的目的，才能构成某种性质的犯罪；有的行为需要具备"情节严重""恶劣"，才能构成某种性质的犯罪；有的行为需要具备"结果严重""引起某种结果的严重危险"，才能构成某种性质的犯罪；有的行为需要具备"致使公共财产、国家和人民利益遭受重大损失"，才能构成某种性质的犯罪；有的行为需要具备"数额较大、巨大"或者"数量大、较大"，才能构成某种性质的犯罪；有的行为需要"使用法律规定的犯罪方法"实施，才能构成某种性质的犯罪；有的行为需要具有法律特别规定的犯罪对象，才能构成某种性质的犯罪；有的行为需要在特定的时间内或地点实施，才能构成某种性质的犯罪；有的行为需要行为人具备"首要分子""直接责任人员""领导人"等特定身份，才能构成某种性质的犯罪；等等。正因为此，讯问人员就要根据案件的性质，即被讯问人的行为所触犯的罪名和《刑法》对这种犯罪的规定来摸准重点突破的目标，进而将其确定为重点突破的目标。

（1）对于需要具备"故意""明知"才能构成某种性质犯罪的行

为的案件，将"故意""明知"确定为重点突破的目标，重点突破被讯问人在实施行为时所具有的"故意""明知"。

（2）对于需要具备"某种特定的目的"才能构成某种性质犯罪的行为的案件，将"某种特定的目的"确定为重点突破的目标，重点突破被讯问人在实施这种行为时所具有的"某种特定的目的"。

（3）对于需要具备"情节严重""恶劣"才能构成某种性质犯罪的行为的案件，将"情节严重""恶劣"确定为重点突破的目标，重点突破被讯问人所实施的这种行为的"情节严重""恶劣"。

（4）对于需要具备"后果严重""引起某种结果的严重危险"才能构成某种性质犯罪的行为的案件，将"后果严重""引起某种结果的严重危险"确定为重点突破的目标，重点突破被讯问人所实施的这种行为的"后果严重""引起某种结果的严重危险"。

（5）对于需要具备"致使公共财产、国家和人民利益遭受重大损失"才能构成某种性质犯罪的行为的案件，将"致使公共财产、国家和人民利益遭受重大损失"确定为重点突破的目标，重点突破被讯问人所实施的这种行为的"致使公共财产、国家和人民利益遭受重大损失"。

（6）对于需要具备"数额较大、巨大""数量大、较大"才能构成某种性质犯罪的行为的案件，将"数额较大、巨大""数量大、较大"确定为重点突破的目标，重点突破被讯问人所实施的这种行为的"数额较大、巨大""数量大、较大"。

（7）对于需要"使用法律规定的犯罪方法"实施才能构成某种性质犯罪的行为的案件，将"使用法律规定的犯罪方法"确定为重点突破的目标，重点突破被讯问人所实施的这种行为"使用法律规定的犯罪方法"。

（8）对于需要具备法律特定规定的犯罪对象才能构成某种性质犯罪的行为的案件，将法律特别规定的犯罪对象确定为重点突破的目标，重点突破被讯问人的犯罪对象是法律特别规定的犯罪对象。

（9）对于需要在特定的时间内或地点实施才能构成某种性质犯罪的行为的案件，将特定的时间内或地点确定为重点突破的目标，重点突破被讯问人是在特定的时间内或地点实施犯罪行为。

（10）对于需要行为人具备"首要分子""直接责任人员""领导人"等特定身份才能构成某种性质犯罪的行为的案件，将"首要分子""直接责任人员""领导人"等特定身份确定为重点突破的目标，重点突破被讯问人所具有的"首要分子""直接责任人员""领导人"等特定的身份。

5. 根据案件的具体情况，摸准重点突破的目标

由于各个案件的具体情况不同，重点突破的目标也就不同。有的案件，只要被讯问人承认某一行为是其实施的，也就突破了案件；有的案件，只要被讯问人承认其使用了某种手段，也就突破了案件；有的案件，只要被讯问人承认了基本的事实，也就突破了案件；有的案件，只要被讯问人承认了某一情节，也就突破了案件；有的案件，只要被讯问人承认了过程的某一关键环节，也就突破了案件；有的案件，只要被讯问人承认了某一细节，也就突破了案件；有的案件，只要被讯问人承认其说过某句话，也就突破了案件；有的案件，只要被讯问人承认某一痕迹、物品是其遗留的，也就突破了案件；有的案件，只要被讯问人承认赃物的去向，也就突破了案件；有的案件，只要被讯问人承认与被害人不具有某种关系，也就突破了案件；有的案件，只要被讯问人承认没有某一行为或意思表示，也就突破了案件；有的案件，只要被讯问人承认某一结果是他造成的，也就突破了案件；等等。正因为此，讯问人员就要根据案件的具体情况，摸准重点突破的目标，进而将其确定为重点突破的目标。

（1）对于只要被讯问人承认某一行为是其实施的，也就突破了案件的案件，将某一行为确定为重点突破的目标，重点突破被讯问人实施了某一行为。

（2）对于只要被讯问人承认其使用了某种手段，也就突破了案件的案件，将使用某种手段确定为重点突破的目标，重点突破被讯问人使用了某一手段。

（3）对于只要被讯问人承认了基本事实，也就突破了案件的案件，将案件的基本事实确定为重点突破的目标，重点突破被讯问人所实施的基本事实。

（4）对于只要被讯问人承认了某一情节，也就突破了案件的案件，将某一情节确定为重点突破的目标，重点突破被讯问人实施了某一情节。

（5）对于只要被讯问人承认了案件过程中的某一关键环节，也就突破了案件的案件，将案件过程中的某一关键环节确定为重点突破的目标，重点突破案件过程中的该关键环节。

（6）对于只要被讯问人承认了某一细节，也就突破了案件的案件，将某一细节确定为重点突破的目标，重点突破案件的该细节。

（7）对于只要被讯问人承认其说过某句话，也就突破了案件的案件，将被讯问人说过的某句话确定为重点突破的目标，重点突破其说过的该句话。

（8）对于只要被讯问人承认某一痕迹、物品是其遗留的，也就突破了案件的案件，将某一痕迹、物品确定为重点突破的目标，重点突破该痕迹、物品是被讯问人遗留的。

（9）对于只要被讯问人承认了赃物的去向，也就突破了案件的案件，将赃物的去向确定为重点突破的目标，重点突破赃物的去向。

（10）对于只要被讯问人承认与被害人不具有某种关系，也就突破了案件的案件，将被讯问人与被害人的关系确定为重点突破的目标，重点突破被讯问人与被害人不具有某种关系。

（11）对于只要被讯问人承认其没有某一行为或意思表示，也就突破了案件的案件，将被讯问人没有某一行为或意思表示确定为重点突破的目标，重点突破被讯问人没有某一行为或意思表示。

（12）对于只要被讯问人承认某一结果是他造成的，也就突破了案件的案件，将某一结果确定为重点突破的目标，重点突破该结果是被讯问人造成的。

（二）铺平重点突破的道路

讯问人员在摸准重点突破的目标后，就要实施对重点目标的突破。由于突破重点目标不是一件容易的事，在突破重点目标的道路上，会遇到来自被讯问人设置的种种阻力，阻碍着讯问人员对重点目标的突破。因此，在向重点目标发起进攻，实施对重点目标的正面突破前，讯问人员要先铺平重点突破的道路，使重点突破的道路平坦。

这是因为，一是作为犯罪嫌疑人的被讯问人不愿意回忆和提起不光彩的往事，特别是实施暴力犯罪的犯罪嫌疑人，不愿意回忆起那血淋淋的场面，自己干的那些丑事不想让他人知晓，要维护自己的形象和自尊心。二是犯罪嫌疑人知道自己实施的犯罪行为是触犯刑律的行为，是要负刑事责任、被判刑的，有的要判重刑甚至极刑，承受漫漫的监狱生活或被剥夺生命。因此，他们知道自己口供的重要性，对他们来讲，自己供与不供，供多供少，决定自己的人身自由和生命的存亡。如果不供，讯问人员收集不到其他证据，就可能因没有证据或证据不足被无罪释放；如果承认犯罪事实，供出罪证就要被判处刑罚，可能判处重刑甚至死刑。他们在有与无、重与轻、死与生的时刻，在决定自己命运的过程中，一定会做垂死挣扎，绝不会轻易地缴械投降，总是要千方百计地与讯问人员展开一场生与死的搏斗，因此，在突破重点突破目标的道路上，被讯问人必然会设置障碍，阻碍讯问人员对重点目标的突破。

被讯问人设置的障碍，突出地表现在对立情绪上，拒不接受讯问人员的讯问。因此，讯问人员要想顺利地突破重点目标，就要消除被讯问人的对立情绪，使之接受讯问，从而铺平重点突破的道路。

那么，应当如何消除被讯问人的对立情绪，铺平重点突破的道路呢？

我们知道，讯问人员要通过讯问讯清被讯问人的犯罪事实，完成法律所赋予的职责。因此，就讯问来说，被讯问人与讯问人员完全处于矛盾与冲突之中，而且双方的冲突是非常尖锐的。在这种尖锐的冲突中，被讯问人认为讯问人员是在与他"作对",成心与他过不去,从心理上对讯问人员产生反感,视讯问人员是他的死对头,因而,对立情绪严重,不愿意接受讯问。在讯问开始时,采取不听讯问人员说话,不开口讲话,不回答问题来对付讯问人员的讯问。而被讯问人不听讯问人员说话,不开口讲话,不回答问题,讯问就无法进行,突破重点问题就无从谈起。而要使讯问能进行下去,进而突破重点问题,就要使被讯问人能够听讯问人员说话,开口讲话,回答讯问人员的提问。要做到这样,讯问人员必须与被讯问人建立起良好的心理接触,使被讯问人与讯问人员做到心理上的相容。因此,消除被讯问人的对立情绪,铺平重点突破的道路最有效的途径就是讯问人员要与被讯问人做到心理上的沟通,建立起良好的心理接触。

讯问人员与被讯问人做到心理上的沟通,建立起良好的心理接触的方法是:一要能够镇住被讯问人;二要能够吸引住被讯问人;三要能够感化被讯问人。

关于如何才能够镇住被讯问人、吸引住被讯问人、感化被讯问人,笔者曾在拙作《讯问步骤》中作过较为详细的阐述。[①]

(三)　向重点目标发起进攻

向重点目标发起进攻,是运用重点突破策略对被讯问人进行讯问的关键。没有向重点目标发起进攻,就没有重点突破的进行,也就没有重点突破目标的突破。这是不言而喻的道理。

向重点目标发起进攻,由于各个案件重点突破的目标不同,有的是要突破被讯问人的抗审精神支柱,有的是要突破被讯问人抗审的恶劣态度,有的是要突破被讯问人思想上的顾虑,有的是要突破被讯问人心理上的矛盾,有的是要突破案件的某一主要事实和情节。因而,对不同的重点目标也应以不同的方法进行进攻。只有这样,才能突破重点的目标。

---

① 见拙作《讯问步骤》,中国法制出版社 2021 年版,第 384—408 页。

1. 对被讯问人抗审精神支柱的进攻

我们从前面的论述可知，被讯问人的抗审精神支柱主要有五种类型：一是被讯问人认为讯问人员不可能发现和掌握自己犯罪的证据，只要自己不交代，讯问人员就没有证据认定自己的犯罪事实和对自己作出处罚；二是被讯问人认为证据"一对一"，只要自己不交代，"一对一"的证据就无法认定自己的犯罪事实和对自己作出处罚；三是被讯问人认为"无供不录案"，只要自己不交代，没有自己的口供，讯问人员就无法认定自己的犯罪事实和对自己作出处罚；四是被讯问人认为自身硬，只要自己不交代，讯问人员就没有胆量和办法动得了自己，案件就会不了了之；五是被讯问人认为自己有后台、有靠山，只要自己不交代，自己的后台、靠山一出手相救定能救得了自己。而且被讯问人这些抗审精神支柱的产生，都有着其不同的根源。因而，根据马克思主义具体问题具体对待的原理，对因不同根源而产生的各种抗审精神支柱，应以有针对性的不同方法和内容进行进攻，做到对症下药：对有的抗审精神支柱，要向被讯问人阐明有针对性的道理，以道理向被讯问人的抗审精神支柱进攻；对有的抗审精神支柱，要向被讯问人宣讲有针对性的法律，以法律规定向被讯问人的抗审精神支柱进攻；对有的抗审精神支柱，要向被讯问人发出有针对性的正告，以正告向被讯问人的抗审精神支柱进攻；对有的抗审精神支柱，要向被讯问人出示有针对性的证据，以证据向被讯问人的抗审精神支柱进攻；对有的抗审精神支柱，要向被讯问人摆出有针对性的事实，以事实向被讯问人的抗审精神支柱进攻；对有的抗审精神支柱，要向被讯问人表明有针对性的态度，以讯问人员的态度向被讯问人的抗审精神支柱进攻；对有的抗审精神支柱，要向被讯问人宣讲有针对性的案例，以案例向被讯问人的抗审精神支柱进攻。而且，对有的抗审精神支柱，要运用上述的这几种方法进行进攻；对有的抗审精神支柱，要运用上述的那几种方法进行进攻；对有的抗审精神支柱，要运用上述所有的方法进行进攻。只有这样，做到具体问题具体对待，才有可能摧毁被讯问人的抗审精神支柱。

（1）向被讯问人阐明有针对性的道理

讯问人员要根据被讯问人抗审精神支柱的不同情况和产生这一抗审精神支柱的根源，针对不同的抗审精神支柱及其根源，向被讯问人阐明有针对性的不同道理，以针对性的不同道理向被讯问人进行进攻。例如，被讯问人的抗审精神支柱是认为讯问人员不可能发现和掌握自己的犯罪证据，只要自己不交代，讯问人员就没有证据，也就无从认定自己的犯罪事实和对自己作出处罚。被讯问人的这一抗审精神支柱，如果产生的根源是因为其认为自己的犯罪行为诡秘，除了自己以外，再无他人知晓，那么，对这一抗审精神支柱及其根源，讯问人员就要以"要想人不知，除非己莫为"的道理向被讯问人进行进攻，向被讯问人阐明"要想人不知，除非己莫为"的道理。而如果这一抗审精神支柱产生的根源是因为其认为自己与同案人、对合人或知情人订立过攻守同盟，所订立的攻守同盟牢不可破，他人不会出卖自己，那么，对这一抗审精神支柱及其根源，讯问人员就要以"人心隔肚皮""彼一时，此一时""保护自己是人的本能""订立攻守同盟要留下痕迹""任何攻守同盟都有漏洞"的道理向被讯问人进攻，向被讯问人阐明这些道理。

讯问人员以阐明道理的方法向被讯问人的抗审精神支柱进行进攻，特别要注意做到阐明道理要既明确，又透彻。

①明确。讯问人员向被讯问人阐明的道理要明确、清晰、明白而确定不移。这样，被讯问人才能听得明白，"晓"得这个道理是什么，从而使这个理起到作用。而要使阐明的道理做到明确，讯问人员在阐明道理的过程中就要做到用词准确、表述清晰、言无遗策、严谨周全、简练深刻，而不能言不及义、词不达意。

②透彻。讯问人员向被讯问人阐明的道理要透彻，详尽而深入。这样，被讯问人才能听得深刻，"晓"得这理为什么是这样，从而使这个理产生巨大的作用。而要使阐明的道理做到透彻，讯问人员在阐明道理的过程中就要做到从多个方面、多个角度并联系案件的实际进行阐述，而不能简单、表面地就理说理。

（2）向被讯问人宣讲有针对性的法律

讯问人员要根据被讯问人抗审精神支柱的不同情况和产生这一抗审精神支柱的根源，针对不同的抗审精神支柱及其根源，向被讯问人宣讲有针对性的不同法律，以针对性的不同法律向被讯问人进攻。例如，被讯问人的抗审精神支柱是认为讯问人员不可能发现和掌握自己犯罪的证据，只要自己不交代，讯问人员就没有证据，也就无法认定自己的犯罪事实和对自己作出处理。被讯问人的这一抗审精神支柱，如果产生的根源是因为其认为自己的犯罪行为诡秘，除了自己以外，再无他人知晓，那么，对这一抗审精神支柱及其根源，讯问人员就要以法律规定的证据种类向被讯问人进行进攻。通过对《刑事诉讼法》规定的证据种类的宣讲，使被讯问人认识到证人证言，只是多种证据中的一种。讯问人员完全可以通过收集除证人证言外的其他种类的证据而知晓和证实自己的犯罪事实，从而使被讯问人感到自己行为诡秘，没有人知晓，并不等于讯问人员不能知晓自己的犯罪事实和收集到自己犯罪的证据。而如果这一抗审精神支柱产生的根源是因为其认为自己作案手段高明，没有留下明显的证据。那么，对这一抗审精神支柱及其根源，讯问人员就要以法律规定的侦查手段向被讯问人进行进攻，向被讯问人宣讲《刑事诉讼法》规定的侦查手段，通过对《刑事诉讼法》规定的侦查手段的宣讲，特别是技术侦查手段的宣讲，使被讯问人感到自己的作案手段虽然高明，没有留下明显的证据，但在这些侦查手段面前，自己的作案手段只是雕虫小技，是不堪一击的。讯问人员运用这些侦查手段定能从细微处发现和收集到自己犯罪的证据而证实自己的犯罪事实。

讯问人员以宣讲法律的方法向被讯问人的抗审精神支柱进行进攻，特别要注意做到宣讲法律要既原则，又灵活。

①原则。讯问人员向被讯问人宣讲法律要原则，坚持法律的原意进行宣讲。这样，被讯问人才能听得敬畏，从而使法律起到威慑的作用。而要使宣讲的法律做到原则，在向被讯问人宣讲法律条文时，要原原本本地向被讯问人宣读法律的规定；在对法律进行解释时，要坚持以法律为依据，对法律进行准确的解释。所讲的话一定要有法律依据，没有法

律依据的话不讲，不符合法律规定的话更不能讲，做到字字符合法律的原意，句句符合法律的精神。而不能不顾法律的规定任意发挥，胡编乱造，没有法律的依据，不负责任地乱说。

②灵活。讯问人员向被讯问人宣讲法律要灵活，善于随机应变，不拘泥。这样，被讯问人才能听得实在，从而使被讯问人更深刻地懂得法律和有效地避免某些不利于摧毁被讯问人抗审精神支柱的因素的出现。而要使宣讲法律做到灵活，讯问人员要根据被讯问人抗审精神支柱的具体情况，对法律进行灵活的宣讲，在宣讲的形式上做到灵活多样。可以由讯问人员宣读法律的原文或解释法律，也可以递给被讯问人法律文本、权威教科书、法理文章，由被讯问人自己读、自己讲、自己看，亦可以由讯问人员提出问题，让被讯问人回答法律的规定，还可采取由讯问人员与被讯问人互相讨论的方法宣讲法律。在宣讲的内容上做到灵活取舍，宣讲那些有利于摧毁被讯问人抗审精神支柱的内容，避开那些不利于对讯问人抗审精神支柱摧毁的内容。总之，如何有利于摧毁被讯问人的抗审精神支柱就如何讲。而不能千篇一律，死板机械地去宣讲法律。

（3）向被讯问人发出有针对性的正告

讯问人员要根据被讯问人抗审精神支柱的不同情况和产生这一抗审精神支柱的根源，对有些抗审精神支柱及其根源，向被讯问人发出有针对性的正告，以针对性的正告向被讯问人进行进攻。例如，被讯问人的抗审精神支柱是认为自身硬，讯问人员没有真正的胆量和办法动得了自己，只要自己不交代，讯问人员就会知难而退，案件就会不了了之。被讯问人的这一抗审精神支柱，如果产生的根源是因为其认为自己担任或担任过重要的职务，位高权重，手中握有或曾握有过实权，在社会上有地位、有影响、有名声，有一批干部是自己提拔上来的，桃李满天下，他们分布在各条战线，掌握着实权，对自己这个恩师敬重有加，忠心耿耿，定会出手相救。那么，对这一抗审精神支柱及其根源，讯问人员就要从以下方面向被讯问人发出正告，正告被讯问人要面对现实：一是正告被讯问人其地位高、权势重是他的过去，而不是现在，现在其是一个接受查案机关侦查的犯罪嫌疑人，地位已经发生了根本性变化。二是正告被讯问人党组织和查案机关既然已经将你作为犯罪嫌疑人进行侦查，一方面说明已有相关犯罪证据被掌握，另一方面表明党组织和查案机关已经下定了决心，要坚决查清犯罪事实，将违法之人绳之以法。正所谓"留情不举手，举手不留情"，还有什么可侥幸的！三是正告被讯问人要认清形势，今非昔比。通过这样向被讯问人发出有针对性的正告，使被讯问人认清自己现在的地位和处境，从而使被讯问人感到自己曾有的地位和权势已不复存在，更不可能有任何的作用。如果产生的根源是认为自己曾立过大功，为党和人民作出过重大贡献，组织和领导是不会不顾自己曾作出过的卓越贡献而绝情于他的。那么，对这一抗审精神支柱及其根源，讯问人员就要向被讯问人发出以下的正告：一是正告被讯问人不要混淆功与过的概念。功是功，过是过，这是两个不同的概念。把这两个不同的概念混淆起来，其结果只能是自欺欺人，使自己陷于极为不利的被动场面。二是指出功劳只能说明过去，不能代表现在。你现在的犯罪事实是客观存在的，过去的功劳掩盖不了现在的犯罪事实，不能证明你现在没有犯罪，更不能作为你现在犯罪的理由和资本。三是强调功过不能相抵。是功就要给予奖赏，多大的功劳给予多大的奖赏；是过就要给予处罚，多大的罪过给予多大的处罚，功过不能相抵，赏罚不能代替。你过去的功劳党和人民已经给了你应有的荣誉和奖赏。通过这样向被讯问人发出有针对性的正告，使被讯问人认识到功与过是两个不同的概念，不能混淆，过去的功劳只能说明过去，不是犯罪的理由和资本，过去的功劳不能抵销现在的犯罪。从而使被讯问人感到过去的功劳对于现在的犯罪是毫无意义的，是不可能有丝毫的作用的。

讯问人员以正告的方法向被讯问人的抗审精神支柱进行进攻，特别要注意做到正告要既严厉，又诚意。

①严厉。讯问人员向被讯问人发出的正告要严厉，做到严肃而厉害。这样，才能震慑被讯问人，被讯问人才能把讯问人员的正告当成一回事，从而使正告起到作用。而要使正告做到严厉，讯问人员向被讯问人发出的正告在态度上要严肃，内容上要厉害，言辞上要郑重。

②诚意。讯问人员向被讯问人发出的正告要诚意，做到诚恳而真心。这样，才能感化被讯问人，被讯问人才能从心底里接受讯问人员的正告，从而使正告取得事半功倍的效果。而要使正告做到诚意，讯问人员向被讯问人发出正告在态度上要诚恳，内容上要正当，言辞上要中肯。

（4）向被讯问人出示有针对性的证据

讯问人员要根据被讯问人抗审精神支柱的不同情况和产生这一抗审精神支柱的根源，对有些抗审精神支柱及其根源，向被讯问人出示有针对性的证据，以针对性的证据向被讯问人进行进攻。例如，被讯问人的抗审精神支柱是认为讯问人员不可能发现和掌握自己的犯罪证据，只要自己不交代，讯问人员就没有证据，也就无法认定自己的犯罪事实和对自己作出处罚。对被讯问人的这一抗审精神支柱，如果产生的根源是因为其认为自己的行为诡秘，除自己之外，再无他人知晓，那么，对这一抗审精神支柱及其根源，讯问人员就要设法向被讯问人出示其行为诡秘之中不诡秘而留下的间接主观知觉痕迹和客观物质痕迹等证据。使被讯问人感到自己行为尽管诡秘，没有留下直接的主观知觉痕迹，但仍留下了间接主观知觉痕迹和客观物质痕迹，而使被讯问人员收集到自己犯罪的证据。如果产生的根源是因为其认为自己已隐匿或销毁了证据，对这一抗审精神支柱及其根源，讯问人员就要设法向被讯问人出示其隐匿不彻底而已被找到的证据，或销毁不彻底而留下的证据。使被讯问人感到自己尽管已对证据进行了隐匿或销毁，但由于隐匿或销毁不彻底，而被讯问人员找到了隐匿的证据或收集到了没有彻底销毁的证据。又如，被讯问人的抗审精神支柱是认为自己在实施犯罪行为时，只有自己与同案人、对合人、知情人或被害人两人在场，即使同案人或对合人作出交代，或知情人进行作证，或被害人作出陈述，只要自己不交代，或坚决予以否认，或坚持自己的行为不是犯罪行为，证据是"一对一"，就无法认定自己的犯罪事实和对自己作出处罚。对被讯问人的这一抗审精神支柱，讯问人员就要设法向被讯问人出示除同案人、对合人、知情人或被害人的供述或陈述证据外的其他充分的证据，使被讯问人感到讯问人员已收集到充分的证据，证据已不是"一对一"。

讯问人员以出示证据的方法向被讯问人的抗审精神支柱进行进攻，特别要注意做到出示证据要既确实，又巧妙。

①确实。讯问人员向被讯问人出示的证据一定要真实可靠，符合案件的事实、情节，是案件事实情况的真实反映。这样，出示的证据才能使被讯问人感觉到讯问人员已确实掌握了其犯罪的证据，从而起到威慑的作用。而要使出示的证据具有确实性，讯问人员就要对出示的证据进行审查、判断，确认该证据真实、可靠，完全是案件事实情况的真实反映，方可向被讯问人出示。而不能对出示的证据不经审查、判断，仅凭道听途说或主观猜测或根据以往的一般规律而任意拿一个证据向被讯问人出示，以致出示虚假或半真半假的证据。

②巧妙。讯问人员向被讯问人出示证据一定要巧妙，以最巧妙的技巧向被讯问人出示证据。这样，出示的证据才能给被讯问人造成悬念，从而使出示的证据与被讯问人的心理事实产生联想，证据在被讯问人的悬念和联想中不断扩大、补充、完善，使被讯问人感觉到讯问人员不仅已掌握了其确实的证据，而且已掌握了其充分的证据。而要使出示证据做到巧妙，一是要隐蔽好出示证据的目的，不要使被讯问人摸到出示证据的目的；二是不能把所有的证据都暴露在被讯问人的面前，不能使被讯问人摸到讯问人员掌握其证据的底细，使之"丈二和尚摸不着头脑"；三是在出示的方法上和出示的内容上要突出一个"巧"字，使之"不识庐山真面目"，而不能直来直去地对证据进行出示。

（5）向被讯问人摆出有针对性的事实

讯问人员要根据被讯问人抗审精神支柱的不同情况，对有些抗审精神支柱，要向被讯问人摆出有针对性的事实，以针对性的事实向被讯问人进攻。例如，被讯问人的抗审精神支柱是认为自己有后台，有靠山，关系网密、牢固，自己被查，这些后台、靠山、关系网定会出手相救，只要自己不交代，自己的这些后台、靠山、关系网一出手相救，给讯问人员施加压力，讯问人员就不得不对其利益进行考虑而停止对自己的查处。对被讯问人的这一抗审精神支柱，讯问人员就要以案件侦查中出现的情况，或向被讯问人摆出其这些后台、靠山、关系网不会出手相救的事实。使被讯问人感到其所寄托的外援真的不会出手相救；或向被讯问人摆出其这些后台、靠山、关系网虽已出手相救，但不起作用，救不了被讯问人的事实。使被讯问人感到其所寄托的外援救不了自己；或当着被讯问人的面摆出讯问人员不买其这些后台、靠山、关系网的账的事实，使被讯问人感到其所寄托的外援已成泡影。又如，被讯问人的抗审精神支柱是认为认定自己有罪和处以刑罚，必须要有自己的口供，只要自己不交代，没有自己的口供，就无法认定自己有罪和处以刑罚。对被讯问人的这一抗审精神支柱，讯问人员就要把没有被讯问人的口供，照样能够认定被讯问人的犯罪事实和处以刑罚，并予以从重处罚的事实摆在被讯问人的面前：或建立证据体系，以证据体系摆出这种事实；或阐明证明标准，以证明标准摆出这种事实；或宣讲典型案例，以典型案例摆出这种事实，从而使被讯问人感到，没有自己的口供，仍然能够认定自己的犯罪事实和作出处罚。

讯问人员以摆事实的方法向被讯问人的抗审精神支柱进行进攻，特别要注意做到摆事实要既客观，又自然。

①客观。讯问人员向被讯问人摆出的事实要客观，是不依赖于意识而存在的事实。这样，被讯问人就不得不面对现实，从而使摆出的事实给被讯问人当头一棒。而要使摆出的事实做到客观，讯问人员就要摆出已经发生的事实、正在发生的事实或合乎规律必然要发生的事实，而不能凭自己的主观想象、猜测而胡乱地编造一些事实去唬弄被讯问人。

②自然。讯问人员在摆事实的过程中，要做到自然，不勉强，不局促，不呆板。这样，就使被讯问人感到存在这些事实是必然的，出现这些事实是顺理成章的，从而使被讯问人更加相信讯问人员所摆出的事实，使被讯问人在事实面前断了心中所寄予的希望。而要使摆事实做到自然，讯问人员就要把摆事实与阐明为什么会出现这些事实的道理结合起来，把摆事实与讯问人员的坚决态度结合起来，把摆事实和加大讯问力度结合起来，而不能就摆事实而摆事实，使事实变得孤零零、干巴巴。

（6）向被讯问人表明有针对性的态度

讯问人员要根据被讯问人抗审精神支柱的不同情况，对有些抗审精神支柱，要向被讯问人表明讯问人员有针对性的态度，以针对性的态度向被讯问人的抗审精神支柱进攻。例如，被讯问人的抗审精神支柱是认为讯问人员不可能发现和掌握自己犯罪的证据，只要自己不交代，讯问人员就没有证据，也就无法认定自己的犯罪事实和对自己作出处罚。对被讯问人的这一抗审精神支柱，讯问人员就要向被讯问人表明我们有的是力量、有的是办法的态度：一是我们有足够的力量，拥有痕迹专家、证据专家、刑法专家、刑事技术专家、社会科学专家、自然科学专家和各类人才，有力量、有能力收集犯罪的各种证据，并组成证据体系，证实被讯问人的犯罪事实。二是我们拥有讯问、询问证人、勘验、检查、辨认、侦查实验、搜查、查封、扣押物证、书证、鉴定、技术侦查措施、通缉等多种收集证据的侦查手段，有这么多的收集证据的侦查手段，还怕收集不到证据？三是我们有充足的时间。通过这些态度的表明，被讯问人感到自己的犯罪无论怎么诡秘，作案手段无论怎么高明，对现场无论进行了怎样的破坏、清理或伪造，对证据无论怎么进行了隐匿或销毁……也必然要被讯问人员收集到证据。又如，被讯问人的抗审精神支柱是认为自己有后台、有靠山、有关系网，只要自己不交代，自己的后台、靠山、关系网定能出手相救，给讯问人员施加压力，讯问人员就会惧怕而停止对自己的查处。对被讯问人的这一抗审精神支柱，讯问人员就要向被讯问人表明我们什么都不怕的态度：不怕威胁、不怕控告、不怕报复、不怕陷害、不怕穿小鞋、不怕迫害、不怕得罪人。同时向被讯问人表明以下几点：一是表明讯问人员是代表国家行使职权，有国家权力和法律的保护，有这样强大的保护，我们什么都不害怕。二是表明讯问人员是依据法律的规定对案件进行查处和对被讯问人进行讯问的，履行的是国家法律，体现的是依法办案，堂堂正正、有依有据，没有什么值得害怕的。三是表明打击犯罪符合人民的愿望，得到了广大人民群众的支持和拥护，有群众的支持和拥护，我们什么都不会怕。四是表明给讯问人员施加压力是干扰和破坏案件的查处，是非法行为。对非法行为，我们更是不怕。通过这些态度的表明，使被讯问人感到讯问人员是一个刚正不阿的强硬之人，任何的压力不仅对讯问人员都是毫无意义的，而且，只能激起讯问人员把案件查处到底的坚强决心。

讯问人员以表明态度的方法向被讯问人的抗审精神支柱进行进攻，特别要注意做到表明的态度的观点既要明确，又要扼要；内容既要合法，又要实际；表情既要严肃，又要刚毅；言辞既要严厉，又要郑重；语气既要强硬，又要坚定。关于表明态度的这些要求，笔者曾在《讯问步骤》中作过较为详细的论述，在此不予赘述。①

（7）向被讯问人宣讲有针对性的案例

讯问人员要根据被讯问人抗审精神支柱的不同情况，针对不同的抗审精神支柱，向被讯问人宣讲有针对性的典型案例，以针对性的典型案例向被讯问人的抗审精神支柱进攻。例如，被讯问人的抗审精神支柱是认为自己在实施犯罪时，只有自己与同案人、对合人、知情人或被害人两人在场，只要自己不交代，或坚决予以否认，或说明自己实施的不是犯罪的行为，证据"一对一"，就无法认定自己的犯罪事实和作出处罚。对被讯问人的这一抗审精神支柱，讯问人员就要选择犯罪时只有犯罪人与同案人、对合人、知情人或被害人两人在场，而犯罪人拒不交代犯罪的事实，或坚决否认犯罪事实，或说明自己实施的不是犯罪行为，最后被讯问人员收集到确实、充分的证据，认定犯罪人有罪和处以刑罚的典型案例向被讯问人宣讲。通过有针对性典型案例的宣讲，警示被讯问人，使被讯问人感到尽管自己犯罪时，只有自己与同案人、对合人、知情人或被害人两人在场，自己拒不交代，或坚决否认犯罪事实，或说明自己实施的不是犯罪行为，但照样要被讯问人员收集到自己犯罪的确实、充分证据，照样要被定罪处罚。

讯问人员以宣讲案例的方法向被讯问人的抗审精神支柱进行进攻，特别要注意做到宣讲案例要既典型，又活现。

①典型。讯问人员向被讯问人宣讲的案例要典型，具有代表性。这样，宣讲的案例才能使被讯问人受到震动，从而起到警示的作用。而要使宣讲的案例具有典型性，讯问人员就要从已办理或处理过的案件中选

---

① 见拙作《讯问步骤》，中国法制出版社 2021 年版，第 267—273 页。

择出那些或犯罪者级别高，或犯罪者狡猾，或犯罪者后台硬，或案件疑难、复杂的案例，讯问人员都能顶住压力、排除阻力、克服困难、查清案件，将犯罪者绳之以法。而不能例举那些平平常常、普普通通的一般案例。

②活现。讯问人员向被讯问人宣讲的案例要活现，既生动，又逼真。这样，宣讲的案例才能使被讯问人感到畏惧，从而起到震慑的作用。而要使宣讲的案例具有活现性，讯问人员就要从已办理或处理过的案件中选择那些发生在近期，同被讯问人抗审精神支柱相同，同被讯问人的犯罪性质、事实、情节相似，发生在被讯问人附近或被讯问人知道的案例向被讯问人进行宣讲。而不能宣讲那些陈年烂谷子、与被讯问人的情况风马牛不相及或被讯问人根本不知道的案例。

通过上述这些有针对性的方法和内容向被讯问人进攻，动摇被讯问人的抗审精神支柱，进而就有可能摧毁被讯问人的抗审精神支柱。例如：

被讯问人管某，系某县县委书记，因故意杀人嫌疑被某市公安局刑事拘留。

某女失踪，其家人向公安机关报案后，侦查人员经对该女的住处进行勘查，发现其卫生间有人血反应迹象，但由于已清洗，无鉴定意义。经侦查，发现该女失踪与该女的姘夫管某有关。侦查人员经向管某的驾驶员了解，管某常在星期五下班后自驾车外出，星期一一早回来，把车交给驾驶员，都是驾驶员洗的车子。而在半个月前（也就是某女失踪的时间），管某驾车回来交给驾驶员的车子已洗得干干净净，连后备厢都清洗干净，还换了新的厢垫。自这次以后，管某外出都是由驾驶员开的车。接着，侦查人员对管某的小车进行了秘密、细致的勘查，结果在后备厢的一暗角处发现了血迹，经检验，同某女的血型一致。接着，侦查人员展开对某女尸体的寻找，没有发现该女的尸体。据上述情况，侦查人员认为某女已被害，可能已被分尸运到某处抛尸。管某有重大作案嫌疑，便刑事拘留了管某。

在第一次讯问中，管某的态度极端恶劣，气焰十分嚣张，捶桌子，摔板凳，逼侦查讯问人员拿出证据，并声称："只要你们能拿出一丁点证据，不需要证据充分，枪毙我都决不喊冤，如果你们拿不出证据，我就同你们斗到底，我等着你们的一丁点证据！"致使讯问无法进行下去。

侦查讯问人员通过对案情的分析认为，管某一定会认为自己杀死某女并进行分尸的现场已彻底清洗，没有留下自己作案的任何痕迹物证；尸体已经抛弃，公安人员无法找到；装运尸体的小车已彻底清洗，不可能留下痕迹；整个作案过程都是自己一人秘密进行，不可能有人知晓。因而，已没有什么证据可供公安侦查人员收集，侦查人员一丁点的证据也收集不到。只要自己不交代，公安机关就没有证据，拘留时间期满就可无罪释放，继续当自己的县委书记。据此，侦查讯问人员认为，管某的抗审精神支柱是认为侦查讯问人员不可能发现和掌握自己杀人的证据，只要自己不交代，侦查讯问人员就不可能有证据，也就无法认定自己的杀人事实和对自己作出处罚。这一抗审精神支柱的根源是已对现场和作案工具进行了清洗，对尸体进行了分尸抛尸，自己杀人的证据都已进行了彻底的毁灭，已没有证据可供讯问人员收集。于是，侦查讯问人员便将管某的这一抗审精神支柱及其根源作为重点突破的目标。

确定了对管某讯问的重点突破目标后，侦查讯问人员便开始运用重点突破的策略对管某进行讯问。在讯问中，侦查讯问人员以有针对性的方法和内容对管某的抗审精神支柱进行进攻。

第一，向管某阐明以下有针对性的道理。

一是向管某阐明"绝迹易，无行地难"的道理。[①] 侦查讯问人员是这样向管某阐明这一道理的：

问："你知道庄子的一句名言叫'绝迹易，无行地难'吗？"

答："我不知道，也听不懂。"

问："那我就解释给你听听：庄子这句话用现代汉语来解释，就是灭绝痕迹是容易的事，但不靠地来走路是做不到的。也就是说，灭绝痕迹要靠接触地面走路来完成，完全不接触地面吊在空中是无法灭绝痕迹

---

① 见《庄子·内篇·人间世》，载马肇基主编：《国学经典》（第二卷），线装书局2012年版，第345页。

的。这就告诉我们一个事实：一个人在实施犯罪行为后，其对现场进行了清理，洗净自己作案留下的痕迹，然后把作案所有的证据都毁灭干净，这是容易做到的。但是，他到现场作案和离开现场要接触到地面行走，他洗净作案的现场的痕迹和毁灭作案的证据也需要脚接触到地面行走。不靠地行走是无法实施犯罪行为和隐匿、毁灭痕迹、物证的。既然要靠地行走来实施犯罪行为，隐匿、毁灭痕迹、物证，那么，无疑要在地上留下作案人的脚印。虽然有的脚印没有明显的痕迹，但通过用化学方法喷溅的科学技术能够显现出这种没有明显痕迹的脚印，使之明显。这样，侦查人员就取到了作案人的脚印。而脚印可以推断出人的性别、年龄、特征和走路的姿势，从而确定是谁的脚印。是谁的脚印确定下来了，也就收集到了是谁作案的证据。你现在听懂'绝迹易，无行地难'的意思了吗？我想你肯定是听懂了。"

通过向管某阐明"绝迹易，无行地难"这一道理，此时的管某脸上显露出了不安。

二是向管某阐明任何事物都是一分为二的道理。侦查讯问人员是这样向管某阐明这一道理的：

问："我现在再给你讲讲世界上的任何事物都是一分为二的道理。我们知道，世界上的任何事物都是一分为二的。也就是说，世界上的任何事物都是相对的，而没有绝对的，你作为县委书记对此是懂的，不需要我详细叙述。我们现在联系实际来说说这个道理：由于任何事物都是相对的，没有绝对的，作案人对作案现场进行清理，对证据进行毁灭或抛弃，无疑也是相对的，不是绝对的。也就是说，其不可能把所有的痕迹都清理干净，也不可能把所有的证据都毁灭得一干二净或抛弃得无踪无影，特别是那些细小的或肉眼见不到的痕迹就不可能都清理干净或都予以毁灭。因而，尽管作案人对痕迹进行了清理或对证据进行了毁灭，但仍会留下那些细小的，或肉眼见不到的痕迹，尽管作案人对证据进行了抛弃，但仍可以找到。这样，就为侦查人员收集到证据提供了可能。侦查人员通过缜密细致的勘验和借助现代科学技术，就收集到了那些未被清理和毁灭的细小的或肉眼见不到的证据，通过寻找也就找到了作案人抛弃的证据，这不就收集到了作案人犯罪的证据了吗?"

通过向管某阐明任何事物都是一分为二的道理，此时的管某出现了惊慌。

三是向管某阐明"实施隐匿、毁灭证据的行为，必然要留下主观知觉痕迹和客观物质痕迹"的道理。侦查讯问人员是这样向管某阐明这一道理的:

问:"我还要给你讲讲'实施隐匿、毁灭证据的行为，必然要留下主观知觉痕迹和客观物质痕迹'的道理。

"我们知道，实施隐匿、毁灭证据的行为，都要在一定的时间和空间里进行，离开了时间和空间是不可能隐匿、毁灭证据的。由于隐匿、毁灭证据的行为需要在一定的时间内进行，因而，在这个时间内，就有可能被他人发现隐匿、毁灭证据者隐匿、毁灭证据的行为，目睹或耳闻其隐匿、毁灭证据的事实而留下能直接证明这一事实的主观知觉痕迹。即使其在这一时间实施隐匿、毁灭证据的行为十分诡秘，没有被他人直接发现，但由于人是生活在人群中的，必然要同他人接触。这样，其隐匿、毁灭证据的前或后不可避免地要暴露出一些疑点而被他人发觉，完全不暴露疑点是不可能的。这也就留下了间接证明这一事实的主观知觉痕迹。由于隐匿、毁灭证据的行为需要在一定的空间内进行，因而，在这一空间内，其隐匿、毁灭证据的行为必然要接触到其他的事物，引起其他事物的变化而留下客观物质痕迹，也即留下了隐匿、毁灭证据的证据。侦查人员通过对隐匿、毁灭证据的证据的收集，再顺着这个隐匿、毁灭证据的证据，也就找到了这个隐匿、毁灭证据的人。而且，现在绝大多数的空间都装有高清监控录像设备，其隐匿、毁灭证据的行为被监控录像所记录是不可避免的，这样，也就留下了这个人隐匿、毁灭证据的证据，从而使侦查人员收集到证据。"

通过向管某阐明"实施隐匿、毁灭证据的行为，必然要留下主观知觉痕迹和客观物质痕迹"的道理，此时的管某已极为紧张。

四是向管某阐明"被隐匿的证据是可以找到的"道理。侦查人员是这样向管某阐明这一道理的:

问："我还想给你讲讲'被隐匿的证据是可以找到的'道理。我们知道，隐匿的证据并未从地球上消失，它客观地存在于某一空间之中。因而，这就为侦查人员找到被隐匿的证据提供了前提和基础。现代科学技术的发达、监控录像的记录、技术侦查手段的运用、警犬的嗅觉，等等，这就为侦查人员找到被隐匿的证据提供了手段和保证，侦查人员完全可以运用这些手段找到被隐匿的证据。"

通过向管某阐明"被隐匿的证据是可以找到的"道理，此时的管某已惊慌失措。

五是向管某阐明"欲盖弥彰"的道理。侦查人员是这样向管某阐明这一道理的：

问："你再耐心地听，我最后再给说一个道理。你懂'欲盖弥彰'这个成语吗？"

管某没有回答。

问："我同你说，'欲盖弥彰'这个成语的意思是：一个人想掩盖事实真相，对事实真相进行了掩盖，其结果恰恰相反，反而使事实真相暴露得更加明显。你看啊！作案人在作案后想掩盖自己作案的事实真相，其通过清理痕迹和匿藏、毁灭证据来掩盖事实真相，但清理痕迹和匿藏、毁灭证据的行为恰恰引起了侦查人员对清理痕迹之处和匿藏、毁灭的证据的重视，通过更细致的勘查和千方百计地寻找，就能在清理痕迹之处发现未被彻底清理的细小痕迹和找到被匿藏、未被彻底毁灭的证据，这就清楚地暴露出作案人实施犯罪行为的真相。

"我给你说了这么多的道理，你对照对照自己想想看。你的行为能否给我们收集到证据。"

此时的管某已坐立不安。

第二，向管某出示证据。

一是向管某出示了留在杀死某女现场的脚印。对这一证据，侦查人员是这样出示的：

问："管×，我要告诉你一件事，×××失踪后，我们对其住处进行了勘验。虽然卫生间已被水冲干净，但卫生间的门石和×××的房间并未清洗，经我们仔细地勘查和利用科学技术，结果真的是'绝迹易，无行地难'，应了我同你说的第一个道理。也就是说，我们在×××被害的地方收集到了这个作案人的犯罪证据。"

二是以暗示的方法向管某出示了其未洗净小车，留在小车后备厢的一暗角处某女的血迹。侦查讯问人员是这样出示这一证据的：

问："我问你，半个月前你自己洗过车子、换过后备厢的厢垫吗？"

答："这同你有什么关系！"

问："肯定有关系！不仅同我有关系，而且同你关系更大。你太粗心了，特别是清洗后备厢和换厢垫这么重要的事你本来是不应当粗心的。由于你的粗心，正应了我前面同你说的第二个道理的那些话。也就是世界上的任何事物都是相对的，没有绝对的。这不是同我的工作有关系了吗？而且，不是同你的关系更大吗！"

三是以虚实并举的方法向管某出示证据。实的方面向管某出示了其杀死某女，分尸后抛尸车子所走的路线；虚的方面向管某出示了其所抛的某女尸块。侦查人员是这样出示的：

问："我还要告诉你，你被列为嫌疑对象后，我们从高速公路管理部门调取了你自己洗车的那次你车子经过的路线，你那一次走××高速线的吧！我们通过省公安厅指示各地对高速经过的沿途进行了地毯式的搜查，对高速经过的江湖进行了拉网式的打捞，结果正应了我前面同你说的第三个、第四个道理的那些话。

"上述这些情况的发现，都是第五个道理所起的作用。也就是欲盖弥彰。"

通过向管某出示证据，此时，冷汗从管某的额头渗出。

第三，向管某宣讲法律的规定。

一是向管某宣讲了《刑事诉讼法》第五十三条规定。①

问："管×，你虽是县委书记，但你毕竟不是从事法律工作，也没有从事过法律工作，对法律的规定你可能不太熟悉。现在，我给你讲讲

---

① 指2012年修正的《刑事诉讼法》第五十三条规定。

法律的有关规定。先给你讲《刑事诉讼法》第五十三条的规定。我国《刑事诉讼法》第五十三条规定：'对一切案件的判处都要重证据、重调查研究，不轻信口供。只有被告人供述，没有其他证据的，不能认定被告人有罪和处以刑罚。没有被告人供述，证据确实、充分的，可以认定被告人有罪和处以刑罚。'"

接着，侦查讯问人员对这条法律作了语词上的解释后，又向管某提出了问题。

问："你联系我前面所说的话，对照这条法律，在你不交代的情况下，能否认定你有罪和处以刑罚。我想，结论是确定的。"

二是向管某宣讲了《刑事诉讼法》第四十八条的规定。①

问："我再给你讲讲《刑事诉讼法》第四十八条的规定……根据《刑事诉讼法》的这一规定，你自己的口供只是这八种法定证据中的一种，即被告人的供述和辩解。除了你的口供和某女已死而无被害人的陈述这两种证据，这个案件还有其他的六种证据可供我们收集。你也认真地想想，我们能否收集到你犯罪确实、充分的证据，根据《刑事诉讼法》第五十三条的规定认定你有罪和处以刑罚。我想，结论也是确定的。"

三是向管某宣讲了证据分类的理论。

问："我还要告诉你的是，不仅《刑事诉讼法》规定了八种法定证据，而且，证据理论将证据分为原始证据和传来证据，有罪证据和无罪证据，言词证据和实物证据，直接证据和间接证据。作为口供，在证据分类中表现为原始证据、言词证据、直接证据，若否认犯罪，表现为无罪证据。在这个案件中，于你否认犯罪的情况下，还有那么多种类的原始证据和传来证据、言词证据和实物证据、有罪证据、直接证据和间接证据可供我们收集。你也对自己负责地想想，我们能否收集到你犯罪确实、充分的证据和根据《刑事诉讼法》第五十三条的规定认定你有罪和处以刑罚，我想，结论还是确定的。"

---

① 指2012年修正的《刑事诉讼法》第四十八条规定。

通过上述向管某宣讲法律的规定，此时的管某一会用手拂流出的冷汗，一会用手挠头，一会又用手擦鼻涕。

最后，侦查讯问人员对管某进行了"坦白从宽、抗拒从严"和"宽严相济"刑事政策的教育，以政策对管某进行感召。

侦查讯问人员通过上述向管某阐明有针对性的道理、出示有针对性的证据、宣讲有针对性的法律，对管某的抗审精神支柱进行进攻，摧毁了管某的抗审精神支柱。最后，侦查讯问人员以政策感召管某，促使管某对杀死某女和进行分尸、抛尸的犯罪事实作出了如实的交代。

2. 对被讯问人抗审恶劣态度的进攻

对被讯问人抗审恶劣态度的进攻，事实上是对被讯问人的抗审恶劣态度进行端正。关于端正被讯问人对待讯问的态度，笔者曾在拙作《讯问步骤》中论述了端正被讯问人不端正态度的步骤及其基本方法①。而将被讯问人抗审的恶劣态度作为重点突破的目标进行突破，应突出以下方法，对被讯问人的抗审恶劣态度进行进攻。

（1）营造气势、表明态度、表露决心镇被讯问人恶劣态度的嚣张气焰

被讯问人的恶劣态度突出地表现在嚣张的气焰上，有的被讯问人盛气凌人，高傲自大，表现出骄横的气势，抬着个头，挺着个胸，瞪着个眼，坐在那里仰着个头，跷着个二郎腿，不停地抖动，以蔑视的目光环顾四周，什么都不放在眼里；有的被讯问人向讯问人员发难，猖狂地要讯问人员拿出证据，扬言如拿不出证据，就要与讯问人员斗到底；有的被讯问人声称要控告，要控告讯问人员侵犯他的人权，是在违法办案，是在破坏经济建设，是在冤枉好人，放纵坏人，直至把讯问人员告下台，受处分为止；有的被讯问人对讯问人员进行威胁，声称：你要是弄不死我，我就弄死你，弄死你全家，我出来之日就是你和你家人的忌日；有的被讯问人公然与讯问人员对着干，讯问人员说一句，他顶一句，甚至顶上几句，讯问人员叫他这样，他偏那样；有的被讯问人摆出

---

① 见拙作《讯问步骤》，中国法制出版社 2021 年版，第 254—348 页。

架势，声称讯问人员没有资格同他谈话，要见领导，甚至点名要见某某领导，领导不来，什么都免谈；有的被讯问人拉大旗作虎皮，抬出权贵，声称某某人是我朋友，某某人是我亲戚，他是省里的第几把手，某某人是我提拔上来的，他称我为恩师；等等。对被讯问人恶劣态度所表现出来的这些嚣张气焰，讯问人员就要坚决地将其压下去，以强大的气势、强硬的态度、坚强的决心镇住被讯问人恶劣态度的嚣张气焰。

①以强大的气势镇被讯问人恶劣态度的嚣张气焰

我们在本书第二章"攻心为上"中较详细地叙述了势影响攻心。而以强大的气势镇被讯问人恶劣态度的嚣张气焰，则应突出通过以下方面营造出强大的气势镇被讯问人恶劣态度的嚣张气焰：一是要通过全党重视、各部门参与、组织强有力的查案力量、广泛地发动、动员群众参与，召开各种大会、小会、座谈会、研讨会等营造出强大的查案气势，把一个由党委统一指挥、各部门参与的查案气势摆在被讯问人的面前，将一支战无不胜、攻无不克、所向披靡、浩浩荡荡的查案队伍摆在被讯问人的面前，把一个既轰轰烈烈又扎扎实实的查案场景摆在被讯问人的面前。二是通过各种形式、各种手段宣传严厉打击犯罪的形势营造出强大的气势，把打击犯罪的严厉形势摆在被讯问人的面前。三是通过选择好讯问地点、布置好讯问环境营造出强大的气势，置被讯问人于肃静、庄重、威严的讯问环境中。四是通过领导坐镇讯问或亲自担任主审营造出强大的气势，把大帅亲征的场景摆在被讯问人的面前。五是通过参讯讯问人员人数和素质的强大营造出强大的气势，把一种雄兵百万、"舳舻千里，旌旗蔽空"的场景摆在被讯问人的面前。六是通过讯问人员堂堂的仪表、端庄肃穆的仪容、威武英姿的仪态、饱满旺盛的精神营造出强大的气势，把一种"壮志凌云、气吞山河"的磅礴景象摆在被讯问人的面前。

②以强硬的态度镇被讯问人恶劣态度的嚣张气焰

讯问人员要通过向被讯问人表明强硬的态度镇被讯问人恶劣态度的嚣张气焰。一是向被讯问人表明什么都不怕的态度；二是向被讯问人表明我们有的是力量、有的是办法对付被讯问人和其犯罪行为的态度；三是向被讯问人表明对犯罪行为决不姑息，坚决地予以打击的态度；四是向被讯问人表明我们不查清被讯问人的犯罪事实，将其绳之以法，绝不罢休，绝不半途而废的态度；五是向被讯问人表明"挖地三尺"，展开对被讯问人的犯罪事实进行彻底查处、一查到底的态度。

③以坚强的决心镇被讯问人恶劣态度的嚣张气焰

讯问人员要通过向被讯问人表露坚强的决心镇被讯问人恶劣态度的嚣张气焰：一是向被讯问人表露雄心壮志，做到"志比精金，心如坚石"，① 强硬难移。二是向被讯问人表露咬定目标不放松，做到紧紧咬住目标不放。三是向被讯问人表露攻克目标不动摇，做到只要目标尚未攻克，就坚持一直攻到底。

（2）施以对策挖被讯问人恶劣态度的根源

被讯问人抗审恶劣态度的产生都是有其根源的，有的是认为自身硬，讯问人员不敢动自己，也动不了自己；有的是认为自己有外援，外援一出手，一施压，讯问人员就会停止对自己的查处；有的是认为讯问人员不可能掌握自己犯罪的证据，没有证据，讯问人员就没有招数；有的是认为"无供不录案"，态度恶劣，讯问人员奈何不了自己；有的是认为查案机关不公平，比自己问题大得多的人不查而查自己；有的是认为自己的行为不是犯罪行为；有的是认为可以吓住讯问人员；有的是认为可以使讯问人员无计可施；等等。② 对被讯问人抗审恶劣态度的这些根源，讯问人员就要施以有针对性的对策进行进攻，挖除其不端正态度的根源，做到釜底抽薪。只有这样，才能真正地突破被讯问人抗审的恶劣态度。否则，是无法真正地突破被讯问人抗审的恶劣态度的。

而要针对根源施以有针对性的对策进行进攻，讯问人员就要根据被讯问人抗审恶劣态度根源的具体情况，做到具体问题具体对待。

例如，被讯问人抗审恶劣态度的根源是认为自己有外援，自己结交

---

① 见冯梦龙：《警世通言·况太守断死孩儿》，线装书局 2007 年版，第 355 页。

② 被讯问人这些恶劣态度根源的具体情况，见拙作《讯问步骤》，中国法制出版社 2021 年版，第 249—254 页。

了一批领导朋友，交际广、关系网大、牢固，自己的关系网一出面给讯问人员施压，讯问人员就不得不停止对自己的查处。对被讯问人因这一根源而产生的恶劣态度，讯问人员就要对被讯问人施以下有针对性的对策：一是根据被讯问人所建立的关系网的不同情况，以不同的道理向被讯问人指出其所建立的关系网是不牢固的。对于以权势建立的关系网，要在向被讯问人阐明"以势交者，势倾则绝"① 的道理的基础上，指出：这种以你的权势建立的关系网，就会因你现在被查，权势的倾倒、丧失而破裂；对于以财物建立的关系网，要在向被讯问人阐明"以财交者，财尽而交绝"② 的道理的基础上，指出：这种以你的财物建立的关系网，就会因你现在被查没有财物了，不能再给其财物而绝交；对于以利益建立的关系网，要在向被讯问人阐明"以利交者，利穷则散"③ 的道理的基础上，指出：这种以你的利益建立的关系网，就会因你现在被查，利益已穷尽，不能再给其利益而一拍即散。对于以色相建立的关系网，要在向被讯问人阐明"以色交者，华落而爱渝"④ 的道理的基础上，指出：这种以你的色相建立的关系网，就会因你现在被查，色衰而改变；对于以权钱互相利用建立的关系网，要在向被讯问人阐明"以权利合者，权利尽而交疏"⑤ 道理的基础上，指出：你这种以你们权钱互相利用建立起来的关系网，就会因你现在被查，权钱的丧失，不能互相利用而分散。二是要向被讯问人强调他自己的前途、名声比你重要。指出：出面为你解脱，进行说情或给讯问人员施加压力，这是违反法律和纪律的，会影响到他的前途和名声。这样，他就会从自己

---

① 见［隋］王通：《文中子·礼乐篇》，载郑春颖译注：《文中子说译注》，黑龙江人民出版社 2003 年版，第 118 页。

② 见《战国策·楚策一》，载缪文远等译注：《战国策》（上），中华书局 2012 年版，第 394 页。

③ 见［隋］王通：《文中子·礼乐篇》，载郑春颖译注：《文中子说译注》，黑龙江人民出版社 2003 年版，第 118 页。

④ 见《战国策·楚策一》。载缪文远等译：《战国策》（上），中华书局 2012 年版，第 394 页。

⑤ 见《史记·郑世家第十二》，中华书局 2009 年版，第 283 页。

的前途、名声出发考虑问题。由于他自己的前途、名声比你重要，因而，他不会为了解脱你而不要自己的前途、名声，他就会选择保护自己的前途、名声而抛弃你这个关系。而且，现在你出了问题被查，他害怕与你有牵连，影响到他的前途、名声，避你都来不及，还怎么能跳出来为你解脱？为了他自己的前途、名声，他是不会跳出来解脱你的。三是要质问被讯问人他有什么理由出面为你解脱。指出：你的关系网要出面为你解脱，总要有一个理由，有一个由头，没有理由，没有由头就无法出面向别人做工作，话就无从说起。并质问被讯问人：你的这些关系网有什么理由或由头出面做工作，为你开脱？他是说了解你，还是说与你是什么关系，抑或说因什么要为你开脱？总之，你的关系网没有理由或由头出面为你解脱，就是想出面也出面不了。四是要正告被讯问人即使关系网出了面，也没有用。指出：实施了犯罪行为，就要受法律的制裁。你的关系网就是出了面为你解脱，由于这与法律的规定相悖，因而也不会有任何的作用。因为违反法律的事不仅行不通，而且，案件的决定权在我们手上，我们不同意，你的那些关系网就没招数。五是向被讯问人摆出他的那些关系网没有为其出面或为其出面没有作用的事实。六是向被讯问人表明态度。指出：我们什么都不怕，不怕压力、不怕威胁、不怕得罪人，坚决把案件查到底。通过施以上述有针对性的对策，使被讯问人感到依靠关系网脱案是一个泡影，从而挖除被讯问人认为自己有外援的恶劣态度根源。

（3）无情揭露，曝被讯问人犯罪事实的真相

查处案件，讯问被讯问人，最终打的是事实战、证据战，案件事实清楚，证据确实、充分，犯罪嫌疑人就得定罪、判刑。其态度恶劣也无济于事，零口供也要被定罪、判刑。因而，被讯问人最怕的是案件事实清楚，证据确实、充分，其在案件事实清楚，证据确实、充分面前就硬不起来。因此，向被讯问人抗审恶劣态度进攻，讯问人员要善于运用手段揭露被讯问人犯罪事实的真相，使之感到案件的事实已经暴露，证据已被讯问人员掌握。

揭露被讯问人犯罪事实真相的方法有：

①以事实揭露被讯问人的犯罪事实真相已经暴露

讯问人员要善于运用以下事实揭露被讯问人的犯罪事实真相已经暴露：

第一，以被讯问人被立案侦查或调查的事实揭露被讯问人的犯罪事实真相已经暴露。讯问人员要在向被讯问人宣讲《刑事诉讼法》第一百零九条关于"公安机关或者人民检察院发现犯罪事实或者犯罪嫌疑人，应当按照管辖范围，立案侦查"和第一百一十二条关于"人民法院、人民检察院或者公安机关对于报案、控告、举报和自首的材料，应当按照管辖范围，迅速进行审查，认为有犯罪事实需要追究刑事责任的时候，应当立案；认为没有犯罪事实，或者犯罪事实显著轻微，不需要追究刑事责任的时候，不予立案……"的规定或《监察法》第三十九条关于"……对监察对象涉嫌职务违法犯罪，需要追究法律责任的，监察机关应当按照规定的权限和程序办理立案手续"的规定的基础上，向被讯问人指出：对犯罪嫌疑人或监察对象立案的法定条件是，发现犯罪嫌疑人有犯罪事实或认为有犯罪事实需要追究刑事责任或监察对象涉嫌职务违法犯罪，需要追究法律责任的。你现在已被立案侦查或调查，表明已发现了你的犯罪事实或认为你有犯罪事实需要追究刑事责任或你已涉嫌职务犯罪，需要追究法律责任。如果没有发现你的犯罪事实或认为没有犯罪事实或你未涉嫌职务犯罪，不需要追究法律责任，你也就不会被立案侦查或立案调查。而立案侦查或立案调查是要经领导书面批准的，你如果没有犯罪事实的暴露，领导批准对你立案侦查或立案调查，岂不是违法审批，而违法审批，审批的领导就要负法律责任。他会干吗？因此，你被立案侦查或立案调查的事实表明你的犯罪事实已经暴露。

第二，以被讯问人被采取刑事强制措施或留置措施的事实揭露被讯问人的犯罪事实真相已经暴露。讯问人员要在向被讯问人宣讲《刑事诉讼法》第六十六条关于"人民法院、人民检察院和公安机关根据案件情况，对犯罪嫌疑人、被告人可以拘传、取保候审或者监视居住"、第八十一条关于"对有证据证明有犯罪事实，可能判处徒刑以上刑罚的犯罪嫌疑人、被告人……应当予以逮捕……"、第八十二条关于"公安机关对于现行犯或者重大嫌疑分子，……可以先行拘留：……"、《监察法》第二十二条关于"被调查人涉嫌贪污贿赂、失职渎职等严重职务违法或者职务犯罪……经监察机关依法审批，可以将其留置在特定场所……"的规定的基础上，向被讯问人指出：对犯罪嫌疑人采取刑事强制措施或对被调查人采取留置措施是非常严肃的事，其法定条件是被采取刑事强制措施或留置措施的人要有犯罪事实或涉嫌贪污贿赂、失职渎职等严重职务违法或者职务犯罪事实的存在。你现在已被采取刑事强制措施或留置措施，表明你的犯罪事实或涉嫌贪污贿赂、失职渎职等严重职务违法或者职务犯罪事实已经暴露，有犯罪事实或涉嫌贪污贿赂、失职渎职等严重职务违法或者职务犯罪事实的存在。如果你的犯罪事实或涉嫌贪污贿赂、失职渎职等严重职务违法或者职务犯罪事实没有暴露，司法机关或监察机关不能确认你存在犯罪事实或涉嫌贪污贿赂、失职渎职等严重职务违法或者职务犯罪事实，你也就不可能被采取刑事强制措施或留置措施。而采取刑事强制措施或留置措施是要经领导书面批准的，逮捕的强制措施要经人民检察院批准。你如果没有犯罪事实或涉嫌贪污贿赂、失职渎职等严重职务违法或者职务犯罪事实的暴露，不能确认你存在犯罪事实或涉嫌贪污贿赂、失职渎职等严重职务违法或者职务犯罪事实，领导、检察院岂不是违法审批，而违法审批是要负法律责任的，审批的领导、检察院会干这种要自己负法律责任的事吗？因此，你被采取刑事强制措施或留置措施的事实表明你的犯罪事实或涉嫌贪污贿赂、失职渎职等严重职务违法或者职务犯罪事实已经暴露。

第三，以被讯问人被讯问的事实揭露被讯问人的犯罪事实已经暴露。讯问人员要向被讯问人指出：讯问是侦查或调查措施之一，是一件非常严肃的事情。根据我国《刑事诉讼法》《监察法》的规定，被讯问的对象必须是犯罪嫌疑人或被告人或涉嫌贪污贿赂、失职渎职等职务犯罪的被调查人，也就是说，必须是有犯罪事实或涉嫌贪污贿赂、失职渎职等职务犯罪事实存在的人。如果你的犯罪事实或涉嫌贪污贿赂、失职渎职等职务犯罪事实没有暴露，对你的讯问就是违法的，而违法讯问同样是要负法律责任的。谁愿意自己负法律责任而对你进行违法讯问？因此，你被讯问的事实表明你的犯罪事实或涉嫌贪污贿赂、失职渎职等职务犯罪事实已经暴露。

②以道理揭露被讯问人的犯罪事实真相已经暴露

讯问人员要善于运用阐明道理的方法揭露被讯问人的犯罪事实真相已经暴露。

以阐明道理的方法揭露被讯问人的犯罪事实真相已经暴露，讯问人员要根据案件和被讯问人的具体情况，以有针对性的道理进行揭露。通过运用有针对性的道理进行揭露，使被讯问人明白其犯罪事实真相为什么会暴露，为什么会被讯问人员收集到证据，从而使被讯问人认识到其犯罪的事实真相已经暴露，已被讯问人员收集到证据。例如，对于以狡猾的手段进行作案，自认为作案手段高明，没有留下痕迹物证的被讯问人，讯问人员要以以下有针对性的道理进行揭露：一是以任何犯罪都是在一定的时间和空间实施的道理进行揭露。指出：作案人实施的手段无论如何狡猾和高明，但总是要在一定的时间到达一定空间去实施犯罪行为，在到达、实施、离开的过程中总要接触到一些人或事，完全不接触到人或事是不可能的，除非是从真空过来，在真空中实施，从真空离开。正是这个接触，就会留下主观知觉痕迹和客观物质痕迹。比如，接触地面就要留下脚印这一客观物质痕迹。二是以任何事物都是一分为二的道理进行揭露。指出：任何事物都是一分为二的。因此，作案手段高明，没有留下痕迹物证是相对的，而不是绝对的。高明之中存在着不高明的一面，也就是说，这个高明不可能时时高明、事事高明、处处高明。同时，既然是高明，其就有着与一般不同的特殊性。而这种高明所反映出来的特殊性往往只有该作案人才能具有。这样，作案人作案手段高明中的不高明和高明所反映出来的特殊性就留下了作案人犯罪的痕迹和证据。三是以物质世界是普遍联系的道理进行揭露。指出：物质世界的事物之间和事物内部诸要素之间是互相影响、互相作用、互相制约的。因此，作案人的手段无论怎么高明，其在作用该对象时没有留下痕迹，但由于联系的普遍性，其作用该对象时必然要影响、作用、制约着其他事物，使其他事物产生变化而留下作案人犯罪的痕迹和证据。通过这样以针对性的道理进行揭露，也就使被讯问人认识到，自己的作案手段无论怎么狡猾和高明，犯罪事实真相暴露是必然的。

③以证据揭露被讯问人犯罪事实真相已经暴露

证据是认定被讯问人犯罪事实和对被讯问人作出处罚的依据，被讯问人犯罪的证据一旦被讯问人员掌握，也就表明被讯问人的犯罪事实已暴露无遗。因此，讯问人员要善于以证据揭露被讯问人犯罪事实真相已经暴露。

以证据揭露被讯问人犯罪事实真相已经暴露，实质上就是向被讯问人出示证据，把证据摆在被讯问人的面前。讯问人员要根据证据的情况，向被讯问人出示证据，以证据揭露被讯问人的犯罪事实已经暴露。通过以证据揭露被讯问人的犯罪事实已经暴露，使被讯问人感到自己的犯罪事实已暴露在光天化日之下，真相已经大白。

（4）讲明危害对被讯问人的不利

向被讯问人讲明其恶劣的态度对其所产生的危害，对于促使被讯问人恶劣态度转变的作用是巨大的。因为被讯问人只有明白其恶劣态度对其带来的是非常不利的后果，被讯问人才会受到震动，才能听得进去，从而为避免不利后果的产生而转变恶劣的态度。因此，讯问人员要善于以讲明恶劣态度对其所产生的危害向被讯问人进攻，使其明白恶劣态度对其的不利后果。

讯问人员要向被讯问人讲明其恶劣态度对其有着如下的严重危害：一是不端正态度不仅于事无补，而且从另一个角度为讯问人员发现、攻克、认定被讯问人的犯罪事实提供了依据；二是不端正态度的表现，有的行为要构成新的犯罪，实行数罪并罚；三是促使讯问人员下决心查清被讯问人所有的问题；四是错失良机，失去了"坦白从宽"的条件，得到的是更严厉的惩罚；五是引起领导、讯问人员、被害人及其亲属、群众的不满，民愤越来越大；六是传播越来越广，影响越来越大，被讯问人的名声越来越不好；七是危害了被讯问人自己的家庭和亲人，给其家庭和亲人带来了各种危害。对于这些危害，笔者曾在拙作《讯问步骤》中作过详细的叙述，① 在此不再赘述。

（5）显露才能丧被讯问人的信心

被讯问人抗审恶劣态度的坚持离不开信心的鼓舞，其在信心的鼓舞下就会坚持抗审的恶劣态度。因此，端正被讯问人对待讯问的态度，就要打掉他坚持抗审恶劣态度的信心，使之丧失信心。

打掉被讯问人坚持抗审恶劣态度的信心，最有效的方法是讯问人员显露自己的才能，使被讯问人感到自己根本就不是讯问人员的对手，从而从信心上败下阵来，丧失信心。

显露才能丧被讯问人信心的方法主要有：

①在查案的过程中显露才能

讯问人员要通过在查处案件的现场勘查中，能够在错综复杂的现场，从细微处发现在一般情况下难以发现的物证、痕迹，提取在一般情况下难以提取的证据；在发现和锁定作案人的过程中，能够对纷繁的材料由此及彼、由表及里、去伪存真地进行制作，从蛛丝马迹中发现、锁定作案人；在分析案件中，能够准确地分析作案人的心理和薄弱环节，以及突破案件等显露出水平高、业务精、能力强的高素质才能。

②在讯问的过程中显露才能

讯问人员要通过在对被讯问人讯问的出示证据中，能够抓准时机，以巧妙的方法出示证据；在宣讲法律中，能够对法律信手拈来，倒背如流进行宣讲；在说服教育中，能够对被讯问人进行入情入理、语重心长的教育；在阐明道理中，能够博古通今，出口成章地进行阐述；在揭露矛盾中，能够逻辑严密、直达要害地进行揭露；在批驳谬论中，能够有依有据、义正词严地进行批驳；在输入情感中，能够情真意切、感人肺腑地用情；在运用策略中，能够出神入化、炉火纯青地进行运用等显露出水平高、业务精、能力强的高素质才能。

③出示讯问人员的实物成果显露才能

讯问人员向被讯问人出示自己在报刊发表的论文、出版的著作、科

---

① 见拙作《讯问步骤》，中国法制出版社 2021 年版，第 335—346 页。

研的成果等，显露出讯问人员是一个具有真才实学、才能超众、具有国家级水平和能力的人。

④讯问人员直接向被讯问人宣扬自己的才能

讯问人员要向被讯问人宣讲自己毕业于什么院校，受过哪些培训，在哪些单位工作过，担任什么职务，见过什么样的世面，组织、指挥或参加过对哪些案件的侦破和办理，同哪些类型的犯罪分子进行过面对面的斗争的阅历；宣讲自己对某一重特大案件的侦破与办理过程和办理成功后得到的表彰；宣讲自己参加学术研讨或介绍经验的情况，特别是参加全国性的学术研讨或介绍经验要重点地讲。通过对这些内容的宣讲，宣扬自己的才能。

⑤由辅讯或其他同志向被讯问人宣扬讯问人员的才能

讯问人员要在事前与辅讯或其他同志进行沟通，做好安排，在讯问的过程中或被讯问人在休息时，向被讯问人宣扬讯问人员的才能，把讯问人员的真才实学显露出来。

（6）表现品格化被讯问人的心理

被讯问人抗审恶劣态度的转变，还需要其心理受到感化。被讯问人在其心理受到感化的情况下，就会加速抗审恶劣态度的转变。而感化被讯问人的心理，最有效的良药是讯问人员高尚的品格。因此，讯问人员要善于表现自己的高尚品格，以自己高尚的品格向被讯问人的抗审恶劣态度进行进攻，以高尚的品格感化被讯问人，促使其由抗审的恶劣态度向端正的态度转化。

表现品格化被讯问人心理的方法主要有：

①在查处案件和讯问的过程中表现高尚的品格

讯问人员在查处案件和讯问的过程中，表现出自己依法办案、实事求是、公平公正、刚正不阿、诚恳善良的高尚品格。做到依照法律的规定客观、全面地收集证据；实事求是地审查、判断各种证据和正确地认定作案人；对该采取强制措施的坚决采取强制措施，对不应采取强制措施的坚决不予采取；在讯问中坚持依法讯问，坚决反对刑讯逼供和以威胁、引诱、欺骗以及其他非法的方法进行讯问，实事求是地讯清被讯问人的犯罪事实；公平公正地认定被讯问人的犯罪性质和事实，提出符合事实和法律的处理意见。

②在对特事的处置过程中表现高尚的品格

讯问人员在查办案件的过程中，往往会遇到一些特别的事情。例如，有的领导因主观片面或私心作怪，作出违背事实和法律的批示或指示讯问人员一定要怎么干；有的高官或富豪对讯问人员施加压力和影响，甚至对讯问人员进行拉拢或威胁；有的通过讯问人员的亲戚或朋友向讯问人员说情，许诺给讯问人员某种利益；有的先对讯问人员进行拉拢，拉拢不成就利用黑社会进行威胁；有的向讯问人员请吃、请游乐、送财物甚至送美色；有的办案人员因急于求成对被讯问人进行刑讯逼供；有的办案人员为巴结领导、权贵或经不起拉拢、威胁而丧失原则，甚至营私舞弊；有的被讯问人因特殊情况的存在或发生，需要解决或关照；等等。讯问人员要在对这些特事的处置中，表现出坚持依法办案、实事求是、公平公正、刚正不阿、诚恳善良的高尚品格。做到对领导的违法强令不屈从，敢于顶住压力，坚持原则；对高官或富豪不迎合，敢于回击拉拢，不怕威胁，公平公正、刚正不阿；对说情、吃请、许诺利益、送财物、送美色予以坚决地拒绝，坚持实事求是；对办案人员的刑讯逼供、营私舞弊行为敢于坚决反对和制止，坚决依法、文明、公正办案；对被讯问人存在或发生的需要帮助和关照的特殊情况，真心实意地予以帮助或关照。

③由辅审或其他同志评价、宣扬讯问人员的高尚品格

讯问人员要与辅讯或其他同志做好沟通，选择好向被讯问人宣扬讯问人员的高尚品格的时机和内容，或根据讯问的进程由辅审向被讯问人当面宣扬、评价讯问人员的高尚品格，或在被讯问人关押或采取留置措施期间，由看守人员或看护人员在适当的时机向被讯问人宣扬、评价讯问人员的高尚品格，或选择在被讯问人能听得见的场合，由辅审或其他同志等几个人对讯问人员的高尚品格进行评论、赞扬。

讯问人员以上述方法向被讯问人抗审的恶劣态度进行进攻，被讯问人抗审的恶劣态度这个重点就有可能被突破，从而促使被讯问人端正对

待讯问的态度，进而对犯罪事实作出交代。例如：

郭某，系某有限责任公司董事长，市人大代表，因行贿嫌疑，接受某查案机关讯问。

郭某的有限责任公司规模大，是某市的税收大户，并投资建设该市的一个大工程。郭某因行贿案发，查案机关派员前往调查，找郭某谈话，让其讲清行贿的问题。但郭某得知查案机关前来找他谈话，便避开逃跑躲匿，在躲匿期间向其后台某领导求救，要求该领导做查案机关的工作，不要查处。查案机关经寻找，未能找到郭某。于是，报经市人大常委会许可，批准了对郭某的刑事拘留，并在网上进行追捕。郭某被追捕归案后，讯问人员对其进行了讯问，在讯问中，郭某态度极其恶劣，气焰十分嚣张，捶桌子，摔板凳，辱骂、威胁讯问人员，讯问无法进行，先后讯问了几次，郭某的恶劣态度都有过之而无不及。

讯问人员经分析，认为郭某之所以态度恶劣，气焰嚣张，是因为其认为自己是税收大户，并投资建设大工程，政府的经济建设离不开自己，自己又是市人大代表，同领导又有密切的关系，讯问人员奈何不了自己。在分析了郭某态度恶劣、气焰嚣张的原因后，讯问人员进一步分析认为，要攻下郭某，突破郭某行贿的口供，首先必须要突破郭某的恶劣态度，端正其对待讯问的态度，只有这样，才有可能突破郭某的口供。否则，讯问就无法进行，更不可能突破郭某的口供，而促使其对行贿的事实作出交代。于是，讯问人员决定运用重点突破的策略对郭某进行讯问，把郭某抗审的恶劣态度作为重点突破的目标。

为了突破郭某抗审的恶劣态度，负责案件查处的L副局长决定重新组织讯问队伍，亲自担任主审，增加了两名仪表堂堂、身材高大威武的同志作为辅审，连同原辅审共四人组成讯问队伍，由两名穿警服的同志站在郭某的两边。重新组织好讯问队伍后，又开始了对郭某的讯问。

讯问是这样进行的：

第一，主审营造了查案的气势。

问："郭×，我叫×××，是这个局的副局长，主管案件查处。你这个案件现在由我来对你讯问。"

答:"你讯问,我还怕你这个小小的副局长不成!"

郭某想站起来,但立即被站在他身边的两位同志制止住。

问:"你不怕我这个小小的副局长没有关系,我也没有叫你要怕我这个小小的副局长。但我需要把有些话给你讲清楚。我告诉你:你这个案件,是我们查处××局长带出来的。对××局长案件的查处,省委主要领导有'排除干扰,坚决查处,不管涉及谁,一查到底'的批示。根据省委主要领导的批示,市委书记批示'坚决贯彻执行省委×书记的批示,一查到底'。根据省委、市委主要领导的批示,我们组织了由15人参加的查案队伍,对××局长的案件进行查处。在查处的过程中,涉及了你的犯罪问题,我们本想是找你谈一次话,让你讲清问题,就了结你的事。但你逃跑了。我们将你的问题和你逃跑的情况向市委书记作了汇报,书记明确指示:'将郭×追捕归案,坚决查到底。'因此,你也就被追捕归案,接受讯问。你听明白了吗?"

第二,主审向郭某表明了强硬的态度和坚强的决心。

问:"你对我们办案同志进行威胁,声称出来后要杀我们查案同志的全家。我告诉你:我们什么都不怕。我们不怕你威胁,不怕你报复,不怕你来硬的,不怕你控告,你无论来什么,我们都不怕,我们有的是力量,有的是办法对付你!对于你的犯罪,我们绝不姑息,坚决一查到底,不获全胜,绝不收兵!这就是我们给你的态度和决心。不信,你就试试看!"

第三,主审以针对性的对策挖郭某恶劣态度的根源。

问:"郭×,你以为自己是富豪、企业家、税收大户,投资重点工程建设,经济建设离不开你,又是市人大代表,我们奈何不了你。那么,我也告诉你:

"一是你要识时务。你虽是富豪,但金钱不是万能的,有的问题用金钱是解决不了的,刑事责任的承担这个问题用金钱就无法解决,因为,我国的法律不允许以钱买刑,不允许以钱代刑,金钱在刑事责任面前就是一团废纸!你虽是税收大户,又投资重点工程建设,但离开了你,市里不会因此就断了财政收入,重点工程建设不会因此就断了资金，这同地球离开了任何人都照样能转的道理是一样的。而且，你的公司是股份制公司，离开了你，还有其他的股东，其他的股东可以选出新的董事长，照样能使公司运转、发展。

"二是你要认清形势。既然组织和查案机关已决定查你的问题，说明组织和查案机关的我们已经下了决心，非查清你的问题不可。这就是'留情不举手，举手不留情'！

"三是你要懂得打击犯罪与经济建设的辩证关系。经济建设需要有一个安定团结的政治局面，良好的治安、生产、工作和生活秩序，清正廉洁的环境。只有这样，经济建设才能健康地发展，这就需要狠狠地打击犯罪，否则，怎么还能进行经济建设！狠狠打击犯罪，出现了安定团结的政治局面，保障了治安、生产、工作和生活秩序，形成了清正廉洁的环境，这样，就使经济建设能够健康地进行，而且更加激发了人民群众一心一意进行经济建设的积极性，促进了经济的发展。因此，经济建设需要狠狠打击犯罪。"

讯问人员继续狠挖郭某恶劣态度的根源。

"四是你要懂得法律的规定。我国《刑法》的基本原则之一是刑法面前人人平等，你即使富可敌国，也同样在定罪上、量刑上、行刑上平等地适用《刑法》，不会因为你富有而网开一面。我国《刑法》明文规定，凡在中华人民共和国领域内犯罪的，除'享有外交特权和豁免权的外国人的刑事责任，通过外交途径解决'的特别规定外，都适用《刑法》。《刑法》没有像你这种情况有可以例外的特别规定。因此，你不论如何富有，只要犯罪都一律平等地适用《刑法》，你想以你的富有逃避法律的追究没有法律上的规定，此路不通！

"五是你要看到世态炎凉的现实。你虽同某领导关系密切，但是，你现在被查，是犯罪嫌疑人，某领导在这个时候生怕被人怀疑他得了你的什么好处，避你远远的都来不及，哪敢利用权力为你开脱，他不落井下石，踩你一脚，以表示自己的清白就算是对你够义气了。而且，你自己清楚的，你曾要他为你做工作，为你开脱，他如果真的为你做了工作，他所做的工作能起作用，那么，你在躲避以后，我们也就不会将你立案，对你采取拘留的措施，千方百计地将你追捕归案了。

上述所说的这些难道不能证明你自认为的自身硬是没有任何的作用吗！"

第四，主审无情地揭露郭某的犯罪事实真相已经暴露。

问："我还要告诉你，你的犯罪事实真相已经暴露，已被我们收集到你犯罪的证据。我说这话是有事实依据的：

首先，你已被立案侦查这是事实吧！我先给你讲讲法律关于案件立案的规定。"

讯问人员向郭某宣讲了《刑事诉讼法》第一百零七条和第一百一十条的规定，① 接着指出：

"根据这两条法律的规定，立案是有法定条件的，这个法定条件就是犯罪嫌疑人有犯罪事实需要追究刑事责任。你就是因为符合了这个立案的法定条件，所以被立案侦查。否则，我们凭什么对你立案！你如果没有犯罪的证据被我们掌握，承办人员提出对你进行立案，领导批准对你进行立案，我们自己岂不是违法，我们自己岂不是要承担法律责任，你说，我们会干这种傻事吗？承办人员会提出对你立案吗？领导会批准对你立案吗？所以，你被立案这一事实就说明你的犯罪事实已经暴露，已被我们收集到证据。没有你犯罪的证据。你是不可能被立案的。

"其次，你已被采取拘留的刑事强制措施这也是事实吧！我再给你讲讲法律关于拘留刑事强制措施的规定。"

讯问人员向郭某宣讲了《刑事诉讼法》第八十条的规定②，接着指出：

"根据这条法律关于拘留的规定，拘留的法定条件是被拘留人是现行犯或者是重大嫌疑分子，且是法律所规定的七种情形之一。你虽不是现行犯，但刚才所说的，立案条件表明你有犯罪事实需要追究刑事责任，因而，你是一个重大嫌疑分子，且是法律规定的七种情形之一的第（二）种情形，即亲眼看见的人指认你犯罪。你就是符合了这个拘留的

---

① 指2012年修正的《刑事诉讼法》第一百零七条、第一百一十条的规定。

② 指2012年修正的《刑事诉讼法》第八十条的规定。

法定条件而被拘留的。你如果没有犯罪事实的暴露，我们没有你犯罪的证据，我们凭什么提出对你拘留，凭什么批准对你拘留！拘留你拘留错了，我们经办的同志和审批的领导岂不是要负法律责任，我们经办同志和领导是不会干这种傻事的！而且，你是人大代表，对你采取拘留，根据法律的规定要经市人大常委会许可，我们要将你的犯罪事实和证据报市人大常委会，如果没有你犯罪的证据，人大常委会的那么多常委他们会许可对你拘留吗！所以，你被拘留这一事实说明你的犯罪事实已经暴露，已经被我们收集到证据。没有你犯罪的证据，你是不可能被拘留的！

"最后，我问你：你×月×日下午三点钟到××银行××网点干了什么？你取出多少钱？取出的钱都去了哪里？当晚你到了谁家？去他家干什么了？我们能掌握你如此清楚的事实，说明你的犯罪事实已经暴露，已经被我们收集到证据，没有你犯罪的证据，我们是不可能掌握这些情况的！

"上述所说的这些，难道不能证明你的犯罪事实已经暴露，已被我们收集到证据吗！"

第五，声称对郭某展开彻查向其施以高压。

问："据我们掌握，你还有偷税、非法经营的问题，还有包养情妇的问题。我问你：你有那么多的财产，你的财产来源都是合法正当的，都交税了？你同章××这个女人是怎么回事？还有周×那个女人呢？我先问问你，你经得起彻查？

"我现在正式告诉你，你如果继续以恶劣的态度对抗讯问，不把我们现在查你的这件事交代清楚，那么，我就先把现在查的这件事放一放，在全市和各县的查案机关抽调办案精英，分几个专案小组，查你的偷税，查你的非法经营，查你的'包二奶''包三奶'，查你的嫖娼，总之查你所有的问题。大的要查，小的也要查；现在的要查，过去的也要查；政治的要查，经济的也要查，生活的还是要查；犯罪的要查，道德伦理、人品的也要查。查清了你所有的问题后，对犯罪的问题作出刑事上的处罚，该数罪并罚的数罪并罚；对经济上的问题该追缴的追缴，该没收的没收，该退赔的退赔，该赔偿的赔偿，该罚款的罚款；对道德、伦理、人品上的问题交给道德法庭。而且，还要把你的所有问题都公之于众，让大家看看你究竟是怎么样的一个人！够不够是一个人！"

说到此，主审转向三位辅审说："你们三个做一个分工，老谷明天带几个人到郭×的公司搬账册，并由你同审计盖局长联系，叫审计局组织人员审计；老张明天带几个人把章××这个女人传唤过来，由你负责讯问；小吴明天带几个人把周×这个女人传唤过来，由你负责讯问。你们几个先做好准备。"

此时的郭某出现了不安，欲言又止。

问："我知道你想讲什么，我讲完后你再讲。

"我同你说的这些，你自己看着办，我们充分尊重你的选择。你选择彻查，我们好好地给你查到底，你选择端正态度，那就好好地给我端正态度！"

此时的郭某想说话。主审制止了他说话："我还没说完，我说完了你再说。"

第六，讯问人员向郭某阐明恶劣态度对其的危害。

问："我还要告诉你，你以恶劣的态度对待讯问，对你只有危害，而没有半点的好处。我把你恶劣的态度对你的危害，会给你带来什么样的不利后果说给你听听。"

接着，讯问人员向郭某阐明了恶劣态度对其的危害。

问："你自己想想，实施恶劣态度对抗讯问，你值得不值得！"

第七，讯问人员向郭某显露了自己的才能和品格。

问："由于你态度恶劣，我决定自己直接来办你这个案件。既然是这样，我就要把我是怎样的一个人告诉你，使你有心理准备。"

接着，讯问人员向郭某讲述了自己先后在公安机关、检察机关、监察机关、国家安全机关、纪检监察机关工作，三十多年一直从事办理刑事犯罪、经济犯罪、间谍犯罪、腐败犯罪案件的经历；直接或指挥办理过上千宗案件，至今没有一件失手过，也没有发生错案，着重讲述了办理全国有影响的杨某腐败窝案、串案；讲述了自己精通刑事法律，著有刑法专著和与中国顶级的刑法专家合著《新刑法全书》，发表的论文被中央电大选编为《刑法》辅导教材，多次被邀参加全国刑法研讨会，参加过 1997 年刑法修改讨论，立法机关就是根据自己发表的论文对 1997 年刑法的间谍罪进行修改的，并向郭某出示了这些实物成果；讲述了自己在办案中依法办案、实事求是、刚正不阿的事例，着重讲述了顶住和办理了上级直接领导出面讲情和施加压力的该领导亲戚的案件，顶住和查清了各级领导层层批示要严惩、各部门都表明要严惩的错案；等等。

问："我就是这样一个人，你想同我们抗衡下去，我们奉陪到底！

"我给你讲了这么多，何去何从你自己定夺吧！我想，我现在查你的这个问题，你做这事，对方是有责任的，谁不心疼钱，谁真心愿意这么干，是没有办法只得干这事。你已经失去了一个机会，如果当时我们找你谈话你不逃跑躲匿，就讲清问题，由于当时还没有对你立案，根据《刑法》第三百九十条第二款的明文规定，你这种性质的案件，是可以减轻处罚或者免除处罚的。我们当时正想根据这一法律规定让你讲清问题。那个机会失去了已没有办法，你是否还要失去现在可以从轻处罚的机会。现在你给我一个态度，我根据你的态度好安排下一步的工作，老谷、老张、小吴也好去准备明天的工作。"

答："我早知道是这样，我就不会跑了，更不会以这样恶劣的态度对待你们，我现在愿意讲清我的这个问题，但我有一个要求，我讲清了这个问题，你不要搬我公司的账，查我那些乱七八糟的事好吗？"

问："这要看你讲清这个问题的态度，你若真心悔过，不是不可以。"

答："我真心悔过，如实讲清这个问题。"

问："那好，你就自己先把这个问题写出来，这也表明你有一个好的态度。"

接着，郭某自己写行贿的事实。最终突破了郭某抗审的恶劣态度。

3. 对被讯问人思想上顾虑的进攻

对被讯问人思想上顾虑的进攻，事实上就是以各种方法消除被讯问人思想上的各种顾虑。关于消除被讯问人思想上的各种顾虑，笔者曾在拙作《讯问艺术》（增订版）之"消之以虑"这一谋略中作过论述。①而将被讯问人思想上的顾虑作为重点突破的目标进行突破，则应突出以下列方法对被讯问人思想上的顾虑进行进攻。

（1）以教育的方法进行进攻

被讯问人之所以存在顾虑，就是因为其思想上对其所顾虑的问题存在着糊涂的认识。因而，要消除被讯问人的顾虑，就要澄清被讯问人对其所顾虑问题的糊涂认识。而要澄清被讯问人的糊涂认识，讯问人员就要以教育的方法进行进攻，对其所顾虑的问题以政治的、哲学的、伦理的、道理的、政策的、法律的、形势的、案例的方法等对被讯问人进行教育。通过教育，澄清被讯问人对其所顾虑问题的糊涂认识，从而转变思想，消除思想上的顾虑。

以教育的方法对被讯问人思想上的顾虑进行进攻，由于被讯问人思想上顾虑的问题不同，有的是顾虑自己交代了犯罪事实，自己或家人因此要受到他人的打击报复；有的是顾虑自己交代了犯罪事实，自己因此会被人唾骂、贬视、孤立；有的是顾虑自己交代了犯罪事实，仍得不到从轻处理；有的是顾虑自己交代了犯罪事实，自己因此没脸见人；有的是顾虑自己交代了犯罪事实，自己因此得不到家人的谅解，要妻离子散；有的是顾虑自己交代了犯罪事实，自己因此要丧失前途；有的是顾虑自己交代了犯罪事实，就要被关押，从而断送了自己的事业；有的是顾虑自己交代了犯罪事实被关押，因此要给家庭带来不幸，断送自己的家庭，或家庭一些亟须解决的问题得不到解决；有的是顾虑自己交代了犯罪事实，因此要影响子女的前途；有的是顾虑自己交代了犯罪事实，牵连到他人，因此要害了他人；等等。在这些不同的顾虑中，又有顾虑的具体情况的不同。对这些不同的顾虑和顾虑的不同具体情况，讯问人员就要根据马克思主义不同质的矛盾要用不同质的方法去解决，具体问题具体对待的原理，以针对性的有效内容对被讯问人进行教育。只有这

---

① 见拙作《讯问艺术》（增订版），中国方正出版社 2015 年版，第 646—677 页。

样，才能做到对症下药，药到病除，从而消除被讯问人思想上的顾虑。例如，对因担心交代犯罪事实，自己仍得不到从轻处理的顾虑，讯问人员就要对被讯问人进行以下有针对性的有效内容的教育：一是向被讯问人宣讲"坦白从宽，抗拒从严"的政策，以党的刑事政策对被讯问人进行教育。讯问人员要在宣讲"坦白从宽，抗拒从严"这一刑事政策基本含义的基础上，向被讯问人指出，"坦白从宽，抗拒从严"是我国的一贯刑事政策，是查处案件和对被讯问人作出处罚的指南，直接承办案件的同志和查处案件的领导都要按照这一刑事政策去处理案件，绝不会，也不允许离开这一刑事政策去处理案件，更不可能违背这一刑事政策去处理案件。如果离开了这一刑事政策或违背这一刑事政策去处理案件，那么，承办的同志和领导就违反了这一刑事政策的规定，是绝对不允许的，不仅不可能得逞，而且承办的同志和领导要承担责任，受纪律处分，徇私舞弊的还要承担刑事责任。因而，承办同志和领导是绝对不会，也不敢这样做的。二是向被讯问人宣讲《刑法》第六十七条第三款关于"犯罪嫌疑人虽不具有前两款规定的自首情节，但是如实供述自己罪行的，可以从轻处罚；因其如实供述自己罪行，避免特别严重后果发生的，可以减轻处罚"和《刑事诉讼法》第十五条关于"犯罪嫌疑人、被告人自愿如实供述自己的罪行，承认指控的犯罪事实，愿意接受处罚的，可以依法从宽处理"的规定，以法律的规定对被讯问人进行教育。讯问人员要在宣讲这些法律规定的基础上，向被讯问人指出，如实供述自己的罪行，认罪认罚，可以从轻处罚，这是法律的明文规定，承办案件的同志和领导不可能，也没有胆量敢于违反法律的规定对案件做出处理。如果承办案件的同志和领导违反法律的这一规定，对如实交代自己罪行，认罪认罚，可以从轻处罚的犯罪嫌疑人不给予从轻处罚，他自己就要承担违反法律的责任而受到处理。因而，承办的同志和领导不会傻到把自己赔进去而不给如实交代自己罪行，认罪认罚，可以从轻处罚的犯罪嫌疑人以从轻处罚。三是向被讯问人宣讲如实交代得到从轻处罚的典型案例，以案例对被讯问人进行教育。讯问人员要在宣讲典型案例的基础上，向被讯问人指出，在司法实践中，对案件的处理都是这样做的，榜样就树立在你的面前，没有什么可顾虑的。

对被讯问人的顾虑，通过这样以针对性的有效内容进行教育，就有可能消除被讯问人的顾虑。

（2）以分析的方法进行进攻

被讯问人之所以存在顾虑，就是因为其不能正确地认识所顾虑的问题，对所顾虑的问题有着不正确的认识。因此，要消除被讯问人的顾虑，就要端正被讯问人对其所顾虑问题的正确认识。而要端正被讯问人对其所顾虑问题的正确认识，讯问人员就要以分析的方法进行进攻。对其所顾虑的问题发生的现实可能性、所顾虑问题的两重性、所顾虑的问题的好与坏的互相转化进行分析。通过分析，使被讯问人明白自己所顾虑的问题发生没有什么现实可能性，是不可能发生的，即使真的发生，也是能够排除或无关大局的，自己的顾虑是没有根据的，是不必要的；或使被讯问人明白其所顾虑的问题发生，既有不好的一面，也有好的一面，不好之中存在着好的，自己的顾虑是多余的；或使被讯问人明白自己所顾虑的问题发生，好的一面和不好的一面是可以互相转化的，不好的可以转化为好的。

以分析的方法向被讯问人进行进攻，讯问人员要根据被讯问人的顾虑的具体情况，进行有针对性的实事求是、一分为二、入情入理的分析。例如，对被讯问人在关押期间，因担心自己交代犯罪事实，牵出同案人或对合人，会受到同案人或对合人在看守所工作的同案人或对合人亲戚的打击报复的顾虑，讯问人员就要对被讯问人的这种顾虑向被讯问人作如下的分析：一是对交代犯罪事实这种行为进行分析，指出，向政府交代犯罪事实的行为是正义行为，而正义的行为是受法律保护的，有法律的保护，他的亲戚即使想对你进行报复，也报复不了。即使真的对你实施了报复，法律会责无旁贷地予以保护。二是对报复人的心理进行分析，指出，对交代犯罪事实的人进行打击报复，是一种严重的犯罪行为，是要负刑事责任的。如果他对你进行打击报复，他自己就要进看守所，就要受到法律的严惩，因而，他即使想对你进行报复，也不敢进行打击报复。

对被讯问人的顾虑，通过这样有针对性的分析，端正被讯问人对顾虑问题的正确认识，从而就有可能消除被讯问人思想上的顾虑。

（3）以许诺的方法进行进攻

被讯问人之所以对顾虑的问题存在着顾虑，就是因为对顾虑的问题不踏实，放不下心，总是认为会发生。因而，要消除被讯问人的顾虑，就要使被讯问人感到顾虑的问题不会发生，放下心。而要使被讯问人感到顾虑的问题不会发生，放下心，讯问人员就要以许诺的方法进行进攻，对其所顾虑的问题，放不下心的问题作出许诺，使其感到担心的问题不会出现，给他吃一颗"定心丸"，从而消除其顾虑。

以许诺的方法向被讯问人进行进攻，要根据被讯问人顾虑的具体情况，针对其所放不下心的问题作出某种许诺。例如，对被讯问人因担心交代了犯罪事实，仍得不到从轻处理的顾虑，讯问人员就要向被讯问人作出如下的许诺，明确表明自己一定会按照政策和法律的规定办事，在汇报和书写报告中提出从宽处理的意见建议，并始终坚持自己的观点。对那些有取保候审、监视居住条件的被讯问人，讯问人员要在事前经研究同意的基础上，对被讯问人作出只要被讯问人如实交代犯罪事实，有悔罪表现，就变更其强制措施，对其予以取保候审或监视居住的许诺。

对被讯问人的顾虑，通过这样有针对性的许诺，从而就有可能消除被讯问人的顾虑。

（4）以帮助解决的方法进行进攻

被讯问人之所以对其所顾虑的问题存在着顾虑，就是因为其担心所顾虑的问题得不到解决。因而，要消除被讯问人的顾虑，就要使被讯问人知道所顾虑的问题已经得到解决或感到能够得到解决。而要使被讯问人知道其所顾虑的问题已经得到解决或感到能够得到解决，讯问人员就要以帮助解决的方法进行进攻，帮助被讯问人解决所顾虑的问题，使其知道讯问人员已为其解决了其所顾虑的问题或正在解决其所顾虑的问题，从而消除被讯问人的顾虑。

以帮助解决的方法向被讯问人进攻，要根据被讯问人顾虑的具体情况，针对其担心得不到解决而想解决的问题，讯问人员在事前于原则、政策、法律许可的范围内主动帮助被讯问人予以解决或与有关部门协调。在讯问中，向被讯问人说明讯问人员已帮助其予以解决或已出面帮助其进行解决。例如，被讯问人因担心自己交代了犯罪事实被判刑后，其在医院住院的亲人得不到良好的治疗的顾虑，讯问人员就要与被讯问人亲人住院的医院取得联系，了解其亲人的治疗情况，并协调医院对其亲人进行精心的治疗。在讯问中向被讯问人说明讯问人员已经与医院取得联系，协调过医院对其亲人予以精心治疗，并告知其亲人的治疗情况。

对被讯问人的顾虑，通过这样帮助解决被讯问人所顾虑的问题，从而就有可能消除被讯问人的顾虑。

（5）以排除的方法进行进攻

被讯问人之所以对其所顾虑的问题存在着顾虑，就是因为有造成其顾虑的外来因素的存在，这种外来因素严重地对其造成威胁。因而，要消除被讯问人的这种顾虑，就要排除掉这种外来因素。如果不排除这种外来因素，那么，在被讯问人看来，这种威胁就存在着，随时都有可能发生。这样，被讯问人的这种顾虑也就无法消除。而要排除这种外来因素，讯问人员就要以排除的方法进行进攻，对造成被讯问人顾虑的外来因素予以排除。在讯问中，把这种外来因素已不复存在的事实实实在在地摆在被讯问人的面前，从根本上挖除被讯问人顾虑的根源。

对被讯问人的顾虑，通过予以排除造成其顾虑的外来因素，就使被讯问人确信造成顾虑的外来因素已不复存在，从而就有可能消除被讯问人思想上的顾虑。

以排除的方法向被讯问人进攻，要根据被讯问人的顾虑和造成这种顾虑外来因素的具体情况，针对这种外来因素进行排除。例如，我们在"以分析的方法进行进攻"中所述的因担心自己交代了犯罪事实，牵出同案人或对合人，自己在看守所关押期间，会受到同案人或对合人在看守所工作的亲戚的打击报复的顾虑。对被讯问人的这种顾虑，讯问人员的分析如果不能彻底清除被讯问人的顾虑，就要以排除的方法对造成被讯问人顾虑的这种外来因素予以排除，将被讯问人转移到其他看守所予以关押，使被讯问人脱离这种外来因素的威胁。

对被讯问人的顾虑，通过这样排除造成被讯问人顾虑的外来因素，使这种外来因素不复存在，就有可能消除被讯问人思想上的顾虑，进而对犯罪事实作出交代。

（6）以讲清危害的方法进行进攻

被讯问人之所以在顾虑的阻碍下拒绝对犯罪事实作出交代，就是因为其不明白顾虑要给其带来的危害。因而，要消除被讯问人思想上的顾虑，促使其对犯罪事实作出交代，就要使讯问人明白顾虑给其带来的危害是严重的，从而使被讯问人趋利避害，放弃思想上的顾虑，对犯罪事实作出如实的交代。而要使被讯问人明白顾虑给其带来的危害，讯问人员就要以讲清危害的方法向被讯问人进攻，向被讯问人讲清顾虑给其所带来的危害。使被讯问人明白顾虑不仅于事无补，而且要给自己带来严重的危害，从而消除思想上的顾虑。

以讲清危害的方法向被讯问人进攻，一是要讲清所有的顾虑都不仅于事无补，没有任何的意义，而且因为顾虑错失交代的时机，或拒不交代犯罪的事实，失去从宽处理的条件。二是要根据被讯问人顾虑的具体情况，针对其所顾虑的问题，讲清这种顾虑给其带来的危害。

对被讯问人的顾虑，通过这样讲明顾虑给被讯问人带来的危害，就有可能震动被讯问人，进而消除被讯问人思想上的顾虑，促使其对犯罪事实作出交代。

讯问人员以上述方法向被讯问人的顾虑进攻，通过教育的方法，使被讯问人在顾虑问题上的糊涂认识得以澄清；通过分析的方法，使被讯问人端正对顾虑问题的正确认识；通过许诺的方法，使被讯问人感到顾虑的问题不会发生；通过帮助解决的方法，使被讯问人解除后顾之忧；通过排除的方法，使被讯问人确信造成其顾虑的外来因素已不复存在；通过讲清危害的方法，使被讯问人明白顾虑给其带来的危害，认识到不能再顾虑下去了，从而消除其思想上的顾虑。事实上，在讯问实践中，并不是对被讯问人的各种顾虑都需要运用上述的所有的方法向被讯问人的顾虑进攻，而是根据被讯问人顾虑的具体情况，选择上述有针对性的一种或几种方法或所有的方法进行进攻。只有具体问题具体对待，才能消除被讯问人的顾虑，从而放下包袱对犯罪事实作出交代。例如：

被讯问人樊某，系某县副县长，因收受贿赂被查案机关查处。

樊某经讯问人员讯问知道讯问人员已掌握了其收受贿赂的证据。但是，樊某就是不开口交代，想交代又缩回去。不时地挠挠头发，忧心忡忡，一脸无可奈何的样子。经连续几天讯问，樊某都是处于想交代又不交代的状态。

讯问人员重新认真地研究樊某受贿的证据材料，发现行贿人在交代中称樊某在收受他所送的名牌包和手表时，其女儿正好在场。樊某收受后顺手将包和手表递给其女儿拿回房间存放。樊某的女儿参军时，樊某将收受的包和手表给其女儿带到部队使用。现其女儿在部队考取某军校，正在校读书，明年就将毕业分配。

根据这一情况，讯问人员分析认为，樊某收受贿赂时其女儿在场，将收受的财物交由女儿拿回房间存放，收受的财物现在又在女儿处，其交代收受财物的事实，必然要涉及其女儿的这些问题，讯问人员就定会到军校寻其女儿谈话取证，并收缴赃物。这样，军校领导知道了其女儿的这些问题，肯定要害了女儿，因而不敢交代收受贿赂的事实。据此，讯问人员认为，樊某之所以几次欲交代又咽回去，是担心自己一旦作出交代，要害了女儿。

讯问人员在明确了樊某不交代的原因是其担心作出交代要害了其女儿的顾虑后，认为要突破樊某收受贿赂的口供，首先要突破樊某的这一顾虑，樊某只有在这一顾虑消除的情况下，才有可能对收受贿赂的事实作出交代，否则，樊某是无法作出交代的。于是，讯问人员便把樊某的这一顾虑作为重点突破的目标，运用重点突破的策略重新对樊某进行讯问。

讯问人员是这样向樊某的顾虑进行进攻，对樊某进行讯问的：

第一，以教育的方法向樊某的顾虑进攻

问："你受贿的事实是客观存在的，与你的问题有关的其他人的问题事实也是客观存在的，隐瞒是隐瞒不了的。你想通过不交代隐瞒自己的问题和与你的问题有关的其他人的问题是不可能的。这如同用纸去包火一样，你想用纸去包住火，不让火暴露出来，这可能吗？纸是不可能包得住火的，火必然要燃破包它的纸而大白于天下，难道这个道理你不懂？就拿与你的问题有关的那个人来说，你不说，但我们可以通过同你有关的那个人的单位找那个人谈个话，那个人不是要说清问题吗？这样，那个人的单位领导不就知道了那个人的问题了吗？所以，你的问题和你的问题有关的那个人的问题是一定要暴露出来的，并不会因为你不作出交代而能隐瞒过去。"

第二，以分析的方法向樊某的顾虑进攻

问："你担心交代了问题，要涉及那个人因此而害了那个人。你这样想就大错特错了。我倒认为，事实恰恰同你的想法相反，你这个想法才是真正地害了那个人，而且危害是非常严重的。我分析给你听，你想啊：你不作出交代，我们不会就此罢休，必然要另辟蹊径，我刚说过，我们就会到同你的问题有关的那个人那里去，通过那个人所在单位的领导找到那个同你的问题有关的人，让那个人讲清问题，交出赃物。这样，那个人的问题其所在单位的组织、领导不就知道了吗？而且，如果那个人不配合讲清问题，交出赃物，那我们就要把那个人带回来审查，让其作出交代。要是这样，结果就更不好了，更是害了那个人。而如果你现在把问题讲清，同你的问题有关的那个人的单位我们就不去了。我们可以由你或你的家属通知那个人回来把赃物交出来就是了。这样，同你问题有关的那个人的单位也就不知道那个人有什么问题了。这两者你比较一下，你怎么做对那个人有利？"

第三，以许诺的方法向樊某的顾虑进攻

当樊某还想抵赖时，讯问人员点出了其女儿和其女儿所在的军事学院。樊某当即惊慌失措。讯问人员乘机以许诺的方法向樊某进攻。

问："你把我前面的话连起来想一想，你怎么做对你女儿有利？"

答："那我讲清问题，你真的不去我女儿的学校找我的女儿？"

问："我说过，你如果讲清问题，就由你或你的妻子叫你女儿回来一趟，我们就没有必要到你女儿的学校去调查了。"

答："真的？"

问："我是代表组织同你讲的。"

答："那好，我现在就把问题向你们讲清，求你们一定不要到我女儿的学校去找我女儿，我打电话叫女儿请假回来一趟。她讲清事情交出东西后，你们也不要把我女儿的这个问题告诉她的学校。"

问："我说过，我是代表组织同你谈的。我们到现在没有到你女儿的学校去，就是为你女儿考虑，否则，我们还要苦口婆心跟你说那么多干什么！"

接着，樊某交代了收受贿赂的事实，突破了樊某的口供。

4. 对被讯问人心理上矛盾的进攻

对被讯问人心理上矛盾的进攻，事实上是以各种方法促使被讯问人心理上矛盾的双方的转化，即促使被讯问人心理上是作出交代与不作出交代的矛盾双方，由势均力敌向作出交代这一方转化，使作出交代的这一方处于优势的地位，压倒不作出交代的这一方。而要实现这一转化，就要围绕这一转化，针对不作出交代的一方向被讯问人施加压力，使之在压力的作用下促使不作出交代的一方向作出交代这一方转化。

我们在前面论述过被讯问人心理上的矛盾的不同情况，对这些不同的心理上的矛盾，根据马克思主义具体问题具体对待的原理，要运用不同的方法和内容去进攻。因此，对被讯问人心理上矛盾的进攻，应根据被讯问人心理矛盾的具体情况，分别以下有针对性的几种方法向被讯问人进攻，给被讯问人施加压力，促使被讯问人不交代的一方向交代的一方转化，进而突破被讯问人心理上的矛盾这一重点目标。

（1）以宣讲打击犯罪和查案的严厉形势向被讯问人进攻

严厉打击犯罪和查案的形势，对被讯问人心理上造成的压力无疑是巨大的，被讯问人在这种压力的作用下，其就会感到他人在这样严厉的形势下，是无法抗拒讯问的，必然要对犯罪事实作出交代或主动进行自首。这样，就给被讯问人造成了巨大的心理压力。因此，讯问人员要根据被讯问人心理上矛盾的具体情况，善于以宣讲严厉打击犯罪和查案的形势向被讯问人进攻，给被讯问人施加这种有针对性的压力，促使其心理上不交代的这一方向作出交代的这一方转化，使作出交代的这一方占据优势，进而解决被讯问人心理上的矛盾，促使其对犯罪事实作出交代。例如，被讯问人心理上的矛盾是怕他人先作出交代，自己后交代要处于被动；又怕他人不会作出交代，自己作出了交代不义气，对不起他人，太亏了。对被讯问人心理上的这种矛盾，讯问人员就要以宣讲严厉打击犯罪和查案的形势向被讯问人进攻。向被讯问人宣讲严厉打击犯罪和惩治腐败的严厉形势，对犯罪和腐败予以坚决严厉的打击；向被讯问人宣讲此次查案的形势，大讲领导重视和查案人员的决心，大讲群众的真心拥护、支持、参与案件的查处，进行检举、揭发，已形成人民战争的汪洋大海，大讲各部门的通力协作和配合；大讲共同或对合犯罪分子纷纷要争取从宽处理，走自首、坦白从宽和主动、检举、揭发的道路。把一个全党动员、全民参与、各方通力协作配合、齐心协力，既轰轰烈烈、声势浩大，又扎扎实实、稳扎稳打的查案形势摆在被讯问人面前。使被讯问人感到，在这种严厉打击犯罪和查案形势下，他人是顶不住的，必然要作出交代，自己不赶快作出交代就来不及了，要被动了。从而解决被讯问人心理上的这一矛盾，促使其对犯罪事实作出交代。

（2）以出示证据向被讯问人进攻

对案件的查处，对被讯问人的讯问，对被讯问人犯罪事实的认定和作出处罚讲的就是证据，只要案件事实清楚，证据确实、充分，被讯问人就没有任何的招数。因而，证据被讯问人员掌握对造成被讯问人心理上的压力是致命的。被讯问人在这种压力的作用下，其就会感到他人已对犯罪事实作出交代或已进行作证，讯问人员已经收集到自己犯罪的证据。这样，被讯问人就会产生巨大的心理压力。因此，讯问人员要根据被讯问人心理上矛盾的具体情况，善于以出示证据的方法向被讯问人进攻，出示证据，给讯问人施加这种有针对性的压力，促使其心理上不交代这一方面向作出交代的这一方面转化，使作出交代的这一方面占据优势，进而解决被讯问人心理上的矛盾，促使其对犯罪事实作出交代。例如，被讯问人心理上的矛盾是怕他人已作出交代或已经进行作证；又怕他人未作出交代或进行作证，自己作出交代不值得。对被讯问人心理上的这种矛盾，讯问人员就要以出示证据的方法向被讯问人进攻，出示他人作出交代的供述或进行作证的证言，把证据摆在被讯问人的面前。这样，使被讯问人一方面感到他人已作出交代或已进行作证，另一方面感到讯问人员已掌握收集到其犯罪的证据。从而解决被讯问人心理上的这一矛盾，促使其对犯罪事实作出交代。

（3）以阐明道理向被讯问人进攻

道理既揭示了事物的规律，又是人人都要服从的。一个人违背了道理，不仅行不通，而且要给自己带来严重的后果，一旦被讯问人懂得了某个道理，他就知道了无论是谁都会按照这个道理去处事，该做的去做，不该做的坚决不会去做。这也就使被讯问人认识到，根据这一个道理，必然会出现一个什么样的结果。如果这个必然出现的结果不是被讯问人所期望的，对被讯问人是不利的，那么，这就给被讯问人造成了巨大的心理压力。因此，讯问人员要根据被讯问人心理上矛盾的具体情况，善于以阐明道理的方法向被讯问人进攻，向被讯问人阐明有针对性的道理，给被讯问人施加有针对性的压力，促使其心理上不交代的这一方面向作出交代的这一方面转化，使作出交代的这一方面占据优势，进而解决被讯问人思想上的这一矛盾，促使其对犯罪事实作出交代。例如，被讯问人经讯问人员的讯问，心理出现了怕外援真的不会出来营救自己或出来营救也不起作用，自己寄托外援脱案要成泡影，但又侥幸外援会出来营救自己或能够起作用，使自己脱案，自己作出交代太亏了。对被讯问人心理上的这种矛盾，讯问人员就要以阐明道理的方法向被讯问人进攻，向被讯问人阐明任何人都不会为了他人的事胆敢以身试法，做让他人出来，自己进去的事的道理。通过这一道理的阐明，使被讯问人明白，外援出来营救自己，进行说情，或利用职权为自己开脱，是违反纪律和法律的事，是要负纪律或法律责任的，因而，外援不敢为了开脱自己而以身试法，去干那种让别人脱案出来，他自己受纪律处分或承担法律责任的事。因而，外援不会出面为自己开脱；即使外援出面为自己开脱，由于自己能否得以脱案的权力不在外援那里，而是在讯问人员这里，外援出面开脱自己要通过讯问人员来实现。而讯问人员如果按照外援的要求开脱自己，讯问人员就要营私舞弊抹去自己犯罪的证据。而营私舞弊，抹去犯罪的证据是触犯刑律的行为。这样，讯问人员就触犯了刑律，其自己就要承担刑事责任。因而，讯问人员肯定不会干这种让别人脱案，他自己承担法律责任的傻事。因此，外援出面为自己开脱，也不会有任何的作用。这样，就解决了被讯问人心理上的这一矛盾，从而促使其对犯罪事实作出交代。

（4）以宣讲法律向被讯问人进攻

法律是由国家制定或认可，并由国家强制力保证实施的行为规范。法律是这样规定的，其结果必然是这样，法律是那样规定的，其结果必然是那样。也就是说法律是如何规定的，其结果就是如何的。这样，一旦被讯问人懂得、知道了法律对这个问题的规定，其也就懂得、知道了这个问题的结果，从而其也就增加了心理上不交代这一方面的压力，消减了心理上作出交代这一方面的压力，促使其心理上不交代的这一方面向作出交代的这一方面转化，使作出交代的这一方占据优势，进而解决被讯问人心理上的矛盾，促使其对犯罪事实作出交代。因此，讯问人员要根据被讯问人心理上矛盾的具体情况，善于以宣讲法律向被讯问人进攻，向被讯问人宣讲有针对性的法律，促使其心理上矛盾的转化。例如，被讯问人心理上的矛盾是怕作出交代，若讯问人员没有掌握证据或掌握的证据不能证明自己的犯罪事实不值得，又怕自己不交代，讯问人员已经掌握了证据或掌握的证据能够证明自己的犯罪事实。对于被讯问人心理上的这一矛盾，讯问人员就要以宣讲《刑事诉讼法》第五十条关于证据的含义及法定种类的规定和《刑事诉讼法》规定的侦查措施，特别是《刑事诉讼法》第一百五十条关于技术侦查措施的规定向被讯问人进攻，使被讯问人懂得《刑事诉讼法》关于证据的含义及法定种类和《刑事诉讼法》关于侦查措施的规定。通过宣讲《刑事诉讼法》第五十条的规定，使被讯问人知道证据的种类有八种，自己不供述，讯问人员照样可以收集到其他七种证据。通过宣讲《刑事诉讼法》规定的侦查措施，使被讯问人感到，有那么多的侦查措施，讯问人员是一定能收集到自己犯罪的证据的。这样，就增加了被讯问人心理上不作出交代这一方的压力。从而，也就促使了被讯问人心理上这一矛盾的转化，进而促使其对犯罪事实作出交代。

（5）以阐明危害的方法向被讯问人进攻

被讯问人心理矛盾所产生的危害关系到被讯问人的切身利益，这种所产生的危害对被讯问人的压力是不言而喻的，被讯问人只有知道自己心理上的矛盾对其有着严重危害，才能受到震动，从而产生心理上的极大压力。因此，讯问人员要根据被讯问人心理上矛盾的具体情况，善于以阐明危害的方法向被讯问人进攻，向被讯问人阐明有针对性的危害，促使其心理上不交代这一方面向作出交代这一方面转化，使作出交代的这一方面占据优势，进而解决被讯问人心理上的矛盾，促使其对犯罪事实作出交代。例如，被讯问人的心理矛盾是怕他人先作出交代，自己后交代要处于被动；又怕他人不会作出交代，自己作出交代不义气，对不起他人，而且，本来不要被处罚的，反而要被处罚。对被讯问人这种心理上的矛盾，讯问人员就要在向被讯问人阐明他人在这样严厉的查案形势下作出交代是必然的，是不容怀疑的，任何人都想争取从宽处理的基础上，向被讯问人阐明这种心理矛盾的危害是由于被讯问人的犹豫，错失了良机。被他人抢去了主动交代从轻处理的条件，其迟交代就会被作为态度不好的典型。"机不可失，时不再来。"通过这样阐明心理矛盾的危害性，就增加了被讯问人心理上不作出交代这一方的压力。从而，也就促使了被讯问人心理上这一矛盾的转化，进而促使其对犯罪事实作出交代。

事实上，把被讯问人心理上的矛盾作为重点突破的目标，对被讯问人心理上的矛盾进行进攻，解决被讯问人心理上的矛盾问题，并不是运用上述的某一种方法就能奏效的，而是需要同时运用上述的几种或全部的方法。因此，讯问人员对被讯问人心理上矛盾的进攻，要根据被讯问人心理上某一矛盾的具体情况，选择上述的几种或全部方法，组成一套组合拳，似医生为病人开出的由多种中药组成的一剂良方，向被讯问人心理上的矛盾发起进攻。只有这样，才能突破被讯问人心理上的矛盾，进而促使被讯问人对犯罪事实作出交代。例如：

　　某女年轻貌美，结婚后其丈夫到外地打工，其一个人在家，为防备他人对其不轨，其在枕头下放一把匕首以自卫。某日深夜，同村单身汉卢某翻窗潜入其房间，见某女正在睡觉，遂要对其行奸。某女被惊醒，即翻身坐起，从枕下拿起匕首持在手中，叫道："你出去！不出去我就不客气了！"但卢某仍向前夺下某女手中的刀，将刀丢到一边，扑向某女，强行拉下某女的短裤，某女一边挣扎，一边大喊"救命"。卢某见状，用手狠狠叉住某女的喉咙，致某女窒息死亡。卢某见某女已死，便逃离现场。

　　案发后，公安机关经对现场进行勘查，发现犯罪嫌疑人是从窗户翻窗潜入某女房间的，经对窗外、窗内进行勘查，也没有发现犯罪嫌疑人留下有价值的痕迹；在床边的地上发现匕首一把，经检验，在匕首柄上发现掌纹痕迹，但掌纹有重叠，无法鉴定。在某女住的这座屋的路口装有一个监控设施，经调看监控录像，在某女被害的当晚有一个人从此经过，被害后此人从此快速离开，但由于天黑，不能确定此人是谁。侦查人员经走访群众，某女同屋的一邻居称：其在听到喊"救命"的声音后，便起床走到门头，见一人从某女的窗台跳出去逃跑，身影似卢某，但因天黑，又有一段距离没有看清，不能确定。于是，公安机关便拘留了卢某。

　　卢某在讯问中大喊冤枉，要讯问人员拿出证据。讯问人员从多个角度，结合案件的事实向卢某阐明了"要想人不知，除非己莫为"的道理。卢某在讯问人员这一道理的进攻下，由嚣张的气焰转为沉默，但就是不交代强奸杀人的犯罪事实。经几次讯问，一直僵持着。但卢某在僵持中表现出犹豫不决的神情。

　　讯问人员经分析认为，卢某僵持着不交代，并露出犹豫不决的表情，其拒供的侥幸心理已转化为矛盾的心理。其认为讯问人员可能已掌握自己犯罪的证据，又认为讯问人员可能没有掌握自己犯罪的证据，其心理上的矛盾是怕讯问人员已掌握了证据，自己不交代失去从宽处理的机会；又怕讯问人员没有掌握证据，只是怀疑，自己作出交代就太亏了。讯问人员通过分析掌握了卢某心理上的这一矛盾后，认为，只有突破卢某心理上的这一矛盾，才有可能促使卢某对强奸杀人的犯罪事实作出交代。于是，讯问人员运用重点突破的策略，将卢某心理上的这一矛盾作为重点突破的目标，用以下方法向卢某发起了进攻。

第一，以宣讲法律的方法向卢某进攻

问："你不懂法律，不懂法律是要吃亏的。我现在向你讲讲法律的有关规定。

"我国《刑事诉讼法》第四十八条①明文规定：可以用于证明案件事实的材料，都是证据。证据包括：（一）物证；（二）书证；（三）证人证言；（四）被害人陈述；（五）犯罪嫌疑人、被告人供述和辩解；（六）鉴定意见；（七）勘验、检查、辨认、侦查实验等笔录；（八）视听资料、电子数据。"

讯问人员在对这八种证据进行解释后，向卢某指出：

问："一个案件有着八种证据可供我们收集，还怕收集不到你犯罪的证据吗？在这个案件中，除了没有书证，被害人已死没有被害人陈述，犯罪嫌疑人不作出交代没有犯罪嫌疑人、被告人供述和辩解外，还有物证、证人证言、鉴定意见、勘验、检查、辨认、侦查实验等笔录，视听资料、电子数据等多种证据可供我们收集。这个作案人能保证在翻窗潜入、翻窗逃出某女的房间不留下物证！能保证在被害人喊"救命"后没有人出来，在逃跑中被人看见！能保证现场留下的物证经鉴定不是作案人留下的！能保证我们勘验、检查、辨认、侦查实验等笔录不能证明是这个人干的！其能保证其来和去的过程中都没有被监控录像！据我们侦查，这个人不能保证！"

问："我还要给你讲讲我国《刑事诉讼法》规定的侦查手段。"

讯问人员在向卢某宣讲了《刑事诉讼法》规定的侦查手段后，指出：

"现在科学技术这样先进，我们运用侦查措施，还有什么证据不能被发现，还有什么证据不能被收集！我看你还是好好地用脑子想一想，

_____

① 指2012年修改的《刑事诉讼法》第四十八条。

我们运用侦查措施能不能发现这个人犯罪的证据，能不能收集到这个人犯罪的证据？这个人如果看不到这一点，他是要吃大亏的。"

第二，以出示证据的方法向卢某进攻

由于该案并未收集到卢某强奸杀人确实、直接的证据，讯问人员采用了暗示、虚实并举的方法向卢某出示证据。

问："这个作案人是从窗户翻窗进到该女的房间，也是从窗户翻窗逃离该女的房间的，进出窗户都需用脚接触到地，在某女的房间也需用脚接触到地，你知道用脚接触到地要留下什么吗？这个留下的痕迹经鉴定是谁的，谁就是这个案件的作案人。我刚才跟你说过，鉴定意见是证据的一种。"

问："我还要告诉你，我们在某女房间的地上发现匕首一把。你要知道，接触过匕首的人，是要在匕首上留下指纹、掌印的。指纹、掌印在世界上没有两个人是相同的。指纹、掌印更容易鉴定，这个在匕首上留下的指纹、掌印经鉴定是谁的，谁就是这个案件的作案人。我还是要重复一句，我刚才不是跟你说过鉴定意见是证据的一种吗？

"我还要告诉你，在某女住的这座屋的前面路口就装有一个监控设施。人经过这个监控设施是要被录像的。"

第三，以阐明危害的方法向卢某进攻

问："现在来说说你思想的问题。你一方面担心我们已掌握你作案的证据，想交代。但是你同时又怀疑我们没有掌握你作案的证据，不想交代，交代了认为自己太亏了。所以你一直僵持在那里。那我现在告诉你，你如果继续僵持在那里，那我就只好根据《刑事诉讼法》第五十三条①关于'没有被告人供述，证据确实、充分的，可以认定被告人有罪和处以刑罚'的规定来办事。这样，你就没有任何的从轻处理条件了。我想你是一个聪明的人，你从我刚才同你说的话中，你就可以知道我究竟掌握了证据没有，究竟掌握到了一个什么程度的问题。我之所以没有把证据给你明确地摆出来，是想给你留一个让你自己交代的从宽处

---

① 指 2012 年修改的《刑事诉讼法》第五十三条。

理的机会。如果你继续这样下去，你可就没有这个从宽的机会了。何去何从，你自己想清楚，你自己作决定，我已做到了仁至义尽，我的等待是有限度的。"

通过运用上述多种有针对性的方法，突破了卢某心理上的矛盾，促使卢某对强奸杀人的犯罪事实作出了交代。

5. 对案件某一主要事实和情节的进攻

对案件某一主要事实和情节的进攻，事实上是讯问人员以各种方法促使被讯问人如实供述某一事实和情节的具体事实情况，使某一事实和情节的具体事实情况清楚。通过某一事实和情节的突破认定实施的是犯罪行为和这一犯罪行为是被讯问人所为，进而促使被讯问人对整个犯罪事实作出交代，从而突破被讯问人的口供，收集到犯罪嫌疑人、被告人供述和辩解这一证据。

对案件某一事实和情节的进攻，主要有以下方法：

（1）以提问的方法进攻

所谓以提问的方法进攻，是指讯问人员根据案件某一主要事实和情节的具体情况，向被讯问人提出一个个问题，让被讯问人作出回答的一种进攻方法。

事实上，以提问的方法进攻，是讯问常用的方式方法。讯问人员提出问题，被讯问人对讯问人员提出的问题作出回答。在被讯问人回答了讯问人员提出的问题后，讯问人员再向被讯问人提出第二个问题……通过这样一问一答的方法实现对案件某一事实和情节的进攻，达到突破案件某一主要事实和情节的目的。

以提问的方法进攻，关键是要设计好提问的问题。只有提问的问题设计得好，才能问在点子上，问在要害处，问在与案件某一事实和情节有着内在联系的问题上。这样，被讯问人对讯问人员的提问作出的每一个回答就与案件某一事实和情节的具体事实情况有着不可分割的有机联系，都是这一事实和情节具体事实情况的一个部分。从表面看起来，虽然被讯问人作出回答是零碎的。但是，把这些零碎的内容串连起来，就是这一事实和情节的具体事实情况。

而要设计好提问的问题，讯问人员就要根据要突破的某一事实和情节的具体情况进行设计。设计好提哪几个问题；这几个问题各从什么角度、侧面提；提这几个问题的顺序怎么安排，哪个在先，接着提哪个，再接着提哪个……最后提哪个；这几个问题各以什么口气提。通过这样设计好提问的问题，在讯问中向被讯问人发问，就使被讯问人作出的回答与讯问人员要突破的某一事实和情节的具体事实情况都有着不可分割的有机联系。从而也就突破了这一要突破的事实和情节。例如，讯问人员要突破的某一事实和情节是被讯问人的主观故意。讯问人员就要根据主观故意的具体情况对提出的问题进行设计。我们知道，主观故意是由被讯问人的认识因素和意志因素构成的。而认识因素和意志因素是通过被讯问人的客观行为表现出来的。因而，要设计好突破被讯问人主观故意提问的问题，就要根据哪些客观行为能证明被讯问人具有认识因素，哪些客观行为能证明被讯问人具有意志因素，来一一设计出提问被讯问人具有这些客观行为的问题。这样，被讯问人对自己具有这些客观行为作出回答，也就证明了被讯问人在主观上具有故意，突破了这一主要事实和情节。

（2）以自由交谈的方法进攻

所谓以自由交谈的方法进攻，是指讯问人员根据案件、被讯问人和要突破的某一事实和情节的具体情况，以漫谈的方式与被讯问人交谈，解除被讯问人思想上的戒备，分散被讯问人的注意力，使之放松警惕，使被讯问人在毫无防备，甚至认为对自己有利的情况下讲出与某一事实和情节有关的事实情况的一种进攻方法。

事实上，以自由交谈的方法进攻，在交谈的过程中同样要向被讯问人发问，只不过这种发问是在气氛缓和、轻松、和谐的环境中进行的。这样被讯问人就会放松警惕，解除思想武装，认为对讯问人员的发问作出回答、讲出事实情况不会有什么危险，甚至可能对自己有利，从而根据讯问人员设定的交谈内容和发问进行谈论和作出回答，暴露出与该事实和情节有关的事实情况，达到突破案件某一事实和情节的目的。

以自由交谈的方法进攻，首先要筹划好交谈的范围和内容。也就是说，漫谈要围绕所需要解决的问题，确定好漫谈的范围、内容，有计划、有步骤、有目的地进行，并不是漫无边际、空洞无物、无计划、无步骤、无目的地进行。为此，讯问人员就要围绕需要突破的某一事实和情节，确定好漫谈哪个范围内的问题，漫谈这个范围内问题的什么内容，要暴露出一些什么事实情况，漫谈分几步进行等。只有这样，才能使自由交谈取得成效，达到讯问人员的目的。其次自由交谈要在轻松、和谐的氛围中进行，而不能在紧张、严肃的氛围中进行。为此，讯问人员就要努力创造一个轻松、和谐的氛围。谈论一些表面与案件事实没有关系而实质上有着内在联系的情况，提一些表面与案件的事实不相及而实质上相及的问题让被讯问人回答。打乱被讯问人的思维，破坏其预先设置的防线，使之摸不清讯问人员的意图，放松其警惕性，认为如实说出这些问题不仅没有危险，而且对自己可能有利。在漫谈的过程中，不要公开做笔录，这样可以缓和气氛，解除被讯问人的疑虑，使被讯问人在毫无拘束的情况下说出事实情况。

通过上述自由交谈的方法进攻，就有可能突破某一事实和情节，进而促使被讯问人对犯罪事实作出交代。例如，被讯问人利用职务上的便利为他人谋取利益，然后以"借"为名收受他人的财物。这样一个案件，要突破被讯问人收受贿赂的口供，就要首先突破被讯问人是否拿到他人的钱、拿到多少钱和"借款"能否成立这一主要事实和情节。而要突破这一主要事实和情节，如果以正面提问的方法向被讯问人提出问题，被讯问人在一般情况下是不会说出自己拿到了他人多少钱和自己的"借款"是不成立的事实的。而采取自由交谈的方法，与被讯问人漫谈其如果不说清同他人的经济来往的真实情况，其同他人合法的经济来往就有可能被人怀疑是收受贿赂而给其留下后患，影响他今后的提干。这样，就促使被讯问人为了不使自己今后的提干留下后患而如实地说出向哪些人"借"了钱和"借"了多少钱的事实情况。被讯问人拿到他人钱的事实暴露出来后，讯问人员与其漫谈从表面上看与收受贿赂无关的其家庭经济收入情况，有无办大事需要用钱的情况，银行的存款情况，其与这些"借款"给他的人的关系情况等。由于是以漫谈的方法谈论这些情况，且这些情况表面上又与受贿无关，被讯问人就会毫无防备地如实说出这些情况。这样，讯问人员也就突破了被讯问人拿到了他人多少数额的钱和"借款"不能成立这一主要事实和情节。这一主要事实和情节突破了，讯问人员就可运用法律关于收受贿赂与借款区分的界限规定对被讯问人假借款、真受贿进行揭露，促使被讯问人对收受贿赂的事实作出交代。

（3）以出示证据的方法进攻

所谓以出示证据的方法进攻，是指讯问人员根据要突破的案件某一事实和情节的具体情况，向被讯问人出示针对这一案件事实和情节的证据，表明讯问人员已掌握这一事实和情节的证据的一种进攻方法。

事实上，以出示证据的方法进攻，是讯问最常用的手段。就突破案件某一事实和情节来说，讯问人员向被讯问人出示针对这一案件某一事实和情节的证据，被讯问人就会感到讯问人员已掌握了这一事实和情节的证据，自己不对这一事实和情节作出交代已没有任何的意义，只能让被讯问人员认为自己态度恶劣，得到从重的处罚。这样，被讯问人就有可能对这一事实和情节作出交代。从而达到突破案件这一事实和情节的目的。

以出示证据的方法进攻，在这里要特别强调以下几点：一是要讲究时机性，也就是要在最有利的时机向被讯问人出示证据。时机有利就使出示的证据起到事半功倍的效果。二是要讲究针对性，也就是要向被讯问人出示针对要突破的案件这一事实和情节的证据。证据针对就使被讯问人感觉到这一事实和情节已被讯问人员掌握了证据。三是要讲究确实性，也就是向被讯问人出示的证据必须是真实、可靠的。证据确实就使被讯问人感到讯问人员所掌握的这一事实和情节的证据铁证如山。四是要讲究有效性，也就是向被讯问人出示的证据必须具有极大的杀伤力、证明力。证据有效使被讯问人感到这一事实和情节已被讯问人员掌握的证据所证明，自己不作出交代不仅毫无意义，而且只能被从重处罚。五是要讲究巧妙性，也就是出示证据的方法要巧妙，不能直来直去。方法巧妙就使出示的证据与被讯问人的心理事实产生联想，证据在其心理上不断被扩大补充、完善。

通过上述以出示证据的方法进攻，就有可能突破要突破的这一事实和情节，促使被讯问人对这一事实和情节作出交代。

对案件某一事实和情节的进攻，讯问人员在运用这些方法的过程中，要做到以下几点：

第一，要紧紧围绕要突破的主要事实和情节进行。讯问人员在突破案件某一事实和情节的过程中，无论是以提问的方法进行突破，还是以自由交谈的方法进行突破，抑或以出示证据的方法进行突破，都要紧紧围绕要突破的主要事实和情节进行，始终都是针对要突破的目标，而不能东一榔头，西一棒子。只有这样，才有可能突破要突破的目标。

第二，要既针对，又策略地运用这些方法。讯问人员突破案件某一事实和情节，要根据要突破的事实和情节的具体情况，以针对性的上述方法进行突破。对有的事实和情节，要以提问的方法进行突破，对有的事实和情节，要以自由交谈的方法进行突破，对有的事实和情节要以出示证据的方法进行突破，对有的事实和情节要运用上述其中的一种方法进行突破，对有的事实和情节要运用上述其中的两种或所有的方法进行突破。做到具体问题具体对待，对症下药。在运用有针对性的方法进行突破的过程中，要讲究策略，艺术地运用这些方法，以策略运用好方法。有的要以循序渐进的策略进行，有的要以迂回围歼的策略进行，有的要以单刀直入的策略进行，等等。而不能不讲策略。

第三，要辅之以教育。讯问人员在运用这些方法对案件某一事实和情节进行突破的过程中，还要对被讯问人辅之以教育，以道理、政策、法律等对被讯问人进行教育，而不能单打一。

运用重点突破的策略对被讯问人进行讯问，通过摸准重点突破的目标，使重点突破的目标精准；通过铺平重点突破的道路，使重点突破顺利地进行；通过对不同的重点目标以不同的方法进行进攻，使重点突破的目标顺利地予以突破，进而促使被讯问人对犯罪事实作出如实交代。

第四章

避实击虚

一、避实击虚策略的概念、作用和运用的基本要求

为了更深刻地阐述避实击虚这一讯问策略的概念、作用和运用的基本要求，我们先来看一个案例。

荆某，女，外籍华人，系某有限责任公司副经理，主管财务。因与国家工作人员沙某、李某以虚报成本的手段共同侵占公司财物而案发。

案发后，荆某和沙某、李某均被查案机关采取指定监视居住的强制措施，执行于某宾馆。荆某被监视居住时，已怀孕近八个月。查案机关在查处中，沙某和李某先后交代了三人共谋以虚报成本的手段侵占公司财物，具体由荆某实施虚报成本行为，虚报出钱款后，三人平分。通过对荆某的讯问，讯问人员分析，认为荆某等三人共同侵占公司财物，沙某和李某均已作出交代，已有确实、充分的证据证明他们的犯罪行为，荆某对共同侵占的事实已无法否定，不能进行防备。这是荆某的薄弱之处。于是，讯问人员决定以出示证据的方法向荆某出示沙某、李某的交代材料，攻击荆某的虚弱之处，促使荆某对犯罪事实作出交代。在讯问中，当讯问人员向荆某出示证据时，荆某竟说出这样封口的话："材料你们不用说，我也不用看，我知道沙×、李×已向你们交代，他们交代他们的，我没有，你们想让我交代，死了这条心吧！我没有可交代的，也不会回答你们所提的任何问题，也没有机会回答了。"荆某边说边站起来，将头向墙壁狠撞过去，幸亏讯问人员眼疾手快抱住了她才未撞上。接下来，每当讯问人员审她，她不是用拳击腹中的胎儿，躺在床上不停地猛蹬双脚，或从床上爬起跳到地上蹿上蹿下，就是将头向墙壁撞去，弄得讯问人员被动应付，她击腹中的胎儿时，要劝夺住其双手，她在床上猛蹬双脚时，要进行劝说，她从床上爬起跳到地上蹿上蹿下时，要边扶边劝说，她以头向墙壁撞去时，要抱住她。总之，讯问人员不是在审她，而是完全失去了主动权。讯问无法进行。

后来，负责该案查处的 L 副局长以关心荆某身体、生活的方法同荆某进行接触，以了解、知晓荆某的虚实强弱，寻找突破其口供的切入

点。L副局长和科长来到荆某监视居住的房间，科长向荆某介绍了L副局长的职务等情况后，荆某以为L副局长是来讯问她的，一边说"我不会回答你任何问题的，你局长来了也白搭"，一边举起拳头又要击腹中的胎儿。L副局长劝夺住荆某的拳头，说："你这是何必呢？我又不是来问你问题的，你误会了，我只是来看看你有什么需要照顾的，你的问题办案的同志会同你谈，不需要我同你谈……我知道你不愿意说，不说就不说，到此为止。我只是觉得你挺着个大肚子，怀孕在身，怪不容易的，看你有什么要求，有什么需要，有什么要照顾帮助的。你有什么需要照顾的，就尽管说……你怀孕在身，肯定有需要照顾的地方……"L副局长通过上述这番话，与荆某建立起了良好的对话气氛。接着，L副局长为了解、知晓荆某的虚实强弱，有目的、有意识地与荆某进行了对话。通过接触和对话，L副局长了解、知晓了荆某是一个极其封建迷信，相信因果报应，讲义气，宁愿自己死也不害别人，性格暴躁、容不得半句歪话特点的女人。

L副局长了解、知晓了荆某的特点后，以抽烟为由，离开了荆某的房间，根据荆某的特点进行了如下分析：

1. 根据荆某极其封建迷信，相信因果报应，讲义气，宁愿自己死，也不害人的特点，分析认为，这一特点决定了荆某在一般情况下不会将涉及他人犯罪的问题作出交代。因为，她认为一旦对涉及他人犯罪的问题作出交代，证实了他人的犯罪，就意味着"害"了他人，做了对不起他人的事。而害了他人，对不起他人，在这样一个极其迷信的人看来是损阴德的，是要遭报应的。因此，对于荆某来说，跟她讲证据、讲法律、讲道理都将无济于事，不可能瓦解、动摇其抗审的心理。她会在迷信心理的支配下，死抱讲义气不放，下定决心绝不交代犯罪事实。这是她最坚固的防线，是最"实"的地方。有确实、充分的证据不仅不是她的薄弱环节，反而是她最坚实的环节。先前的讯问之所以不仅没有任何的效果，而且讯问人员被荆某调动，忙于应付荆某的行为，就是因为把荆某最坚实的地方作为攻击的目标。

2. 根据荆某性格暴躁的特点，分析认为，暴躁的性格是人的致命弱点。这种性格容易被激怒，且自制能力很差，一旦被激怒，就会不计任何的后果。因此，荆某的这种暴躁性格，正是她的软肋，是其无法克服的弱点，其在被激怒的情况下，就会不顾一切地将共同犯罪的事实全盘托出。

3. 根据荆某容不得半句歪话的特点，分析认为，这一特点一听到不合其意的话，就会暴跳如雷，即刻激起愤怒。因此，荆某的这一特点，正是激怒她的一个点，用不合她意的歪话刺激她，荆某立马就会大发雷霆，怒气冲天，失去理智，不能自制。

通过上述分析，L副局长了解、知晓了荆某的虚实强弱之处。经思考，决定采用避实击虚的讯问策略对荆某进行讯问，避开荆某实的、强的，即荆某已下决心不对犯罪事实作出交代的坚实之处，向荆某虚的、弱的，即荆某性格暴躁，容不得半句歪话的虚弱之处发起进攻。接着，L副局长又对向荆某的虚弱之处如何进攻进行了筹划，决定采用离间分化瓦解的计谋向荆某的弱点进攻，激起荆某与沙某、李某之间的矛盾，使之产生对沙某、李某的愤怒而交代共同侵占的事实，并筹划了如何进行。

L副局长回到荆某监视居住的房间后，采用与荆某闲聊和说半句、伸伸缩缩、自言自语的方式对荆某进行了有步骤的分化瓦解，牵着荆某的鼻子走：先以公司的投资情况这一客观存在的事实入手，顺理成章地问荆某与沙某、李某的关系怎样。当荆某回答"我们的关系很好的"后，L副局长又问了一句"是真的很好，还是只是你自己觉得很好"，为分化瓦解埋下了伏笔。接着，L副局长说了一句隐晦的话"真的很好就好"，引起了荆某的猜忌。荆某追问L副局长："这是什么意思？"L副局长缩了回去，进一步引起了荆某的猜忌。接着，L副局长自言自语地说了半句："那他们怎么会说……"此时，荆某追问L副局长没有说完的话。L副局长在荆某的追问下，说出了下半句话："他们投资，让你赚钱，听说钱都是你赚去了。"当荆某急不可耐地想知道这是谁说的时，L副局长又一次缩了回去："算了，随便说说，都是些闲话，你不要当回事。"这更引起了荆某的猜忌，反复逼着L副局长说出原委。此时，L副局长装出无可奈何的样子，以打比方的方式进一步说道："闲话还不只这些呢？说'铁公鸡还只是一毛不拔，糖公鸡不仅一毛不拔，还到处占人家的便宜，贪得很'。"以此暗喻沙某、李某说荆某是糖公鸡，贪得很。果然，荆某在L副局长这样有步骤的刺激下，激起了对沙某、李某的愤怒，其从床上站起，跳到地上，气急败坏地叫着："啊！这个良心被狗吃了的，说我是糖公鸡，占他们的便宜，贪他们的东西……既然是这样，我去把藏在那里的账目取过来，把事情经过全部说清楚，看看钱是我贪进去了，还是他俩贪进去了，究竟我是糖公鸡，还是他俩是糖公鸡！"荆某在愤怒中交出了其已匿藏的侵占账目，交代了共同侵占公司财物的犯罪事实。

上例荆某一案在案件将"死"的情况下，讯问人员运用避实击虚的讯问策略对荆某进行讯问。在讯问中，讯问人员避开了荆某因封建迷信和死抱讲义气不放拒不供述的坚实之处，向其暴躁性格、容不得半句歪话的虚弱之处进行攻击，突破了荆某的口供，使案件起死回生。

（一）避实击虚策略的概念

所谓避实击虚，是指讯问人员通过了解、知晓被讯问人在防御上或被讯问人自身的虚实强弱之处，在讯问中调动被讯问人，避开被讯问人坚实的地方，以优势兵力攻击被讯问人虚弱的地方，一拳击中被讯问人的软肋，使之没有任何的力量进行反抗，一举突破被讯问人的口供的一种讯问策略。

避实击虚策略的概念有以下几点：

1. 避实击虚，是讯问胜利先决条件的一种策略

讯问的目的是要突破被讯问人的口供，促使被讯问人对犯罪事实作出如实的交代。但实现这一目的，并不是一件容易的事，被讯问人在事关其人身自由、生命存亡的问题上不会轻易对犯罪事实作出交代。这就需要讯问人员目标准确、方法得当，击中被讯问人的要害，才有可能突破被讯问人的口供。

目标准确，决定着所使用的方法得当。因为，目标不准确，所使用的方法就不具有针对性，最好的方法也将成为不得当。因此，讯问人员所针对的目标是否准确，是突破被讯问人口供的前提。

而目标准确，突出地表现在这一目标是被讯问人的虚弱之处。讯问人员所针对的目标是被讯问人的虚弱之处，被讯问人就无力招架，没有任何的反抗能力，就能一拳致使被讯问人"毙命"。如果讯问人员所针对的目标不是被讯问人的虚弱之处，而是被讯问人的坚实之处，讯问人员无论以何种方法、何种武器进行攻打，都不能起到作用，而且有可能越打越强，越打越硬，无法突破被讯问人的口供。正所谓"故凡用兵者，攻坚则轫，乘瑕则神。攻坚则瑕者坚，乘瑕则坚者瑕"①。因此，避实击虚，避开被讯问人的坚实之处，攻击被讯问人的虚弱之处，是突破被讯问人口供的先决条件。离开了这一条件，讯问的胜利就无从谈起。避实击虚的讯问策略是讯问胜利先决条件的一种策略。

在前例中，讯问人员在开始的几次讯问中，没有避开荆某的坚实之处，攻击荆某的虚弱之处，而是击在荆某因迷信和讲义气的特点而致其即使证据确实、充分也不会作出交代的坚实之处，因而，经多次讯问均无法突破其口供。后来，讯问人员以避实击虚的策略对荆某进行讯问，在讯问中避开荆某的上述坚实之处，向荆某性格缺陷而致的虚弱之处发起进攻，很快便在闲聊间轻松地突破了荆某的口供。如果讯问人员不是避开荆某的坚实之处，攻击荆某的虚弱之处，恐怕不仅永远难以突破荆某的口供，而且有可能出现严重的后果。可见，避实击虚是讯问胜利先决条件的一种策略。

2. 避实击虚，是了解、知晓被讯问人在防御上或被讯问人自身虚实强弱之处的一种策略

避实击虚的讯问策略，避开被讯问人的坚实之处，攻击被讯问人的虚弱之处，先决条件是要知道被讯问人的坚实之处在哪里，坚在什么问题上，具体情况如何；被讯问人的虚弱之处在何处，虚在哪些事实上，

---

① 见《管子·制分》，载李山译注：《管子》，中华书局 2016 年版，第 172 页。

具体情况怎样。否则，避实击虚的讯问策略就是一个不完整的概念，更是无从谈起。由此可见，避实击虚的本身就包含着了解、知晓被讯问人虚实强弱情况的内容。

被讯问人的虚实强弱之处并不会自动地从天而降，暴露在那里，被讯问人更不会告诉讯问人员自己哪里是坚实的，哪里是虚弱的。它是通过讯问人员的深入了解、科学分析而来的。讯问人员根据了解的案件情况和被讯问人的心理，经科学分析，知晓被讯问人在防御上的虚实强弱之处及其具体的情况；通过对被讯问人自身情况的了解，经科学分析，知晓被讯问人自身的虚实强弱之处及其具体的情况，进而为避实击虚策略运用提供了扎实的基础。避实击虚的讯问策略是了解、知晓被讯问人在防御上或被讯问人自身虚实强弱之处的一种策略。

在前例中，讯问人员在讯问处于被动的情况下，通过与荆某的接触、交谈，了解并掌握了荆某的性格特点，并根据其性格特点进行分析，了解、知晓了荆某的坚实之处和虚弱之处，然后决定以避实击虚的讯问策略对荆某进行讯问。如果讯问人员不了解、知晓荆某的坚实之处和虚弱之处，讯问人员就不可能切实地避开荆某的坚实之处和有效地攻击荆某的虚弱之处。可见，避实击虚的讯问策略是了解、知晓被讯问人虚实强弱之处的一种策略。

3. 避实击虚，是讯问人员调动被讯问人而不被被讯问人调动的一种策略

取得讯问的胜利，关键在于讯问人员调动被讯问人，而不被被讯问人所调动，这是运用避实击虚策略所欲达到的最佳状态。因而，避实击虚要始终以"致人而不致于人"① 为目的来调动被讯问人，而不被被讯问人所调动。离开了这一点，避实击虚策略就将名存实亡。由此可见，避实击虚策略无疑包含着调动被讯问人，而不被被讯问人所调动的内容。

调动被讯问人，而不被被讯问人所调动，掌握讯问的主动权，它不

---

① 见《李卫公问对·卷中》，载《六韬 三略 李卫公问对》，北方文艺出版社2015年9月版，第144页。

会自动实现。它是通过讯问人员分析判断被讯问人的虚实强弱情况，查明何处为实，何处为虚，避开被讯问人的坚实之处，攻击被讯问人的虚弱之处，而使自己牢牢掌握讯问的主动权，被讯问人丧失主动权，从而实现了调动被讯问人，而不被被讯问人所调动的目的，进而使避实击虚达到最佳的状态。因此，避实击虚是讯问人员调动被讯问人，而不被被讯问人所调动的一种策略。

在上例中，由于前几次的讯问没有避开荆某的坚实之处和攻击荆某的虚弱之处，因而，讯问人员不仅不能调动荆某，反而被荆某所调动，在讯问中被动地应对荆某的不端行为，从而失去了讯问的主动权。而后来的讯问，讯问人员以避实击虚的策略对荆某进行讯问，避开了荆某的坚实之处，攻击荆某的虚弱之处，因而，讯问人员不仅没有被荆某所调动，而是有效地调动了荆某，使荆某顺着讯问人员的思路，追着要讯问人员说出"真情"，从而取得了讯问的主动权。可见，避实击虚的讯问策略，是讯问人员调动被讯问人而不被被讯问人所调动的一种策略。

4. 避实击虚，是避开被讯问人坚实之处，攻击被讯问人虚弱之处的一种策略

避实击虚，顾名思义，其最核心的内容就是避开被讯问人防御上或其自身的坚实之处，攻击被讯问人防御上或其自身的虚弱之处，包含着避开和攻击这两方面的内容，是一种并列关系。

在讯问中，讯问人员根据了解、知晓的被讯问人在防御上或自身的虚实强弱情况，一是以有效的方法，切实避开被讯问人防御上或被讯问人自身坚实的地方，不向被讯问人的坚实之处进行攻击，杜绝了盲干蛮干；二是集中优势兵力，以巧妙的方法，目标准确地攻击被讯问人防御上或被讯问人自身虚弱的地方，击中被讯问人的软肋，这两者不可偏废。因此，避实击虚的讯问策略是避开被讯问人坚实之处和攻击被讯问人虚弱之处的一种策略。

在上例中，讯问人员在了解、知晓了荆某的坚实之处和虚弱之处的基础上，在讯问中，一方面避开了荆某已下决心不作交代，在确实、充

分的证据面前也不会作出交代的坚实之处，另一方面针对荆某性格暴躁，容不得半句歪话的虚弱之处进行攻击，激起荆某对同案人沙某、李某的愤怒，以促使荆某在对沙某、李某的愤怒中对共同侵占财物的犯罪事实作出交代，从而有效地实施了避实击虚的讯问策略。可见，避实击虚的讯问策略，是避开被讯问人的坚实之处，攻击被讯问人虚弱之处的一种策略。

5. 避实击虚，是使被讯问人没有任何反抗能力，即刻"毙命"的一种策略

避实击虚，重点在"击虚"上，即攻击被讯问人的虚弱之处。这是避实击虚讯问策略的主要内容。而被讯问人的虚弱之处在防备方面表现为不能防备、不知防备和防备薄弱上；在自身方面，表现在性格缺陷、情感脆弱等。这些都是被讯问人的软肋，是经不起攻击的。可见，避实击虚讯问策略的重点在"击虚"上。

讯问人员针对被讯问人的虚弱之处，集中力量以有效、巧妙的方法对被讯问人的虚弱之处进行攻击，就一拳击中了被讯问人的要害和软肋，使之既措手不及，只有被动挨打，又造成其致命的伤害，无力招架，从而使被讯问人不能动弹，毫无抵抗的能力，一击即垮，对犯罪事实作出如实的交代。因此，避实击虚的讯问策略，是使被讯问人没有任何反抗能力，即刻"毙命"的一种讯问策略。

在上例中，讯问人员在实施避实击虚讯问策略的过程中，重点攻击荆某性格暴躁，容不得半句歪话的虚弱之处。荆某的虚弱之处经不起讯问人员的攻击，从而产生了对同案人沙某、李某的愤怒。荆某在愤怒中不能自制，从而也就失去了反抗的能力，对共同侵占公司财物的犯罪事实作出了交代。可见，避实击虚的讯问策略，是使被讯问人没有任何反抗能力，即刻"毙命"的一种策略。

（二）避实击虚策略的作用

避实击虚策略在讯问中有以下重要的作用：

1. 有利于讯问人员"致人而不致于人"，始终掌握讯问的主动权

"致人而不致于人"，语出《孙子兵法·虚实篇》，孙子曰"故善战者，致人而不致于人"。[①]"致人而不致于人"，就是调动敌人，而不被敌人调动，掌握战场的主动权。主动权是军队行动的自由权，行动自由是军队的命脉，失去了这种自由，受制于敌，结果就只能是失败。因此，历代兵家都十分重视这一命题：《尉缭子》说："善用兵者，能夺人而不夺于人。"[②]《鬼谷子》说："故曰事贵制人，而不贵见制于人。制人者，握权也；见制于人者，制命也。"[③]唐·李靖说："千章万句，不出乎'致人而不致于人'而已。"[④]毛泽东同志在论及军队的主动权时指出："一切战争的敌我双方，都力争在战场、战地、战区以至整个战争中的主动权，这种主动权即是军队的自由权。军队失掉了主动权，被逼处于被动地位，这个军队就不自由，就有被消灭或被打败的危险。"[⑤]

讯问实质上就是讯问人员与被讯问人之间展开的一场战争。在这场战争中，讯问人员如果能够"致人"，调动被讯问人，掌握讯问的主动权，就能取得讯问的胜利，而如果讯问人员"致于人"，被被讯问人调动，丧失讯问的主动权，其结果必然是讯问失败。因此，讯问人员在讯问中能够"致人而不致于人"，掌握讯问的主动权，对于制服被讯问人，取得讯问的胜利具有决定性的意义。

避实击虚的讯问策略，一是讯问人员了解、知晓了被讯问人的虚实

---

① 见《孙子兵法·虚实篇》，载陈曦等译注：《孙子兵法三十六计》，中华书局2016年版，第134页。

② 见《尉缭子·战威第四》，载《尉缭子吴子》，中州古籍出版社2010年版，第50页。

③ 见《鬼谷子·谋篇第十》，载许富宏译注：《鬼谷子》，中华书局2012年版，第116页。

④ 见《李卫公问对·卷中》，载《六韬　三略　李卫公问对》，北方文艺出版社2015年版，第144页。

⑤ 见毛泽东：《抗日游击战争的战略问题》，载《毛泽东选集》（第二卷），人民出版社1991年版，第410页。

强弱之处，做到了"知彼"。使讯问人员知道在讯问中应当避开被讯问人的什么地方，应当如何进行避开；应当攻击被讯问人的何处，应当如何去攻击被讯问人。这样，就为讯问人员在讯问中"致人而不致于人"，调动被讯问人而不被被讯问人调动，牢牢掌握讯问的主动权提供了扎实的基础。二是讯问人员知道了攻击被讯问人的何处和如何攻击被讯问人，做到了胸有成竹，使讯问人员在攻击被讯问人虚弱之处的过程中游刃有余，没有任何的阻碍。这样，就使讯问人员在讯问中行动自由，不受任何的制约。三是避实击虚攻击的是被讯问人的虚弱之处。被讯问人的虚弱之处一旦受到了攻击，其就没有了任何的反抗余地，这样，就使讯问人员能够牢牢掌握主动权。

由上述可见，避实击虚的讯问策略有利于讯问人员"致人而不致于人"，牢牢掌握讯问的主动权。

在上例中，讯问人员在了解、知晓了荆某的虚实强弱之处后，明确了在讯问中应当避开荆某在任何情况下都不对犯罪事实作出交代的坚实之处和应当攻击荆某性格暴躁、容易被激怒且自制能力差的虚弱之处，以及应当以何种方式对荆某实施攻击。在对荆某虚弱之处进行攻击的过程中，讯问人员成竹在胸，牢牢掌握着主动权，有计划按步骤地步步深入，调动荆某向讯问人员设定的目标前进，最后激起了荆某对沙某、李某的愤怒，在愤怒中和盘托出了其与沙某、李某共同侵占公司财物的犯罪事实。

2. 有利于讯问人员以较小的力量迅速突破被讯问人的口供

讯问被讯问人，任何一个讯问人员都是想以较小的力量迅速地突破被讯问人的口供，收集到被讯问人犯罪的证据，查清案件的事实，顺利地结案。而讯问人员能否以较小的力量迅速地突破被讯问人的口供，取决于攻击的目标是否准确和攻击的方法是否有效，讯问人员的攻击目标准确，攻击的方法有效，对症下药，就能以较小的力量迅速地突破被讯问人的口供。而如果攻击的目标不准确，攻击的方法无效，不能对症下药，那么，就不仅不能以较小的力量迅速突破被讯问人的口供，而且要强化被讯问人的拒供心理，给讯问增加难度，甚至有可能导致案件久审不破，使案件出现骑虎难下的局面，形成疑难案件而无法结案。

避实击虚的讯问策略，一是避开了被讯问人的坚实之处，这就保证讯问人员克服了盲目性，为以较小的力量迅速地突破被讯问人的口供排除了不利的因素，讯问也就无须投入大量的人力、物力。二是攻击的是被讯问人的虚弱之处，而被讯问人的虚弱之处，经不起攻击，容易被攻破。这就保证了讯问人员攻击目标的准确性，攻在被讯问人的要害上，击在被讯问人的软肋处，使被讯问人没有任何的反抗能力，"一拳毙命"，为以较小力量迅速突破被讯问人的口供提供了可能，而无须花费大量的人力、物力去攻打，也不会出现旷日持久、攻打不下的情况。三是既然已明确了攻击被讯问人虚弱的某处，那必然是会对针对虚弱某处的攻击方法进行过筹划而使攻击的方法做到了有针对性。这就保证了讯问人员对症下药地对被讯问人的虚弱之处进行攻击，为以较小的力量迅速地突破被讯问人的口供成为现实。

由上述可见，避实击虚的讯问策略有利于讯问人员以较小的力量迅速地突破被讯问人的口供。

在上例中，由于讯问人员避开了荆某的坚实之处，对荆某的虚弱之处进行攻击，因而，以闲聊、说半句、自言自语、打比方影射这些轻松的方法，毫不费力地就激起了荆某对沙某、李某的愤怒，使之不能自制，迅速地突破了荆某与沙某、李某共同侵占公司财物的口供，实现了讯问的目的。

3. 有利于讯问人员无往而不胜

讯问人员要使讯问做到无往而不胜，就要正确认识和掌握被讯问人的虚实态势。正所谓"夫用兵，识虚实之势则无不胜焉。"[1] 讯问被讯问人如同用兵作战，只有正确认识和掌握被讯问人的虚实态势，避开被讯问人的坚实之处，攻击被讯问人的虚弱之处，才能做到无往而不胜。

---

[1] 见［唐］李靖撰：《李卫公问对·卷中》，载《六韬 三略 李卫公问对》，北方文艺出版社 2015 年版，第 144 页。

避实击虚的讯问策略，一是讯问人员调动了被讯问人，牵着被讯问人的鼻子走，控制着被讯问人，从而使自己牢牢地掌握着讯问的主动权，在任何时候都处于主动的地位。二是讯问人员避开了被讯问人的坚实之处，不会向被讯问人的坚实之处进行攻击，从而克服了自己的盲目性，杜绝了盲打盲撞情况的发生。三是讯问人员目标准确地对被讯问人的虚弱之处进行攻击，打在被讯问人的软肋处、致命处，从而使被讯问人不能抵御，失去了反抗的能力，只能被动地挨打而没有任何力量进行招架。而且，对被讯问人虚弱之处进行攻击，能够起到事半功倍的作用。四是讯问人员运用针对性的方法对被讯问人的虚弱之处进行攻击，做到了矢中其的，从而使被讯问人受到了致命的打击。

从上述可见，避实击虚的讯问策略有利于讯问人员无往而不胜。

在上例中，由于先前的多次讯问不是运用避实击虚的讯问策略，而是对荆某最为坚实的地方实施进攻，导致了讯问人员时时处处受制于荆某，忙于应付荆某的不端行为，丧失了讯问的主动权。后来的讯问运用避实击虚的讯问策略，避开荆某的坚实之处，攻击荆某的虚弱之处，讯问人员便掌握了讯问的主动权。荆某不仅被动地挨打，没能力进行抵御、反抗，而且追着讯问人员说出攻击其虚弱处的话。讯问人员在荆某的追逼下顺理成章地说出了本来就要寻找由头设法说出的关键的话，从而矢中其的，荆某的内心立即燃起了愤怒的大火，并不计后果地爆发出来，交代了与沙某、李某共同侵占的犯罪事实，从而使这个无法再讯问、已"死"的案件起死回生，取得了胜利。

（三）避实击虚策略运用的基本要求

我们从前面的论述可知，避实击虚的讯问策略是避开被讯问人的坚实之处，攻击被讯问人的虚弱之处。但并不等于只要运用了这种策略对被讯问人进行讯问，就能无往而不胜。毋庸讳言，如果不能正确地运用避实击虚的讯问策略，不仅不能无往而不胜，而且有可能每往必败。因此，要使这种策略的运用能真正做到无往而不胜，就必须要予以正确的运用，为此，在运用中就要做到以下几点：

1. 避实击虚的"实"和"虚"要具有准确性

所谓避实击虚的"实"和"虚"要具有准确性，是指避实击虚所要避开的这个坚实之处和攻击的这个虚弱之处要搞准、搞清楚，所避开的是真正的坚实之处以及坚实的具体情况和攻击的是真正的虚弱之处以及虚弱的具体情况。

《吴子》曰："用兵必须审敌虚实而趋其危。"[①] 而审敌虚实就是搞准、搞清楚被讯问人的坚实之处和虚弱之处，这是运用避实击虚讯问策略对被讯问人进行讯问的前提。离开了这个前提，避实击虚讯问策略的运用就是一句空话，不仅不是真正意义上的避实击虚，而且有可能恰恰相反，是避虚击实。可以说，没有弄清被讯问人坚定之处和虚弱之处，就没有避实击虚讯问策略的进行。或者说，进行的就不是避实击虚。这是因为，在没有搞准、搞清被讯问人坚实之处和虚弱之处的情况下，一是讯问人员不知要避开什么，也不知要攻击什么，具有极大的盲目性，有可能避开的正是被讯问人的虚弱之处，攻击的正是被讯问人的坚实之处。二是即使"瞎猫碰到了死老鼠"，由于对"实"和"虚"的具体情况不清，就不知道如何去避开这个坚实之处，更不知道如何去攻击这个虚弱之处，到头来还是盲目蛮干。因此，讯问人员只有搞准、搞清被讯问人的坚实之处和虚弱之处，才能做到真正地避开被讯问人的坚实之处和目标准确地攻击被讯问人的虚弱之处。由此可见，运用避实击虚的讯问策略对被讯问人进行讯问，这个"实"和"虚"一定要搞准、搞清，切忌不准、不清。

而要搞准、搞清被讯问人的"坚实"和"虚弱"之处，讯问人员就要通过对案件和被讯问人情况的了解，触动被讯问人，对被讯问人进行试探较量，掌握有关的情况，然后对了解掌握的情况进行科学的分析，什么地方是被讯问人的坚实之处以及坚实之处的具体情况，什么是被讯问人的虚弱之处以及虚弱之处的具体情况，从而搞准、搞清其坚实

---

① 见《吴子·料敌第二》，载徐勇注释：《尉缭子吴子》，中州古籍出版社 2010 年版，第 169 页。

和虚弱。关于如何搞准、搞清被讯问人的坚实和虚弱之处，笔者将在稍后进行详细的叙述。

在上例中，讯问人员通过同荆某的接触，触动荆某，了解掌握了荆某是一个极其封建迷信，相信因果报应，讲义气，宁愿自己死也不害别人和性格暴躁、容不得半句歪话的人，通过对了解掌握情况的分析，讯问人员知道了荆某的坚实之处是其在确实、充分的证据面前也不会作出交代，这坚实之处是她的封建迷信、相信因果报应和讲义气的原因所致；荆某的虚弱之处是极易被激怒，一旦被激怒，其自制能力差，这虚弱之处是她的性格暴躁和容不得半句歪话所致的。

2. 避实击虚要具有隐蔽性

所谓避实击虚要具有隐蔽性，是指运用避实击虚的策略对被讯问人进行讯问本身和避实击虚要避开的坚实之处，攻击的虚弱之处要做到隐蔽，不能让被讯问人知晓。

（1）运用避实击虚的策略对被讯问人进行讯问的本身要隐蔽

运用避实击虚讯问策略对被讯问人进行讯问，实质上是调动被讯问人，牵着被讯问人的鼻子走，以奇兵袭击被讯问人。而调动被讯问人，以奇兵袭击被讯问人，只有被讯问人在受蒙蔽、不知实情的情况下，被讯问人才有可能被调动，以奇兵袭击才有可能成功。否则，被讯问人知道讯问人员是在调动他，他就不会受讯问人员的调动；被讯问人知道讯问人员以奇兵袭击他，他就会对奇兵做好防范，从而使讯问人员的击虚成为不可能。而且，避实击虚是避开被讯问人坚实的地方，攻击被讯问人虚弱的地方。一旦被讯问人知道了讯问人员是以避实击虚的策略对其进行讯问，其就会以坚实的地方与讯问人员周旋、纠缠，并千方百计掩盖自己虚弱的地方，使讯问人员无法摆脱被讯问人的纠缠和难以发现被讯问人虚弱的地方，从而使避实击虚的策略无法付诸实施。因此，运用避实击虚的策略对被讯问人进行讯问的本身要隐蔽。

（2）避实击虚要隐蔽好要避开的坚实之处、攻击的虚弱之处

避实击虚讯问策略运用的核心是在"避"和"击"上，只有避得

切实，击得不意，才能实现避实击虚的目的，击垮被讯问人。而要避得切实，击得不意，就要对避开的坚实之处和攻击的虚弱之处做好隐蔽。

隐蔽好避开的坚实之处，被讯问人就不知道讯问人员要避开他什么地方。这样，讯问人员就能顺利地避开要避开的地方，从而不留任何痕迹，做到避得切实。如果不能做好隐蔽，被讯问人知道了讯问人员要避开什么地方，其就会想方设法对讯问人员进行干扰，不让讯问人员避开，从而使讯问人员丧失了主动权。

隐蔽好攻击的虚弱之处，被讯问人就不知道讯问人员要攻击他什么地方。这样，讯问人员就能在被讯问人意料不到的时间和地点，突然进攻被讯问人的弱点，使被讯问人措手不及，不知如何防御。正所谓"故善攻者，敌不知其所守"。① 如果不能做好隐蔽，被讯问人知道讯问人员要攻击他什么地方，其就会做好充分的准备进行防守，即使是不能防守的，其也会无理辩三分或"躺倒赖"，从而使讯问人员的攻击失去作用。

由上述可见，运用避实击虚的讯问策略对要避开的坚实之处和攻击的虚弱之处要隐蔽。

而要做好隐蔽，讯问人员要做到：一是不要溢于言表，要管住自己的言谈、表情、举止，不要让自己的言谈、表情、举止暴露了这些要隐蔽的内容。二是要讲究讯问的方式、方法和技巧，不要让讯问的方式、方法暴露了这些要隐蔽的内容。三是实施要顺理成章，不要让牵强附会的行为暴露了这些要隐蔽的内容。

在前例中，讯问人员隐蔽了要运用的避实击虚的策略本身、要避开的荆某坚实之处和攻击的虚弱之处。为了做好隐蔽，讯问人员以关心荆某的身体、生活，看看她需要什么照顾、帮助的由头同荆某接触，了解、知晓了荆某的坚实和虚弱之处，这样，一开始就对运用避实击虚策略本身进行了隐蔽；以"我不是来问你问题的……我知道你不愿意说，

---

① 见《孙子兵法·虚实篇》，载陈曦、骈宇骞译注：《孙子兵法三十六计》，中华书局 2016 年版，第 138 页。

不说就不说，到此为止"隐蔽了要避开的荆某的坚实之处；以闲聊、自由交谈的方式、方法隐蔽了要攻击的荆某的虚弱之处；以顺理成章的行为实施了对荆某虚弱之处的攻击。整个避实击虚的过程可谓言谈、举止得当，方式、方法讲究，实施顺理成章，从而做到了隐蔽。

3. 避实要具有切实性

所谓避实要具有切实性，是指避实击虚讯问策略的运用要切切实实地做好避实工作，实实在在地避开被讯问人的坚实之处。

避实击虚讯问策略运用的重点虽然在"击虚"上，但"避实"同样不可忽视，它与"击虚"相辅相成，互相依存，互相促成。没有"避实"的切实性，就没有"击虚"的准确性。讯问人员只有切实地避开被讯问人的坚实之处，才有可能准确地攻击被讯问人的虚弱之处，从而使"击虚"事半功倍。如果讯问人员不能切实地避开被讯问人的坚实之处，讯问人员就有可能因被讯问人的干扰而击在被讯问人的坚实之处，也有可能因讯问人员东一榔头，西一棒子而转移击虚的目标，还有可能因讯问人员的疏忽而把被讯问人的坚实之处当作虚弱之处进行攻击，从而使击虚的目标不一致或不准确，导致"击虚"名存实亡。因此，运用避实击虚的讯问策略对被讯问人进行讯问，必须要切切实实地做好避实工作，实实在在地避开被讯问人的坚实之处。关于如何切实避开被讯问人的坚实之处，笔者将在稍后进行详细的论述。

而要切实地做到避实，一是要摸准被讯问人的坚实之处。讯问人员只有摸准了被讯问人的坚实之处，才有可能切实地避开被讯问人的坚实之处。二是要强化避实意识。讯问人员只有具有很强的避实意识，才有可能在讯问中自觉地进行避实，切实地避开被讯问人的坚实之处。三是要以有效的方法进行避实。讯问人员只有以有效的方法进行避实，才有可能切实地避开被讯问人的坚实之处。四是要排除一切干扰。讯问人员只有排除一切干扰，不被被讯问人所调动，才有可能切实地避开被讯问人的坚实之处。五是要始终如一。讯问人员只有始终如一地坚持避实，才有可能切实地避开被讯问人的坚实之处。

在前例中，讯问人员摸准了荆某的坚实之处，为切实避实打下了扎实的基础；增强了避实意识，认为在讯问中必须要避开荆某的坚实之处，并自始至终自觉地避开荆某的坚实之处；以来看看她，有什么需要照顾、帮助的和以自由交谈隐蔽意图的方法避开荆某的坚实之处；在整个讯问的过程中，调动荆某，而不被荆某所调动，并始终如一，从不提要荆某交代犯罪事实的问题。从而切实地避开了荆某的坚实之处。

4. 击虚的方法要具有针对性

所谓击虚的方法要具有针对性，是指讯问人员对被讯问人虚弱之处进行攻击的方法要针对被讯问人虚弱之处的具体情况，不同的虚弱之处用不同的方法进行攻击。

被讯问人虚弱之处是各不相同的，从总体上来说，有的表现在案件的事实上，有的表现在被讯问人的自身特点上。从具体上来说，表现在案件事实上的虚弱之处，有的是被讯问人不能防备的，有的是被讯问人不知道防备的，有的是被讯问人进行了防备，但防备是薄弱的；表现在被讯问人自身特点上的虚弱之处，有的是被讯问人性格上的缺陷，有的是被讯问人情感上的缺陷，有的是被讯问人心理上的缺陷，有的是被讯问人素质上的缺陷，有的是被讯问人气势上的缺陷，有的是被讯问人嗜好上的缺陷，有的是被讯问人把柄上的缺陷，等等。对被讯问人这些不同的虚弱之处，根据马克思主义具体问题具体对待的基本原理，要以针对其虚弱之处的不同方法予以攻击，对症下药，才能做到药到病除。如果讯问人员对这些不同的虚弱之处，不能做到具体问题具体对待，以针对性的方法进行攻击，那无异于拿着"高射炮打蚊子"或"拿着弹弓弹坦克"，不仅不能奏效，而且使被讯问人加强防御，增强抗审的心理。因此，击虚的方法要具有针对性，即针对被讯问人的虚弱之处的具体情况。

而要做到击虚的方法针对被讯问人的虚弱之处的具体情况，讯问人员就要根据被讯问人虚弱的性质、所在的部位、虚弱的具体内容、形成虚弱的原因和虚弱的程度，通过分析、反复推敲，寻找出能针对被讯问人这种虚弱的方法，然后经充分论证，再行以这种针对性的方法去攻击被讯问人的虚弱之处，使之药到病除。

在上例中，讯问人员根据荆某的虚弱之处属于人的生理机能，在其性格上，具体内容是容不得半句歪话，形成的原因是自制能力差，不知、不能进行自制，虚弱的程度是极弱的情况，通过分析、推敲和论证，认为以离间分化瓦解的方法定能激起其对沙某、李某的愤怒，促使其在愤怒中对共同的侵占事实作出交代。在讯问中，讯问人员以离间分化瓦解这种针对性的方法攻击荆某的虚弱之处，很快荆某便被激怒，从而实现了击虚的目的。

5. 击虚的内容要具有效力性

所谓击虚的内容要具有效力性，是指讯问人员用以攻击被讯问人虚弱之处所使用的攻击材料能够起到作用，有效力。

被讯问人的虚弱之处能否被击垮，取决于讯问人员用以攻击被讯问人虚弱之处所使用的材料是否有有利的作用。被讯问人的虚弱之处虽然是虚弱的，但它并不是以任何的材料攻击都会被击垮。被讯问人虚弱之处的垮塌，是通过攻击材料起作用而垮塌的。讯问人员向被讯问人的虚弱之处以有效力的材料进行攻击，这种有效力的材料攻入被讯问人的虚弱之处就发生了有利的作用，从而使被讯问人的虚弱之处垮塌。如果讯问人员用以攻击的材料没有效力，那么尽管讯问人员所使用的方法最具针对性，被讯问人的虚弱之处最不堪一击，也无法击垮被讯问人的虚弱之处。这如同用没有毒性的药物去毒昆虫一样，尽管使用了诱毒的方法，且昆虫的生命脆弱，但没有毒性的药物也是毒不死昆虫的。因此，避实击虚用以击虚的内容要具有效力性。

而要使用以击虚的内容具有效力性，讯问人员就要根据被讯问人虚弱之处的具体情况，分析研究什么内容对这种情况的虚弱之处有效力，能够起到作用，击垮被讯问人的虚弱之处，什么内容对这种虚弱没有效力，起不到作用，不能击垮被讯问人的虚弱之处；什么内容对这种虚弱虽有效力，但效力甚微，不足以击垮被讯问人的虚弱之处。在分析研究的基础上，选择出最有效力的内容，在讯问中对被讯问人的虚弱之处进行攻击，从而一攻即破。

在前例中，讯问人员根据荆某虚弱之处容不得半句歪话，最忌讳别人说她贪的具体情况，通过分析研究，选择出了最有效力的沙某、李某诬称荆某是"糖公鸡，贪得很"的内容对荆某进行离间分化瓦解。这一内容一攻击荆某的虚弱之处，荆某立即怒从心起，激起了荆某对同案人沙某、李某的极大愤怒，促使荆某在愤怒中交出了匿藏的账目，对着账目像"竹筒倒豆子"一样交代了她与沙某、李某共同侵占的犯罪事实。

6. 击虚的实施要具有紧凑性

所谓击虚的实施要具有紧凑性，是指讯问人员在实施击虚的过程中要做到紧密连接，一步紧跟一步，中间没有空隙，使被讯问人没有喘息的机会。

攻击被讯问人的虚弱之处，实质上是乘虚而入，趁着被讯问人的空虚而突然对其进行攻击。这就要求讯问人员要速战速决，使被讯问人处在连续挨打的境地，没有喘息的机会。只有这样，才能一举击垮被讯问人。如果讯问人员击虚的实施松散，击一会儿停一会儿，击击停停，这样就给了被讯问人喘息的机会，使之有了思考对策的时间，被讯问人就会思考如何对付讯问人员的攻击，或做好反抗的准备，或策划好退路，或思考好对漏洞的堵塞，从而使空虚变成了坚实。那么，讯问人员就没有虚可乘，更无法"而入"。因此，击虚的实施要紧密连接，一步紧跟一步地对被讯问人的虚弱之处进行连续的攻击。

而要使击虚的实施具有紧凑性，讯问人员就要不间断地、一步紧接一步地、步步深入地、逻辑严密地对被讯问人进行连续的攻击，不让被讯问人有喘息的机会，使被讯问人被动地连续挨打，直至击垮被讯问人。

在前例中，讯问人员埋下离间分化瓦解的伏笔后，紧接着说了一句引起荆某猜忌的话。当荆某产生猜忌，问这话是什么意思时，讯问人员以缩回去促使荆某进一步猜忌。荆某在猜忌时，讯问人员自言自语地说了前半句话，促使荆某追问。在荆某的追问下，讯问人员说出了下半句话。荆某听了讯问人员所说的下半句话，在其急不可待地想知道这话是谁说的时，讯问人员又以缩回去更进一步地引起荆某的猜忌和对说这原话人的不满，从而促使荆某逼着讯问人员说出实情。讯问人员在荆某的逼问下，顺势以打比方的形式说出了关键的话，从而即刻激起了荆某对同案人沙某、李某的愤怒。整个击虚的实施可谓紧凑。

7. 击虚的氛围要具有符合性

所谓击虚的氛围要具有符合性，是指攻击被讯问人虚弱之处时被讯问人周围的气氛和情调要符合击虚的方法和内容。即对不同的击虚方法和内容营造出符合该方法和内容的不同氛围。

良好的击虚氛围能够增强击虚的效果。而击虚氛围是否良好取决于它是否符合击虚的方法和内容。有的击虚方法和内容的氛围要有威慑力；有的击虚方法和内容的氛围要和谐；有的击虚方法和内容的氛围要威慑下的和谐；有的击虚方法和内容的氛围要先威慑后和谐；有的击虚方法和内容的氛围要先和谐后威慑；等等。击虚氛围符合击虚的方法和内容，就能给被讯问人良好的强烈感觉和引起被讯问人良好的感情，从而增强击虚的效果。如果击虚氛围不符合击虚的方法和内容，就会给被讯问人以恶劣的强烈感觉和引起被讯问人恶劣的感情，从而破坏击虚的效果。因此击虚的氛围要符合击虚的方法和内容。

而要使击虚的氛围符合击虚的方法和内容，讯问人员就要根据此次击虚所运用的方法和所使用的内容，营造出符合该击虚方法和内容的氛围，以配合、辅助击虚的进行，切不可不顾击虚的方法和内容去营造出不符合击虚方法和内容的氛围，破坏击虚的进行。

在前例中，讯问人员根据离间分化瓦解的击虚方法和离间分化瓦解所使用的内容，以憨厚的仪表、礼貌的举止、慈善的神情、平和的言语、诚恳的态度营造出了符合离间分化瓦解方法和离间分化瓦解所使用内容的和谐氛围。使荆某在和谐的氛围中不知不觉地受到攻击，从而增强了讯问人员击其虚弱之处的效果。

二、避实击虚的"实"和"虚"

（一）避实击虚中避实的"实"

运用避实击虚策略，其中的一个内容就是"避实"，即避开"实"的东西，而要避开"实"的东西，只有知道什么是"实"的东西，才有可能避开。如果不知道什么是"实"的东西，就不知道要避开什么东西，而且，有可能把"实"当成了"虚"来击，把"虚"当成了"实"来避。那么，也就无法实现"避实"。因此，要进行"避实"，首先要明确什么是"实"的东西。

"实"，是坚实，即坚固、结实、牢固、不易破坏。避实击虚作为一种讯问策略在讯问中运用，以下的东西是"实"，需要讯问人员在讯问中避开。

1. 案件本身的"实"

所谓案件本身的"实"，是指案件本身不易被攻破的地方。

这种"实"，主要表现在以下方面：

（1）没有缝隙的

有的案件，被讯问人所实施的犯罪行为的某一环节在上下、左右、前后各方面都做得天衣无缝，浑然一体，顺理成章，没有任何的破绽和不合理之处。这种没有缝隙的环节，非常严实，使讯问人员既没有攻破它的切入点，无处下手，又没有攻破它的任何支点，使不上劲。因而，它是坚实之处。

（2）没有证据或证据不足的

有的案件，被讯问人所实施的犯罪行为的某一环节，讯问人员并未收集到证据，或虽收集到一些证据，但收集到的证据不足以证明就是被讯问人实施的，即证据不足。这种没有证据或证据不足的环节，讯问人员攻破它就没有实实在在的"炮弹"，或"炮弹"的数量和威力不足，如果勉强进行硬攻，不过是隔靴搔痒而已。因而，它是坚实之处。

（3）错综复杂的

有的案件，被讯问人所实施的犯罪行为的某一环节错综复杂，绕来绕去，讯清这一环节难度很大。这种错综复杂的环节给被讯问人的辩解创造了有利的条件。在讯问中，被讯问人会利用有利的条件与讯问人员胡搅蛮缠。这样，讯问人员一时就难以讯清这种错综复杂的环节。因而，它是坚实之处。

（4）易守难攻的

有的案件，被讯问人所实施的犯罪行为的某一环节，被讯问人防守十分容易，其只要做简单的辩解，讯问人员就无能为力，而讯问人员要攻克它却十分不易，即使组织猛烈的"炮火"进行攻击，也无济于事，难以攻破，最后只得无功而返。因而，它是坚实之处。

（5）可以辩解、否定的

有的案件，被讯问人所实施的犯罪行为的某一环节，可以作这样的解释，也可以作那样的解释，从这一角度可以认定是犯罪的行为，但从另一角度也可以认定不是犯罪行为。总之，是可以辩解、否定的。这种可以辩解、否定的环节，在未查清其他事实的情况下，被讯问人一进行辩解、否定，讯问人员就没有理由和事实依据去攻破它。因而，它是坚实之处。

2. 被讯问人自身上的"实"

所谓被讯问人自身上的"实"，是指被讯问人自身所具有的不易动摇的各种因素。

这种"实"，主要有以下方面：

（1）倔强的性格

有的被讯问人的性情刚强不屈，有股倔劲儿，认定了的东西十匹马也拉不回，一条道走到黑。这种倔强的性格结实、牢固、不易动摇。因而，它是坚实之处。

（2）丰富的阅历

有的被讯问人的阅历丰富，经历过大风大浪，各种重大、复杂的场景、亲身见过、听过或做过很多事情，从中积累了丰富的经验和知识，城府深、判断准、处事精，能够做到滴水不漏、能屈能伸、随机应变，可谓老奸巨猾。这种丰富的阅历极其难以对付。因而，它是坚实之处。

（3）高强的素质

有的被讯问人的素质高强，有着极强的意志力、良好的记忆力、特殊的洞察力、准确的分析力、灵活的应变力、冷静的思考力、自如的自控力，既精明强干，又审时度势；既能言善辩，又善于应变；既刚强，又柔和；既能进得到位，又能退得自如，等等。这种高强的素质很难露出破绽。因而，它是坚实之处。

3. 被讯问人精神上的"实"

所谓被讯问人精神上的"实"，是指被讯问人所表现出来的不易挫败的活力、气势。

这种"实"，主要有以下方面：

（1）充沛的抗审精力

有的被讯问人抗审的精力充沛，特别是在讯问开始的时候，抗审的精神饱满、抗审的信心十足、抗审的情绪高涨、抗审的斗志昂扬、抗审的思维敏捷，对讯问人员的正面进攻都能进行有条不紊的反击，即使是荒谬的辩解也理直气壮，即使是违背事实的否定也振振有词。这种充沛的抗审精力促使被讯问人不知疲倦地进行着抗审，从正面死死抵挡着讯问人员的进攻，不仅使讯问人员难以从正面突破其抗审的防线，而且往往使讯问变成了顶牛、争吵。因而，它是坚实之处。

（2）凶猛的抗审锐气

有的被讯问人的抗审来势凶猛，毫无顾忌，勇往直前。在讯问中采取以攻为守的策略，先发制人，质问讯问人员，要讯问人员拿出证据，要讯问人员给他一个合理的解释，并穷追不舍，或无中生有地捏造某一事实，或无限扩大地抓住讯问人员的某一缺点，大作文章，与讯问人员胡搅蛮缠，向讯问人员发难。这种凶猛的抗审锐气，往往使讯问人员失去了讯问的主动权，处于被动的地位，被被讯问人所调动。因而，它是坚实之处。

4. 被讯问人心理上的"实"

所谓被讯问人心理上的"实",是指被讯问人的抗审心理障碍不易被破除的地方。

这种"实",主要有以下方面:

（1）自信性侥幸心理

有自信性侥幸心理的被讯问人根据自己实施犯罪的情况,总认为自己在犯罪中没有留下犯罪的痕迹、物证,也没有被人知晓,犯罪前或后没有出现任何的漏洞,讯问人员不可能收集到自己犯罪行为的证据;或不相信查案机关的能力,认为查案机关没有能力收集到自己犯罪的证据;或认为自己已与同案人、对合人或知情人订立过攻守同盟,攻守同盟牢不可破,讯问人员收集不到同案人、对合人或知情人的证言;或认为证据"一对一",讯问人员收集不到充分的证据;等等。侥幸心理特别顽固,不易破除,它支配着被讯问人拒绝对犯罪事实作出交代。因而,它是坚实之处。

（2）优势心理

有优势心理的被讯问人或认为自己地位高,或认为自己权势重,或认为自己财富多,或认为自己身份特殊,或认为自己关系网密,靠山硬,或认为自己亲戚权势重,查案机关不敢、不能、不会对自己怎么样,靠着这些优势自己定能脱案。有优势心理的被讯问人对凭优势脱案有着十足的信心,在讯问中,往往态度恶劣,气焰嚣张,与讯问人员对着干,拒不接受讯问和交代问题。因而,它是坚实之处。

（3）对抗心理

有对抗心理的被讯问人下定对抗到底的决心,豁出去与讯问人员公开闹对立,或情绪冲动,行为粗野;或出言不逊,反诘顶撞;或挑起事端,发泄不满;等等。对抗心理支配着被讯问人与讯问人员相对抗,不仅使被讯问人拒不接受讯问,而且破坏了讯问的正常秩序,使讯问无法进行。因而,它是坚实之处。

（4）定势心理

有定势心理的被讯问人在心理上做了绝不交代犯罪事实的充分准备，铁了心在任何时候、任何情况下都不对犯罪事实作出交代。或采取硬辩、硬抗、硬赖的手段；或采取不应声、不回答、不辩解、不交代的手段；或采取不听、不理、不显的手段，以对付讯问。定势心理支配着被讯问人铁石心肠。因而，它是坚实之处。

（5）戒备心理

有戒备心理的被讯问人警惕性高、警戒心重、防备心严，对讯问人员的一举一动、一言一行都予以警惕和防备，从反面认识和对待讯问人员的言行，把教育开导认为是坑人的假话，把出示证据认为是蒙人的把戏，把宣讲政策、法律认为是骗人的伎俩，认为都是在坑蒙拐骗他。戒备心理支配着被讯问人对讯问人员保持着高度的警觉和严密的防备。因而，它是坚实之处。

5. 被讯问人防御上的"实"

所谓被讯问人防御上的"实"，是指被讯问人对其所实施的犯罪事实或犯罪事实的某一情节作好了辩解、推托或否定的准备，是不易被攻破的地方。

这种"实"，主要有以下方面：

（1）被讯问人知道防御的

被讯问人在实施犯罪行为案发后，其会对犯罪的过程和各个情节进行反复、详细的回忆、思考。通过回忆、思考，他会分析出哪些事实、情节是关键，哪些事实、情节可能已被讯问人员掌握，需要进行防御，对这些被讯问人知道防御的事实和情节，其就会做好防御的准备，以应付讯问人员的讯问。因而，它是坚实之处。

（2）被讯问人进行了严密防御的

被讯问人对有的犯罪事实和情节，在防御上深思熟虑，反复斟酌、推敲，甚至从不同的角度、不同的侧面进行防御，对如何辩解、推托、否定，从什么角度进行辩解、推托、否定，以什么理由和事实进行辩解、推托、否定都做了充分的准备，做得非常的严密。这种进行了严密防御的事实和情节，就不易被攻破。因而，它是坚实之处。

（3）被讯问人防御坚固的

有的犯罪事实和情节，我们在前面说过，本身就具有可辩性和否定性，容易防御，稍一防御就难以攻破，再加上被讯问人对这些容易防御的事实和情节进行了严密的防御，就有可能使被讯问人的防御固若金汤、牢不可破。因而，它是坚实之处。

（二）避实击虚中击虚的"虚"

避实击虚策略运用最主要的内容是"击虚"，即攻击被讯问人的虚弱之处，这是避实击虚策略运用的核心。而要攻击被讯问人的虚弱之处，就要知道什么是虚弱之处。只有这样，才有可能攻击得有效。如果不知道什么是虚弱之处，就不知道要攻击什么，击虚也就无从谈起。而且，有可能把"实"的东西当成了"虚"的东西进行攻击。不仅无法击垮被讯问人，而且会增强被讯问人的抗审心理。因此，要运用避实击虚的讯问策略，同样首先要明确什么是"虚"的东西。

避实击虚作为一种讯问策略在讯问中运用，以下的东西是"虚"的，讯问人员在讯问中可予以攻击。

1. 案件本身上的"虚"

所谓案件本身上的"虚"，是指案件本身容易被攻破的地方。

这种"虚"，主要有以下方面：

（1）案件事实的某一情节已暴露出线索、疑点的

有的案件，被讯问人实施的犯罪行为事实的某一情节已暴露出一些线索、疑点、矛盾或蛛丝马迹，有破绽。这种已暴露出线索、疑点，有破绽的某一情节，使讯问人员攻破它有了切入点。讯问人员通过对暴露出来的线索、疑点的追审，顺藤摸瓜，就有可能从蛛丝中牵出被讯问人的犯罪事实，从马迹中按图索骥，寻找出被讯问人的犯罪事实。从而促使被讯问人在事实面前不得不作出交代。因而，它是虚弱之处。

（2）有证据或证据充分的

证据是证明犯罪事实的依据，被讯问人在证据面前就无法抵赖，即使其要进行抵赖，根据《刑事诉讼法》第五十五条的规定，其抵赖也不会有任何的作用。

有的案件，讯问人员通过侦查，收集到了被讯问人某一犯罪情节的证据，或收集到了充分的证据。这种有证据或有充分证据的犯罪情节，由于被讯问人难以抵赖或无法抵赖，讯问人员以证据为"武器"对其进行攻击，被讯问人就有可能在"坦白从宽，抗拒从严"政策的感召下和在趋利避害心理的支配下，对犯罪事实作出交代。因而，它是虚弱之处。

（3）简单的

有的案件，被讯问人所实施的犯罪行为的某一情节简单，"三块板两条缝"，一查一讯就能搞清楚。这种简单的情节被讯问人难以纠缠。因而，它是虚弱之处。

（4）易攻难守的

有的案件，被讯问人所实施的犯罪行为的某一情节，被讯问人不易防守，而讯问人员一攻就破。因而，它是虚弱之处。

（5）不能辩解、否定的

有的案件，被讯问人所实施的犯罪行为的某一情节是确定的，被讯问人无法辩解和否定。这种被讯问人不能辩解、否定的情节，讯问人员一旦对其进行攻击，被讯问人就没有招数。因而，它是虚弱之处。

（6）案件的细节

案件的细节，是指案件中细小的环节或情节，而不是指案件中的细小而无关紧要的那些细枝末节。案件的细节往往决定这个行为是犯罪、犯罪行为是被讯问人所为以及犯罪行为的性质，通过细节可以窥见案件的本质和内在联系。但被讯问人往往只注意案件中的大的、粗的环节或情节，而对细小的环节或情节不大注意，容易忽略。这样，被讯问人就丧失了对细节的警惕性。而且，一个案件有许多的细节，被讯问人不可能想到所有的细节问题，这样，被讯问人就不能面面俱到地对细节问题都做出防备。正因如此，讯问人员一旦从细节入手，对细节实施攻击，就能攻其不备，出其不意，使被讯问人措手不及，迅速地予以攻破。因而，它是虚弱之处。

2. 被讯问人自身上的"虚"

所谓被讯问人自身上的"虚"，是指被讯问人在自身上所具有的容易被攻破的各种因素。

这种"虚"，主要有以下几个方面：

（1）性格上的

被讯问人性格上的"虚"，主要有：

①暴躁的性格

暴躁的性格容易被激怒，而且一旦被激怒，往往会失去理智，不能自制，鲁莽、冲动、不计后果。这种性格的被讯问人被激怒后，其就会在愤怒中将犯罪事实和盘托出。因而，它是虚弱之处。

②吃硬的性格

吃硬的性格害怕硬的手段，一旦讯问人员来硬的手段，这种性格的被讯问人就会魂不附体，惊恐万状，抗审的胆量全消，其就会在恐惧中对犯罪事实作出交代。因而，它是虚弱之处。

③吃软的性格

吃软的性格经不起软的手段的感化，一旦讯问人员来软的手段，这种性格的被讯问人就会受到感化，心就会软下来，抗审的心理就会随之瓦解，其就会在感化中对犯罪事实作出交代。因而，它是虚弱之处。

（2）情感上的

被讯问人情感上的"虚"，主要有：

①容易动情

有的被讯问人容易动情，一见到某些情景，情感就会油然而生；或者一听到某些人或事的情况，就会激发感情；或者一受到某些刺激就会产生情感反应。而且，其情感一旦激起，就会越来越强烈，以至于无法克制。这种容易动情的被讯问人，在情感被激起后，就会"言无所择"，如实地对犯罪事实作出交代。因而，它是虚弱之处。

②情感上的执着点

被讯问人情感上的执着点是激起被讯问人情感的火种，最容易激起被讯问人的情感。一旦讯问人员以被讯问人情感上的执着点去刺激被讯问人，被讯问人马上就会产生感情上的狂澜，而且越来越强烈。这种情感上有执着点的被讯问人，被激起情感后，其会在这执着的驱使下而放弃或忘掉其他的一切，为了这个执着而交代犯罪的事实。因而，它是虚弱之处。

（3）阅历浅的

阅历浅，没有经过大风大浪，就会经验不足，见识短，没有能力应对复杂的场景和处置重大的事态，在复杂的场景和重大的事态面前就会手足无措，一筹莫展。这种阅历浅的被讯问人没有抗审的经验和能力，经不起讯问人员的进攻，一旦讯问人员发起了凌厉的进攻，其就只有举手投降，如实作出交代的份。因而，它是虚弱之处。

（4）素质差的

有的被讯问人的意志力、记忆力、观察力、分析力、应变力、思考力、自控力等心理素质差，这种被讯问人的心理素质差就是虚弱之处。

被讯问人的意志力差，就没有抗审的毅力和恒心，在讯问中容易自暴自弃；记忆力差，就不能对自己说过的话进行很好的记忆，在讯问中容易出现前后矛盾；观察力差，就不能很好地观察讯问人员的一举一动，在讯问中不能捕捉讯问人员失误的信息；分析力差，就不能准确地分析所发生的情况，在讯问中容易作出错误的判断；应变力差，就不能对面临的问题进行处置，在讯问中无法随机应变；思考力差，就不能对问题进行深入的思考，在讯问中容易露出马脚；自控力差，就不能有效地控制情绪，在讯问中容易不计后果，是什么说什么，想到什么说什么。这种素质差的被讯问人往往容易被击垮。因而，它是虚弱之处。

（5）有嗜欲的

有的被讯问人有特别深的偏好或无度的欲念，这种特别深的偏好或无度的欲念往往使被讯问人失去理智和灵性，其一见特别深的偏好，就会失去理智，只见利而不见害，像饥不择食的饿鼠吞咽毒饵一样予以吞咽；其一见到想达到的欲念，就会失去灵性，奋不顾身地似鱼吞咽诱饵一样扑上去予以咬取。而且被讯问人一旦有了欲念，其就无法刚强起来，正所谓："人有欲则无刚，刚则不屈于欲。"① 因而，特别深的偏好或无度的欲念是被讯问人致命的弱点。一旦讯问人员对被讯问人的特别深的偏好或无度的欲念进行攻击，被讯问人就会为满足其特别深的偏好或达到欲念而"忘其身"，不顾一切，不计任何后果地冲上去，从而使其就范。因而，它是虚弱之处。

3. 被讯问人精神上的"虚"

所谓被讯问人精神上的"虚"，是指被讯问人抗审的信心不足，在精神上没有活力、生气。

这种"虚"，主要有以下方面：

（1）抗审的信心不足

抗审的信心不足，抗审的意志就不会顽强，抗审的决心就不会坚强，抗审的毅力就不会持久，抗审的耐心就不会稳固，从而也就不能坚持抗审，一击即垮。这种抗审信心不足的被讯问人，面对讯问人员的讯问，很快就会从意志上、决心上、毅力上和耐心上败下阵来，无法坚守抗审的心理防线。因而，它是虚弱之处。

（2）没有抗审的活力和生气

没有抗审的活力和生气，就不能进行有效的抗审，在讯问中就会处于被动挨打的地位。这种没有抗审活力和生气的被讯问人，不能抵挡讯问人员的进攻，只有节节败退。因而，它是虚弱之处。

4. 被讯问人心理上的"虚"

所谓被讯问人心理上的"虚"，是指被讯问人因内心活动而出现的虚弱之处。

---

① 见［宋］朱熹：《四书集注·论语·公冶长》，载［宋］朱熹撰：《四书章句集注》，中华书局 2011 年版，第 77 页。

这种"虚"，主要有以下几个方面：

（1）被讯问人心理上最关心、最担心、最放心、最顾虑、最矛盾、最悔恨的问题

被讯问人在犯罪案发后，必然会对自己实施的犯罪行为和要承担的责任进行回忆和思考。在回忆思考中无疑会涉及其最关心、最担心、最放心、最顾虑、最矛盾、最悔恨的问题。被讯问人最关心的问题是被讯问人情感上的执着点或弱点；最担心的问题是被讯问人不能防备的；最放心的问题是被讯问人不知防备的；最顾虑的问题是被讯问人要摆脱的；最矛盾的问题是被讯问人要作出选择的；最悔恨的问题是被讯问人要跳出的。一旦讯问人员对这些问题发起攻击，被讯问人就有可能或为最关心的问题而放弃抵抗；或因不能防备而无法抵抗；或因不知防备而来不及抵抗；或因顾虑消除而作出交代；或因矛盾解决而选择交代；或因跳出悔恨的圈子而引前车之覆为戒。因此，被讯问人心理上最关心、最担心、最放心、最顾虑、最矛盾、最悔恨的问题是虚弱之处。

（2）被讯问人抗审心理障碍所表现的虚弱之处

我们在前面"避实击虚"的"实"中论述了被讯问人的抗审心理障碍是坚定之处，这里又论述被讯问人的抗审心理障碍是虚弱之处。但这并不矛盾。这是因为任何事物都具有两重性。

①自信性侥幸心理

自信性侥幸心理是牢固的，但同时也是虚弱的。因为，自信性侥幸心理只想着实施的犯罪行为诡秘，没有人知晓；实施的犯罪手段高明，没有留下客观物质痕迹；自己订立过攻守同盟，攻守同盟牢不可破；查案机关没有特殊的能力；证据"一对一"，无法达到充分的证明要求。总之，认为讯问人员收集不到犯罪的证据或充分的证据。这样，就使被讯问人放松了警惕，疏忽了防备，对讯问人员所掌握的证据一无所知；只考虑到要在讯问中顶住，没考虑到顶不住时怎么办；只想着查案机关什么证据也收集不到，或证据永远达不到充分的证明要求，没考虑到被查案机关收集到证据或证据达到了充分的证明要求时如何应对、如何抗审的问题，对讯问人员的进攻不知该如何办。这就是这种心理的虚弱之

处。一旦讯问人员针对这种虚弱向被讯问人发起进攻，被讯问人就措手不及，毫无反抗的能力和办法。因而，它是虚弱的。

②优势心理

优势心理有牢固的一面，但同时也有虚弱的一面。因为，优势心理把脱案的全部希望寄托在所谓的优势之上，认为凭这些优势定能脱案，以此作为抗审的精神支柱。正因如此，其就不会在构筑全面的抗审心理防线上下功夫，就不会去做如何辩解、否定的准备。一旦讯问人员根据案件的事实向这种心理发起进攻，被讯问人就只知道顶住不交代，而不知道如何去顶住，以什么事实顶，以什么理由顶。而且随着其所寄予的优势不起作用，无法使其脱案，抗审精神支柱的倒塌，被讯问人也就没有了抗审的招数，无法继续进行抗审。因而，它是虚弱的。

③对抗心理

对抗心理有牢固的一面，但同样也有虚弱的一面。因为，对抗心理是带气上阵，处在不冷静的状态，这就使得对抗心理只顾一味地对抗，不能静下心来去构筑抗审的心理防线，对讯问人员的进攻不知如何进行防御。而且，对抗心理的产生都是有根源的，一旦讯问人员挖除了其对抗心理的根源，被讯问人也就没有了继续对抗的动力。这样，一边是没有防御的对策，一边是没有对抗的动力，被讯问人也就不能继续进行抗审。因而，它是虚弱的。

④定势心理

定势心理无疑是牢固的，但任何事物都是相对的，定势心理也不例外，同样有其虚弱的一面。

就"三硬路线"的定势心理来说，采取的是以"硬辩""硬抗""硬赖"的手段来对付讯问。正因为是硬辩，也就不能做到辩得有理；正因为是硬抗，也就不能做到抗得有利；正因为是硬赖，也就不能做到赖得有节。在"硬辩""硬抗""硬赖"中必然要暴露出与客观事实或与情理相矛盾的问题。而且，这种定势心理把脱案的希望全部寄托在"硬辩""硬抗""硬赖"上，只考虑到"硬辩""硬抗""硬赖"讯问人员就没有办法，而没有考虑到这"三硬"硬不了，硬不下去时应如何应对讯问的问题。这样，一旦硬不了，硬不下去，也就没有了抗审的招数，不能继续进行抗审。因而，它是虚弱的。

就"四不方针"的定势心理来说，采取的是以"不应声""不回答""不辩解""不交代"的手段来对付讯问。这种定势心理只考虑到"我不开口，你讯问人员就没招，奈何不了我"，而没有考虑到讯问人员能够主动地认识案件事实，组织起证据体系来证实犯罪事实，根据《刑事诉讼法》第五十五条关于"没有被告人供述，证据确实、充分的，可以认定被告人有罪和处以刑罚"的规定作出处罚，一旦其认识到不开口，零口供也能定罪处罚，这种定势心理就无法再"定势"下去，随之就会产生趋利避害的心理，认为不开口白不开口，不辩解白不辩解。而且，随着时间的推移、环境的变化，这种心理也会随之变化。因而，它是虚弱的。

就"三不政策"的定势心理来说，采取的是以"不听""不理""不显"的手段来对付讯问。这种定势心理"不听""不理""不显"的注意力集中在与讯问其犯罪事实有关的问题上，也就是说，凡是讯问与其犯罪事实有关的问题均予以"不理""不听""不显"，而没有注意和考虑与讯问犯罪事实无关的问题应如何应对的问题。这样，一旦讯问人员与其闲聊，讲故事、说笑话，其就会不自觉地加入这个闲聊，加入讲故事、说笑话的行列，不会再予"不听""不理""不显"。而且，同样随着时间的推移、环境的变化和氛围的和谐，这种心理就会自然而然地发生变化。因而，它是虚弱的。

⑤戒备心理

戒备心理同样具有二重性，无疑有着虚弱的一面。因为，戒备心理的产生是因讯问人员与被讯问人所处的地位不同、处境不同、目的不同，或被讯问人受过"高人"的指点、教唆或从其自身的经历中错误地总结了所谓的经验教训而致。正因如此，当被讯问人一旦感觉到讯问人员与其虽所处的地位不同，但又是平等的，所处的处境不同，但又是和谐的，所抱的目的不同，但又是统一的；或认识到他人的指点、教唆和自己所谓的经验、教训是片面的、有害的，其也就会丧失了警惕和消除了戒备而信任、相信、顺应讯问人员。因而，它是虚弱的。

5. 被讯问人防御上的"虚"

所谓被讯问人防御上的"虚"，是指被讯问人对其所实施的犯罪行为或犯罪行为的某一情节不知防备、不作防备、不能防备、防备不坚固和防备受条件限制而容易被攻破的地方。

这种"虚"，主要有以下方面：

（1）不知防备的

被讯问人实施的犯罪行为或犯罪行为的某一情节，被讯问人或因为不懂法律，或因为疏忽大意，或因为认识局限，忽略了它的重要性和危害性，意料不到要进行防备，因而，也就毫无防备。这种被讯问人不知防备的犯罪行为或犯罪行为的某一情节，由于被讯问人不知进行防备，处于完全的空虚地带，一旦讯问人员向该处发起攻击，出其不意，被讯问人就措手不及，仓促抵抗，也因毫无防备而不能进行有效的抵抗。这样，讯问人员便可一举将其击垮。因而，它是虚弱之处。

（2）不作防备的

被讯问人实施的犯罪行为或犯罪行为的某一情节，被讯问人或因为认为不可能会出问题，或因为认为没有任何人知道，或因为认为讯问人员不可能收集到证据，其最为放心，认为不需要进行防备，因而，也就不作防备。这种被讯问人不作防备的犯罪行为或犯罪行为的某一情节，由于被讯问人没有进行防备，也就使之完全空虚。一旦讯问人员向该处发起进攻，攻其不备，被讯问人就完全处于被动挨打的境地，失去了抵抗的能力。这样，讯问人员便可如入无人之境，长驱直入，击垮被讯问人。因而，它是虚弱之处。

（3）不能防备的

被讯问人实施的犯罪行为或犯罪行为的某一情节，或因事实清楚，或因证据确实、充分，或因"白纸黑字"无可争辩、否定，被讯问人不能进行防备，其即使进行了防备，防备也毫无意义，不起任何的作用。这种被讯问人不能防备的犯罪行为或犯罪行为的某一情节，是被讯问人的"死穴"。一旦讯问人员向该处发起进攻，被讯问人就不能进行抵抗，只有束手就擒。因而，它是虚弱之处。

（4）防备不坚固的

防备不坚固有两种情况：一是被讯问人实施的犯罪行为或犯罪行为的某一情节本身或因漏洞较多，或因漏洞较大，或因被讯问人寻找不到充分的辩解和否定的理由。因而，被讯问人虽然进行防备，但不能堵塞所有的漏洞和进行有理的辩解和否定，以至于防备不坚固。二是被讯问人实施的犯罪行为或犯罪行为的某一情节，被讯问人虽然进行了防备，但由于或因被讯问人防备的水平不高，或因防备的能力不强，或因防备的对策不高明，或因防备的措施不得力，或因防备不在点子上，致使防备不周密、有漏洞，不能做到坚固。这些被讯问人防备不坚固的犯罪行为或犯罪行为的某一情节，一旦讯问人员向这些地方发起进攻，被讯问人就无法守得住。因而，它是虚弱之处。

（5）防备受条件限制的

被讯问人实施的犯罪行为或犯罪行为的某一情节，虽然易守难攻，被讯问人也进行了防备，但由于该易守难攻之处的防备受着条件的限制，防备无法做得严严实实、固若金汤。这如同在险峻的关隘防守一样，险峻的关隘虽易守难攻，"一夫当关，万夫莫开"，但险峻的关隘由于受地理条件的限制，不能布下重兵层层设防，仅容得下一人或几人防守。这样，如果攻者的能力大于防守者，险峻的关隘反而有利于攻者攻克关隘。讯问人员进攻被讯问人的防守是同样的道理。因而，这种受防备条件限制的也是虚弱之处。

6. 被讯问人自己出现的"虚"

所谓被讯问人自己出现的"虚"，是指被讯问人在案发后或讯问中对问题所产生的错觉或陈述中所出现的矛盾。

这种"虚"，主要有以下方面：

（1）错觉

有的被讯问人在案发后对自己的犯罪进行回忆思考，对自己犯罪暴露的原因和在什么环节上暴露产生了错觉，认为是在某个情节上被某人发现，或被某人证明，或被查案机关收集到证据，或被某人揭发举报，或被同案人、对合人供出；有的被讯问人是在讯问中对讯问人员的讯问目标、掌握的证据及其程度、利害关系人、客观事实、情节或讯问人员的言语、举止产生错觉。被讯问人在错觉的作用下，容易对其所错觉的事实、情节作出交代。一旦讯问人员利用其错觉对其进行攻击，其就有可能作出如实交代。因此，错觉是被讯问人的虚弱之处。

（2）陈述中出现的矛盾

有的被讯问人为了掩盖罪行，或推脱责任，或嫁祸于人，往往编造事实或理由进行陈述、辩解、否定。由于编造事实和理由很难编得圆，因而，往往不能自圆其说而出现口供的前后矛盾，与其他证据的矛盾，与客观事实、情理的矛盾，与法律规定、法理的矛盾，一旦讯问人员利用这些出现的矛盾进行揭露，被讯问人就会理屈词穷，无言以对。因此，被讯问人陈述中出现的矛盾是虚弱之处。

（3）出现的破绽

有的被讯问人在讯问中讲漏了嘴而露出了破绽，有的被讯问人为掩盖犯罪事实与他人通供，或隐匿、销毁证据，或转移、隐藏赃物而露出了破绽，等等。一旦讯问人员抓住其破绽进行讯问，被讯问人就无法反抗。因此，出现的破绽是虚弱之处。

7. 被讯问人的犯罪行为与其亲人有牵连的"虚"

有的被讯问人的犯罪有其亲人涉案，其亲人或与被讯问人共同实施犯罪行为，或帮助被讯问人实施犯罪行为，或为被讯问人匿藏赃物、作案工具，或为被讯问人毁灭证据，或接受赃物，等等。

被讯问人的亲人涉案理应受到查处，一旦讯问人员抓住被讯问人亲人涉案的事实，声称其如不对犯罪事实作出交代，就先从其亲人的涉案事实入手，查清其亲人的涉案事实，并作出严肃的处理。被讯问人就会感到，如果自己拒不交代犯罪事实，讯问人员就会先从其亲人入手进行查处，对其亲人采取强制措施，这不仅会使自己的亲人首当其冲地受到查处，而且，一旦亲人的涉案事实被查清，必然要受到法律的制裁，因而就害了亲人。这样，犯罪行为与亲人有牵连的被讯问人，就有可能从保护亲人的角度出发对犯罪事实作出交代。因而，它是虚弱之处。值得注意的是，这个"虚"是被讯问人亲人的行为与被讯问人的犯罪行为有牵连的"虚"，而不是与被讯问人的犯罪行为没有牵连的亲人的行为。否则，就有失讯问人员的人格和道德。

三、避实击虚的方法

避实击虚的讯问策略，只有运用的方法得当、巧妙，才能真正地避开被讯问人的坚实之处，攻击被讯问人的虚弱之处，从而一举击垮被讯问人。

总结讯问实践，避实击虚讯问策略运用的方法主要有以下几点。

(一) 查明被讯问人的"实"和"虚"

运用避实击虚的讯问策略对被讯问人进行讯问，讯问人员首先要查明被讯问人的"实"和"虚"，只有查明了被讯问人的"实"和"虚"，知道了被讯问人哪些地方是"实"的，哪些地方是"虚"的，才能做到避得有效，击得准确。否则，盲目蛮干，似瞎子乱撞，就无法有效地避开"实"的，准确地攻击"虚"的。

那么，应当如何查明被讯问人的"实"和"虚"呢？

1. 从多方面进行查明

讯问人员查明被讯问人的"实"和"虚"，要从案件的情况、被讯问人的自身情况、被讯问人的精神情况、被讯问人的心理情况、被讯问人的防御情况等多方面入手进行调查了解。只有这样，才能全面地查明被讯问人的"实"和"虚"，从而对被讯问人的"实"和"虚"了如指掌。

(1) 从案件的事实本身上查明"实"和"虚"

无论哪一个案件，案件的事实本身都有许多的环节和情节。这些环节和情节，有的是坚实的，有的是虚弱的。讯问人员要善于通过案件的事实本身查明各个环节和情节的"实"和"虚"。

①案件的起因

各个案件的起因及其具体情况都是各不相同的。这种不同，就使案件的起因有的是公开暴露在那里的，有的是隐蔽着的；有的是可以查证的，有的是无法查证的；有的是能感化被讯问人的，有的是不能感化被讯问人的；等等。因而，案件的起因及其具体情况有的是坚实的，有的是虚弱的。例如，因被讯问人恶劣的主观原因而引发的犯罪，案件的这个起因就显得坚实，因为恶劣的主观原因，一般都是隐蔽在被讯问人的心中，不容易查证，且恶劣的主观原因是从重处罚的情节，因而，被讯问人不会轻易交代其恶劣的主观原因。而因客观原因引发的犯罪，案件的这个起因就显得虚弱。因为，客观原因一般都已公开地暴露出来，容易查证，且客观原因是从轻处罚的情节，能够感化被讯问人，因而，被讯问人容易交代其犯罪的客观原因。因此，讯问人员要善于从案件的起因及其具体情况中查明"实"和"虚"。

②案件发生的时间

任何一个案件都发生在一定的时间，案件发生的时间与被讯问人的犯罪行为紧密地联系在一起。被讯问人是否实施了犯罪行为，首先取决于其是否具有实施该犯罪行为的时间。而被讯问人具有实施该犯罪行为的时间，有的是公开摆在那里的，而有的则是尚不清楚的；有的是被讯问人不能辩解、否定的，而有的则是被讯问人可以辩解、否定的；有的是只有被讯问人具有该作案时间，而其他人则不具有该作案时间。因而，案件的发生时间有的是坚实的，有的是虚弱的。例如，尚没有证据证明被讯问人具有作案的时间或被讯问人有理由对自己具有这个作案时间作出辩解、否定的，那么，案件发生的时间就是坚实的，因为被讯问人不会对没有证据证明的时间轻易作出交代，或对有理由辩解、否定的时间不进行辩解、否定。而有证据证明被讯问人具有作案的时间，或被讯问人对自己具有作案时间没有理由辩解、否定，或只有被讯问人具有该作案时间的，那么案件发生的时间就是虚弱的。因为，被讯问人具有该作案时间，或在证据面前不得不作出交代，或没有理由辩解、否定自己的作案时间，或无法推脱自己作案的时间。因此，讯问人员要善于从案件发生的时间中查明"实"和"虚"。

③案件发生的地点

犯罪行为都是发生在一定地点的，没有地点的犯罪行为是不可能的。这个案件发生的地点同样与被讯问人实施的犯罪行为紧密地联系在一起。而这个案件发生的地点，有的在该地点留下了被讯问人实施犯罪行为的客观物质痕迹，而有的没有留下任何的客观物质痕迹；有的留下了主观知觉痕迹，而有的没有留下主观知觉痕迹；有的被监控录像所记录，而有的没有被监控录像所记录；有的只有被讯问人有能力到达这一地点，而有的其他人也有能力到达这一地点；有的只有被讯问人有条件到达这一地点，而有的其他人也有条件到达这一地点。因而，案件发生的地点，有的是坚实的，而有的则是虚弱的。例如，在有的犯罪地点，由于被讯问人的作案手段高明没有留下被讯问人的脚印、指纹和物品、书证，在有的犯罪地点，由于被讯问人对犯罪现场的破坏或对犯罪现场进行了伪造，被讯问人留下的痕迹已被破坏殆尽，或留下的不是被讯问人的痕迹，在有的犯罪地点，由于被讯问人作案诡秘，没有被人目睹，等等。那么，案件发生的地点就是坚实的。因为，在这些情况下，被讯问人认为讯问人员在犯罪地点收集不到其到过犯罪地点的证据，其也就不会作出交代。而在有的犯罪地点，留有被讯问人的脚印、指纹和物品、书证，在有的犯罪地点，被讯问人虽对现场进行了破坏或伪造，但破坏得不彻底或伪造得不符合情理，或留下了被讯问人破坏现场的痕迹或伪造现场的痕迹，在有的犯罪地点，被讯问人被人目睹，在有的犯罪地点，只有被讯问人有能力或条件到达这一地点，其他任何人都没有能力和条件到达这一地点，等等。那么，案件发生的地点就是虚弱的。因为，在这些情况下，或被讯问人认为已被讯问人员掌握了证据，或讯问人员就可抓住不符合情理的情节进行揭露，或使被讯问人无法进行辩解、否定，其只有作出如实交代这一条路可走。因此，讯问人员要善于从案件发生的地点中查明"实"和"虚"。

④案件发生时的人物

有的案件，只有被讯问人一人作案，案件发生时只有被讯问人一人，而有的案件是被讯问人与他人共同作案或与他人对合作案，或有被害人，或有目击证人，案件发生时除被讯问人外，还有其他的人。因而，案件发生时，如果只有被讯问人一人，那么，其就是坚实的。因为，被讯问人认为，自己的犯罪行为只有"天知、地知、我知"，再无他人知晓，自己不交代，讯问人员就没有自己犯罪的证据。被讯问人在这种精神支柱的支撑下，其就不会作出交代。如果案件发生时，除了被讯问人外，还有其他的人，那么，其就是虚弱的。因为，被讯问人认为，自己的犯罪行为还有他人知晓。尽管自己不作出交代，但同案人作出交代，或对合人作出交代，或被害人作出陈述，或目击证人进行作证，自己的犯罪行为就会暴露无遗，讯问人员根据同案人，或对合人的交代，或根据被害人、证人的陈述收集证据，就会组织起证据体系，从而证实自己的犯罪事实，并根据《刑事诉讼法》第五十五条的规定认定自己有罪和处以刑罚。在这种情况下，被讯问人就容易作出交代。因此，讯问人员要善于从案件发生时的人物情况中查明"实"和"虚"。

⑤犯罪对象

犯罪对象，是指犯罪行为所直接作用的具体人或者具体物。

有的犯罪行为直接作用于具体人或者具体物，没有使犯罪对象发生损毁灭失或归属、位置、状态、行为方式等的改变，而有的犯罪行为直接作用于具体人或者具体物，使犯罪对象发生损毁灭失或归属、位置、状态、行为方式等的改变。因而，如果犯罪对象没有发生损毁灭失或归属、位置、状态、行为方式等的改变，那么，其就是坚实的。因为，被讯问人认为，自己的行为没有使犯罪对象发生损毁灭失或归属、位置、状态、行为方式等的改变，讯问人员也就找不到自己对犯罪对象实施侵害的证据。因而，其也就难以作出交代。如果被讯问人的犯罪行为使犯罪对象发生损毁灭失或归属、位置、状态、行为方式等的改变，那么，其就是虚弱的。因为，犯罪对象具有客观实在性和可知性的特征。犯罪对象的客观实在性表现为它一经犯罪行为作用，就成为客观的存在，不依人们的意志为转移。犯罪行为作用于犯罪对象，使犯罪对象发生损毁灭失或归属、位置、状态、行为方式等的改变，也就是在犯罪对象方面留下其作用的痕迹和影响，这就忠实、准确地反映了被讯问人的犯罪行为对其作用时的实际情况，从而使犯罪对象在刑事诉讼中具有提供证据和检验证据的双重功能。犯罪对象的可知性，表现为尽管其纷繁复杂，但是可以被讯问人员所认识。犯罪对象的客观实在性和可知性的特征，使被讯问人认识到，自己的行为已在犯罪对象上留下了痕迹和影响，并被讯问人员所认识，为讯问人员提供了自己犯罪的证据，自己不交代是毫无意义的，因而，其就有可能作出交代。因此，讯问人员要善于通过对犯罪对象的检验，从犯罪对象上查明"实"和"虚"。

⑥犯罪经过

犯罪行为的实施需要一个过程，有的甚至要经过几个阶段。在这个实施犯罪行为的过程中，有的做得天衣无缝，毫无破绽，而有的却漏洞百出；有的对犯罪行为进行了伪装，伪装得顺理成章，而有的伪装则与客观事实、情理、习俗相矛盾；等等。因而，犯罪的经过，如果做得天衣无缝，毫无破绽，或伪装得顺理成章，那么其就是坚实的。因为，这种天衣无缝，毫无破绽，伪装得顺理成章的过程，讯问人员对其进行攻击没有切入点，无从入手，也没有一个支点，使不上劲。被讯问人也会因为自己做得天衣无缝，毫无破绽，伪装得顺理成章而自信讯问人员只能是隔靴搔痒，无法突破。其就会死守拒不供述的防线。如果犯罪的经过做得漏洞百出，或伪装得与客观事实、情理、习俗等相矛盾，那么，其就是虚弱的。因为，漏洞百出，讯问人员正好乘虚而入，被讯问人就不能自圆其说，伪装得与客观事实、情理、习俗等相矛盾，讯问人员正好可抓住矛盾进行揭露，根据形式逻辑的矛盾律，揭得被讯问人体无完肤，原形毕露。被讯问人也会因为漏洞百出和与客观事实、情理、习俗等相矛盾而理屈词穷，其也就无法再死守防线。因此，讯问人员要善于从犯罪经过中查明"实"和"虚"。

⑦犯罪手段

任何犯罪都是通过一定的手段来实施的。有的案件的犯罪手段隐蔽，无法确定是以何种手段实施的，而有的案件的犯罪手段公开，一眼就能知道是某种手段实施的；有的案件的犯罪手段被讯问人进行了伪装，且伪装得合情合理，而有的案件的犯罪手段被讯问人虽进行了伪装，但伪装得不合情理；有的犯罪手段普通、平常，一般人都能达到，而有的犯罪手段具有特殊性，这种特殊性只有被讯问人才能达到；等等。因而，如果犯罪手段隐蔽，无法确定是以何种手段实施的，或伪装得合情合理，或普通、平常，一般人都能达到的，那么，其就是坚实的。因为，隐蔽的犯罪手段无法进行揭露，伪装得合情合理的犯罪手段没有理由进行攻击，一般人都能达到的手段难以证明就是被讯问人实施的。同时，被讯问人也会凭借这些而拒绝作出交代。如果犯罪手段公开，或伪装得不合情理，或所具有的特殊性只有被讯问人才能达到的，那么，其就是虚弱的。因为，公开的犯罪手段已被讯问人员抓住了证据，被讯问人在证据面前就硬不起来；伪装得不合情理的手段，被讯问人员抓住了矛盾，被讯问人在矛盾面前，只能服从情理；所具有的特殊性只有被讯问人才能达到的手段，被讯问人就无法进行辩解、推脱。因此，讯问人员要善于从犯罪手段中查明"实"和"虚"。

⑧犯罪结果

刑法意义上的犯罪结果有广义和狭义之分，这里所指的是狭义的犯罪结果。狭义的犯罪结果分为有形的、可以具体测量确定的和无形的、不能具体测量确定的。

有的案件没有有形的、可以具体测量确定的犯罪结果，而有的案件则有有形的、可以具体测量确定的犯罪结果；有的案件的有形的、可以具体测量确定的犯罪结果可以由各种行为造成，而有的案件的有形的、可以具体测量确定的犯罪结果只能由某种行为造成，其他行为则不能造成这种结果。因而，如果没有有形的、可以具体测量确定的犯罪结果，或可以由各种行为造成的有形的、可以具体测量确定的犯罪结果，那么，其就是坚实的。因为，没有有形的、可以具体测量确定的这种犯罪结果，讯问人员无法从犯罪结果入手对被讯问人进行讯问，以犯罪结果来论证被讯问人的犯罪行为，同时，被讯问人也会以没有犯罪结果对犯罪行为作出否定。可以由各种行为造成的有形的、可以具体测量确定的这种犯罪结果，由于其可以由各种行为造成，被讯问人因此就会否认是其实施的行为造成的这种结果。如果案件有有形的、可以具体测量确定的犯罪结果，或某种有形的、可以具体测量确定的犯罪结果只能由某种行为造成的，那么，其就是虚弱的。因为，有有形的、可以具体测量确定的这种犯罪结果，讯问人员可以抓住这种犯罪结果，从这种犯罪结果入手对被讯问人进行讯问，通过这种犯罪结果以刑法上因果关系的理论来论证被讯问人的犯罪行为。只能由某种行为造成的某种有形的、可以具体测量确定的犯罪结果，由于这种犯罪结果决定了是某种犯罪行为所引起的，因而，被讯问人也就无法对其实施的犯罪行为进行辩解、否认，只能如实地作出交代。因此，讯问人员要善于从犯罪结果中查明"实"和"虚"。

⑨被讯问人实施犯罪行为前或后的情况

除突起犯意的犯罪外，被讯问人在实施犯罪行为前一般都经过思考或做些准备，这种思考或准备，有的做得十分秘密，没有丝毫的迹象暴露，而有的被讯问人往往会通过表情、言语、行为暴露出一些与犯罪有关的迹象。

被讯问人在犯罪后，有的表现得十分安详、镇定，蛰伏不动，不露声色，而有的表现得十分惊恐，魂不守舍，惶惶不可终日，甚至与他人订立攻守同盟，转移、匿藏、销毁赃物、证据而被他人察觉。

被讯问人在实施犯罪行为前或后的表现情况，如果被讯问人在犯罪前的思考或准备做得十分秘密，没有暴露出丝毫的迹象，在犯罪后十分安详、镇定、不露声色，那么，其就是坚实的。因为，这种没有迹象暴露或不露声色，没有蛛丝马迹被讯问人员可抓，同时，被讯问人也会认为自己没有漏洞，其就不会作出交代。如果被讯问人在犯罪前思考或准备暴露出一些与犯罪有关的迹象，在犯罪后惶惶不可终日或订立攻守同盟，转移、匿藏、销毁赃物、证据而被他人觉察，那么，其就是虚弱的。因为，这些迹象的暴露和这些行为的被人觉察等于其暴露了犯罪的事实，被讯问人员抓住了证据。同时，被讯问人也会认为自己已经暴露，其就有可能作出交代。因此，讯问人员要善于从被讯问人犯罪前或后的情况中查明"实"和"虚"。

（2）根据被讯问人的自身情况查明"实"和"虚"

每一个被讯问人都有他自己的自身情况。这些自身情况，有的是坚实的，有的则是虚弱的。讯问人员要善于根据被讯问人的自身情况查明"实"和"虚"。

①根据被讯问人的性格特点查明"实"和"虚"

各个被讯问人的性格特点是不同的。有的被讯问人的性格内向、沉稳，而有的被讯问人的性格则外向、暴躁；有的被讯问人的性格软硬不吃，而有的被讯问人的性格则吃硬，或吃软；有的被讯问人的性格倔强，而有的被讯问人的性格则软弱；等等。这些不同的性格本身决定了他是坚实的还是虚弱的。一般来说，性格内向、沉稳、软硬不吃、倔强，其就是坚实的，不易被攻破，而性格外向、暴躁、吃软或吃硬、软弱，其就是虚弱的，容易被攻破。

讯问人员通过对被讯问人性格特点的了解，弄清被讯问人属于何种性格，然后分析这种性格是坚实的，还是虚弱的，为什么是坚实的，或为什么是虚弱的，坚实在何处，或虚弱在哪里，从而查明被讯问人的"实"和"虚"。

②根据被讯问人的阅历情况查明"实"和"虚"

各个被讯问人的阅历情况是不同的，有的被讯问人的阅历丰富，而有的被讯问人的阅历则浅薄；有的被讯问人从人生阅历中积累了深厚的各种经验，而有的被讯问人则没有任何的经验；有的被讯问人经历过各种大风大浪，遇事能随机应变，而有的被讯问人则一直处于风平浪静之中，遇事一筹莫展；等等。这些不同的阅历也决定了他是坚实的，或是虚弱的。一般来说，阅历丰富，经验深厚，能随机应变，其就是坚实的，不易被攻破；而阅历浅薄，没有经验，遇事一筹莫展，其就是虚弱的，容易被攻破。

讯问人员要通过对被讯问人阅历情况的了解，弄清被讯问人的阅历是丰富还是浅薄，经验是深厚还是缺乏，有经历过各种大风大浪还是一直处于风平浪静之中，然后分析这种阅历是坚实的，还是虚弱的，为什么是坚实的，坚实在何处，或为什么是虚弱的，虚弱在哪里，从而查明被讯问人的"实"和"虚"。

③根据被讯问人的素质情况查明"实"和"虚"

各个被讯问人的素质情况同样是不同的。有的被讯问人的意志力坚，而有的被讯问人的意志力脆；有的被讯问人的记忆力好，而有的被讯问人的记忆力差；有的被讯问人的观察力锐，而有的被讯问人的观察力钝；有的被讯问人的分析力强，而有的被讯问人的分析力弱；有的被讯问人的应变力敏，而有的被讯问人的应变力拙；有的被讯问人的思考力深，而有的被讯问人的思考力浅；有的被讯问人的自控力稳，而有的被讯问人的自控力差；等等。这些不同的素质同样决定其是坚实的，或是虚弱的。一般来说，意志力坚、记忆力好、观察力锐、分析力强、应变力敏、思考力深、自控力稳，其就是坚实的，而意志力脆、记忆力差、观察力钝、分析力弱、应变力拙、思考力浅、自控力差，其就是虚弱的。

讯问人员要通过对被讯问人这些素质情况的了解，弄清被讯问人这些素质属于上述什么情况，然后对这些素质一一进行分析，分析出哪些是坚实的，为什么是坚实的，其坚实在何处，或分析出哪些是虚弱的，为什么是虚弱的，虚弱在哪里，从而查明被讯问人的"实"和"虚"。

④根据被讯问人的情感情况查明"实"和"虚"

各个被讯问人的情感情况亦是不同的。有的被讯问人的情感不易冲动，不会轻易动感情，而有的被讯问人则容易动感情；有的被讯问人激发情感后，能够控制自己的情感，而有的被讯问人一旦激发情感，就无法控制自己的情感；有的被讯问人在情感上没有什么执着点，都无所谓，而有的被讯问人在情感上有执着点，对某人或某事特别执着；等等。这些不同的情感情况，决定了他是坚实的，或是虚弱的。一般来说，情感不易冲动、能够控制自己的情感、情感上没有什么执着点的，其就是坚实的。因为，这些情况不容易激起他的情感，即使被激起情感，他也能够控制得住，不至于"言无所择"。而容易动感情、不能控制自己的情感、情感上有执着点的，其就是虚弱的。因为，这些情况极易激起他的情感，一旦情感被激起，其就会"言无所择"。

讯问人员要通过对被讯问人情感情况的了解，弄清被讯问人是容易动感情，还是不易动感情，是能够控制自己的情感，还是不能控制自己的情感，情感上没有执着点，还是有执着点以及执着点是什么，然后分析被讯问人在情感上是坚实的，还是虚弱的，以及坚实在何处或虚弱在哪里，从而查明被讯问人的"实"和"虚"。

⑤根据被讯问人的把柄情况查明"实"和"虚"

各个被讯问人的把柄情况也是不同的。有的被讯问人没有把柄，既没有前科，也没有其他的犯罪嫌疑和线索，更没有政治上、经济上、生活上、作风上、道德伦理上、人格上的把柄，而有的被讯问人则有前科，或有其他犯罪的嫌疑和线索，或有政治上、经济上、生活上、作风上、道德伦理上、人格上的把柄。这些在把柄上的不同情况，同样决定了他是坚实的，或是虚弱的。一般来说，没有把柄的，其就是坚实的。因为被讯问人没有什么可顾忌的。而有这样或那样把柄的，其就是虚弱的，因为被讯问人会产生各种顾忌。

讯问人员要通过对被讯问人把柄情况的了解，弄清被讯问人是否有把柄，以及有什么把柄，然后分析其是坚实的，还是虚弱的以及在什么把柄上是虚弱的，他会顾忌什么问题。从而查明被讯问人的"实"和"虚"。

（3）根据被讯问人的精神状态查明"实"和"虚"

各个被讯问人在案发后的精神状态是不同的。有的被讯问人的精神饱满，神采挺拔，而有的被讯问人则精神萎靡不振，毫无神采；有的被讯问人的情绪高涨，而有的被讯问人则情绪低落，似一只病猫；有的被讯问人斗志昂扬，锋芒气盛，而有的被讯问人则毫无斗志，没有活力和生气；等等。这些不同的精神状态决定了被讯问人在精神上是坚实的，或是虚弱的。如果被讯问人的精神饱满，情绪高涨，斗志昂扬，那么，他就是坚实的；如果被讯问人的精神萎靡不振，情绪低落，毫无斗志，那么，他就是虚弱的。

讯问人员要通过对被讯问人精神状态的了解和观察，弄清被讯问人处于何种精神状态。然后对被讯问人所处的精神状态进行分析，推断出其是坚实的，还是虚弱的，以及坚实或虚弱的具体情况，从而查明被讯问人的"实"和"虚"。值得注意的是，讯问人员在根据被讯问人的精神状态查明"实"和"虚"的过程中，不要被被讯问人的表面现象所迷惑，而应当透过现象看本质。

（4）根据被讯问人的意志情况查明"实"和"虚"

各个被讯问人的抗审意志是不同的。有的被讯问人的抗审意志顽强，表现在抗审的信心上十足，抗审的决心上坚强，抗审的恒心上坚毅，抗审的耐心上坚韧；而有的被讯问人的抗审意志则脆弱，表现在抗审的信心上不足，抗审的决心上不强，抗审的恒心上不坚，抗审的耐心上不韧。这些不同的抗审意志和具体表现，决定了被讯问人在意志上是坚实的，或是虚弱的。如果被讯问人的抗审意志顽强，表现出十足的信心、坚强的决心、坚毅的恒心、坚韧的耐心，那么，其就是坚实的；如果被讯问人的抗审意志脆弱，表现出信心不足、决心不强、恒心不坚、耐心不韧，那么，其就是虚弱的。

讯问人员要通过对被讯问人抗审意志情况的了解，弄清被讯问人的抗审信心是否十足、决心是否坚强、恒心是否坚毅、耐心是否坚韧；然后，对被讯问人的抗审意志进行分析，推断出其抗审的意志是顽强的，还是脆弱的，顽强在何处，脆弱在哪里，以及顽强或脆弱的程度，进而查明被讯问人的"实"和"虚"。

（5）根据被讯问人的心理情况查明"实"和"虚"

各个被讯问人的抗审心理是不同的，而且同一抗审心理的根源也是不同的，再者，同一个被讯问人的抗审心理并不是固定不变的，它会随着时间、环境的变化而变化，从这一抗审心理转化为另一抗审心理。

有的被讯问人持自信性侥幸心理，有的被讯问人持优势心理，有的被讯问人持对抗心理，有的被讯问人持定势心理，有的被讯问人持戒备心理，等等。这些抗审心理又都有其不同的根源。由于抗审心理及其根源的不同，决定了有的抗审心理是坚实的，有的抗审心理是虚弱的。同时，各种抗审心理同任何事物一样，都有其二重性，即都有其坚实的一面和虚弱的一面。

讯问人员要通过对被讯问人抗审心理及其根源的了解，弄清被讯问人所持的是何种抗审心理以及这种抗审心理的根源是什么，然后进行分析，推断出这种抗审心理是坚实的，还是虚弱的。同时，对坚实的抗审心理，既分析其在什么问题上是坚实的，又分析坚实的另一面，其在什么问题上是虚弱的；对虚弱的抗审心理，既分析其在什么问题上是虚弱的，又分析虚弱的另一面，其在什么问题上是坚实的。此外，对于因时间、环境变化而起变化的抗审心理，讯问人员应及时分析其变化了的抗审心理，推断出这种变化了的抗审心理是坚实的，还是虚弱的，以及在什么问题上坚实和坚实的另一面，在什么问题上虚弱，从而查明被讯问人心理上的"实"和"虚"。

（6）根据被讯问人的防御情况查明"实"和"虚"

被讯问人在犯罪案发后，其必然会对自己所实施的犯罪进行回忆，思考对策，部署防御，以对付讯问人员的讯问。

由于案件和被讯问人情况的不同，各个被讯问人所进行的防御也就不同。有的是被讯问人知道要进行防备的，而有的则是被讯问人不知道要进行防备的；有的是被讯问人已经作出防备的，而有的则是被讯问人没有作出防备的；有的是被讯问人能够进行防备的，而有的则是被讯问人不能进行防备的；有的是被讯问人的防备是牢固的，而有的则是防备不牢固的；有的防备具有充分的条件，而有的防备则受条件的限制；等等。这些不同的防备情况，决定了被讯问人在防备上是坚实的，或是虚弱的。如果被讯问人知道要进行防备的、被讯问人已经作出防备的、被讯问人能够进行防备的、被讯问人的防备是牢固的或防备具有充分条件的，那么，被讯问人在防备之处所进行的防御就是坚实的，讯问人员就难以攻破，甚至不能攻破；如果被讯问人不知道要进行防备的、被讯问人没有作防备的、被讯问人不能进行防备的或防备受条件限制的，那么，被讯问人对这些地方的防备就是虚弱的，甚至是毫无防备的。

讯问人员要通过对被讯问人防御情况的了解，弄清被讯问人在哪些问题上是知道防备的，在哪些问题上是不知道防备的；在哪些问题上已经作出防备的，在哪些问题上没有作出防备的；在哪些问题上能够进行防备的，在哪些问题上不能进行防备的；在哪些问题上的防备是牢固的，在哪些问题上的防备是不牢固的；在哪些问题上防备的条件是充分的，在哪些问题上防备的条件是受到限制的。然后，通过分析，推断出坚实之处，被讯问人进行了什么样的防御，从哪几个方面进行防御，以什么手段和内容进行防御；推断出虚弱之处，其虚弱在什么环节上以及虚弱的具体情况。从而查明被讯问人防御上的"实"和"虚"。

（7）根据被讯问人的犯罪行为与其亲人的牵连情况查明"实"和"虚"

被讯问人实施的犯罪行为与其亲人的牵连情况是不同的。有的被讯问人实施的犯罪行为同其亲人没有丝毫的牵连，其亲人也不知道被讯问人实施了犯罪行为，而有的则不同，被讯问人实施的犯罪行为同其亲人有牵连，或其亲人涉案，或其亲人目睹或耳闻被讯问人实施的犯罪行为。这些不同的情况，决定了被讯问人的"实"或"虚"。如果被讯问人实施的犯罪行为同其亲人没有丝毫的牵连，其亲人也不知道被讯问人实施了犯罪行为，那么，其就是坚实的；如果被讯问人实施的犯罪行为有其亲人涉案，或其亲人目睹或耳闻了被讯问人实施的犯罪行为，那么，其就是虚弱的。

讯问人员要通过对被讯问人实施的犯罪行为与其亲人牵连情况的了解，弄清被讯问人的犯罪行为其亲人有无涉案，如有涉案，弄清涉案的行为和程度；其亲人是否目睹或耳闻被讯问人实施了犯罪行为。然后进行分析，推断出其是坚实的还是虚弱的以及坚实或虚弱的程度情况，从而查明被讯问人的"实"和"虚"。

2. 运用策略进行查明

被讯问人的"实"和"虚"不会公开地摆在那里，绝大多数的"实"和"虚"是隐蔽在那里的。而且，被讯问人也不会自动地把自己的"实"和"虚"暴露给讯问人员，因而，讯问人员仅仅通过对多方面的调查了解进行查明被讯问人的"实"和"虚"是远远不够的，还需要讯问人员运用策略进行查明。

那么，应当如何运用策略查明被讯问人的"实"和"虚"呢？

（1）通过筹策计算，来分析被讯问人抗审计划的优劣得失，查明"实"和"虚"

被讯问人的抗审，一般都是准备了抗审的计划的。在讯问中，其按照准备的抗审计划对付讯问人员的讯问，与讯问人员抗衡。被讯问人所准备的抗审计划，有的是优良的、得当的、合适的，能抵挡住讯问人员的进攻，即坚实的。有的是低劣的、失误的、不合适的，不能抵挡住讯问人员的进攻，即虚弱的。如果讯问人员不知道被讯问人抗审计划的优劣得失，也就不知道被讯问人的抗审计划在哪些方面是坚实的，哪些方面是虚弱的，其结果就有可能恰恰对被讯问人抗审计划坚实的地方进行进攻，击在了被讯问人的坚实之处。因此，讯问人员必须要知道被讯问人抗审计划的优劣得失。只有这样，才能避开被讯问人抗审计划的坚实之处，击准被讯问人抗审计划的虚弱之处。

而要知道被讯问人抗审计划的优劣得失，即知道被讯问人抗审计划的坚实和虚弱之处，讯问人员要进行筹策计算，通过精心的运筹、科学的探测、深入的考虑、精准的推算，对被讯问人的抗审计划进行分析，分析准被讯问人抗审计划的优劣得失。从而查明被讯问人抗审计划的"实"和"虚"。正所谓"策之而知得失之计"。[①]

（2）通过触动被讯问人，来观察其动静理乱，查明"实"和"虚"

被讯问人的"实"和"虚"亦表现在对问题的处置、应对上。如果被讯问人对某一问题能冷静处置，沉着应对，做到有条不紊，那么，其就是坚实的，而如果被讯问人对某一问题的处置冲动、应对慌乱，方寸大乱，那么，其就是虚弱的。因此，讯问人员要查明被讯问人的"实"和"虚"，就要知道被讯问人对问题处置的动静理乱。

---

① 见《孙子兵法·虚实篇》，载陈曦等译注：《孙子兵法·三十六计》，中华书局 2016 年版，第 156 页。

　　而要知道被讯问人对问题处置的动静理乱，讯问人员就要通过触动被讯问人，以言语对被讯问人进行刺激，以举止对被讯问人进行挑动。通过言语刺激、举止挑动，使被讯问人作出应对，然后从其作出的应对中观察其动静理乱的形态，掌握其在什么问题上能冷静处置，沉着应对，有条不紊，在什么问题上处置冲动，应对慌乱，方寸大乱，从而查明被讯问人的"实"和"虚"。正所谓"作之而知动静之理"。①

　　（3）通过对被讯问人的试探性较量，来知晓被讯问人抗审力量的强和弱，查明"实"和"虚"

　　被讯问人的"实"和"虚"，还表现在抗审的力量上。如果被讯问人的抗审力量强，足以抗住讯问人员的讯问的，那么，其就是坚实的；而如果被讯问人的抗审力量弱，不能抗住讯问人员的讯问的，那么，其就是虚弱的。因此，讯问人员要想知道被讯问人的坚实和虚弱之处，就要知道被讯问人的抗审力量的强和弱。

　　被讯问人的抗审力量是强还是弱，同样是隐蔽的，被讯问人也同样不会轻易将自己抗审力量的强和弱暴露给讯问人员，因此，讯问人员要知道被讯问人抗审力量的强和弱，同样要以积极的行动促使其暴露。

　　而要促使被讯问人暴露出抗审力量的强或弱，讯问人员就要通过对被讯问人进行试探性的较量促使其暴露。只有这样，才能暴露出被讯问人抗审力量的强或弱，让讯问人员知道被讯问人在什么问题上其抗审力量是强的，在什么问题上其抗审力量是弱的。从而查明被讯问人的"实"和"虚"。正所谓"角之而知有余不足之处"。②

　　（4）透过现象看本质，来识别"实"和"虚"，查明被讯问人的"实"和"虚"

　　被讯问人的"实"和"虚"，有的从现象上看是"实"的，而本质上却是"虚"的；有的从现象上看是"虚"的，而本质上却是"实"

----

　　①　见《孙子兵法·虚实篇》，载陈曦等译注：《孙子兵法·三十六计》，中华书局 2016 年版，第 156 页。

　　②　见《孙子兵法·虚实篇》，载陈曦等译注：《孙子兵法·三十六计》，中华书局 2016 年版，第 156 页。

的。如果讯问人员只看现象，而不看本质，那么，其结果势必是把"虚"的当成了"实"的，把"实"的当成了"虚"的。因此，讯问人员要想真正地知道被讯问人的坚实和虚弱，就要从本质上去识别被讯问人的"实"和"虚"，而不被表面现象所欺骗。

而要从本质上去识别被讯问人的"实"和"虚"，讯问人员在查明被讯问人"实"和"虚"的过程中，就要透过现象看本质，从本质上看问题，来识别"实"和"虚"，从而查明被讯问人的"实"和"虚"。

3. 运用辩证唯物主义的方法进行查明

任何事物都是一分为二的，没有绝对的，都有问题的两个方面；任何矛盾都是会转化的，不可能是一成不变的，被讯问人的"实"和"虚"也一样。因此，讯问人员要善于运用辩证唯物主义的方法查明被讯问人的"实"和"虚"。

（1）运用"一分为二"的观点查明被讯问人的"实"和"虚"

辩证唯物主义告诉我们，世界上的任何事物都是一分为二的，都有问题的两个方面，具有两重性。

被讯问人的"实"或"虚"，根据辩证唯物主义的这一观点，同样是一分为二的，亦都有问题的两个方面，具有两重性。也就是说，"实"或"虚"并不是绝对的，"实"有坚实的一面，也有虚弱的一面；"虚"有虚弱的一面，也有坚实的一面。如果讯问人员不能运用一分为二的观点去查明"实"和"虚"，而是片面地看问题，对"实"的只看到坚实的一面，却不能看到虚弱的一面；对"虚"的只看到虚弱的一面，而不能看到其坚实的一面，那么，是不可能实事求是地查明"实"和"虚"的。其结果必然是以偏概全，得出错误的结论。因此，讯问人员必须要运用一分为二的观点查明被讯问人的"实"和"虚"。

而要运用一分为二的观点查明被讯问人的"实"和"虚"，讯问人员在查明"实"和"虚"的过程中，就要做到以下几点：

①要坚持全面地看问题，反对片面地看问题

讯问人员要坚持全面地看问题，反对片面地看问题。在"实"的问题上，既要看到其"实"的这一面，又要看到其"虚"的那一面；在"虚"的问题上，既要看到其"虚"的这一面，又要看到其"实"的那一面，从而，对被讯问人的"实"，在查明坚实一面的同时，又查明坚实另一面的虚弱；对被讯问人的"虚"，在查明虚弱一面的同时，又查明虚弱另一面的坚实。

②要从"实"或"虚"入手查明与其矛盾的另一面

讯问人员运用一分为二的观点查明"实"和"虚"，要从"实"或"虚"本身入手查明与其矛盾的另一面，即"虚"或"实"。也就是说，要从"实"或"虚"本身出发，查明这个"实"或"虚"的对立面是什么，而不能凭空想象或主观臆断。只有这样，才能查明合乎实际的这个"实"或"虚"的对立面的"虚"或"实"。

③要具体问题具体分析

讯问人员运用一分为二的观点，查明"实"和"虚"，要做到具体问题具体分析，也就是说，要根据这个"实"或"虚"的具体情况，分析这个"实"或"虚"在什么问题上其是虚弱的或坚实的。例如，攻守同盟，其在已统一过的问题上是坚实的，但在没有统一过的问题上是虚弱的。而攻守同盟只能在大的方面进行统一，在细节问题上是不可能面面俱到做到统一的。因而，攻守同盟这个"实"，在细节问题上是虚弱的。

（2）运用联系的观点查明被讯问人的"实"和"虚"

辩证唯物主义告诉我们，物质世界是普遍联系的，事物之间和事物内部诸要素之间是互相影响、互相作用、互相制约的，没有什么事物是孤立的。

被讯问人的"实"或"虚"，根据辩证唯物主义的这一观点，同样是与其他事物普遍联系着的，不可能是孤立的。也就是说，被讯问人的"实"或"虚"是受其他事物的影响、作用和制约的。其在受其他事物的影响、作用和制约时，就不可避免地要发生变化，"实"的有可能变得更坚实，也有可能变为虚弱的；"虚"的有可能变得更虚弱，也有可能变为坚实的。如果讯问人员不能运用联系的观点去查明"实"和

"虚"，而是以孤立的观点去查明，那么，所谓查明的"实"或"虚"就不是真正意义上的"实"或"虚"，其结果有可能谬以千里或恰恰相反。因此，讯问人员一定要运用联系的观点查明被讯问人的"实"和"虚"。

而要运用联系的观点查明被讯问人的"实"和"虚"，讯问人员在查明"实"和"虚"的过程中，就要做到以下几点：

①要找准与被讯问人的"实"或"虚"相联系的事物

讯问人员要找准与被讯问人的"实"或"虚"相联系的是什么事物，其具体情况怎样，这是运用联系观点查明被讯问人"实"和"虚"的前提和基础。如果讯问人员没有找准与其相联系是什么事物及其具体情况，那么，运用联系的观点查明被讯问人的"实"和"虚"也就无从谈起。

②要知道这一相联系的事物与被讯问人的"实"或"虚"是一种什么样的联系

讯问人员在找准了与被讯问人的"实"或"虚"相联系的是什么事物及其具体情况后，还要知道这一相联系的事物与被讯问人的"实"或"虚"是一种什么样的联系，是内部联系，还是外部联系；是本质联系，还是非本质联系；是必然联系，还是偶然联系；是直接联系，还是间接联系；是主要联系，还是次要联系。这是运用联系观点查明被讯问人"实"和"虚"的关键。如果讯问人员不知道它们之间是一种什么联系，那么，运用联系的观点查明被讯问人的"实"和"虚"就只能是一句空话。

③要明确这种联系对讯问人的"实"或"虚"能起到怎样的影响、作用、制约，产生何种变化

讯问人员运用联系的观点查明被讯问人的"实"或"虚"，还要明确这种联系对被讯问人的"实"或"虚"能起到怎样的影响、作用、制约，使"实"或"虚"发生何种变化。这是运用联系观点查明被讯问人"实"和"虚"的核心。如果讯问人员不能明确这种联系对被讯问人的"实"或"虚"能起到怎样的影响、作用、制约，会产生何种变化，那么，运用联系的观点查明被讯问人的"实"或"虚"只能是

纸上谈兵。

（3）运用矛盾互相转化的观点查明被讯问人的"实"和"虚"

辩证唯物主义告诉我们，矛盾的双方是互相影响、互相制约的，在一定的条件下还可以互相转化。

被讯问人的"实"和"虚"是一对矛盾，根据辩证唯物主义这一观点，被讯问人的"实"和"虚"是互相影响、互相制约的，在一定的条件下同样还可以互相转化，即"实"的可以转化为"虚"的，"虚"的可以转化为"实"的。因而，讯问人员在查明被讯问人"实"和"虚"的过程中，应当运用矛盾转化的观点去查明"实"或"虚"。如果讯问人员不能运用矛盾转化的观点去查明"实"和"虚"，而是机械地看问题，认为"实"的永远都是坚实的，"虚"的永远都是虚弱的，那么，是无法准确地查明"实"和"虚"的，其结果就有可能把已经转化为"虚"的"实"仍当作是坚实的，把已经转化为"实"的"虚"仍当作是虚弱的。因此，讯问人员必须要运用矛盾转化的观点查明被讯问人的"实"和"虚"。

而要运用矛盾转化的观点查明被讯问人的"实"和"虚"，讯问人员在查明的过程中，就不能离开当时的条件，而应当依据当时的条件去查明。也就是说，在某条件下，依据该条件如果是"实"的，那么其就是坚实的；如果是"虚"的，那么其就是虚弱的。当某条件已变化为另一条件时，在该另一条件下，依据该另一条件，如果其是"实"的，那么，其就是坚实的；如果是"虚"的，那么，其就是虚弱的。由此可见，运用矛盾转化观点查明被讯问人的"实"和"虚"，要做到以下几点：

①要弄清这个"实"或"虚"是在什么条件下其是"实"的或是"虚"的。例如，自信性侥幸心理，在讯问人员并未掌握其犯罪证据的条件下，其是"实"的；而在讯问人员已经掌握证据的条件下，其是"虚"的。又如，在防备上，在被讯问人已经作了防备的条件下，其是"实"的，而在被讯问人没有防备的条件下，是"虚"的。

②要弄清在什么条件变化下能使"实"转化为"虚"或"虚"转

化为"实"。例如，自信性侥幸心理的"实"，在未掌握证据变化为已掌握证据的条件下，能使这个"实"转化为"虚"。又如，没有防备的"虚"，在未进行防备变化为作出了防备的条件下，能使这个"虚"转化为"实"。

③要弄清条件变化的情况。弄清条件变化的情况，是运用矛盾互相转化的观点查明被讯问人"实"和"虚"的前提和基础，离开了这个前提和基础，就不可能知道他们之间的相互转化。

（二）避开被讯问人的坚实之处

运用避实击虚的讯问策略对被讯问人进行讯问，避开被讯问人的坚实之处，是题中之意。

对于避开被讯问人的坚实之处这个问题，理论界没有进行过研究，在讲避实击虚的策略时，都是只讲击虚的问题；实务界没有有效的方法，以至于有的讯问人员在讯问中想避开被讯问人的坚实之处而无法避开，造成被动的局面。因此，有必要对这个问题进行研究，提出避开被讯问人坚实之处的方法，使讯问人员在讯问中能够有效地避开被讯问人的坚实之处，牢牢掌握讯问的主动权。

总结讯问实践，避开被讯问人坚实之处的方法主要有：

1. 自觉避开

所谓自觉避开，是指讯问人员对于已认识到的被讯问人的坚实之处主动地予以避开的一种避开被讯问人坚实之处的方法。

讯问人员通过前述对被讯问人"实"和"虚"的查明，了解并掌握了被讯问人的各种坚实之处。对于已认识到的这些坚实之处，讯问人员在讯问中都应当自觉地予以避开。

自觉避开被讯问人的坚实之处，要做到以下几点：

（1）要增强自觉避开被讯问人坚实之处的意识

讯问人员要提高自觉避开被讯问人坚实之处对于取得讯问胜利的重要意义的认识，增强自觉避开被讯问人坚实之处的意识。

　　自觉避开的关键，是因有认识而自己主动、有意识地予以避开。也就是说，讯问人员能否避开被讯问人的坚实之处，取决于能否认识到要避开。如果讯问人员认识不到对被讯问人的坚实之处要避开，那么，避开被讯问人的坚实之处就无从谈起。而要认识到要避开的坚实之处，首先在于增强自觉避开坚实之处的意识。只有自觉避开被讯问人坚实之处的意识强，才有可能在讯问中做到自觉地避开。没有避开被讯问人坚实之处的意识，或避开被讯问人坚实之处的意识不强，是无法避开被讯问人的坚实之处的。因此，讯问人员要自觉地避开被讯问人的坚实之处，就要增强自觉避开被讯问人坚实之处的意识。

　　增强自觉避开被讯问人坚实之处的意识，要从以下几个方面进行：

　　①要提高避开被讯问人坚实之处对于取得讯问胜利重要性的认识

　　讯问人员要通过对避实击虚策略意义的理解和讯问成功经验的总结，充分认识避开被讯问人的坚实之处，对于取得讯问胜利的重要性，认识到避开被讯问人的坚实之处，是取得讯问胜利至关重要的一环，甚至是决定性的一环。从而增强自觉避开被讯问人坚实之处的意识，在讯问中做到自觉避开被讯问人的坚实之处。

　　②要深刻认识不能自觉避开被讯问人的坚实之处对于讯问的危害

　　讯问人员要通过对避实击虚策略意义的理解和对讯问失败教训的吸取，深刻认识不能避开被讯问人的坚实之处对于讯问的危害，认识到如果不能避开被讯问人的坚实之处，是要导致讯问失败的，甚至这个失败是必然的。从而增强自觉避开被讯问人坚实之处的意识。

　　③要绷紧自觉避开被讯问人坚实之处这根弦

　　讯问人员在从正反两个方面提高避开被讯问人坚实之处重要性认识的基础上，要绷紧自觉避开被讯问人坚实之处这根弦，做到时时、刻刻、处处都重视、注意避开被讯问人的坚实之处，不得有丝毫的放松和懈怠，使避开被讯问人坚实之处自始至终都处在讯问的路上，从而做到避开被讯问人坚实之处的意识常新、常强。

　　（2）不要触及被讯问人的坚实之处

　　自觉避开被讯问人的坚实之处，讯问人员在讯问的整个过程中都不要触及被讯问人的坚实之处。如果讯问人员触及被讯问人的坚实之处，这个坚实之处就会引起被讯问人的注意，这就等于是讯问人员提醒了被讯问人，从而就有可能使被讯问人以坚实之处与讯问人员进行纠缠，抵抗讯问人员的讯问。因此，讯问人员在讯问的过程中不要触及被讯问人的坚实之处。

不要触及被讯问人的坚实之处，要做到以下几点：

①在任何时候，任何情况下都不要提到被讯问人的坚实之处

讯问人员无论在讯问开始时，还是在讯问进行中，抑或在讯问行将结束时；也无论是在讯问顺利的情况下，还是在讯问碰到困难的情况下，抑或在讯问处于被动的情况下，都不要提到被讯问人的坚实之处，不给被讯问人提供让其注意到自己坚实之处的条件，从而使被讯问人疏忽自己的坚实之处。

②在向被讯问人提其他问题或运用讯问手段时不要触及被讯问人的坚实之处

讯问人员在运用避实击虚的讯问策略对被讯问人进行讯问的过程中，总是要提出不是被讯问人坚实之处的其他问题让被讯问人回答或运用各种讯问手段对被讯问人进行讯问。讯问人员在提这些其他问题或运用讯问手段对被讯问人进行讯问时，要注意做到所提的问题和讯问手段的运用不要触及被讯问人的坚实之处，同样不给被讯问人提供让其注意到自己坚实之处的条件，从而使被讯问人疏忽自己的坚实之处。

③在触及被讯问人的坚实之处时要及时地避开

讯问人员在讯问的过程中，由于各种条件的作用或疏忽，往往在无意中有可能会提到或触及被讯问人的坚实之处。在提到或触及被讯问人的坚实之处时，讯问人员要及时地予以避开，不给被讯问人以坚实之处与讯问人员纠缠的条件，从而使被讯问人无法以坚实之处与讯问人员相抗衡。

（3）不要侥幸地对被讯问人的坚实之处进行攻击

自觉地避开被讯问人的坚实之处，最为重要的是讯问人员不要侥幸地对被讯问人的坚实之处进行攻击。如果讯问人员抱有侥幸心理，对被

讯问人的坚实之处进行攻击，其结果不是无功而返，就是以失败告终。因此，讯问人员在讯问的过程中，不要侥幸地对被讯问人的坚实之处进行攻击。

不要侥幸地对被讯问人的坚实之处进行攻击，要做到以下几点：

①要坚决地克服侥幸心理

讯问人员一定要坚决克服侥幸心理，思想上不能有任何的侥幸，坚决摒弃那种认为也许能攻下被讯问人的坚实之处或试试看的思想，使侥幸对被讯问人的坚实之处进行攻击没有滋生的条件。

②要坚决地杜绝侥幸的行为

讯问人员要把不要侥幸地对被讯问人的坚实之处进行攻击落实在行动上，做到坚决杜绝侥幸对被讯问人的坚实之处进行攻击的行为，不得做出有丝毫侥幸心理的对被讯问人坚实之处进行攻击的行为。

③要坚决地纠正已出现的侥幸行为

对于讯问中已出现的侥幸地对被讯问人的坚实之处进行攻击的行为，要坚决地予以纠正。通过纠正，不留下任何的隐患。

2. 先发制人避开

先发制人，语出班固《汉书·陈胜项籍传第一》："方今江西皆反秦，此亦天亡秦时也。先发制人，后发制于人。"①

所谓先发制人避开被讯问人的坚实之处，是指讯问人员先于被讯问人采取行动，在讯问开始时就对被讯问人的虚弱之处进行攻击，制服被讯问人而避开被讯问人坚实之处的一种避实方法。

在讯问这一事物中，"避实"和"击虚"这两者是矛盾关系，不能同真，也不能同假，必有一者是真的，一者是假的。也就是说，做到了击虚，也就是做到了避实，做到了避实，也就是做到了击虚，不会同时存在既对被讯问人的虚弱之处进行攻击，又没有避开被讯问人的坚实之处的问题；也不会同时存在既避开了被讯问人的坚实之处，又不是对被讯问人的虚弱之处进行攻击的问题。正因为"避实"和"击虚"这两

① 见［汉］班固撰：《汉书》，中华书局 2007 年版，第 355 页。

者在讯问这一事物中是矛盾关系，因而，讯问人员要先于被讯问人采取行动，在讯问开始时就对被讯问人的虚弱之处进行攻击，制服被讯问人。事实上也就是在讯问开始时即避开了被讯问人的坚实之处。因此，讯问人员要善于运用先发制人的手段避开被讯问人的坚实之处。

先发制人避开被讯问人的坚实之处，是通过先于被讯问人采取行为，对被讯问人的虚弱之处进行攻击来实现避实的，因而，以先发制人的方法避实要做到以下几点：

（1）要先于被讯问人动手

讯问人员要在讯问开始时，于被讯问人尚未以坚实之处对抗讯问时，先于被讯问人对被讯问人的虚弱之处进行攻击，"打"得被讯问人晕头转向，不知所措，毫无反抗的能力，从而使被讯问人无法以坚实之处进行抵挡，只得乖乖受擒。这样，也就避开了被讯问人的坚实之处。如果讯问人员不先于被讯问人动手，而是待被讯问人以坚实之处向讯问人员发难，讯问人员就要对付被讯问人的发难。这样，就将使讯问人员卷入被讯问人的坚实之处之中，从而使讯问人员不能或不能完全避开被讯问人的坚实之处。因此，以先发制人的方法避实要做到先于被讯问人动手。

（2）要制造声势或直击要害

讯问人员以先发制人的方法避实，就要制造强大的声势压倒被讯问人或以事实、证据或情理这把"刀"直击被讯问人的要害，使其慑于强大的声势束手就擒。这样，被讯问人就再也不能以坚实的东西与讯问人员抗衡，从而也就避开了被讯问人的坚实之处。如果讯问人员没有制造出强大的声势压倒被讯问人或没有以事实、证据、情理这把"刀"直击被讯问人的要害，而是毫无声势或绕弯子，游移不决或刺在非要害之处，被讯问人就会拿出坚实的东西来对付讯问人员。这样，讯问人员就难以避开被讯问人的坚实之处，因此，以先发制人的方法避实，要做到制造出强大的声势或以"刀"直击要害。

（3）要攻得猛烈

讯问人员以先发制人的方法避实，要做到对被讯问人的虚弱之处的攻击攻得猛烈。攻得越猛，"虚"就击得越惨，"虚"击得越惨，"实"就避得越远。如果讯问人员不能做到攻得猛烈，而是毫无气势、威力，或攻攻停停，那么，被讯问人就有了喘息的机会，也就无法一举击垮被讯问人的虚弱之处，这就等于不能避开被讯问人的坚实之处。因此，以先发制人的方法避实，就要做到对被讯问人的虚弱之处攻得猛烈，使被讯问人没有丝毫喘息的机会。

先发制人的具体方法，主要有：先声夺人、单刀直入、乘虚而入等。对这些具体方法，将在稍后的"攻击被讯问人的虚弱之处"中进行叙述。

3. 迅速避开

所谓迅速避开被讯问人的坚实之处，是指在讯问中，当被讯问人以其坚实的方面与讯问人员纠缠或讯问人员因各种原因而触及被讯问人的坚实之处时，讯问人员及时地作出反应，快速地予以避开的一种避实方法。

在讯问中，有的被讯问人采取以攻为守的策略，以自己的坚实之处与讯问人员纠缠，抵抗讯问人员的讯问，试图拖住讯问人员，把讯问人员困在坚实之处，使讯问人员毫无作为或使讯问人员知难而退；有的讯问人员在讯问中因各种原因触及被讯问人的坚实之处，被讯问人便乘机抓住讯问人员的失误，以其坚实之处的优势对讯问人员进行反击，抗拒讯问人员的讯问。对于这些情况的出现，讯问人员应迅速敏捷地作出反应，采取果断的措施，快速地避开被讯问人的坚实之处。如果讯问人员不能快速地避开被讯问人的坚实之处，讯问人员就会被被讯问人所调动，从而丧失讯问的主动权，陷入十分被动的境地。因此，讯问人员要善于迅速避开所出现的这些坚实之处，争取主动。

迅速避开所出现的这些坚实之处的具体方法，主要有以下几种：

（1）公开地避开

所谓公开地避开，是指不加隐蔽、毫不含糊、光明正大地避开坚实之处。

公开避开坚实之处，要做到以下几点：

①要理直气壮地指出不谈这个问题

讯问人员要理直气壮地向被讯问人指出："现在不与你谈这个问题。"果断地甩开被讯问人的纠缠或被讯问人的反击，对被讯问人的纠缠或反击采取不理睬的态度，或言辞郑重地予以拒绝。

②要毫不含糊地言明与被讯问人谈什么问题

讯问人员在理直气壮地向被讯问人指出不谈这个问题的同时，要毫不含糊地向被讯问人言明："现在跟你谈××问题，你必须要作出如实的回答。"做到要谈的问题明确，态度强硬。

③要提出涉及被讯问人虚弱之处的问题

讯问人员在向被讯问人指出"不谈这个问题"和言明"谈××问题"后，根据要谈的"××问题"的具体情况，措辞严厉地向被讯问人提出涉及虚弱之处的问题，态度严肃地责令被讯问人作出回答。迫使被讯问人对讯问人员提出的问题作出回答，从而把讯问扭转到攻击被讯问人的虚弱问题上来。

通过上述方法，避开被讯问人的坚实之处，变被动为主动。

（2）巧妙地避开

所谓巧妙地避开，是指以灵活高明、超乎寻常的方法或高超的计策避开坚实之处。

巧妙地避开坚实之处，要做到以下几点：

①要选择好避开坚实之处的方法或计策

讯问人员根据被讯问人用以纠缠的坚实之处或自己所触及坚实之处的具体情况及其被讯问人纠缠或反击的实际情况，对巧妙避开坚实之处的方法或计策进行选择，选择好用以避实的方法或计策，或选择转换话题的方法，或选择借题发挥的方法，或选择偷换概念的方法，或选择"王顾左右而言他"的方法，或选择讲故事、说笑的方法；或选择瞒天过海的计策，或选择暗度陈仓的计策，或选择调虎离山的计策，或选择金蝉脱壳的计策，或选择偷梁换柱的计策，或选择反客为主的计策；等等。

②要对避开坚实之处的方法或计策进行设计

讯问人员在选择好用以避开坚实之处的方法或计策后，要对选择出的方法或计策进行精心、周密的设计，设计出最精要的内容、最恰当的语言、最完美的步骤，从而使方法灵活高明、超乎寻常，使计策高超、出神入化。

③要精心实施好方法或计策

讯问人员在避开坚实之处的过程中，要精心实施所设计的方法或计策，做到一丝不苟，不留痕迹，从而神不知、鬼不觉，顺理成章地避开坚实之处。

通过上述方法，巧妙地避开坚实之处。

4. 后发制人避开

所谓后发制人地避开被讯问人的坚实之处，是指讯问人员在讯问中不急于对被讯问人发起进攻，而是先让被讯问人行动，观察被讯问人的行动情况，从被讯问人的行动中找出被讯问人虚弱的问题，然后集中力量针对被讯问人的虚弱问题向被讯问人发动进攻，制服被讯问人而避开被讯问人坚实之处的一种避实方法。

在讯问中，有的被讯问人为了掩盖自己的犯罪事实，或表明自己没有实施犯罪行为，往往采取以攻为守的策略，先声夺人，以其坚实之处向讯问人员发动攻击。对于这种情况，如果讯问人员不具备迅速避开的条件或迅速避开不利于讯问的进行，可采取后发制人的方法避开被讯问人的坚实之处。

后发制人避开被讯问人的坚实之处，事实上也是通过攻击被讯问人的虚弱之处来避开被讯问人坚实之处的一种方法。只不过这种方法是先让被讯问人行动，让被讯问人在行动中暴露出虚弱之处，然后抓住被讯问人的虚弱之处，对虚弱之处进行攻击。通过对被讯问人虚弱之处的攻击，制服被讯问人来实现避实。因而，讯问人员要善于运用这种避实的方法来避开被讯问人的坚实之处。

后发制人避开被讯问人的坚实之处，要做到以下几点：

（1）要耐心地听、观察被讯问人的表演

讯问人员面对被讯问人以坚实之处进行的进攻，不要急躁，不要立即予以制止，而是要让被讯问人进行充分的表演。在被讯问人表演的过程中，讯问人员要静下心来耐心地听，细致地观察被讯问人的表现，注意被讯问人的一言一行，从其言语和表现中发现被讯问人的虚弱之处。如果讯问人员不让被讯问人进行充分的表演，被讯问人的虚弱之处也就暴露不出来；如果讯问人员不耐心地听，细致地观察，也就无法发现被讯问人的虚弱之处。因此，在被讯问人以坚实之处向讯问人员进攻的情况下，讯问人员一定要耐得住性子，让被讯问人充分表演，并耐心地听，细致地观察，以发现被讯问人的虚弱之处。

（2）要对虚弱之处进行科学的、认真的分析

讯问人员在从被讯问人的表演中发现了虚弱之处后，要对其虚弱之处进行科学的、认真的分析。通过分析，掌握虚弱之处的具体情况，为什么其是虚弱的，虚弱的要害在哪里，要以什么方法攻击该虚弱之处，如何对该虚弱之处进行攻击。如果讯问人员不对发现的虚弱之处进行科学的、认真的分析，就不能掌握这些情况，导致在击虚中就无法做到对症下药，从而后发制人避开被讯问人的坚实之处也就不能实现。因此，讯问人员要对被讯问人的虚弱之处进行科学的、认真的分析。

（3）要紧紧地抓住被讯问人的虚弱之处进行攻击

讯问人员通过分析，掌握了被讯问人虚弱之处的上述这些情况后，就要紧紧抓住被讯问人的虚弱之处进行攻击。只有这样，才能攻得稳、攻得准、攻得狠、攻得有效果，攻得制服被讯问人，从而实现后发制人避开被讯问人坚实之处的目的，避开被讯问人的坚实之处。如果讯问人员没有紧紧抓住被讯问人的虚弱之处进行攻击，而是东一榔头，西一棒子，也就无法制服被讯问人，从而也就不能实现后发制人避开被讯问人坚实之处的目的，避不开被讯问人的坚实之处。因此，要紧紧抓住被讯问人的虚弱之处进行攻击。

5. 主动进攻避开

所谓主动进攻避开被讯问人的坚实之处，是指讯问人员在运用避实

击虚策略的过程中，于击在被讯问人坚实之处而无法击垮被讯问人的情况下，迅速调整进攻方面，向被讯问人的虚弱之处发起主动进攻，通过调整进攻方向，主动攻击被讯问人的虚弱之处而避开被讯问人坚实之处的一种避实方法。

在避实击虚策略运用的过程中，往往会出现由于讯问人员对"实"的和"虚"的查得不准，把"实"的当成"虚"的，未能避开被讯问人的坚实之处，击在了坚实之处上而无法击垮被讯问人的情况。在此情况下，讯问人员就应立即放弃对其坚实之处的进攻，迅速调整进攻的方向，向被讯问人的虚弱之处发起主动的进攻。只有这样，才能避开被讯问人的坚实之处。如果讯问人员不能迅速调整进攻方向，向被讯问人的虚弱之处发起主动的进攻，而是继续盲目蛮干，那么，就无法避开被讯问人的坚实之处。因此，讯问人员要善于以主动进攻的方法避开被讯问人的坚实之处。

主动进攻避开被讯问人的坚实之处，要做到以下几点：

（1）要立即放弃对坚实之处的进攻

讯问人员在发现自己的进攻目标不准，击在被讯问人的坚实之处时，就要立即放弃对这个坚实之处的进攻，切不可继续抓住不放，盲目蛮干或抱着侥幸心理再试试看。如果讯问人员不立即放弃对这个坚实之处的进攻，不仅不能攻下这个坚实之处，而且有可能使这个坚实之处越攻越牢固。因此，讯问人员在遇到攻击目标是被讯问人坚实之处的情况下，要立即放弃对这个坚实之处的进攻，避开这个坚实之处。

（2）要迅速调整进攻的方向

讯问人员在放弃对这个坚实之处进攻的同时，要迅速调整进攻的方向，选准被讯问人的虚弱之处，向虚弱之处发起主动的进攻，或攻其无备，或出其不意，一拳击中其软肋，使被讯问人措手不及，无力招架。这样，也就避开了被讯问人的坚实之处。如果讯问人员不能迅速把进攻的方向调整到被讯问人的虚弱之处，向虚弱之处发起主动的进攻，那么，尽管放弃了对坚实之处的进攻，但仍然没有真正地避开被讯问人的坚实之处，被讯问人仍有可能以坚实之处与讯问人员抗衡。因此，讯问人员在放弃对坚实之处进攻的同时，要迅速把进攻的方向调整到被讯问人的虚弱之处上。

（3）要加快讯问的节奏

讯问人员把进攻的方向调整到被讯问人的虚弱之处后，要加快讯问的节奏，对被讯问人的虚弱之处进行攻击，从不同的角度、不同的侧面连续向被讯问人提出针对其虚弱之处的问题，责令被讯问人作出回答，使被讯问人只有招架之功，没有反击之力，不让被讯问人有时间来考虑如何回答、如何对付讯问人员提出的问题，要么其如实作出回答，要么其匆忙编造谎言。而如实作出回答，正是讯问人员所需要的，而匆忙编造谎言，就不可避免地要出现矛盾而被讯问人员抓住矛盾，给讯问人员以揭露的把柄，从而使被讯问人再度陷入挨打的境地。如果讯问人员不能加快讯问的节奏，被讯问人就有时间考虑如何回答讯问人员的提问，如何对付向其虚弱之处进攻的问题，那么，也就避不开被讯问人的坚实之处。因此讯问人员在向调整了的进攻点发起进攻时，要加快讯问的节奏。

（三）攻击被讯问人的虚弱之处

运用避实击虚的讯问策略对被讯问人进行讯问，攻击被讯问人的虚弱之处，是运用该讯问策略的核心。或者说，避实击虚的讯问策略运用得成功还是不成功，关键在此举。因此，讯问人员在运用避实击虚的讯问策略对被讯问人进行讯问的过程中，要十分讲究攻击被讯问人虚弱之处的方法，以精湛的艺术方法攻击被讯问人的虚弱之处。

总结讯问实践，攻击被讯问人虚弱之处的方法主要有以下几个方面：

1. 选择准被讯问人最为虚弱的地方或创造出被讯问人的虚弱之处

（1）选择出被讯问人最为虚弱的地方

攻击被讯问人的虚弱之处，只有击在被讯问人最为虚弱的地方，才能使被讯问人被一拳致命，迅速地击垮被讯问人。这是不言而喻的道理。

讯问人员通过前述对被讯问人"实"和"虚"的查明，往往会查到被讯问人的虚弱之处有多处。而这些查明的虚弱之处的虚弱程度是不同的。而要使击虚击在被讯问人最虚弱的地方，就要对这些查明的虚弱之处进行选择，选择出最为虚弱的地方作为击虚的目标。只有这样，才能迅速地击垮被讯问人。

选择出被讯问人最为虚弱的地方的方法是：

①一一列出被讯问人的虚弱之处，并分别编组于各自的归属上

讯问人员在查明了被讯问人的各个虚弱之处后，要将查明的各个虚弱之处一一列出，并将这些虚弱之处分别编组于各自的归属上。即属于案件本身上的虚弱之处编组于案件本身这个属上，属于被讯问人自身上的虚弱之处编组于被讯问人自身这个属上，属于被讯问人精神上的虚弱之处编组于被讯问人精神这个属上，属于被讯问人心理上的虚弱之处编组于被讯问人的心理这个属上，属于被讯问人防御上的虚弱之处，编组于被讯问人的防御这个属上，属于被讯问人的犯罪行为与其亲人有牵连的虚弱之处，编组于被讯问人的犯罪行为与其亲人有牵连这个属上，等等。

②分析各虚弱之处作为攻击目标的有利和不利的方面

讯问人员在一一列出被讯问人的虚弱之处，并分别编组于各自的归属上后，要对各虚弱之处作为击虚目标的有利和不利方面进行逐个的分析，明确各虚弱之处作为攻击目标的有利和不利方面。

对各个虚弱之处进行分析的具体方法是：

第一，分析该虚弱之处的虚弱表现。讯问人员要根据所掌握的该虚弱之处的具体情况，通过分析，掌握该虚弱之处作为攻击目标时其虚弱在哪里，有什么具体的表现，这种虚弱的程度如何，从而明确其作为攻击目标的有利和不利的方面。

第二，分析该虚弱之处的防守情况。讯问人员根据对该虚弱之处所了解掌握的情况和被讯问人的情况，通过分析，掌握将该虚弱之处作为攻击目标时，被讯问人有无防守、用什么防守、怎样进行防守、能否防守得住，从而明确有利和不利的方面。

第三，分析该虚弱之处作为攻击目标的效果。讯问人员要根据案件和该虚弱之处的具体情况，通过分析，掌握对该虚弱之处的攻击，能否沿着这个虚弱之处向纵深发展，进而突破全案或主要的犯罪事实，从而明确有利和不利的方面。

第四，分析该虚弱之处作为攻击目标的隐蔽情况。讯问人员要根据被讯问人和该虚弱之处的具体情况，通过分析，掌握该虚弱之处作为攻击目标是否隐蔽，有无不隐蔽的因素和隐患，这种不隐蔽因素和隐患有什么危害，能否避免和排除，从而明确有利和不利的方面。

第五，分析该虚弱之处作为攻击目标的攻击条件。讯问人员要根据该虚弱之处的情况和讯问人员自己的情况，通过分析，掌握该虚弱之处作为攻击目标是否具备攻击的条件，所使用的"武器弹药"，所运用的攻击方法能否攻下这个虚弱之处，从而明确有利和不利的方面。

③通过斟酌、比较选择出最为虚弱之处

讯问人员在分析各虚弱之处作为攻击目标的有利和不利方面的基础上，要对分析的有利和不利方面进行反复的斟酌和对这些虚弱之处进行一一比较。通过斟酌和比较选择出最为虚弱之处作为攻击的目标。

第一，反复斟酌虚弱之处作为攻击目标的有利和不利方面。讯问人员要对分析所得的各虚弱之处作为攻击目标的有利和不利方面进行去伪存真、去粗存精、由此及彼、由表及里的斟酌，通过斟酌，判定该虚弱之处作为攻击目标的理由是否充分，是否有利于突破被讯问人的口供。对于理由不充分或不利于突破被讯问人口供的，要断然予以否定，决不能抱有侥幸心理而"骑驴看唱本——走着瞧"。否则，就有可能无法击垮这个虚弱之处。

第二，一一比较各虚弱之处作为攻击目标的有利和不利方面。讯问人员在对各个虚弱之处作为攻击目标的有利和不利方面进行反复斟酌的基础上，要将此虚弱之处的有利和不利方面与彼虚弱之处的有利和不利方面进行比较。通过一一比较各虚弱之处，选择出被讯问人最为虚弱之处。把能使攻击力最大、可靠程度最强、最符合攻击目标理由、最容易攻破、最有利于突破被讯问人口供的虚弱之处选定为攻击的目标。

（2）创造出被讯问人的虚弱之处

击虚的前提是要有虚弱之处的存在。如果没有虚弱之处的存在，击虚就是一句空话。这亦是不言而喻的道理。

讯问人员通过前述对"实"和"虚"的调查了解，往往有可能没有发现被讯问人的虚弱之处，这样，就使击虚没有了"虚"的目标，无法进行击虚。而随意对一个目标进行攻击，就有可能击在被讯问人的坚实之处，无法击垮被讯问人。在这种情况下，讯问人员就要创造出被讯问人的虚弱之处。只有这样，才能进行击虚。

而创造出被讯问人的虚弱之处，辩证唯物主义告诉我们，在一对矛盾中，矛盾着的两个方面既互相区别，又互相联结，并在一定条件下相互转化。被讯问人的"实"与"虚"是一对矛盾，根据辩证唯物主义的这一原理，"实"与"虚"在一定的条件下是会互相转化的。也就是说，在一定的条件下，"实"转化为"虚"，"虚"转化为"实"。因而，创造出被讯问人的虚弱之处，事实上不是创造出被讯问人虚弱之处本身，而是创造出使被讯问人的"实"转化为被讯问人的"虚"的条件。

那么，应当如何创造出使被讯问人的"实"转化为"虚"的条件呢？

总结讯问实践，应以下方法进行创造：

①弄清被讯问人坚实之处的现有条件

创造出被讯问人的"实"转化为"虚"的条件，首先要弄清被讯问人坚实之处的现有条件，也就是要弄清是什么条件使该处成为坚实的。因为，被讯问人的某处成为坚实的，是某种条件使然。如果这个使某处成为坚实的条件变成了与之相反的条件，也就使该处的坚实转化为相反的虚弱了。而要创造出使被讯问人的"实"转化为"虚"的条件，只有清楚被讯问人坚实之处的现有条件是什么，才能知道要创造的与之相反的条件是什么。进而才能创造出使被讯问人的"实"转化为"虚"的条件。否则，就不知要创造一种什么样的条件。这样，使被讯问人的"实"转为"虚"的条件也就无法创造出来。因此，要创造出使被讯问人的"实"转化为"虚"的条件，首先要弄清被讯问人坚实之处的现有条件。

②找出与坚实之处现有条件相反的条件

讯问人员在弄清了被讯问人坚实之处的现有条件后，要找出与坚实之处现有条件相反的条件。因为，在现有条件下，被讯问人的该处是坚实的，而在现有条件相反的条件下，被讯问人该处的坚实也就无疑变成了虚弱。只有找出与坚实之处现有条件相反的条件是什么，讯问人员才能对这个相反的条件进行创造。如果讯问人员没有找出与坚实之处现有条件相反的条件是什么，那么，使被讯问人的"实"转化为"虚"的条件也就无法创造。即使勉强进行了创造，创造出来也不会是使被讯问人的"实"转化为"虚"的条件，即与坚实之处现有条件相反的条件。例如，被讯问人某处坚实的现有条件是讯问人员没有掌握证据，讯问人员只有找出了没有证据这一条件的相反条件是掌握了证据，才有可能对掌握了证据这一条件进行创造。如果讯问人员没有找出与没有掌握证据条件相反的条件是已掌握证据，那么，讯问人员就不知道要创造出已掌握证据这一条件。而不知道要创造出已掌握证据这一条件，又怎么能对这一条件进行创造？因此，要找出与坚实之处现有条件相反的条件。

③凭借现有条件，对"实"转化为"虚"的条件进行创造

讯问人员在找出了与坚实之处现有条件相反的条件，知道了要创造出什么样的条件后，要凭借现有条件，对这个"实"转化为"虚"的条件进行创造。因为，创造条件不是随意的，必须凭借现有的条件进行创造。只有这样，才能创造出符合实际情况的条件，从而才能促使这个"实"转化为"虚"。否则，是创造不出符合实际情况的条件的，从而也就不可能促使这个"实"转化为"虚"。

2. 对被讯问人的虚弱之处实施攻击

讯问人员在选择出被讯问人最为虚弱的地方或创造出被讯问人的虚弱之处后，就要紧紧抓住被讯问人的虚弱之处进行攻击。

对被讯问人的虚弱之处实施攻击的方法主要有：

（1）正面直接攻击

所谓正面直接攻击，是指讯问人员摆开阵势，集中精力、集中炮火、集中力量、集中优势，以各种方法对被讯问人的虚弱之处从正面进行直接的、不间断攻击的一种击虚方法。

以正面直接攻击的方法攻击被讯问人的虚弱之处，要做到以下几点：

①要摆开强大的阵势

讯问人员要摆开强大的阵势，由领导坐镇或亲自担任主审，形成多层级，具有各种技能讯问人员参加的讯问队伍，派武警或警察到场站岗，实施各种技术措施，进行场内场外配合，把强大的阵势摆在被讯问人的面前。

②要集中精力

讯问人员要集中精力，把思想、精神、注意力集中在对被讯问人虚弱之处的攻击上，做到思想不开小差，精神不萎靡，注意力不分散，专注于对被讯问人虚弱之处的攻击。

③要集中炮火

讯问人员要集中炮火，把事实、证据、法律、政策、道理等"炮火"聚集起来，都针对被讯问人的虚弱之处进行攻击，"万炮"齐轰被讯问人的虚弱之处，"万箭"齐穿被讯问人的虚弱之处。

④要集中力量

讯问人员要集中力量，把侦查措施、侦查手段、科学技术、各有关单位、部门和侦查人员、领导、群众、被讯问人亲属、朋友以及公开、隐蔽、直接、间接的力量聚集起来，集中向被讯问人的虚弱之处进行攻击。

⑤要集中优势

讯问人员要集中优势，把政治优势、业务优势、科学技术优势、人才优势、后勤保障优势和讯问人员自己所具有的政治上、品德上、作风上、业务上、技能上的优势以及各讯问人员所具有的各种优势聚集起来，集中针对被讯问人的虚弱之处进行攻击。

⑥要以各种手段进行攻击

讯问人员要以出示证据、宣讲法律、政策、阐明道理和批驳、揭露、抨击等各种手段对被讯问人的虚弱之处进行攻击，交替使用，轮番轰炸。

通过上述方法，对被讯问人的虚弱之处进行正面连续的攻击，直至击垮被讯问人的虚弱之处。

（2）侧面间接攻击

所谓侧面间接攻击被讯问人的虚弱之处，是指讯问人员不直接从正面发起对被讯问人的虚弱之处进攻，而是从被讯问人虚弱之处的侧面入手进行进攻。通过对侧面问题的攻击，进入对虚弱之处的攻击或影响到虚弱之处，最后攻克被讯问人的虚弱之处，促使被讯问人对犯罪事实作出交代的一种击虚方法。

有的案件，被讯问人对自己的虚弱之处保持着高度警惕，已下定决心，无论在何种情况下都死守不作出交代这一底线，宁愿被从重处理；有的案件，被讯问人的某一环节虽是虚弱之处，但对该虚弱之处进行正面直接攻击讯问人员不具备条件；有的案件，被讯问人的虚弱之处需要在消除其对立情绪、消磨其抗审的意志、瓦解其抗审的心理或激发其情感后才能攻破；等等。对这些情况的虚弱之处，如果讯问人员从正面直接进行攻击，不仅无法攻克，而且有可能使其虚弱转化为坚实。而如果讯问人员从侧面间接攻击的方法进行攻击，就有可能越过被讯问人死守的底线，获得攻击的条件，消除其对立的情绪，消磨其抗审的意志，瓦解其抗审的心理，激发出其情感，从而攻克被讯问人的虚弱之处。因此，讯问人员要善于运用侧面间接攻击的方法对被讯问人的虚弱之处进行攻击。

侧面间接攻击被讯问人的虚弱之处，要做到以下几点：

①要选准侧面间接攻击的目标和角度

选准侧面间接攻击的目标和角度，也就是说，要选准向哪一个目标进行进攻，从什么角度进行进攻。这个问题非常重要，是侧面间接攻击的前提和基础，离开了这个问题的准确性，侧面间接攻击就无从谈起，以这种方法攻克被讯问人的虚弱之处，促使被讯问人对犯罪事实作出交代，也就是一句空话。因此，讯问人员一定要选准侧面间接攻击的目标和角度。

而要选准侧面间接攻击的目标和角度，讯问人员就要根据案件、被讯问人和这个虚弱之处的具体情况在分析的基础上作出选择。有的要选择在作案的时间上，有的要选择在作案的地点上，有的要选择在作案的环境上，有的要选择在作案的客观原因上，有的要选择在与犯罪事实具有内在联系的某一情节上，有的要选择在被讯问人的心理上，有的要选择在被讯问人的抗审意志上，有的要选择在被讯问人的情感上，等等；有的要从打击犯罪的角度，有的要从保护无辜的角度，有的要从被讯问人的角度，有的要从被讯问人亲人的角度，有的要从了解的角度，有的要从教育、挽救的角度，等等。

②要以有效的"武器"进行攻击

侧面间接攻击被讯问人的虚弱之处，同样需要以有效的"武器"进行攻击。这个问题更是非常重要，是侧面间接攻击被讯问人虚弱之处能否攻克得了的关键。"武器"没有，或"武器"无效，就似"暴虎冯河"，[①] 同空手搏虎，徒身涉河一样，不仅不能攻克被讯问人的虚弱之处，而且要使自己处于十分危险的地位。因此，讯问人员要以有效的"武器"进行进攻。

而要以有效的"武器"进行攻击，讯问人员就要根据案件、被讯问人和攻击的目标、攻击的角度的具体情况，以既针对又有效力的"武器"进行攻击。有的以证据进行攻击，有的以客观事实进行攻击，有的以法律进行攻击，有的以政策进行攻击，有的以道理进行攻击，有的以情理进行攻击，有的以情感信息进行攻击。

③要以巧妙的方法进行攻击

侧面间接攻击被讯问人的虚弱之处，更需要讲方法巧妙。因为，侧

---

① 　见《论语·述而》，载程树德撰：《论语集释》（上），中华书局 2013 年版，第 522 页。

面间接攻击这种方法是通过对侧面问题的攻击进入对虚弱之处的攻击或对虚弱之处起影响作用，从而攻克被讯问人的虚弱之处。如果用以攻击的方法不巧妙，就无法进入对虚弱之处的攻击或影响虚弱之处，其结果只能停留在表面，因此，讯问人员要以巧妙的方法进行攻击。

而要以巧妙的方法进行攻击，讯问人员就要根据案件，被讯问人和攻击"武器"的具体情况，具体情况具体对待。有的以明、暗结合的方法进行攻击，有的以虚、实并举的方法进行攻击。切忌死板或直来直去。

（3）背面突然攻击

所谓背面突然攻击被讯问人的虚弱之处，是指讯问人员避开正面，偷偷地从背面以迅雷不及掩耳之势对被讯问人的虚弱之处进行攻击的一种击虚方法。

有的被讯问人，讯问人员如果从正面对其虚弱之处展开攻击，被讯问人就会硬辩，无理也要辩三分；就会硬抗，无论证据怎么确实、充分，也拒不承认；就会硬赖，对事实证据不认账。这样，就会使讯问处于胶着的状态，陷入僵局，甚至变成了讯问人员与被讯问人斗气、斗嘴。这是讯问最为忌讳的。而以从背面突然袭击的方法进行攻击，被讯问人就会措手不及，其硬辩、硬抗、硬赖也就组织不起事实、理由来辩、抗、赖。从而使被讯问人在还没有明白过来是怎么回事就被击垮。因此，讯问人员要善于运用背面突然攻击的方法对被讯问人的虚弱之处进行攻击。

事实上，背面突然攻击这种方法，就是《孙子兵法·计篇》中所讲的"攻其无备，出其不意"。① 即"击其懈怠，出其空虚"②。

背面突然攻击被讯问人的虚弱之处，要做到以下几点：

①要使被讯问人戒备松弛、麻痹大意

戒备松弛、麻痹大意的被讯问人，因其丧失警惕，没有防备，一旦讯问人员突然从背面向其发起攻击，其就措手不及，束手无策。因而，

① 见《孙子兵法·计篇》，载陈曦等译注：《孙子兵法三十六计》，中华书局2016年版，第27页。

② 见《十一家注孙子》，引曹操注，载杨丙安校理：《十一家注孙子》，中华书局2012年版，第18页。

戒备松弛、麻痹大意的被讯问人，是最好攻击的被讯问人。如果被讯问人戒备严密，警惕性很高，其就会做好各种防备工作，对讯问人员的攻击保持着高度的警惕心。即使讯问人员从背后向其发起攻击，其也会立即作出反应，对讯问人员的攻击进行反抗。这样，从背面就难以击垮被讯问人。因此，以这种方法攻击被讯问人的虚弱之处，就要使被讯问人戒备松弛、麻痹大意，使之丧失警惕性。

而要使被讯问人戒备松弛、麻痹大意，使之丧失警惕性，讯问人员就要运用各种方法。

关于促使被讯问人戒备松弛、麻痹大意，丧失警惕性的方法，我们可以借鉴《孙子兵法》中的方法，即"能而示之不能，用而示之不用，近而示之远，远而示之近。利而诱之，乱而取之，实而备之，强而避之，怒而挠之，卑而骄之，佚而劳之，亲而离子"[1]。通过这些方法促使被讯问人骄傲起来，放纵起来，懈怠起来，从而使之戒备松弛、麻痹大意，丧失警惕性。

②要迅速地向被讯问人发起进攻

被讯问人在戒备松弛、麻痹大意，丧失警惕性的情况下，讯问人员要以迅雷不及掩耳之势向被讯问人的虚弱之处发起进攻。只有这样，才能打得被讯问人措手不及，料想不到，没有戒备，使之无法进行抵抗。正所谓"兵之情主速，乘人之不及，由不虞之道，攻其所不戒也"[2]。攻击被讯问人虚弱之处的原则与用兵的原则一样，那就是贵于神速，神速就能趁被讯问人尚未做好准备，从被讯问人料想不到的地方，攻击被讯问人不加戒备之处，从而迅速地击垮被讯问人。如果讯问人员在被讯问人戒备松弛、麻痹大意，丧失警惕性的情况下，不能迅速地发起进攻，被讯问人就会转过身来，组织起对讯问人员进攻的反击。在被讯问人组织起反击的情况下，击垮被讯问人就不是一件容易的事。从而就有

---

[1]　见《孙子兵法·计篇》，载陈曦等译注：《孙子兵法三十六计》，中华书局2016年版，第27页。

[2]　见《孙子兵法·九地篇》，载陈曦等译注：《孙子兵法三十六计》，中华书局2016年版，第273页。

可能使背面攻击付诸东流，以失败告终。因此，以这种方法攻击被讯问人的虚弱之处，一定要做到迅速。

而要做到迅速，讯问人员就要抓住时机，果断地向被讯问人发起进攻，使被讯问人来不及抵御讯问人员的进攻。

③进攻的气势要猛烈

以这种方法攻击被讯问人的虚弱之处，讯问人员的进攻气势要猛烈，使被讯问人没有喘息的时间和机会，始终处于猛烈"炮火"的攻击之下，失去反抗的能力。只有这样，才能一举击垮被讯问人的虚弱之处。如果讯问人员进攻的气势不猛烈，被讯问人就有时间和机会思考对付讯问人员进攻的办法，进而针对讯问人员的进攻进行反抗，抵挡讯问人员的进攻。从而使讯问人员进攻无功而返，甚至败北。因此，进攻的气势一定要猛烈，使被讯问人失去反抗的能力。

而要做到进攻的气势猛烈，讯问人员就要集中各种"炮火"对被讯问人的虚弱之处进行反复、轮番、不间断地"轰炸"，直至被讯问人投降为止。

（4）先声夺人攻击

所谓先声夺人攻击被讯问人的虚弱之处，是指讯问人员抢先以强大的声势、威武的声威、崇高的声望，对被讯问人实施攻击，用声势、声威、声望压倒被讯问人，从而促使被讯问人对犯罪事实作出交代的一种击虚方法。

《孙子兵法》云："激水之疾，至于漂石者，势也。"① 在这里，孙子用水这一物质，在迅猛奔流的运动中产生的冲力和能量能冲走石头作比喻，说明"势"的含义。可见，"势"的作用力是极其强大的。同样，在讯问中，讯问人员营造出强大的声势、威武的声威、崇高的声望，就能加大对被讯问人的攻击优势而易于击垮被讯问人，使讯问取得胜利。因此，讯问人员要善于运用先声夺人的方法，对被讯问人的虚弱

---

① 见《孙子兵法·势篇》，载陈曦等译注：《孙子兵法三十六计》，中华书局2016年版，第117页。

之处进行攻击。

先声夺人攻击被讯问人的虚弱之处，要做到以下几点：

①要抢先表现出强大的声势、威武的声威、崇高的声望

先声夺人的宗旨在于要抢在被讯问人之先，用强大的声势、威武的声威、崇高的声望震慑被讯问人，进而压倒被讯问人。因而，抢在被讯问人之先表现出强大的声势、威武的声威、崇高的声望是由先声夺人这种方法的宗旨所决定的。同时，也只有抢在被讯问人之先表现出强大的声势、威武的声威、崇高的声望，才能使讯问人员处于主动的地位，在一开始就给被讯问人以强大声势、威武声威、崇高声望的威慑，使被讯问人的心理受到沉重的打击，从而才有可能压倒被讯问人。如果讯问人员不抢先表现出强大的声势、威武的声威、崇高的声望，那么，先声夺人就没有"先声"这个关键。没有"先声"，何来先声夺人。这不仅违背先声夺人的宗旨，而且也失去了讯问人员的主动权，使自己处于被动的地位。这样，抢先以声势、声威、声望压倒被讯问人就无从谈起，只能沦为一句空话。因此，运用先声夺人的方法攻击被讯问人的虚弱之处，要抢先表现出强大的声势、威武的声威、崇高的声望。

抢先表现出强大的声势、威武的声威、崇高的声望，一是要抢先，二是要把强大的声势、威武的声威、崇高的声望表现出来。

抢先，就是在被讯问人还没有对抗讯问人员的讯问开始前或讯问开始时的这个阶段。

把强大的声势、威武的声威、崇高的声望表现出来，就是通过营造，把正在打一场既轰轰烈烈，又扎扎实实的查案战争，大兵压境、泰山压卵、席卷大地、风卷残云的强大声势；无坚不摧、战无不胜、敌无不克、所向披靡的威武声威；精明强干、能力超群、品格高尚、意志顽强、作风优良、聪明睿智的崇高声望表现出来。

②要向被讯问人表明强硬的态度

先声夺人攻击被讯问人的虚弱之处，讯问人员要向被讯问人表明毫无商量余地的强硬态度。只有这样，这个"先声"的"声"才能有威慑力，从而才能震慑被讯问人；这个"夺人"的"夺"才能有力量，

似泰山压顶，从而才能压倒被讯问人。如果讯问人员的态度暧昧、软弱，就无法使这个"声"有威慑力，无法使压有力量，从而也就不仅起不到震慑被讯问人和压倒被讯问人的作用，而且使被讯问人认为讯问人员表现出的这些声势、声威、声望是虚张的，只有其形而无其实，反而起了反作用。因此，运用先声夺人的方法攻击被讯问人的虚弱之处，讯问人员要向被讯问人表明毫无商量余地的强硬态度。

③要讲究技巧

运用先声夺人的方法攻击被讯问人的虚弱之处，讯问人员要十分注意、讲究攻击的技巧。只有十分注意、讲究攻击的技巧，以最巧妙的技巧进行先声夺人，才能使声势、声威、声望更具威慑力和作用力，从而才能迅速地压倒被讯问人，促使其对犯罪事实作出交代。如果讯问人员不注意讲究攻击的技巧，攻击的方法拙劣，那么，声势、声威、声望不仅不会有威慑力和作用力，无法压倒被讯问人，而且被讯问人会感到讯问人员并未掌握其犯罪的事实、证据，只不过是以"声"吓吓自己而已。从而增强被讯问人的抗审心理。因此，讯问人员要十分注意讲究攻击的技巧。

注意讲究攻击的技巧，讯问人员除根据各种"声"的不同具体情况，以不同的方式、方法予以表现外，还要善于运用感情战术，引起被讯问人对声势、声威、声望刺激的强烈心理反应。先声夺人的感情战术主要有：一是表现出强大的声势、威武的声威、崇高的声望来挫败被讯问人的抗审意志和信心，减弱被讯问人的抗审勇气，搅乱被讯问人的抗审思维。二是在表现出"声"后以沉默这种含蓄的威慑对被讯问人进行攻击，使被讯问人产生一种潜在的威慑力和各种猜测，感到焦虑不安。三是在表现出"声"后向被讯问人发出"你自己考虑清楚，你看着办"责令的同时，突然站起来拂袖而去，使被讯问人感到机不可失，等等。

此外，还要向被讯问人出示证据，对被讯问人进行教育。在出示证据、教育的基础上，"拉"被讯问人一把。

通过上述方法，对被讯问人的虚弱之处进行先声夺人的攻击，击垮被讯问人。

（5）单刀直入攻击

所谓单刀直入攻击被讯问人的虚弱之处，是指讯问人员以事实或证据这把"刀"，直截了当、不绕弯子地对被讯问人的虚弱之处进行攻击的一种击虚方法。

以单刀直入的方法攻击被讯问人的虚弱之处，除用以攻击被讯问人虚弱之处的事实或证据做到真实可靠，且是被讯问人主要犯罪的事实或证据外，还要做到以下几点：

①要直截了当、不绕弯子地向被讯问人的虚弱之处发起进攻

单刀直入，顾名思义，就是直截了当、不绕弯子。讯问人员要以被讯问人犯罪的事实或证据这把"刀"，直截了当、不绕弯子地直刺被讯问人的虚弱之处，而不能拐弯抹角，隐晦曲折。

②要气势凌厉地向被讯问人的虚弱之处发起进攻

讯问人员在以事实或证据直截了当、不绕弯子地直击被讯问人虚弱之处的过程中，气势要凌厉，做到迅速而猛烈；态度要严肃，做到威严而认真；口气要坚定，做到铿锵而果断，显示出风驰电掣的迅速，无坚不摧、泰山压卵的威力，而不能慢慢吞吞，毫无气势。

③要适时对被讯问人进行教育或"拉"被讯问人一把

讯问人员在以事实或证据击得被讯问人不能反抗后，要对被讯问人进行有关法律、政策、道理的教育或"拉"被讯问人一把，为其作出如实交代铺平道路。而不能一打到底，往死里打，往绝路上打。

通过上述方法，对被讯问人的虚弱之处进行单刀直入的攻击，促使被讯问人对犯罪事实作出交代。

（6）乘虚而入攻击

所谓乘虚而入攻击被讯问人的虚弱之处，是指讯问人员趁着被讯问人某处空虚或还未对虚弱之处进行防备时而迅速地对被讯问人的虚弱之处进行进攻的一种击虚方法。

我们知道，被讯问人的虚弱之处并不是永远都是虚弱的，而是随着条件的变化，虚弱之处是会转化为坚实之处的。虚弱之处在被讯问人尚未进行防备的条件下，它是虚弱的，而当被讯问人进行了防备的条件

下，其就是坚实的。我们在前面论述过的被讯问人不知防备、不作防备、防备不坚实的虚弱之处，并不会永远处在不知防备、不作防备、防备不坚实的状态。随着讯问的进行，被讯问人对不知防备的知道了要进行防备，对不作防备的作出了防备，对防备不坚实的加固了防备，那么，这些虚弱之处也就成为了坚实之处。如果讯问人员对这些虚弱之处，在其成为坚实之处之后再对其实施攻击，那么，也就击在了被讯问人的坚实之处。因此，讯问人员就要趁着被讯问人还未对虚弱之处进行防备，还处于虚弱之处时进行进攻。只有这样，才能击垮被讯问人。

以乘虚而入的方法攻击被讯问人的虚弱之处，要做到以下几点：

①要抓住攻击的时机

讯问人员要抓住被讯问人尚未进行防备的有利时机，趁着虚弱之处还处于虚弱状态的时候，不失时机地对被讯问人的虚弱之处进行攻击。如果讯问人员错过了这个时机，被讯问人就有可能进行了防备而使虚弱之处转化为坚实之处。这样，就没有"虚"可"乘"，也就无法"入"。因此，乘虚而入攻击被讯问人的虚弱之处，一定要抓住攻击的有利时机。

②要迅速地开始对被讯问人的虚弱之处进行攻击

讯问人员在抓住了向被讯问人虚弱之处攻击的时机后，就要迅速地行动起来，以迅雷不及掩耳之势开始对被讯问人的虚弱之处进行攻击，使被讯问人来不及抵御。如果讯问人员行动迟缓，不能迅速地开展对被讯问人的虚弱之处进行攻击，被讯问人就会察觉讯问人员攻击的目标，赶在讯问人员的攻击之前对虚弱之处进行防备，那么，就无法乘虚而入攻击被讯问人的虚弱之处。因此，以乘虚而入的方法攻击被讯问人的虚弱之处，行动一定要做到迅速。

③要速战速决

以乘虚而入的方法攻击被讯问人的虚弱之处，不仅要迅速地展开对被讯问人的虚弱之处进行攻击，而且，在攻击的过程中，要快速地攻击，迅速地结束战斗，解决问题，做到速战速决。如果讯问人员不能做到速战速决，迅速地解决问题，而是旷日持久地进行下去，被讯问人就会在此过程中，一边以各种伎俩抵挡讯问人员的进攻，一边针对讯问人员进攻的虚弱之处构筑抗审的防线。一旦被讯问人构筑起了针对虚弱之处的抗审防线，其就会凭借构筑的抗审防线与讯问人员抗衡下去，虚弱之处也就转化成为了坚实之处。这样，讯问人员所"乘"的就不是"虚"，而是"实"，也就无法击垮被讯问人。因此，讯问人员运用乘虚而入的方法攻击被讯问人的虚弱之处，一定要做到速战速决。

通过上述方法，实现乘虚而入攻击被讯问人的虚弱之处。

（7）循序渐进攻击

所谓循序渐进攻击被讯问人的虚弱之处，是指讯问人员根据案件情况，从被讯问人已经暴露的某个犯罪情节或细节入手，然后以这个情节或细节为起点，顺着这个情节或细节有次序地一步一步深入，逐步向被讯问人的虚弱之处进发，最后到达虚弱之处，对虚弱之处进行攻击的一种击虚方法。

有的案件，讯问人员虽查明了被讯问人的虚弱之处在某个问题上，但对这个虚弱之处没有直接进行攻击的条件，需要逐步过渡到这个虚弱之处，才能有条件地对这个虚弱之处实施攻击，击垮这个虚弱之处。在这种情况下，讯问人员就要运用循序渐进的方法对被讯问人的虚弱之处进行攻击。

以循序渐进的方法攻击被讯问人的虚弱之处，要做到以下几点：

①循序渐进的起点要与被讯问人的虚弱之处存在着内在联系

循序渐进需要一个起点，也就是要有已经暴露的某个犯罪情节或细节，这是循序渐进的前提和基础。只有有了这个点，循序渐进才能从这里开始逐步深入。而这个点，并不是任何的一个点都可以作为循序渐进的起点的，而是这个点要与被讯问人的虚弱之处存在着内在的联系，只有这样，才能从这个点出发逐步深入，渐进到被讯问人的虚弱之处。否则，随便一个点，是渐进不到被讯问人的虚弱之处的。因此，循序渐进的起点要与被讯问人的虚弱之处存在着内在的联系。

②从这个已暴露的情节或细节入手，在开始的时候不要正面地提出这个情节或细节

讯问人员从这个已暴露的情节或细节入手进行渐进，在开始的时候

不要正面地向被讯问人提出这个已暴露的情节或细节，而是应当从其他角度提出问题，逐步涉及这个情节或细节，使被讯问人在没有警觉的情况下对这个情节或细节予以承认，这样就解决了从这个情节或细节入手的问题。否则，被讯问人在一开始就会对这个情节或细节予以否认、辩解，从而使循序渐进处于胶着的状态，无法从这个情节或细节入手。因此，讯问人员在从这个情节或细节入手时，不能急躁，不要正面地提出这个情节或细节。

③渐进的过程要逐步深入

讯问人员从这个点开始渐进，在渐进的过程中要逐步深入，一步一步地向被讯问人的虚弱之处进发。做到一环紧扣一环，环环相扣，不能脱节。只有这样，才能渐进得稳妥、牢固、扎实，合乎规律、顺理成章地渐进到被讯问人的虚弱之处。否则，就不能环环相扣，而出现脱节，使渐进无法做到稳妥、牢固、扎实。而且，被讯问人也有可能对讯问人员在渐进中提出的问题不予回答，或作出虚假的回答，从而使渐进中断，无法深入，不能渐进到被讯问人的虚弱之处。因此，渐进的过程要做到逐步深入。

④渐进的过程中要及时地堵死被讯问人的退路

讯问人员在循着既定路线渐进的过程中，难免会有一些漏洞或岔路。对这些出现的漏洞或岔路，讯问人员要及时地予以堵死。否则，在讯问人员渐进到其虚弱之处，对虚弱之处进行攻击时，被讯问人就有可能从这些漏洞或岔路逃走。因此，在渐进的过程中，一定要及时堵塞这些漏洞或岔路，堵死被讯问人的退路，使之欲逃无路。

⑤渐进的方法要讲技巧

讯问人员在渐进的方法上要讲究技巧。循序渐进只有在渐进的方法上讲究技巧，做到巧妙，才能使渐进静悄悄，不留痕迹，渐进得自然、顺理成章，顺利地到达被讯问人的虚弱之处，使被讯问人在毫无警觉或虽有警觉但为时已晚的情况下束手就擒，否则，被讯问人就会引起警觉进行防备，使循序渐进中途受阻，无法渐进到被讯问人的虚弱之处。因此，讯问人员在渐进的方法上一定要讲究技巧，以最巧妙的方法进行渐进。

通过上述方法，对被讯问人的虚弱之处进行循序渐进的攻击，击垮被讯问人的虚弱之处。

（8）旁敲侧击攻击

所谓旁敲侧击攻击被讯问人的虚弱之处，是指讯问人员不直接从正面直截了当地对被讯问人的虚弱之处进行攻击，而是用若明若暗的语言影射或转弯抹角地对被讯问人的虚弱之处进行攻击的一种击虚方法。

有的案件，通过侦查，掌握了被讯问人实施犯罪行为的一些疑点和线索，但并未掌握其实施犯罪行为的确实证据。而讯问人员通过对掌握的疑点和线索的分析，被讯问人实施了犯罪行为或已实施的犯罪行为就是该被讯问人所为。同时，讯问人员通过对案件的分析，也掌握了某处是被讯问人的虚弱之处，但是，如果讯问人员直接从正面直截了当地对被讯问人的虚弱之处进行攻击，由于没有证据，无法实施对被讯问人进行有力的攻击。这样，被讯问人对讯问人员的攻击就会极力地予以抵抗，从而无法击垮被讯问人的虚弱之处，促使其对犯罪事实作出交代。甚至被被讯问人窥破讯问的部署，做出更为严密的防御。而如果以旁敲侧击的方法对被讯问人的虚弱之处进行攻击，一方面，讯问人员避开了没有掌握证据的不利；另一方面被讯问人就会在讯问人员的旁敲侧击下，对自己实施的犯罪产生联想，越想越觉得讯问人员已掌握了其犯罪的证据。这样，被讯问人就有可能为争取主动，得到从轻的处理而对其实施的犯罪行为作出如实交代。

以旁敲侧击的方法攻击被讯问人的虚弱之处，要做到以下几点：

①旁敲侧击要围绕被讯问人实施行为的疑点、线索及其可能留下或必然留下的痕迹进行

讯问人员以这种方法攻击被讯问人的虚弱之处，要围绕被讯问人实施行为的疑点、线索及其可能留下或必然要留下的痕迹进行旁敲侧击。只有这样，才能引起被讯问人对其所实施行为的联想，通过联想，感觉到讯问人员已掌握其犯罪的证据。从而敲在被讯问人的要害处，击在被讯问人的担心上。否则，旁敲侧击就无法引起被讯问人对其所实施的犯罪行为的联想，被讯问人也就感觉不到讯问人员已掌握其犯罪的证据，更感觉不到讯问人员已掌握其什么证据，这样，旁敲侧击就无法攻击被

讯问人的虚弱之处。因此，旁敲侧击一定要围绕被讯问人实施行为的疑点、线索及其可能留下或必然留下的痕迹进行。

而要围绕被讯问人实施行为的疑点、线索及其可能留下或必然留下的痕迹进行旁敲侧击，讯问人员就要根据案件的情况，分析被讯问人实施了哪些手段行为，这些手段行为可能或必然要留下什么痕迹，这些痕迹会留在什么地方。在讯问中，根据分析的情况对被讯问人进行旁敲侧击，切不可凭臆想、毫无根据地乱敲乱击。

②要从不同的角度、不同的侧面进行敲击

讯问人员以这种方法攻击被讯问人的虚弱之处，要从不同的角度、不同的侧面进行敲击。只有这样，被讯问人才能从不同的角度、不同的侧面对其所实施的犯罪行为进行联想。通过联想，从不同的角度、不同的侧面都感觉到讯问人员已掌握其犯罪的证据，进而使被讯问人感觉到讯问人员已掌握其犯罪的证据确实无疑。如果讯问人员只从一个角度、一个侧面进行敲击，被讯问人就有可能因侥幸难以形成讯问人员已掌握其犯罪证据的感觉，甚至有可能认为讯问人员是在骗人，根本就没有掌握证据。因此，要从不同的角度、不同的侧面对被讯问人进行敲击。

而要从不同的角度、不同的侧面进行敲击，讯问人员就要根据被讯问人实施行为的疑点、线索及其可能或必然留下痕迹的情况，有的从这一角度、侧面进行敲击，有的从那一角度、侧面进行敲击；有的从暗示的角度、侧面进行敲击，有的从明示的角度、侧面进行敲击；有的从抽象的角度、侧面进行敲击，有的从具体的角度、侧面进行敲击；有的从宏观的角度、侧面进行敲击，有的从微观的角度、侧面进行敲击；有的从分散的角度、侧面进行敲击，有的从集中的角度、侧面进行敲击。切忌机械、简单。

③要暗中点

这里的暗中点的对象是指被讯问人的犯罪事实和证据，也就是向被讯问人暗示讯问人员已掌握其犯罪的事实和证据。

讯问人员以这种方法攻击被讯问人的虚弱之处，事实上是以暗示的方法向被讯问人出示证据，以暗示证据攻击被讯问人的虚弱之处。

由于讯问人员并未掌握被讯问人的犯罪事实和证据，因而，只有做到暗中点，才能隐蔽讯问人员尚未掌握被讯问人犯罪事实和证据的底细，而且，也只有暗中点，才能引起被讯问人对其所实施的犯罪行为的联想。如果讯问人员不能做到暗中点，而是公开点，那么，也就暴露了讯问人员并未掌握被讯问人犯罪事实和证据的底细，从而，也就不会引起被讯问人对其所实施的犯罪行为的联想。因此，涉及被讯问人的犯罪事实和证据一定要做到暗中点，切忌公开点。

而要做到暗中点，讯问人员就要根据被讯问人的手段行为可能或必然要留下的痕迹的情况，选择以最恰当的言语和口气进行出示，切忌乱出示一通。

此外，讯问人员以这种方法攻击被讯问人的虚弱之处，还要做到敲击中有拉，敲击中有劝。使被讯问人在敲、击和拉、劝的多重作用下，作出交代。

（9）抓住心理攻击

所谓抓住心理攻击被讯问人的虚弱之处，是指讯问人员抓住被讯问人案发以后思考最关心、最担心、最放心、最顾虑、最矛盾、最悔恨的问题以及拒供的心理障碍问题对被讯问人的虚弱之处进行攻击的一种击虚方法。

被讯问人的心理支配着被讯问人的行为，决定着被讯问人的行为趋向。抓住被讯问人的心理进行攻击，就能从根本上挖除被讯问人拒供心理的根源，从而促使被讯问人对犯罪事实作出交代。因此，讯问人员要善于运用抓住心理的方法攻击被讯问人的虚弱之处。

抓住心理攻击被讯问人的虚弱之处，要做到以下几点：

①要抓得准

讯问人员要抓准被讯问人的心理对被讯问人的虚弱之处进行攻击。只有抓准了被讯问人的心理，才能有明确的攻击目标，从而才能做到有的放矢，进而挖除其拒供的心理根源，击垮其虚弱之处。

②要抓得牢

讯问人员要抓牢被讯问人的心理并对被讯问人的虚弱之处进行攻

击。只有紧紧地抓牢被讯问人的心理，才能始终围绕被讯问人的心理进行攻击，从而才能避免东一榔头，西一棒子情况的发生，进而破除其拒供的心理，击垮其虚弱之处。

③要抓得针对

讯问人员要针对被讯问人的心理对被讯问人的虚弱之处进行攻击。只有针对被讯问人的心理进行攻击，才能做到对症下药，从而才能药到病除，进而促使被讯问人对犯罪事实作出交代。

事实上，抓住心理攻击被讯问人的虚弱之处，实质上是对被讯问人进行攻心，以攻心的方法对被讯问人的虚弱之处进行攻击。由于本书对攻心的具体方法已在攻心为上的讯问策略中作过详细的论述，故在此不予赘述。

（10）揭露矛盾攻击①

所谓揭露矛盾攻击被讯问人的虚弱之处，是指讯问人员对被讯问人自己或与他物两个不能同真的事物，进行戳穿，使之暴露出来，从而攻击被讯问人的虚弱之处的一种击虚方法。

这种攻击方法，由于矛盾着的两个事物情况的不同，攻击的具体方法也就不同。主要有以下两种具体的攻击方法：

①揭露自相矛盾进行攻击

所谓揭露自相矛盾攻击被讯问人的虚弱之处，是指讯问人员对被讯问人自己的前后不一或自相抵触的言行进行揭露，攻击被讯问人的虚弱之处的一种方法。即"以子之矛，攻子之盾。"②

---

① 我们在第二章《攻心为上》中曾叙述了揭露谎言攻心。事实上，这里的揭露矛盾同那里的揭露谎言是同一个问题。即谎言所表现出来的被讯问人口供的自相矛盾与客观事实、规律、证据、情理、法律或科学的矛盾。在这里以揭露矛盾攻击被讯问人的虚假之处，重点叙述揭露矛盾攻击的方法。

② 以子之矛，攻子之盾，出自《韩非子·难一》："楚人有鬻盾与矛者，誉之曰：'吾盾之坚，物莫能陷也。'又誉其矛曰：'吾矛之利，于物无不陷也。'或曰：'以子之矛陷子之盾，何如？'其人弗能应也。夫不可陷之盾与无不陷之矛，不可同世而立。"（见《韩非子·难一》，载高华平等译注：《韩非子》，中华书局 2010 年版，第 530 页。）

　　有的案件，被讯问人为了掩盖罪行，故意编造假口供来对付讯问人员的讯问。由于编造假口供不是一件容易的事，往往会出现该次讯问与前面的讯问，该次讯问的前与后在口供上的自相矛盾、互相抵触。对这种自相矛盾的口供进行揭露，也就攻击了被讯问人的虚弱之处。因此，讯问人员要善于运用揭露自相矛盾的方法攻击被讯问人的虚弱之处，使被讯问人"弗能应也"。

　　揭露自相矛盾攻击被讯问人的虚弱之处，要做到以下几点：

　　第一，找准被讯问人口供前后矛盾的关键所在。

　　揭露自相矛盾，讯问人员首先要抓准被讯问人口供前后矛盾的关键所在。也就是说，要找准它们是在什么关键问题上存在着矛盾。只有找准了关键问题上的前后矛盾，"以子之矛，攻子之盾"才能攻在要害上，揭露出它们在本质上的矛盾。从而才能攻得有效，攻倒被讯问人的主要犯罪事实。如果没有抓准关键问题上的前后矛盾，抓住的是非关键的前后矛盾，那么，即使这支"矛"攻倒了这只"盾"，所攻倒的也不是被讯问人的主要犯罪事实。因此，讯问人员一定要抓准被讯问人口供前后矛盾的关键所在。

　　第二，固定前后口供的矛盾。

　　在讯问中，当被讯问人编造谎言，开始虚假陈述，出现与前面的陈述矛盾时，讯问人员不要流露出任何怀疑的言行，急于进行揭露。而应当装着认真听、认真记，让被讯问人把假话讲完，使前后矛盾充分地暴露出来。而且，对于关键的问题还要反复多问几句，让他把假话讲得更明确、更具体，把假话的退路堵死，固定住前后口供的矛盾。只有这样，才能在"以子之矛，攻子之盾"的过程中，使被讯问人无法摆脱矛盾，从而使其理屈词穷，陷于被动的处境。如果讯问人员在没有固定被讯问人前后口供矛盾的情况下，就急于对矛盾进行揭露，那么，被讯问人就有可能对其所说的假话作出解释，在与前面的口供没有矛盾上做文章，摆脱自相矛盾，在矛盾中全身而退。这样，讯问人员就无法对矛盾进行揭露。因此讯问人员一定要固定被讯问人前后口供的矛盾，在固定后再对矛盾进行揭露。

第三，公开地摆出自相矛盾的双方进行揭露。

讯问人员在固定了被讯问人前后口供的矛盾后，要公开地摆出被讯问人自相矛盾的双方，以借题揭露法进行揭露，并责令被讯问人作出回答，即针对被讯问人口供前后的矛盾，以其在前面所讲的内容去揭露后面所讲的内容，或以后面所讲的内容去揭露前面所讲的内容，在揭露的同时，责令被讯问人作出回答。由于在自相矛盾的情况下，矛盾着的双方不可能同真，只能是同假或一假一真。这样，被讯问人要么承认两者都是假的，要么承认前者或后者是假的。如果讯问人员不能公开地摆出自相矛盾的双方进行揭露，责令被讯问人作出回答，那么，被讯问人就不会承认两者同是假的，或承认其中一者是假的。

第四，以事实、证据、情理、法律或科学等对被讯问人不承认是假的口供进行驳斥。

在被讯问人员承认自相矛盾其中一者是假的，而对另一者不承认是假的的情况下，讯问人员要以事实、证据、情理、法律或科学等对被讯问人不承认是假的那一者的口供进行驳斥，以事实、证据、情理、法律或科学等予以证明是假的。从而促使被讯问人作出真实的供述。如果讯问人员不以事实、证据、情理、法律或科学等对被讯问人不承认是假的那一者口供进行驳斥，以事实、证据、情理、法律或科学等证明是假的，被讯问人也就不会作出如实的供述。

第五，要与说服教育结合起来或"拉"被讯问人一把。

在揭露被讯问人自相矛盾的过程中，讯问人员要掌握好揭露的度，被讯问人对讯问人员的揭露无言以对或承认自己的谎话时，讯问人员就应在停止对被讯问人继续进行揭露的同时，对被讯问人进行说服教育，或"拉"被讯问人一把，给被讯问人创造悔过认罪的气氛和条件，为被讯问人铺平悔过认罪、坦白从宽的道路。如果讯问人员在此时不对被讯问人进行说服教育或"拉"被讯问人一把，被讯问人就有可能停留在原处，或思考继续编造另外的谎言以对付讯问人员的讯问。这样，被讯问人就不会对犯罪事实作出如实的交代，走上坦白从宽的道路。因此，讯问人员在停止对被讯问人进行揭露的同时，不能无所作为，消极地等待被讯问人作出交代，而应当以积极的态度对被讯问人进行说服教育，或以满腔热情的态度"拉"被讯问人一把，从而把被讯问人说服到或"拉"到"坦白从宽"的道路上来。

关于说服教育或"拉"被讯问人一把，要根据案件、被讯问人和对被讯问人自相矛盾的揭露情况，做到具体问题具体对待，选择针对性的内容对被讯问人进行教育或以针对性的方法"拉"被讯问人一把，切忌乱来一通。

通过上述方法，揭露被讯问人的自相矛盾，对被讯问人的虚弱之处进行攻击，击垮被讯问人的虚弱之处。

②揭露被讯问人的口供与事实、证据、情理、法律或科学等相矛盾进行攻击

所谓揭露被讯问人的口供与事实、证据、情理、法律或科学等相矛盾攻击被讯问人的虚弱之处，是指讯问人员对与事实、证据、情理、法律或科学等相矛盾的被讯问人的口供，以事实、证据、情理、法律或科学进行揭露，暴露出被讯问人口供虚假原型从而攻击被讯问人虚弱之处的一种方法。

被讯问人的口供，如果是真实的，其必然是与事实、证据、情理、法律或科学等相符合，而如果是虚假的，其必然与事实、证据、情理、法律或科学等相矛盾。不少被讯问人，在一开始的讯问中，为了掩盖罪行或推脱罪责，往往都编造谎言，以虚假的口供来对付讯问人员的讯问。由于凡是与事实、证据、情理、法律或科学等相矛盾的口供都必然是虚假的，因而，以事实、证据、情理、法律或科学等对这种与之相矛盾的口供进行揭露，也就暴露出了被讯问人的口供虚假的原型，攻击了被讯问人的虚弱之处。因此，讯问人员要善于运用揭露被讯问人的口供与事实、证据、情理、法律或科学等相矛盾的方法攻击被讯问人的虚弱之处。

揭露被讯问人的口供与事实、证据、情理、法律或科学等相矛盾攻击被讯问人的虚弱之处，要做到以下几点：

第一，要找出被讯问人口供与事实、证据、情理、法律或科学等相

矛盾的关键问题。

被讯问人的口供是虚假的，取决于其与事实、证据、情理、法律或科学等在关键问题上相矛盾。也就是说，被讯问人的口供只有与事实、证据、情理、法律或科学等在关键的问题上相矛盾，其才是虚假的。如果被讯问人的口供与事实、证据、情理、法律或科学等在关键问题上没有矛盾，而只是在一些细枝末节上有点矛盾，那么，这点细枝末节的矛盾也就不能决定被讯问人的口供就是虚假的。因而，只有找出被讯问人口供与事实、证据、情理、法律或科学等在关键问题上的矛盾，对它们之间在关键问题上的矛盾进行揭露，才能暴露出被讯问人口供的虚假，否则，就无法暴露出被讯问人口供的虚假。因此，讯问人员要找出被讯问人口供与事实、证据、情理、法律或科学等相矛盾的关键问题。

第二，要将被讯问人的口供和与之相矛盾的事实、证据、情理、法律或科学等摆在被讯问人的面前。

讯问人员运用这一方法攻击被讯问人的虚弱之处，在实施的过程中，首先要将被讯问人的口供和与之相矛盾的事实、证据、情理、法律或科学等摆在被讯问人的面前，进行鲜明的对比，让被讯问人耳闻目睹自己的口供与事实、证据、情理、法律或科学等之间的矛盾，给被讯问人当头一棒，使之从心理上败下阵来。如果讯问人员不将矛盾摆在被讯问人的面前，不进行鲜明的对比，被讯问人就有可能认为讯问人员并没有认定自己口供虚假的依据。那么，被讯问人就会心存侥幸，从而影响揭露的效果。因此，讯问人员在实施这一方法中，首先要将被讯问人的口供和与之相矛盾的事实、证据、情理、法律或科学等摆在被讯问人的面前。

第三，要以针对性的内容对被讯问人的谎言进行驳斥。

讯问人员要针对被讯问人的谎言，运用有针对性的事实、证据、情理、法律或科学对被讯问人的谎言进行驳斥，以针对性的事实、证据、情理、法律或科学证明被讯问人口供的虚假。对于与客观事实相矛盾的被讯问人口供，就要以针对性的客观事实进行驳斥；对于与证据相矛盾的被讯问人口供，就要以针对性的证据材料进行驳斥；对于与情理相矛盾的被讯问人口供，就要以针对性的情理内容进行驳斥；对于与法律相矛盾的被讯问人口供，就要以针对性的法律规定或法理进行驳斥；对于与社会科学、自然科学常识相矛盾的被讯问人口供，就要以针对性的社会科学、自然科学常识内容进行驳斥；对于与客观规律相矛盾的被讯问人口供，就要以针对性的客观规律进行驳斥；对于与历史事实相矛盾的被讯问人口供，就要以针对性的历史事实进行驳斥；对于与自然条件相矛盾的被讯问人口供，就要以针对性的自然条件进行驳斥；对于与地理环境相矛盾的被讯问人口供，就要以针对性的地理环境进行驳斥；对于与方言土语相矛盾的被讯问人口供，就要以针对性的方言土语进行驳斥；对于与宗教信仰相矛盾的被讯问人口供，就要以针对性的宗教信仰进行驳斥；对于与风俗人情相矛盾的被讯问人口供，就要以针对性的风俗人情进行驳斥；对于与生活习惯相矛盾的被讯问人口供，就要以针对性的生活习惯进行驳斥；等等。在驳斥的过程中，责令被讯问人作出回答。如果讯问人员不以这些有针对性的内容对被讯问人的谎言进行驳斥，而是以笼统的，或驴唇不对马嘴的内容进行驳斥，就无法驳倒被讯问人的谎言，使之暴露出虚假的庐山真面目。因此，讯问人员要以针对性的内容对被讯问人的谎言进行驳斥。

以这种方法攻击被讯问人的虚弱之处，同样要掌握好揭露的度和辅之以说服教育或"拉"被讯问人一把，铺平其坦白交代的道路，使之顺利地走上"坦白从宽"的道路。

通过上述方法，揭露被讯问人的口供与事实、证据、情理、法律或科学等的矛盾，对被讯问人的虚弱之处进行攻击，击垮被讯问人。

（11）戳穿破绽进行攻击

所谓戳穿破绽攻击被讯问人的虚弱之处，是指讯问人员对被讯问人在实施犯罪行为、掩盖犯罪和接受讯问时露出的各种漏洞予以戳破，攻击被讯问人的虚弱之处的一种击虚方法。

有的被讯问人在预备犯罪时露出了言语上、行为上的漏洞；有的被讯问人在实施犯罪时露出了行为上的漏洞；有的被讯问人在实施犯罪后于掩盖犯罪时露出了言语上、行为上的漏洞；有的被讯问人在接受讯问时露出了神色上、语言上的漏洞；有的被讯问人在被关押时露出了言语上、行为上的漏洞；等等。被讯问人所露出的这些漏洞都与其犯罪有着内在的联系，是被讯问人的一个虚弱之处。戳破了被讯问人露出的这些漏洞，也就等于揭穿了被讯问人犯罪的事实真相。因此，讯问人员要善于运用戳穿被讯问人破绽的方法攻击被讯问人的虚弱之处。

戳穿破绽攻击被讯问人的虚弱之处，要做到以下几点：

①要搞清被讯问人所露出的漏洞情况

不同情况的漏洞要以不同的方法去戳穿，只有这样，才能戳破被讯问人露出的漏洞，否则，不仅戳不破被讯问人已露出的漏洞，而且有可能起反作用。因此，讯问人员要搞清被讯问人所露出的漏洞情况。

总结讯问实践，要搞清被讯问人所露出的漏洞的以下情况：

第一，搞清是在什么环节上露出的漏洞。讯问人员要搞清被讯问人所露出的漏洞是在什么环节上露出的：是在预备犯罪的环节上露出的，还是在实施犯罪的环节上、实施犯罪后的环节上、接受讯问的环节上露出的，抑或是在被关押的环节上露出的。

第二，搞清漏洞是通过什么方法露出的。讯问人员要搞清被讯问人所露出的漏洞是通过什么方法露出的：是通过神色露出的，还是通过言语露出的，抑或是通过行为露出的。

第三，搞清是一个什么样的漏洞。讯问人员要搞清被讯问人所露出的漏洞是什么样的一个漏洞：漏洞是大，还是小；程度是深，还是浅；是本质，还是现象；其具体情况如何。

第四，搞清漏洞与被讯问人的犯罪是一种什么联系。讯问人员要搞清被讯问人所露出的漏洞与其实施的犯罪是一种什么联系：是内部联系，还是外部联系；是本质联系，还是非本质联系；是必然联系，还是偶然联系；是直接联系，还是间接联系；是主要联系，还是次要联系。

第五，搞清漏洞能否堵塞。讯问人员要搞清被讯问人所露出的漏洞，被讯问人能否堵塞得了：是能够堵塞，还是不能堵塞；是能够部分堵塞，还是能够全部堵塞。

第六，搞清被讯问人会进行怎样的堵塞。讯问人员要搞清被讯问人可能对漏洞会进行怎样的堵塞：被讯问人会以什么方法进行堵塞，拿什么东西进行堵塞。

②要具体问题具体对待，对不同漏洞情况以不同的方法予以戳穿

讯问人员在搞清了被讯问人露出的漏洞的具体情况的基础上，要根据漏洞的具体情况，对不同情况的漏洞以不同的方法进行戳穿。只有这样，才能起到事半功倍的效果，从而顺利地戳穿被讯问人的漏洞，达到戳穿破绽从而攻击被讯问人虚弱之处的目的。如果讯问人员不能做到具体问题具体对待，对不同情况的漏洞不以不同的方法进行戳穿，那么，就无法做到有针对性、有效性，不仅不能戳穿被讯问人的漏洞，讯问人员的戳穿行为还有可能成为堵塞被讯问人漏洞的行为。同时，被讯问人也会趁讯问人员戳穿的方法缺乏针对性、有效性，对自己已露出的漏洞进行补救，堵塞漏洞。因此，讯问人员一定要根据被讯问人漏洞的具体情况，对不同情况的漏洞以不同方法进行戳穿。

关于根据被讯问人漏洞的具体情况，对不同情况的漏洞应以什么方法进行戳穿的问题，由于本书是研究讯问的策略，不是研究讯问的具体方法，故在此不予赘述。

③要对漏洞发起有针对性的猛烈进攻

讯问人员在戳穿了被讯问人露出的漏洞，使被讯问人感到已无法补救的同时，要对漏洞发起有针对性的猛烈进攻。只有这样，才能使漏洞越来越大，越来越深，进而引起被讯问人抗审全堤的崩溃。通过这道抗审全堤的崩溃，迫使被讯问人对犯罪的事实作出交代。如果讯问人员停留在戳穿阶段不对漏洞发起有针对性的猛烈进攻，那么，这个漏洞还处于戳穿时状态的漏洞，不能引起被讯问人抗审全堤的崩溃，被讯问人也就不会对犯罪事实作出交代。因此，讯问人员在戳穿被讯问人漏洞的同时，要对漏洞发起有针对性的猛烈进攻。

通过上述方法，对被讯问人的虚弱之处进行戳穿破绽攻击，促使被讯问人对犯罪事实作出交代。

（12）声东击西攻击

所谓声东击西攻击被讯问人的虚弱之处，是指讯问人员表面上装着向被讯问人的某一处进行进攻，而实际上却是攻打被讯问人的虚弱之处

的一种击虚方法。

有的案件，被讯问人已认识到自己在某个环节上是虚弱之处，讯问人员可能会向自己这个虚弱之处的环节进行进攻，于是便要作出防备或作出了防备。对此，如果讯问人员公开地向这个虚弱之处发起进攻，被讯问人在讯问中就会保持高度警惕、加强防备或利用已作的防备与讯问人员抗衡，从而使虚弱之处转化为坚实之处，讯问人员就难以攻下目标。在此情况下，讯问人员采取声东击西的攻击方法，表面上装着向被讯问人的某一处进行进攻，不是攻打被讯问人的虚弱之处，使被讯问人对虚弱之处放松防备的警惕性，松懈对虚弱之处的防备或不作防备或撤回已作的防备，把防备的精力和力量都集中在讯问人员装着攻打的某一处。在被讯问人对虚弱之处放松了防备的警惕性，松懈了对虚弱之处的防备或不作防备或撤回已作的防备时，讯问人员突然向虚弱之处发起进攻，攻其无备，一举攻克被讯问人的虚弱之处。可见，声东击西攻击被讯问人的虚弱之处是非常有效的一招。因此，讯问人员要善于运用声东击西的方法攻击被讯问人的虚弱之处。

声东击西攻击被讯问人的虚弱之处，要做到以下几点：

①要选择符合情理的"声东"目标

讯问人员根据案件和被讯问人的情况，选择符合情理的某一处作为讯问人员表面上装着攻打的目标。只有讯问人员表面上装着攻打的目标符合情理，被讯问人才能对讯问人员向这个目标进行进攻信以为真，从而才有可能放松被讯问人对虚弱之处防备的警惕性，松懈对虚弱之处的防备或不作防备。如果讯问人员这个表面上装着攻打的目标不符合情理，就会引起被讯问人对讯问人员向这个目标进攻的怀疑，认为讯问人员不是真正要攻打这一目标，从而暴露讯问人员攻打被讯问人虚弱之处的真正意图。这样，被讯问人就会对虚弱之处加强防备，讯问人员也就不能攻其无备。因此，声东击西攻击被讯问人的虚弱之处，一定要选择符合情理的"声东"目标。

②"声东"的手段要真实

讯问人员要遵循使被讯问人对"声东"目标信以为真这一原则选

择"声东"的手段，使"声东"的手段做到真实。只有"声东"的手段做到真实，才能迷惑被讯问人，使被讯问人上当，把讯问人员表面上装着的攻打目标误认为是真正的攻打目标。如果"声东"的手段不真实，也就没有迷惑性。那么，被讯问人就会立即引起警觉，感觉到讯问人员表面上装着的攻打的目标不是真正的攻打目标，真正要攻打的不在这里，而是其虚弱之处。这样，攻打被讯问人的虚弱之处就无法实现。因此，声东击西攻击被讯问人的虚弱之处，"声东"的手段一定要做到真实。

③ "声东"的实施要巧妙

讯问人员对"声东"的实施要巧妙，做到巧妙地攻打表面上装着攻打的目标。只有"声东"的实施做到巧妙，才能最大限度地迷惑被讯问人，引诱被讯问人"上钩"，从而使被讯问人把全部的精力、注意力、力量都集中在讯问人员表面上装着的攻打目标上，对付讯问人员表面上装着的攻打目标而松懈对讯问人员真正要攻打的虚弱之处的防守。如果讯问人员"声东"的实施做不到巧妙，那么，就无法迷惑被讯问人，其也就中不了讯问人员的计，仍然把精力、注意力、力量集中在对虚弱之处的防守上。因此，"声东击西"攻击被讯问人的虚弱之处，"声东"的实施一定要做到巧妙。

④ "击西"要迅速、猛烈

在被讯问人受"声东"的迷惑，放松了对虚弱之处防守的情况下，讯问人员要突然迅速、猛烈地对被讯问人的虚弱之处发起进攻，以凌厉的气势、密集的"炮火"打被讯问人一个冷不防，使被讯问人措手不及，无法抵抗。只有这样，才能一举击垮被讯问人，取得击虚的胜利。如果讯问人员不能迅速、猛烈地对被讯问人的虚弱之处发起进攻，被讯问人就有喘息的机会，有时间思考如何对付讯问人员的进攻，从而组织起对虚弱之处的防守，甚至对讯问人员进行反攻。这样，就难以击垮被讯问人，使声东击西以失败告终。因此，声东击西攻击被讯问人的虚弱之处，"击西"一定要做到迅速、猛烈。

通过上述方法，对被讯问人的虚弱之处进行声东击西攻击，促使被讯问人对犯罪事实作出交代。

（13）离间分化瓦解攻击

所谓离间分化瓦解攻击被讯问人的虚弱之处，是指讯问人员以离间的手段对被讯问人的虚弱之处进行攻击，激起被讯问人对同案人、对合人或犯罪嫌疑人的不满或仇恨，使之产生愤怒，在愤怒中对共同犯罪或对合犯罪的事实作出交代，或对犯罪嫌疑人的犯罪进行揭发、检举或提供证言证明犯罪嫌疑人犯罪事实的一种击虚方法。

在共同或对合犯罪的案件中，有的被讯问人因与同案人、对合人有共同的利益或关系密切或其他种种原因，横下一条心不对共同或对合的犯罪事实作出交代，有的甚至在确实、充分的证据面前也不作出交代。在有知情证人知道犯罪嫌疑人犯罪的案件中，有的知情被讯问人因与犯罪嫌疑人的关系密切或其他种种原因，亦横下一条心拒绝对犯罪嫌疑人的犯罪事实进行揭发、检举或提供证言。讯问人员无法突破这些被讯问人的口供。对于这些被讯问人，运用离间分化瓦解的方法攻击被讯问人的虚弱之处，激起被讯问人对同案人、对合人或犯罪嫌疑人的不满和仇恨，使之产生愤怒，在愤怒中失去理智，无法自制的情况下，就有可能对共同或对合犯罪事实作出交代，或对犯罪嫌疑人的犯罪进行揭发、检举或提出证言作证。因此，讯问人员要善于运用离间分化瓦解的方法攻击被讯问人的虚弱之处。

事实上，以离间分化瓦解的手段对被讯问人的虚弱之处进行攻击，是通过离间的手段制造被讯问人与同案人、对合人或犯罪嫌疑人之间的矛盾，进行分化瓦解。我们在本章开始时所述的荆某案，讯问人员就是以离间分化瓦解的方法对荆某的虚弱之处进行攻击，从而激起荆某对同案人沙某、李某的愤怒，荆某在愤怒中对共同侵占的犯罪事实作出了交代。

关于离间分化瓦解，本书将作为分化瓦解讯问策略的一种手段进行详细的叙述，故在此不予赘述。

（14）欲擒故纵攻击

所谓欲擒故纵攻击被讯问人的虚弱之处，是指讯问人员为了要攻克被讯问人的虚弱之处，击垮被讯问人，故意先放松一步，麻痹被讯问人的注意力和警惕性，解除其思想武装，使之放纵起来，然后采取突然袭击，攻克虚弱之处的一种击虚方法。

有的被讯问人持很强的戒备心理，在讯问中，一直保持着高度警惕，对自己的虚弱之处严加防守；有的被讯问人的虚弱之处还蒙有一层纱，并没有清楚地暴露出来；有的被讯问人的虚弱之处只露出一点头，并没有完全地暴露；有的被讯问人，讯问人员只知道他的某处是虚弱之处，但虚弱的具体情况并没有被讯问人员掌握，讯问人员完全不清楚其虚弱之处的具体情况；有的被讯问人根本就没有暴露出虚弱之处，处于全封闭的状态；等等。在这些情况下，讯问人员就难以或根本就无法进行击虚。对于这些情况，讯问人员只有先故意放松一步，麻痹被讯问人的注意力和警惕性，解除其思想武装，使之认为已没有危险，放纵起来，或松懈，或不加防守，或清楚地、完全地、具体地、根本地暴露出虚弱之处，然后采取突然袭击，才能击垮被讯问人，促使其对犯罪事实作出交代。因此，讯问人员要善于运用欲擒故纵的方法攻击被讯问人的虚弱之处。

欲擒故纵攻击被讯问人的虚弱之处，要做到以下几点：

①要隐蔽好欲擒故纵这个意图

讯问人员要隐蔽好欲擒故纵的意图。欲擒故纵的意图，是讯问人员通过对被讯问人故意先放松一步，麻痹被讯问人的注意力和警惕性，解除其思想武装，使其放纵起来，暴露出虚弱之处，达到击垮被讯问人的目的。讯问人员的这一意图一定要隐蔽好，不能让被讯问人有丝毫的察觉。只有这样，"故纵"才能使被讯问人松懈警惕性，解除思想武装，放纵起来，"欲擒"才能擒得住被讯问人。如果讯问人员不能隐蔽好自己的这一意图而被被讯问人察觉，被讯问人知道了讯问人员的"故纵"是假的，"欲擒"才是真的。被讯问人也就不会松懈警惕性，解除思想武装，放纵起来。这样，就无法进行"欲擒"，更擒不住被讯问人，从而使欲擒故纵攻击被讯问人的虚弱之处不仅不能实现，而且要增强被讯问人的抗审心理。因此，讯问人员一定要隐蔽好欲擒故纵的意图。

而要隐蔽好欲擒故纵的意图，讯问人员就要做好自己的一言一行，一举一动，管好自己的言语、举止和神态，不露出丝毫的破绽，不让言语、举止或神志暴露出自己的意图。

②故纵要"纵"得真实、诚恳、自然

讯问人员的"故纵"要"纵"得真实、诚恳、自然，不能露出任何的破绽。只有这样，"纵"才能使被讯问人没有丝毫的怀疑，才能不被被讯问人识破，"纵"是假的，从而被讯问人才能解除思想武装，放纵起来。如果这个"纵"不能"纵"得真实、诚恳、自然，被讯问人就会产生怀疑，认为这个"纵"不是真的，而是假的，是讯问人员为了达到"擒"住自己的目的而故意为之。这样，被讯问人就会始终保持高度的警惕性，其也就不会放纵起来。因此，故纵要"纵"得真实、诚恳、自然。

而要使故纵"纵"得真实、诚恳、自然，讯问人员就要在以下几点上下功夫：

第一，故纵的气氛要轻松，氛围要和谐。讯问人员的故纵要以自由交谈的方式进行。在故纵的过程中与被讯问人闲聊，或提一些琐碎的、与被讯问人的犯罪事实在表面上无关的问题让被讯问人回答，麻痹被讯问人的思想与注意力，使被讯问人的心松懈下来，感觉到已没有了任何的危险，从而解除其思想武装，放松警惕性。

第二，故纵的态度要诚恳，表情要祥和，举止要自然。讯问人员在故纵的过程中，态度要诚恳，表现出坦诚相待的样子；表情要祥和，表现出慈祥、和蔼；举止要自然，表现出符合"纵"的行为动作。使被讯问人感觉到讯问人员真的是对自己放松，没有丝毫的虚假和恶意，绝对可以相信，从而使被讯问人没有任何的顾虑而放纵起来。

第三，故纵的内容要有吸引力。讯问人员在故纵的过程中，要根据被讯问人的心理需求或欲望，给被讯问人某些有吸引力的东西，说一些被讯问人感兴趣或渴望得到的事，投其所好，使之心理乐滋滋的，为追求这感兴趣或渴望得到的东西而不去思考是否有危险，同时，使被讯问人感到讯问人员是在为自己着想，确是一片真情，从而使被讯问人相信、信任讯问人员，放纵起来，暴露出虚弱的问题。

③欲擒要迅疾、猛烈、狠命。

被讯问人在讯问人员的故纵下，丧失了警惕性，解除了思想武装，放弃了防守，放纵起来暴露出了虚弱的问题。讯问人员在完成了故纵的任务后，就要突然对被讯问人实施"欲擒"。

讯问人员对被讯问人的"欲擒"，要做到迅疾、猛烈、狠命。

第一，"欲擒"要迅疾。讯问人员对被讯问人进行"欲擒"要风驰电掣，像刮风闪电般迅速地对被讯问人的虚弱之处进行攻击，做到"是以迅雷不及掩耳，迅电不及瞑目"。[①] 只有这样，才能"擒"得住被讯问人，使之在没有明白是怎么回事的情况下就乖乖受"擒"，无法逃脱。

第二，"欲擒"要猛烈。讯问人员对被讯问人进行"欲擒"要暴风骤雨，来势像猛烈的风、急骤的雨般迅猛异常地对被讯问人的虚弱之处进行攻击。这样，被讯问人就没有力量进行抵抗，只能被动挨打，束手就擒，从而使讯问人员顺利地击垮被讯问人的虚弱之处。

第三，"欲擒"要狠命。讯问人员对被讯问人进行欲擒，要"用之若狂"，[②] 用尽全力，就像发疯了一样拼命使劲对被讯问人的虚弱之处进行攻击。这样，才能击败被讯问人。

通过上述方法，对被讯问人的虚弱之处进行欲擒故纵攻击，促使被讯问人对犯罪事实作出交代。

（15）釜底抽薪攻击

所谓釜底抽薪攻击被讯问人的虚弱之处，是指讯问人员从根本上解决被讯问人的抗审气势根源的问题，攻击被讯问人的虚弱之处的一种击虚方法。

有的被讯问人在讯问中抗审的气势强盛，对讯问人员进行反进攻或以强有力的力量抵挡讯问人员的进攻；有的被讯问人在讯问中抗审的态

---

① 见《六韬·龙韬·军势第二十六》，载陈曦译注：《六韬》，中华书局 2016 年版，第 199 页。

② 见《六韬·龙韬·军势第二十六》，载陈曦译注：《六韬》，中华书局 2016 年版，第 199 页。

度恶劣，以粗野的行为、嚣张的气焰对抗讯问人员的讯问；有的被讯问人在讯问中抗审的意志坚强，在确实、充分的证据面前就是拒不交代犯罪的事实；等等。对于这些被讯问人，如果不能从根本上解决其抗审气势、抗审态度、抗审意志的根源问题，而是迎着其气势、态度、意志从正面直接对其进行攻击，让其交代犯罪事实，被讯问人是不会作出交代的。因为抗审气势、态度、意志这种力量阻碍着讯问人员对其虚弱之处的进攻，对虚弱之处起到了保护的作用。讯问人员只有从根本上解决被讯问人抗审气势、态度、意志的根源问题，挖除其抗审气势、态度、意志的根源，使被讯问人没有了阻碍讯问人员对虚弱之处进行进攻的力量，被讯问人才有可能对犯罪事实作出交代。因此，讯问人员要善于运用釜底抽薪的方法攻击被讯问人的虚弱之处。

事实上，釜底抽薪攻击被讯问人的虚弱之处，并不是攻击被讯问人虚弱之处本身，而是攻击抵挡讯问人员向虚弱之处进攻力量的根源，也就是被讯问人抗审气势、态度、意志的根源。抗审气势、态度、意志的根源挖除了，被讯问人就没有了抗审的强盛气势、抗审的恶劣态度、抗审的顽强意志，抵挡讯问人员向虚弱之处进攻的力量，自然也就没有了。而根除了抵挡讯问人员向虚弱之处进攻的力量，讯问人员也就能顺利地攻下被讯问人的虚弱之处，进而促使其对犯罪事实作出交代。

釜底抽薪攻击被讯问人的虚弱之处，要做到以下几点：

①要搞准这个根源是什么和搞清这个根源的具体情况

运用釜底抽薪攻击被讯问人的虚弱之处，讯问人员首先要搞准被讯问人抗审气势强盛、态度恶劣、意志坚强的根源是什么，也就是说要搞准是什么东西使被讯问人产生抗审强盛的气势、恶劣的态度、坚强的意志。在搞准这个根源是什么的基础上，讯问人员还要搞清这个根源的具体情况。只有搞准了根源是什么和搞清了这个根源的具体情况，讯问人员才有可能针对这个目标实施攻击和以针对性的方法、有效的内容实施攻击。因为，这个根源，对于讯问人员来说，是攻击的目标，对于被讯问人来说，是他的要害、死穴；这个根源的具体情况，对于讯问人员来说，是制定进攻方案，确定进攻方法和进攻内容的依据，对于被讯问人来说，是要害在什么问题上，死穴在哪一个环节上。因此，讯问人员一定要搞准这个根源是什么和搞清这个根源的具体情况。否则，讯问人员的攻击就没有明确的目标，攻击的方法就不会有针对性，攻击的内容就不会有效。

而要搞准这个根源是什么和搞清这个根源的具体情况，讯问人员就要全面、深入地进行调查了解，就要细致地对被讯问人的抗审的表现进行观察，就要根据案件和被讯问人的情况进行认真、科学的分析。通过调查了解、观察、分析搞准这个根源和搞清这个根源的具体情况，从而为讯问人员提供攻击的准确目标和为制定攻击方案提供可靠的依据和条件。

②制定攻击的方案，确定攻击的步骤、方法和内容

讯问人员要制定好攻击的方案，确定攻击的步骤、方法和内容。明确攻击要走哪几步，哪步在前，哪步居中，哪步在后；明确以哪几种方法进行攻击，每一步中各用什么方法进行攻击；运用某种方法实施攻击需要什么方法予以配合；明确每一种攻击方法各使用什么内容进行攻击，每一步中各使用什么内容进行攻击，使用某种内容进行攻击需要什么内容予以助攻。只有这样，才能使攻击有条不紊地按图施工。

而要制定好攻击的方案，讯问人员就要根据所要攻击的目标和这个目标的具体情况，做到不同的攻击目标不同对待，具体情况具体对待。只有这样，才能制定出符合实际、切实可行的攻击方案，才能使确定的步骤、方法、内容具有针对性和有效性。

③巧妙地实施攻击

巧妙地实施攻击，是任何一种击虚方法的题中之义。而釜底抽薪不仅同样要讲实施方法的巧妙，而且更应当注意巧妙、讲究巧妙、做到巧妙。因为，釜底抽薪是要从"釜"的底部将"薪"抽出来。由于"薪"是在"釜"的底部，处于更隐蔽、更扎实、更顽固的状态。而且，"薪"是燃烧着的，"抽"它具有一定的危险性。如果"抽"的方法不巧妙，不仅"抽"不出"薪"来，而且，有可能使燃烧着的"薪"越"抽"烧得越旺盛，火力越来越猛烈。因此，实施攻击一定要巧妙。

而要使实施攻击巧妙，讯问人员就要从被讯问人和攻击目标的具体情况出发，根据每一种攻击方法和攻击内容的情况，以针对性的技巧运用每一种攻击的方法和攻击的内容对攻击目标实施攻击。也就是说不同的攻击方法和内容以不同的技巧去运用。只有这样，才能使实施攻击做到巧妙。

通过上述方法，对被讯问人的虚弱之处进行釜底抽薪攻击，挖除被讯问人抗审气势强盛、态度恶劣、意志坚强的根源，进而促使被讯问人对犯罪事实作出交代。

（16）攻其必救进行攻击

所谓攻其必救攻击被讯问人的虚弱之处，是指讯问人员选择关系被讯问人重要利益的要害地方作为佯攻的目标进行攻击，引出被讯问人不得不放弃其所坚守的犯罪事实而前往营救该关系被讯问人重要利益的要害地方，在被讯问人前往营救的过程中，讯问人员对被讯问人放弃防守的犯罪事实发起进攻，促使被讯问人对犯罪事实作出交代的一种击虚方法。

有的案件，被讯问人为了使自己的犯罪事实不被讯问人员攻破，构筑了严密、坚固的抗审心理防线，对犯罪事实进行了死守严防，可谓高墙壁垒、深沟纵横、固若金汤。在这种情况下，讯问人员若从正面攻击被讯问人的犯罪事实，被讯问人就会凭借构筑的抗审心理防线和有利的条件死守到底，讯问人员也就根本无法攻下被讯问人的犯罪事实，促使其对犯罪事实作出交代。而如果讯问人员不从正面对被讯问人的犯罪事实进行进攻，而是采用攻其必救的方法对被讯问人进行攻击，被讯问人就有可能为保住其重要利益而放弃其死守的犯罪事实，作出交代，从而就能顺利地突破被讯问人的口供。因而，讯问人员要善于运用攻其必救的方法对被讯问人的虚弱之处进行攻击。

攻其必救攻击被讯问人的虚弱之处，要做到以下几点：

①选定的佯攻点必须是被讯问人所必救的

讯问人员运用攻其必救的方法攻击被讯问人，选定的佯攻点必须是被讯问人所必救的。只有这样，讯问人员向该目标发起进攻，被讯问人才会不得不放弃防守的犯罪事实而前往救援。如果这个佯攻点不是被讯问人所必救的，或没有必要救，或可救可不救的，便达不到调动被讯问人的目的，被讯问人也就不会放弃防守的犯罪事实而去救这个地方。因此，讯问人员选定的攻其必救的佯攻点必须是被讯问人所必救的。

而要使选定的佯攻点必须是被讯问人所必救的，讯问人员就要根据案件和被讯问人的情况进行选择确定。把具备以下条件的选择确定为佯攻点：

第一，这个佯攻点是被讯问人的要害，事关被讯问人的根本利益，是最为重要的，被讯问人是无论如何不能丧失的，丧失了它会造成不可估量的损失和严重的后果，是非救不可的。如同战争中敌人所必救的"腹心主君所在，巢穴妻子所居，或所恃以为救援，或所依以为唇齿，或咽喉往来之路，或所仰给之野，或所积聚之城，或粮饷所由之道"[1]一样重要的地方。这样，被讯问人就不得不放弃所坚守的犯罪事实而去救援。

第二，这个必救的地方，即佯攻点，必须是被讯问人确实存在着的。也就是说被讯问人确实有这个必救的地方。有这个必救地方的存在，是被讯问人前去救援的前提。只有这个必救地方的存在，被讯问人才有可能去救援。如果被讯问人不存在这个必救的地方，那么，讯问人员向这个佯攻点发起进攻，被讯问人也就会置之不理，更不可能放弃所坚守的犯罪事实而去救援这个根本就不存在的地方。这是不言而喻的道理。

第三，这个必救地方保住所产生的利益必须要大于那个放弃的地方所产生的利益，或者说那个放弃地方丧失所产生的危害必须要小于这个必救地方丧失所产生的危害。这样，被讯问人就会对两利、两害进行相权，按照"两利相权取其大，两害相权取其小"的原则，其就会放弃防守的地方去救必救的地方。

---

[1]　见《孙子兵法》，注引赵本学注，载陈曦等译注：《孙子兵法·三十六计》，中华书局2016年版，第145页。

第四，这个被讯问人必救的地方，讯问人员要具备对其攻击的条件。也就是说对这个必救地方进行攻击是能够操作的。这样，被讯问人就会害怕讯问人员对这个必救地方的攻击而放弃防守的犯罪事实去救援这个必救的地方。如果这个被讯问人必救的地方，讯问人员不具备对其实施攻击的条件，那么，就等于讯问人员只是嘴上说说要对其攻击，而在实际上是不可能对其实施攻击的。这样，被讯问人就会认为讯问人员这是虚张声势，其也就不会放弃防守的犯罪事实而去救援这个必救的地方。

第五，对这个被讯问人必救的地方，讯问人员必须是已经掌握证据的或被讯问人认为讯问人员已经掌握了证据的。这样，被讯问人就会认为，讯问人员对这个必救的地方只要一攻，就必定被攻克，所以，必须要放弃防守的犯罪事实而去救援这个必救的地方。如果这个必救的地方讯问人员没有掌握证据或被讯问人认为讯问人员没有掌握证据，这样，被讯问人就会认为，讯问人员是无法攻克这个必救的地方的，所以，不需要放弃防守的犯罪事实而去救援这个必救的地方。

②要向被讯问人明示或暗示这个佯攻的目标

讯问人员在选择好佯攻的目标后，要以明示或暗示的方法向被讯问人提出要对这个目标进行攻击，查清这个目标的事实。这样，就能一方面使被讯问人产生紧迫感，认为这个地方必须要救援，否则，就会产生对自己越来越不利的严重后果；另一方面使被讯问人产生危机感，认为讯问人员已掌握这个地方的事实和证据，否则，讯问人员不可能知道自己在这个地方有问题，从而引起被讯问人对这个佯攻目标是救还是不救，对防守的犯罪事实是继续防守还是放弃防守的权衡利弊。

③要摆出向佯攻目标进攻的态势

讯问人员在向被讯问人明示或暗示这个佯攻的目标的基础上，要向被讯问人摆出向这个佯攻目标进行进攻的态势，表明讯问人员的态度，使被讯问人感到自己如果不放弃防守的犯罪事实，讯问人员真的要对这个必救的地方（佯攻目标）实施攻击，若讯问人员发起了进攻，查清了问题，救援就来不及了，从而促使被讯问人作出选择。

④要网开一面，提出与被讯问人交易的条件

讯问人员运用攻其必救的方法攻击被讯问人，要做到网开一面，合法地提出与被讯问人交易的条件，承诺只要被讯问人放弃对犯罪事实的防守，如实地交代犯罪的事实，认罪悔罪，讯问人员就放弃对其必救地方的攻击，不再去查必救地方的问题。否则，决不姑息。这样，被讯问人就有可能为保住必救的地方而放弃防守的犯罪事实，对犯罪事实作出如实交代。

⑤对犯罪事实的进攻，要让被讯问人看到希望

讯问人员在对被讯问人放弃防守的犯罪事实进行讯问的过程中，要把握"打"的度，不要一"打"到底，在"打"的同时，要"拉"被讯问人一把，又"打"又"拉"，让被讯问人看到希望，使被讯问人感到讯问人员是在教育、挽救自己，只要自己如实交代，认罪悔罪，自己的出路是光明的。这样，被讯问人就有可能对犯罪事实作出如实交代。

通过上述方法，对被讯问人虚弱之处进行攻其必救的攻击，促使被讯问人走上"坦白从宽"的道路。

（17）质疑问难攻击

质疑问难，是质疑和问难两种形式。质疑，是指抓住对方论题本质，对方回答不了的疑难之处向对方提出质问，让对方作出回答，使对方陷入窘境；问难，是指摆出与对方所讲的内容恰恰相反的事实、情理，对对方进行责问，让对方作出解释、说明。

所谓质疑问难攻击被讯问人的虚弱之处，是指讯问人员抓住被讯问人不符合事实、情理的说辞本质上的疑难问题，向被讯问人提出问题，让被讯问人作出回答，使被讯问人陷入窘境或针对被讯问人的说辞，摆出与被讯问人所讲的内容恰恰相反的事实、情理，对被讯问人进行责问，让被讯问人作出解释、说明的一种击虚方法。

在讯问中，被讯问人往往提出一些说辞对自己的犯罪行为进行辩解或否定。而被讯问人提出的这些说辞又不符合客观事实或情理。对此，讯问人员抓住被讯问人不符合事实、情理的说辞本质上的疑难问题向被讯问人提出质问或摆出与被讯问人说辞恰恰相反的事实、情理，责问被

讯问人，让被讯问人回答，责令被讯问人作出解释或说明，被讯问人就会陷入窘境，理屈词穷，狼狈不堪，从而击垮被讯问人。因此，讯问人员要善于运用质疑问难的方法，对被讯问人的虚弱之处进行攻击。

质疑问难攻击被讯问人的虚弱之处，要做到以下几点：

①要抓住被讯问人说辞不符合事实、情理本质上的疑难问题，向被讯问人提出质问

讯问人员运用质疑问难的方法对被讯问人的虚弱之处进行攻击，要抓住本质上的疑难问题，向被讯问人提出质问。只有抓住本质上的疑难问题向被讯问人提出质问，被讯问人才无法作出回答，即使其勉强作出回答，其回答也不能做到合理。如果讯问人员不是抓住本质上的问题，而是抓住表面上的问题向被讯问人提出质问，被讯问人就有可能以各种理由进行搪塞，甚至可能作出合理的回答。例如，被讯问人收受贿赂，在讯问中，其以是"借"的说辞否定自己受贿。但经查，被讯问人没有写借条，没有急需用钱，而且其自己家中有钱，还把这钱存进了银行。这明显不是借钱，而是受贿。如果讯问人员只是从其没有写借条的表面以"你借钱为什么不写借条"的疑难问题向被讯问人提出质问，被讯问人就有可能以"我与他的关系很好，从来都没有写借条的"，或"我曾说要写一张借条给他，他说'我们关系这样密切，还要写借条干什么，这不生分了吗？影响我们的感情'，所以就没写借条"的合理理由进行回答。这样，质疑就没有任何效果。而如果讯问人员抓住借款的本质问题是自己没有钱而又急用才去借钱，借来的钱用在急用上，以"你自己有钱为什么不用自己的钱而去借？""你没有急需用钱为什么要借钱？""你借来的钱为什么存银行？"这些疑难问题向被讯问人提出质问。被讯问人就会被质问得理屈词穷，无言以对，使其陷入窘境。因此，质疑问难要抓住被讯问人说辞本质上的疑难问题向被讯问人提出质问，而不能抓住表面上的问题向被讯问人提出质问。

而要抓住被讯问人说辞本质上的疑难问题向被讯问人提出质问，讯问人员就要根据被讯问人这个说辞所说的事物，分析这个所说事物在什么情况下存在是合理、真实的，在什么情况下是不合理、不真实的，这

个事物能实现什么目的，达到什么效果，从而揭开这一事物的本质，进而抓住本质上的问题。

②向被讯问人提出的质问要有充分的事实依据

讯问人员对被讯问人进行质疑，向被讯问人提出的质问要有充分的事实依据。也就是说，讯问人员要以充分的客观事实向被讯问人提出质疑。这样，被讯问人在客观事实面前，其就再也不能作出合理的回答。如果讯问人员不是以充分的客观事实向被讯问人提出质问，那么，被讯问人就会以讯问人员没有事实依据为理由反驳讯问人员的质问。例如，前面所述的，如果没有"被讯问人家中有钱""其没有急需用钱""收受来的钱存银行"的客观事实，讯问人员向被讯问人提出这些质问，被讯问人就会要讯问人员拿出这些事实来。这样，不仅质问不能使被讯问人陷入窘境，而且弄得讯问人员自己非常被动。因此，质疑问难，向被讯问人提出质问要有充分的事实依据。

③要把质疑和问难结合起来

讯问人员对被讯问人进行质疑问难，无论是以质疑的形式进行，还是以问难的形式进行，都要把这两者结合起来。也就是说，在质疑的同时要对被讯问人进行问难，在问难的同时，要对被讯问人进行质疑。只有这样，才能使质疑问难显示出强大的气势，增强威慑力，从而使效果更加显著。如果质疑只管质疑，或问难只管问难，不把两者结合起来，无论在气势上，还是威慑力上，抑或效果上都是难以达到最佳的。例如，前面所述的，如果讯问人员在对被讯问人提出质疑后，不向被讯问人摆出其家中有钱、没有急需用钱、将收受来的钱存银行的事实，责问被讯问人："你一边是家中有钱，一边又说是向他人借的钱；一边没有急需用钱，一边又说是向他人借的钱；一边说是借的钱，一边又将借来的钱存银行，这是借吗？能说得通吗！你说来听听看！"其在气势上、威慑力上、成效上显然不如向被讯问人进行这些问难。因此，质疑问难，要把质疑和问难结合起来。

④质问、责问要进行深思熟虑后提出

对被讯问人进行质疑问难，关键在所提的质问、责问上。所提的质问、责问尖锐、提在要害上，提得有依有据，就似一把尖刀插入被讯问人的心脏，顿时使被讯问人无力反抗。如果所提的质问、责问迟钝，提在次要部位上，提得没有依据，那么，也就不会有任何的效果。而要使所提的质问、责问尖锐，提在要害上，提得有依有据，讯问人员就要对所提的质问、责问进行深思熟虑、反复斟酌，经深思熟虑、反复斟酌成熟后再予提出，切不可随便从事。否则，不仅不能质问、责问倒被讯问人，而且要使自己陷于被动的局面。因此，讯问人员对所提的质问、责问要在深思熟虑、反复斟酌后再予提出。

⑤质疑问难要做到思路清晰、言辞犀利、气势磅礴

讯问人员对被讯问人质疑问难，思路要做到清晰，言辞要做到犀利，气势要做到磅礴。思路清晰，才能质在要害处，难在根本上；言辞犀利，才能质得尖利，难得威慑；气势磅礴，才能质得凌厉，难得猛烈。从而才能质垮、难倒被讯问人。因此，质疑问难要做到思路清晰、言辞犀利、气势磅礴。

通过上述方法，对被讯问人的虚弱之处进行质疑问难的攻击，质垮、难倒被讯问人，促使其对犯罪事实作出交代。

（18）本末倒置攻击

所谓本末倒置攻击被讯问人的虚弱之处，是指讯问人员将被讯问人犯罪所涉及的有关犯罪主观原因和客观原因的问题，有关他人承担责任和被讯问人承担责任的问题，有关被讯问人平时表现和犯罪表现的问题，有关重的犯罪事实、情节和轻的犯罪事实、情节的问题，有关被讯问人犯罪后的悔罪表现和不悔罪表现的问题等倒置过来说的一种击虚的方法。

应当说，被讯问人实施犯罪，在犯罪的原因上，主观原因是主要的，客观原因是次要的；在责任的承担上，犯罪人的责任是主要的，他人有过错的责任是次要的；在被讯问人的表现上，犯罪所表现的恶劣是主要的，平时所表现的良好是次要的；在犯罪事实、情节的轻重上，于讯问中，揭露其重的情节是主要的，说明其轻的情节是次要的；在被讯问人悔罪问题上，不悔罪表现是主要的，悔罪表现是次要的。在讯问

中，讯问人员将这两者倒置过来，只讲客观原因、他人的责任、平时的良好表现、轻的事实、情节、犯罪后的悔罪表现，而不讲主观原因、被讯问人的责任、犯罪所表现出的恶劣、重的事实、情节、犯罪后的不悔罪表现。这样倒置地说，就能使被讯问人既感到讯问人员很实事求是，很体谅、理解他，信任讯问人员，又使被讯问人有减轻罪责感，从而对犯罪事实作出交代。因此，讯问人员要善于运用本末倒置的方法，对被讯问人的虚弱之处进行攻击。

本末倒置攻击被讯问人的虚弱之处，要做到以下几点：

①要实事求是

讯问人员以本末倒置的方法攻击被讯问人的虚弱之处，要做到实事求是地去说被讯问人犯罪的客观原因、他人过错应承担的责任、被讯问人平时的良好表现、轻的犯罪事实、情节和被讯问人犯罪后的悔罪表现。因为，本末倒置不是把事实颠倒过来，而是倒置说次要的，不说主要的。只有实事求是地向被讯问人去说这些情况，被讯问人才会感到讯问人员是实事求是的，是公正的，是真心的，从而使被讯问人受到感化，相信、信任讯问人员。如果讯问人员不实事求是地说，是什么就说是什么，而是把没有的或不是这么回事的，说成有的或这么回事，被讯问人就会认为讯问人员不是一个实事求是、公正真心的人，从而被讯问人不仅不能受到感化，相信、信任讯问人员，而且有可能讨厌讯问人员而起反作用。因此，讯问人员在说这些问题的过程中，一定要做到实事求是地说。

②要掌握好说的度，恰到好处

讯问人员向被讯问人说这些问题，要掌握好说的度，说得恰到好处。只有把握好说的度，说得恰到好处，被讯问人才有可能受到感化。说得不到位，说得量不足，不能感化被讯问人，说得过头了，过犹不及，不仅有可能使被讯问人得意洋洋而更加放肆起来，而且有可能使被讯问人认为讯问人员是在讨好他，巴结他，求他而越发地不予理睬。因此，说这些问题要掌握说的度，做到说得恰到好处，既不过，也无不及。

③要态度诚恳地说

讯问人员向被讯问人说这些问题，说的态度要做到诚恳，只有说的态度做到了诚恳，被讯问人才会认为讯问人员是出于真心实意，从而才有可能感动被讯问人，感化被讯问人，使被讯问人相信、信任讯问人员，进而在感动和相信、信任中对犯罪事实作出交代。如果讯问人员的态度虚伪，被讯问人就会认为讯问人员是虚情假意，怀有不良的企图，是借说这些问题行"为鬼为蜮"之实，暗地里用阴谋诡计坑害自己。这样，不仅感动、感化不了被讯问人，而且还会增强被讯问人的抗审心理。因此，讯问人员在说这些问题的过程中，态度一定要做到诚恳。

通过上述方法，对被讯问人的虚弱之处进行本末倒置的攻击，感动、感化被讯问人，从而促使其对犯罪事实作出交代。

（19）投其所好攻击

所谓投其所好攻击被讯问人的虚弱之处，是指讯问人员根据被讯问人的喜好，以被讯问人所喜好的东西迎合他的喜好，使之高兴起来，忘乎所以而暴露出把柄、破绽或犯罪的事实、证据，或放松警惕，解除思想武装而松懈防备，讯问人员抓住其暴露出来的把柄、破绽或犯罪的事实、证据，或趁其放松警惕，松懈防备之机对其实施攻击的一种击虚方法。

有的被讯问人有特别的喜好，或独钟此，或迷恋彼，或酷爱这，或喜欢那，或嗜好某。被讯问人特别喜好某一方面，其就会执着于它，沉迷于它。一旦讯问人员迎合他的喜好，其就会兴高采烈起来而忘乎所以，其就会像大热天吃冰激凌一样无限舒服起来而言无所择，其就会飘飘然起来似云里雾里而忘掉其他的一切，专注于其所喜好的。被讯问人在忘乎所以中就有可能露出把柄、破绽；在言无所择中就有可能暴露出犯罪的事实、证据；在飘飘然中就有可能放松警惕，松懈防备。这就被讯问人员抓住了其把柄、破绽，让讯问人员发现了其犯罪的事实、证据，给讯问人员提供了没有防备的虚弱之处。讯问人员就可以抓把柄、揭破绽，或以出示事实、证据，或乘其没有防备之机对被讯问人实施攻击，打被讯问人不能防备或没有防备，从而一举击垮被讯问人。因此，讯问人员要善于运用投其所好的方法，对被讯问人的虚弱之处进行攻击。

投其所好攻击被讯问人的虚弱之处，要做到以下几点：

①要准确地掌握被讯问人真正的喜好

准确地掌握被讯问人的真正喜好，是投其所好的前提。讯问人员只有准确地掌握了被讯问人的真正喜好，才能有的放矢，向被讯问人"投"以有针对性的喜好来迎合被讯问人，从而才能吸引被讯问人，使被讯问人觉得讯问人员所"投"的"好"非常受用，合乎心意，引起被讯问人的兴趣。如果讯问人员对被讯问人的真正喜好没有掌握或掌握不准，那么，也就无法做到有的放矢，向被讯问人"投"以其真正的喜好。而不能向被讯问人"投"以其所真正的喜好，也就无法吸引被讯问人和引起被讯问人的兴趣，使之高兴起来。因此，投其所好，讯问人员首先要准确地掌握被讯问人的真正喜好。

而要准确地掌握被讯问人的真正喜好，讯问人员就要根据被讯问人的习性、性格、脾气和情感等，对被讯问人的喜好进行了解或刺探，在了解、刺探的基础上，对了解、刺探到的被讯问人的喜好进行去伪存真，去粗存精，从而掌握被讯问人真正的喜好。

②要迎合得自然，顺理成章

迎合被讯问人的喜好，迎合得自然，顺理成章，是投其所好的关键。讯问人员只有对被讯问人的喜好迎合得自然、顺理成章，才能不使被讯问人引起警惕，觉察到讯问人员是有意为之，从而才能隐蔽好讯问人员的意图。这样，被讯问人就会欣然接受讯问人员的迎合而兴高采烈起来，无限舒服起来，飘飘然起来。如果讯问人员迎合得不自然，不顺理成章，就会引起被讯问人的警惕，从而暴露了讯问人员的意图。这样，被讯问人就不会接受讯问人员的迎合，其不仅不会兴高采烈起来，无限舒服起来，飘飘然起来，而且会保持高度的警惕性。因此，投其所好，关键是要迎合得自然、顺理成章。

而要迎合得自然、顺理成章，讯问人员就要铺平投其所好的道路，讲究投其所好的方式、方法，似猱吃虎脑般地进行。①

③要注意分寸，恰到好处

注意分寸，恰到好处，是投其所好的保证。讯问人员在迎合被讯问人喜好的过程中，只有做到注意分寸，恰到好处，才能使被讯问人忘乎所以、言无所择，忘掉其他的一切。从而才能使被讯问人露出把柄、破绽，暴露出犯罪的事实、证据，松懈防备。如果讯问人员在迎合的过程中不注意分寸，没有恰到好处，操之不及或过度。那么，就不仅不能使被讯问人忘乎所以而露出把柄、破绽，言无所择而暴露出犯罪的事实、证据，忘掉其他的一切而松懈防备，而且有可能适得其反，弄巧成拙。因此，投其所好，一定要注意分寸，恰到好处。

而要注意分寸，恰到好处，讯问人员就要根据被讯问人的情况和迎合的内容，向被讯问人输入以能引起被讯问人高兴的量，不可不足，亦不可过量。

通过上述方法，对被讯问人的虚弱之处进行投其所好的攻击，促使被讯问人在讯问人员对其喜好的迎合中露出把柄、破绽，暴露出犯罪事实、证据，松懈防备。从而一举击垮被讯问人。

（20）巧发奇中攻击

所谓巧发奇中攻击被讯问人的虚弱之处，是指讯问人员机巧灵活地向被讯问人提出问题，一语中的，击中被讯问人的要害。

攻击被讯问人的虚弱之处，最忌讳的是抓不住问题的要害，不讲技巧地向被讯问人提出问题，以至于直来直去地向被讯问人提出一些无关紧要的问题，无的放矢，矢不中的，无法击中被讯问人的要害，这样，

---

① 见明代刘元卿写的一则《黠猱媚虎》寓言：有一种叫猱的动物，个儿小，爪子锋利。老虎头痒时，常常叫猱来替它抓痒。猱伸出爪子，在虎脑上抓个不停，老虎眯缝着眼睛，觉得非常舒服。久而久之，老虎的头上被抓了一个洞。老虎只图一时止痒痛快，一点没有发觉。猱不慌不忙地把虎的脑髓挖出来吃，有时淘汰出一部分差的奉献给老虎说："我偶然得了一点荤腥，不敢自己吃，献给大王吃吧！"老虎称赞它说："猱真是忠心耿耿啊！它爱我竟连自己肚子饿都忘了。"不久，虎脑被吃空，老虎头痛，寻找猱。但猱已避到高大的树木上去了。"虎跳踉大吼，乃死"。（载［明］刘元卿撰：《刘元卿集》（下），上海古籍出版社 2014 年版，第 1406—1407 页）

不仅不能迅速地击垮被讯问人，而且使自己处于十分被动的地位。而巧发奇中攻击被讯问人的虚弱之处，抓住了被讯问人的要害问题作为攻击的目标，以机巧灵活的技巧向被讯问人提出问题，有的放矢，矢中其的，击中被讯问人的要害，这样，就能迅速地击垮被讯问人。因此，讯问人员要善于运用巧发奇中的方法对被讯问人的虚弱之处进行攻击。

巧发奇中攻击被讯问人的虚弱之处，要做到以下几点：

①要抓准问题的要害

巧发奇中攻击被讯问人的虚弱之处，最终的目的是要击中要害，击垮被讯问人。而要击中要害，首先要明确要害在哪里，是什么。只有明确要害在哪里，是什么，才能目标准确地有的放矢，进行攻击。从而才能实现巧发奇中的这个"中"。如果讯问人员不知道要害在哪里，是什么，没有攻击的目标，无的放矢，那么，击中被讯问人的要害就无从谈起。击不中被讯问人的要害，击垮被讯问人更是不可能，其结果只能是使巧发奇中有其名，而无其实，毫无意义。因此，巧发奇中攻击被讯问人的虚弱之处，首先要抓准问题的要害。

而要抓准问题的要害，讯问人员就要在知道被讯问人虚弱之处具体情况的基础上，通过对虚弱之处具体情况的分析，透过现象看本质，从而抓准问题的要害，把要害问题作为攻击的目标。

②要机巧灵活地提出问题

巧发奇中攻击被讯问人的虚弱之处，要机巧灵活地提出问题对被讯问人实施攻击。巧发奇中，顾名思义，突出在一个"巧"字上，"巧"字当头，"奇"语中的，"不巧"就称不上是巧发奇中，而是"拙"发奇中。而且，只有所提的问题做到机巧灵活，才能使被讯问人不知所措，无法应对，从而口服心服，被动地挨打。如果讯问人员所提的问题做不到机巧灵活，而是笨拙死板，那么，也就既背离了巧发奇中的本来意义，又给了被讯问人以反击的根据，被讯问人就会根据讯问人员所提的问题进行反击，从而使讯问人员失去主动，使被讯问人变被动为主动。因此，巧发奇中攻击被讯问人的虚弱之处，要机巧灵活地向被讯问人提出问题，使所提的问题巧妙、灵活。

而要机巧灵活地提出问题，讯问人员就要根据被讯问人虚弱之处的具体情况，运用概念、判断、推理、数字、名称、境况等，以灵巧的措辞或双关语、幽默语、谚语、谑语、歇后语等向被讯问人提出问题，使所提的问题"巧"字当头，奇语中的。

③要注意切合

巧发奇中攻击被讯问人的虚弱之处，讯问人员向被讯问人所提的问题要注意切合，做到切合问题的要害、切合事实、切合情理。只有做到了切合，才能使被讯问人理屈词穷，无言以对。如果所提的问题不能做到切合问题的要害、切合事实、切合情理，被讯问人就会将讯问人员所提的问题转换成对其自己有利的问题，反击讯问人员的提问不符合事实，不符合情理，从而使讯问人员的提问不仅不能击垮被讯问人，反而使自己受击。因此，巧发奇中攻击被讯问人的虚弱之处，向被讯问人所提的问题要注意切合。

而要做到切合，讯问人员就要根据问题的要害、事实、情理向被讯问人提出问题，从而使所提的问题切合问题的要害、切合事实、切合情理。

通过上述方法，对被讯问人的虚弱之处进行巧发奇中的攻击，击垮被讯问人。

（21）作茧自缚攻击

所谓作茧自缚攻击被讯问人的虚弱之处，是指讯问人员以各种手段促使被讯问人在无意中大胆地说出证明其犯罪的事实的有关情况或堵死其退路的话。最后讯问人员以其所说的事实情况或话语对其实施攻击，制服被讯问人的一种击虚方法。

有的案件，讯问人员掌握的事实情况还不足以证明被讯问人的犯罪，还需被讯问人自己把有关的事实情况说出来。有的案件，讯问人员虽知道了被讯问人的虚弱之处在某一个环节上，但这个虚弱之处的事实被讯问人可以进行辩解，把有辩无，把这种性质辩为那种性质，把犯罪辩为不是犯罪，也就是说被讯问人有退路。如果讯问人员直接就向该虚弱之处发起进攻，被讯问人就会从退路逃走。因而，需要被讯问人自己把其退路堵死，然后讯问人员向虚弱之处发起进攻，被讯问人就无退路可逃。因此，讯问人员要善于运用作茧自缚的方法攻击被讯问人的虚弱之处。

作茧自缚攻击被讯问人的虚弱之处，要做到以下几点：

①要以各种方法促使被讯问人大胆地说出情况

被讯问人只有大胆地说出有关情况，才能使被讯问人作茧自缚。如果被讯问人不大胆地说出有关情况，也就不存在作茧自缚的问题。因此，讯问人员要以各种方法促使被讯问人大胆地说出有关情况。

促使被讯问人大胆地说出有关情况主要有以下方法：

第一，从关心被讯问人的角度向被讯问人询问有关情况。讯问人员在讯问时不去说他的犯罪问题，不从讯问他犯罪事实的角度向其提出问题，而是先以了解有关情况为由，从关心被讯问人的角度向其询问有关的情况。例如，询问他是如何与被害人发生争执的，如何与被害人发生矛盾的，被害人对其都做了什么，其是怎样保护自己的。这样，被讯问人就会认为讯问人员是为他解决问题，开脱责任的，其就会从开脱自己的角度向讯问人员说出事实的经过情况。而被讯问人说出的这些事实经过情况恰恰证明了他自己的犯罪，自己把自己捆了起来。

第二，围绕堵死被讯问人的退路向被讯问人提出问题。讯问人员围绕被讯问人的退路，向被讯问人提出表面上与其犯罪事实无关，或证明其不是犯罪的问题让被讯问人回答。这样，被讯问人就会认为作出如实回答不会有危险，或认为作出那样的回答对自己有利，从而作出如实的回答或那样的回答。由于被讯问人作出的这些回答是对讯问人员围绕堵死其退路所提问题的回答，这些回答也就堵死了被讯问人自己的退路，自己堵死了自己的退路。

第三，刺激被讯问人辩解。讯问人员刺激被讯问人辩解，被讯问人在讯问人员的刺激下，就会胆壮起来进行辩解，把有辩无，把这种性质辩为那种性质，把犯罪辩为非犯罪。而被讯问人要将有辩无，将这种性质辩为那种性质，将犯罪辩为非罪，其就要编造事实和理由。而编造的事实和理由必然不符合客观事实，有悖情理。这样，被讯问人编造的事实和理由就变成了捆绑自己的绳索。

②要认真地听，并不时地表现出赞同的表情

在被讯问人回答讯问人员的提问和编造事实、理由时，讯问人员要装出聚精会神的样子，认真听被讯问人的回答和辩解，不要打断被讯问人的回答和辩解，并不时地表现出赞同的表情。这样，被讯问人就会毫无顾忌，忘乎所以地作出回答或继续把编造的事实说详细，把编造的理由说"充分"。如果讯问人员不装出聚精会神的样子，不认真地听，或表现不赞同的表情，被讯问人就会警觉起来，字斟句酌地回答讯问人员的提问和编造事实和理由。这样，被讯问人的回答和编造的事实、理由就难以成为捆绑被讯问人自己牢固的绳索。因此，讯问人员在被讯问人回答提问和编造事实理由时不仅要认真地听，而且还要不时地表现出赞同的表情。

③气氛要轻松，氛围要和谐

讯问人员在促使被讯问人大胆地说出情况的过程中，气氛要轻松，氛围要和谐。只有这样，被讯问人才能大胆地回答讯问人员的提问和编造事实、理由，说出有关的情况。从而才能使被讯问人自己提供捆绑自己的绳索牢固。如果气氛紧张，氛围威慑，被讯问人就会产生顾忌，不会大胆地说出有关情况和编造事实、理由。这样，被讯问人就提供不了捆绑自己的绳索或提供的绳索就不会牢固。因此，气氛要轻松，氛围要和谐。

通过上述方法，被讯问人自己提供捆绑自己的绳索，自己把自己捆绑起来。从而使讯问人员对被讯问人的虚弱之处进行作茧自缚的攻击，击垮被讯问人，促使被讯问人对犯罪事实作出交代。

第五章

迂回围歼

一、迂回围歼策略的概念、作用和运用的基本要求

为了更深刻地阐述迂回围歼这一讯问策略的概念、作用和运用的基本要求，我们先来看一个案例。

受贿犯罪嫌疑人贺某，系某县人民政府副县长。某查案机关在对贺某案的初查中，发现了贺某利用职务上的便利，为请托人季某谋取利益，以"借"为名收受该请托人人民币的问题。但不清楚贺某除该问题外，还为哪些请托人谋取利益和"借"钱，"借"了多少钱。对此，讯问人员分析认为，现在掌握的证据还不能证明贺某收受贿赂的事实，而且，贺某利用职务上的便利还为哪些请托人谋取利益和向其"借"钱，"借"了多少钱的事实尚不清楚。这些都需要贺某作出交代。如果正面向贺某提出其收受贿赂的问题对其进行讯问，一方面，其会对"借"到钱这个受贿基本事实的问题保持高度警惕，其不会轻易交代向该请托人"借"钱的问题，更不会交代那些讯问人员尚不清楚地为请托人谋取利益和向其"借"钱的问题；另一方面，即使贺某对讯问人员已掌握的该起"借"钱事实作出交代和对讯问人员尚未掌握的"借"钱事实作出交代，其也会编造"借"钱的理由等与讯问人员抗衡，坚持自己的行为是借款而不是受贿。这样就无法使贺某交代受贿的事实。根据这一分析，讯问人员决定运用迂回围歼的讯问策略对贺某进行讯问，促使其对以"借"为名的受贿事实作出交代。

在对贺某的讯问中，讯问人员是这样运用迂回围歼这一讯问策略的。

第一，迂回。

关于该案的迂回，讯问人员以自由交谈的方式在以下三个问题上进行迂回：

1. 在贺某"借"到请托人钱这一受贿基本事实上进行迂回

通过对这一问题的迂回，贺某讲清了其"借"到请托人钱这一受贿的基本事实。

我们先将这一迂回经过记录如下：

问："贺县长，你的事情讲得怎么样了？"

答："我审批财政贷款造成损失的错误都讲清楚了，其他错误没有了。"

问："我是问你的事情，不是问你的错误。"

答："那事情与错误有什么区别？我认为你问的事情就是指错误。"

问："事情同错误当然是有区别的。我问你的事情是指从表面上看好像同错误有关，但从实质上看与错误是性质完全不同的两回事。事情本身不是错误，不能认定为犯罪或违纪违法，错误本身就是犯罪或违纪违法，是要负法律或纪律责任的事实。而事情本身不是犯罪或违纪违法，根本不需要负法律或纪律责任。"

答："那我还有什么从表面上看同错误无关的事情需要讲的，这么一个大范围，我不知道要讲什么情况。"

问："讲讲你与他人经济来往方面的吧。"

答："经济来往方面的？经济来往方面怎么从表面上看好像同错误有关？"

问："是啊！据我们调查，你与他人有表面上同错误有关的经济来往方面的事情。"

答："我还是听不懂，你说给我听听好吗？"

问："那我就打个比方吧！比如，有人叫你办事，送给你钱，你不要，他说借给你，你把钱借来了。你这种情况就是表面上同错误有关的事情。为什么说从表面上看同错误有关呢？你有这么一件事，如果你是收受了，为他人谋取利益，那就是受贿；如果人家说先借给你，或者你说先借他的，是借他人的钱，那就不是受贿。是受贿还是借对你关系可大了。是受贿就得判刑，要负刑事责任；是借就没有问题，更谈不上负刑事责任或纪律责任。如果你有这么一件事，钱在你这里，你却不讲清这个事，这就给人怀疑你这笔钱是受贿，如果不是受贿，是借的，你怎么连拿到钱这个基本的事实都否定呢？这不是'此地无银三百两'又是什么？没有问题不需要否认钱在你这里，越否认就越从另一个侧面证明这是受贿。本来不是受贿的，而你却否认钱在你这里这个基本事实，反而变成受贿嫌疑了。就算你不承认，定不了你受贿，但你总给组织、领导留下这么一个嫌疑，今后对你选拔任用时，有人就会说：'他还有受贿嫌疑的问题没有搞清，先放着吧！'你就被打了闷棍，再也提不了干。"

此时，贺某急不可待地问讯问人员："我都被你们采取调查措施了，今后还有提干的可能？"

问："怎么没有可能呢？这你就不懂了！调查措施只是查案的一个措施，而不是处理决定，它同提干没有必然的联系。你将问题解释清楚了，如果不是受贿，而是借，就不影响提干。倒是你不解释清楚，那个嫌疑的事总悬在那里，说你受贿，没有证据证实，说你没有受贿，那事又否定不了，到讨论你的选拔任用时，说你还有那么个事没有搞清，那就只能先放着了，那才影响你！我刚说过，这叫'打闷棍'，打得你有'痛'没法说。只有把事情弄清了，才不会给组织、领导留下疑问，也就没有了后患。这是其一。

"其二，是不是受贿，只有你把事情说清楚了，才能分得清。如果你自己不说，那只能任凭人家说了，人家说是送给你的，而你又不说这个事情，本来是借的，却任凭人家说成了受贿。你能澄得清的，你又不去澄清，自己丧失了澄清的机会，那不是更可惜？有的钱即使人家咬定是送给你的，但你如果确实是借他的，也就无法认定你是受贿。所以我说，把这些从表面上看同错误有关联的经济往来的事情说清楚了，只会对你有利，不会对你不利。其实，你说不说这些事，对于我们来说是无所谓的。因为，是借的钱，根本就不是错误，更不是犯罪，不是我们所要管的事，但吃亏的是你自己。呀，我多管闲事了。"

答："不是多管闲事，你这是为了我好。"

问："因为像借钱这种事确实不是我们所要管的事。"

答："我想问你一个问题，行吗？"

问："当然行。你问吧！"

答："打个比方，为别人办了事，也向他借了钱，把这说清了就没有问题了？真的不是受贿？"

问："受贿是指利用职务上的便利，索取他人财物的，或者非法收受他人财物，为他人谋取利益的行为。根据这一规定，构成受贿罪最主要的，一是要利用职务上的便利；二是要索取或非法收受他人财物。而借，是向他人借钱，这个钱是借来的，而不是利用职务上的便利索取或收受来的。由此可见，受贿和借钱根本就是性质不同的两回事，一个是犯罪行为，一个是借贷关系。"

在这里，讯问人员没有正面回答贺某提出的问题，而是在说借贷与受贿是性质不同的两回事。

答："我听明白了。借贷和受贿是性质不同的两回事。"

问："那肯定是性质不同的两回事，如果借也是受贿，那么《刑法》就不会只规定'索取或收受'，而是要把'借'也规定进去了。借贷与受贿肯定是性质不同的两回事，这一点你放心。"

此时，辅审在旁插了一句："×局长是刑法专家，他著有专著，还是某大学国际刑法研究所的研究员。"辅审又到隔壁房间拿来了主审参加编著的《新刑法全书》，并翻到《新刑法全书》顾问、编委、编辑人员、撰稿人名单，把主审的名字指给贺某。

答："×局长真是不简单，参加编著国家级的这么一本书。"

问："贺县长，我也许是多管闲事了，你若愿意说，你就说，组织给你澄清不留下提干的隐患。如果不愿意说，也就算了，但恐怕会有隐患。"

答："让我想想。"

问："你自己看着办吧！"

为了进一步迷惑贺某，表示出讯问人员对此事不感兴趣，主审跟辅审便开始闲聊其他一些事情，继而又跟贺某聊些琐事。此时，贺某已彻底丧失了警惕。

答："我向六个人借了二十万元。在任镇长时，向金××借了五万元，向刘××借了两万元；在任工程建设指挥部指挥时，向胡××借了三万元；在任工业园区主任时，向季××借了五万元，向彭××借了三万元；在任副县长时，向金××借了两万元，共二十万元。"

问："还有呢?"

答："没有了，就借了这么多。"

在这一迂回中，讯问人员绕过了贺某受贿犯罪收受他人钱财这一核心问题，对其收受他人钱财这一受贿犯罪事实有直接关系的事实不予正面讯问，而是从其向他人"借"了多少钱这一与其受贿犯罪表面上关系不大，但在实质上具有内在联系的事实入手，以淡化的手段从侧面向贺某提出"你讲讲与他人经济来往方面从表面上看同错误有关的事情吧"，把收受他人钱的问题淡化为"从表面上看同错误有关的事情"。这样，既绕过了贺某受贿犯罪的核心问题，又从侧面向贺某提出问题，为贺某失去警觉打好了基础。接着，讯问人员为促使贺某失去警觉，以不搞清这些表面上同错误有关的经济上的事情要影响到他以后的选拔任用，即以提干为引子促使贺某说清其"借"了他人多少钱这一受贿的基本事实。再接着，讯问人员为促使贺某彻底失去警觉，以"把这些从表面上看同错误有关的经济往来的事情说清楚了，只会对你有利，不会对你不利。其实，你说不说这些事，对于我们来说是无所谓的，因为是借的钱，根本就不是错误，更不是犯罪，不是我们所要管的事，但吃亏的是你自己"相劝，并以讯问人员是多管闲事和做出对此事不感兴趣的举止，麻痹贺某，促使贺某彻底地失去了警觉，感到说清该问题不仅不会有危险，而且对自己有利，从而促使贺某说出了向六个人"借"了二十万元这一可能构成受贿的基本事实。

2. 在构成受贿罪的职务要件、利益要件和区分是受贿，还是借款的界限标准上进行迂回

通过对这一问题的迂回，贺某的回答符合受贿罪构成的职务要件、利益要件和区分受贿与借贷界限标准所规定的受贿条件。

在贺某讲了向六个人"借"了二十万元，暴露出基本事实后，讯问人员便开始了第二步的迂回，从侧面围绕受贿罪构成的职务要件、利益要件和区分是受贿还是借贷界限其中的"钱是否归还，有无借款的基础"两个标准进行迂回。

我们先将这一迂回经过记录如下：

问："那他们是怎么把钱借给你的？"

答："经我审批，金××贷去了一百万元，刘××贷去了五十万元，胡××向我包去了一个工程，季××让我安排他儿子工作，我将他儿子安排在工业园区，彭××向我承包了一个工程，金××是审批一个项目。他们在要我办事时，有的是他们主动借给我，有的是我向他们借的。我虽为他们办了事，但都是借他们的钱。而且办的事都是正当的，没有为他们谋取利益。"

问："你借了钱有向出借人还过钱或还给了他们吗？"

答："没有向出借人还过，也还没有还给他们。"

问："那借钱的经过是你到他们家去借，还是他们拿过来借给你的？"

答："是他们拿到我办公室借给我的，不是我去他们家借的，我不知道他们住在哪里，因为平时没有走动。"

在这一迁回中，讯问人员绕过了贺某构成受贿犯罪的职务要件和利益要件这一核心问题，对其利用职务上的便利，为他人谋取利益这一与受贿犯罪事实有着直接关系的事实不予直接提问，即不是从正面向贺某提出："你是如何利用职务上的便利，为他们谋取利益的"，而是从侧面向贺某提出"那他们是怎么把钱借给你的"问题。由于这一提问的问话本身没有涉及受贿罪的构成要件，不敏感，因而促使贺某说出了其利用职务上的便利，各为这六个"借"钱给他的人谋取利益的具体事实。接着讯问人员根据区分受贿和借贷界限标准的规定，向贺某提出从表面上与构成受贿罪关系不大的"你借了钱有向出借人还过钱或还给了他们吗"的问题，在贺某作出"没有向出借人还过，也还没有还给出借人"的回答后，为讯清他们之间有无借款基础，讯问人员不从正面向贺某提出"你们之间的关系如何？有无借款的基础"，而是从侧面向贺某提出"那你借钱的经过是你到他们家去借，还是他们拿过来借给你的"问题。由于这一提问自然，不刺激，促使贺某作出了"是他们拿到我的办公室借我的，不是我去他们家借的，我不知道他们住在哪里，因为平时没有走动"的回答。这样，就顺利地完成了第二步的迁回。

3. 在贺某借款理由不成立的问题上进行迂回

通过对这一问题的迂回，贺某的回答暴露了其借款理由不成立的事实，扫除了认定其受贿的外围障碍，堵死了其退路。

讯问人员在完成了第二大步的迂回后，从侧面围绕贺某的借款理由不成立进行迂回。

我们先将这一迂回经过记录如下：

问："好的，这样组织就可以分清了。这事就这样了。现在我们聊点别的吧！"

答："你说吧。"

问："你家四口人，有妻子、女儿、儿子和你，没错吧？"

答："对。"

问："你妻子、女儿、儿子都干什么工作？"

答："妻子是事业单位的职工，女儿高中毕业后，安排在机关单位工作，儿子去年大学毕业，也安排在机关工作。"

问："收入怎么样？"

答："都还可以，发工资，妻子再做点小生意，赚些钱。"

问："你一家四口都工作，不容易，妻子又做点小生意，有不少积蓄吧？"

答："不多，也就是五六十万元吧！平时很节俭，也没有办过什么需要花费钱的大事，所以有这么多积蓄。"

问："投资了吗？"

答："没有，都存在银行，投资怕有风险。"

问："包括借的二十万元吧？"

答："对，包括借的二十万元，都一直存在银行，总共就这么多。"

问："以上说的都是事实？"

答："说的都是事实，如有欺骗组织，愿从重处理。"

在这一迂回中，迂回过程的气氛非常轻松，氛围极为和谐，讯问人员向贺某提出了从表面看与其受贿犯罪毫无关系，而实质上又与其受贿犯罪具有内在联系的一系列问题让贺某回答，使贺某在毫无警觉的情况下说出了与受贿犯罪具有内在联系的各个事实。这样，又顺利地完成了第三步的迂回。

至此，迂回全部顺利完成。

第二，围歼。

关于该案的围歼，讯问人员以迅猛凌厉的气势先后用以下三种方法进行围歼：

1. 以质疑问难的方法进行围歼

通过以这种方法对贺某进行围歼，使贺某惊慌失措，无言以对。

我们先将这一围歼的经过记录如下：

讯问人员在完成了三大步的迂回，暴露了贺某收受贿赂的基本事实，贺某的"借"款符合受贿的条件和贺某借款理由不成立的事实，堵死了贺某收受贿赂以"借"为借口的退路后，讯问人员便一反常态，以质疑问难的方法，对贺某进行了毫不留情的围歼。

问："贺县长，那就有问题了！"

答："我说的真的都是事实，不会有问题的。"

问："我说的问题是你借钱怎么存银行！你家中有钱为什么要向他人借！有归还能力为什么又不归还给他人！这能说是借吗？你说给我听听看！"

答："我……我……"

在这一围歼中，讯问人员摆出与贺某所称的"借"相反的事实，质问贺某，让贺某作出解释。这又恰恰是贺某解释不了的。从而使贺某惊慌失措，无言以对。

2. 以政策和法律为"武器"进行围歼

通过以政策和法律为"武器"对贺某进行围歼，冷汗从贺某的额头渗出，毫无反抗能力地呆在那里。

当贺某在讯问人员的质疑问难下，惊慌失措，无言以对，只发出"我……我……"的声音时，讯问人员便以政策和法律为"武器"对贺某进行围歼。

我们先将这一围歼的经过记录如下：

问："贺县长，你应当知道党的政策，说实话吧！"

答："……我真是借他们的。"

问："强辩是毫无作用的。关于区分是受贿还是借贷的界限，最高人民法院有明确的规定。我把最高人民法院的规定给你看，你对照对照，你那二十万元究竟是借还是受贿！"

讯问人员将2003年11月13日最高人民法院发布的《全国法院审理经济犯罪案件工作座谈会纪要》递给贺某。

问："贺县长，你自己看看这个规定吧！"

贺某拿过讯问人员递给他的纪要文本，认真地看了起来，边看冷汗边从额头渗出。不一会儿，便手拿纪要文本呆在那里。

在这一围歼中，讯问人员以政策和法律这柄利剑刺向贺某，特别是法律这柄利剑，使贺某在法律面前失去了反抗能力。

3. 以揭露和说理相结合的方法进行围歼

通过以揭露和说理相结合的方法对贺某进行围歼，促使贺某交代了收受贿赂的事实。

我们先将这一围歼的经过记录如下：

当贺某手拿纪要文本呆在那里时，讯问人员便根据最高人民法院纪要中的关于区分是受贿还是借贷的规定，以揭露和说理相结合的方法对贺某进行围歼。

问："贺县长，根据最高人民法院的这个规定，无论你是否作出如实交代，都会认定你这二十万元不是借，而是受贿。

"一是借款总得有借款的正当事由，而你却没有正当的借款事由，你不是说'没有办过需要花钱的大事'吗？所以，你没有正当的事由需要借款。

"二是真正的借款是急需用钱才去借的，而你不是需要用钱而去借，而是将所谓'借'来的钱存入银行，你不是说银行的存款'包括借款的二十万元，都一起存在银行吗'？哪有借款存银行的？

"三是真正的借款，借款人和出借人要有借款的基础，即两人之间要有较密切的关系，平时有过经济来往，而你与那六个人的关系，你不是说'我不知道他们住在那里，因平时没有走动'吗？所以，你不具备向他们借款的基础。

"四是所谓的借给你钱的人都是因为要求你利用职务上的便利为其谋取利益而把钱'借'给你的，你也已为他们谋取了利益，你不是说'金××贷去了一百万元，刘××贷去了五十万元，胡××向我包去了一个工程，季××让我安排他儿子工作，我将他安排在工业园区，彭××是向我包了一个工程，金××是我为他审批一个项目。他们在要我办事时，有的是他们主动借给我的，有的是我向他们借的'吗？而为他人谋取利益，无论谋取的是正当利益还是不正当的利益，都属于受贿罪的'为他人谋取利益'。

"五是真正的借款，在借款后要有归还的意思表示和归还的行为，而你在所谓借款后都没有归还的意思表示，更没有要归还的行为。你不是说'没有向出借人还过，也还没有还给他们'吗？

"六是真正的借款，在借款后一旦有归还的能力即归还借款，而你在银行中存有钱，有归还的能力却没有归还。

"七是真正的借款没有归还，一定有没有归还的原因，而你的没有归还却没有原因。说得难听点，实质上没有归还的原因是你一开始就要占有这些钱。

"以上七点，你说哪一点对不上你是受贿！我觉得你如实交代对你有好处。说吧！说清了还有一个主动交代从轻处理的条件，否则，连这个条件都没有了！"

在这一围歼中，讯问人员根据法律的规定，以事实和道理为武器，对贺某的假借贷进行揭露，使之受贿的真面目暴露无遗。

贺某经讯问人员上述的围歼，呆了好一会儿，而后无可奈何而又后悔地说了一句"我中计了，真该死，怎么还会想提干呢"的话后，便开始交代以"借"为名收受贿赂的详细事实经过。

上例贺某以"借"为名收受贿赂一案，讯问人员运用迂回围歼的讯问策略对贺某进行讯问。在讯问中，讯问人员以自由交谈的方式，营造轻松的气氛、和谐的氛围解除贺某的思想武装，松懈其警惕性，顺利地进行了三大步的迂回，完成了迂回的任务。而后，讯问人员一反常态，以严肃的态度、迅猛、凌厉的气势先后以三种方法进行围歼，从而一举突破了贺某以"借"为名进行受贿的口供，取得了讯问的胜利。

（一）迂回围歼策略的概念

所谓迂回围歼，是指讯问人员在讯问中，先有意绕过犯罪嫌疑人犯罪事实的核心问题，对与犯罪事实有直接关系或者对认定案件事实起关键作用的事实不予正面讯问，而是从与案件和犯罪事实表面上关系不大或没有关系，但实质上具有内在关联的事实入手进行讯问，逐步把讯问引向深入，最后突破犯罪嫌疑人犯罪的核心问题的一种讯问策略。

迂回围歼策略的概念有以下几点：

1. 迂回和围歼两种手段互为作用、先后有序进行

迂回围歼策略包括迂回和围歼两种手段。一是迂回，即绕到被讯问人侧面或背后向被讯问人进攻；二是围歼，即将被讯问人包围起来进行歼灭。这两种手段不是截然分开，而是有机联系、互为作用的，迂回的目的是围歼，是为围歼打下扎实的基础；围歼的前提必须要迂回，是在迂回基础上的围歼。而且，这两种手段是先后有序进行的，先进行迂回，在完成迂回的任务后，再进行围歼。

在前例中，讯问人员为了实现突破贺某以"借"为名收受贿赂口供的目的，先绕到贺某收受贿赂的侧面围绕三个问题进行迂回，讯清了贺某收受贿赂的基本事实，贺某构成受贿罪的职务要件、利益要件，区分受贿与借贷界限标准所规定的受贿条件和贺某借款理由不成立的事实，为围歼打下了扎实的基础。在围歼有了扎实基础的情况下，讯问人员在迂回的基础上，对贺某进行了围歼。可见，没有迂回这个前提，也就没有对贺某围歼的进行。通过这样先迂回，后在迂回的基础上对贺某进行围歼，突破了贺某以"借"为名收受贿赂的口供。

2. 先有意绕过犯罪事实的核心，从有关联的其他问题入手进行讯问

先有意绕过被讯问人犯罪事实的核心，对犯罪事实核心问题不予正

面讯问，从有关联的其他问题入手，对与案件和犯罪事实在表面上关系不大或无关，但在实质上具有内在联系的事实进行讯问，是迂回围歼讯问策略的重要含义。这一重要含义是这种讯问策略的核心内容。

先有意绕过犯罪事实的核心，从有关联的其他问题入手进行讯问，是因为讯问人员掌握的证据不足或对证据还有疑问，或只掌握一些线索、疑点或只掌握间接证据，或虽然掌握了确实的证据，但不易正面突破，所以才采取这种策略对被讯问人进行讯问。通过迂回，讯清与被讯问人的犯罪事实具有内在联系的各个事实、情节。然后根据讯清的各个事实、情节突破被讯问人的口供。如果讯问人员不先绕过犯罪事实的核心，而是对犯罪事实的核心予以正面的讯问，被讯问人就会死守犯罪事实的核心，这样，就无法突破被讯问人的口供。因此，先有意绕过犯罪事实的核心，从有关联的其他问题入手进行讯问，是这一讯问策略的重要含义。

在前例中，讯问人员只掌握了季某所提供的"我要求贺某为我的儿子安排工作，送五万元给贺某，贺某说：'送给我不要'，我即说：'我借给你'，贺某说：'那我借你五万元'，便拿起了钱"这一证言，显然，仅这一证言并不足以证明贺某利用职务上的便利收受这五万元。而且，贺某可能还有以同样手法收受他人钱财的问题。如果讯问人员以此证言就正面讯问贺某收受贿赂的犯罪事实，贺某就会断然否定其收受季某五万元贿赂的事实，更不可能对收受其他人贿赂的问题作出交代。即使其承认拿了季某的五万元，也会咬定这是借，而不是受贿。这样，讯问人员就无法突破贺某收受贿赂的口供。而绕过贺某收受贿赂的核心问题，不对其收受贿赂的核心问题进行正面讯问。而是对贺某向哪些人借了多少钱、在什么情况下借钱的，其借钱后是否有过归还的意思表示及行为、钱有无归还、与出借人的关系如何、家庭的经济情况怎样，是否有存款、是否有急需用钱、借来的钱的去向等这些表面上与贺某受贿犯罪关系不大或无关，而实质上却与其受贿有着内在联系的事实进行讯问。贺某就容易对这些与受贿犯罪事实有着内在联系的事实作出交代。讯问的结果证明了这一点。

3. 从侧面提出问题，对与案件和犯罪事实表面上关系不大或无关，但在实质上具有内在联系的事实进行讯问

在迂回的过程中，从侧面提出问题，对与案件和犯罪事实在表面上关系不大或无关，但在实质上具有内在联系的事实进行讯问，是迂回围歼讯问策略的又一含义。

从侧面提出问题，对与案件和犯罪事实在表面上关系不大或无关，但在实质上具有内在联系的事实进行讯问，被讯问人感觉不到讯问人员是在讯问他的犯罪事实，其也就丧失了警惕性，对讯问人员所提的问题也就能进行如实的回答，从而使讯问人员能够顺利地进行迂回，讯清这些事实。如果讯问人员从正面提出问题让被讯问人回答，就引起了被讯问人的警觉，认为讯问人员是在讯问他的犯罪事实。这样，被讯问人对讯问人员的提问其就不会作出回答或作出如实的回答，从而使迂回受阻，讯问人员也就讯不清这些事实。因此，从侧面向被讯问人提出问题让被讯问人回答，亦是这一讯问策略的题中之义。

在上例中，讯问人员对讯清贺某向哪些人"借"了多少钱这一受贿的基本事实，以"你讲讲与他人经济来往方面从表面上看好像同错误有关的问题"向贺某提出问题，让贺某回答。对这一提问，贺某就不会引起警觉，认为讯问人员不是在讯问他受贿的犯罪事实，而是认为讯问人员是为他澄清不是受贿。这样，贺某就容易对这一受贿的基本事实作出如实地回答。如果讯问人员不是这样从侧面提出问题，而是从正面直接提出"你讲讲向哪些人各'借'了多少钱"的问题让贺某回答。贺某就会引起警觉，认为讯问人员是在讯问他受贿的犯罪事实。这样，贺某就不会对这一受贿的基本事实作出回答。

4. 扫清外围，堵死退路，逐步深入

扫清外围，堵死退路，逐步深入，亦是迂回围歼这一讯问策略的又一含义。

迂回围歼的迂回，是通过扫清外围，堵死被讯问人的退路，逐步向纵深发展的。也就是说，这个迂回是逐个地扫清外围，逐条地堵死退

路，一步一步深入的。在这个过程中，讯问要步步衔接，一环扣一环，形成有机的、坚固的讯问链条；提问的前一个问题能为后一个问题做准备，提问的后一个问题是前一个问题的继续和深入；提问不能自相矛盾，露出破绽，被被讯问人识破讯问人员的意图。只有这样，才能实现迂回的目的。

在上例中，第一步暴露贺某向六个人"借"了二十万元这一受贿的基本事实；第二步暴露贺某所"借"的二十万元是利用其职务上的便利，为该六人谋取利益而"借"的，所"借"的二十万元没有归还，其与出借人不具有借款的基础；第三步暴露贺某的家庭经济富裕、有积蓄，没有办过什么需要花钱的大事，连同所"借"的二十万元存在银行等其借款理由不成立的事实。这样步步衔接，一环扣一环的迂回，一步步深入，扫清了阻碍贺某交代的外围，堵死了贺某借款的退路，从而实现了迂回的目的。

5. 实施围歼，突破被讯人犯罪的核心

实施围歼，突破被讯问人犯罪的核心问题，是迂回围歼讯问策略的题中之义。

迂回围歼最终是要落实在围歼上，把被讯人包围起来进行歼灭，即突破被讯问人犯罪的核心问题，使被讯问人对实施的犯罪作出如实的交代。因而，围歼被讯问人突破被讯问人的口供，使被讯问人对实施的犯罪作出如实的交代，是迂回围歼的题中之义，而且是这一讯问策略最为重要的含义。

在上例中，讯问人员在完成了迂回的任务后，便以质疑问难、宣讲政策和法律、揭露和说理相结合等方法将贺某包围起来进行歼灭，突破贺某收受贿赂犯罪的核心问题，即收受贿赂的犯罪事实，使贺某在讯问人员的围歼下，对以"借"为名收受贿赂的犯罪事实作出了如实交代，从而取得了运用迂回围歼讯问策略的成功。

（二）迂回围歼策略的作用

迂回围歼的策略有以下重要的作用：

1. 有利于被讯问人对讯问人员的提问作出如实的回答

在迂回的过程中，讯问人员有意绕过被讯问人犯罪事实的核心问题，对与被讯问人犯罪事实有直接关系或者对认定犯罪事实起关键作用的事实不进行正面的讯问，而是从与案件和被讯问人犯罪事实表面上关系不大或没有关系，而实质上与案件和被讯问人犯罪事实具有内在联系的事实入手进行侧面讯问。正因为讯问人员所讯问的是与案件和被讯问人犯罪事实表面上关系不大或没有关系的事实，而且所进行的讯问是从侧面提出问题的，因而，被讯问人容易产生错觉，丧失警惕性，认为讯问人员不是在讯问自己的犯罪事实，对讯问人员所提出的问题作出如实的回答不会有什么危险。被讯问人在这种心理的支配下，其就会按照讯问人员的提问作出如实的回答，而不会不回答或编造事实作出虚假的回答。因此，运用迂回围歼的讯问策略对被讯问人进行讯问，有利于被讯问人对讯问人员的提问作出如实的回答。

在前例中，讯问人员绕过贺某受贿犯罪的核心问题，对与贺某受贿犯罪事实有直接关系的收受钱的事实，利用职务上的便利，为请托人谋取利益的事实不予正面提问，而是从侧面先后向贺某提出以下问题或见解："你讲讲与他人经济来往方面从表面上看同错误有关的事情""据我们调查，你与他人有表面上同错误有关的经济来往方面的事情""解释什么是从表面上看同错误有关的事""说明从表面上看同错误有关的事情在什么情况下影响选拔任用、什么情况下不影响选拔任用""解释受贿和借款是性质不同的两回事""表明要其说向他人借款是多管闲事""他人是怎么把钱借给你的""借的钱是否还过，归还给出借人""借钱是你到他们家借，还是他拿过来借给你的""其家庭的成员、经济收入、积蓄、存款情况""借来的钱的去向情况"等。由于这些问题或见解与贺某的受贿犯罪在表面上关系不大或没有关系，又是从侧面提出的。因而，贺某认为对讯问人员所提的这些问题作出如实的问答不仅不会有危险，而且可能对自己有利，于是，贺某便对讯问人员所提的问题作出了如实的回答。

2. 使被讯问人不会、不知或不能对讯问人员的讯问进行防范

运用迂回围歼的讯问策略对被讯问人进行讯问，使被讯问人不会进行防范、不知怎样进行防范或不能进行防范。

（1）被讯问人不会进行防范

由于迂回围歼的讯问策略在迂回的过程中是绕过被讯问人犯罪事实的核心问题，对此不予正面讯问，而讯问那些从表面上看同犯罪事实关系不大或无关的事实。在对这些从表面上看同犯罪事实关系不大或无关的事实进行讯问时，讯问人员又往往以放纵的手段进行讯问。这样，被讯问人就会丧失警惕性，认为这些问题对自己不会有什么危险。而且，在讯问人员放纵的手段的蒙蔽下，其甚至会认为自己讲清这些问题对自己有利，从而使被讯问人放纵起来。正因为被讯问人认为没有危险和讲清这些问题对自己有利，被讯问人就不会对讯问人员的讯问存有戒心，从而其也就不会对讯问人员的讯问进行防范。前例对贺某的讯问，就是对这一问题的最好诠释。

（2）被讯问人不知怎样进行防范

运用迂回围歼的讯问策略对被讯问人进行讯问，在迂回的过程中，虽然绕过了被讯问人犯罪事实的核心问题，对那些从表面上看同犯罪事实关系不大或无关的问题进行讯问，但毕竟是在对被讯问人进行讯问。对于绝大多数的被讯问人来说，他知道讯问人员是在讯问他的犯罪事实，也想进行防范。然而，也正是由于绕过了被讯问人犯罪事实的核心，对此不予正面讯问，而只是讯问那些从表面上看同犯罪事实关系不大或无关的问题，这就使得被讯问人摸不清讯问人员的讯问意图和进攻路线。而被讯问人不清楚讯问人员的讯问意图和进攻路线，其也就不知道要防范哪些问题，怎样进行防范。在这种情况下，被讯问人就会对那些其认为同其犯罪事实关系不大或没有关系的问题不加防范地作出如实的回答。因此，迂回围歼的讯问策略使被讯问人不知怎样进行防范。

（3）被讯问人不能进行防范

运用迂回围歼的讯问策略对被讯问人进行讯问，是讯问人员通过迂

回，在掌握了与被讯问人的犯罪事实具有内在联系的事实、扫清了外围、堵死了被讯问人的退路的基础上，对被讯问人进行围歼。由于被讯问人在事前或丧失了警惕，认为讯问人员的问题对自己没有危险，有可能对自己有利，不会进行防范，如实说出了与犯罪有关的问题；或不知道讯问人员的讯问意图和进攻的路线，不知怎样进行防范而作出如实回答。其对讯问人员进行的围歼就毫无思想准备。而且，与犯罪有关的事实都是被讯问人自己说的。这样，一旦讯问人员突然对被讯问人进行围歼，其就不知道是怎么一回事，面对讯问人员的围歼，其就措手不及、束手无策，不能进行防范，只有被动挨打的份儿，乖乖受擒。因此，迂回围歼的讯问策略有利于使被讯问人不能进行防范。

3. 有利于突破不宜从正面突破的案件

案件经侦查，有的案件只发现一些线索、疑点、现象或与犯罪有关的一些表面情况；有的案件虽收集到证据，但证据非常有限，不足以证明被讯问人实施的犯罪行为；有的案件只收集到间接证据，而且，收集到的间接证据无法形成证据锁链；有的案件收集到的证据不能判定就是真实的，还有疑问；有的案件收集到的证据经审查判断，虽然是真实的，但尚不清楚该证据同被讯问人的犯罪行为究竟是一种什么样的联系。对这些情况的案件，都不宜从正面进行突破。如果讯问人员对这些情况的案件进行正面突破，一是没有切入点，无法进行突破；二是容易被被讯问人摸到讯问人员尚未掌握其犯罪的证据或掌握的证据不足的底细，增强被讯问人抗审的心理；三是若进行强行突破，有可能造成被讯问人乱供、假供，使讯问走入歧途。而如果对这些情况的案件运用迂回围歼的策略进行讯问，绕过被讯问人犯罪事实的核心问题，对与案件和被讯问人犯罪事实表面上关系不大或没有关系的事实进行讯问，被讯问人在丧失警惕或不清楚讯问人员讯问意图和进攻路线的情况下，其就会对讯问人员的提问作出如实的回答，从而讯清这些与被讯问人犯罪事实具有内在联系的事实，收集到被讯问人犯罪的证据。在此基础上，讯问人员对被讯问人实施围歼，就有可能促使被讯问人对犯罪事实作出交代，一举突破案件。因此，运用迂回围歼的讯问策略对被讯问人进行讯问，有利于突破不宜从正面进行突破的案件。

（三）迂回围歼策略运用的基本要求

我们从前面的叙述可知，运用迂回围歼的讯问策略对那些不宜从正面突破的案件进行讯问，其效果是显著的。但是，这并不是说只要运用迂回围歼的讯问策略对那些不宜从正面突破的案件进行讯问，就能突破案件，促使被讯问人对犯罪事实作出交代。如果迂回围歼的策略运用不当、不巧妙，不仅不能突破案件，促使被讯问人对犯罪事实作出交代，而且有可能增强被讯问人的抗审心理。因此，要使运用的迂回围歼讯问策略能顺利地突破案件，在运用中就要做到以下几点：

1. 要隐蔽好讯问人员的意图和进攻的路线

讯问人员在运用迂回围歼讯问策略的过程中，要切实隐蔽好自己的意图和进攻的路线，不能让被讯问人察觉。只有这样，被讯问人才能对讯问人员所说的话信以为真，对讯问人员所提的问题作出如实的回答，从而才能保证迂回沿着讯问人员的既定路线顺利地进行。如果讯问人员不能隐蔽好自己的意图和进攻的路线，被被讯问人觉察到，被讯问人就会针对讯问人员的意图和进攻路线进行防范，不会相信讯问人员所说的话；更不会对讯问人员所提的问题作出回答或作出如实的回答，就有可能或保持沉默，拒绝回答讯问人员的提问，或编造谎言作出虚假的回答。这样，讯问人员就无法沿着既定的路线进行迂回，从而也就无法暴露与被讯问人犯罪事实有关的事实情况，迂回的任务也就不能实现，导致无法进行围歼。因此，讯问人员在运用迂回围歼讯问策略中，一定要切实隐蔽好自己的意图和进攻的路线，不让被讯问人有丝毫的觉察。

要隐蔽好讯问意图和进攻的路线，讯问人员要做到以下几点：

（1）要管好自己的言表

言语是人的内心思想感情的表达或反映，表情是表现在面部或姿态上的思想感情，因而，讯问人员的言语和表情最容易暴露讯问的意图和进攻的路线。如果讯问人员溢于言表，不能管好自己的言语和表情，就有可能暴露讯问的意图和进攻的路线。因此，讯问人员要管好自己的言语和表情，不要让言语或表情暴露自己的意图和进攻的路线。

（2）要管好自己的举止

举止是人表现在外部的举动。人的举动是一种肢体语言，往往是在人的思想支配下做出的。因而，讯问人员的举止也容易暴露讯问的意图和进攻的路线。如果讯问人员不能管好自己的举止，被被讯问人捕捉到某些信息，就有可能有意或无意地暴露讯问的意图和进攻的路线。因此，讯问人员要管好自己的举止，不要让举止代为"说话"，向被讯问人暴露自己的讯问意图和进攻的路线。

（3）要管好自己的提问

向被讯问人的提问，是讯问人员在心理的支配下向被讯问人提出的问题，是什么样的提问就能反映出是什么样的心理。如果讯问人员不能管好自己向被讯问人提出的问题，就有可能通过所提的问题暴露自己讯问的意图和进攻的路线，因此，讯问人员对此要引起足够的重视，设计好问话，斟酌问话的措辞、语气、语调，向被讯问人提出最为恰当、合适的提问，不要让提问暴露了自己的讯问意图和进攻的路线。

2. 要解除被讯问人的思想武装，松懈其警惕性

运用迂回围歼的讯问策略对被讯问人进行讯问，在迂回过程中，要解除被讯问人的思想武装，松懈其警惕性。

讯问人员在迂回的过程中，虽然讯问的事实同被讯问人的犯罪事实在表面上关系不大或没什么关系，但讯问人员毕竟是在讯问被讯问人，被讯问人毕竟是作为犯罪嫌疑人在接受讯问。而且，这些表面上与被讯问人的犯罪事实关系不大或没有什么关系的事实又与被讯问人的犯罪事实存在着内在的联系。也就是说，有的事实同被讯问人的犯罪事实在表面上还是有关的。在这种情况下，如果被讯问人保持着高度的警惕，其就不会对讯问人员所提的问题作出回答或作出如实的回答。这样，迂回

就无法进行下去。被讯问人只有在解除思想武装，警惕性得以松懈、丧失的情况下，认为对讯问人员所提的问题作出如实回答不会有什么危险，或认为作出如实回答对自己有利，才有可能对讯问人员所提的问题作出如实的回答，从而使讯问人员顺利地完成迂回的任务，暴露这些与被讯问人的犯罪事实具有内在联系的事实。因此，讯问人员在迂回的过程中要解除被讯问人的思想武装，使之松懈，丧失警惕性。

解除被讯问人的思想武装，松懈、丧失其警惕性，讯问人员要从以下三个方面进行：

（1）营造出轻松的气氛、和谐的氛围

轻松的气氛、和谐的氛围，对于解除被讯问人的思想武装，松懈、丧失其警惕性有着十分重要的意义，起着重大的作用。被讯问人在轻松的气氛、和谐的氛围中，其精神就会放松、情绪就会平和、心理就会缓和，从而就会解除思想武装，松懈、丧失警惕性。如果讯问的气氛紧张，氛围威慑，被讯问人就会保持着戒备的心理。这样，被讯问人的思想武装就无法解除，警惕性也就不会松懈，更不会丧失。因此，迂回过程中的气氛一定要轻松，氛围一定要和谐。

轻松的气氛、和谐的氛围不会从天而降，它需要讯问人员去营造。关于如何营造轻松的气氛、和谐的氛围，笔者曾在拙作《讯问艺术》（增订版）中于论述营造良好的讯问氛围的方法中论及了如何营造轻松的气氛、和谐的氛围的问题。①

（2）以自由交谈的方式进行讯问

自由交谈的方式对于解除被讯问人的思想武装，松懈、丧失其警惕性的作用同样是巨大的。以自由交谈的方式进行讯问，一方面使被讯问人感到讯问人员把自己摆在平等的地位，是对自己的尊重；另一方面使被讯问人感到讯问人员不是在讯问自己的犯罪事实，而只是随便聊聊而已。同时，自由交谈无疑使气氛轻松、氛围和谐。这样，就使被讯问人在无形中解除了思想武装，松懈、丧失了警惕性。如果讯问人员不是以

---

① 见拙作《讯问艺术》（增订版），中国方正出版社2015年版，第282—310页。

自由交谈的方式进行讯问，而是对被讯问人进行正式严肃的讯问，被讯问人就会保持着高度的警惕，始终处于戒备的状态。这样，就无法解除被讯问人的思想武装。因此，在迂回中以自由交谈的方式进行讯问，有利于解除被讯问人的思想武装，松懈、丧失其警惕性。

但是，也不尽然，对于那些与被讯问人犯罪事实有必然联系的问题的迂回，由于被讯问人能明确知道这些问题与其犯罪事实有着必然的联系，如果采取自由交谈的方式进行讯问，就会更加引起被讯问人的警觉，而且，被讯问人对讯问人员的提问会有充分的时间考虑，不利于被讯问人作出如实的回答。因此，对于这种情况下的迂回，讯问人员应加快讯问的节奏，使被讯问人没有考虑如何回答的时间，在紧迫中作出了如实的回答。

（3）以利益示被讯问人

以利益示被讯问人，对于解除被讯问人的思想武装，松懈、丧失其警惕性亦具有重要的作用。被讯问人在利益面前，往往只见其饵，而不见其钩，感到如实回答讯问人员的提问不仅不会有危险，而且要给自己带来利益。这样，被讯问人的警惕性就会丧失殆尽，放纵起来。为了利益，被讯问人就会奋不顾身地扑上去，对讯问人员的提问作出如实的回答。因此，讯问人员要根据案件情况，对于有以利益相示条件的，以利益示被讯问人，促使其解除思想武装，松懈、丧失其警惕性。

3. 要围绕核心有序地进行迂回

运用迂回围歼的讯问策略对被讯问人进行讯问，在迂回的过程中，要围绕核心进行有序的迂回。

迂回是一种手段，而不是目的。迂回的目的是通过迂回暴露与被讯问人的犯罪事实具有内在联系的各种事实情况，对被讯问人进行围歼。因而，迂回的核心问题是让被讯问人说出与其犯罪事实具有内在联系的各种事实情况。正因为此，迂回就要围绕这一核心问题进行。如果迂回不是围绕这一核心问题进行，那么，迂回所得的结果就不是与被讯问人的犯罪事实具有内在联系的各种事实情况，从而也就无法实现对被讯问人实施围歼的目的。这样，就使迂回变得毫无意义。因此，迂回要围绕核心，即围绕与被讯问人犯罪事实具有内在联系的各种事实情况进行迂回。

迂回目的的实现，并不是只要围绕核心进行迂回就能实现的，它需要有序地进行迂回。通过有序地迂回，一步一步向纵深发展，才能实现迂回的目的，暴露与被讯问人的犯罪事实具有内在联系的各种事实情况，为围歼开辟道路，打下扎实的基础。如果讯问人员不进行有序的迂回，势必是东一榔头，西一棒子。这样，被讯问人就无法暴露与其犯罪事实具有内在联系的各种事实情况，接下来的围歼也就无法进行。因此，迂回要有序地进行。

要使迂回有序进行，讯问人员就要注意并做到以下三点：

（1）要连贯

讯问人员在迂回的过程中，要思路清晰，一步一步地进行，并做到步步衔接，一环紧扣一环，环环相扣，形成一个有机的、没有脱节的迂回过程。通过前后连贯把讯问引向深入，向纵深发展。

（2）要系统

讯问人员在迂回的过程中对被讯问人的提问要系统、有条理、层次分明，并做到所提的前一个问题能为后一个问题做准备，做好铺垫，所提的后一个问题是前一个问题的继续和深入。通过系统、有条理地步步深入使被讯问人暴露与其犯罪事实具有内在联系的各种事实。

（3）要逻辑

讯问人员在迂回过程中向被讯问人所提的问题，要遵循形式逻辑的同一律、排中律、不矛盾律、充足理由律等基本规律，做到概念明确、思维确定、提问之间没有矛盾和有充足的理由，特别要做到提问不能自相矛盾。通过有逻辑地进行迂回，使迂回形成一条无懈可击的链条。

4. 要堵死被讯问人的退路

所谓堵死被讯问人的退路，是指断绝被讯问人进行狡辩的事实和理由，使被讯问人没有事实和理由进行狡辩。

　　运用迂回围歼的讯问策略对被讯问人进行讯问，在迂回的过程中，讯问人员要堵死被讯问人的退路，使被讯问人在围歼的过程中没有事实和理由进行狡辩，欲狡辩而不能。

　　迂回的目的是围歼，通过迂回，为围歼创造条件和打下扎实的基础，使围歼能够顺利进行，从而歼灭被讯问人。在围歼的过程中，被讯问人总是要寻找退路，逃出包围圈，即要寻找各种事实和理由进行狡辩，以逃脱法网。这就要求讯问人员在迂回的过程中堵死被讯问人的退路，断绝被讯问人借以狡辩的事实和理由，使被讯问人寻找不到进行狡辩的事实和理由。只有这样，才能使围歼顺利进行，从而歼灭被讯问人，迫使其对犯罪事实作出交代。如果讯问人员在迂回的过程中，不能堵死被讯问人的退路，给被讯问人留下狡辩的事实和理由，被讯问人就会在围歼的过程中，以讯问人员没有断绝的事实和理由进行狡辩，从而使围歼无法进行。这样，就有可能使被讯问人逃出包围圈而逃脱法网。因此，在迂回的过程中，讯问人员一定要堵死被讯问人一切可能的退路，使被讯问人欲退无路。

　　要堵死被讯问人的退路，讯问人员就要做到以下三点：

　　（1）围绕被讯问人可能据以狡辩的事实和理由把各个细节问清楚

　　讯问人员在分析被讯问人可能会在什么问题上进行狡辩，以什么事实和理由进行狡辩的基础上，围绕被讯问人可能据以狡辩的事实和理由把与被讯问人犯罪事实具有内在关系的事实的各个细节问清楚，堵死被讯问人的退路。并针对被讯问人可能狡辩的问题做好驳斥的准备，一旦被讯问人进行狡辩，讯问人员就能以针对性的事实和理由进行驳斥。

　　（2）把事实搞清楚、弄确定

　　讯问人员要把与被讯问人的犯罪事实具有内在联系的事实搞清楚、弄确定，排除其他的任何可能性，使之不具有可辩性，在任何时候、任何情况下都是铁板钉钉，确定无疑的。这样，被讯问人就无法进行狡辩，即使其硬要进行狡辩，也是徒劳的、毫无意义的。

　　（3）坐实被讯问人的回答

　　讯问人员要坐实被讯问人对与其犯罪事实具有内在联系的事实所作

出的回答。在坐实被讯问人所作出的回答中,讯问人员要以事实和被讯问人自己的话进行坐实,使被讯问人在任何时候、任何情况下都拿不出任何的事实和理由改口其自己已作出的回答。以铁的事实和被讯问人自己所说的话堵死被讯问人的退路。

5. 要以迅猛的气势进行围歼

讯问人员对被讯问人进行围歼的气势要迅猛。要以迅雷不及掩耳之势、泰山压卵的威力向被讯问人发起进攻,对被讯问人进行围歼,只有这样,才能使被讯问人不知所措、束手无策,既无招架之功,又无反抗之力,使其在还没有反应过来是怎么回事的情况下就束手就擒。如果围歼的气势不迅猛,被讯问人就有机会对讯问人员的进攻进行思考,从而想出对策进行反抗,无理也要辩三分,进行胡搅蛮缠。这样,围歼就会处于对峙的状态,从而就有可能导致围歼失败。因此,对被讯问人进行围歼,一定要做到气势迅猛,使被讯问人没有任何的反抗机会和力气。

要使围歼的气势迅猛,讯问人员要做到以下几点:

(1) 要突然地对被讯问人进行围歼

讯问人员通过迂回,在暴露与被讯问人的犯罪事实具有内在联系的各种事实情况后,就不要再进行迂回,特别是不要在一些无关的问题或细枝末节上绕来绕去,而是要果断地突然向被讯问人发起进攻,进行围歼。

(2) 要以严肃的态度、郑重的言辞对被讯问人进行围歼

讯问人员在对被讯问人进行围歼的过程中,要做到态度严肃、言辞郑重,对被讯问人的犯罪事实进行无情的揭露,以强大的炮火对被讯问人进行围歼。

(3) 要向被讯问人提出最尖锐、最要害的问题

在围歼的过程中,讯问人员要向被讯问人提出最尖锐、最要害的问题,责令被讯问人作出回答,把猛拳打在被讯问人的致命处,使之一拳"毙命"。

6. 要以有效的手段进行围歼

讯问人员对被讯问人进行围歼的手段要有效，要以效果明显、功能显著的手段对被讯问人进行围歼。只有这样，才能使被讯问人被动地挨打，使之没有反抗的任何余地，迅速地被制服，促使其对犯罪事实作出如实的交代。如果讯问人员用以进行围歼的手段无效，在围歼的过程中被讯问人就会进行反抗，这样，不仅不能制服被讯问人，还有可能使讯问人员受制于被讯问人，使自己处于被动的地位。因此，对被讯问人进行围歼，所实施的围歼手段一定要做到有效。

要使围歼的手段有效，讯问人员要做到以下几点：

（1）实施的手段本身要有效

对被讯问人进行围歼，只有所实施的手段本身有效，才能制服被讯问人。如果手段本身无效，制服被讯问人就无从谈起。而要做到手段本身有效，讯问人员就要根据案件和被讯问人的情况，对不同的情况以不同的手段进行围歼，使围歼的手段具有针对性。

（2）实施的手段内容要有效

对被讯问人进行围歼，所运用的围歼手段需要有"炮弹"，即内容。只有实施的手段内容有效，才能在围歼中使被讯问人"一枪毙命"，不能反抗。如果实施的手段内容无效，就无法击垮被讯问人。而要做到实施的手段内容有效，讯问人员同样要根据案件和被讯问人的情况，选择那些有针对性的手段内容对被讯问人进行围歼。因为，只有"对症下药"，这种"药"即内容，才可能是有效的。

（3）实施的手段过程要有效

对被讯问人进行围歼，需要通过一个过程把围歼的手段、内容付诸实施。只有实施的这个过程有效，才能使被讯问人在围歼中想逃脱而无法脱逃，只有乖乖受擒。如果实施的过程无效，被讯问人就会逃出包围圈。而要做到实施的手段过程有效，讯问人员在实施围歼的过程中，就要做到包围得严密，没有空隙，更没有被讯问人的退路，打得扎实，不乱打，更不空打，棒棒击中要害。

二、迂回围歼的方法

（一）迂回的方法

迂回主要有以下方法：

1. 围绕被讯问人犯罪的行为事实进行迂回

被讯问人犯罪的行为事实是讯问被讯问人犯罪事实最主要的事实。如果被讯问人犯罪的行为事实不清，就无法认定被讯问人的犯罪事实。因此，对于被讯问人犯罪的行为事实尚不清楚的，就要先讯清被讯问人的犯罪行为事实，让被讯问人对犯罪的行为事实作出交代。

案件经侦查，有的案件只发现疑点、线索，经分析，认为被讯问人实施了某一犯罪行为或某一犯罪行为就是被讯问人所为，但并未掌握被讯问人犯罪的行为事实；有的案件只发现被讯问人的某一行为事实，经分析，被讯问人还有相同性质的行为；有的案件已收集到被讯问人犯罪行为事实的证据，但证据不充分，不足以证明被讯问人实施了这一行为事实。对于这些情况的案件，讯问人员就要运用迂回围歼的讯问策略对被讯问人进行讯问，在迂回的过程中围绕被讯问人犯罪的行为事实进行迂回，讯清被讯问人犯罪的行为事实。

由于行为事实并不等同于犯罪的行为事实，有的行为事实只有同主观事实结合起来，才能被认为是犯罪的行为事实；有的行为事实只有同其他的手段结合起来，才能被认为是犯罪的行为事实；有的行为事实只有同职务行为结合起来，才能被认为是犯罪的行为事实。也就是说，同一种性质的行为事实，有的是犯罪的行为事实，有的则不是犯罪的行为事实。这就为被讯问人自愿地说出其自己的犯罪的行为事实提供了条件。只要讯问人员在迂回的过程中运用的方法巧妙，就有可能促使被讯问人自愿地说出犯罪的行为事实。

围绕被讯问人犯罪的行为事实进行迂回，在迂回的过程中要做到以下几点：

（1）要以不是犯罪行为的口气提出问题

所谓以不是犯罪行为的口气提出问题，是指不要把这种行为表述为犯罪行为，避开犯罪的性质，向被讯问人提出问题。

以不是犯罪行为的口气向被讯问人提出问题，就蒙蔽了被讯问人，容易使被讯问人丧失警惕性，认为自己的这种行为有可能真的不是犯罪，说清自己的这一行为不会有危险。这样，被讯问人就有可能自愿地说出其实施的这种行为。如果讯问人员是以犯罪行为的口气向被讯问人提出问题，被讯问人对于涉及其犯罪的事实是不会轻易说出来的，总是要极力回避，进行拒绝的。因此，讯问人员在围绕被讯问人犯罪的行为事实进行迂回时，要以不是犯罪行为的口气向被讯问人提出问题。

（2）要向被讯问人阐明利害关系

所谓向被讯问人阐明利害关系，是指向被讯问人讲明白说清楚该行为事实对其所带来的利益和不说清楚该行为事实对其所带来的危害。

讯问人员在以不是犯罪行为的口气向被讯问人提出问题让其回答后，不能消极地等待被讯问人作出回答，更不能逼被讯问人作出回答，而应当以积极的态度向被讯问人阐述说清该行为事实对其所带来的利益和不说清该行为事实将给其带来的危害。这样，被讯问人就会根据讯问人员所阐述的利害进行利弊权衡，在趋利避害、趋吉避凶心理的支配下，其就有可能为得到利益、避免危害而将犯罪的行为事实和盘托出。如果讯问人员提出问题后，不向被讯问人阐明利害关系而只是消极地等待被讯问人说出犯罪的行为事实，被讯问人就不会去权衡利弊，从而也就不会说出犯罪的行为事实；如果讯问人员在提出问题后，不向被讯问人阐明利害关系，而是逼被讯问人作出回答，被讯问人就会警惕起来，认为讯问人员有不良的企图。这样，被讯问人不仅不会说出犯罪的行为事实，而且有可能增强隐瞒犯罪的行为事实的心理。因此，讯问人员在向被讯问人提出问题后，要以积极的态度向被讯问人阐明说清该行为事实对其所带来的利益和不说清该行为事实对其所带来的危害，即利害关系。

（3）要表示出不感兴趣的态度

所谓表示出不感兴趣的态度，是指向被讯问人说出或做出对其是否说清该行为事实没有兴趣的看法和行动。

讯问人员在向被讯问人阐明利害关系后，要向被讯问人表示出对其的行为事实不感兴趣，其说与不说都无所谓的态度，迷惑被讯问人。讯问人员不感兴趣，被讯问人就会认为讯问人员不是要得到它，而是真的为自己着想，说清它肯定不会有危险。因而，讯问人员越不感兴趣，就越能促使被讯问人说出犯罪的行为事实。如果讯问人员表示对其的行为事实感兴趣，被讯问人就会认为讯问人员是要迫切地得到它，该行为事实对讯问人员肯定有大作用。这样，被讯问人就不会说出该行为事实。因此，要向被讯问人表示对其犯罪的行为事实不感兴趣的态度。

通过上述方法进行迂回，就有可能促使被讯问人如实地说出其犯罪的行为事实。

我们在前例中对贺某受贿的行为事实就是通过这种方法进行迂回的。

2. 围绕被讯问人作案的经过进行迂回

被讯问人作案的经过清楚，就似一条绳索紧紧地捆绑住被讯问人，使之无法逃脱。因此，讯问人员对被讯问人作案的经过情况要着力地予以讯清，让被讯问人对这个作案的经过作出交代，捆绑住被讯问人。

案件在侦查过程中，有的案件经分析，被讯问人并不是立即实施行为，而是有一个经过，但讯问人员对此经过情况尚不清楚；有的案件从现场、相关现场和通过对有关人员的调查，经综合分析，发现了被讯问人作案的经过情况，但证据不充分，不足以认定就是这样一个经过，需要被讯问人对这个作案的经过作出交代。对于这些情况的案件，讯问人员就要运用迂回围歼的讯问策略对被讯问人进行讯问，在迂回过程中围绕被讯问人作案的经过进行迂回，促使被讯问人对作案经过作出交代，讯清被讯问人的作案经过情况。

由于被讯问人作案的经过情况，有的并不是被讯问人实施的犯罪行为的事实，有的甚至同犯罪事实在表面上是根本无关或相反的事实，这就为被讯问人能够自愿地说出这些经过情况提供了条件。只要讯问人员在迂回的过程中方法得当，就有可能促使被讯问人如实地说出这些经过情况，从而完成迂回的任务。

围绕被讯问人作案的经过进行迂回，在迂回过程中要根据以下三方面进行迂回：

（1）根据经过的时间顺序向被讯问人提出问题进行迂回

被讯问人实施犯罪行为的经过情况都是按时间顺序进行的。在什么时间，经过情况怎样，接着在什么时间，经过情况怎样，后来又在什么时间，经过情况怎样，最后在什么时间，经过情况怎样，是有时间顺序的。按时间顺序向被讯问人提出问题，让其回答，有利于被讯问人按照时间顺序进行思考，回忆起经过的情况。并且，按时间顺序向被讯问人提出问题让其回答，显得自然，不易引起被讯问人的警觉。这样，容易使被讯问人把经过情况说清。如果讯问人员不是按照时间顺序向被讯问人提出问题，一方面打乱了被讯问人的思维，不利于其对经过情况的回忆；另一方面使被讯问人感到突然，从而引起被讯问人的警觉。这样，被讯问人就难以清楚地回忆经过情况或不愿说清经过情况。因此，围绕被讯问人的作案经过进行迂回，要根据经过的时间顺序向被讯问人提出问题。

（2）根据经过的地点向被讯问人提出问题进行迂回

任何经过情况都是在经过的地点发生的，没有经过地点的经过情况是不存在的。被讯问人实施犯罪行为的经过情况同样无疑发生在经过的地点。在这个地点的经过情况怎样，在那个地点的经过情况又是怎样，都是在所在的地点发生的。按地点向被讯问人提出问题，让其回答经过情况，有利于被讯问人按照地点进行思考，回忆起经过的情况。而且按照地点提出问题顺理成章，被讯问人容易顺着讯问人员的提问作出回答。如果讯问人员离开了地点向被讯问人提出问题，突然冒出了一个问题来，不仅被讯问人的思维要跳到那个问题，不利于对经过情况的回忆和作出回答，而且被讯问人会认为讯问人员挑出这个问题来提问，一定是这个情况对讯问人员有很重要的作用。这样，就不利于被讯问人作出如实的回答。因此，围绕被讯问人的作案经过进行迂回，要根据经过的地点向被讯问人提出问题。

（3）根据被讯问人说了什么或做了什么提出问题进行迂回

作案经过即作案的过程，既然是作案的过程，这个过程就肯定有具体的内容，即被讯问人所说的话或所做的事。被讯问人说了哪些话或做了哪些事，具体是怎么说的或怎么做的，都是在这个过程中发生的。按被讯问人说了什么或做了什么向被讯问人提出问题，由于这些所说的话或所做的事是被讯问人说过或做过的，其难以否认，容易作出回答，而且在这个过程中其所说过的话或做过的事，特别是犯罪实行行为前所说的话或所做的事，由于与其犯罪的实行行为没有联系，其对自己说了什么或做了什么作出如实的回答认为不会有危险，有的还认为可能对自己有利。如果讯问人员不是根据被讯问人说了什么或做了什么向被讯问人提出问题，由于讯问人员没有问，被讯问人也就不会主动说出讯问人员想让其说出的所说过的话或做过的事。因此，围绕被讯问人的作案经过进行迂回，要根据被讯问人说了什么或做了什么向被讯问人提出问题。

通过上述方法进行迂回，就有可能促使被讯问人如实地说出其作案的经过情况。例如：

某公安机关侦查讯问人员对故意杀人犯罪嫌疑人骆某的讯问，就是围绕骆某的作案经过进行迂回的。

被害女青年左某淹死在某水潭中。案发后，侦查人员对左某的尸体进行了检验和对现场、相关现场进行了勘验。经对左某尸体的检验，判定左某是在前一天晚上十一时左右掉入水潭呛水死亡；其右手手掌有被茅草割破的痕迹，右手背有被钝器猛击、造成掌骨骨折的痕迹；左某的阴道内有精液，在落水前曾与他人发生过性行为；对左某胃内进行食物检验，左某在死亡前四小时吃过鱼、牛肉、虾、螃蟹等，且喝过红酒。经对现场勘验，水潭东面上坎有一条南北走向的小路，路边长有能割伤人体的茅草，在较开阔处路外是一个茅草坦，没有其他东西，茅草有被人用脚踏过的痕迹，再往外临近坎的一丛茅草有被人抓过和脚踩过的痕迹，茅草上留有血迹，经检验与左某的血型相同；在这条小路的南向至该开阔处有泥巴的地上有自行车车轮痕迹，在该开阔处的泥巴地上有自行车放置的痕迹。经对相关现场勘验，在水潭南面距水潭五百米处有一座放稻草的小屋，在小屋入口处的泥巴地上有自行车车轮的痕迹；进入小屋，地上有新铺的稻草，在稻草上发现数根长头发和精斑。经过对头发进行检验，头发的血型与左某的血型相同。

侦查讯问人员根据左某尸体的检验情况和现场、相关现场的勘查情况，经分析认为，左某系受外力作用落水身亡，属于他杀。经分析，认为该案的作案经过是：被害人左某在用了晚餐后，犯罪嫌疑人用自行车将被害人左某带到水潭南面放稻草的小屋，接着，在地上铺了稻草，与被害人左某发生了性行为。而后，犯罪嫌疑人又用自行车带被害人左某至现场，即水潭上坎路上的较开阔处，趁被害人左某不备，以外力致左某掉下路坎。左某在掉下路坎的一刹那，右手本能地抓住路边的茅草，此时，犯罪嫌疑人用脚猛踩被害人左某抓住茅草的右手，致被害人左某松开抓茅草的手而掉入水潭淹死。据此，侦查人员认为，谁同被害人左某经历了这么一个过程，谁就是杀死左某的罪犯。

侦查讯问人员经侦查，发现左某的未婚夫骆某有重大嫌疑。于是，侦查人员便决定对骆某进行讯问。在讯问中，侦查讯问人员运用迂回围歼的讯问策略对骆某进行讯问。在迂回的过程中，侦查讯问人员围绕骆某的作案经过进行迂回，通过迂回，讯清了骆某作案的经过。

侦查讯问人员是这样进行迂回的：

问："你昨天晚饭同谁一起用餐？"

骆某迟疑在那里。

问："同谁一起吃晚饭有什么不好说的，而且，同人一起吃饭是有人看见的。"

答："我与已死亡的未婚妻左×一起吃的。"

问："那你是几点钟开始同左×吃饭的？"

答："我是昨天下午五时左右打电话给左×，约她出来一起吃个晚饭。"

问："那你们是在什么地方吃的晚饭?"

答："是在××饭店一起吃的饭。"

问："那你们都吃了什么?"

答："有黄鱼、牛排、基围虾、梭子蟹等,两个人还喝了一瓶红酒。"

问："你们吃饭到几点结束?"

答："吃好饭时,我看了一下手表,是晚上七时。"

问："那吃好饭后,你们到什么地方去了?"

答："我俩吃好饭后,就分开了,我回家了,她……"

未等骆某说完,侦查讯问人员便打断骆某的话。

问："你说得不对。没有说实话。我跟你说啊!一是人到过哪里,都是要留下痕迹的。二是你俩在饭店吃饭,离开饭店和在路上是有人看见的。三是我想你不说实话,是为了避开与左×死亡的牵连。事实上,不说实话不仅避不开,而且反而证明你有牵连。如果没有牵连,你为什么不说实话,只有说实话,实事求是才能避得开。不过,你没说实话我还是能理解的。"

答："谢谢你的理解。我俩一起到村外山边去嬉了。"

问："是怎么去的?"

答："我用自行车带她去的,她坐在我自行车后面。"

问："到村外山边在什么地方嬉?"

答："这……"

问："我刚才说过,人到过哪里都是要留下痕迹的。"

答："到那小屋里去嬉了。"

问："你们在小屋里都干了什么?"

答："没干什么,就是坐在那里嬉。"

问："不要不好意思说,这有什么不好意思说的,都是未婚妻了。我还是那句话,干了什么肯定要留下痕迹的。"

答："说出来难为情。我们在那小屋的地上铺了稻草,发生性行为了。"

问："你俩在那小屋发生性行为后,到什么地方去了?"

答："我俩在小屋发生性行为后，我说回家去。但左×说，既然出来了，再走走。"

问："那你们到哪里走走?"

答："我们沿着小路走，到那水潭上面路的开阔处，左×说，我们在这里坐一会儿吧! 我放好自行车，两人就坐在那里嬉。"

问："你俩是坐在什么上?"

答："是坐在一块石头上。"

问："后来呢?"

答："坐了一会儿，左×说，累了，猛地站了起来，因站得过猛，打了一个踉跄，没站稳就扑向坎外，我用手去拉，但没有拉住就掉到水潭里去了。天又黑，我又不会游泳，无法下去救。所以，她就被淹死了。"

问："那左×掉入水潭，你回家后，有叫人去打捞吗?"

答："我怕事情说不清，就没有叫人去打捞。"

问："你与左×从吃饭开始到左×摔到水潭这段时间，还有其他人在吗?"

答："没有，就我和左×在一起。确实是她自己掉到水潭里去的。"

通过上述迂回，讯清了骆某作案的经过情况。接着，侦查讯问人员对骆某进行了围歼，突破了骆某杀死左某的口供。

3. 围绕被讯问人行为的事实情节进行迂回

被讯问人行为的事实情节是认定被讯问人犯罪最主要的依据。行为的事实情节清楚了，被讯问人就无法对其所实施的犯罪进行狡辩、否认，只有乖乖地作出交代。即使其强硬进行狡辩、否认，也无济于事。因而，讯问人员对被讯问人的行为事实情节要讯得清清楚楚，促使被讯问人对犯罪事实作出交代。

案件经侦查，有的案件已收集到被讯问人实施行为的证据，被讯问人也知道讯问人员已收集到其实施行为的证据，认为对自己所实施的行为已无法否认。但被讯问人往往以正当防卫否认自己的行为是犯罪行为，或以不符合犯罪构成的客观要件来否认自己的行为是犯罪行为。对于这些情况，讯问人员就要从被讯问人行为的事实情节入手，把行为的事实情节讯得清清楚楚，以行为的事实情节来证明被讯问人的行为是犯罪行为，使被讯问人在行为事实情节面前对犯罪事实作出交代。这就需要讯问人员运用迂回围歼的讯问策略对被讯问人进行讯问，在迂回的过程中，围绕被讯问人行为的事实情节进行迂回，使被讯问人在丝毫没有觉察讯问人员意图的情况下对行为的事实情节作出交代。

由于被讯问人不承认或不认为其实施的是犯罪行为，这就为被讯问人如实地说出其行为的事实情节提供了条件。只要讯问人员在迂回过程中的方法得当，提出问题不引起被讯问人的警觉，就有可能促使被讯问人如实地说出其行为的事实情节，从而实现迂回的任务。

围绕被讯问人的行为事实情节进行迂回，在迂回的过程中要做到以下几点：

（1）要淡化被讯问人行为的性质向被讯问人提出问题

被讯问人尽管不承认或不认为自己的行为是犯罪行为，但讯问人员毕竟是在讯问被讯问人，只有将被讯问人行为的性质进行淡化，不以犯罪行为的表述向被讯问人提出问题，才能解除被讯问人的思想武装，使之丧失警惕性，从而才能使被讯问人如实地回答讯问人员的提问，对其行为的事实情节作出如实的交代。如果将被讯问人的行为以犯罪的术语进行表述，被讯问人对讯问人员提出的问题就有可能不作出回答，或者不作出如实回答。这样，讯问人员就无法进行迂回。因此，要淡化被讯问人行为的性质向被讯问人提出问题。

（2）要根据围歼手段所要运用的内容向被讯问人提出问题

我们说过，迂回的目的是围歼。因而，迂回要根据围歼手段所要运用的内容向被讯问人提出问题。只有这样，迂回所得的成果才能在围歼中起到作用。如果讯问人员不是根据围歼手段所要运用的内容向被讯问人提出问题，那么，迂回所得的成果在围歼中就不会有任何的作用，从而也就失去了迂回的意义。因此，在迂回中，要根据围歼手段所要运用的内容向被讯问人提出问题。

（3）要重在细节

围绕被讯问人的行为事实情节进行迂回，要重在行为的事实情节的细节。因为，只有细节最能说明行为的事实情节，也只有细节才能使被讯问人行为的事实情节清楚，证据确实、充分、没有歧义。如果讯问人员在迂回的过程中，不重在细节，而是浮在表面，只是粗线条，搞个大概，那么，就不能搞清被讯问人行为的事实情节，不能做到证据确实、充分，从而给被讯问人留下狡辩的条件和理由。这样，在围歼中就有可能使被讯问人逃脱。因此，在迂回中要重在细节，把各个细节都问得清清楚楚，搞得扎扎实实。

通过上述方法，就有可能促使被讯问人说清其行为的事实情节。例如：

受贿嫌疑人余某，系某国有公司总经理。余某的公司要建造厂房，某个体建筑公司经理董某得知这一消息后，于某日晚到余某家，余某正与其妻子周某在客厅看电视。董某开门见山，要余某将厂房承包给他建造，并从包中拿出二十万元递给余某，余某予以收受。但余某公司的厂房至案发时并未承包建造。

余某受贿案发后，余某和董某被查案机关采取措施接受讯问，余某的妻子周某被查案机关询问。

讯问人员在对余某讯问前，对余某受贿案进行了分析，认为余某收受董某的二十万元时，除余某和董某外，还有余某的妻子周某在场，现董某被采取措施接受讯问，周某也被叫到查案机关接受询问，余某会认为这一事实已无法隐瞒，其会对这一事实作出交代。但余某公司的厂房至今未承包建造，董某尚未承包到这一工程的建造。余某一定会以自己没有为董某谋取利益进行辩解，否认自己的行为是受贿。根据这一分析，讯问人员决定以迂回围歼的讯问策略对余某进行讯问。在迂回中围绕余某收受行为的事实情节进行迂回，讯清余某为董某谋取利益的事实。然后对余某没有为董某谋取利益的辩解进行围歼，突破余某收受贿赂的口供。

讯问人员是这样进行迂回的：

问："余×，你把与董×的经济来往说来听听。"

答："我单位要建造厂房，董某得知这一消息后，于×月×日晚到了我家，当时我和妻子周×正在客厅看电视。董×坐定后，问我单位要建造厂房的情况，要求我将厂房承包给他建造。我回答他：'这个工程重大，要招投标的，我说不了。'此时，他从包中拿出二十万元递给我。我说：'这个工程真要招投标的，我真的说不了，你拿回去。'他边说'帮帮忙'，边放下钱就快步离开了我家。我单位的这个工程至今没有审批下来，更没有承包给董×建造。我没有为董某谋取利益，这不是受贿。"

问："我没有说你这是受贿呀，我是叫你讲与董×经济来往的事。"

答："这还差不多，我以为你们认为我这是受贿。"

问："我再问你几个问题，请你能如实回答。"

答："你问吧，我一定如实回答。"

问："董×到你家时，他同你说了什么？"

答："他到我家坐下后就问我，听说你单位要建造厂房，是真的吗？"

问："那你是怎么回答他的？"

答："我说，是有这么件事，要建造厂房，但还在审批。"

问："他说什么？"

答："董×说，那等审批下来后，你承包给我建造好吗？"

问："你是怎么回答他的？"

答："我说，我们单位建厂房的工程重大，要招投标的，我说不了。"

问："董×在把钱递给你时，同你说了什么？"

答："我说了'我们单位建厂房的工程重大，要招投标的，我说不了'后，董×边从包中拿出两捆人民币递给我，边同我说，就不要招投标了，你承包给我做。"

问："那你怎么说？"

答："我说，这个工程真要招投标的，我真的说不了，钱你拿回去。"

问："那董×怎么说？"

答："董×说，你帮帮忙。如真要招投标，你在招投标中帮帮忙，把工程给我做，这点只是小意思，事成后必有重谢。"

问："那你怎么说?"

答："我没有答应要帮忙。"

问："我是问你,你是怎么回答他的?"

答："他边说边快步地离开我家,我来不及说什么。"

问："那后来你有没有为董×承包这个工程帮过忙?"

答："没有。我同你说过的,这个工程到现在都还没有审批下来。所以,我没有为董×谋取利益,这二十万元不是受贿,最多只能说我是不当得利,我愿意退回。"

通过上述迂回,讯清了余某收受贿赂为董某谋取利益的行为的事实情节,即明知他人有具体请托事项而收受财物的,视为承诺为他人谋取利益,也就是默示承诺为他人谋取利益,为围歼打下了扎实的基础。

4. 围绕与被讯问人犯罪事实在表面上没有联系的问题进行迂回

与被讯问人的犯罪事实在表面上没有联系的问题,有的与被讯问人的犯罪事实具有内在的联系;有的是认定被讯问人犯罪事实的依据。把这些与被讯问人的犯罪具有内在联系或认定被讯问人犯罪事实依据的问题讯清了,被讯问人的犯罪事实也就随之被证明。因而,讯问人员对在表面上与被讯问人犯罪事实没有联系,而在实质上与被讯问人的犯罪事实具有内在联系或是认定被讯问人犯罪事实依据的问题,讯问人员要予以讯清。

案件经侦查,有的案件,讯问人员根据收集到的证据,认为该犯罪行为是被讯问人实施的,或认为被讯问人实施的是犯罪行为,但缺乏认定的证据,被讯问人又不对犯罪事实作出交代;有的案件,被讯问人虽然对其实施的行为事实作出交代,但其辩解自己的行为不是犯罪行为,其不构成犯罪。对于这些情况,讯问人员就要从与被讯问人犯罪事实具有内在联系的问题或是认定被讯问人犯罪依据的问题入手,把这些问题讯清,搞清事实,以这些搞清的事实来证明被讯问人的犯罪事实,使被讯问人在这些事实面前对犯罪事实作出交代。而要讯清这些与被讯问人犯罪事实在表面上没有联系,而在实质上具有内在联系或认定被讯问人犯罪的依据，讯问人员就要运用迂回围歼的讯问策略对被讯问人进行讯问。在迂回的过程中，围绕这些与被讯问人犯罪事实在表面上没有联系的问题进行迂回。使被讯问人在放心的情况下对这些问题作出交代。

由于这些问题在表面上同被讯问人的犯罪事实没有联系，被讯问人对说出这些事实就会放宽心，毫无顾忌。这就为讯问人员讯清这些问题提供了保证。只要讯问人员迂回的方法得当，不使被讯问人摸到讯问人员讯清这些问题的意图，就能促使被讯问人如实地说出这些问题的事实，从而实现迂回的任务。

围绕与被讯问人犯罪事实在表面上没有联系的问题进行迂回，在迂回的过程中要做到以下几点：

（1）要明确讯清的问题

讯问人员要明确讯清的与被讯问人犯罪事实在表面上没有联系的问题有哪些事实，也就是要明确讯清什么事实。只有这样，才有可能讯清需要讯清的事实。如果讯问人员对需要讯清的问题不明确，那么，讯问就会毫无目标，所讯清的事实就不会是与被讯问人的犯罪事实具有内在联系或是认定被讯问人犯罪事实依据的事实。这样，这个迂回就毫无意义。因此，围绕与被讯问人犯罪事实在表面上没有联系的问题进行迂回，首先要明确需要讯清的问题。

（2）先要顺着被讯问人的心理向被讯问人提出问题

在迂回开始的时候，讯问人员先要顺着被讯问人的心理，以不刺激的措辞向被讯问人提出问题。只有这样，被讯问人才有可能丧失警惕，对讯问人员的提问作出如实的回答。如果在开始的时候不顺着被讯问人的心理，以逆着被讯问人心理的措辞向被讯问人提出问题，被讯问人就会认为讯问人员是在讯问他的犯罪事实，自己的如实回答就会成为证明自己犯罪事实的证据，这样，被讯问人就不会作出回答或作出如实的回答。因此，讯问人员在迂回开始的时候，要顺着被讯问人的心理向被讯问人提出问题。

（3）对被讯问人的虚假回答在迂回中不要急于进行批驳

在迂回的过程中，被讯问人有可能对某些问题作出虚假的回答，对此，讯问人员不要急于予以批驳。如果讯问人员一见被讯问人的虚假回答就进行批驳，被讯问人就有可能对讯问人员的提问不作回答。这样，就难以暴露被讯问人的真实情况，不利于抓住被讯问人的把柄，在围歼中进行围歼。因此，对被讯问人的虚假回答在迂回中不要急于予以批驳。

通过上述方法，就有可能促使被讯问人说清这些表面上同被讯问人犯罪事实没有联系的事实情况。例如：

被害人女青年高某向公安机关报案："×日晚，我因丢失钱包被母亲痛骂后外出坐在河边散心，一住在××处的男青年亦在河边散步，见我闷闷不乐地坐在那里，便来搭讪。我因苦闷，对男青年前来搭讪也就不加拒绝。当男青年得知我因丢钱被母亲骂而苦恼时，便说'这有什么可苦恼的，钱丢了可以挣回来，我有一个项目挣钱，我帮你把钱赚回来给你母亲看看'。我说同他不认识，不好意思。他说：'一回生，两回熟，这不认识了嘛'，当他得知我还未吃饭时，他又说：'到我家里去，我们一边吃一边聊，商量赚钱的事。'我便跟他到了他的住处。他炒了菜，拿出酒，我俩边吃菜喝酒，边聊做生意的事。他不停地劝我喝酒，很快就醉了。当我醒来时，发现自己在其内间的床上，已被奸污。"高某并向公安机关提供了留有精液的物证短裤。

侦查人员根据高某提供的男青年住处，找到了这个男青年。其叫熊某。

熊某在讯问中，先是否认其奸污高某的事实，当讯问人员向其出示其遗留在高某短裤上的精液这一物证后，熊某承认自己与高某发生过性行为，但辩称："我同那女的是恋爱关系，同其发生性行为是两人在恋爱过程中的越轨行为，并不是强奸。"讯了几次，熊某坚持这一狡辩，无法突破熊某的口供。

在此情况下，讯问人员重新分析了案情，认为要突破熊某的口供，就要以证据证明其与高某不存在恋爱关系，不是恋爱过程中的越轨行为，而是以酒灌醉高某，使高某不知反抗的强奸行为。为此，讯问人员决定采取迂回围歼的讯问策略对熊某进行讯问，在迂回的过程中，围绕与熊某强奸犯罪事实在表面上没有联系的问题进行迂回，通过迂回，让熊某自己说出其以酒灌醉高某而与高某发生性行为和其与高某不存在恋爱关系的事实。然后以熊某自己说出的事实对其进行围歼，突破熊某的口供。

讯问人员是这样进行迂回的：

问："熊×，我们今天就随便聊聊吧！"

答："有什么可聊的。我说过，我同她是恋爱过程中的越轨行为，我们是在谈恋爱。"

问："那就聊聊你俩谈恋爱的事吧。"

答："那好啊！"

问："她到你家后，你们都谈了些什么？"

答："她到我家后，我一边叫她坐下，给她泡了杯茶，一边对她说：'钱丢了没关系，我们把它赚回来，我那个项目很赚钱的。你安下心来，你还没有吃饭，我先去炒两个菜，等会我们一边喝酒，一边商量如何做这个项目。'我去厨房炒了菜后，拿出一瓶酒，我俩就坐在那里边喝酒吃菜，边商量赚钱的事。她很贪杯，一杯一干。没一会，她就喝醉了，头靠在桌上，我叫了她几声，她没有回应。我见她醉倒了，觉得就这样让她头靠在桌子上不好，就把她抱到内间床上，脱下她的衣服，让她睡一会。我心想，反正我同她是在谈恋爱，早晚她是我的人，所以，我就与她发生性行为了。"

问："你刚才一直称她'她、她'的，她叫什么名字？"

答："叫什么名字？我忘掉了，叫不出来。"

问："那她今年几岁，是什么职业？"

答："这个我还真说不上来。"

问："她家住在哪里？父母是干什么的？"

答："她家住哪里，她没有告诉我，她父母是干什么的，她也没有告诉过我。"

问："你是什么开始认识她的？"

答："就是在××河边散步认识的。"

问："你那个能赚钱的是什么项目？"

答："我骗她的，我是想安慰她，所以说了一个能赚钱的项目。"

问："这些说的都是事实？"

答："都是事实。"

通过上述迂回，讯清了熊某以赚钱为名，将高某骗至其家中，以酒灌醉高某，而后对其实施奸淫和熊某与高某不存在恋爱关系的事实。

5. 围绕与被讯问人的犯罪事实有必然联系的问题进行迂回

与被讯问人的犯罪事实有必然联系的问题，有的是证明被讯问人实施了犯罪行为的证据；有的是证明被讯问人所实施的行为是犯罪行为的证据；有的是证明被讯问人在主观上具有故意的证据。因此，讯清了与被讯问人的犯罪事实有必然联系问题的事实，也就等于讯清了被讯问人的犯罪行为，或讯清了被讯问人所实施的行为是犯罪行为，或讯清了被讯问人犯罪的主观故意。因而，讯问人员对与被讯问人的犯罪事实有必然联系的问题的事实，要讯得清清楚楚。

案件经侦查，有的案件，讯问人员根据掌握的证据，认为该犯罪行为是被讯问人实施的无疑，但在被讯问人作出交代前，认定的证据不足；有的案件，根据掌握的证据，认为被讯问人所实施的行为应当是犯罪行为，但在被讯问人对与这一行为有必然联系的有关问题作出交代前，还不能确定该行为就是犯罪行为；有的案件，讯问人员已掌握了被讯问人行为事实的证据，对此，被讯问人也能作出交代。但被讯问人以种种理由辩解自己的行为不是犯罪行为，或辩解自己在主观上没有犯罪的故意。对于这些情况，讯问人员就要从与被讯问人的犯罪事实有必然联系的问题入手，并围绕这些问题进行讯问，讯清这些问题的事实，以讯清的事实来证明被讯问人实施了犯罪行为，或证明被讯问人所实施的行为是犯罪行为，或证明被讯问人在主观上具有犯罪的故意。而讯清这些问题，如果从正面直接对这些问题进行讯问，被讯问人就有可能千方百计地予以回避或隐瞒，不会作出如实的回答。因而，对这些问题的讯问，讯问人员要运用迂回围歼的讯问策略，在迂回的过程中，围绕与被讯问人的犯罪事实有必然联系的问题进行迂回，促使被讯问人对这些问题作出如实的交代。

采取迂回的方法对这些问题进行讯问，虽然较从正面直接讯问容易促使被讯问人作出如实的回答，但由于这些问题与被讯问人的犯罪事实有着必然的联系，在讯问中，如果被讯问人对讯问人员所提出的问题加以思考，其就不难发现讯问人员讯问这些问题的意图，一旦被讯问人发现了讯问人员的意图，其就不会对讯问人员的提问作出回答或作出如实的回答。因而，讯问人员在迂回过程中，要特别讲究迂回的方法，使被讯问人没有思考如何回答的时间。为此，讯问人员在迂回的过程中，就要做到以下几点：

（1）要加快讯问的节奏

讯问人员在围绕与被讯问人的犯罪事实有必然联系的问题进行迂回的过程中，要加快讯问的节奏，提高提问的频率，向被讯问人提出一个接一个的问题。讯问人员加快了讯问的节奏，那么，被讯问人回答问题的节奏也就要随之加快。这样，被讯问人就没有时间考虑如何回答讯问人员提出的问题，容易脱口而出，实话实说。如果讯问人员的讯问节奏缓慢，被讯问人就有时间考虑如何回答讯问人员提出的问题，那么被讯问人就有可能编出完整谎言对讯问人员的提问作出回答，不利于讯清要讯清的问题。因此，讯问人员要加快讯问的节奏。

（2）要从侧面向被讯问人提出问题

讯问人员对要讯清的事实，要从侧面向被讯问人提出问题，而不能直接从正面向被讯问人提出问题。从侧面向被讯问人提出问题，一方面有利于讯问人员意图的隐蔽，另一方面提出问题与被讯问人的犯罪事实没有直接的联系。这样，被讯问人在没有时间考虑的情况下，就有可能作出如实的回答。如果讯问人员从正面向被讯问人提出问题，就直接触到了其犯罪的事实。这样，被讯问人在没有时间考虑的情况下，其就不会对讯问人员的提问作出回答。因此，要从侧面向被讯问人提出问题。

（3）要责令被讯问人作出正面的回答

讯问人员在向被讯问人提出问题后，要责令被讯问人作出正面的回答。被讯问人对讯问人员提出的问题，有可能不从正面回答，对此，讯问人员要责令被讯问人作出正面的回答。责令被讯问人对讯问人员提出的问题作出正面的回答，一方面被讯问人慑于讯问人员的责令会抓紧时间作出回答，另一方面正面回答问题不会使所回答的内容产生歧义。如果讯问人员不责令被讯问人作出正面的回答，一方面被讯问人会拖沓回答讯问人员的提问，另一方面被讯问人有可能不会从正面作出回答，回答的内容会有歧义，或回答的不是讯问人员所提问的内容，这样，就会造成围歼的困难。因此，要责令被讯问人作出正面的回答。

通过上述方法，就有可能促使被讯问人说清这些与其犯罪事实有必然联系的事实情况。例如：

耿某系某工程建设指挥部指挥，因收受贿赂嫌疑被采取强制措施。案件经侦查，根据行贿人项某的交代和耿某妻子何某的证言，案件的事实经过是：耿某为指挥的工程建设指挥部负责建造一个大型工程，该工程有绿化建设项目，某园林建设公司总经理项某为了取得该工程绿化建设项目，于某日晚到耿某家，正好耿某与其妻子何某都在家，项某便请托耿某将绿化建设项目承包给他。耿某说："这个项目要招投标的，我一个人说了不算。"项某说："那请您在招投标中帮帮忙。"边说边从包中拿出十万元交给其妻子何某，便起身要离开，耿某说："拿钱不行，钱你拿回去。"项某说："一点小意思，事成后必有重谢。"边说边径直走出耿某的家门。在这个过程中，耿某并没有叫其妻子何某把钱交还给项某，也没有从妻子手中拿过钱交还给项某。而后，耿某吩咐何某将钱存入银行。项某为了取得这个项目，在送了钱后又先后两次到耿某家送烟、送酒和一次请耿某夫妇俩吃饭。

根据上述案情，讯问人员分析认为，耿某对其已收到项某十万元这一事实不会否定。因为，他知道这一事实有项某和其妻子何某作证，自己否定不了。估计耿某会以"我没有要收受项某的钱，是要把钱还给项某的，在主观上没有受贿的故意"进行辩解，来否定受贿。因为，项某在把钱递给耿某的妻子何某时，耿某说过："拿钱不行，钱你拿回去。"根据这一分析，讯问人员认为，对耿某的讯问，要讯清耿某在主观上具有受贿的故意。耿某在主观上具有受贿的故意，属于耿某的主观心理态度。由于主观心理态度是通过行为表现出来的，因而，要讯清耿某的这个问题，就要讯清耿某没有还钱的意思表示和行为的事实。而耿某对自己没有还钱的意思表示和行为的事实，其是不会从正面作出交代的，据此，讯问人员决定采取迂回围歼的讯问策略对耿某进行讯问，通过围绕与耿某没有还钱的意思表示和行为有必然联系的问题进行迂回，讯清耿某没有还钱的意思表示和行为的事实。然后，根据讯清的事实对耿某进行围歼。

对该案的迂回，讯问人员加快讯问的节奏，在以下五个问题上向耿某提出一系列的问题，责令耿某作出回答。

第一，围绕项某第一次到耿某家向耿某提出问题。

在这一迂回中，讯问人员向耿某提出了"项某第一次到你家干什么"的问题，当耿某作出"要我把绿化工程承包给他"的回答后，讯问人员提出"那你是怎么回答"的问题，当耿某作出"我说，这个项目要招投标的，我一个人说了不算"的回答后，讯问人员提出"那他怎么说"的问题，当耿某作出"项某说，那请你在招投标中帮帮忙"的回答后，讯问人员以"接着说"向耿某提出问题，当耿某作出"接着他边说边拿出十万元交给我妻子。我见状，对项某说，'拿钱不行，你拿回去'"的回答后，讯问人员向耿某提出了"项某是在什么地方把钱交给你妻子的"问题，当耿某作出"当时我们都在我家的客厅，项某是在客厅把钱交给我妻子"的回答后，讯问人员向耿某提出"你说了'拿钱不行，钱你拿回去'那他有没有把钱拿回去"的问题，当耿某作出"他说是'一点小意思'，还说事成后必有重谢，边说边离开我家"的回答后，讯问人员向耿某提出"那你有说了什么或做了什么"的问题，当耿某回答"我是想……"，未等耿某把话说完，讯问人员向耿某提出"我不是问你你当时想什么，而是问你，你有说了什么或做了什么？有，还是没有"的问题，当耿某作出"我来不及做和说"后，向耿某提出"回答有还是没有"的问题，当耿某作出"没有"的回答后，讯问人员向耿某提出"这次项某到你家的过程就是这样吗"的问题，当耿某作出"就是这样的，再没其他了，我确实说了'这个项目要招投标的，我一个人说了不算'和'拿钱不行，你拿回去'的话，其他我没说什么"的回答后，讯问人员将讯问转入下一个迂回。

第二，围绕十万元的去向向耿某提出问题。

在这一迂回中，讯问人员向耿某提出了"你们拿到项某的十万元后，是如何处置这钱的"问题，当耿某作出"我妻子把它存到银行去了"的回答后，讯问人员向耿某提出"是谁的主意"的问题，当耿某作出"是我妻子存的"回答后，讯问人员向耿某提出"我问你的是把钱存入银行是谁的主意而不是问你是谁去存的"问题，当耿某作出"项某走后，我妻子说'钱放家中不安全，明天是否把它存入银行?'我说'可以'，第二天我妻子把钱存入银行"的回答后，讯问人员将讯问转入第三个迂回。

第三，围绕项某第二次到耿某家向耿某提出问题。

在这一迂回中，讯问人员向耿某提出"项某第二次到你家是什么时间，他来干什么"的问题，当耿某作出"项某第二次到我家是这次后两个月的一天晚上，他给我送了两条中华香烟和两瓶茅台酒，站在门口递给我就走了"的回答后，讯问人员向耿某提出"你们有说过什么话"的问题，当耿某作出"他只说'这条烟给你'"的回答后，讯问人员向耿某提出"那你呢"的问题，当耿某作出"我说了句'不要客气'，没说别的"回答后，讯问人员将讯问转入第四个迂回。

第四，围绕项某第三次到耿某家向耿某提出问题。

在这一迂回中，讯问人员向耿某提出"那项某第三次到你家呢"的问题，当耿某作出"第三次离现在只有一个星期，他也是送两条香烟和两瓶茅台酒，这次他进来刚坐下，没有开口聊，他的手机响了，接了电话就起身回去了"的回答后，讯问人员向耿某提出"这次你们都没说什么"的问题，当耿某作出"我们确实都没说什么"的回答后，讯问人员把讯问转入第五个迂回。

第五，围绕项某请耿某夫妇吃饭进行迂回。

在这一迂回中，讯问人员向耿某提出"项某除了这三次到你家，你们还有什么接触"的问题，当耿某作出"他在第二次到我家后的一天，请我和妻子一起在××酒店吃过一次饭"的回答后，讯问人员向耿某提出"你们在吃饭时都说了些什么，做了些什么"的问题，当耿某作出"没说什么，他只是不断地敬我酒，让我多吃菜，时不时介绍菜的特色"的回答后，讯问人员向耿某提出"那你和妻子呢"的问题，耿某作出了"我只说'让你破费了，你客气了'，没说别的，也没有做别的，我妻子更没说什么了。我们吃好饭就走了"。

通过上述迂回，讯清了耿某受贿的主观故意。

（二）围歼的方法

围歼主要有以下方法：

1. 以法律对被讯问人进行围歼

法律是由国家制定或认可，并由国家强制力保证实施的行为规范。法律体现的是人民的意志，是惩治犯罪的一柄利剑。凡是违反法律规定的，都要受到法律的制裁，或者说，根据法律的规定认为是犯罪的行为，就要受到法律的制裁。因此，以法律对被讯问人进行围歼，是最有力的"武器"，被讯问人在法律面前毫无反抗的余地，只得束手就擒。

以法律对被讯问人进行围歼，要做到以下几点：

（1）运用的法律要针对被讯问人的犯罪行为

以法律对被讯问人进行围歼，讯问人员所运用的法律要针对被讯问人的犯罪行为，做到对症下药，矢中其的。

讯问人员以针对被讯问人犯罪行为的法律对被讯问人进行围歼，被讯问人的行为对照法律的规定就暴露了其违反这一法律的真相，根据这一法律的规定，其行为符合法律规定的犯罪特征，是犯罪的行为。这样，被讯问人就没有任何的理由和能力进行反抗，辩解自己的行为不是犯罪的行为或否认自己的行为是犯罪行为。如果讯问人员以法律对被讯问人进行围歼，所运用的法律不能针对被讯问人的犯罪行为，法律就无法与被讯问人的行为相对照，从而也就不能暴露被讯问人的行为违反法律的真相。这样，所运用的法律不仅起不到围歼的作用，反而给被讯问人逃出包围圈提供了依据。因此，以法律对被讯问人进行围歼，所运用的法律必须要针对被讯问人的犯罪的行为。

要做到所运用的法律针对被讯问人的犯罪行为，讯问人员就要根据在迂回过程中所得的被讯问人犯罪的事实情况，对照法律的规定，分析这些犯罪事实情况违反了哪一条法律，违反了该条法律的什么规定，进而确定在围歼中所要运用的法律。

（2）以对照的手法揭露被讯问人的行为违反法律的规定

以法律对被讯问人进行围歼，在围歼过程中，要以对照的手法揭露被讯问人的行为触犯了法律的规定。即将在迂回过程中所得的被讯问人犯罪的事实情况与法律规定相对照，通过对照，显露出这些事实情况与法律规定的该罪特征相符合。

讯问人员在围歼的过程中，以对照的手法将被讯问人犯罪的事实情况与法律的规定相对照，就能清楚地显露出被讯问人的行为事实符合法律所规定的构成犯罪的特征。这样，被讯问人的犯罪事实就暴露在光天化日之下，其就再也没有事实和理由进行辩解，只得束手就擒。如果讯问人员在围歼的过程中，不将被讯问人的行为事实与法律的规定相对照，就难以显露出被讯问人的行为事实符合法律所规定的犯罪特征。这样，被讯问人的犯罪事实也就无法暴露在光天化日之下，其就会寻找事实和理由对自己的行为进行辩解，从而不能使讯问人员一举擒获被讯问人。因此，在以法律对被讯问人进行围歼的过程中，讯问人员要以对照的手法揭露被讯问人的行为违反法律的规定。

要做到以对照的手法揭露被讯问人的行为违反法律的规定，讯问人员就要根据法律对该种犯罪的规定，在向被讯问人指出构成这种犯罪每一特征的同时，阐述被讯问人行为的事实，使被讯问人的行为事实与这种犯罪的特征相对应，然后论证被讯问人的行为事实符合这种犯罪的这一特征。通过这样的一一对照，证明被讯问人的行为构成这种犯罪或被讯问人的行为是犯罪行为。

（3）以被讯问人自己所说的话来证明其所实施的行为违反了法律的规定

以法律对被讯问人进行围歼，在围歼的过程中要以被讯问人自己所说的话，即事实，来证明其所实施的行为违反了法律的规定。

讯问人员在对被讯问人进行围歼的过程中，以其自己所说的事实来证明其所实施的行为违反了法律的规定。这就不仅使这种证明无懈可击，更具有证明力，而且使被讯问人"哑巴吃黄连，有苦说不出"，没有了任何辩解的理由。如果讯问人员不是以被讯问人自己所说的事实来证明其所实施的行为违反了法律的规定，被讯问人就有可能搬出其他的事实和理由来进行辩解，来否定其所实施的行为。这样，就会使围歼出现对峙的状态。从而使围歼失败。因此，在以法律对被讯问人进行围歼中，讯问人员要以被讯问人自己所说的事实来证明其所实施的行为违反了法律的规定。

要做到以被讯问人自己所说的事实来证明其所实施的行为违反了法律的规定，讯问人员在围歼的过程中，就要一一引用被讯问人所说的原话，然后根据法律的规定来论证被讯问人所说的事实符合法律规定的这种犯罪的特征，以此证明被讯问人的行为违反了法律的规定。

通过上述方法，也就实现了以法律对被讯问人进行围歼的目的。例如，我们在前面叙述的贺某受贿案，讯问人员就是以这种方法对贺某进行围歼的。

2. 以证据对被讯问人进行围歼

证据是证明被讯问人犯罪事实的依据，认定犯罪行为是被讯问人实施的或被讯问人实施了犯罪行为，讲的就是证据，只要证据确实、充分，被讯问人的犯罪也就随之被证明。因此，以证据对被讯问人进行围歼，是又一最有力的"武器"。被讯问人在证据面前就无法进行反抗，只得乖乖就擒。

以证据对被讯问人进行围歼，要做到以下几点：

（1）证据要具有极强的证明力，排除其他的任何可能性

以证据对被讯问人进行围歼，用以围歼的证据要具有极强的证明

力，排除其他的任何可能性。

用以围歼的证据具有极强的证明力，排除其他的任何可能性，这样的证据一方面铁板钉钉地证明了被讯问人实施的犯罪事实，另一方面被讯问人拿不出任何的事实和理由对证据所证明的事实进行狡辩。这样，其结果就只有被讯问人束手就擒。如果用以围歼的证据的证明力不强，不能排除其他的任何可能性，这样的证据就无法证明被讯问人的犯罪事实，而且，被讯问人会千方百计地以其他的事实和理由对证据进行狡辩，辩得证据可以证明这样的事实，也可以证明那样的事实；可以证明是被讯问人实施的犯罪事实，也可以证明是另外的人实施的犯罪事实。这样，就使证据失去了作用，无法对被讯问人进行围歼。因此，用以围歼的证据要具有极强的证明力，排除其他的任何可能性。

要使用以围歼的证据具有极强的证明力，排除其他的任何可能性。这种证据要具有只有这种行为才能造成这种结果和这种行为只有被讯问人才能实施的证明力。

（2）要以证据向被讯问人质疑问难

以证据对被讯问人进行围歼，讯问人员在向被讯问人出示证据后，要以证据向被讯问人质疑问难。

以证据向被讯问人质疑问难，由于用以围歼的证据具有极强的证明力，排除其他的任何可能性，被讯问人对于讯问人员的诘责就无法做出其他的回答，这样，就使被讯问人处于被动挨打的境地，从而一举歼灭被讯问人。如果仅向被讯问人出示证据，而不以证据向被讯问人质疑问难，就等于没有对被讯问人进行围歼。因此，以证据对被讯问人进行围歼，在出示证据后，要以证据向被讯问人质疑问难。

（3）要"拉"被讯问人一把

以证据对被讯问人进行围歼，在向被讯问人出示证据和以证据向被讯问人质疑问难后，要"拉"被讯问人一把。

被讯问人经讯问人员出示证据和以证据质疑问难后，其知道自己的犯罪事实已被讯问人员掌握的证据所证实，自己的退路已被自己在前面所说的话堵死，抗拒下去已没有任何的意义，只有得到从重的处理。此时讯问人员"拉"被讯问人一把，就有可能把被讯问人"拉"到"坦白从宽"的道路上来。如果此时讯问人员不"拉"被讯问人一把，而是继续进行围歼，就有可能把被讯问人围歼到绝路上去，来个破罐子破摔。因此，讯问人员还要"拉"被讯问人一把。

通过上述方法，也就实现了以证据对被讯问人进行围歼的目的。例如：

我们在前面叙述的骆某杀未婚妻左某案，讯问人员通过对现场的勘验和被害人左某尸体的检验，掌握了左某是被作案人以外力作用掉下路坎，其在掉下路坎的一刹那，右手本能地抓住路边的茅草，作案人用脚猛踩左某抓住茅草的右手，致左某松开抓茅草的手而掉入水潭淹死。侦查人员收集到了水潭上面路边的茅草有被人抓过和用脚踩过的痕迹，茅草上留有左某的血迹、左某的右手手掌有被茅草割破的痕迹、右手背被钝器猛击、掌骨骨折的痕迹等证据。讯问人员围绕作案人的作案经过进行迂回，通过对骆某的迂回讯问，讯清了左某从被害前的当天下午五时接骆某电话后，至晚十一时掉入水潭被淹死的六个小时时间里，自始至终只有骆某一人在左某身边的事实。讯问人员在完成迂回的任务后，根据现场勘验、尸体检验所收集到的证据和迂回过程中讯清的事实情况，便以证据对故意杀人犯罪嫌疑人骆某进行了围歼。通过围歼，迫使骆某交代了杀死左某的犯罪事实。

讯问人员是这样以证据对骆某进行围歼的：

问：（当骆某回答"没有别人，就我和左某在一起。是她自己掉到水潭里去的"后，讯问人员紧接上骆某的话）"不！她是受他人的外力作用掉到水潭里去的！也就是说，她是被人故意杀死的！"

答："这不可能，是我亲眼看见她打了一个踉跄，没站稳掉下去的。"

问："什么不可能！我有证据！经现场勘验，一是水潭上坎较开阔处的坦里只长有茅草，没有其他东西；二是在这较开阔处地里的茅草有被人用脚踏过的痕迹；三是在脚踏过再往外临近坎的一丛茅草有被人用手抓过和用脚踩过的痕迹，茅草上留有血迹，经检验是左×的血迹。经对左×的尸体检验，一是其右手手掌有被茅草割破的痕迹；二是其右手背有被钝器猛击，造成掌骨骨折的痕迹。这是我们通过现场勘验和尸体检验收集到的证据。"

讯问人员在向骆某出示了上述证据后，继续说：

"根据上述证据，证明了左×是受他人的外力作用致其掉入水潭而死的这样一个事实。"

答："这只不过是你的想象，不是事实。"

问："那你来说，根据我向你出示的证据，你说是一个什么事实！"

答："她掉下水潭的事实我刚才说过了。"

问："那我问你，现场连一块石头都没有，那你俩是坐在哪一块石头上？"

答："这……"

问："就按你说的，就算有一块石头，你俩坐在石头上，她站起来站得过猛，打了一个趔趄站不稳掉下去了，那我问你：那丛被左×抓过的茅草为什么留有被人用脚踩过的痕迹？左×抓住茅草的右手背为什么会留有被钝器猛击、造成掌骨骨折的痕迹？"

答："我怎么会知道？"

问："你肯定知道！你不是在现场吗？你不是说过就你和左×在一起吗？你不是说过在左×没站稳扑向坎外时，你用手去拉，但没有拉住就掉到水潭里去了吗？如果你说的是事实，那左某的右手为什么会有被茅草割破的痕迹！其右手背为什么会有被钝器猛击的痕迹！其右手背掌骨为什么会骨折！你解释给我听听！"

骆某面对讯问人员的质问，无言以对。

问："说吧！左×掉水潭里是一个什么事实经过。现在说清，还有一个主动交代从宽处理的条件，否则，连这个从宽处理的条件都没有了。"

通过上述以证据对骆某进行围歼，迫使骆某交代了杀死左某的犯罪事实。

3. 以被讯问人的行为对被讯问人进行围歼

行为的表现形式有作为与不作为两种。作为是指以积极的行为去做禁止做的情况；不作为是指以消极的行为不去做应该做的情况。

被讯问人的犯罪，无论是客观方面的，还是主观方面的，都是由其行为表现出来的。也就是说，被讯问人的犯罪是由被讯问人的行为决定的。一旦被讯问人所实施的行为是刑法所禁止的危害社会的行为或刑法规定被讯问人应当做而不去做的行为，被讯问人的犯罪事实也即告成立。有的行为虽然不是刑法所禁止的危害社会的行为或不是刑法规定被讯问人应当做而不去做的行为，但由于其同被讯问人的犯罪具有必然的内在联系，因而，通过这些行为能够证明被讯问人犯罪的客观方面或主观方面。一旦被讯问人具有这些行为，被讯问人的犯罪事实也即被证明。因此，以被讯问人的行为对被讯问人进行围歼，是非常有效的一种方法。被讯问人在其行为面前就束手无策，只有就擒的份儿。

以被讯问人的行为对被讯问人进行围歼，在围歼中要做到以下几点：

（1）要以被讯问人自己所说的话向被讯问人摆出其行为

以被讯问人的行为对被讯问人进行围歼，讯问人员在围歼的过程中，要以被讯问人自己所说的话向被讯问人摆出其行为。

以被讯问人自己所说的话向被讯问人摆出其行为，被讯问人对其自己所说的行为就无法进行辩解。这样，就更能起到围歼的威力。如果讯问人员不是以被讯问人自己所说的话向被讯问人摆出其行为，被讯问人对讯问人员摆出的行为就会进行辩解或否认。这样，就起不了围歼的作用。因此，讯问人员要以被讯问人自己所说的话向被讯问人摆出其行为。

（2）要以被讯问人的行为论证被讯问人的犯罪事实

以被讯问人的行为对被讯问人进行围歼，讯问人员要以被讯问人的行为论证被讯问人的犯罪事实。

以被讯问人的行为论证被讯问人的犯罪事实，就使论点明确、论据充分、论证周密。这样，就似一条绳索紧紧地捆绑住被讯问人，使之无法脱逃。如果讯问人员不以被讯问人的行为论证被讯问人的犯罪事实，就使论证显得牵强附会，从而无法捆住被讯问人。因此，讯问人员要以被讯问人的行为论证被讯问人的犯罪事实。

（3）要对被讯问人进行教育

以被讯问人的行为对被讯问人进行围歼，讯问人员还要对被讯问人进行政策、法律的教育。

讯问人员在以被讯问人的行为对被讯问人进行围歼的过程中，以政策、法律对被讯问人进行教育，就使被讯问人看到了自己的出路。这样，被讯问人在政策、法律的感召下就有可能对犯罪事实作出如实的交代。如果讯问人员不对被讯问人进行政策、法律教育，被讯问人就看不到出路。这样，被讯问人就有可能破罐子破摔，拒绝对犯罪事实作出交代。因此，还要对被讯问人进行政策、法律教育。

通过上述方法，也就实现了以被讯问人的行为对被讯问人进行围歼的目的。例如：

我们在前面叙述的耿某受贿案。讯问人员通过围绕与耿某受贿事实有必然内在联系的问题迂回，讯清了耿某的以下行为：一是耿某收下了请托人项某送到其家的十万元；二是耿某虽同项某说过"拿钱不行，钱你拿回去"的话，但在项某离开耿某家时，耿某既没有把钱要归还项某的意思表示，也没有把钱归还项某的行为；三是耿某同意将收下的十万元存入银行；四是耿某在这以后项某先后两次到耿某家，耿某既没有向项某表示要归还十万元，也没有把钱归还项某的行为；五是在项某请耿某夫妇吃饭的整个过程中，耿某既没有提起要归还十万元，也没有归还给项某的行为。讯问人员通过迂回，掌握了耿某的上述行为后，便以耿某的上述行为对耿某进行围歼，通过围歼，突破了耿某收受贿赂的口供。

讯问人员是这样以耿某的行为对耿某进行围歼的：

问："那好，你现在把收受项某贿赂的问题详细地讲清楚。"

答："我这不是收受项某的钱。项某把十万元钱递给我妻子时，我当场就说：'拿钱不行，钱你拿回去。'我是要把钱还给他的，只是没有时间，还没有归还而已。我根本就没有收受这十万元的故意，这怎么能说我收受了这十万元贿赂呢？"

问："你虽在项某将钱递给你妻子时，你说过：'拿钱不行，钱你拿回去'的话，但你仍具有收受这十万元贿赂的主观故意。因为，主观故意并不是承认有主观故意就有主观故意，不承认就没有主观故意，而是通过客观行为表现出来的。你的行为表现出了你具有收受这十万元贿赂的主观故意。

"第一，你在说'拿钱不行，钱你拿回去'时，既没有叫你妻子把钱还给项某，也没有从你妻子手中拿过钱还给项某。你的这一行为表明你要收下这十万元。你如果不想收下这十万元，是要还给项某的，为什么当时不叫你妻子把钱还给项某或你自己从你妻子手中拿钱还给项某！

"第二，在项某离开你家时，你没有把钱还给项某的意思表示和把钱还给项某的行为。你刚才在回答我'那你说了什么或做了什么'的提问时，你不是作了'没有'的回答吗！你的这一行为再次表明你要收下这十万元。否则，你为什么不趁项某离开你家时把钱还给他！

"第三，项某离开你家后，你同意把这十万元存入银行。你刚才在回答我'是谁的主意把钱存入银行'的提问时，你不是作了'项某走后，我妻子说"钱放家里不安全，明天是否把钱存入银行"我说"可以"'的回答吗！你的这一行为更表明你要收下这十万元。否则，你为什么同意把钱存入银行！要还别人的钱怎么存银行！

"第四，你收下项某的钱后，项某曾先后两次到你家，你有机会把钱还给项某，而你却没有把钱还给项某的行为。你刚才在回答我项某第二次到你家'你们有说过什么话'的提问时，你不是作了'项某只说这条烟给你，我只说了句不要客气，没有别的'回答吗！你刚才回答我项某第三次到你家'你们这次都没说什么'的提问时，你不是作了'我们确实都没说什么'的回答吗！你这两次的行为都证明你要收下这十万元钱。否则，你有机会还钱，为什么不说还钱的事，为什么不把钱还给项某！

"第五，在项某请你和妻子吃饭的过程中，你有把钱还给项某的机会，而你却没有把钱还给项某。你刚才回答我'你们在吃饭时都说了什么或做了什么'的提问时，你不是作了'没说什么，他只是不断地敬我酒，让我多吃菜，时不时介绍菜的特色，我只说让你破费了，你客气了，没说别的，也没有做别的，我妻子更没说什么了，我们吃好饭就走了'的回答吗！你的这一行为亦表明你要收下这十万元。否则，你有机会还钱，为什么不说还钱的话，为什么不做还钱的事！

"以上所述的你五个方面的行为，足以证明你要收下这十万元，具有收受贿赂的故意。"

问："根据刑法理论，主观故意是通过客观行为表现出来的。也就是说，有无主观故意是由客观行为决定的，并不是凭人说有就有，说没有就没有的。那你自己说，你除了当项某将这十万元钱递给你妻子时，你说了句'拿钱不行，钱你拿回去'，你有哪些行为表现出你不要这十万元，不具有受贿的故意？"

耿某哑口无言。

接着讯问人员对耿某进行了教育，促使耿某交代了受贿的事实。

第六章

制造错觉

一、制造错觉策略的概念、作用和运用的基本要求

为了更深刻地阐明制造错觉策略的概念、作用和运用的基本要求，我们先来看一个案例。

某村村民陈某于某日晚路过村外小路时，见前面有人影闪动，听到有人呼救，便快步向前，见同村刘某被刀砍得浑身是血，躺在路上，其见状大喊，村民闻声赶来，见到刘某未死，便将刘某送往医院抢救。刘某终因伤势过重，经抢救无效于次日下午死亡。

经侦查，被害人刘某的邻居金某有重大嫌疑，侦查人员于案发的次日上午将犯罪嫌疑人金某抓获归案，下午其被押送到派出所暂押，由相关人员看守。金某刚被暂押，就向看守的相关人员探听被害人刘某的情况："派出所怀疑是我杀的刘×，我真是冤枉。听说他还活着，昨晚就被送往医院抢救，活着就好，他知道是谁杀的他，我就不会受冤枉了。如果他死了，真讲不清了。我没有杀他，如果是我的话，我为什么不把他杀死？派出所肯定是弄错了。"并先后探听了几次。

讯问人员经对金某探听被害人是死还是活的情况分析认为，金某之所以探听被害人是死还是活的情况，是因为被害人刘某是金某最为担心的人。并认为，被害人刘某的情况如何，直接影响到金某对犯罪事实交代的态度：如果被害人刘某还活着，在金某看来，其罪行相对要轻些，但被害人刘某一定会向公安机关陈述其被害的事实经过，指认是自己杀他。这样，金某就容易交代杀刘某的事实；如果被害人刘某已经死亡，在金某看来，其罪行就严重，但死无对证。这样，金某就会抗拒交代杀刘某的事实。现在被害人刘某已经死亡，但金某尚不知道刘某已经死亡。讯问人员为了能顺利地突破金某杀人的口供，决定运用制造错觉的讯问策略对金某进行讯问，制造出刘某还活着，已向讯问人员陈述了其被害经过的假象，使金某信以为真，促使金某对杀人的犯罪事实作出交代。

讯问人员是这样运用制造错觉的讯问策略对金某进行讯问的：

根据事前的精心设计，犯罪嫌疑人金某被提到审讯室（派出所办公室），讯问人员开始对金某进行讯问。但金某气焰嚣张，要讯问人员拿出证据，拒不供认杀人的犯罪事实。讯问进行到半个小时后，电话铃响了起来，主审拿起电话，不耐烦地说了一声"这里正忙着"，便挂断了电话。接着，电话铃又响了起来，主审又拿起电话："不是跟你说过吗！这里正忙着！"主审正要挂断电话时突然惊异地一声："哟，是医院的张院长啊！您说。"接着，主审又惊喜地说："醒了？好！好！太好了！我马上就到。"主审放下电话，急促地说："把金×押回关押室，严加看管，老张来负责，小朱跟我走。"金某被押回关押室，主审和小朱推着自行车风风火火地出了大门。一个多小时后，主审和小朱回到了派出所。金某再次被提到了审讯室。

讯问重新开始。

问："你现在还敢说要我们拿出证据来？"

主审边说边从包中取出"询问笔录""材料"，放在桌上，并用手拍拍材料。

金某不语，显然已没有了刚才的神态。

问："说吧！抗拒已没有任何的意义了，只有从重处理的结果了。现在说清楚还可以有一个交代态度好从轻处理的条件。如果等我们把证据公开地向你摆出来，你就没有从轻处理的条件了。"

讯问人员边说又边拍拍放在桌上的"询问笔录""材料"。

金某沉默一会儿，交代了用菜刀杀刘某的全过程，并交代了杀人的动机和凶器菜刀的匿藏地点。

上例金某故意杀人一案，在被害人刘某已被害致死的情况下，讯问人员根据被讯问人金某尚不知道被害人刘某已死的情况，运用制造错觉的讯问策略对金某进行讯问，制造出刘某并未被害致死，经抢救苏醒过来，向讯问人员陈述了其被害的事实经过的假象，使被讯问人金某信以为真，形成错觉，从而作出错误的判断，即认为讯问人员已掌握了其杀刘某的事实和证据，进而作出认为有利于自己的行动，即对杀刘某的犯罪事实作出如实的交代。

（一）制造错觉策略的概念

所谓制造错觉，是指讯问人员在讯问中以语言、动作或其他的手段制造出当时尚不存在或不是这样的现象，使被讯问人信以为真，作出错误的判断，从而促使被讯问人对犯罪事实作出交代的一种讯问策略。

制造错觉策略的概念有以下几点：

1. 这种现象是讯问人员有意制造出来的

这种现象在当时是尚不存在的或不是这样的，是讯问人员有意制造出来的，也就是讯问人员有意把无的装扮成有的，把这样的装扮成那样的，把那样的装扮成这样的，把假的装扮成真的，把虚的装扮成实的。

2. 这种现象是以语言、动作或其他手段制造出来的

这种在当时尚不存在或不是这样的现象，是讯问人员以语言，或以动作，或以其他手段制造出来的。

3. 制造出来的现象同真实的情况是一样的

讯问人员通过以语言、动作或其他手段制造出来的这种在当时尚不存在或不是这样的现象，同真实的情况是一样的，完全能够以假乱真，被讯问人丝毫觉察不到它的虚假，没有任何的怀疑。

前例中，讯问人员所制造的被害人刘某没有死，向讯问人员陈述了其被害经过这一不是这样的现象，同被害人刘某真的没有死，真的向讯问人员陈述了其被害的经过是一模一样的。

4. 被讯问人对制造出来的现象信以为真

由于这种制造出来的在当时尚不存在或不是这样的现象同真实的一模一样，使被讯问人产生了错觉，作出了错误的判断，认为这就是真实的。

前例中，讯问人员所制造的这一现象，使犯罪嫌疑人金某确信被害人刘某没有死，已向讯问人员陈述了其被害的经过，讯问人员已收集到自己故意杀人的犯罪证据。

5. 促使被讯问人作出认为有利于自己的选择

被讯问人在错觉的作用下，其面对现实进行权衡利弊，在趋利避害、趋吉避凶心理的支配下，作出认为有利于自己的选择。

前例中，犯罪嫌疑人金某确信讯问人员已收集到其故意杀人的犯罪证据，其面对讯问人员已收集到其故意杀人的犯罪证据这一现实，对利弊进行权衡，如果抗拒交代必然得到从重的处罚；如果如实作出交代，就可以得到从轻的处罚。其在趋利避害心理的支配下，对故意杀害刘某的犯罪事实作出了如实的交代。

（二）制造错觉策略的作用

制造错觉策略的作用是重大的，它对于促使被讯问人作出失误的对策、突破尚未掌握证据的案件、攻被讯问人没有防备、分化瓦解被讯问人和深挖被讯问人的余罪都具有重大的作用。

1. 有利于促使被讯问人作出失误的对策

讯问的成功，不仅需要讯问人员的讯问方法得当、巧妙，而且需要被讯问人的对策失误。如果被讯问人对付讯问的对策正确得当，没有失误，尽管讯问人员的讯问方法得当、巧妙，讯问也是难以取得成功的。而被讯问人作出失误的对策，又取决于讯问人员的讯问方法得当、巧妙。也就是说，讯问人员讯问的方法不得当、巧妙，被讯问人是不可能作出失误的对策的。

制造错觉的讯问策略指导着讯问人员在讯问中以向被讯问人制造出在当时尚不存在或不是这样的，而表面上却与真实情况一模一样的假象的方法对被讯问人进行讯问，使被讯问人对讯问人员制造出来的假象产生错觉，作出错误的判断，误认为这就是真实的情况。被讯问人在将假象视为真相的情况下，其就会根据讯问人员制造出来的这一假象的情况，作出其对付讯问人员讯问的对策。由于被讯问人的对策是根据虚假的情况作出的，那么，其所作出的对策也无疑是失误的，不可能是正确的。而被讯问人的失误对策正是讯问人员所需要的，是讯问人员取得讯问胜利的关键所在。因此，制造错觉的讯问策略，有利于促使被讯问人作出失误的对策。

2. 有利于突破尚未掌握证据的案件

经侦查，有的案件只收集到被讯问人犯罪的细小的间接证据，不能证明被讯问人的犯罪事实；有的案件只收集到被讯问人犯罪的表面的证据，但不清楚该表面证据同被讯问人的犯罪事实具有怎样的联系；有的案件只发现被讯问人犯罪的疑点，根据分析，被讯问人是作案人无疑，但没有收集到其犯罪的证据；等等。对这些案件，需要通过对被讯问人的讯问，促使被讯问人对犯罪事实作出交代来突破案件。

而使被讯问人对犯罪事实作出交代，并不是一件容易的事，不是讯问人员叫他交代他就能交代的，也不是对被讯问人进行政策攻心和空洞的理论说教其就能交代的。对绝大多数的被讯问人来说，只有其认为自己的犯罪已经败露，讯问人员已经收集到自己犯罪的证据，自己不交代过不了这一关，讯问人员照样可以根据法律的规定认定自己有罪和作出对自己的从重处罚，才有可能对犯罪事实作出交代。这就需要讯问人员在讯问中向被讯问人出示证据，使被讯问人感到讯问人员已掌握其犯罪确实、充分的证据，促使被讯问人在证据面前，为得到从宽的处理，对犯罪事实作出交代。

问题来了，讯问人员一边是收集到被讯问人犯罪的证据极为有限或根本就没有收集到其犯罪的证据，一边是要向被讯问人出示证据，使被讯问人感到讯问人员已掌握其犯罪确实、充分的证据，而且是必需的。如何解决这个矛盾，向被讯问人出示证据，就成了摆在讯问人员面前的一个难题。

在这种情况下，解决这个难题的办法就只有一个，那就是以虚示证据的方法向被讯问人出示尚未收集到的证据，使被讯问人感觉到讯问人员所虚示的证据是讯问人员确确实实已掌握的证据。

而要使被讯问人感觉到讯问人员所虚示的证据是讯问人员确确实实已掌握的证据，讯问人员就要制造已掌握这一证据的情景，把未掌握这一证据装扮成已掌握了这一证据，使被讯问人产生错觉。这样，被讯问人就会在错觉的作用下，作出错误的判断，对讯问人员所虚示的证据信以为真，感觉到讯问人员已掌握了其犯罪确实的证据。进而使被讯问人感到，自己如果不对犯罪事实作出交代，不仅已毫无意义，而且失去从轻处罚的条件，要被从重处罚，从而促使被讯问人对犯罪事实作出交代。因此，运用制造错觉的策略对被讯问人进行讯问，有利于突破尚未掌握证据的案件。

3. 有利于攻被讯问人的没有防备

"攻其无备，出其不意"是《孙子兵法》的一句名言，也是用兵作战"诡道"战法的核心所在和根本原则。这一核心所在和根本原则同样适用于讯问。

讯问是讯问人员与被讯问人之间展开的一场战斗。在这场战斗中，讯问人员如果能攻被讯问人的没有防备，攻击被讯问人意想不到的地方，就能迅速地制服被讯问人，取得讯问的胜利。而被讯问人没有防备、意想不到的地方，绝大多数是需要讯问人员去创造的。通过讯问人员的创造，使被讯问人感到讯问人员不是要向这个地方发动进攻，而是要向那个地方发动进攻，从而使被讯问人放松对这个地方的防备或对这个地方不作防备。这样，讯问人员突然对这个被讯问人放松防备或不作防备的地方发起进攻，就能打被讯问人一个措手不及。

运用制造错觉的讯问策略对被讯问人进行讯问，制造攻击目标上的错觉是运用这种讯问策略的主要方法之一。在讯问中，讯问人员制造出对真正要攻击的目标不予攻击，而是对另一目标实施攻击的情景。这样，被讯问人就对讯问人员的进攻目标产生了错觉，认为讯问人员要攻打的是讯问人员正在实施攻击的目标，从而对讯问人员真正要攻击的目标放松了防备或不作防备。此时，讯问人员对被讯问人放松了防备或不作防备的目标发起突然的袭击，就能使被讯问人措手不及，被动挨打，毫无反抗的能力。

4. 有利于深挖余罪，挤清被讯问人的油水

许多被讯问人不只是实施了此次犯罪，除了此次犯罪外，还实施了

与此次犯罪相同性质的犯罪或不同性质的犯罪。而讯问人员只掌握被讯问人的此次犯罪，对其他犯罪仅是一种怀疑，并未掌握被讯问人的其他犯罪。在被讯问人对此次犯罪作出交代后，讯问人员就要深挖被讯问人的余罪，挤清被讯问人的油水，扩大战果。

而要深挖被讯问人的余罪，就要有深挖余罪的方法，使被讯问人感觉到讯问人员已掌握了其余罪的事实和证据。只有这样，被讯问人才有可能对余罪作出交代，从而有可能挤清被讯问人的油水，扩大战果。否则，被讯问人是不会对余罪作出交代的。这就需要讯问人员向被讯问人出示已掌握其余罪的证据。

问题又来了，一边是要向被讯问人出示已掌握其余罪的证据，一边是讯问人员并未掌握其余罪的证据，而只是一种怀疑。在此种情况下，讯问人员就要制造出已掌握的被讯问人余罪的证据向被讯问人出示，使被讯问人感觉到讯问人员已掌握其余罪的证据，促使其对余罪作出交代。

在讯问中，讯问人员运用制造错觉的讯问策略，对掌握被讯问人余罪的证据的假象进行制造。制造出讯问人员已掌握其余罪的证据的假象，使之与真实掌握的情况一样。从而使被讯问人对讯问人员制造出来的已掌握其余罪的证据的假象产生错觉，作出错误的判断，认为讯问人员已真的掌握了其余罪的证据，促使其对余罪作出交代，达到深挖的目的。因此，运用制造错觉的讯问策略对被讯问人进行讯问，有利于深挖余罪，挤清被讯问人的油水。

（三）制造错觉策略运用的基本要求

运用制造错觉的策略对被讯问人进行讯问，事实上是以诡诈的手段对被讯问人进行讯问，是一种"诡道"战术，即制造假象，变假为真，陷其于错觉。虽然运用这种策略对被讯问人进行讯问，对于突破被讯问人的口供具有重大的作用，但是，由于这种策略是一种"诡道"，如果运用不当，不仅会暴露"诡道"的真相，不能突破被讯问人的口供，而且，这种策略就会变成欺骗，涉嫌以欺骗手段对被讯问人进行讯问，违反了法律的规定。因此，为使制造错觉的策略能起到真正的作用和不违反法律的规定，在运用中要做到以下几点：

1. 制造假象的意图要隐蔽

所谓制造假象的意图要隐蔽，是指讯问人员在运用制造错觉的策略对被讯问人进行讯问的过程中，要隐蔽自己是在制造假象和制造这种假象是为了给被讯问人产生错觉，促使被讯问人在错觉的作用下对犯罪事实作出交代的讯问意图。

被讯问人经讯问人员运用制造错觉的策略的讯问，其之所以会对讯问人员给其制造的假象造成错觉，作出错误的判断，从而在错觉的作用下对犯罪事实作出交代，就是因为其不知道讯问人员所制造的是假象，给其示以这种假象是为了造成其错觉，促使其视假为真而对犯罪事实作出交代这一意图。如果被讯问人知道讯问人员制造的是假象，知道了讯问人员是出于这一意图而制造假象，那么，被讯问人就明确地知道了讯问人员向其出示的是假象，也就不会产生错觉，作出错误的判断，信以为真。这样，制造错觉的讯问策略也就彻底地露了馅，不仅不能造成被讯问人的错觉，促使其在错觉的作用下对犯罪事实作出交代，而且使被讯问人知道了讯问人员的底细，从而坚定其抗审的决心。因此，讯问人员以制造错觉的策略对被讯问人进行讯问，必须要隐蔽好自己的意图，只有这样，才有可能使被讯问人产生错觉。

要隐蔽好自己的意图，讯问人员在运用这一策略中就要做好以下几点：

（1）要围绕隐蔽意图规范言谈、控制表情和表现态度

讯问人员在运用这一策略前、过程中和之后都要围绕隐蔽意图规范好自己的言谈、控制好自己的表情和表明好自己的态度。该说什么话，不该说什么话，该这样说，不该那样说，该从这个角度说，不该从那个角度说，都做到严格的规范；该以什么表情，不该以什么表情，在此时要以什么表情，在彼时又要以什么表情，说这句话要以什么表情，说那句话又该以什么表情，都做到严格的控制；该以什么态度，不该以什么

态度，在此时要以什么态度，在彼时又要以什么态度，说这句话要以什么态度，说那句话又要以什么态度，都做到严格的表现。不要让自己的言谈、表情和态度暴露了自己的意图。

（2）要在制造错觉的本身上、过程上、手段上下功夫

讯问人员运用这一策略对被讯问人进行讯问，要在制造错觉的本身上、过程上、手段上下功夫，讲究制造错觉的本身、过程、手段，不要让制造错觉的本身、过程、手段暴露了自己的意图。对此，在接下来的论述中将进行较为详细的论述。

2. 制造假象的本身要客观

所谓制造假象的本身要客观，是指制造出来的这个假象本身在实际中是客观存在的，而只是在此时不存在，并不是在实际中就是根本没有，纯属子虚乌有。

被讯问人作为犯罪嫌疑人，是犯罪行为的实施者，其经历了实施犯罪行为的全过程。因而，他对自己实施了什么样的犯罪行为，是如何实施犯罪行为的，在实施犯罪行为的过程中有无留下主观知觉痕迹和客观物质痕迹，在什么地方留下主观知觉痕迹和客观物质痕迹，留下什么样的主观知觉痕迹和客观物质痕迹，最为清楚；他对自己有哪些地方能够成为讯问人员的进攻目标，亦最为清楚。正因如此，讯问人员制造的这个假象本身，只有在实际中是存在的，而不是子虚乌有的，创造出来的这个假象才有可能使被讯问人信以为真，从而产生错觉。如果讯问人员制造的这个假象本身在实际中根本就是没有的，是讯问人员凭空臆造的，那么，被讯问人可能一眼就能明确这是虚假的，是讯问人员故意虚构的，是根本不存在的。这样，被讯问人不仅不会信以为真，产生错觉，而且强化了抗审的心理，坚定了抗审的决心。而且，凭空臆造在实际中根本就没有的假象，就涉嫌了欺骗，违反了法律的规定。因此制造假象的本身要客观，即制造出来的这个假象本身在实际中是客观存在的。

而要使制造出来的这个假象本身在实际中是客观存在的，讯问人员

在运用这一策略的过程中，就要做到以下几点：

（1）要根据案件的具体情况寻找在实际中客观存在的情况

讯问人员要在全面掌握案件具体情况的基础上，通过对作案的起因、时间、地点、经过、手段、作案工具、赃物，对接触到的人、物等的分析，寻找出哪些是虽未掌握，但在实际中客观存在的情况，以实际中客观存在的情况为模本，制造出与实际中客观存在的情况一模一样的假象。

（2）要根据被讯问人的具体情况寻找最能使被讯问人相信的在实际中客观存在的情况

讯问人员要在全面掌握被讯问人具体情况的基础上，通过对被讯问人的性格、阅历、认知能力的分析，找出最能使被讯问人相信的那些虽未掌握，但在实际中客观存在的情况，以被讯问人最能相信的实际中客观存在的情况为模本进行制造，制造出与实际中客观存在的情况一模一样的假象。

3. 制造假象的过程要合理

所谓制造假象的过程要合理，是指制造假象的经过要顺理成章。

任何事物都是经过一个顺理成章的过程合乎规律地形成的，这个过程不顺理成章是不可能形成某一事物的。假象的形成也不例外。制造假象的过程只有做到顺理成章，才有可能使制造出来的假象与真实的情况一样，从而才有可能使被讯问人感觉到情况确实是这样的，进而将这种制造出来的假象信以为真，产生错觉，作出错误的判断。如果讯问人员制造假象的过程做得不顺理成章，制造出来的假象就会让被讯问人看出破绽。这就等于在告诉被讯问人，这个情况是假的，是讯问人员伪造的，并不是真实的情况。这样，制造错觉的策略不仅不能制造出使被讯问人信以为真的假象，反而会进一步强化被讯问人的抗审心理。因此，制造假象的过程一定要做到顺理成章。

而要使制造假象的过程做到顺理成章，讯问人员在运用这一策略制造假象的过程中，就要注意做到以下几点：

（1）制造什么假象要选得准

讯问人员在制造假象的过程中，首先在制造什么假象的问题上，要选准所要制造的假象，只有选准了所要制造的假象，制造出来的假象才能顺理成章，从而才有可能使被讯问人信以为真。如果讯问人员制造的假象选得不准，就无法制造出顺理成章的假象。因此，在这个过程中，讯问人员首先要选准所要制造的假象。例如，在前例中，讯问人员把制造的假象选择在被害人刘某没有被杀死，经抢救已苏醒过来，向讯问人员陈述了其被害的经过，指认杀他的人是谁这上面。这就使得制造的假象选得准。因为，被害人刘某被杀后，已被群众送往医院抢救，经医院抢救，刘某完全有可能苏醒过来，被救活。如果讯问人员把制造的假象选择在村民陈某向讯问人员提供证言，证明刘某被杀是金某所为这上面，这就使得制造的假象选得不准，因为当晚天色很暗，陈某离刘某被杀的地点又有一定的距离，金某在陈某未到达前就已逃跑，金某知道陈某并未看见他。

（2）制造的过程要符合情理

制造假象，无论是以明示的方式制造，还是以暗示的方式制造，也无论是以言辞方式制造，还是以动作方式制造，都要使制造的过程做到符合情理。只有这个过程做到了符合情理，被讯问人才有可能信以为真。如果这个过程做得不符合情理，被讯问人一眼就能看穿这是假的，使被讯问人信以为真也就无从谈起。因此，制造的过程要符合情理。例如，在前例中，讯问人员在制造假象的过程中，在讯问了金某一定的时间后，讯问人员接到了医院张院长的电话，接着主审做了安排后，主审和民警小朱推着自行车出了大门，一个多小时后，主审和小朱回到派出所，又将金某提出来进行讯问。这一过程，使制造的假象非常符合情理。因为主审接的是医院张院长的电话，主审和小朱从离开讯问室到重新回来经过了一个多小时。在当时紧急的情况下，在一个多小时里被害人刘某向讯问人员陈述被害的经过，讯问人员制作成笔录，时间已是足够的了。如果这个过程的时间过短，就显得不符合情理。同样，如果这个过程的时间太长，也不符合情理。

4. 制造假象的手段要巧妙

所谓制造假象的手段要巧妙，顾名思义，是指制造假象的具体方法要灵活高明，超乎寻常。

制造错觉的策略是要制造出假象迷惑被讯问人，使被讯问人作出错误的判断，将假象误认为真相，信以为真。这就需要制造假象的具体方法灵活高明，超乎寻常。只有这样，才能制造出与真相一模一样的假象，以假乱真，从而，才有可能使被讯问人信以为真。如果讯问人员制造假象的具体方法笨拙而低劣，那么，就制造不出与真相一模一样的假象，也就不能迷惑被讯问人，无法使被讯问人信以为真。因此，制造假象的具体方法一定要做到高明灵活，超乎寻常。

而要使制造假象的具体方法做到高明灵活，超乎寻常，讯问人员在运用制造错觉的策略的过程中，就要做到以下几点：

（1）制造假象的手段要有迷惑性

制造假象的手段要有迷惑性，是制造假象手段巧妙的保证。可以说没有制造假象手段的迷惑，就没有制造假象手段的巧妙。

制造假象的手段是使被讯问人产生错觉的一个诱饵。这个诱饵必须具有很强的迷惑性。因为，只有迷惑的手段才能使被讯问人上当，从而，才有可能使被讯问人自愿上钩，将这个制造的假象信以为真。如果讯问人员的手段没有迷惑性或迷惑性不强，那么，就会立即引起被讯问人的警觉，其就不会上钩，不会对讯问人员制造的假象信以为真。所以，讯问人员制造假象的手段一定要有迷惑性。例如，在前例中，当电话铃响起，主审拿起电话，不耐烦地说了声"这里正忙着"，便挂断了电话。这一手段无疑具有迷惑性。当电话铃又响起来，主审拿起电话说了声更不耐烦的话："不是跟你说过吗！这里正忙着！"这一手段亦无疑具有迷惑性。当主审要挂断电话时突然惊异地一声："哟，是医院的张院长啊！"接着，又惊喜地说"醒了？好！好！太好了！我马上就到"，这一手段无疑也具有迷惑性。主审回到派出所后，在重新对金某的讯问中，主审边说"你现在还敢说要我们拿出证据来？"边从包中取出"询问笔录""材料"放在桌上，并用手拍拍材料。这一手段更具有迷惑性。通过这些迷惑的手段，使金某确信讯问人员所制造出来的假象，即讯问人员已取得了其杀人的证据。

（2）要对具体问题施以具体的制造假象的手段

制造不同的假象要以不同的具体方法制造，才有可能使制造的手段巧妙。讯问人员要根据所要制造的假象的具体情况，以具体的方法制造。只有这样，才能制造出天衣无缝的假象。因此，讯问人员在制造假象的过程中，对有的假象要以明示的方法示形，对有的假象要以暗示的方法示形，对有的假象要以明暗结合的方法示形，对有的假象要以虚实并举的方法示形，对有的假象要以语言的方法示形，对有的假象要以动作的方法示形，对有的假象要以语言和动作相结合的方法示形，等等。同时，制造的假象不能用语言直接告诉被讯问人，而是要让被讯问人自己感觉到这个制造出来的假象。

5. 制造假象后要对被讯问人辅之以教育或"拉"被讯问人一把

运用制造错觉的策略对被讯问人进行讯问，制造假象的目的是使被讯问人对讯问人员制造出来的假象信以为真，作出错误的判断，从而促使被讯问人对犯罪事实作出交代。也就是说，制造错觉的最终目的是促使被讯问人对犯罪事实作出交代。可见，制造假象只是一种手段的实施，而非目的的实现。在讯问实践中，绝大多数被讯问人并不会在讯问人员制造出假象后，其在假象面前就会对犯罪事实作出交代，而是要对假象进行分析、思考和对是否作出交代进行权衡，然后再定夺是否作出交代。正因如此，讯问人员运用制造错觉的讯问策略就不能仅仅停留在制造假象上，而应当在制造假象后，还要使被讯问人相信讯问人员所制造出来的假象是真实的和促使被讯问人对犯罪事实作出交代。为此，讯问人员在制造假象后，就要对被讯问人辅之以教育或"拉"被讯问人一把。通过对被讯问人进行教育，使之更加相信讯问人员所制造出来的假象是真实的或在讯问人员的教育下对犯罪事实作出交代；通过"拉"被讯问人一把，把他"拉"到"坦白从宽"的道路上来。如果讯问人员在制造假象后，不对被讯问人进行教育或"拉"被讯问人一把，被讯问人就有可能对讯问人员制造出来的假象持怀疑的态度或不能确信无疑和下不了决心交代。因此，在制造假象后，讯问人员要对被讯问人辅之以教育或"拉"被讯问人一把。

对被讯问人辅之以教育或"拉"被讯问人一把，要做到以下几点：

（1）根据制造的假象，对被讯问人进行有针对性的道理教育

讯问人员在向被讯问人制造出假象后，要根据假象的情况，对被讯问人进行有针对性的道理教育。通过讲道理，阐明讯问人员能够掌握被讯问人这一情况的理由。使被讯问人感到，根据这一道理，讯问人员掌握自己的这一情况也就在情理之中，从而促使被讯问人更加相信讯问人员制造出来的假象。

（2）根据制造的假象，对被讯问人进行有针对性的法律教育

讯问人员在向被讯问人制造出假象后，要根据假象的情况，对被讯问人进行有针对性的法律教育。通过以讲法律，阐明讯问人员能够掌握被讯问人这一情况的理由，使被讯问人感到，根据法律的这一规定，讯问人员掌握自己的这一情况是必然的，从而促使被讯问人更加相信讯问人员制造出来的假象。

（3）针对被讯问人下不了决心交代的心理，对被讯问人进行有针对性的政策和法律教育

讯问人员要针对被讯问人下不了决心交代的心理，对被讯问人进行有针对性的"坦白从宽，抗拒从严""宽严相济"的刑事政策和《刑法》第六十七条第三款关于如实供述可以从轻处理的法律规定的教育，促使被讯问人在政策和法律的感召下，下定决心，对犯罪事实作出交代。

（4）针对被讯问人观望等待的态度，有针对性地"拉"被讯问人一把

讯问人员要针对被讯问人观望等待的态度，以讯问人员之所以没有把证据公开地向其摆出来，是给其留一个从宽处理的条件来"拉"被讯问人一把，把其"拉"到"坦白从宽"的道路上来。

（5）针对被讯问人犯罪的客观原因，以其犯罪的客观原因"拉"被讯问人一把

对于犯罪有客观原因的被讯问人，讯问人员要针对被讯问人犯罪的客观原因，以指出其犯罪是客观原因所致，如果没有这一客观原因，其也就不会犯罪来"拉"被讯问人一把，将其"拉"到"坦白从宽"的道路上来。

二、被讯问人错觉的表现和产生的原因

（一）被讯问人错觉的表现

被讯问人的错觉主要有以下几个方面的表现：

1. 对讯问人员讯问意图的错觉

讯问人员对被讯问人的每一次讯问和每一个问题的讯问都是有意图的，有的是打算要达到这种目的，有的是想要实现那种目的，没有意图的讯问是没有的。在讯问中，讯问人员为了达到或实现自己的意图，往往都以制造假象的方法将自己的真实意图隐蔽起来，不让被讯问人察觉。被讯问人在讯问人员制造假象的作用下，对讯问人员的讯问意图产生了错觉，错误地把讯问人员的这种意图理解为那一种意图，误认为讯问人员是为了实现那种目的而对自己进行讯问的。这样被讯问人就放松了对讯问人员要达到这种目的而进行讯问的警惕性，从而使讯问人员达到讯问的目的。

2. 对讯问人员进攻目标的错觉

讯问实践证明"攻其无备，出其不意"，实乃战胜被讯问人最为有效的谋略方法。因而，讯问人员往往都以这种谋略方法对被讯问人进行讯问。在讯问中，讯问人员为了对被讯问人"攻其无备，出其不意"，其中的一种方法就是隐蔽自己进攻的目标，制造出向另一目标进攻的假象，即"声东击西"。被讯问人在讯问人员制造出的另一进攻目标假象

的迷惑下，对讯问人员的进攻目标产生了错觉，误认为讯问人员进攻的目标是制造出的假象这一目标。这样，被讯问人就放松或解除了对讯问人员真正要进攻的目标的防备，从而使讯问人员"攻其无备，出其不意"，顺利地攻破真正要攻打的目标。

3. 对讯问人员进攻路线的错觉

讯问人员讯问的进攻路线的保密是取得讯问胜利的保证。讯问的进攻路线保密，就能保证讯问沿着这条路线顺利地向纵深发展，最后到达目的地。如果这条进攻路线不保密，在进攻的过程中就会受到被讯问人制造的各种各样的阻力，就难以甚至无法到达讯问的目的。为此，在讯问的过程中，讯问人员往往都制造进攻路线的假象，以假象的进攻路线隐蔽真实的进攻路线。被讯问人在讯问人员假象的进攻路线迷惑下，对讯问人员的进攻路线产生错觉，误认为讯问人员制造出来的假象进攻路线就是讯问人员真正的进攻路线，这样，被讯问人就对讯问人员真正的进攻路线放弃了防守，从而使讯问人员顺利地沿着真正的进攻路线，在没有任何阻力的情况下，不断地向纵深发展，最后到达讯问的目的地。

4. 对讯问人员行为的错觉

在讯问中，讯问人员为了实现讯问的目的，往往都要实施一些"虚假"的行为。被讯问人在讯问人员实施的"虚假"行为的迷惑下，对讯问人员所实施的"虚假"行为产生了错觉，误认为讯问人员所实施的这些"虚假"行为就是真实的行为，从而使被讯问人在错觉的作用下作出错误的判断和行动。

5. 对讯问人员掌握证据的错觉

证据是查处案件和讯问最为重要的条件，在整个案件查处和讯问中讲的就是证据。证据是认定被讯问人犯罪事实和对被讯问人作出处罚的依据，一旦讯问人员掌握了被讯问人犯罪确实、充分的证据，被讯问人即使不作出交代，也同样要被认定有罪和作出处罚，而且要作出从重的处罚。因而，被讯问人对讯问人员掌握其犯罪的证据是最为害怕的。

大多数的犯罪，被讯问人都是在极其秘密的情况下实施的，而且在实施过程中小心谨慎，避免留下痕迹，有的对留下的痕迹进行毁灭或破坏。因而，被讯问人犯罪行为留下的主观知觉痕迹和客观物质痕迹本来就少，讯问人员能收集到的主观知觉痕迹和客观物质痕迹就更少了。鉴于此，为了使被讯问人感到讯问人员已掌握其犯罪的证据，促使其在证据面前对犯罪事实作出交代，讯问人员就要制造已掌握被讯问人犯罪证据的假象。被讯问人在讯问人员制造的已掌握其犯罪证据的假象的作用下，就有可能作出错误的判断，产生对讯问人员已掌握其犯罪证据的错觉，误认为讯问人员已确实掌握了其犯罪的证据，抗拒已无任何的意义，从而促使其对犯罪事实作出如实的交代。

被讯问人对讯问人员已掌握其犯罪证据的错觉主要有：

（1）对讯问人员已掌握其犯罪证据种类的错觉

我国《刑事诉讼法》第五十条规定"可以用于证明案件事实的材料，都是证据"，并规定了证据的种类有八种。被讯问人在讯问人员制造的已掌握其犯罪证据的假象作用下，产生了讯问人员已掌握其犯罪的某种证据或某几种证据的错觉，误认为讯问人员已掌握其犯罪的某种证据或某几种证据。

（2）对讯问人员已掌握其证据的内容的错觉

证据证明案件事实是通过证据的内容来证明的，具体的证据内容证明具体的案件事实。有的证明案件的这个事实，有的证明案件的那个事实。被讯问人在讯问人员制造的已掌握其犯罪证据的假象作用下，产生了讯问人员已掌握的其犯罪的某件证据是某一个内容，能证明其犯罪的某一事实的错觉，误认为讯问人员已掌握的证据是某一个内容，能证明其犯罪的某一事实。

（3）对讯问人员已掌握其证据的程度的错觉

证据的程度是指证据证明案件事实达到的状况，它是通过证据的数量和证据的证明力表现出来的。证据的数量充分、证明力大，证明的案件事实就硬。被讯问人在讯问人员制造的已掌握其犯罪证据的假象作用下，产生了讯问人员已掌握的其犯罪证据已达到证明其犯罪事实的某个状况的错觉，误认为讯问人员已掌握的证据已达到证明其犯罪事实的某个状况。

6. 对利害关系人的错觉

利害关系人是指与被讯问人犯罪事实的认定有着密切利害关系的人，包括被害人、同案人或对合人、证人等。

被害人、同案人或对合人、证人等被讯问人的利害关系人的现状如何，态度怎样，直接关系到被讯问人的切身利益。因而，被讯问人的这些利害关系人是被讯问人最为关注的人，也是被讯问人最为担心害怕的人。如果这些利害关系已向查案机关陈述其被害的事实经过，或供述其共同或对合犯罪的事实，或提供证言。那么，被讯问人的犯罪事实也就暴露无遗以及被讯问人员收集到其犯罪的证据；反之，被讯问人的犯罪事实也就没有暴露。在讯问中，讯问人员制造出这些利害关系人的现状、态度的假象，被讯问人在讯问人员制造出的这些利害关系人的现状、态度的假象作用下，就有可能作出错误的判断，误认为这些人已向查案机关陈述了其被害的事实经过，或供出了其与被讯问人共同或对合犯罪的事实，或对其犯罪事实已提供了证言，自己的犯罪事实已无法隐瞒。

下面分别叙述被讯问人对这些利害关系人的错觉：

（1）对被害人的错觉

被害人是被讯问人最为关心和担心、害怕的人，特别是杀人、伤害、抢劫、强奸等暴力犯罪的被害人，更为被讯问人所关心和担心、害怕。我们在前面的案例中说过，被害人的现状如何，直接影响到被讯问人交代犯罪事实的态度：如果被害人还活着，被讯问人就容易对犯罪事实作出交代。因为，被害人还活着，在被讯问人看来，其罪行相对就轻些，而且被害人一定会向查案机关陈述其自己被害的事实经过，指认自己犯罪；如果被害人已经死亡，被讯问人就不容易对犯罪事实作出交代，或者拒不交代或者把过错、责任推给被害人。因为，被害人已经死亡，在被讯问人看来，其罪行就严重，而且死无对证，被害人不可能再向查案机关陈述其自己被害的事实经过，指认自己犯罪。根据上述实际情况，对于已死亡的被害人，讯问人员制造出被害人没有死，或经医院抢救已苏醒并向查案机关陈述其被害的事实经过，指认被讯问人是对其实施侵害行为的人的假象，就有可能使被讯问人作出错误的判断，误认为被害人没有死，已向查案机关陈述被害的事实经过和指认自己的犯罪。

（2）对同案人或对合人的错觉

同案人与被讯问人共同实施犯罪行为，知道案件的全部情况、每一个细节，其所作的供述能够再现案件的原貌，直接证明被讯问人的犯罪事实。对合人与被讯问人对合实施犯罪行为，其最清楚被讯问人实施的犯罪行为，其所作的供述同样是直接证据，直接证明被讯问人的犯罪事实。因此，同案人或对合人都是被讯问人最为关心和担心、害怕的人。被讯问人关心同案人或对合人是否已经逃跑，是否已被查案机关抓获归案，在讯问中能否顶得住，是否已向查案机关作出了交代，如果已作交代，又是如何交代的，其交代的情况怎样，是全部交代还是部分交代，如果是部分交代，又交代了什么内容，是否向查案机关自首；担心、害怕同案人或对合人没有逃跑，已被查案机关抓获归案，已向查案机关自首，已经如实交代共同或对合犯罪的事实，等等。鉴于被讯问人的上述情况，讯问人员制造出同案人或对合人没有逃跑，已被查案机关传唤，或其逃跑已被抓获归案，在归案后已对共同或对合犯罪事实作出如实的交代，或已向查案机关自首的假象，就有可能造成被讯问人的错觉，从而作出错误的判断，误认为同案人或对合人已被查案机关传唤或抓获归案，或已向查案机关自首，并已如实交代共同或对合犯罪的事实，自己的犯罪事实已彻底暴露并已被讯问人员取得证据。

（3）对证人的错觉

这里的证人是指对被讯问人的犯罪提供帮助的人、无意涉被讯问人案的人和没有涉案但知道被讯问人犯罪事实的人。这些证人，有的对被讯问人的犯罪提供过帮助，其知道被讯问人的犯罪事实；有的无意涉被讯问人的案件，其也知道被讯问人的犯罪事实；有的目睹或耳闻被讯问人的犯罪，其亦知道被讯问人的犯罪事实。他们所作的证言亦是直接证据，直接证明被讯问人的犯罪事实。因而，证人同样是被讯问人最为关心和担心、害怕的人。被讯问人关心证人的现状如何，是否已被查案机关传唤，是否已向查案机关作证，提供证言，如果已提供证言，又都提供了什么内容的证言，关系到哪些方面的证言；担心、害怕证人已被查案机关传唤，已如实向查案机关提供了证明其犯罪的证言。鉴于被讯问人的上述情况，讯问人员制造出证人已被查案机关传唤，或已主动向查案机关揭发、检举，已如实向查案机关提供证言的假象，就有可能造成被讯问人的错觉，从而作出错误的判断，误认为证人已被传唤，或已揭发、检举，并已如实向查案机关提供了证明自己犯罪事实的证言。

7. 对自己隐瞒犯罪所实施的行为的错觉

被讯问人在实施犯罪行为后，往往都实施隐瞒犯罪的行为。有的与同案人、对合人或证人，甚至与被害人订立攻守同盟；有的对现场进行了破坏或伪造，破坏自己留在现场的痕迹或伪造他人作案的痕迹；有的毁灭证据；有的将尸体进行掩埋或分尸沉入大江、海底；有的将赃物进行匿藏或处理；有的将作案工具进行清洗或匿藏，等等。被讯问人所实施的这些隐瞒犯罪的行为无疑同被讯问人的犯罪事实具有内在的联系，是证明被讯问人犯罪事实的有力证据。如果被讯问人的这些行为暴露，订立的攻守同盟被破；在被破坏的现场或伪造的现场发现被讯问人所为的痕迹或发现被讯问人实施犯罪行为的痕迹；发现被讯问人毁灭证据的行为或发现尚未被彻底毁灭的证据；发现被讯问人掩埋尸体或分尸的行为并找到掩埋的尸体或从大江、海底打捞出尸体；发现被讯问人匿藏或处理赃物的行为并查获赃物；发现被讯问人清洗或匿藏作案工具的行为和发现、查获作案工具，也就随之证明被讯问人实施了犯罪行为。在这种情况下，被讯问人的抗审就毫无意义，只能得到从重的处罚。这样，其在趋利避害心理的作用下，就有可能对犯罪事实作出交代。鉴于此，讯问人员制造出被讯问人实施的隐瞒犯罪事实的行为已经暴露的假象，就有可能造成被讯问人的错觉，从而作出错误的判断，误认为其实施的隐瞒犯罪的行为已经暴露，已被讯问人员收集到证据。

8. 对案件存在的客观事实的错觉

一个案件中有的客观事实不是由被讯问人的行为直接形成的，而是被讯问人在实施犯罪行为的过程中由他人的行为间接形成的。例如，被讯问人在实施犯罪行为过程中所说的话，他人进行了秘密的录音；行贿人向被讯问人行贿的财物，行贿人有记录或行贿是由集体商量决定的，行贿的财物在单位报账；被讯问人在实施犯罪行为的过程中，其所做的一些同犯罪有关的行为被有关单位、部门所记录；有的被害人遗留有被害的记录或遗言，等等。这些存在的客观事实都与被讯问人实施的犯罪行为具有内在的联系，是证明被讯问人犯罪事实的证据。如果这些客观事实被发现，讯问人员取得了这些客观事实的证据，也就从某一个角度证明了被讯问人实施的犯罪行为。例如，某建筑企业为了取得某工程的承包建设权，总经理经与副总经理商量，并从财会部门提取二十万元，由总经理送给被讯问人，而后，总经理将这二十万元在单位报销。被讯问人收受总经理所送的二十万元贿赂后，将这二十万元存入某银行。这里的与副总经理商量，财会部门提走二十万元和二十万元报销的记录，某银行存入被讯问人二十万元的存款记录这些事实都与被讯问人收受这二十万元贿赂具有内在的联系，是证明被讯问人收受这二十万元的证据。

被讯问人如果知道这些客观事实已被讯问人员发现，其就会认为自己的犯罪事实已经暴露，讯问人员掌握了自己的犯罪事实，已无法再进行抗审。鉴于此，讯问人员制造出这些事实的假象，就有可能造成被讯问人的错觉，从而作出错误的判断，误认为这些事实已经暴露，已被讯问人员收集到证据。其在趋利避害心理的作用下，就有可能对犯罪事实作出交代。

9. 对作案环境的错觉

被讯问人对实施犯罪和隐瞒犯罪时周围的情况和条件并不能知道得一清二楚，对是否存在有些情况和条件其并不知道。例如，其前往和离开犯罪、藏匿赃物、毁灭证据地点的沿路是否装有监控录像；其犯罪、藏匿赃物、毁灭证据的地点是否装有监控录像；其犯罪、藏匿赃物，毁灭证据时是否"隔墙有耳"等，其不能清楚地知道。如果这些沿路、地点装有监控录像或"隔墙有耳"，那么，被讯问人的这些行为就会被监控所录像或被他人目睹或耳闻。由于现在监控录像的安装非常普遍，而且很大部分都是高清的，被讯问人的这些行为完全有可能被监控清楚地记录。又由于"隔墙有耳"在实践中是不可避免的，被讯问人的这些行为亦完全有可能被他人所目睹或耳闻。被讯问人如果知道这些地方装有监控录像或"隔墙有耳"，那么，他必然感到自己的行为已被监控所录像或已被他人所目睹、耳闻。这样，被讯问人就会认为自己的犯罪行为已经暴露，被讯问人员收集到证据，再抗审下去也是枉然，已无任何的意义，其就有可能对犯罪事实作出交代。基于此，讯问人员制造出被讯问人实施犯罪或隐瞒犯罪时周围装有监控录像或"隔墙有耳"的假象，就有可能造成被讯问人的错觉，从而作出错误的判断，误认为自己的行为已被监控所录像或被他人所目睹、耳闻，已被讯问人员收集到证据。其在趋利避害心理的作用下，为争取主动，能得到从宽的处理而对自己的犯罪事实作出如实的交代。

（二）被讯问人错觉产生的原因

被讯问人错觉的产生同任何事物的运动变化一样，都有它的外因和内因。讯问人员制造假象只是被讯问人错觉产生的外因，如果没有被讯问人的内因起作用，被讯问人是不可能产生错觉的。因为，"外因是变化的条件，内因是变化的根据，外因通过内因而起作用。"[1] 因此，被讯问人错觉的产生，除了讯问人员制造的假象这个外因外，还要有被讯问人自己的内因。只有这样，被讯问人才有可能产生错觉。

被讯问人错觉产生的原因，从被讯问人的内因来说，主要有以下几点：

---

[1]　毛泽东：《矛盾论·两种宇宙观》，载《毛泽东选集》（第一卷），人民出版社1991年版，第302页。

1. 贪利

被讯问人贪图利益的心理，是使被讯问人产生错觉的原因之一。

被讯问人在贪图利益心理的驱使下，为了得到某种利益，一切都会从有利于得到该利益来考虑问题，其思想就会集中在该利益上，而疏忽对其他方面问题的考虑。其在讯问人员制造的假象面前，就不会对讯问人员制造的假象进行分析，而专注于根据这种假象，如何做才能得到利益，以至于只见其饵，而不见其钩。这样，被讯问人就产生了错觉，误认为讯问人员制造的假象就是真实的情况。如果被讯问人不贪图利益，当讯问人员制造的假象在其面前出现时，其注意力就不会集中在利益上，而是集中在假象上，对假象从各个方面进行深入、认真的思考、分析，被讯问人就有可能发现假象的瑕疵，识破假象，从而作出正确的判断，无法形成其错觉。因此，被讯问人贪图利益的心理是使被讯问人产生错觉的原因。

正因如此，讯问人员在运用制造错觉策略制造假象的过程中，就要根据案件和被讯问人的情况，通过分析，了解掌握被讯问人贪图什么利益，对什么利益最感兴趣、最为执着，从而制造出与被讯问人最感兴趣、最为执着的利益有关的假象，促使被讯问人对假象信以为真。

2. 心虚

被讯问人心虚，怕别人知道其实施了犯罪行为，是使被讯问人产生错觉的又一原因。

被讯问人实施了犯罪行为，其内心必然担心被人察觉，总是提心吊胆，心神不安。被讯问人在心虚的情况下，就会草木皆兵，风声鹤唳，杯弓蛇影，听到一丁点儿信息或见到一丁点儿迹象就疑神疑鬼，疑心自己的犯罪行为暴露了，被讯问人员发现了。这样，被讯问人在讯问人员制造的假象面前，就会迅速地形成错觉，误认为讯问人员制造的假象就是真实的情况，自己的犯罪行为已被讯问人员收集到证据，或利害关系人已向查案机关供出了自己的犯罪事实或已进行作证，或自己为隐瞒犯罪所实施的行为已被查获，或自己实施的犯罪已被监控录像或已被他人目睹、耳闻，或已被记录。如果被讯问人的心不虚，其就不会害怕自己的犯罪行为被发现，"为人不做亏心事，半夜敲门心不惊"①，从而也就不会形成错觉。因此，被讯问人的心虚，是使被讯问人产生错觉的原因。

正因如此，讯问人员在运用制造错觉策略制造假象的过程中，就要根据案件和被讯问人的情况，通过分析，了解掌握被讯问人心虚的情况，被讯问人在什么问题上最为心虚，为什么最为心虚，从而制造出被讯问人对之最为心虚的假象，促使被讯问人对假象深信不疑。

3. 心中没底

被讯问人的心中没底，是使被讯问人产生错觉的再一个原因。

被讯问人的心中没底，对讯问人员是否已经掌握其犯罪的证据，掌握其什么证据，掌握证据的程度不清；对利害关系人是否已经到案，是否已经作出交代或进行作证，都交代了什么内容或提供了什么证言不清；对自己隐瞒犯罪的行为是否已经暴露，都暴露了些什么问题不清；对自己实施的犯罪是否已被监控录像，被他人目睹、耳闻或已被有关记录所记录不清。在这种情况下，这些问题就会时刻萦绕在被讯问人的心头，想知道又不能知道，处于苦苦的思索之中。在思索中，被讯问人时时感到某一个问题可能已经暴露，也感到可能没有暴露，处于无法确定的状态。这样，被讯问人在讯问人员制造的假象面前，其思想就会向感到某一个问题可能已经暴露方面倾斜，从而产生错觉，误认为讯问人员所制造的假象就是真实的情况，或认为讯问人员已经掌握了自己犯罪的证据，或认为同案人或对合人已作出交代，或认为被害人或证人已向查案机关作证，或认为自己隐瞒犯罪的行为已经暴露，或认为自己的犯罪已被监控所录像，或被他人目睹、耳闻，或被有关记录所记录。如果被讯问人的心中有底，知道底细，其就会对讯问人员制造的假象作出准确的判断，认为这是虚假的。因此，被讯问人的心中没底，不知道底细，是使被讯问人产生错觉的原因。

---

① 见朱振家撰：《论语全解》，上海古籍出版社 2014 年版，第 82 页。

正因如此，讯问人员在运用制造错觉策略制造假象的过程中，就要根据案件和被讯问人的情况，通过分析，了解掌握被讯问人在什么问题上心中没底，为什么心中没底，从而制造出被讯问人心中最没有底的假象，迷惑被讯问人，促使被讯问人作出错误的判断，形成错觉。

4. 记忆模糊

被讯问人记忆模糊，也是使被讯问人产生错觉的一个原因。

由于被讯问人在实施犯罪过程中往往都比较紧张、惊慌，因而，被讯问人对一些问题记忆模糊，有的是对自己具体做过哪些动作记忆模糊，有的是对自己接触过什么事物记忆模糊，有的是对自己说过哪些具体的话记忆模糊，有的是对周围的环境没有仔细进行观察，对作案现场周围的情况记忆模糊，等等。这些记忆模糊的被讯问人，对自己在实施犯罪和隐瞒犯罪过程中究竟有否留下痕迹，留下什么样的痕迹，留在何处无法确定。这样，被讯问人在讯问人员制造的假象面前，就无法判断讯问人员制造的假象是虚假的，还是真实的。既然被讯问人不能肯定讯问人员制造的假象是虚假的，只要讯问人员制造假象的手段巧妙，毫无破绽，被讯问人就有可能形成错觉，作出错误的判断，误认为讯问人员制造的假象是真实的，自己确实留下了讯问人员所称的痕迹，讯问人员已收集到了这些证明自己实施犯罪或隐瞒犯罪的证据。如果被讯问人的记忆清楚，很有把握，其就会明确地知道自己没有留下这些痕迹，认为讯问人员所称的痕迹是假的，这样，被讯问人不仅形成不了错觉，而且要增强抗审的心理。因此，被讯问人记忆模糊，是使被讯问人产生错觉的一个原因。

正因如此，讯问人员在运用制造错觉策略制造假象的过程中，就要根据案件和被讯问人的情况，通过分析，了解掌握被讯问人在什么问题上记忆模糊，为什么会记忆模糊，从而制造出被讯问人记忆最为模糊的假象，促使被讯问人无法判断假象是真还是假而形成错觉。

5. 不信任同案人、对合人或证人

被讯问人不信任同案人、对合人或证人，亦是使被讯问人产生错觉的一个原因。

有的同案人、对合人或证人由于种种原因，导致被讯问人对其不信任。被讯问人在不信任同案人、对合人或证人的情况下，认为这些人经不起讯问人员的讯问，其在讯问人员的讯问下，会主动投降，出卖自己，供出其与自己的共同或对合犯罪的事实，或对自己的犯罪事实进行作证。这样，被讯问人在讯问人员制造的某同案人、对合人或证人已对共同或对合犯罪事实作出交代，或已对被讯问人的犯罪事实进行作证的假象面前，就会很自然地认为某同案人、对合人或证人已经作出交代或进行作证，从而产生错觉，对讯问人员制造的假象信以为真。如果被讯问人非常信任同案人、对合人或证人，其就会认为同案人、对合人或证人不会轻易作出交代或进行作证，从而对讯问人员制造的假象持怀疑的态度，进而就有可能形成不了错觉。因此，被讯问人不信任同案人、对合人或证人，是使被讯问人产生错觉的一个原因。

正因如此，讯问人员在运用制造错觉策略制造假象的过程中，就要根据案件，根据被讯问人和同案人、对合人或证人的情况，通过分析，了解掌握被讯问人不信任哪一个同案人、对合人或证人，在什么问题上不信任同案人、对合人或证人，是什么原因不信任同案人、对合人或证人，从而制造出同案人、对合人或证人已经作出交代或已进行作证的假象，使被讯问人信以为真。

6. 心理上最为担心、害怕的事

被讯问人心理上最为担心、害怕的事，同样是使被讯问人产生错觉的一个原因。

被讯问人实施犯罪行为，特别是在案发后，其总是会对犯罪的全过程进行回忆、思考。在回忆、思考中，有的事是被讯问人最为担心、害怕的。被讯问人在对某事最为担心、害怕的情况下，思想上不可避免地会担心、害怕事情暴露，被讯问人员发现，被收集到证据。因而，思想集中在对最为担心、害怕的事上，思考着这一担心、害怕的事是否会暴露，是否会被讯问人员发现，是否会被收集到证据，惶惶不可终日。被讯问人越是担心、害怕这一问题，就越是觉得这一问题会暴露。这样，被讯问人在讯问人员制造的其最为担心、害怕的事已经暴露的假象面前，就会产生错觉，认为讯问人员制造的假象是真实的，自己这一最为担心、害怕的事已经暴露，"怕鬼有鬼"。如果被讯问人对某事不是最为担心、害怕，其就会对讯问人员制造的某一事已经暴露的假象持无所谓的态度。这样，就难以形成被讯问人的错觉，即使形成错觉，也不会有什么多大的意义。因此，被讯问人心理上最为担心、害怕的事，是使被讯问人产生错觉的一个原因。

正因如此，讯问人员在运用制造错觉策略制造假象的过程中，就要根据案件和被讯问人的情况，通过分析，了解掌握被讯问人对什么事最为担心、最为害怕，为什么最为担心、最为害怕。从而制造出被讯问人最为担心、最为害怕的事的假象，使被讯问人信以为真。

7. 抗审心理障碍

被讯问人抗审的心理障碍，有的是使被讯问人产生错觉的原因。

被讯问人抗审的心理障碍，能够使被讯问人产生错觉的主要有：

（1）自信性侥幸心理

自信性侥幸心理的核心在于认为讯问人员不可能掌握其犯罪的证据。这样，一旦讯问人员向其制造没有掌握其犯罪证据，对其是抓错了，讯错了，要予以释放的假象，被讯问人就会信以为真，认为讯问人员是真的释放自己，自己已经万事大吉了而放纵起来。

（2）优势心理

优势心理的核心在于认为所恃的优势定能起作用，讯问人员会顾忌优势而不敢、不会、不能把案件查下去。这样，一旦讯问人员向被讯问人制造不是要查处其犯罪问题的假象，被讯问人就会认为自己的优势已经起作用了，从而对讯问人员制造的假象产生错觉，作出错误的判断，信以为真而丧失其警惕性，放纵起来。

正因如此，讯问人员在运用制造错觉策略制造假象的过程中，就要根据案件和被讯问人的情况，通过分析，了解掌握被讯问人是否属于自信性侥幸心理或优势心理，在什么问题上存在侥幸或优势心理。从而制造出讯问人员是真正释放他或不是要查处其问题的假象，使被讯问人信以为真，形成错觉。

8. 自身情况

被讯问人的自身情况，也是促使被讯问人产生错觉的原因。

被讯问人的自身情况，能够使被讯问人产生错觉的主要有：

（1）"吃软"的性格

被讯问人"吃软"性格的弱点在于经不起讯问人员以"软"的手段感化。在讯问中，一旦讯问人员以"软"的手段对被讯问人进行讯问，向被讯问人制造假象，被讯问人就会在受感化中对讯问人员制造的假象信以为真而产生错觉。

（2）"吃硬"的性格

被讯问人"吃硬"的性格弱点在于其一遇讯问人员"硬"的手段，就会产生害怕的心理。在讯问中，一旦讯问人员以"硬"的手段对被讯问人进行讯问，向其制造假象，其就会在害怕中对讯问人员制造的假象信以为真而产生错觉。

（3）分析、判断、认知能力差

被讯问人的分析、判断、认知能力差，其就不能对问题进行深入的分析、准确的判断、正确的认识。这样，一旦讯问人员向其制造假象，其就无法对假象进行深入的分析，分析假象的真假；作出准确的判断，判定假象的真假；进行正确的认识，认识假象的真假，极易对讯问人员制造的假象信以为真而产生错觉。

正因如此，讯问人员在运用制造错觉策略制造假象的过程中，就要对被讯问人的自身情况进行了解，通过了解，掌握被讯问人的性格是否属于"吃软"或"吃硬"，分析、判断、认知能力是否差，从而制造出使被讯问人信以为真的假象。

三、制造错觉的步骤及其方法

制造错觉是一件精细的工作。因而，只有按步骤、讲方法，才能制造出与真实情况一样的假象，从而使被讯问人作出错误的判断，信以为真，产生错觉。

（一）选择好要制造的假象

运用制造错觉的策略对被讯问人进行讯问，关键在于制造好假象。而要制造好假象，首先就要选择好要制造的假象。只有这样，才能根据要制造的假象，以巧妙的方法制造出要制造的假象。如果讯问人员没有选择好要制造的假象，对制造什么样的假象不清楚，没有要制造的假象的目标，那么，制造假象也就无从谈起，更不可能制造出使被讯问人信以为真的假象。因此，讯问人员必须要选择好要制造的假象。

那么，应当如何对制造的假象进行选择呢？

1. 根据讯问或侦查的需要选择要制造的假象

对被讯问人的讯问，有的讯问需要被讯问人对讯问人员的讯问意图产生错觉，有的讯问需要被讯问人对讯问人员的进攻目标产生错觉，有的讯问需要被讯问人对讯问人员的进攻路线产生错觉；对案件的侦查，有的案件要对已关押的被讯问人先予释放，引起被讯问人对讯问人员对其假释放、真侦查产生错觉。只有这样，才能使讯问或侦查顺利进行，从而取得胜利。因此，讯问人员要善于根据讯问或侦查的需要选择要制造的假象。

（1）选择讯问意图为要制造的假象

讯问意图是讯问人员希望通过讯问达到某种目的的想法。有的是想通过讯问希望达到这种目的，有的是想通过讯问希望达到那种目的。任何一次讯问，讯问人员都是有意图的，并且都围绕意图展开对被讯问人的讯问。在讯问中，要运用各种方法千方百计促使讯问意图的实现。

讯问人员的讯问意图对于被讯问人来说，是至关重要的。被讯问人为了逃脱法网，总是千方百计想知道讯问人员讯问的真实意图，以便采取有针对性的有效对策对付讯问，破坏讯问人员讯问意图的实现。为此，讯问人员就要隐蔽自己讯问的真实意图，不能让被讯问人知道。否则，讯问的目的就无法达到。而要隐蔽自己讯问的真实意图，最有效的方法就是制造出虚假的讯问意图，以虚假的讯问意图掩盖真实的讯问意图。因此，讯问人员要根据讯问的需要，选择虚假的讯问意图为要制造的假象。在讯问中制造出虚假的讯问意图，掩盖真实的讯问意图，促使自己真实讯问意图的实现，从而达到讯问的目的。

（2）选择进攻目标为要制造的假象

进攻目标是讯问攻击的对象。讯问目的的实现需要通过对进攻目标的攻击，讯问人员的任何一次讯问都是有进攻目标的，并且都要针对进攻目标对被讯问人进行讯问，以攻下目标，取得讯问的胜利。

进攻目标，对于讯问人员来说，是要千方百计予以隐蔽的。讯问人员只有隐蔽了进攻目标，被讯问人不知道讯问人员是否向该目标进攻，才能对被讯问人攻其无备，出其不意，从而攻下目标，取得讯问的胜利；而对于被讯问人来说，其总是千方百计想知道讯问人员的进攻目标。被讯问人知道了讯问人员的进攻目标，其就会针对讯问人员的进攻目标加强防备，做好对付讯问的各种准备，严阵以待。从而使讯问人员难以攻下，甚至无法攻下目标，讯问就有可能以失败告终。可见，讯问人员隐蔽讯问的进攻目标，对于讯问胜利的取得具有十分重要的意义。

而讯问人员隐蔽进攻目标最有效的方法，莫过于制造出虚假的进攻目标来迷惑被讯问人，使被讯问人认为讯问人员的进攻目标是讯问人员制造出来的这一虚假目标，从而放松或解除对讯问人员真正要攻击的目标的防守。这样，讯问人员便可攻其无备，出其不意，使被讯问人措手不及，毫无反抗的能力。因此，讯问人员要根据讯问的需要，选择虚假的进攻目标为要制造的假象。在讯问中制造出虚假的进攻目标。

（3）选择进攻路线为要制造的假象

进攻路线是讯问到达目的地所经过的道路。在被讯问人知道了讯问人员进攻路线的情况下，其就会在讯问所经过的路线设置各种障碍，阻碍讯问的进行。而在被讯问人不知道讯问人员进攻路线的情况下，其就不知道要在哪里设置障碍，设置什么样的障碍。这样，讯问就能沿着既定的路线顺利地到达目的地，取得讯问的胜利。可见，讯问人员隐蔽好讯问的进攻路线，不让被讯问人知道是十分重要的。

而隐蔽好讯问的进攻路线，最有效的方法同样是制造出虚假的进攻路线，以虚假的进攻路线掩护真实的进攻路线。因此，讯问人员要根据讯问的需要，选择进攻路线为要制造的假象。在讯问中制造出虚假的进攻路线，使被讯问人对讯问人员制造出来的虚假进攻路线信以为真，从而掩护讯问人员真实的进攻路线。

（4）选择对被讯问人是真的予以释放为要制造的假象

有的案件被讯问人就是犯罪嫌疑人或犯罪行为就是被讯问人所为，但经侦查无法收集到其犯罪的证据，被讯问人在讯问中又拒不交代犯罪的事实，无法突破其口供。继续讯问不仅毫无效果，而且羁押期限届满。对这种被讯问人，需要对其予以假释放，使其在释放后放纵起来，从而暴露其犯罪的证据，再行予以关押讯问。

而要使被讯问人在释放后放纵起来，就要使被讯问人感觉到讯问人员是真的认为把他当成犯罪嫌疑人是搞错了而释放他的。只有这样，被讯问人在释放以后才有可能放纵起来。因此，讯问人员要根据侦查的需要，选择对被讯问人是真的予以释放为要制造的假象。在讯问中制造出讯问人员把他当成犯罪嫌疑人是真的搞错了而予以释放的假象。

事实上，根据侦查需要选择要制造的假象，还可选择对被讯问人予以放松监管为要制造的假象等。

2. 根据案件的情况选择要制造的假象

每个案件的情况都是各不相同的，案件的情况不同，要制造的假象就应不同。只有这样，才能制造出符合案件情况的假象，从而使被讯问人对讯问人员制造出来的假象形成错觉，信以为真。因此，讯问人员在选择要制造的假象时，要善于根据案件的具体情况选择要制造的假象。

(1) 根据被害人、同案人、对合人或证人的情况选择要制造的假象

案件中被害人、同案人、对合人或证人所作的陈述、供述或证言是直接证据，能直接证明被讯问人所实施的犯罪，对于尚未取得被害人陈述，同案人或对合人的供述，或证人证言的案件，讯问人员要根据被害人、同案人、对合人或证人的情况，对要制造的假象进行选择，选择所要制造的假象。

①选择被害人未被害致死，并已对被害的事实作出陈述为要制造的假象

有的案件是被讯问人实施暴力行为对被害人进行侵害，如故意杀人、伤害、暴力强奸、暴力抢劫等。这些被害人在遭受暴力侵害后，有的被害人当场死亡，有的被害人经送医院抢救无效死亡。但有的案件，被讯问人对被害人是否已当场死亡或送医院抢救无效已经死亡不能确定。对于这些被讯问人不能确定被害人已经当场死亡或送医院抢救无效已经死亡的案件，讯问人员可选择被害人未被害致死，或经医院抢救已经救活，并已对被害的事实作出陈述为要制造的假象。在讯问中制造出这种假象。

②选择被害人留有的日记、遗言为要制造的假象

有的被害人在遭受被讯问人犯罪行为的侵害后，认为自己已无脸在世上做人，于是，便自杀致死。这些自杀致死的被害人，有的具有书写日记的习惯，有的在自杀前曾同亲人或朋友说过其被害的情况，留有遗言。讯问人员在尚未取得被害人书写的日记或从其亲人、朋友处取得被害人所留遗言传来证据的情况下，可选择被害人记有被害事实的日记或留下被害事实的遗言为要制造的假象，在讯问中制造出这种假象。

③选择同案人或对合人已经到案，并已对共同或对合犯罪事实作出交代为要制造的假象

有的案件是被讯问人与他人共同或对合实施犯罪行为，这种案件就有同案人或对合人。案发后，被讯问人被抓获归案，同案人或对合人逃跑或出境，或虽未逃跑或出境，但尚未到案。这种案件的被讯问人如果在其不能确定同案人或对合人已经到案，并已对共同或对合犯罪事实作

出交代的情况下，其就会拒绝对共同或对合的犯罪事实作出交代。对此，讯问人员可选择同案人或对合人已经到案，并已对共同或对合犯罪事实作出交代为要制造的假象，在讯问中，制造出逃跑的同案人或对合人已被抓获，出境的同案人或对合人已通过到境外或司法协助取得其供述，或已入境被抓获，尚未到案的同案人或对合人已经到案，并已对共同或对合犯罪事实作出交代的假象。

④选择证人已经进行作证为要制造的假象

有的被讯问人在实施犯罪前，他人为其犯罪准备了工具，或探明了目标，或创造了其他的条件；在实施犯罪后，他人为其提供隐匿的处所或生活上的帮助，或为其匿藏或销售或购买或运输赃物，或为其提供其他方面的帮助；有的被讯问人在实施犯罪行为时，被他人目睹或耳闻，等等。这些或帮助被讯问人犯罪，或目睹或耳闻被讯问人犯罪的他人，都是证人。这种案件的被讯问人在其不能确定证人已被查案机关传唤，已对其犯罪事实进行作证的情况下，其同样会拒绝对犯罪事实作出交代。对此，讯问人员在未取得这些证人证言的情况下，可选择这些证人已被查案机关传唤，并已对其所知道的被讯问人的犯罪事实进行作证为要制造的假象，在讯问中制造出这种假象。

⑤选择被讯问人的知情亲友已提供证言为要制造的假象

有的被讯问人的亲友为被讯问人的犯罪提供过帮助；有的被讯问人的亲友虽未为被讯问人的犯罪提供过帮助，但知道被讯问人实施的犯罪事实。这些或帮助被讯问人犯罪，或知道被讯问人犯罪事实的被讯问人亲友，亦是证人。这种案件的被讯问人在其不能确定其亲友已对其犯罪事实进行作证的情况下，其同样会拒绝对犯罪事实作出交代。对此，讯问人员在尚未取得其亲友证言的情况下，可选择被讯问人的亲友已对被讯问人的犯罪事实进行作证为要制造的假象，在讯问中制造出这种假象。

（2）根据实施犯罪行为过程中要留下的客观物质痕迹情况选择要制造的假象

被讯问人实施犯罪，必然要到达现场，在现场实施犯罪行为，然后离开现场。在这个过程中，被讯问人的脚必然要接触到地，手必然要接触到物体，行为必然要作用于犯罪对象。这样，就不可避免地要留下各种客观物质痕迹。这些客观物质痕迹是谁留下的，谁就是作案者。对于尚未取得这些客观物质痕迹的案件，讯问人员要根据被讯问人在实施犯罪行为过程中要留下的客观物质痕迹情况，对要制造的假象进行选择，选择所要制造的假象。

①选择现场留下脚印为要制造的假象

被讯问人作为作案人，其无论是到达现场，还是在现场，抑或离开现场，都要用脚接触地面。有的案件，作案者还要潜入房间，在潜入房间的过程中，其脚要踩在某物体上，有的案件，作案者还要用脚踩住某物体，然后实施犯罪行为。这样，被讯问人的脚必然与地面或某物体接触。而脚与地面或物体接触，是要留下脚印的。这一点，谁都不会否认，也不可能否认，而且，谁都会意识到。被讯问人对自己到达现场，在现场作案和离开现场要留下其自己的脚印，是非常清楚的。有形的脚印可以直接提取，无形的脚印经化学喷溅现出有形脚印亦可以提取。侦查人员通过对现场提取的脚印进行鉴定，经鉴定是谁留下的脚印，也就证明了谁是作案的人。侦查人员在现场取得了被讯问人的脚印，也就表明侦查人员掌握了被讯问人犯罪的证据，这对被讯问人无疑是一种威慑。因此，对于在现场尚未取得被讯问人脚印的案件，讯问人员可选择被讯问人在现场留有脚印为要制造的假象，在讯问中制造出这种假象。

②选择现场留下指纹、掌纹为要制造的假象

被讯问人作为作案人，其在实施犯罪行为的过程中，其手不可避免地要接触到某些物体，有的被讯问人还用手握住某物体。这样，某物体上必然要留下被讯问人的指纹或掌纹。这一点，同样是谁都不会否认，也不可能否认的。而且，谁都会意识到的。被讯问人对自己在作案过程中，其手接触过某物体，或用手握过某物体，是非常清楚的。侦查人员在对现场勘查中，对指纹、掌纹的提取是最为常见的勘查手段。侦查人员通过对现场提取的指纹、掌纹进行比对鉴定，指纹、掌纹是谁留下的，谁无疑就是作案的人。因为，世界上每一个人的指纹、掌纹都是不相同的。侦查人员对现场提取的指纹、掌纹经鉴定如果是被讯问人留下的，也就证明了被讯问人是作案人，收集到了被讯问人犯罪的证据。这对被讯问人无疑更是一种威慑。因此，对于被讯问人在现场有用手接触过物体或用手握过物体而尚未取得被讯问人指纹、掌纹，或者取得的指纹、掌纹因模糊而无鉴定价值的案件，讯问人员可选择被讯问人在现场留有指纹、掌纹为要制造的假象，在讯问中制造出这种假象。

③选择被讯问人身体上的遗留物为要制造的假象

有的被讯问人在实施犯罪行为的过程中，有可能在现场或犯罪对象上留有其身体上的物质。例如，被讯问人对被害人实施侵害行为时，被害人反抗，在搏斗的过程中，被害人抓住被讯问人的头发，就有可能在现场留有被讯问人的头发。又如，被讯问人在对被害人实施强奸的过程中，因射精，而在被害人的阴道内或现场留有被讯问人的精液，等等。这些留在现场或犯罪对象上的被讯问人身体上的物质，侦查人员在勘查现场和进行尸体或活体检验中完全有可能予以提取。侦查人员提取了这些物质，经检验，如果是被讯问人的身体上留下的物质，那么，也就证明了被讯问人是作案者。而被讯问人在实施犯罪的过程中，遭受到被害人的什么反抗和实施了什么样的犯罪行为是记忆犹新的，他对自己能留下什么样的身体上的物质痕迹是完全能够意识到的。讯问人员收集到了被讯问人身体上的遗留物，也就证明了被讯问人无疑实施了这一犯罪行为。这对被讯问人当然是一个有力的威慑。因此，根据案件情况，对于被讯问人有可能在现场或犯罪对象上留下其身体上的物质痕迹而尚未收集到这些被讯问人身体上遗留的物质痕迹的案件，讯问人员可选择被讯问人在现场或犯罪对象上留有被讯问人身体上的遗留物为要制造的假象，在讯问中制造出这种假象。

④选择现场留下的其他痕迹为要制造的假象

这里所称的其他痕迹是指除脚印、指纹、掌纹、被讯问人身体上的遗留物以外的所有痕迹。

作案者在实施犯罪行为的过程中，总是要留下各种痕迹。这些痕迹是谁留下的，谁就是作案者。例如，有的作案者以枪杀人，如果经司法弹道鉴定，被害人是被讯问人所使用的枪杀死的，那么，被讯问人就是作案者。又如，有的作案者使用运输工具作案，如果地上所留下的车轮痕迹是被讯问人所使用的运输工具留下的，那么，被讯问人也就难逃作案嫌疑。侦查人员经现场勘查，取得了现场留下的痕迹。这些痕迹经鉴定，如果是被讯问人所留下的，那么，也就证明了被讯问人是作案者。因此，根据案件情况，对于被讯问人的行为可能会留下哪些痕迹而尚未取得该痕迹的案件，讯问人员可选择被讯问人在现场要留下的痕迹为要制造的假象，在讯问中制造出这种假象。

（3）根据隐瞒犯罪的行为要留下的痕迹情况选择要制造的假象

被讯问人在实施犯罪行为后，往往为隐瞒自己的犯罪事实而实施隐瞒犯罪的种种行为。被讯问人实施的种种隐瞒犯罪的行为，不可避免地要留下主观知觉或客观物质痕迹。这些主观知觉或客观物质痕迹是谁留下的，谁就是犯罪的人。如果被讯问人感觉到自己实施隐瞒犯罪的行为已经暴露，被讯问人员掌握了证据，其就有可能对犯罪事实作出交代。因此，对于尚未取得这些主观知觉或客观物质痕迹的案件，讯问人员要根据隐瞒犯罪的行为的具体情况，分析该隐瞒犯罪的行为可能要留下什么主观知觉或客观物质痕迹，然后对要制造的假象进行选择，选择所要制造的假象。

①选择攻守同盟已破为要制造的假象

对于共同或对合犯罪的案件，或有目睹或耳闻犯罪行为知情人的案件，或有被害人的案件，被讯问人在实施犯罪行为后，为隐瞒犯罪事实，往往都与共同或对合犯罪人订立攻守同盟或统一口供，或做知情人的工作，封知情人的口或与知情人统一口径，或做被害人的工作，封被害人的口或与被害人统一口径，订立攻守同盟。这些已经订立攻守同盟的案件，如果被讯问人在不知道攻守同盟已破的情况下，其在讯问中就会坚持所订立的攻守同盟，拒绝对犯罪事实作出交代，其只有在知道攻守同盟已破的情况下，才有可能对犯罪事实作出交代。而破除攻守同盟又是一件不容易的事。在这种情况下，讯问人员只有制造出攻守同盟已破的假象，使被讯问人对攻守同盟已破信以为真，才有可能促使被讯问人作出交代。因此，对于已经订立攻守同盟，攻守同盟未破的案件，讯问人员可选择被讯问人订立的攻守同盟已破为要制造的假象，在讯问中制造出被讯问人订立的攻守同盟已破，同案人或对合人，或知情人，或被害人已对订立的攻守同盟作出交代和同案人或对合人已对共同或对合犯罪事实作出交代，知情人已进行如实作证，被害人已如实陈述被害事实，指证被讯问人犯罪的假象。

②选择他人已不为其作伪证为要制造的假象

有的被讯问人在实施犯罪行为后，为开脱是自己实施的犯罪行为，逃脱法网，便做他人的工作，要他人为其作伪证，证明自己没有实施犯罪行为，或犯罪行为发生时其不在现场，或实施的不是犯罪的那种行为而是合法的这种行为，等等。这种已经要他人为其作伪证的被讯问人，如果其在不知道他人已经不为其作伪证和他人已讲出了是被讯问人要其作伪证的事实的情况下，被讯问人在讯问中就不会对犯罪事实作出交代。这种被讯问人只有在知道他人已不为其作伪证和他人已经道出实情的情况下，其才有可能对犯罪事实作出交代。而要让已答应为被讯问人作伪证并已作了伪证的人不再为被讯问人作伪证，改口讲出实情的难度是很大的，有的可能会始终坚持伪证，因为，其知道已经作了伪证是要负法律责任的。在尚未促使作伪证的人如实讲出实情的情况下，要想突破被讯问人的口供，讯问人员只有制造出这个作伪证的他人已不为被讯问人作伪证和已经讲出实情的假象，使被讯问人信以为真，从而才有可能促使被讯问人对犯罪事实作出交代。

③选择被破坏或清理过的现场仍遗留有作案者留下的痕迹为要制造的假象

有的被讯问人在实施犯罪行为后，便对现场进行了破坏或清理，毁灭其在现场遗留的痕迹。这种已经对现场进行了破坏或清理的被讯问人，认为自己对现场进行了破坏或清理，现场已不再有自己犯罪的痕迹遗留，讯问人员已收集不到自己犯罪的证据，只要自己不交代，讯问人员就没有招数，于是，被讯问人便在自信性侥幸心理的支配下坚持抗审，拒绝对犯罪事实作出交代。而现场已经被破坏或清理，确实难以在现场收集到有价值的痕迹。但任何事物都具有两重性，被破坏或清理的现场不可能彻底地被破坏或清理，难免要留下细小的或不显眼的痕迹而被讯问人员收集到。对此，讯问人员只要向被讯问人阐明任何事物都具有两重性的道理，被讯问人是能够认识到这一点的。因此，对于现场已经被破坏或清理，在现场还没有收集到犯罪痕迹的案件，讯问人员可选择被破坏或清理的现场未有被破坏或清理彻底，仍遗留有作案者留下的痕迹为要制造的假象。讯问中，在向被讯问人阐明任何事物都具有两重性道理的基础上，制造出现场未被彻底破坏或清理，在现场已收集到未被彻底破坏或清理的痕迹的假象。

④选择在伪造的现场发现被讯问人伪造的痕迹为要制造的假象

有的被讯问人在实施犯罪行为后，为转移侦查人员的视线，将侦查引入歧途，使自己逃脱法网，便对现场进行伪造。这种对现场进行伪造的被讯问人，往往表现出很强的自信心，认为查案机关在现场收集到的证据不是自己犯罪的证据，不会立即怀疑到自己的头上，一旦时间久了，案件就会不了了之，因而抗审的心理很强。而现场被伪造，确实难以在现场收集到被讯问人犯罪的证据。但伪造现场同样具有两重性，被讯问人在伪造现场的过程中，必然要留下被讯问人伪造现场行为的痕迹，就会被讯问人员收集到能证明是被讯问人伪造现场的证据。对于在被讯问人伪造的现场要留下是被讯问人伪造的痕迹这一点，被讯问人是能够认识到的。因此，对于现场伪造的案件，讯问人员可选择在伪造的现场发现被讯问人伪造的痕迹为要制造的假象。在讯问中，制造出被讯问人在伪造现场的过程中，在伪造的现场留下了被讯问人伪造的痕迹的假象。

⑤选择已发现隐匿的书证、物证为要制造的假象

有的被讯问人在实施犯罪行为后，对书证、物证进行隐匿。这种已对书证，物证进行隐匿的被讯问人，认为讯问人员再也不可能找到已隐匿的书证、物证，已无法收集到自己犯罪的证据，只要自己不交代，讯问人员就没有证据认定自己犯罪。因而，这种被讯问人具有很强的抗审心理，其在还没有感觉到讯问人员已找到其隐匿的书证、物证之前，是不会对犯罪事实作出交代的，往往要与讯问人员抗衡下去。

书证、物证已被隐匿，找到它们确有很大的困难，但并不是不可能找到，因为，被隐匿的书证、物证并没有从地球上消失，其仍客观地存在于某处。通过侦查人员的努力和利用现代科学技术、警犬的嗅觉等是完全可以找得到的。也就是说，讯问人员是能够找到已被隐匿的书证、物证，收集到证据的。对于这一点，被讯问人同样是能够认识到的。因此，对于书证、物证已隐匿的案件，讯问人员在尚未找到隐匿的书证、物证的情况下，为使被讯问人感觉到讯问人员已找到其隐匿的书证、物证，收集到其犯罪的证据，进而破除其抗审的心理，可选择已发现隐匿的书证、物证为要制造的假象。在讯问中制造出被讯问人隐匿的书证、物证已被找到，已收集到其隐匿的书证、物证的假象。

（4）根据作案地点周围环境情况选择要制造的假象

被讯问人的犯罪行为总是在一定的地点实施，没有犯罪的地点是不可设想的。也就是说，没有犯罪的地点就没有犯罪的行为。

犯罪的地点并不是孤立的，它是与周围的环境紧紧地联系在一起的。而犯罪地点周围的一些环境情况是能够记录、感知所发生的犯罪行为的。这种记录、感知所发生的犯罪行为是谁实施的，谁就是犯罪的人。如果被讯问人感觉到自己实施的犯罪行为已被犯罪地点周围的环境情况所记录、感知，其也就感觉到自己的犯罪已被讯问人员掌握证据，从而，其就有可能对犯罪事实作出交代。因此，讯问人员要善于根据作案地点周围环境情况对要制造的假象进行选择。

①选择作案地点周围的监控录像已清楚记录被讯问人的犯罪行为为要制造的假象

现在监控录像的安装非常普遍，在各种道路、广场、公共场所、通道和比较重要的地方都安装有监控录像，昼夜记录着各种情况的发生。被讯问人实施犯罪行为地点的周围不可避免地有监控录像的安装。如果被讯问人在安装有监控录像的地方或附近地方实施犯罪行为，其实施犯罪行为的全过程或某一过程必然被监控录像所记录。对此，被讯问人是完全能够认识到的。因此，对于那些讯问人员尚未发现被讯问人的犯罪行为被监控录像所记录或记录不清的案件，讯问人员要根据犯罪地点及其周围的具体情况，可选择作案地点或其周围安装有监控录像，被讯问人的犯罪行为已被监控录像所记录为要制造的假象，在讯问中，制造出被讯问人实施犯罪的地点或周围安装有监控录像，被讯问人实施的犯罪行为已被监控录像所记录的假象。

②选择作案地点"隔墙"正有人在听为要制造的假象

被讯问人实施犯罪行为的地点，有的紧挨着他人的房屋，有的同他人的房间仅一墙或一板之隔。犯罪地点的动静、声音他人都能听得见。如果被讯问人实施犯罪行为的地点紧挨着他人的房屋或与他人的房间仅一墙或一板之隔，他人在屋里或在房间里的情况下，那么，被讯问人在实施犯罪行为过程中所产生的动静、发出的声音无疑就有被他人听到的可能。对此，被讯问人同样是能够认识到的。因此，对于那些尚未收集到"隔墙"正在听的人的证言的案件，可选择作案地点"隔墙"正有人在听为要制造的假象，在讯问中制造出被讯问人在实施犯罪行为时作案地点"隔墙"正有人，被讯问人实施犯罪行为的动静、所说的话已被他人听见的假象。

③选择作案地点附近正有人在看为要制造的假象

被讯问人实施犯罪行为的地点，有的正对着或侧对着附近的道路，有的正对着或侧对着附近的房屋，有的正对着或侧对着附近房间的窗户，等等。这样，他人在道路，或在房屋，或在房间都能看见犯罪地点的一切活动。如果被讯问人在这样的地点实施犯罪行为，他人在道路上，或在房屋处，或在房间里就能看见被讯问人实施的犯罪行为和犯罪的经过。对此，被讯问人亦是能够认识到的。因此，对于那些尚未收集到正在犯罪地点附近看被讯问人实施犯罪行为的人的证言的案件，可选择作案地点附近正有人在看被讯问人实施犯罪行为为要制造的假象。在讯问中制造出被讯问人实施的犯罪行为和犯罪经过已被他人看见的假象。

（5）根据案件的赃物、作案工具情况选择要制造的假象

被讯问人实施的犯罪行为，有的案件涉及赃物、作案工具的问题。在涉及赃物和作案工具的案件中，赃物和作案工具是证明被讯问人犯罪事实的重要证据。案件的赃物和作案工具被查获，也就无可辩驳地证明

了被讯问人的犯罪事实，案件的事实也就铁证如山。在讯问中，如果被
讯问人感觉到赃物和作案工具已被讯问人员查获，其也就感觉到自己犯
罪的证据已铁板钉钉，从而，其就有可能对犯罪事实作出交代。因此，
讯问人员要善于根据案件的赃物、作案工具情况对要制造的假象进行
选择。

①选择赃物已被查获为要制造的假象

被讯问人实施的犯罪，有的案件涉及赃物的问题，也就是说，有的
案件有赃物。我们刚说过，赃物是证明犯罪事实的重要证据，正因如
此，才有"捉奸见双，捉贼见赃"的名言。因而，被讯问人对赃物都
十分重视关注，生怕赃物被讯问人员查获。有的被讯问人将赃物秘密匿
藏，有的被讯问人将赃物销售给素不相识的人，有的被讯问人将赃物送
给关系密切的人，都是为了赃物不被查获。这种已将赃物秘密匿藏，或
销售给素不相识的人，或送给关系密切的人的被讯问人认为，讯问人员
已无法查获自己犯罪的赃物，只要自己不交代，讯问人员就无法认定自
己有罪和处以刑罚。因而，在讯问中，恃赃物未被查获而拒绝对犯罪事
实作出交代。而如果被讯问人感觉到赃物已被讯问人员查获，其也就有
可能对犯罪事实作出如实的交代。

在查处案件的实践中，如果被讯问人已对赃物进行秘密匿藏，或销
售给素不相识的人，或送给其关系密切的人，查获赃物确是十分困难的
事。但赃物被秘密匿藏，或销售给素不相识的人，或送给关系密切的
人，并不等于不能查获赃物。对于这一点，被讯问人是能够认识到的。
因此，对于赃物尚未被查获的案件，可选择赃物已被查获为要制造的假
象。在讯问中，根据赃物去向的具体情况，制造出秘密匿藏的赃物已被
起获，或销售的赃物已被查到，或送给他人的赃物已被追缴的假象。

②选择作案工具已被查获或已收集到作案工具上的犯罪痕迹为要制
造的假象

被讯问人实施的犯罪，有的案件涉及犯罪工具的问题，也就是说，
被讯问人是利用犯罪工具实施的犯罪。我们亦说过，犯罪工具是证明犯
罪事实的重要证据。因而，被讯问人对犯罪工具亦十分重视和关注，生

怕犯罪工具被讯问人员查获或在犯罪工具上被发现犯罪的痕迹。有的被讯问人将犯罪工具丢弃到难以打捞或不易被发现的地方，有的将犯罪工具匿藏于秘密的处所，有的将犯罪工具上的犯罪痕迹进行清洗或擦拭干净。这些都是为了犯罪工具及其痕迹不被讯问人员查获。这种已将作案工具丢弃到难以打捞或不易被发现的地方，或匿藏于秘密的处所，或将犯罪工具上的犯罪痕迹进行清洗或擦拭干净的被讯问人认为，讯问人员已无法查获自己犯罪的工具或在犯罪工具上发现犯罪的痕迹，只要自己不交代，讯问人员就没有招数。因而，在讯问中恃作案工具未被查获或在作案工具上已没有痕迹可收集而拒不交代犯罪事实。而如果被讯问人感觉到作案工具已被查获或已在作案工具上发现未被清洗或擦拭干净的痕迹，其也就有可能对犯罪事实作出交代。

在查处案件的实践中，对于已将作案工具丢弃到难以打捞或不易被发现的地方，或匿藏于秘密的处所，或对作案工具上的犯罪痕迹进行清洗或擦拭干净的案件，查获作案工具或发现作案工具上的犯罪痕迹亦是十分困难的事。但任何事物都具有两重性，难以打捞或不易被发现，并不等于不能打捞和被发现，匿藏于秘密处所并不等于不能被查获，清洗或擦拭干净并不等于不留丝毫的痕迹。对于这一点，被讯问人亦是能够认识到的。因此，对于作案工具未被查获或作案工具上的犯罪痕迹已被清洗或擦拭的案件，可选择作案工具已被查获或已在作案工具上发现未被清洗或擦拭干净的犯罪痕迹为要制造的假象。在讯问中，根据作案工具的具体情况，制造出被丢弃的作案工具已被打捞或发现或被匿藏于秘密处所的作案工具已被查获，或已被清洗或擦拭的作案工具上仍留有犯罪痕迹的假象。

3. 根据被讯问人的心理情况选择要制造的假象

被讯问人的心理情况不同，要制造的假象亦应不同。只有这样，才能制造出符合被讯问人情况的假象，从而使被讯问人信以为真，产生错觉。因此，讯问人员要善于根据被讯问人的心理情况选择要制造的假象。

（1）选择侥幸的问题已经暴露为要制造的假象

被讯问人在心理上往往都有侥幸的问题。有的侥幸这个问题不会暴露，非常保险；有的侥幸那个问题不会暴露，非常保险；等等。

被讯问人对心理上侥幸的问题，最没有思想准备，认为万无一失，不会出问题，讯问人员不可能掌握。而一旦讯问人员向其出示其心理上侥幸的问题已经暴露，已被讯问人员掌握，被讯问人就会措手不及，毫无对策，只有被动挨打的份儿。因此，对于被讯问人侥幸的问题，如果尚未暴露，讯问人员在并未掌握的情况下，可选择侥幸问题已经暴露为要制造的假象。在讯问中，讯问人员要根据被讯问人心理上侥幸问题的情况，制造出其侥幸的问题已经暴露，已被讯问人员掌握的假象。

（2）选择优势已不起任何作用为要制造的假象

有的被讯问人持优势心理，或因其自身硬，或因其有后台、靠山，等等。

这种持优势心理的被讯问人，有的认为自己地位高、权势重，讯问人员不敢对自己怎么样；有的认为自己立过大功，为党和人民作出过重大贡献，讯问人员不会对自己怎么样；有的认为自己财大气粗，讯问人员不能对自己怎么样；有的认为自己身份特殊，讯问人员不可能查处自己；有的认为某高新领域离不开自己，讯问人员不会真正查倒自己；有的认为自己是名人，讯问人员不可能把案件查下去；有的认为自己水平高、能力强，讯问人员斗不过自己；有的或认为自己与领导关系密切，或认为自己交际广，关系网密，或认为自己的家人与高官关系密切，或认为自己的亲属、亲戚是查案机关的领导或是高官、是握有实权的人物，或认为自己江湖朋友多、势力强，自己有后台、有靠山，有帮手，定能使自己脱案。

持优势心理的被讯问人，把脱案的希望寄托在其认为的优势上，认为优势定能使其脱离。对这种优势心理，讯问人员如果不向其出示其优势已不起作用的事实，被讯问人的抗审精神支柱就无法被摧毁。因此，对于有优势心理的被讯问人，讯问人员可选择其优势已不起任何作用为要制造的假象。在讯问中，讯问人员要根据被讯问人心理上认为优势的情况，制造出有针对性的其所持的优势已不起任何作用的假象，使其感到靠优势脱案已是一个泡影。

（3）选择担心或放心的人或事已被掌握为要制造的假象

被讯问人在实施犯罪行为案发后，总是要对犯罪的过程进行回忆、思考。通过回忆、思考，其心理上会出现一些其所担心的或放心的人或事，担心其所担心的人或事被讯问人员掌握，忧心忡忡，放心其所放心的人或事不会被讯问人员掌握，心里踏实，认为自己大可高枕无忧。

被讯问人心理上担心的人或事，被讯问人是不能进行防备的；被讯问人心理上放心的人或事，被讯问人是不知道进行防备的。因而，一旦讯问人员向其出示其心理上担心或放心的人或事，被讯问人就会因为不能防备或不知道防备而束手无策。因此，对于被讯问人心理上担心或放心的人或事尚未被讯问人员掌握的，可选择其担心或放心的人或事已被掌握为要制造的假象。在讯问中，讯问人员要根据被讯问人心理上担心或放心的人或事的情况，制造出被讯问人担心或放心的人或事已被讯问人员掌握的假象。

（二）制造出要制造的假象

讯问人员在选择好要制造的假象后，就要适时对要制造的假象进行制造，制造出假象。

讯问人员对假象进行制造，要围绕选择的要制造的假象和根据案件的情况，以巧妙的方法进行。只有这样，才能制造出与真实情况一样的假象，从而使被讯问人产生错觉，信以为真。

制造假象的方法主要有：

1. 以语言制造

所谓以语言制造，是指讯问人员通过语言表达，向被讯问人说明情况，从而把假象制造出来。

以这种方法制造假象，在讯问中最为普遍运用，绝大多数的假象都是通过这种方法进行制造的。因此，讯问人员掌握好用这种方法制造假象的技巧至关重要，意义重大。

以语言的方法制造假象还有以下几种具体的方法，具体如下：

（1）以明确的语言制造假象

所谓以明确的语言制造假象，是指讯问人员向被讯问人直接言明某种情况制造出假象。

以明确的语言制造假象，要做到以下几点：

①言明的某种情况要明确

讯问人员以这种方法制造假象，向被讯问人言明某种情况时要说得明确、确定，说清楚是什么样的一种情况，把事实摆在被讯问人的面前。这样才能使被讯问人感觉到讯问人员所说的情况真实，否则，讯问人员是不会说得如此明确、确定的。从而促使被讯问人对讯问人员所说的情况信以为真，产生错觉。因此，言明某种情况一定要说得明确、确定。

②言明某种情况的口气要坚定

讯问人员以这种方法制造假象，向被讯问人言明的口气要坚定。口气坚定，表明讯问人员底气足，所说的情况不容置疑，是铁板钉钉的事实。从而使被讯问人感觉到讯问人员所说的确实是这种情况。如果讯问人员的口气不坚定，被讯问人就会对讯问人员所说的情况产生怀疑，进而对讯问人员所说的情况进行分析、思考。这样，被讯问人就难以形成错觉，信以为真。因此，讯问人员以这种方法向被讯问人制造假象，言明某种情况的口气一定要做到坚定。

③言明的情况不要兜底

讯问人员向被讯问人言明的某种情况既要说得明确、确定，又不能兜底。这是因为，讯问人员所说的某种情况在事实上讯问人员并未真正掌握，如果说得兜底，极有可能出现漏洞或与实际情况不符。这样就等于在告诉被讯问人，讯问人员所说的情况是虚假的，讯问人员并未掌握。从而不仅不能使被讯问人产生错觉，而且会强化被讯问人抗审的心理。因此，讯问人员向被讯问人言明的情况一定不能兜底。

通过上述以明确的语言制造出要制造的假象。例如：

某女丈夫周某因持械故意伤害他人由某人民检察院向某人民法院提起公诉。某人民法院以审判员李某为审判长组成合议庭对该案进行审理。在开庭的前一天晚上，某女到李某的住处向李某说情，要求李某对其丈夫从轻判处。李某见某女年轻貌美，其住处又无人，顿起奸淫某女的邪念，说："你丈夫从轻处理不是不可以，如果你现在依了我，我甚至可以对你丈夫免予刑事处罚，否则，我就依法办，你丈夫至少要判十年有期徒刑。"边说边摸某女，将某女抱上床，奸淫了某女。第二天某女丈夫周某故意伤害案经开庭审理后，合议庭在合议时，李某坚持要对周某免予刑事处罚，但合议庭的其他两位成员一致认为周某持械伤害他人，又没有从轻处罚的法定、酌定情节，不能从轻处罚，更不能免予刑事处罚。后案经人民法院审判委员会讨论，决定判处周某有期徒刑两年六个月。周某被宣判后，某女便向公安机关控告李某强奸。

李某在讯问中否认强奸某女的事实，声称自己根本就不认识某女，是某女捏造事实陷害自己。

侦查讯问人员经对案件进行分析，认为某女陈述被奸的过程客观，又根据李某在合议庭合议对周某的量刑时坚持要对周某免予刑事处罚的情况，认为李某强奸某女的事实存在。侦查讯问人员又经分析认为，李某奸淫某女是在某女毫无反抗的情况下进行的，其一定射精过。既然李某已射精过，一定有精液留在某女的阴道，某女被奸后穿上短裤一定会有精液留在短裤上。对此，李某一定能够认识到，且李某尚不知道某女没有向公安机关提供物证。由此分析，侦查讯问人员便决定运用制造错觉的讯问策略对李某进行讯问，选择在某女的短裤上留有李某的精液为要制造的假象，并决定以明确的语言制造这一假象。

对李某的重新讯问开始后，侦查讯问人员以坚定的口气向李某明确指出："你声称自己根本就不认识某女，否认与某女发生性行为的事实。但我明确地告诉你，我们有你与某女发生过性行为的物证。也就是说，有你身体上特征的东西遗留在她身上。你想想看，你身体上有什么东西遗留在她身上了，沾在她的短裤上？你应当明白，她控告你是有备而来的，你也应当清楚，我们掌握和收集到了你留下的什么物证！你是一个司法人员，你还应当清楚你留下了这个物证，任何的否认、强辩都是毫无意义的！其结果只能是得到从重的处罚。"

李某经侦查讯问人员这一假象的制造，冷汗从其额头渗出，不一会儿，便交代了强奸某女的事实。

（2）以说其他情况制造假象

所谓以说其他情况制造假象，是指讯问人员向被讯问人说除假象以外的某种情况，以所说的这种情况反映出假象。

以说其他情况制造假象，要做到以下几点：

①所说的这种其他情况与要制造的假象具有必然的因果关系

讯问人员以这种方法制造假象，向被讯问人所说的这种其他情况要与制造的假象具有必然的因果关系。也就是说，这种其他情况的存在必然要出现假象这种结果。只有这样，才能通过向被讯问人说这种其他情况，从所说的这种情况反映出假象。否则，是无法制造出要制造的假象的。因此，讯问人员在以这种方法制造假象的过程中，要根据要制造的假象，选择与假象具有必然因果关系的情况向被讯问人说明，而不能说那些与要制造的假象没有必然因果关系的情况。

②所说的这种其他情况要客观、真实

讯问人员以这种方法制造假象，向被讯问人所说的这种其他情况一定要客观、真实。因为，只有客观、真实才能使被讯问人相信，这种情况引起的结果，即假象，被讯问人才有可能信以为真。否则，被讯问人对讯问人员所说的这种其他情况引起的这种结果是不可能信以为真的。这样，这种制造假象的方法不仅不能使被讯问人产生错觉，而且等于告诉被讯问人，这是假的，从而增强被讯问人的抗审心理。因此，讯问人员向被讯问人所说的这种其他情况必须要客观、真实。

③说其他情况的态度要坚决

讯问人员以这种方法制造假象，在向被讯问人说其他情况时，说话的态度一定要坚决。因为，只有态度坚决，才能彰显讯问人员已稳操胜券，从而显示出制造假象的真实性，促使被讯问人对假象没有任何的怀疑。否则，被讯问人就会认为讯问人员的底气不足，进而对制造出来的假象产生怀疑，形成不了错觉。因此，讯问人员向被讯问人说其他情况的态度必须做到坚决。

通过上述以说其他情况制造出要制造的假象。例如：

我们在本书第一章"讯问策略概述"中叙述过的叶某受贿案，讯问人员针对叶某认为能证明其受贿的其妻子周某已逃匿未能到案，只要自己不交代，讯问人员就无法收集到其受贿的充分证据，不能认定其受贿事实的拒供心理，采用以向叶某说其他情况的方法制造叶某的妻子周某已被抓获归案，已对其受贿事实进行作证的假象。

叶某被采取调查措施，经过一个半月的多次讯问，在证据面前拒不交代受贿犯罪的事实。讯问人员经分析认为，叶某之所以在证据面前拒不交代受贿犯罪的事实，主要是因为其认为自己收受贿赂时在场的妻子周某已逃匿，讯问人员尚未找到她，无法取得自己受贿的关键证据。现在的证据"一对一"，行贿人的供述证明自己受贿，自己否认受贿。只要自己不交代，证据无法达到确实、充分的证明要求，因而，其拒不交代受贿的事实。由此分析，讯问人员认为，在叶某的妻子不能到案，不能作出证言的情况下，叶某是不可能作出交代的。而如果其妻子周某被抓获到案，对其收受贿赂的事实提供证言，叶某收受贿赂的证据也就达到了确实、充分的证明要求，其继续抗拒，拒不交代不仅毫无意义，而且只能落得个"抗拒从严"的下场。对此，对于精通刑事法律的叶某来说是非常清楚的。

但现在的问题是，叶某的妻子周某逃匿后，经多方寻找，暂无法找到其藏匿之处，不能到案提供证言，在此情况下，讯问人员认为，要突破叶某收受贿赂的口供，促使其对受贿的事实作出交代，只有制造出叶某的妻子已被抓获，已对其受贿的事实提供证言的假象，使叶某产生错觉，对这一假象信以为真，才有可能。为此，讯问人员决定运用制造错觉的讯问策略对叶某进行讯问，选择已找到叶某的妻子周某，其妻子已向查案机关提供其受贿的证言为要制造的假象。并经斟酌，决定以说其他情况的方法制造这一假象。

讯问人员是这样以说其他情况的方法制造出这一假象的：

讯问一切入主题，讯问人员在向叶某说了"对你这样既懂法律，又有二十多年丰富的办案经验的人，我不寄希望于你的交代，我寄希望于自己的调查取证……我从一开始就没有打算你作出交代，我只打算我自己如何收集证据，并将之付诸实施"的话后，便对要制造的假象进行制造。

讯问人员说："你也已知道我掌握你收受贿赂的问题，是的，我掌握了你收受贿赂的问题。现在我要向你讲的是，你回顾、考虑一下收受贿赂的过程和当时的情况，也就是说，你在干这些事的时候，是否干得清爽？你若干得清爽的话，就不要交代了，这样对你是绝对有好处的，你若是干得不太清爽的话，那你掂量一下，自己看着办。但据我所知，你在干这事时干得不清爽，当时除了你和送的人外，还有他人在场。我刚说过，对你的案件，我不寄希望于你的交代，而是寄希望于我自己的调查取证。我现在明确告诉你，我寄希望于我自己的调查取证，其依据就在这里。我之所以断然对你作出采取措施的决定，其依据也就在这里。我劝你，把干这些事的过程详细地作一番回顾。我还是那句话，如果你干得清爽的话，就千万别说了。

"我还要告诉你一个情况，那就是我懂得办案的套路，特别是找人的方法，我有办法把任何要找的人找到。我之所以敢于同你讲'如果你干得清爽的话，就千万别说了'这句话，依据就在这里！"

叶某经讯问人员这一假象的制造，形成了其妻子周某已被抓获，并已对其受贿事实提供证言的错觉。最后，叶某交代了收受贿赂的事实。

（3）以隐含的语言制造假象

所谓以隐含的语言制造假象，是指讯问人员向被讯问人所说的话中暗含有别的意思，以话中的话制造出假象。

以隐含的语言创造假象，要做到以下几点：

①要话中有话

讯问人员以隐含的语言制造假象，要话中有话，所说的话只是一个表面现象或情况，在表面现象或情况中含有要制造的假象的情况，即通过所说的表面现象或情况把假象制造出来。因此，讯问人员要把制造的假象隐含在所说的话中，所说的话要话中有话。

②所说的表面现象或情况与要制造的假象之间要具有内在的联系

讯问人员以隐含的语言制造假象，所说的表面现象或情况并不是孤立的，而是与要制造的假象之间具有内在的联系。这样，被讯问人通过对讯问人员所说的话的倾听，就能知道是一个什么样的情况。如果讯问人员所说的现象或情况与要制造的假象之间没有内在的联系，那么，就无法制造出要制造的假象或制造出来的就不是讯问人员所要制造的假象。因此，讯问人员要根据制造的假象，斟酌好要说的现象或情况，使两者具有内在的联系。

③所说的隐含语言不能涉及要制造的假象的内容

讯问人员以隐含的语言制造假象，所说的隐含语言只能是某种现象或情况，不能涉及要制造的假象的内容。如果讯问人员所说的隐含语言涉及要制造的假象的内容，由于讯问人员并未掌握要制造的假象的具体情况，因而，就有可能说得不准确而暴露了讯问人员的底细。因此，讯问人员所说的隐含语言绝对不能涉及要制造的假象的内容，而应当说得原则、笼统。

通过上述以隐含的语言制造出要制造的假象，例如：

胡某因收受贿赂嫌疑被某查案机关采取措施接受查处。讯问人员经对胡某进行多次讯问，胡某不仅拒不交代受贿的事实，而且大讲自己如何廉洁，起誓自己没有收受他人的一分钱。案件处于骑虎难下的境地。讯问人员经安排相关人员对胡某进行观察了解，发现胡某对其外甥刘某特别关注，显得特别担心。于是，讯问人员便找刘某谈话，但刘某守口如瓶，案件还是没有进展。在此情况下，讯问人员重新分析了案情，认为胡某对其外甥刘某特别关注，显得特别担心必有原因，极有可能是刘某与胡某收受贿赂案有着某种联系，但不知道是什么联系。据此，讯问人员决定以制造错觉的策略对胡某进行讯问，选择刘某已对有关胡某的受贿案有联系的问题作出交代为要制造的假象。考虑到刘某与胡某受贿案究竟存在什么联系的情况不明，决定以隐含的语言制造这一假象。

在讯问中，讯问人员是这样以隐含的语言制造要制造的假象的：

问："胡×，刘×是你的亲外甥？"

胡某先是迟疑了一下。

答："是我亲外甥，他怎么了？"

问："他没怎么，他说他是你的亲外甥。只是在今天上午我们把他叫过来了。他现在还在我们这里，正在做笔录。"

胡某的额上顿时渗出了汗珠，显得十分紧张。

问："你放心，我们不会对你外甥怎么样的，真的，谈话笔录做完了就会让他回去的，因为他很配合我们的工作，我们没有必要再留他了。"

这话中有话的话使胡某越发紧张、不安，汗珠沿着他的面颊流了下来。讯问人员乘机对胡某进行了政策、法律攻心，不到半个小时，胡某便开始交代收受贿赂的事实，最后，胡某还交代了其所涉的这一窝案串案开始查处后，预感到自己必被查处，为隐瞒自己收受贿赂的问题，便叫外甥刘某将自己几年来收受的人民币逐个送还行贿人，并让外甥刘某告诉行贿人"钱还给你了，就当你未送，无论如何不能讲"的事实情况。

（4）以双关的语言制造假象

双关语言，是指在一定的语言环境中，利用语音、语义等手段，使同一个语言形式同时具备双重意义的一种修辞方式。特点是：表层义显露，可由字面直接把握；深层义潜隐，需依靠语境间接体会，即言此而意彼。

所谓以双关的语言制造假象，是指以上述的双关语言把讯问人员要制造的假象含蓄、委婉地表达出来，制造出假象。

以双关的语言制造假象，要做到以下几点：

①所说的语言的深层义，即言外之意要能明显地表达出假象的情况

讯问人员以双关的语言制造假象，所说的语言，即双关语言的深层义，也就是言外之意要能明显地表达出假象的情况。只有这样，被讯问人一听讯问人员所说的话，就能知道讯问人员的言外之意是什么，从而向被讯问人制造出要制造的假象。否则，被讯问人就听不出讯问人员的

言外之意是什么，不知道讯问人员究竟在说什么，是什么意思。甚至有可能导致被讯问人对讯问人员说的话作出错误的理解。这样，不仅无法制造出要制造的假象，而且有可能导致错误的结果。因此，讯问人员所说的双关语言的深层义，即言外之意要能明显地表达出假象的情况。

②所说的语言要平和、不刺激

讯问人员以双关的语言制造假象，所说的语言要平和、不刺激。只有这样，才能把要制造的假象含蓄、委婉地表达出来，引起被讯问人的想象、思考，从而促使被讯问人在想象、思考中不断地扩大、完善讯问人员所要制造的假象。这样，会使被讯问人对讯问人员的言外之意有深切的体会，更能相信讯问人员所制造的假象。否则，讯问人员制造的假象就明显地摆在被讯问人的面前，阻断了被讯问人的想象、思考。如果讯问人员的言外之意有瑕疵，被讯问人就会识破讯问人员制造的假象。这样，不仅无法使被讯问人产生错觉，而且要增强被讯问人的抗审心理。

通过上述以双关的语言制造出要制造的假象。例如：

杨某因受贿嫌疑被查处。杨某在交代了讯问人员已掌握证据的受贿事实后，讯问人员根据举报材料和分析认为，杨某还有收受请托人美元的问题，需要深挖。

讯问人员经分析认为，根据杨某的特点，其如果认为讯问人员已掌握了他收受美元的证据，是能够作出交代的。但现在的问题是，讯问人员对杨某收受美元的问题仅是根据举报和分析而怀疑，并未掌握其收受美元的证据。如果直接以虚示证据的方法向杨某出示其收受美元的证据，万一举报材料和分析不准，杨某没有收受美元，将使讯问人员陷入被动。讯问人员经斟酌，决定以双关语言的方法制造出讯问人员已掌握其收受美元证据的假象，促使其在假象的作用下对收受美元的事实作出交代。

讯问人员是这样以双关语言的方法制造假象的：

问："杨×，据我们掌握，你还有问题没有交代，你想得到从轻的处理，就要彻底地交代问题，否则，前面好的交代态度就白白地浪费掉了。"

答："我交代彻底了，真的已经没有了。"

问："真的已经没有了就好！我是怕你真的还有！那我们聊点别的吧，今天好像是农历十五，农历十五的月亮是又美又圆，这美、圆人人都喜欢。但喜欢这美、圆是可以的，欣赏欣赏它，而如果要占有这美、圆，就要激怒天庭，受到惩罚！你说，是不是这个道理？"

杨某当即紧张起来，用手挠挠头发。不一会儿，便交代了收受请托人美元的受贿事实。

（5）以比喻的语言制造假象

比喻，是指借两类事物之间的相似点，用本质不同的彼事物来描绘说明此事物，以达到形象深刻的表达效果的一种修辞方式，也就是常说的打比方，又称譬喻。①

比喻的基本类型有明喻、暗喻、借喻，也有其他衍生出来的类型，如博喻、回喻等。

所谓以比喻的语言制造假象，是指讯问人员用相似的事物或道理来打比方，制造出要制造的假象。

以比喻的语言制造假象，要做到以下几点：

①用以比喻假象的事物或道理要生动、鲜明

讯问人员以比喻的语言制造假象，用以比喻假象的事物或道理要生动、鲜明。只有这样，才有可能使制造出来的假象生动、鲜明。从而使被讯问人一听就知道是怎样一种情况，是什么样的一个现状，听得明明白白、清清楚楚。如果讯问人员用以比喻假象的事物或道理不生动、鲜明，而是枯燥、模糊，那么，制造出生动、鲜明的假象也就无从谈起。这样，被讯问人就不能清楚地知道现在是怎样的一种情况，是什么样的一个现状，也就失去了以比喻的语言制造假象的意义。因此，讯问人员用以比喻假象的事物或道理要生动、鲜明，而不能枯燥、模糊。

②语言表达要形象、恰当

讯问人员以比喻的语言制造假象，表达相似的事物或道理的语言要

---

① 见《汉语修辞格大辞典》，上海辞书出版社 2010 年版，第 4 页。

形象、恰当。只有这样，制造出来的假象才能既栩栩如生又恰如其分，真实感强，使被讯问人似有一种亲临其境的感觉。如果讯问人员用以表达的语言不形象、恰当，那么，就既制造不出栩栩如生的假象，又使制造出的假象失去真实感，从而使被讯问人感到讯问人员所说的全是假话，是有意编造用以骗人的，事实根本就不是讯问人员所说的这种情况。因此，讯问人员的语言表达既要形象，又要恰当。

通过上述以比喻的语言制造出要制造的假象。例如：

刘某系某贪污、受贿窝案的一名犯罪嫌疑人，经多次讯问，拒不交代贪污、受贿的事实。但在被采取调查措施期间，向陪护人员探听还有没有其他人被叫进来讯问，都有什么人被叫进来讯问，被叫进来讯问的人有没有已回去的情况。据此，讯问人员分析认为，刘某的心理是怕共同贪污、受贿人先交代，自己迟交代要处于被动的地位，又怕自己作出了交代，如果别人没有交代或不交代，自己又不够义气，觉得太亏了。根据这一分析，讯问人员认为，刘某在知道共同贪污、受贿人已作出交代或要作出交代的情况下，其是能够对贪污、受贿的犯罪事实作出交代的。为此，讯问人员决定选择共同贪污、受贿人正在争先恐后地作出交代，走"坦白从宽"的道路为要制造的假象，促使刘某为争取主动对共同贪污、受贿的犯罪事实作出交代。经斟酌，讯问人员决定以"船翻争上岸"的道理来比喻，制造出共同贪污、受贿人为争取从宽而纷纷主动交代的假象。

讯问人员是这样以比喻的方法制造假象的：

在讯问中，讯问人员向刘某指出："你们的这条船已经翻了，在你们这条船上的人都已落到水里去了。"接着，讯问人员向刘某阐述了"船翻争上岸"的道理："你知道船翻了是什么情景吗？我告诉你，船一旦在江湖大海中翻沉，落水之人就会争先恐后要爬上岸，正所谓'落水要命'，每一个落水之人都会不顾一切地争着让自己上岸活命，见到救生圈、树段或其他能浮的东西就会拼命扑过去抱住它，哪怕是能浮的稻草，根本顾不了他人，目的是使自己不被淹死，能上岸活命。更有甚者，要蹬开他人，从他人手中夺得救生圈、树段让自己活命。这就叫'船翻争上岸',你想想,你们这条船现已翻沉了,他们会如何做?是争取主动上岸活命,还是甘愿被水淹死?"

经法律和政策攻心,刘某交代了共同贪污、受贿的犯罪事实。

(6) 以影射的语言制造假象

所谓以影射的语言制造假象,是指讯问人员借说某一事物或现象来指要制造的假象,制造出要制造的假象。

以影射的语言制造假象,要做到以下几点:

①借说的某一事物或现象要反映出所要制造的假象的特征

讯问人员以影射的语言制造假象,所借说的某一事物或现象要反映出要制造的假象的特征。也就是说,所借说的某一事物或现象的特征要与要制造的假象的特征相符。只有这样,才能形象、鲜明地指明所要制造的假象,使制造出来的假象与借说的该事物或现象具有共同的本质,从而使制造出来的假象更为逼真、直观,被讯问人一听,就知道讯问人员所说的是一种什么样的情况。如果讯问人员所借说的该事物或现象不能反映出要制造的假象的特征,被讯问人就难以知道讯问人员所说的是一种什么样的情况,甚至作出与讯问人员所指假象相反的理解,从而使以这种方法制造的假象不仅归于失败,而且有可能增强被讯问人的抗审心理。因此,以这种影射语言的方法制造假象,所借说的某一事物或现象要反映出所要制造的假象的特征,使借说的该事物或现象的特征与所制造的假象的特征相符。

②言语表达要幽默、诙谐

讯问人员以影射的语言制造假象,对借说的某一事物或现象,在语言表达上要做到幽默、诙谐,有趣可笑,意味深长。只有这样,才能使制造出来的假象自然、顺理成章,从而使被讯问人信以为真。如果讯问人员在言语表达上乏味、枯燥,制造出来的假象就会显得做作、牵强附会。这样,被讯问人就会认为讯问人员是无中生有,捏造事实,从而不仅不能形成被讯问人的错觉,而且会增强被讯问人的抗审心理。因此,以这种影射语言的方法制造假象,讯问人员的言语表达要幽默、诙谐。

通过上述以影射的语言制造出要制造的假象。例如：

赵某系某县副县长，因在工作中玩忽职守造成国家重大损失而被立案查处。

讯问人员在对赵某案的了解中得知，赵某除玩忽职守外，还有滥用职权进行行政审批、工程发包的行为。经深入了解，赵某与其滥用职权进行行政审批和承包到工程单位的这几个老板的关系密切，有收受这几个老板贿赂的嫌疑。讯问人员经分析，认为如果直接向赵某虚示证据，以证据对赵某进行攻心，让其交代收受这几个老板的贿赂问题，赵某不仅会予以坚决的否定，而且有可能因赵某没有收受这几个老板的贿赂而造成讯问人员自己的被动。于是，讯问人员决定以制造错觉的讯问策略对赵某进行讯问，在讯问中以影射的语言制造出向其行贿的老板已经作出交代和正要作出交代的假象，促使赵某对收受贿赂的事实作出交代。

讯问人员是这样以影射语言的方法制造假象的：

在讯问中，当赵某交代玩忽职守的犯罪事实后，讯问人员便对赵某进行了如下的讯问：

问："赵县长，××集团公司的那块地是你审批的吧！这个集团公司的总经理章×因虚开增值税发票正在被查处，这个人还真有点识时务，为解脱自己，走上了检举立功的道路。你知道吗？"

赵某在惊恐中交代了违规为章某企业审批土地和收受其贿赂的事实。

问："我再来问你，你还为哪几个企业和公司行政审批过或承包过工程？"

答："我想不起来了。"

问："你想不起来没关系，我已给你查清了。我们的同事正在逐个找你为其行政审批过或承包过工程的企业或公司的老板，查一查他们，看看他们都有什么问题。我想这些老板他们自己是不可能没有问题的，为解脱自己，他们都要走、都会走检举立功的道路，你相信吗？"

赵某处在极度的恐慌中。

问："赵县长，恐慌没有用，主动抢在他们前面才有用。"

接着，讯问人员对赵某进行政策、法律教育，促使赵某又交代了收受四个老板贿赂的事实。

（7）以反话的语言制造假象

所谓以反话的语言制造假象，是指讯问人员故意说的跟自己真实意思相反的话对假象进行制造，制造出要制造的假象。

以反话的语言制造假象，要做到以下几点：

①所说的反话要隐含着假象的情况

讯问人员以反话的语言制造假象，所说的反话要隐含着假象的情况。也就是说，讯问人员所说的反话正反映着假象的实际情况，是假象的反映。只有这样，被讯问人才能从讯问人员所说的反话中体会出假象的情况，进而认为讯问人员所说的反话是真实的，从而促使被讯问人形成错觉。如果讯问人员只说反话，但反话中不隐含假象的情况，被讯问人就无法从讯问人员所说的反话中体会出假象的情况，被讯问人也就不可能形成错觉。因此，以这种反话的语言制造假象，所说的反话中要隐含假象的情况。

②要以法律的规定或道理隐含假象的情况

讯问人员以反话的语言制造假象，所说的反话中要以法律的规定或道理隐含假象的情况，而不能把假象直挺挺地向被讯问人摆出来。只有这样，才能使被讯问人认为讯问人员所说的反话是有依据的，并不是胡说八道，从而对从讯问人员反话中体会出来的假象信以为真。如果讯问人员在所说的反话中不是以法律的规定或道理隐含假象的情况，被讯问人就有可能认为讯问人员是信口开河，或认为讯问人员说的是假话，是故意为之。这样，不仅制造不出使被讯问人信以为真的假象，而且使被讯问人识破了讯问人员的意图，从而增强其抗审的心理。因此，以这种反话的语言制造假象，要以法律的规定或道理隐含假象的情况。

③说反话的口气要坚决

讯问人员以反话的语言制造假象，所说的反话口气要坚决，只有这样，被讯问人才能认为讯问人员的底气足，稳操胜券，否则，讯问人员是不可能这样理直气壮的。从而使被讯问人感觉到讯问人员所制造出来的假象确实无疑，已是实实在在的东西。如果讯问人员说反话的口气不坚决，迟疑犹豫，被讯问人就会认为讯问人员的底气不足，不会是讯问人员所说的这种情况，从而也就无法使被讯问人信以为真，产生错觉。因此，以这种反话的语言制造假象，说反话的口气一定要做到坚决。

通过上述以反话的语言制造出要制造的假象。例如：

盗窃犯罪嫌疑人洪某，经多次讯问，拒不交代盗窃的犯罪事实。讯问人员经分析认为，洪某之所以拒不交代盗窃的犯罪事实，是因为其认为赃物已经被匿藏，讯问人员没有查获赃物。根据这一分析，讯问人员认为，应先停止对洪某的讯问，使洪某感觉到讯问人员是在集中精力寻找赃物，然后制造出赃物已被查获的假象，以此对洪某再行讯问。十天后，讯问人员重新对洪某进行讯问。在讯问中，讯问人员以反话制造出赃物已被查获的假象。

讯问人员是这样以反话制造假象的：

讯问一开始，讯问人员神采飞扬地向洪某指出："洪×，我们时隔十天又见面了。我们这次见面，同以前的不同：前几次我是要你交代盗窃的犯罪事实，这次我不是要你交代盗窃的犯罪事实，而是来履行一下法律上的手续。因为，前几次的讯问，你均拒绝对盗窃的犯罪事实作出交代，所以，我改变了查案的思路，把工作的重点集中在调查取证上。警犬的嗅觉，技术侦查手段的实施，收到了意想不到的结果。'捉贼见赃'是一句经得起检验的名言。因而，现在我已不需要你对盗窃的犯罪事实作出交代，你交代与不交代，对我来说，都已毫无意义。因为，我国《刑事诉讼法》第五十三条第一款①明文规定：'对一切案件的判处都要重证据，重调查研究，不轻信口供。只有被告人供述，没有其他证据的，不能认定被告人有罪和处以刑罚；没有被告人供述，证据确实、充分的，可以认定被告人有罪和处以刑罚。'你现在给我一个态度，我的法律程序也就履行完毕了，我立马走人。"

通过上述反话，制造出了赃物已被查获的假象。

---

① 指 2012 年修改的《刑事诉讼法》第五十三条第一款。

洪某在讯问人员制造的假象面前不时地挠头，不一会儿，便交代了盗窃的犯罪事实。

（8）以旁敲的语言制造假象

所谓以旁敲的语言制造假象，是指讯问人员不从正面直接说明所指的对象，即假象情况，而是从侧面拐弯抹角地暗示假象的情况制造出假象。

以旁敲的语言制造假象，要做到以下几点：

①旁敲要根据要制造的假象情况进行

讯问人员以旁敲的语言制造假象，旁敲要根据要制造的假象情况进行。也就是说，旁敲的语言要紧紧地围绕要制造的假象，而不能离开要制造的假象情况进行旁敲。只有这样，才能以旁敲的语言制造出要制造的假象。如果讯问人员离开了要制造的假象情况进行旁敲，那么也就制造不出要制造的假象或制造出来的不是讯问人员要制造的假象。这样，不仅不能使被讯问人产生错觉，而且，有可能要增强被讯问人的抗审心理。因此，讯问人员的旁敲，一定要根据要制造的假象情况进行。

②旁敲所表达的语言既要含蓄，又要明了

以旁敲的语言制造假象，实质上是用间接的方法表达出要制造的假象，其实就是曲说假象，绕了一个弯子来表达假象。因而，讯问人员的语言表达只有含蓄，才是曲说，只有明了，才能使这个弯子绕得清晰，从而才能使被讯问人从讯问人员的旁敲语言中体会出所制造的假象的情况。如果讯问人员旁敲的语言不含蓄，那就不是曲说，而是直指，如果不明了，那么，这个弯子就会绕得被讯问人云里雾里，不知讯问人员所说的是何种情况，从而无法体会出假象的情况。因此，讯问人员旁敲所表达的语言要做到既含蓄，又明了。

通过上述以旁敲的语言制造出要制造的假象。例如：

某地发生一起故意杀人、抢劫案。经现场勘查，作案者系爬墙潜入被害人院内，然后从窗户进入被害人睡觉的房间，拿起被害人床边的斧头向被害人头部连击三斧，将被害人的裤管塞入被害人的口中，抢走被害人手上的手表，手握被害人的电筒照明，开柜门、桌抽屉翻寻财物，而后从房间内开门离开现场，侦查人员在房间窗户下的桌上提取鞋印一枚，在斧头柄上提取掌纹两枚，在电筒上提取掌纹两枚，在木门门闩上提取指纹两枚。但均因模糊没有鉴定价值。

侦查人员经走访群众，得知同村潘某有重大嫌疑，其案发当晚下半夜回家后即换下衣服，鞋子进行清洗，第二天一早便不知去向。

潘某被抓获归案后，大喊冤枉，在讯问中拒不交代杀人、抢劫的犯罪事实。

侦查讯问人员经分析认为，该案只掌握潘某犯罪的一些疑点，并未掌握其犯罪的证据，这样很难突破潘某的口供。于是，侦查讯问人员决定以制造错觉的讯问策略对潘某进行讯问，并选择以旁敲的语言制造出讯问人员已掌握其犯罪证据的假象，促使潘某产生错觉，对杀人、抢劫的犯罪事实作出交代。

侦查讯问人员是这样以旁敲的语言制造假象的：

问："你还是不想讲是吧，我同你说，你去过哪里，要用脚走，脚要落地对吧，用脚走，脚落地就会留下脚印，特别是脚踏在桌子的木板上，脚印就会更加明显，如果是穿着鞋，穿什么鞋就会留下什么样的鞋印，这个鞋印是你留的，不就证明你去过那个地方了吗！你干过什么，要用手去做，手要握住那个东西对吧，用手去做，手去握住一个东西就会留下手印、指纹，如果这个东西上留下的是你的手印、指纹，不就证明你拿这件东西干过了什么吗？你离开某个地方，比如离开某个房间，要用手去拉门闩开门对吧，用手拉门闩开门，门闩上就会留下指纹，如果门闩上留下的是你的指纹，不就证明了你是从那个房间离开的吗！"

这是侦查讯问人员以讲去过哪里，干了什么，从哪里离开，要留下脚印、手印、指纹来敲击潘某，暗示在杀人现场留有他的脚印，斧头柄上、电筒上留有他的掌纹、指纹，门闩上留有他的指纹，从而制造出侦查讯问人员已掌握其犯罪证据的假象。

潘某经侦查讯问人员的旁敲侧击，在严打形势的威慑和政策、法律的感召下，在痛哭中交代了杀人、抢劫的犯罪事实。

（9）以责怪的语言制造假象

所谓以责怪的语言制造假象，是指讯问人员责备被讯问人没有做好某件事，以指责、埋怨的语言制造出假象。

以责怪的语言制造假象，要做到以下几点：

①所责备的事要与制造的假象具有直接的关系

讯问人员以责怪的语言制造假象，所责备的事要与制造的假象具有直接的关系。也就是说，被讯问人没有做好的这件事的直接结果就是讯问人员要制造的假象情况。只有这样，被讯问人才能深切地感觉到讯问人员所制造出来的假象，从而才有可能信以为真。如果讯问人员所责备的这件事与要制造的假象没有直接的关系，那么，制造出来的就不会是讯问人员要制造的假象，这样，就无法达到以责怪的语言制造假象的目的。因此，以责怪的语言制造假象，讯问人员所责备的事要与制造的假象具有直接的关系。

②在责备的同时，要表示出对被讯问人的惋惜

讯问人员以责怪的语言制造假象，在制造出假象的同时，要对被讯问人表示惋惜。只有这样，才能彰显讯问人员所制造出的假象的真实性，被讯问人已经没有了任何挽回的余地。如果讯问人员不对被讯问人表示惋惜，被讯问人就有可能认为自己还有挽回的余地，从而拒绝对犯罪事实作出交代。因此，以责怪的语言制造假象，在责备的同时，要表示出对被讯问人的惋惜。

通过上述以责怪的语言制造出要制造的假象。例如：

故意杀人犯罪嫌疑人李某系某集团公司董事长，因与女秘书胡某生有一子，胡某逼李某与其妻子周某离婚，但周某不同意离婚。李某经不起胡某的逼迫和纠缠，于某夜趁其妻子周某在卫生间时杀死周某，并将周某分尸装入尼龙袋中，放在自己小车的后备厢里连夜运往某大桥，将尸体沉入江中。

李某杀人两天后，经群众报案，公安机关因潮水退去在某大桥下的江里发现尸块。经检验，被害人是李某的妻子周某。侦查人员经对李某居住的别墅进行勘查，在楼下的卫生间发现有人血反应，但由于卫生间

已被清洗，没有取到周某在此被害的痕迹。

　　侦查人员经询问李某的驾驶员应某。应某称，平时李某上下班都是由他开车接、送的。两天前，李某下班，其将李某送到家，李某叫他把车留在这里。明天早上他自己开车上班。第二天李某开车上班后，将车子交给应某，应某发现车子洗得干干净净，连后备厢都被擦洗过，并换了一块新的后备厢垫毯。据此，侦查人员认为，李某极有可能是在楼下的卫生间杀死其妻子周某并进行分尸后，装上其小车的后备厢，运往某大桥将尸块抛入江中。于是，侦查人员对李某的小车进行了秘密勘查，在车的后备厢发现有人血反应，但没有找到其他证据。

　　侦查人员经分析认为，既然李某是用小车的后备厢装盛尸块，就有可能在后备厢中留下周某的血迹。李某虽已对后备厢进行了擦洗，但留下的血迹没有彻底擦洗干净是完全有可能的，特别是在暗角处。对此，李某应该没有十分把握其已彻底擦洗干净。于是，侦查人员决定以制造错觉的讯问策略对李某进行讯问，在讯问中，制造出在其小车后备厢的暗角处发现周某血迹的假象，并决定以责怪的语言制造这一假象。

　　侦查讯问人员是这样以责怪的语言制造假象的：

　　"我们在×大桥下的江里发现你妻子的尸块后，便对你的小车进行了勘验。难得你亲自洗车，还换了后备厢的垫毯。你啊！就是太粗心了，干这么重大的事怎么这样粗心？既然已擦洗后备厢，怎么不注意把暗角处沾有的东西也擦洗干净。如果你把暗角处沾有的东西一同彻底擦洗干净了，就好了，事情的结果就不会是这样了。真是可惜，你还是白忙活了一场。"

　　接着，侦查讯问人员对李某进行了相关刑事政策和《刑事诉讼法》第五十三条①规定的教育，促使李某对故意杀死其妻周某，并进行分尸、抛尸的犯罪事实作出了交代。

　　（10）以自言自语的语言制造假象

　　所谓以自言自语的语言制造假象，是指讯问人员在讯问的过程中以

---

　　①　指 2012 年修改的《刑事诉讼法》第五十三条。

自己对自己说话制造出假象。

以自言自语的语言制造假象，要做到以下几点：

①要把握好自言自语的时机

讯问人员以自言自语的语言制造假象，自言自语的时机非常重要。讯问人员只有在适当的时机进行自言自语，自言自语的话才有可能引起被讯问人的注意和重视，进而使被讯问人对讯问人员自言自语的话进行遐想，从而促使被讯问人形成错觉。如果讯问人员自言自语的时机不恰当，被讯问人就不会对讯问人员自言自语的话引起注意和重视，甚至听而不闻，这样就无法引起被讯问人的遐想，被讯问人的错觉也就无法形成。因此，以自言自语的语言制造假象，讯问人员要把握好自言自语的时机，在最有利的时机进行自言自语。

②要自然

讯问人员以自言自语的语言制造假象，要自言自语得自然。讯问人员只有自言自语得自然，使被讯问人感觉到是讯问人员内心情不自禁地流露，才有可能使被讯问人对讯问人员自言自语的话信以为真。如果讯问人员自言自语的话不自然，被讯问人就会认为这是讯问人员在有意做作，是故意而为之。这样，就会引起被讯问人的警觉，不仅不能促使被讯问人形成错觉，而且有可能被被讯问人识破意图，从而增强其抗审的心理。因此，以自言自语的语言制造假象，要自言自语得自然。

通过上述以自言自语的语言，制造出要制造的假象。例如：

施某因收受贿赂嫌疑被查处。在讯问中，施某先是否认自己有受贿行为，但在讯问人员的猛烈进攻下，称："孙某请托为其儿子安排工作，送给我五万元，我不要，但孙某丢下钱就走了。我第二天把钱还给孙某，但孙某已出差，等孙某出差回来后我就把这五万元送还给了孙某。为此，孙某还特地写了一张收条给我。"讯问人员随施某到其办公室拿来孙某所写的收条，孙某所写收条的时间是六月十五日。讯问人员询问了孙某，孙某所述的情况与施某的辩解完全一致。讯问人员经分析认为，施某和孙某串供，孙某所写的这张收条是在施某得知查案机关要查处其受贿问题后为逃避罪责而让孙某补写的，收条上的时间是孙某估摸出差回来后的某天，任意写的，不会是六月十五日。讯问人员进一步分析认为，在施某和孙某已订立攻守同盟的情况下，要突破施某的口供，只有在施某感觉到孙某已作出交代，攻守同盟已破的情况下，才有可能。于是，讯问人员决定以制造错觉的讯问策略对施某进行讯问，以自言自语的方法制造出孙某已作出交代，攻守同盟已破的假象，促使施某作出如实的交代。

讯问人员是这样以自言自语的方法制造假象的：

讯问开始后，讯问人员要施某交代订立攻守同盟的问题，但施某坚持前述的辩解是真实的，根本就没有攻守同盟。双方僵持了半个多小时后，主审拿出香烟，夹在手上，对辅审说"我先抽根烟"，边说边站起，向门外走去，边走边自言自语："哼！还六月十五日，他人都不在，编也不会编！"主审抽完香烟，从门外进来继续对施某进行讯问。

问："你知道我为什么盯住你要你交代订立攻守同盟的问题吗？"

答："我……我……"

问："不要再争了，一点作用都没有，你现在讲清还有一个态度好的从宽条件，等我把证据都摆到你面前，你就没有从宽处理的条件了。"

施某待了一会儿，便交代了收受贿赂和订立攻守同盟的事实，突破了施某的口供。

（11）以说半句的语言制造假象

所谓以说半句的语言制造假象，顾名思义，是指讯问人员在讯问的过程中不把一句话说完，而只说出半句话制造出假象。

以说半句的语言制造假象，要做到以下几点：

①所说的半句话中要包含着另半句话的意思

讯问人员以说半句的语言制造假象，所说的这半句话要意味深长，虽然没有把一句话说完，但这半句话中要包含着另半句话的意思。只有这样，被讯问人才能通过联想，就知道讯问人员未说出口的另外半句话是什么意思，从而使讯问人员所说的半句话加上被讯问人的联想制造出假象。如果讯问人员所说的半句话中没有另半句话的意思，被讯问人即使进行联想，也仍无法联想出讯问人员未说出口的另半句话是一个什么意思，而且，有可能把另半句话的意思想反了。这样，不仅制造不出假象，而且，有可能起相反的效果。因此，以说半句的语言制造假象，讯问人员所说的半句话要包含着另半句的意思。

②说半句话要以自言自语的方式进行

我们在前一个问题中叙述了如何以自言自语的语言制造假象，以自言自语的语言制造假象，不一定都说半句话。但说半句话制造假象，说半句话要以自言自语的方式进行。因为，以自言自语的方式说半句话，才能自然，不勉强，从而才有可能促使被讯问人进行联想，联想出包含在这半句话中的另半句话，或对讯问人员未说出的半句话进行追问，要求讯问人员明确说出未说出的另半句话，如果讯问人员不是以自言自语的方式说半句话，而是正式向被讯问人说半句话，被讯问人就会认为讯问人员是在卖关子，是有意而为之，是为了实现某一企图。这样，被讯问人对讯问人员的半句话就不会进行联想或进行追问。从而，也就无法制造出使被讯问人信以为真的假象。因此，以说半句的语言制造假象，说半句话要以自言自语的方式进行。

通过上述以说半句的语言，制造出要制造的假象。

2. 以行为动作制造

所谓以行为动作制造，是指讯问人员通过实施行为动作，以行为动作把假象制造出来。

以行为动作制造假象，是讯问中常用的一种方法。由于这种方法是以无声的语言制造假象，因此讯问人员要把握好以这种方法制造假象的技巧，使无声胜有声，制造出栩栩如生的假象。

以这种方法制造假象，又有以下几种具体的方法。下面分别叙述各种具体方法制造假象的技巧。

（1）以向虚假进攻目标进攻的行为制造假象

所谓以向虚假进攻目标进攻的行为制造假象，是指讯问人员为隐蔽自己真实的进攻目标，故意实施向虚假的进攻目标进攻的行为，制造出向虚假目标进攻的假象。

以向虚假目标进攻的行为制造假象，要做到以下几点：

①要选准虚假的进攻目标

讯问人员以向虚假目标进攻的行为制造出进攻目标的假象，首先要选准这个虚假的进攻目标，只有这样，制造出的向这个虚假目标进攻的假象，被讯问人才有可能信以为真。因为，这个虚假的进攻目标选得准，选得符合情理，被讯问人才有可能认为这个虚假的目标就是讯问人员攻击的目标。而如果这一虚假的进攻目标选得不准，选得不符合情理，就会引起被讯问人的怀疑，从而使被讯问人认为这个虚假的目标不是讯问人员要真正攻击的目标，而只是一个幌子。这样，不仅被讯问人不会对讯问人员制造出的假象信以为真，产生错觉，而且会暴露讯问人员真实的进攻目标，促使被讯问人对讯问人员真实的进攻目标加强防范，从而使讯问人员无法"攻其无备，出其不意"，打被讯问人一个措手不及。因此，以这种方法制造进攻目标的假象，一定要选准这个虚假的进攻目标，使之符合情理。

②实施的进攻手段要符合虚假进攻目标的情况

讯问人员以向虚假目标进攻的行为制造进攻目标的假象，实施进攻手段要符合虚假进攻目标的情况。只有这样，被讯问人才有可能认为讯问人员真的是在向这一目标进行进攻。如果讯问人员实施的进攻手段不符合虚假进攻目标的情况，被讯问人就会认为讯问人员不是真正向这一目标进行进攻，而只是做做样子而已。这样，被讯问人就不会对讯问人员的这一虚假进攻目标信以为真，形成错觉。因此，以这种方法制造进攻目标的假象，向虚假目标进攻的手段一定要符合虚假进攻目标的情况。

通过上述以向虚假目标进攻的行为，制造出向虚假目标进攻的假象。

（2）以将虚假的实物证据放置在讯问场所的行为制造假象

所谓以将虚假的实物证据放置在讯问场所的行为制造假象，是指讯问人员将尚未查获的赃物或作案工具等实物证据装扮成已经查获放置在讯问场所一定的位置，让被讯问人看到，制造出赃物或作案工具等实物证据已被查获的假象。

以将虚假的实物证据放置在讯问场所的行为制造假象，要做到以下几点：

①要弄清案件的实物证据

讯问人员以这种方法制造假象，首先要弄清案件的实物证据是什么、是什么样子，形状、大小、颜色等。只有这样，放置在讯问场所的虚假实物证据才有可能与案件的实物证据一样，从而才有可能使被讯问人认为看到的虚假实物证据就是案件的实物证据。如果讯问人员没有弄清案件的实物证据，那么，放置在讯问场所的虚假实物证据就无法做到与案件的实物证据一样，这样，被讯问人一看就知道这是虚假的，不仅无法使被讯问人产生错觉，感觉到实物证据已被讯问人员获取，而且会增强被讯问人的抗审心理。因此，以这种方法制造假象，讯问人员一定要先弄清案件的实物证据。

②放置的地点要恰当

讯问人员以这种方法制造假象，放置虚假实物证据的地点要恰当，既要能够让被讯问人看得见，又不能让被讯问人看得特别清楚，只有这样，被讯问人一进到讯问室就能看得见，但又无法进行真假的辨别。如果放置的地点不恰当，被讯问人就有可能或没有注意到，看不见，或看得特别清楚，以至于辨别出这是虚假的。因此，以这种方法制造假象，放置虚假实物证据的地点一定要做到恰当。

通过上述以将虚假的实物证据放置在讯问场所的行为，制造出案件的实物证据已被查获的假象。例如：

被害人颜某被他人用刀杀害致死，经对颜某的尸体进行检验，颜某是被锐器刺穿肝脏致死。经侦查，同村的舒某有重大作案嫌疑。舒某被拘留后，经对舒某的住处进行搜查，搜出匕首一把，经检验，匕首上有人血反应。侦查人员在没有对搜得的匕首这一证据进行审查判断，辨明匕首是否是真实凶器的情况下，就认为匕首是舒某作案杀死颜某的凶器。

在对舒某的讯问中，侦查讯问人员认为舒某作案的凶器已被查获，证据已是铁板钉钉，急不可待地以明示的方法向舒某出示了其杀人的作案工具匕首这一物证。

舒某一见侦查讯问人员出示的作案工具匕首，顿时镇定下来，回答说："你们既然已经寻得我杀人的凶器，证明是我杀的人，那么，就定案好了，我绝不后悔。"从此以后，无论讯问人员怎么讯问，舒某都是以嚣张的气焰、恶劣的态度对待讯问，案件陷入了僵局。

后来，侦查人员落实了侦查措施，得知舒某是以杀猪刀杀死颜某，并已将杀猪刀匿藏。

侦查讯问人员认为，对舒某的讯问，由于已向其出示了不实的杀人凶器，已增强了舒某的抗审心理，并已使之心理固定化。如果不向其出示真实的杀人凶器杀猪刀这一物证，是无法突破舒某的口供的。但舒某杀人的杀猪刀已被藏匿，一时难以找到，无法向舒某出示这一物证。侦查人员又经分析认为，被匿藏的杀猪刀是可以找到的，特别是在现在科学技术发达的情况下，对此，舒某是能够认识得到的。于是，侦查人员决定以制造错觉的讯问策略对舒某进行讯问，在讯问中以将虚假的作案工具杀猪刀放置在讯问场所的行为制造出舒某杀人的作案工具杀猪刀已被查获的假象，促使舒某对杀死颜某的犯罪事实作出交代。

侦查讯问人员是这样制造假象的：

在讯问前，侦查讯问人员经分析，选得了一把杀猪刀，装在半透明的尼龙袋内，将其放置在讯问桌前面的中间，刀头朝向舒某坐的方向，为的是使舒某看到这是一把杀猪刀，但又不能看清楚是否是他杀人的杀猪刀。

舒某被提到讯问室路过讯问桌前，见讯问桌上放着的杀猪刀，突然一惊。

问："舒×，坐下来！"

舒某坐下，但眼睛死死盯住放在讯问桌上的杀猪刀。

问："你把眼睛转到我这边来，我跟你说，先说第一点，现在的科学技术发达，利用科学技术找到被匿藏的东西，那是轻而易举的事；二是你不懂得讯问的真真假假、虚虚实实，无论你认为是真的，还是假的，是虚的，还是实的，我们的目的都是给你从轻处理的机会。你认为是假的，我们向你公开出来，你如果能在假的面前作出如实的交代，说明你实事求是，交代态度好，就能得到幅度较大的从轻处理；如果你认为是真的，我们不向你公开出来，你如果能在不向你公开出来真的面前作出如实的交代，也说明你是主动交代的，也能得到从轻的处理。如果不交代，等我们把真的向你公开出来，你就失去了从轻处理的条件。你自己看着办吧！"

接着，侦查讯问人员对舒某进行刑事诉讼的证据理论、《刑事诉讼法》第五十三条①的规定和《刑法》第六十七条第三款规定的教育，促使舒某对杀人的犯罪事实和凶器的匿藏地点作出了交代。

（3）以虚假看阅证据的行为制造假象

所谓以虚假看阅证据的行为制造假象，是指讯问人员在讯问的过程中故意对证据材料进行虚假的看阅，制造出讯问人员已经收集到某种证据的假象。

以虚假看阅证据的行为制造假象，要做到以下几点：

①所虚假看阅的证据材料这种证据是案件中客观存在的

讯问人员以这种方法制造已收集到某种证据的假象，所虚假看阅的证据材料这种证据是案件中客观存在的，只不过讯问人员在此时尚未收集到而已。只有这样，被讯问人才有可能认为讯问人员已收集到这种证据，从而形成错觉，对讯问人员已收集到这种证据信以为真。如果讯问人员所虚假看阅的证据材料这种证据不是案件中客观存在的，也就是说，这种证据材料是案件中没有的，那么，被讯问人一见就知道讯问人员这是捏造事实，因为，案件中没有这种证据，讯问人员哪有这种证据的收集。这就等于告诉被讯问人，讯问人员根本就没有收集到其犯罪的证据。这样，不仅不能使被讯问人产生错觉，而且要增强被讯问人抗审的心理。因此，以这种方法制造假象，讯问人员所虚假看阅的证据材料这种证据一定要是案件中客观存在的。

②要让被讯问人知道讯问人员是在看阅某种证据材料

讯问人员以这种方法制造已收集到某种证据的假象，在看阅的过程

---

① 指 2012 年修改的《刑事诉讼法》第五十三条。

中，要让被讯问人知道讯问人员是在看阅某种证据材料。只有这样，被讯问人才有可能感觉到讯问人员已收集到某种证据，从而才有可能使被讯问人产生错觉。如果被讯问人不知道讯问人员是在看阅某种证据材料，那么，被讯问人就不知道讯问人员已收集到其犯罪的什么证据，错觉也就无法形成。因此，以这种方法制造假象，要让被讯问人知道讯问人员是在看阅某种证据材料。

通过上述以虚假看阅证据的行为制造出讯问人员已收集到被讯问人某种犯罪证据的假象。例如：

严某因滥用职权为老板辛某的公司违法行政审批，造成国家重大损失被立案查处。

严某被采取调查措施后，严某的妻子任某先后与老板辛某、管某、彭某、胡某等联系并碰面。据此，讯问人员分析认为，严某为辛某的公司违法行政审批的背后可能存在权钱交易，严某的妻子与辛某联系、碰面很可能就是做辛某的工作或退还赃物，要求辛某否认行贿的事实。严某的妻子同老板管某、彭某、胡某联系和碰面，这几个人也可能同严某存在权钱交易的问题，严某的妻子任某极有可能也是做这几个老板的工作或退还赃物，要求他们否认行贿的事实。

根据上述分析，讯问人员认为，如果在讯问中向严某出示辛某、管某、彭某、胡某已交代向其行贿的事实证据，就有可能使严某认为讯问人员已掌握了其收受辛某、管某、彭某、胡某贿赂的证据，从而促使严某为得到从宽处理而交代收受辛某、管某、彭某、胡某贿赂的事实。但现在的问题是，辛某等人并未作出交代，而且，讯问人员自己也不知道严某与他们之间关系的具体情况，无法向严某出示证据。讯问人员经斟酌，决定以制造错觉的讯问策略对严某进行讯问，以自己虚假看阅证据材料的行为，即看阅辛某、管某、彭某、胡某并未作出交代的"交代材料"，制造出辛某、管某、彭某、胡某已交代行贿事实的假象，促使严某作出错误的判断，采取错误的行动而对收受辛某、管某、彭某、胡某的贿赂的事实作出交代。

讯问人员是这样以虚假看阅证据材料的行为制造出假象的：

当严某交代了滥用职权为辛某的公司违法行政审批的事实后，讯问人员对假象进行了如下的制造：

问："你违法为辛某的公司进行行政审批，把背后的交易说说清楚。"

答："我们背后没有交易。"

问："没有交易？"

讯问人员打开档案袋，从档案袋中拿出材料翻开，拿出几份材料，后身靠椅子看了起来。看了一份，放到桌上，再看一份，再放到桌上……看了四份材料后，把这四份材料重新拿在手中，挺胸欠身向前。

问："你不仅同辛某在背后有交易，而且同其他老板，例如管×等人在背后也都有交易，你自己主动说清比我把这些材料公开向你摆出来对你有好处。"

讯问人员边说边举举手中的材料。

不一会儿，严某便交代了收受辛某、管某、彭某、胡某贿赂的事实。

（4）以实施虚假的同案人或对合人已到案接受讯问的行为制造假象

所谓以实施虚假的同案人或对合人已到案接受讯问的行为制造假象，是指讯问人员将尚未抓获的同案人或对合人装扮成已抓获，将装扮成已抓获的虚假同案人或对合人让被讯问人看见，制造出同案人或对合人已到案接受讯问的假象。

以实施虚假的同案人或对合人已到案接受讯问的行为制造假象，要做到以下几点：

①装扮成已抓获的虚假同案人或对合人的外貌要同真正的同案人或对合人相似

讯问人员以这种方法制造同案人或对合人已到案接受讯问的假象，装扮成已抓获的虚假同案人或对合人的外貌要同真正的同案人或对合人相似，而且越相似越好。被讯问人一看见这个已抓获的虚假同案人或对合人，就会立刻形成错觉，知道与自己共同或对合犯罪的同案人或对合人已被讯问人员抓获，将要或正在或已接受讯问人员的讯问。如果装扮成已抓获的虚假同案人或对合人的外貌同真正的同案人或对合人不相似，或虽在某些方面相似，但还有明显区别，被讯问人一见就知道这不是与自己共同或对合犯罪的人。这样，讯问人员就露了馅，被讯问人不仅不能形成同案人或对合人已到案接受讯问的错觉，而且会坚定被讯问人的抗审决心。因此，以这种方法制造假象，装扮成已抓获的虚假同案人或对合人的外貌要同真正的同案人或对合人相似，而不能不相似或仅在某些方面相似。

②装扮成已抓获的虚假同案人或对合人既要让被讯问人看见，又不能让被讯问人看得清楚

讯问人员以这种方法制造同案人或对合人已到案接受讯问的假象，在制造的过程中，既要让被讯问人能看见装扮成已抓获的虚假同案人或对合人，又不能让被讯问人看清楚装扮成已抓获的虚假同案人或对合人。只有这样，被讯问人才有可能对讯问人员制造的假象信以为真，形成错觉。如果被讯问人不能看见装扮成已抓获的虚假同案人或对合人，被讯问人就难以相信同案人或对合人已被抓获归案，被讯问人也就无法产生错觉；如果被讯问人看清楚了装扮成已抓获的虚假同案人或对合人，由于这同案人或对合人毕竟是虚假的，不是真正的同案人或对合人，就有可能被被讯问人发现破绽，认出这不是与其共同或对合犯罪的人，无疑要增强被讯问人的抗审心理。因此，以这种方法制造假象，装扮成已抓获的虚假同案人或对合人既要让被讯问人看见，又不能让被讯问人看清楚。

通过上述以实施虚假的同案人或对合人已到案接受讯问的行为制造出假象。例如：

康某和伍某共同盗窃，康某被抓获归案，但伍某潜逃，未能被抓获。

康某被刑事拘留后，经多次讯问拒不交代盗窃的犯罪事实。但在关押期间非常关注其他监室有没有新的人被关进来，显然是想了解同案人伍某有无被抓获归案。据此，讯问人员认为，康某在没有得知伍某已被抓获归案前，其不会对共同盗窃的犯罪事实作出交代。于是，讯问人员决定以制造错觉的讯问策略对康某进行讯问，并选择以实施虚假的"伍某已到案接受讯问的行为"的方法制造出伍某已到案接受讯问的假象。

讯问人员经挑选，选择了一个在外貌上酷似伍某的人，于某夜趁康某站在监房的铁窗旁时，看守人员押着这个酷似伍某的人路过康某站着的监房门口，关进关押康某的隔壁的监房。那人走进监房时，看守人员在监房门口说了一句："伍×，你在这里老实点，想清楚，等会儿有人提审你。"接着，便关上监门。半个小时后，那人被提出监房，又路过康某的监房门口去接受"讯问"。那人被讯问一个小时后，康某被提出监房，前去接受讯问，只经过两个回合，康某便交代了与伍某共同盗窃的犯罪事实和赃物匿藏的地点。

（5）以实施虚假掌握的作案手段行为制造假象

所谓以实施虚假掌握的作案手段行为制造假象，是指讯问人员根据对案件的分析，认为被讯问人可能是以某种手段作案，在讯问中仿照被讯问人作案手段的动作进行表演，制造出讯问人员已掌握其犯罪事实的假象。

以实施虚假掌握的作案手段行为制造假象，要做到以下几点：

①要分析准被讯问人的作案手段行为

讯问人员以这种方法制造已掌握被讯问人犯罪事实的假象，首先要分析准被讯问人的作案手段行为，也就是被讯问人实施了什么样的作案手段行为。只有这样，讯问人员仿照被讯问人作案手段的动作才能符合被讯问人的作案手段行为，是被讯问人作案手段行为的再现。被讯问人才有可能感到讯问人员确实已掌握其犯罪事实，从而产生错觉。如果讯问人员分析不准被讯问人的作案手段行为，讯问人员做出的动作就不是被讯问人作案手段的动作。这样，被讯问人一见，就知道讯问人员并未掌握其犯罪事实，而是在瞎猜。其结果，不仅不能使被讯问人产生错觉，感到自己的犯罪事实已被讯问人员掌握，而且，毫无疑问地要增强被讯问人的抗审心理。因此，以这种方法制造假象，一定要分析准被讯问人的作案手段行为。

②所仿照的作案手段行为不能做得过细

讯问人员以这种方法制造已掌握被讯问人犯罪事实的假象，所仿照的被讯问人作案手段行为不能做得过细。只有这样，才能避免露出破绽。如果这种仿照行为做得过细，由于被讯问人的作案手段、行为并未被讯问人员真正掌握，而只是一种分析，做得过细就有可能做得不准而露出破绽。因此，以这种方法制造假象，所仿照的作案手段行为一定不能做得过细。

通过上述以实施虚假掌握的作案手段行为制造出已掌握被讯问人犯罪事实的假象。例如：

某村金某一家食用其自家菜地的包心菜后，全家中毒，其女儿经抢救无效死亡。

侦查人员经勘验金某菜地的包心菜，外表并无异常，经化验包心菜的表皮并无毒物，但经破开化验，发现有甲胺磷毒物。经分析认为，投毒杀人者是将甲胺磷毒物弄进包心菜的内心。又经仔细勘验另外的包心菜，发现还有几个包心菜的外表有针眼，经破开化验，在包心菜的里层发现有甲胺磷毒物。据此，侦查人员分析认为，作案人的作案手段是用注射针筒将甲胺磷注入包心菜。

经侦查，与金某同村的林某有作案重大嫌疑。于是，侦查人员便拘传了林某并进行讯问。

在讯问中，林某气焰嚣张，要讯问人员拿出证据，否则，就与侦查人员斗到底。在此情况下，侦查人员决定以制造错觉的策略对林某进行讯问，并选择以实施虚假掌握的作案手段行为的方法制造侦查人员已掌握其犯罪事实的假象。

在讯问中，侦查讯问人员是这样制造假象的：

侦查讯问人员站了起来，眼睛紧盯被讯问人林某，双手做出了用注射针筒注射的行为动作。林某本能地一惊，虽没有说什么，但林某嚣张的气焰已全消。

最后，林某交代了投毒杀人的事实经过。

3. 以语言和行为动作相结合制造

所谓以语言和行为动作相结合制造，是指讯问人员把语言表达和实施行为动作结合起来，在语言表达的同时，实施行为动作制造出假象。

以这种方法制造假象，有以下两种具体的方法。下面分别予以叙述。

（1）以语言表达和让被讯问人看阅虚的证据材料相结合制造假象

所谓以语言表达和让被讯问人看阅虚的证据材料相结合制造假象，是指讯问人员在语言表达的同时，把笼统的、抽象的（虚的）证据材料给被讯问人看阅，制造出讯问人员已收集到其犯罪证据的假象。

以这种方法制造假象，要做到以下几点：

①语言表达要为给被讯问人看虚的证据材料做好铺垫

以这种方法制造假象，由于给被讯问人看的证据材料是笼统的、抽象的，并没有什么具体的、实质的内容，因而，在给被讯问人看之前需要做好铺垫，也就是说，讯问人员为什么只给他看笼统的、抽象的证据材料，而不让他看具体的、实质的证据材料。只有这个铺垫设好了，让被讯问人看笼统的、抽象的证据材料，才能显得顺理成章，被讯问人才有可能对笼统的、抽象的证据材料信以为真。如果讯问人员不做铺垫，直接把笼统的、抽象的证据材料给被讯问人看，被讯问人就会认为讯问人员这是在骗人、蒙人，要不然，为什么不给看具体的、实质的证据材料。这样，就无法使被讯问人产生错觉，而且，有可能使讯问人员"画虎不成反类犬"。因此，语言表达要为给被讯问人看虚的证据材料做好铺垫。

②给被讯问人看的虚的证据材料不能涉及具体内容

以这种方法制造假象，由于讯问人员并未收集到真实的证据材料，并不知道真实证据的具体情况。如果给被讯问人看的虚的证据中涉及具体内容，就有可能因不够准确而露出破绽，从而暴露了讯问人员的底细，等于是告诉被讯问人，讯问人员根本就没有掌握该证据。这样，就使被讯问人增强了抗审的心理。因此，给被讯问人看的虚的证据材料不能涉及具体内容。

（2）以语言表达和讯问人员自己看阅虚的证据材料相结合制造假象

所谓以语言表达和讯问人员自己看阅虚的证据材料相结合制造假

象，是指讯问人员在以语言表达实的事实情况的同时，装作看阅虚的证据材料，制造出讯问人员已收集到其犯罪证据的假象。

以这种方法制造假象，要做到以下几点：

①语言表达的实的事实情况要确实无误

以这种方法制造假象，实质上是以讯问人员语言表达的实的事实情况支撑讯问人员看阅虚的证据材料的内容。因而，只有语言表达的实的事实情况确实无误，讯问人员看阅的虚的证据材料才有可能是真实的。而且，语言表达的实的事实情况确实无误，表明讯问人员已确实掌握了案件的情况，否则，讯问人员不可能说得这样准确。这就使被讯问人感觉到讯问人员看阅的证据材料（虚的）也是真实的。如果讯问人员语言表达的实的事实情况不准确，被讯问人就会认为讯问人员根本就没有掌握案件的事实情况，看阅证据材料是假的，是在瞎蒙。这样，被讯问人不仅不能形成错觉，而且要增强抗审的心理。因此，语言表达的实的事实情况一定要确实无误。

②看阅虚的证据材料的行为动作既要自然，又要配以笼统的语言

以这种方法制造假象，核心是在讯问人员看阅虚的证据材料这一环节上。因而，只有看阅虚的证据材料的行为动作显得自然，被讯问人才有可能认为讯问人员看阅的证据材料是真实的，讯问人员确已收集在案。如果讯问人员看阅的行为动作不自然，也就露出了破绽，被讯问人就会怀疑讯问人员看阅证据材料的行为动作是虚假的，是有意而为之。这样，就暴露了讯问人员并未收集到证据的底细；只有在看阅虚的证据材料时配以笼统的语言，被讯问人才有可能从讯问人员的笼统的语言中感觉到讯问人员收集到的证据。如果讯问人员在看阅虚的证据材料的过程中不配以笼统的语言，被讯问人就不知道讯问人员是在看阅什么。这样，被讯问人也就感觉不到讯问人员收集到的证据，也就制造不出假象。因此，看阅虚的证据材料的行为动作既要自然，又要配以笼统的语言，以笼统的语言表述收集到的证据。

通过上述以语言表达和讯问人员自己看阅虚的证据材料相结合的方法，制造出讯问人员已掌握其犯罪证据的假象。例如：

　　某局副局长黄某滥用职权为莫某谋取利益。经初查，莫某有向黄某行贿，黄某予以收受的嫌疑。讯问人员经对莫某进行讯问，莫某交代了先后三次分别同黄某联系好后于×月×日晚八时、×月×日晚八时三十分、×月×日晚九时到黄某家同黄某接触的事实和黄某为其谋取利益的事实，但拒不供述向黄某行贿的事实，称："这三次都是去拉拉家常，没有送任何东西给黄某。"

　　讯问人员经了解，莫某与黄某原来素不相识，是因这件事才认识的。莫某第三次同黄某接触后，就没有再去同黄某接触。据此，讯问人员分析认为，莫某到黄某家绝不是同黄某拉家常，而是送财物给黄某。

　　讯问人员以滥用职权对黄某采取调查措施后，根据已经掌握的黄某与莫莫先后三次在黄某家接触的事实，讯问人员决定以语言表达和自己看阅虚的证据材料的方法，制造出讯问人员已掌握其收受莫某贿赂的证据的假象，促使黄某对受贿的事实作出交代。

　　在讯问中，讯问人员是这样向黄某制造这一假象的：

　　问："黄局长，你为莫×谋取利益，莫×同你接触了几次？"

　　答："我为莫×办那件事，没有同莫×接触过。"

　　问："不对！你们接触过。"

　　答："真的没有接触过。"

　　问："这有什么好否认的，据我们掌握，你俩接触过三次。"

　　这是讯问人员以语言表达实的方面的材料。

　　接着，讯问人员故意从材料袋中拿出材料翻开，边翻边用手指点着材料，边看着材料，口中又自言自语地数着："一"，看一会，又"二"，再看一会，又"三"，再看一会。讯问人员又合上材料，继续向黄某发问。

　　问："不错，就是三次，每次都是莫×同你先联系好后，他到你家同你接触的。"

　　这是讯问人员自己看阅虚的材料和以语言表达实的材料。"边翻边用手指点着材料，又边看着材料，口中又自言自语地数着：'一'，看一会，又'二'，再看一会，又'三'，再看一会。"这是以自己看阅虚的证据材料;"不错,就是三次,每次都是莫×同你先联系好后,他到你家同你接触的。"这是以语言表达实的材料。

此时的黄某顿时紧张起来,讯问人员又拿起材料。

问:"这个材料不仅有莫×每次到你家的时间记录,第一次是×月×日晚八时许,第二次是×月×日晚八时三十分许,第三次是×月×日晚九时许,而且还有你俩干什么的记录。"

讯问人员边说边举一下这个材料,说了这一句又翻开材料,做出看的样子。

这亦是讯问人员以语言表达实的和虚的材料和以自己看阅虚的材料。点出三次接触的时间记录是以语言表达实的材料;那句"而且还有你俩干什么的记录"是以语言表达虚的材料;"说了这一句又翻开材料,做出看的样子"是以自己看阅虚的材料。

此时的黄某越发地紧张起来,讯问人员趁热打铁。

问:"说吧!这三次你俩接触都干了什么,你自己说清楚比我把证据摆出来对你有好处,知道吗?"

答:"我……"

问:"说吧!没有什么好隐瞒的了。技术调查措施的运用和莫某已经在我这里,你就知道其中的奥妙了。"

答:"我……"

问:"还'我'什么?说吧!我知道你俩干这事,他是主动的,你是被动的。"

黄某脱口而出:"是他硬要给我的。"

接着,黄某交代了收受莫某贿赂的事实。

4. 以实施过程制造

所谓以实施过程制造,是指讯问人员通过经历一个过程制造出假象。以实施过程制造假象,要做到以下几点:

(1) 过程的经历要符合情理

讯问人员以这种方法制造假象,制造的经历过程要符合情理。只有制造的经历过程符合情理，制造出来的假象才有可能符合情理，从而才有可能使被讯问人形成错觉，信以为真。如果制造的经历过程不符合情理，那么，就无法使制造出来的假象符合情理。而制造出来的假象不符合情理，被讯问人不仅不可能信以为真，而且要增强被讯问人的抗审心理。因此，以实施过程制造假象，要特别注重、讲究制造的经历过程，过程的经历一定要做到符合情理。

（2）制造的手段要符合情理

讯问人员以这种方法制造假象，制造的手段要符合情理。只有制造的手段符合情理，才能制造出符合情理的假象。因为，不符合情理的手段是制造不出符合情理的假象的。讯问人员如果以不符合情理的某种手段制造某种假象，被讯问人一看制造出来的假象就知道不是真实的。因此，以实施过程制造假象，制造的手段一定要做到符合情理。

通过上述以实施过程的方法，制造出要制造的假象。例如：

周某、洪某、陈某三人共同行贿，查案机关先后多次对该三人进行讯问，但三人均拒不交代行贿的问题，案件无法突破。

讯问人员经分析认为，三人均拒不交代行贿的事实，是因为他们均认为查案机关并没有掌握他们行贿的证据，仅是怀疑而已。因而，要突破这起案件，必须突破他们其中一人的口供，打开缺口。而要突破他们其中一人的口供，该人只有在认为另两人中已有人向查案机关作出交代，已被查案机关掌握行贿证据的情况下，才有可能作出交代。

根据这一分析，讯问人员根据该三人的特点，选择了周某作为"他们其中一人"，即突破口，并向周某制造出另两人中的洪某经讯问已对行贿事实作出交代的假象，而后，加大对周某的讯问力度，突破周某的口供。

讯问人员是这样向周某制造这一假象的：

讯问人员把三人传唤到讯问地点，故意在不经意的情况下让他（她）们见面后，分别将他（她）们安排到三个房间接受讯问，将洪某讯问的房间安排在周某讯问房间的里头，也就是说，无论洪某进到讯问的房间，还是从讯问房间出去，都要经过周某讯问房间的门口，周某都能看得见。

讯问开始后，三个小组的讯问人员分别对该三人进行讯问，讯问时间过去了两小时五十分，讯问洪某的讯问人员说："你们这个问题，我们是下决心要查清的。现在已是十一点半了，也该吃中饭了，你就先回去吧，反正不怕你逃到哪里去，走吧!"洪某站起身，说："那我真的走了。"讯问人员接上一句："走好啊!"当洪某走出房间沿着通道走到周某讯问房间门口时，讯问人员站在门口又对洪某说："你走好啊!"洪某回头与讯问人员点点头，很是自然。这一切都被周某看在眼里。待洪某走出这幢房子，等在洪某必经之处的另两名讯问人员将洪某带到了另一幢房子的房间，继续进行讯问。

这边原讯问洪某的两名讯问人员兴冲冲地拿着早已准备好的洪某"交代"的三页"讯问笔录"来到讯问周某的房间，将"笔录"交给讯问周某的讯问人员。讯问周某的主审将"笔录"拿在手上看了起来。主审看完"笔录"，脸上露出一丝笑意，说了声"好"，继而又很快转为严肃，用手拍拍放在桌上的"笔录"说："我刚才说过，你不想从宽处理，总有人会想从宽处理，果然不出我所料。"

接着，讯问人员加大了对周某的讯问力度，不到一个小时，周某说："既然他（指洪某）已经讲了，我也就不再隐瞒了。但我讲清了，你们也要让我回去。"讯问人员承诺："那是当然。"

周某便交代了其与洪某、陈某等三人共同行贿的事实。

5. 以间接的方法制造

所谓以间接的方法制造，是指讯问人员不是同被讯问人面对面、直接向被讯问人制造假象，而是通过中间事物发生关系制造出假象。

以这种方法制造假象，有以下几种具体的方法。下面分别予以叙述。

（1）通过说情者制造

所谓通过说情者制造，是指讯问人员向前来为被讯问人说情的人透露要制造的假象的情况，由说情者向被讯问人转说假象的情况，制造出假象。

以这种方法制造假象，要做到以下几点：

①讯问人员要以帮助挽救被讯问人的姿态向说情者透露情况

讯问人员以这种方法制造假象，在向说情者透露情况的过程中，要以帮助挽救被讯问人的姿态出现。既不能以营私的姿态出现，也不能以无情的姿态出现。只有这样，说情者才有可能对讯问人员透露的情况信以为真，从而才有可能使被讯问人信以为真。如果讯问人员不是以帮助、挽救被讯问人的姿态出现，而是以营私的姿态出现，说情者就会产生怀疑，认为讯问人员怎么敢如此明目张胆地进行营私舞弊，其中必有诈。这样，说情者就不会相信讯问人员所透露的情况，也就无法向被讯问人制造出假象；若以无情的姿态出现，同样要引起说情者的怀疑，使其认为讯问人员怎么一边是无情，一边又透露情况，岂不自相矛盾？这样，说情者同样不会相信讯问人员所透露的情况，其也就不会把讯问人员透露的情况转告给被讯问人，从而不能制造出假象。因此，讯问人员以这种方法制造假象，要以帮助、挽救被讯问人的姿态向说情者透露情况。

②透露情况不能有兜底的痕迹

讯问人员以这种方法制造假象，在向说情者透露情况时，透露的情况不能有兜底的痕迹。只有这样，说情者才有可能对讯问人员透露的情况信以为真。如果讯问人员向说情者透露的情况兜底，口无遮拦，直言不讳，就有可能引起说情者的警惕，认为讯问人员在破案之前是不敢将其掌握的真实情况和盘托出的，除非其没有掌握。这样，说情者就会认为讯问人员所透露的情况是假的，是有意捏造的，也就不能在被讯问人面前制造出假象。因此，讯问人员以这种方法制造假象，向说情者透露的情况不能有兜底的痕迹。

通过上述利用说情者制造出假象。

（2）故意说能让被讯问人知道或听见的情况制造

所谓故意说能让被讯问人知道或听见的情况制造，是指讯问人员有意在有人能传话给被讯问人的场合，或在被讯问人能听得见的地方同人说或谈论，或以给领导打电话汇报情况中涉及要制造的假象情况，让人传给被讯问人或让被讯问人听见制造出假象。

以这种方法制造假象，要做到以下几点：

①要选择好同人说，或谈论，或给领导打电话汇报情况的地方

以这种方法制造假象，讯问人员同人说，或谈论，或给领导打电话汇报的地点要选择好。只有这样，讯问人员同人说，或谈论，或给领导打电话汇报情况所涉及的有关假象，一方面有人传给被讯问人或让被讯问人听得见，另一方面显得自然、顺理成章，从而才有可能使被讯问人信以为真。如果讯问人员没有选择好地点，在不恰当的地方同人说，或谈论，或给领导打电话汇报，就有可能或没有人传给被讯问人，或被讯问人没有听见，或显得做作，引起被讯问人的怀疑。这样，就无法制造出假象或制造出的假象不能使被讯问人信以为真。因此，以这种方法制造假象，要选择好地点。

②要以符合同人说，或谈论，或向领导汇报的口气进行

讯问人员以这种方法制造假象，同人说要符合同人说的口气，谈论要符合谈论的口气，向领导汇报要符合向领导汇报的口气。只有这样，制造出的假象才有可能使被讯问人信以为真，从而使被讯问人形成错觉。如果讯问人员同人说的口气不符合同人说的口气，谈论的口气不符合谈论的口气，向领导汇报的口气不符合向领导汇报的口气，就会引起传话人或被讯问人的怀疑。传话人就不会把听到的情况传给被讯问人，或者在传给被讯问人时向被讯问人言明这可能是假的；被讯问人在听到讯问人员同人说，或谈论，或向领导打电话汇报的内容时就会感觉到这是讯问人员故意而为之，是用来骗自己的。这样，不仅不能使被讯问人形成错觉，而且会增强被讯问人的抗审心理。因此，以这种方法制造假象，讯问人员的口气要符合同人说，或谈论，或向领导汇报的口气。

通过上述故意说能让被讯问人知道或听见的情况制造出假象。

（三）促使被讯问人形成错觉

讯问人员在向被讯问人制造出假象后，紧接着就要促使被讯问人形成错觉。

讯问人员向被讯问人制造出假象，并不表明被讯问人就能形成错觉。不少被讯问人对讯问人员制造出的假象仍处在半信半疑的状态，无法确定这就是真实的，未能形成错觉。因此，在这种情况下，讯问人员就应加把劲，采取有效的手段，不失时机地促使被讯问人形成错觉，进而对犯罪事实作出交代。

那么，应当采取哪些手段促使被讯问人形成错觉，使之对犯罪事实作出交代呢？

1. 加大讯问力度

讯问人员在制造出假象以后，不能停留在制造的假象上，无所作为地等待被讯问人形成错觉，对犯罪事实作出交代，而应当加大对被讯问人的讯问力度，向被讯问人发起更为猛烈的进攻。

加大对被讯问人的讯问力度，一方面表明讯问人员胸有成竹，稳操胜券；另一方面表明讯问人员制造出的假象确实无疑。从而使被讯问人感到讯问人员制造出的假象不容怀疑，千真万确，否则，讯问人员是不会以这种态度对自己进行讯问的。这样，就有可能迅速地使被讯问人形成错觉，进而在错觉的作用下，对犯罪事实作出交代。

2. 向被讯问人阐明有针对性的道理

讯问人员制造出的假象，有的假象要使被讯问人迅速地形成错觉，需要以道理对被讯问人进行教育，促使其在道理的作用下对假象深信不疑，从而形成错觉。例如，讯问人员向被讯问人制造出已收集到某一犯罪证据的假象，在被讯问人还处于将信将疑，并未形成错觉的情况下，讯问人员及时地向其阐明了"要想人不知，除非己莫为"的道理，以道理说明讯问人员为什么会取得这一证据。这样，就为讯问人员取得这一证据提供了充足的理由，从而促使被讯问人相信讯问人员已取得了这一证据而形成错觉。因此，讯问人员在制造出假象后，对有的假象要向被讯问人阐明有针对性的道理，以针对性的道理促使被讯问人错觉的形成。

向被讯问人阐明有针对性的道理，讯问人员就要根据制造出来的假象的具体情况对道理进行选择，选择出有针对性的道理向被讯问人阐明。只有具有针对性，所阐明的道理才有可能促使被讯问人错觉的形成。如果所阐明的道理没有针对性或针对性不强，不仅无法促使被讯问人错觉的形成，而且有可能阻碍被讯问人错觉的形成，甚至有可能使被讯问人已形成的错觉毁灭。因此，讯问人员一定要根据制造出来的假象的具体情况选择有针对性的道理向被讯问人阐明。

3. 向被讯问人宣讲有针对性的法律

讯问人员制造出的假象，有的要向被讯问人宣讲法律的规定，才能有利于促使被讯问人错觉的形成。如果不向被讯问人宣讲有针对性的法律规定，被讯问人就难以形成错觉。例如，讯问人员制造的假象是已收集到单靠讯问人员的行为和能力无法收集到的某一证据。讯问人员在制造出这一假象后，被讯问人就有可能认为讯问人员是在骗人，凭人的行为和能力根本收集不到这一证据。此时，讯问人员及时地向被讯问人宣讲我国《刑事诉讼法》第一百五十条关于技术侦查措施的规定，同时向被讯问人宣讲科学技术在侦查活动中的应用，被讯问人就有可能认为讯问人员确实已收集到这一证据，从而促使被讯问人形成错觉。因此，讯问人员在制造出假象后，对有的假象要向被讯问人宣讲有针对性的法律规定，以针对性的法律规定促使被讯问人错觉的形成。

向被讯问人宣讲有针对性的法律规定，讯问人员同样要根据制造出来的假象的具体情况对宣讲的法律进行选择，选择出有针对性的法律向被讯问人宣讲。宣讲的法律只有具有针对性，才有可能促使被讯问人错觉的形成，进而促使其对犯罪事实作出交代。如果向被讯问人宣讲的法律没有针对性或针对性不强，是无法促使被讯问人形成错觉的，而且有可能起到相反的作用，增强被讯问人的抗审心理。因此，讯问人员一定要根据制造出来的假象的具体情况，选择有针对性的法律向被讯问人宣讲。

第七章

分化瓦解

一、分化瓦解策略的概念、作用和运用的基本要求

为了更深刻地阐述分化瓦解策略的概念、作用和运用的基本要求，我们先来看一个案例。

梅某，某县县委常委，县人民政府常务副县长。

某查案机关多次接干部、群众举报，梅某利用职务上的便利，为他人谋取利益，单独或与情妇范某共同收受他人财物。某查案机关便开始对梅某进行初查。经初查，梅某有收受贿赂的重大嫌疑。而且梅某还包养情妇范某，有的贿赂是梅某和范某共同收受的。梅某在包养情妇范某的同时，还与其他多名女性乱搞两性关系，并送财物给她们。于是，查案机关决定对梅某予以立案侦查。

在查案机关初查梅某的过程中，范某突然不知去向。

梅某被采取侦查措施后，侦查人员对梅某的住处、办公室和范某的住处进行了搜查，没有发现任何赃物。梅某经多次讯问，均以不应声、不回答、不辩解、不交代的"四不方针"的定势心理对待讯问，一直保持沉默，讯问无法进行。

讯问人员经分析认为，梅某以"四不方针"的定势心理对付讯问，一定与其情妇范某的突然不知去向有关，其认为知道其收受贿赂和与其共同收受贿赂的范某已躲匿，讯问人员无法取得她的口供，只要自己不供，仅凭行贿人的口供是无法认定自己收受贿赂的事实和对自己作出处罚的。侦查措施的时间届满，自己就平安无事。因而，讯问人员认为，抓获范某，促使范某作出交代是突破该案的关键。于是，讯问人员便把主要精力集中在对范某的寻找上。

范某被抓获归案后，先以装病，后以假自杀、绝食的行为对付讯问，讯问人员无法突破范某的口供。案件处于胶着的状态，陷入了僵局。

讯问人员经对范某有关情况的了解，掌握了范某是一个唯我独尊，容不得他人，醋性十足，且性格暴躁的女人。她曾因得知机关一女同志要求梅某帮助其丈夫调动工作到过梅某家而醋性大发与梅某吵过一架。

据此，讯问人员认为，对于范某这种醋性十足，且性格暴躁的女人，如果以梅某还有其他女人对其进行挑拨离间，必能激起其对梅某的愤怒而交代梅某收受贿赂和他们共同收受贿赂的问题。于是，讯问人员决定以分化瓦解的策略对范某进行讯问，挑起其对梅某的愤怒，使之在愤怒中作出交代，并筹划了对范某进行分化瓦解的切入点、内容、步骤和技巧。在作出周密的筹划后，开始了对范某的讯问。

讯问是这样进行的：

问："范×，你到我们这里已经三天了，我们也同你谈了几次，你先说自己有病，后又自杀、绝食。我们知道，你做这些就是为了不交代问题。那好，你不交代就不交代。我们现在来谈点同你交代与否没有关联的其他问题。先谈谈人的阴阳脸。绝大多数的人，在不同时候、不同场合、不同情况下都不会是一个不变的脸谱，而是会随着时间、地点、情况的变化而起变化的。也就是说，在这个时间、这个地点、这种情况下，脸谱是阳的，而在那个时间、那个地点、那种情况下，脸谱就会变成阴的，这就是阴阳脸。我们再来谈谈人的嗜好，如果一个人嗜好某件事，他不会只在这个时间、这个地点、这个人面前嗜好这件事，其在另一个时间、另一个地点、另一个人面前也会嗜好这件事，这是改变不了的。正所谓：'江山好移，本性难改'，你说我说得有道理吗？"

范某没有回答，只是露出了赞同的表情。

问："那我们再谈点别的事，你愿意回答就回答，不愿意回答就拉倒。我问你啊，你在这里认识很多人吧，特别是机关里的一些同志？"

答："有些人我是认识的。"

问："那县政府接待办的×××你认识吗？"

答："她怎么了？"

问："没怎么了，她有交际花之称，人又长得漂亮，你不认识？"

答："你为什么提这个人？"

问："没什么。你刚才不是说有些人你是认识的吗？她这么有名气，而且同梅县长经常接触，我想你一定认识，所以我随便问问，没什么意思。"

答："我看这个人有什么事你瞒着我。"

问："真没有，你不要想多了。那你有去看越剧吗？"

答："去看过几次越剧。"

问："越剧团那个演林黛玉的×××你认识吗？"

答："你什么意思？"

问："如果你认识她，你一定见过她戴在胸前的一条红宝石挂坠的项链，那条项链又好看，又值钱，听说是什么人送给她的。"

答："谁送给她的？"

问："这我哪里知道。"

答："你既然说这事，你肯定知道，你告诉我！"

问："随便说说而已，不知道。"

答："你肯定知道的，你得告诉我，否则，你不会说这事的。"

问："我也是道听途说，不足为据。梅县长同她很熟悉，他可能知道，你到时间问他。好了，我们不说这个了。"

答："你是说老梅送给她的。这个没良心的，还送东西给她，我跟他没完。"

范某当即怒气冲天。

问："我可没有说是老梅送给她的。"

答："你话中有话，我还听不出来？你当我是傻瓜！你刚才问我与接待办的×××那个女人是否认识，我也知道是怎么回事了。这个梅×他不仁，就别怪我不义了。"

问："你既然听出来了，那我也就不瞒你了，除了这两个女人，他还有其他女人。"

范某暴跳如雷。

答："这个该死的梅×！我叫他与别的女人搞，送财物给别的女人，看他到牢房里去还能不能与别的女人搞，送财物给别的女人！"

接着，范某交代了梅某收受他人财物、与其共同收受他人财物和案发后梅某与其订立攻守同盟、叫其逃跑、转移匿藏赃物及赃物所匿藏的地点，从而突破了范某的口供。

上例梅某和范某共同收受贿赂一案，在梅某和范某已订立攻守同盟，结为一体，抱成一团，以恶劣的态度对待讯问，拒不对受贿犯罪事实作出交代的情况下，讯问人员运用分化瓦解的讯问策略，以离间分化瓦解的手段对范某进行分化瓦解，挑起了范某对梅某的仇恨，促使范某在愤怒中交代了他们共同受贿的事实和对梅某的受贿事实进行作证，突破了案件。

（一）分化瓦解策略的概念

所谓分化瓦解，是指讯问人员对于共同犯罪、对合犯罪或证人知道犯罪嫌疑人的犯罪，以各种手段促使被讯问人与共同犯罪人，或对合犯罪人，或犯罪嫌疑人分裂、崩溃，进而对共同犯罪事实、对合犯罪事实作出交代，或对犯罪嫌疑人的犯罪事实进行作证的一种讯问策略。

分化瓦解策略的概念有以下几点：

1. 分化瓦解是运用于对共同犯罪，或对合犯罪，或证人知道犯罪嫌疑人犯罪的被讯问人讯问的一种策略

分化瓦解，顾名思义，是指使对方结为一体的势力分裂、力量崩溃。既然是结为一体的势力或力量，那么就不是一个人的势力或力量，而是两个或两个以上人的势力或力量。分化瓦解，就是要使这种结为一体的两个或两个以上的人产生分裂，出现崩溃。就犯罪来说，结为一体的两个或两个以上的人，只发生于共同犯罪、对合犯罪，或证人知道犯罪嫌疑人的犯罪之中，单个人知道的犯罪就不存在结为一体的两个或两个人以上的问题。因此，分化瓦解策略是运用于对共同犯罪，或对合犯罪，或证人知道犯罪嫌疑人的犯罪的被讯问人讯问的一种策略。

在上例中，梅某与范某共同实施收受贿赂的犯罪，范某还知道梅某实施的其他收受贿赂的犯罪。在讯问中，梅某和范某两人结为一体进行抗审，梅某以"四不方针"抗拒讯问，范某以装病、假自杀、绝食抗拒讯问。讯问人员为了突破案件，对范某运用分化瓦解的策略进行讯问，使范某与梅某产生分裂，从而促使范某对与梅某共同收受贿赂的犯

罪事实作出交代，对其知道的梅某其他收受贿赂的事实进行作证，并交代了赃物匿藏的地点，突破了案件。

2. 分化瓦解是使被讯问人与同案人，或对合人，或犯罪嫌疑人分裂的一种策略

被讯问人与同案人，或对合人，或犯罪嫌疑人由于共同利益或其他原因，在讯问中，一致对付讯问人员的讯问，都拒不对犯罪事实作出交代或对犯罪嫌疑人的犯罪不提供证言，使案件无法突破。而无法突破案件的症结就在于被讯问人与同案人，或对合人，或犯罪嫌疑人抱成一团，他们之间没有裂缝，讯问人员无从入手。分化瓦解的讯问策略就是要把他们打散，解决这个症结。讯问人员运用各种分化瓦解的手段对被讯问人进行讯问，使被讯问人与同案人、对合人、犯罪嫌疑人分裂，从而打散他们，为突破案件创造条件，进而使被讯问人在分裂中对犯罪事实作出交代或进行作证，突破案件。因此，分化瓦解策略是使被讯问人与同案人，或对合人，或犯罪嫌疑人分裂的一种策略。

在上例中，梅某和范某由于共同的利益抱成一团，在各自的讯问中，都拒不对犯罪的事实作出交代。在此情况下，讯问人员运用分化瓦解的策略对范某进行讯问。在讯问中，讯问人员以离间的手段对范某进行挑拨，挑起了范某对梅某的仇恨，使范某与梅某分裂，反目成仇。从而将范某与梅某打散，促使范某在愤怒中失去理智，对他们共同收受贿赂的犯罪事实作出交代并对梅某的其他受贿行为进行作证，突破了案件。

3. 分化瓦解是使抗审力量崩溃的一种策略

分化瓦解策略的运用是讯问人员通过实施分化瓦解的手段，使被讯问人与同案人、对合人，或犯罪嫌疑人分裂，不再进行抗审，从而使抗审力量崩溃来实现讯问目的的。由此可见，没有分化瓦解策略的运用，没有分化瓦解手段的实施，就没有被讯问人与同案人，或对合人，或犯罪嫌疑人的分裂。而没有他们之间的分裂，也就没有抗审力量的崩溃。因此，分化瓦解是使抗审力量崩溃的一种策略。

在上例中，讯问人员运用分化瓦解的讯问策略对范某进行讯问，在讯问中，实施离间分化的手段对范某进行分化，使范某与梅某分裂，不再继续进行抗审，从而使他们的抗审力量崩溃。如果讯问人员不运用分化瓦解的策略对范某进行讯问，在讯问中不实施离间分化的手段，就难以挑起范某对梅某的仇恨而使之分裂。这样，范某就会继续坚持抗审，无法使抗审力量崩溃，从而也就无法突破案件。

4. 分化瓦解是将被讯问人从抗审势力中拉出来的一种策略

分化瓦解策略的运用是讯问人员通过对被讯问人实施分化瓦解的手段使被讯问人与同案人，或对合人，或犯罪嫌疑人分裂，不再抗审，对犯罪事实作出交代或进行作证来实现讯问的目的。被讯问人不再抗审，对犯罪事实作出交代或进行作证，事实上是被讯问人从抗审势力这一方转为讯问人员这一方。而被讯问人从抗审势力这一方转为讯问人员这一方，是因为讯问人员运用分化瓦解策略，对其实施分化瓦解手段的结果。也就是分化瓦解的策略起作用，将被讯问人从抗审势力这一方拉到讯问人员这一方来。因此，分化瓦解策略是将被讯问人从抗审势力中拉出来的一种策略。

在上例中，讯问人员通过运用分化瓦解的策略对范某进行讯问，在讯问中，讯问人员以离间分化的手段促使范某与梅某分裂，使范某从抗审势力中脱离出来，转而站到讯问人员这一边对他们共同的收受贿赂行为作出交代并对梅某的其他受贿行为进行作证。如果讯问人员不运用分化瓦解的策略对范某进行讯问，在讯问中不实施离间分化的手段，那么，范某也就不会从抗审势力中脱离出来而站到讯问人员这一边来。这样，范某就会继续站在抗审势力这一边，坚持抗审。

5. 分化瓦解是集多种手段于一身的一种策略

我们前例对范某运用分化瓦解的策略进行讯问，实施的是离间分化的手段。通过离间分化手段的实施，使范某与梅某分裂，瓦解了抗审的力量，从而实现了讯问的目的。事实上，分化瓦解的策略，除离间分化这一种手段外，还有攻心分化、施压分化、拉拢分化和陈说利害分化等手段。因此，分化瓦解是集多种手段于一身的一种策略。讯问人员在运用分化瓦解策略对被讯问人进行讯问的过程中，要根据案件和被讯问人的情况，实施一种或几种分化手段对被讯问人进行分化瓦解，使被讯问人与同案人，或对合人，或犯罪嫌疑人分裂，进而突破被讯问人的口供和案件。

（二）分化瓦解策略的作用

我们刚才说过，分化瓦解策略是通过讯问人员对被讯问人实施分化瓦解的手段，使被讯问人与同案人，或对合人，或犯罪嫌疑人分裂，把被讯问人从抗审势力中拉出来站到讯问人员这一边，从而使抗审力量崩溃来实现讯问目的的。因而，分化瓦解的策略在讯问中有以下重要的作用。

1. 有利于使被讯问人与同案人，或对合人，或犯罪嫌疑人分裂

共同或对合犯罪案件中的同案人，或对合人，由于共同的利益或其自己的利益，往往都抱成一团，拒不对犯罪事实作出交代；一些知道案件情况的证人，由于其同犯罪嫌疑人的关系密切，或由于其他种种的原因而拒不对犯罪嫌疑人的犯罪事实进行作证，导致讯问人员无法突破这些共同犯罪，或对合犯罪，或犯罪嫌疑人犯罪的案件，使案件的查处陷入僵局，无法查明案件的事实。讯问人员在这种被动的情况下，只有打破被讯问人与同案人，或对合人，或犯罪嫌疑人之间的关系，使被讯问人与同案人，或对合人，或犯罪嫌疑人分裂，案件才有可能突破。反之，案件就将无法突破而成为疑难案件。而分化瓦解的讯问策略正是打破被讯问人与同案人，或对合人，或犯罪嫌疑人之间的关系，使被讯问人与同案人，或对合人，或犯罪嫌疑人分裂的一剂良药。讯问人员通过运用分化瓦解的策略对被讯问人进行讯问，在讯问中对被讯问人实施分化瓦解的手段，或以离间的手段进行分化，或以攻心的手段进行分化，或以施压的手段进行分化，或以拉拢的手段进行分化，或以陈说利害的手段进行分化，就有可能或挑起被讯问人对同案人，或对合人，或犯罪

嫌疑人的仇恨，使之反目成仇；或从根本上解决抗审的思想问题，使之觉悟；或从自身利益考虑，以避免更为不利的危害，使之"两利相权取其大，两害相权取其小"；或在讯问人员的拉拢下受到感化，使之反戈一击；或认识到利害关系，使之弃旧图新，从而使被讯问人与同案人，或对合人，或犯罪嫌疑人分裂，打破其与同案人，或对合人，或犯罪嫌疑人的关系，进而促使被讯问人对犯罪事实作出交代或进行如实作证。由此可见，分化瓦解的讯问策略有利于使被讯问人与同案人，或对合人，或犯罪嫌疑人分裂。例如：

在上例中，范某与梅某尚未分裂之前，两人抱成一团进行抗审，均以恶劣的态度对付讯问，共同进行抗审，拒不作出交代，致使讯问人员无法突破案件，案件陷入僵局。在此情况下，讯问人员运用分化瓦解的策略对范某进行讯问。在讯问中，以离间分化的手段对范某进行分化瓦解，范某在讯问人员离间分化手段的作用下，先是对梅某产生猜忌，继而产生愤怒，接着又满怀仇恨，从而使范某与梅某分裂，打破了其与梅某的关系，最终反目成仇。范某在既愤怒又仇恨时作出了交代。如果讯问人员不以分化瓦解的策略对范某进行讯问，就难以使范某产生对梅某的愤怒而反目成仇，范某也就不会与梅某分裂，仍继续与梅某抱成一团进行抗审，讯问人员也就无法突破案件，使案件继续处于僵局。

2. 有利于把被讯问人拉出来，崩溃抗审的势力

被讯问人与同案人，或对合人，或犯罪嫌疑人抱成一团进行抗审，这就使抗审的势力强大，导致讯问人员在这强大的抗审势力面前无法突破案件。而讯问人员要突破案件，查清犯罪事实，就要把被讯问人从抗审的势力中拉出来，使抗审的势力崩溃。只有这样，讯问人员才有可能突破案件，查清犯罪事实。如果讯问人员不能把被讯问人从抗审的势力中拉出来，使之站到讯问人员这一边来，崩溃抗审的势力，要突破案件，查清犯罪事实几乎无从谈起。而运用分化瓦解的策略对被讯问人进行讯问，使被讯问人与同案人，或对合人，或犯罪嫌疑人分裂，这样，就把被讯问人从抗审势力中拉了出来，从而也就崩溃了抗审的势力。因

此，分化瓦解的讯问策略有利于把被讯问人拉出来，使抗审的势力崩溃。例如：

在上例中，范某与梅某因为共同的利益，两人抱成一团进行抗审，均拒不对共同受贿的犯罪事实作出交代，范某对梅某的其他受贿拒绝作证。这就使得抗审的势力强大，讯问人员经多次讯问，仍无法突破案件。在此情况下，讯问人员为突破案件，运用分化瓦解的策略对范某进行讯问。通过对范某实施离间分化的手段，使范某与梅某分裂，把范某从抗审势力中拉了出来，使之不再站在梅某一边继续进行抗审，而是站在了讯问人员这一边对共同受贿的犯罪事实作出交代并对梅某的其他受贿进行作证。这样，就使范某与梅某的抗审势力崩溃，从而使讯问人员突破了案件。如果讯问人员不运用分化瓦解的策略对范某进行讯问，不挑起范某对梅某的仇恨，使之分裂，范某就会继续站在与梅某共同抗审这一边，从而无法将范某拉出来，使之对共同受贿事实作出交代并对梅某的其他受贿进行作证。

3. 有利于顺利地突破被讯问人的口供

被讯问人在与同案人，或对合人，或犯罪嫌疑人抱成一团的情况下，不会对共同犯罪，或对合犯罪的事实作出交代，或对犯罪嫌疑人的犯罪事实进行作证的。其只有在这种抱成一团的关系被打破，与同案人，或对合人，或犯罪嫌疑人发生分裂，抗审的势力崩溃的情况下，才有可能作出交代或进行作证。而打破这种抱成一团的关系，使之与同案人，或对合人，或犯罪嫌疑人发生分裂，使抗审势力崩溃的最有效的方法就是分化瓦解。被讯问人在被分化瓦解的情况下，其就会自动从抱成一团的关系中脱离出来，从而也就打破了这种抱成一团的关系；其就会与同案人，或对合人，或犯罪嫌疑人产生矛盾，从而也就发生了分裂；其就会从抗审势力中被拉出来，从而也就崩溃了抗审的势力。这样，被讯问人就会在愤怒中，或觉悟中，或"两利相权取其大，两害相权取其小"中，或反戈一击中，或弃旧图新中对共同犯罪，或对合犯罪的事实作出交代，或对犯罪嫌疑人的犯罪事实进行作证，从而突破被讯问人的口供。如果讯问人员不对被讯问人进行分化瓦解，这种抱成一团的关系就难以被打破，被讯问人也不会与同案人，或对合人，或犯罪嫌疑人分裂，抗审的势力也就不会崩溃，那么，被讯问人就不会对共同犯罪，或对合犯罪的事实作出交代，或对犯罪嫌疑人的犯罪事实进行作证。因此，分化瓦解的策略有利于顺利地突破被讯问人的口供。对此，我们从前例中，就可清楚地看到这一点，无须赘述。

（三）分化瓦解策略运用的基本要求

运用分化瓦解的策略对被讯问人进行讯问，对于使被讯问人与同案人，或对合人，或犯罪嫌疑人分裂，把被讯问人拉出来，使抗审势力崩溃和顺利地突破被讯问人的口供是非常有效的。但是，并不是任何的运用分化瓦解的策略都能起到这样的作用，如果分化瓦解的策略运用不当，不仅不能起作用，而且有可能使被讯问人与同案人，或对合人，或犯罪嫌疑人更加抱成一团，加固他们之间的关系，无法突破案件。因此，要使分化瓦解的策略能真正地起到作用，在运用中要做到以下几点：

1. 分化瓦解的目标要具有准确性

所谓分化瓦解的目标要具有准确性，是指讯问人员对被讯问人进行分化瓦解的目标要准确无误。即在被讯问人的什么问题上对其进行分化瓦解的这个点要搞准确。

对被讯问人进行分化瓦解，使被讯问人与同案人，或对合人，或犯罪嫌疑人分裂，把被讯问人从抗审势力中拉出来，使抗审势力崩溃，需要有一个对其进行作用的目标。通过对这个目标的作用，使之分裂、崩溃。而使被讯问人能够分化瓦解，并不是无论对哪一个目标进行作用都能奏效的。就某一个被讯问人来说，对有的目标进行作用，就能顺利地使之分化瓦解，对有的目标进行作用，不仅不能使之分化瓦解，而且有可能使之加固。因此，讯问人员以分化瓦解的策略对被讯问人进行讯问，就要做到分化瓦解的目标准确无误。只有这样，才能顺利地使被讯问人分化瓦解。

要做到分化瓦解的目标准确无误，讯问人员就要根据案件和被讯问人的情况，以及与之抱成一团进行抗审的同案人，或对合人，或犯罪嫌疑人的情况，通过分析和比较，摸准对被讯问人进行分化瓦解的目标。对有的被讯问人，要将其性格作为分化瓦解的目标，利用其性格挑起其对同案人，或对合人，或犯罪嫌疑人的仇恨，使之分裂；对有的被讯问人，要将其心理作为分化瓦解的目标，增大其心理上的压力，使之分裂；对有的被讯问人要将其思想认识作为分化瓦解的目标，提高其思想认识，使之分裂；对有的被讯问人要将其切身利益作为分化瓦解的目标，促使其为了切身利益，使之分裂；对有的被讯问人要将其顾虑作为分化瓦解的目标，清除其顾虑，使之分裂；对有的被讯问人要将其情感作为分化瓦解的目标，激起其情感，使之分裂，等等。只有具体问题具体对待，才能做到分化瓦解目标的准确无误。例如：

我们在前面叙述的范某，讯问人员根据范某与梅某共同收受贿赂，范某还知道梅某收受其他贿赂的案件情况，范某性格暴躁，梅某还与其他女人乱搞两性关系和送财物给其他女人的情况，经分析，利用范某的这一性格，极易挑起其对梅某的仇恨。于是，讯问人员便将范某暴躁的性格作为分化瓦解的目标，以梅某还与其他女人乱搞两性关系和送财物给其他女人作为挑拨的内容，对范某进行离间分化。由于对范某进行分化瓦解的目标准确，很快便挑起了范某对梅某的仇恨，使范某与梅某分裂，促使范某在愤怒中作出了交代，突破了案件。

2. 分化瓦解的目的要具有隐蔽性

所谓分化瓦解的目的要具有隐蔽性，是指讯问人员在运用分化瓦解的策略对被讯问人进行讯问的过程中，要隐蔽好自己所要得到的结果是为了使被讯问人与同案人，或对合人，或犯罪嫌疑人分裂，把被讯问人从抗审势力中拉出来，使抗审势力崩溃这一目的。

被讯问人经讯问人员运用分化瓦解的策略对其进行讯问，其之所以会与同案人，或对合人，或犯罪嫌疑人分裂，会被从抗审势力中拉出来，击溃抗审势力，其中一个很重要的原因就是被讯问人不知道讯问人员的讯问是出于使其与同案人，或对合人，或犯罪嫌疑人分裂，把其从抗审势力中拉出来，使抗审力量崩溃这样的一个目的。如果被讯问人知道讯问人员是出于这一目的，其就会进行防范，对讯问人员所说的话保持高度的警惕，就会从反面去理解讯问人员所说的话，或认为讯问人员的话是在有意挑拨离间，或认为讯问人员的话是无稽之谈，或认为讯问人员的话根本就不可信，这样，被讯问人就不会听信于讯问人员，讯问人员所说的话也就不仅无法引起被讯问人与同案人，或对合人，或犯罪嫌疑人的分裂，把被讯问人从抗审势力中拉出来，而且更加增强了被讯问人抗审的决心，巩固其与同案人，或对合人，或犯罪嫌疑人的密切关系。因此，讯问人员以分化瓦解的策略对被讯问人进行讯问，一定要做到隐蔽好自己的目的。只有这样，才能分化瓦解被讯问人。

要做到隐蔽好分化瓦解的目的，讯问人员就要根据分化瓦解的手段，做到以下几点：

一是根据分化瓦解的手段，对不同的分化瓦解手段，要以不同的言语对被讯问人进行讯问，该说什么话，不该说什么话，该这样说，不该那样说，该从这个角度说，不该从那个角度说。不要让自己的言谈暴露了自己的目的。

二是根据分化瓦解的手段，对不同的分化瓦解手段，要以不同的表情对被讯问人进行讯问，该以什么表情，不该以什么表情，在此时要以什么表情，在那时又要以什么表情，说这句话要以什么表情，说那句话又该以什么表情。不要让自己的表情暴露了自己的目的。

三是根据分化瓦解的手段，对不同的分化瓦解手段，要以不同的态度对被讯问人进行讯问，该以什么态度，不该以什么态度，在此时要以什么态度，在那时又应以什么态度，在说这句话时要以什么态度，在说那句话时又应以什么态度。不要让自己的态度暴露了自己的目的。

通过分化瓦解的手段，对不同的分化瓦解手段及其不同的情况，以不同的言语、表情、态度对被讯问人进行分化瓦解，也就能隐蔽好分化瓦解的目的。例如：

我们在前例中所述，讯问人员运用离间分化瓦解这一手段，在言语上先是向范某说了人的阴阳脸、人的本性很难改变和问了范某是否认识那两个女人，而不说梅某同那两个女人有不正当的两性关系和送财物给他们；在表情上，流露出自然的表情，而没有刻意的表情；在态度上，和颜悦色，从容不迫，而不是严肃、威严。这样，就隐蔽了讯问人员的目的，在范某丝毫没有觉察讯问人员目的的情况下，挑起了其对梅某的愤怒。

3. 分化瓦解的手段要具有针对性

所谓分化瓦解的手段要具有针对性，是指讯问人员对被讯问人进行分化瓦解，所实施的分化瓦解手段要对准分化瓦解的目标。

被讯问人经讯问人员运用分化瓦解的讯问策略对其进行讯问，其之所以会与同案人，或对合人，或犯罪嫌疑人分裂，被讯问人员从抗审势力中拉出来，崩溃抗审势力，其中一个很重要的原因就是讯问人员对其所实施的分化瓦解手段起了作用。而如果讯问人员对其所实施的分化瓦解手段不起作用，被讯问人是不会与同案人，或对合人，或犯罪嫌疑人分裂，也不会被讯问人员从抗审势力中拉出来，崩溃抗审势力的。而讯问人员要使实施的分化瓦解手段在被讯问人的身上起作用，并不是实施任何一种分化瓦解的手段都能的。只有所实施的手段对准了分化瓦解的目标，才有可能起作用。如果讯问人员所实施的分化瓦解手段不能对准分化瓦解的目标，例如，该以离间分化瓦解的手段进行分化瓦解的，却以施压分化瓦解的手段进行分化瓦解；该以施压分化瓦解的手段进行分化瓦解的，却以拉拢分化瓦解的手段进行分化瓦解，是不可能达到分化瓦解的目的的。这如同医生给病人治病一样，头痛的要用针对头痛的方法来治，骨折的要用针对骨折的方法来治，肺部的要用针对肺部的方法来治，肠胃的要用针对肠胃的方法来治，肿瘤的要用针对肿瘤的方法来治。否则是不可能治好病人的病的。这是不言而喻的道理。因此，讯问人员以分化瓦解的策略对被讯问人进行讯问，分化瓦解的手段一定要针对分化瓦解的目标。只有这样，才能分化瓦解被讯问人。

要做到分化瓦解的手段对准分化瓦解的目标，讯问人员就要根据分化瓦解目标的具体情况，对不同的分化瓦解目标以不同的分化瓦解手段进行分化瓦解，做到具体问题具体对待。对有的目标，以离间分化瓦解的手段进行分化瓦解；对有的目标，以施压分化瓦解的手段进行分化瓦解；对有的目标，以攻心分化瓦解的手段进行分化瓦解；对有的目标，以拉拢分化瓦解的手段进行分化瓦解；对有的目标，以陈说利害分化瓦解的手段进行分化瓦解。而且，这种有针对性的手段，有的可以是一种手段，有的可以是多种手段并施。

通过对不同的分化瓦解目标，以有针对性的不同手段进行分化瓦解，就有可能顺利地分化瓦解被讯问人，使被讯问人与同案人，或对合人，或犯罪嫌疑人分裂，将被讯问人从抗审势力中拉出来，崩溃抗审的势力，从而促使被讯问人对共同或对合犯罪事实作出交代，或对犯罪嫌疑人的犯罪进行作证，突破案件。例如：

在前例中，讯问人员运用分化瓦解的策略对范某进行讯问，将范某性格上的弱点确定为分化瓦解的目标。并根据范某性格上唯我独尊、容不得他人、醋性十足、暴躁等具体情况，以离间分化瓦解的手段对范某进行分化瓦解。由于分化瓦解的手段具有针对性，很快便挑起了范某对梅某的愤怒，使之与梅某分裂，崩溃了抗审的势力，从而顺利地突破了案件。

4. 分化瓦解的内容要具有有效性

所谓分化瓦解的内容要具有有效性，是指讯问人员对被讯问人进行分化瓦解，所运用的材料内容要有效力，能够分化瓦解被讯问人。

被讯问人经讯问人员运用分化瓦解讯问策略的讯问，其之所以能够与同案人，或对合人，或犯罪嫌疑人分裂，被讯问人员从抗审势力中拉出来，使抗审势力崩溃，其中再一个原因就是讯问人员用以对被讯问人进行分化瓦解的材料内容具有效力。被讯问人在这种有效力的材料内容的作用下，似威力强大的重型炮弹轰炸的某目标一样，与同案人，或对合人，或犯罪嫌疑人分裂，崩溃抗审的势力。如果讯问人员用以对被讯问人进行分化瓦解的材料内容没有效力或效力不大，那么，也就无法起到分化瓦解的作用，被讯问人也就不可能因此与同案人，或对合人，或犯罪嫌疑人分裂，也就无法将被讯问人从抗审势力中拉出来，使抗审势力崩溃，如同用拳头击石块一样，是无法使石块破碎的。因此，讯问人员在运用分化瓦解的讯问策略对被讯问人进行讯问时，用以对被讯问人进行分化瓦解的材料内容一定要具有效力。只有这样，才能够使被讯问人与同案人，或对合人，或犯罪嫌疑人分裂，才能够将被讯问人从抗审势力中拉出来，崩溃抗审的力量，否则，对被讯问人进行分化瓦解就是空话一句。

要使用以对被讯问人进行分化瓦解的材料内容具有效力，讯问人员就要做到以下几点：

一是要避免对那些"大路货""万金油"的材料内容的运用。由于"大路货""万金油"这些材料内容对分化瓦解被讯问人起不到任何的促进作用，而且还有可能起到反作用。因此，讯问人员用以对被讯问人进行分化瓦解的材料内容，不能是那些"大路货""万金油"的材料内容，要坚决避免运用这些材料内容对被讯问人进行分化瓦解。

二是要根据被讯问人的情况运用有针对性的材料内容。材料内容只有针对被讯问人的情况，才能有效力，才能起到分化瓦解被讯问人的作用，而不能针对被讯问人情况的材料内容，是没有效力的，也就起不到分化瓦解被讯问人的作用。因此，讯问人员要根据被讯问人的情况，选择出那些有针对性的材料内容，在讯问中，运用这些针对被讯问人情况的材料内容对被讯问人进行分化瓦解。

三是要根据分化瓦解的手段，运用符合该手段的材料内容。所运用的材料内容只有符合该分化瓦解的手段，才能有效力，才能起到分化瓦解被讯问人的作用。而运用那些与分化瓦解手段风马牛不相及的材料内容，是不会有任何的效力的。因此，讯问人员要根据对被讯问人进行分化瓦解的手段，选择出那些符合该手段的材料内容，在讯问中，运用这些符合该分化瓦解手段的材料内容对被讯问人进行分化瓦解。

通过以有效的材料内容对被讯问人进行分化瓦解，就有可能分化瓦解被讯问人。例如：

在前例中，讯问人员为了分化瓦解范某，根据范某唯我独尊、容不得他人、醋性十足且性格暴躁的情况和离间分化的手段，选择出了针对范某情况和符合离间分化手段的梅某还与其他女人乱搞两性关系，并送财物给这些女人的材料内容，在讯问中，以这些材料内容对范某进行分化瓦解。由于用以对范某进行分化瓦解的材料内容有效，便顺利地分化瓦解了范某。

5. 分化瓦解的实施要具有巧妙性

所谓分化瓦解的实施要具有巧妙性，是指讯问人员对被讯问人进行分化瓦解，在实施分化瓦解的过程中要讲技巧，做到巧妙实施。

能否分化瓦解被讯问人，使被讯问人与同案人，或对合人，或犯罪嫌疑人分裂，把被讯问人从抗审势力中拉出来，使抗审势力崩溃，关键在于分化瓦解的实施是否巧妙。分化瓦解的实施巧妙，不仅隐蔽了讯问人员对被讯问人进行分化瓦解的目的，而且，更重要的是使分化瓦解的手段起到事半功倍的效果，使分化瓦解的材料内容起到更为重要的作用。这样，分化瓦解被讯问人就能水到渠成。而如果对被讯问人进行分化瓦解的实施不巧妙，或直来直去，或粗劣，那么，不仅暴露了讯问人员对被讯问人进行分化瓦解的目的，使被讯问人加强防范，对讯问人员保持高度的警惕，而且使讯问人员所运用的分化瓦解手段和分化瓦解的材料内容失去应有的作用，变得毫无意义。这样，被讯问人就不会与同案人，或对合人，或犯罪嫌疑人分裂，讯问人员也就无法把被讯问人从抗审势力中拉出来，使抗审势力崩溃。因此，讯问人员运用分化瓦解的策略对被讯问人进行讯问。实施分化瓦解的过程一定要讲究技巧，做到巧妙实施。只有这样，才能使被讯问人与同案人，或对合人，或犯罪嫌疑人分裂，才能将被讯问人从抗审势力中拉出来，使抗审势力崩溃。否则，是无法实现对被讯问人分化瓦解的。

要使分化瓦解的实施做到巧妙，讯问人员就要做到以下几点：

一是要有步骤地进行，做到循序渐进。有步骤地对被讯问人进行分化瓦解，这是巧妙实施分化瓦解的保证。因为，只有有步骤地对被讯问人进行分化瓦解，才能使分化瓦解有条不紊地进行，并步步深入，最后实现分化瓦解被讯问人的目的。如果对被讯问人进行分化瓦解没有步骤，东一榔头，西一棒子，想到什么说什么，其结果必然是使分化瓦解混乱不堪，毫无巧妙性可言，也就无法实现分化瓦解的目的。因此，运用分化瓦解的讯问策略，一定要有步骤地进行，做到循序渐进。

二是要以最具策略的方式进行。以最具策略的方式对被讯问人进行分化瓦解，这是巧妙实施分化瓦解的关键。因为，只有以最具策略的方式对被讯问人进行分化瓦解，才能使被讯问人在不知不觉中被分化瓦解。如果对被讯问人进行分化瓦解不讲策略，直来直去，那么，分化瓦解必然是粗劣的，根本就没有巧妙性。这样，是无法分化瓦解被讯问人的。为此，在运用分化瓦解策略的过程中，有的要向被讯问人说明某种现象；有的要向被讯问人提出某个问题让其回答；有的要以自由交谈的方式同被讯问人谈论某个问题，等等。

三是要以最恰当的语言对分化瓦解的材料内容进行表述。以最恰当的语言对分化瓦解的材料内容进行表述，这是巧妙实施分化瓦解的核心。因为，分化瓦解的实施是否巧妙全在此举。为此，讯问人员在对用以进行分化瓦解的材料内容进行表述时，有的要在提问中隐含材料内容；有的要以打比喻的方法表达材料内容；有的要对材料内容进行借题发挥；有的要直言相告；有的要说半句；有的要自言自语，等等。

通过对分化瓦解的巧妙实施，就有可能分化瓦解被讯问人。例如：

在前例中，在对范某进行分化瓦解的步骤上，先播种，埋下离间的伏笔；接着向范某搬弄口舌，引起范某的猜忌；最后触到范某的痛处，使之在愤怒之中不可自制。在分化瓦解的方式上，以向范某说明人有阴阳脸的方式进行播种和以向范某提出问题让其回答的方式进行离间。在对分化瓦解材料的表述上，向范某的提问中隐含离间的材料内容，在引起范某的猜忌后，又直言相告。通过这样巧妙地实施离间分化，挑起了范某对梅某的愤怒，使之分裂、崩溃。

二、分化瓦解的手段及其实施

运用分化瓦解的策略对被讯问人进行讯问，使被讯问人与同案人，或对合人，或犯罪嫌疑人分裂，将被讯问人从抗审势力中拉出来，使抗审势力崩溃，需要采取具体的方法进行并进行得科学、巧妙。没有具体的方法，分化瓦解被讯问人就无从谈起；进行得不科学、巧妙，就无法分化瓦解被讯问人。因此，讯问人员要运用具体的方法并实施好这种具体的方法对被讯问人进行分化瓦解。

（一）离间分化瓦解

1. 离间分化瓦解的概念

所谓离间分化瓦解，是指讯问人员在讯问中，有意识、按步骤地离间被讯问人与同案人，或对合人，或犯罪嫌疑人的关系，挑起被讯问人对同案人，或对合人，或犯罪嫌疑人的怨恨，使之分裂、崩溃而交代共同或对合犯罪事实，或对犯罪嫌疑人的犯罪事实进行作证的一种分化瓦解手段。

离间分化瓦解概念主要有以下几点：

（1）离间分化瓦解是有意识、按步骤地对被讯问人进行离间，分化瓦解被讯问人的一种手段。这种分化瓦解手段是为了实现挑起被讯问人对同案人，或对合人，或犯罪嫌疑人的怨恨而使之分裂、崩溃的目的，是有意而实施的，而非没有目的，无意而实施的。而且，这种手段是按一定的步骤进行的，而非没有按步骤进行的。

（2）离间分化瓦解是向被讯问人"搬唇弄舌"对被讯问人进行分化瓦解的一种手段。这种分化瓦解的手段是向被讯问人输入其最为关注、最为计较、最为敏感、最为执着、最为忌讳的问题，以此从中分化被讯问人与同案人，或对合人，或犯罪嫌疑人的关系。

（3）离间分化瓦解是挑起被讯问人对同案人，或对合人，或犯罪嫌疑人怨恨的一种手段。这种分化瓦解的手段是被讯问人在分化的作用下，产生了其对同案人，或对合人，或犯罪嫌疑人的怨恨，从而在愤怒中无法控制自己的情绪而对共同犯罪，或对合犯罪的事实作出交代，或对犯罪嫌疑人的犯罪事实进行作证。

2. 离间分化瓦解的实施

以离间分化瓦解的手段对被讯问人进行分化瓦解，在实施中要做到以下几点：

（1）要明确在什么问题上对被讯问人进行离间分化瓦解

实施离间分化瓦解手段，挑起被讯问人对同案人，或对合人，或犯罪嫌疑人（以下简称"相对人"）的怨恨，使之分裂、崩溃，需要有一个点，也就是在什么问题上对被讯问人进行分化。如果没有这个点，就无法进行分化。而且，这个点要准确，只有这个点准确，才能挑起被讯问人对"相对人"的愤怒。而如果这个点不准确，也就无法挑起被讯问人的愤怒，使被讯问人与"相对人"分裂、崩溃。因此，以离间分化瓦解的手段对被讯问人进行分化瓦解，讯问人员必须要选准这个点，即明确在什么问题上对被讯问人进行分化瓦解。

离间分化瓦解的这个分化点是准，还是不准，取决于这个分化点是否能挑起被讯问人对"相对人"的怨恨。也就是说，能挑起被讯问人对"相对人"怨恨，这个点就是准确的，而不能挑起被讯问人怨恨，这个点就是不准确的。因此，讯问人员就要选择最能挑起被讯问人对"相对人"怨恨的问题作为离间分化瓦解的点。

由于案件和被讯问人情况的不同，在什么问题上最能挑起被讯问人对"相对人"怨恨自然也就不同。因此，讯问人员在选择于什么问题上对被讯问人进行离间分化瓦解时，就要根据案件和被讯问人的情况进行分析，分析在什么问题上最能挑起被讯问人对"相对人"的怨恨。通过分析，把最能挑起被讯问人怨恨的问题选择为离间分化瓦解的点，在这个问题上对被讯问人进行离间分化瓦解。

总结讯问实践，在以下问题上最能挑起被讯问人对"相对人"的怨恨：

①经济利益问题上

有的被讯问人对经济利益最为关心，一旦其得知"相对人"侵犯到或侵犯了其经济利益，其就会怒火中烧，从而产生对"相对人"的怨恨。

②刑事责任的承担问题上

刑事责任的承担，是每一个涉嫌犯罪的被讯问人都最为关注的，一旦其得知同案人，或对合人将责任推到其身上，其就会怒从心起，从而产生对同案人，或对合人的怨恨。

③名誉的问题上

名誉是相当一部分被讯问人最为在意的问题，一旦其得知"相对人"对其名誉进行损害，其就会怒不可遏，从而产生对"相对人"的怨恨。

④欲望的问题上

有的被讯问人的欲望没有止境，对欲望最为执着。一旦其得知是因为"相对人"的原因不能使其满足欲望时，其就会怒气冲霄，从而产生对"相对人"的怨恨。

⑤争风吃醋的问题上

有的被讯问人醋性十足，对这个问题最为计较，一旦其得知"相对人"与其争风吃醋，或不专于其时，其就会醋性大发，怒气填胸，从而产生对"相对人"的怨恨。

⑥亲人的问题上

绝大多数的被讯问人对亲人都是十分关心和爱护的。一旦其得知"相对人"冒犯了其亲人，其就会怒从心头起，从而产生对"相对人"的怨恨。

⑦信用的问题上

有的被讯问人对信用问题十分看重，最为讲究。一旦其得知"相对人"不讲信用，失信于他，其就会咬牙切齿，从而产生对"相对人"的怨恨。

以上总结讯问实践所列的最能挑起被讯问人对"相对人"怨恨的问题并不是全部。讯问人员要根据案件和被讯问人的情况，通过分析，在以上问题或其他问题上选择最能挑起被讯问人对"相对人"怨恨的问题，将其确定为对被讯问人进行离间分化瓦解的点，在讯问中对被讯问人进行离间分化瓦解。

但是，值得注意的是，讯问人员无论在上述的哪一个问题上对被讯问人进行离间，用以离间的内容都应是"相对人"客观存在的，不得捏造事实。

（2）要把握好离间的时机

以离间分化瓦解的手段对被讯问人进行分化瓦解，时机非常重要。时机成熟，在有利的时机对被讯问人进行离间，离间分化瓦解就能起到事半功倍的作用，顺利地挑起被讯问人对"相对人"的怨恨；时机不成熟，在不利的时机对被讯问人进行离间，就有可能起不到离间分化瓦解的作用，无法挑起被讯问人对"相对人"的怨恨，甚至有可能起到反作用，更加坚定被讯问人抗审的意志。因此，讯问人员以离间分化瓦解的手段对被讯问人进行分化瓦解，一定要把握好离间的时机，在时机有利的时候对被讯问人进行离间。

而要在时机有利的时候对被讯问人进行离间，讯问人员就要根据讯问的情况把握好对被讯问人进行离间的时机。

总结讯问实践，在以下时机对被讯问人进行离间最为有利：

①在被讯问人与讯问人员有了心理上沟通的时候

被讯问人经讯问人员的讯问，与讯问人员有了心理上的沟通，建立起良好的心理接触的时候，是对被讯问人进行离间的有利时机。因为，在此时对被讯问人进行离间，其就会认真听讯问人员说话，听得进讯问人员所说的话，并相信讯问人员所说的话，认为讯问人员所说的情况是真实的。这样，就能顺利地挑起被讯问人对"相对人"的怨恨。如果被讯问人在心理上还没有与讯问人员做到沟通，还处于根本对立的时候，被讯问人就不会听讯问人员说话，即使其听了，也不会相信讯问人员所说的话是真的，认为讯问人员是在瞎说，有意捏造，是别有用心。

这样，不仅不能挑起被讯问人对"相对人"的怨恨，而且，有可能巩固其与"相对人"的团结，增强其抗审的心理。因此，讯问人员要根据讯问的情况，在被讯问人与讯问人员有了心理上的沟通，与讯问人员建立起良好心理接触的时候对被讯问人进行离间。

②在被讯问人感觉到"相对人"有可能做出对其不利的行为的时候

被讯问人经讯问人员的讯问，感觉到"相对人"有可能做出对其不利行为的时候，是对被讯问人进行离间的有利时机。因为，在此时对被讯问人进行离间，其不仅会认真听讯问人员所说的话，更加相信讯问人员所说的情况，而且，会细细品味讯问人员所说的话，并与自己的感觉产生联想，越想越觉得"相对人"已做出了对自己不利的行为，说了对自己不利的话。这样，也就挑起了被讯问人对"相对人"的怨恨。如果被讯问人还没有这种"相对人"有可能做出对其不利的行为的感觉，处于坚信"相对人"对其忠诚的时候，其就不会相信讯问人员所说的话，更不会进行联想。这样，也就难以挑起其对"相对人"的怨恨。因此，讯问人员要根据讯问的情况，在被讯问人感觉到"相对人"有可能做出对其不利的行为的时候对被讯问人进行离间。

（3）要以有效的内容对被讯问人进行离间分化瓦解

对被讯问人进行离间分化，挑起被讯问人对"相对人"的怨恨，进而在怨恨中对共同或对合的犯罪事实作出交代，或对犯罪嫌疑人的犯罪事实进行作证，前提是要能够挑起被讯问人对"相对人"的怨恨，如果挑不起被讯问人对"相对人"的怨恨，离间分化瓦解被讯问人就无从谈起。而要能够挑起被讯问人对"相对人"的怨恨，关键在于用以分化的内容有效。也就是说，只有有效的内容才有可能挑起被讯问人对"相对人"的怨恨。如果用以分化的内容没效，是不可能挑起被讯问人对"相对人"的怨恨的。因此，以离间分化瓦解的手段对被讯问人进行分化瓦解，讯问人员必须要以有效的内容对被讯问人进行离间分化瓦解。

我们在前面论述运用分化瓦解策略的基本要求时，阐述了分化瓦解的内容要具有有效性，并就内容有效提出了三点原则要求。这些原则要求当然适用于这里。而作为离间分化瓦解内容的有效，则应在原则要求的指导下，从离间分化瓦解这一手段的具体情况出发，并根据案件和被讯问人的情况，来确定选择具体的有效内容。只有这样，才能使离间分化瓦解的内容有效。

从讯问实践来看，作为能够有效挑起被讯问人对"相对人"怨恨的内容，要具备这样三个条件：一是用以分化的内容要使被讯问人能够相信，如果被讯问人不相信讯问人员用以分化的内容，不仅不能挑起被讯问人对"相对人"的怨恨，而且要暴露讯问人员的意图。二是用以分化的内容是被讯问人最为关心、最为关注、最为珍惜、最为计较、最为爱护、最为执着或最为讲究的问题。如果不是这些问题，被讯问人就会认为无所谓，从而也就不能挑起被讯问人对"相对人"的怨恨。三是用以分化的内容对被讯问人的不利要比被讯问人如实交代犯罪事实对其的不利要大，或上下差不了多少，但前者不能明显小于后者。如果前者明显小于后者，被讯问人不仅会认为无所谓，而且会认为保住后者的利益是最重要的，从而也就难以挑起被讯问人对"相对人"的怨恨，即使挑起，被讯问人也不会发作。鉴于此，讯问人员就要根据案件和被讯问人的情况，特别是被讯问人的特点和性格，对用以分化瓦解的内容以这三个条件进行衡量，只有这样，才能使用以分化瓦解的内容有效，从而挑起被讯问人对"相对人"的怨恨。

（4）要有步骤地对被讯问人进行离间分化瓦解

以离间分化瓦解的手段对被讯问人进行分化瓦解，我们在前面叙述离间分化瓦解的概念中提到了离间分化瓦解这种手段是按一定的步骤进行的。而非没有步骤，胡乱进行的。对被讯问人进行离间分化瓦解，步骤非常重要。只有有步骤地对被讯问人进行离间分化瓦解，讯问人员才能牵着被讯问人一步一步地向分裂、崩溃的目标深入，最后引起其对"相对人"的怨恨，使之与"相对人"分裂、崩溃，对共同犯罪，或对合犯罪的事实作出交代，或对其知道的犯罪嫌疑人的犯罪事实进行作证。如果对被讯问人进行离间分化瓦解没有步骤，而是东一榔头，西一棒子，想到什么说什么，想到什么做什么，胡乱地折腾一通，就无法牵着被讯问人走，也就无法挑起被讯问人对"相对人"的怨恨，使之与"相对人"分裂、崩溃。因此，讯问人员以离间分化瓦解的手段对被讯问人进行分化瓦解，一定要有步骤地进行，切忌随意乱来一通。

而要有步骤地对被讯问人进行离间分化瓦解，讯问人员就要在事前对离间分化瓦解的步骤作出规划，在讯问中做到按图施工。

总结讯问实践，对被讯问人进行离间分化瓦解，要按以下步骤进行：

①先埋下分化的伏笔

所谓先埋下分化的伏笔，是指讯问人员不能在一开始就去离间被讯问人，而是为了离间他们，为后面进行离间先埋下伏笔，即布下火种。

先埋下离间的伏笔，这种离间的伏笔主要有：一是从理论上讲清任何事物都是一分为二的，人也是一分为二的，忠厚之中有不忠厚，表面上的忠厚并不代表内心的忠厚。二是从现实上讲清人心隔肚皮，人心不可测，当面是一套，背后可能又是一套。因而，防人之心不可无。三是有意识地询问被讯问人其与"相对人"的关系怎样，是否非常了解他，在询问后也可说一些隐晦的语言。这样，就为接下来的离间埋下了伏笔，布下了火种。

②接着"搬唇弄舌"

讯问人员在埋下离间的伏笔，布下离间的火种后，接着向被讯问人"搬唇弄舌"。在向被讯问人"搬唇弄舌"时，讯问人员要根据离间的内容，暗示被讯问人，"相对人"说了什么或做了什么，以引起被讯问人的猜忌。千万不可直截了当，和盘托出。这样，就促使被讯问人信以为真，急切地想知道事情的真相。

③最后触到被讯问人的痛处

所谓触到被讯问人的痛处，是指向被讯问人说出"相对人"对其所做的不利的事或所说的不利的话。

讯问人员在向被讯问人"搬唇弄舌"后，引起了被讯问人的猜忌。此时的被讯问人必然要弄清事情的真相。在此情况下，讯问人员要装出无可奈何的样子，说出"相对人"对被讯问人所做的不利的事或所说的不利的话，触到被讯问人的痛处，从而使被讯问人怒不可遏，引起其对"相对人"的怨恨，达到离间分化瓦解的目的。

（5）要以最巧妙的技巧对被讯问人进行离间分化瓦解

以离间分化瓦解的手段对被讯问人进行分化瓦解，实施的巧妙性显得尤为重要。只有实施得巧妙，才有可能挑起被讯问人对"相对人"的怨恨，从而实现分化瓦解的目的。如果实施得不巧妙，就有可能使被讯问人认为讯问人员是在说谎话、瞎话，是在故意挑拨离间，从而暴露了讯问人员的意图。这样，就无法挑起被讯问人对"相对人"的怨恨。因此，以离间分化瓦解的手段分化瓦解被讯问人，一定要做到实施的巧妙性。

要做到实施的巧妙性，在实施的过程中要做到以下几点：

①要逐步加深被讯问人对"相对人"的怨恨

讯问人员在实施离间分化瓦解手段的过程中，要克服急躁情绪，慢慢来，不要焦急，按照前述的步骤循序渐进，一步一步地深入，通过这些步骤的实施，逐步加深被讯问人对"相对人"的怨恨，使被讯问人在不知不觉中被分化瓦解。

②要在和谐的环境中进行

讯问人员实施离间分化瓦解的手段，要在和谐的环境中进行，以自由交谈的方式埋下伏笔，布下火种；以询问情况的方式把离间的内容隐含在提问中，引发被讯问人的遐想；以打比喻或含沙射影的方式触到被讯问人的痛处，激起被讯问人的愤怒，使被讯问人在毫无警觉时被挑起其对"相对人"的怨恨，使之分裂、崩溃。

③要讲究语言表达的技巧

讯问人员在实施离间分化瓦解的手段，对被讯问人进行离间时，于语言表达上，要说半句话，或吞吞吐吐，或自言自语。做到伸伸缩缩，伸得自然，缩得恰当。而不能直挺挺地和盘托出，使被讯问人在急不可耐地得知真相时被挑起其对"相对人"的怨恨，从而被分化瓦解。

（6）要把握好离间分化瓦解的度

以离间分化瓦解的手段对被讯问人进行分化瓦解，同样有一个度的问题，这个度恰到好处，就有可能挑起被讯问人对"相对人"的怨恨。

如果不及，就难以挑起被讯问人对"相对人"的怨恨；如果过头，就暴露了讯问人员的意图，同样难以挑起被讯问人对"相对人"的怨恨。因此，以离间分化瓦解的手段对被讯问人进行分化瓦解，讯问人员一定要把握好离间分化瓦解的度。

把握好离间分化瓦解的度，特别要注意以下两点：

①输入离间分化瓦解内容的量要适度

讯问人员向被讯问人输入离间分化瓦解内容的量，要以能引起被讯问人对"相对人"的怨恨为已足，输入的量既不能不足，也不能过头。否则，或难以引起被讯问人对"相对人"的怨恨，或出现不良的后果。

②引起了被讯问人对"相对人"的怨恨就要停止离间

讯问人员对被讯问人进行离间，在引起了被讯问人对"相对人"的怨恨时就要停止离间，不要再离间下去。否则，就有可能画蛇添足。

通过上述以离间分化瓦解的手段对被讯问人进行分化瓦解，就有可能挑起被讯问人对"相对人"的怨恨，促使被讯问人交代其与同案人、或对合人共同实施或对合实施的犯罪事实，或对犯罪嫌疑人的犯罪事实进行作证。

（二）攻心分化瓦解

1. 攻心分化瓦解的概念

所谓攻心分化瓦解，是指讯问人员在讯问中，以形势、政策、法律、证据、道理、情感信息等向被讯问人展开攻势，从精神上或心理上瓦解被讯问人，使之在精神上或心理上与同案人，或对合人，或犯罪嫌疑人（以下简称"相对人"）分裂、崩溃而交代共同或对合犯罪事实，或对犯罪嫌疑人的犯罪事实进行作证的一种分化瓦解手段。

攻心分化瓦解概念主要有以下几点：

（1）攻心分化瓦解是以形势、政策、法律、证据、道理、情感信息等向被讯问人展开攻势的一种手段

为了使被讯问人与"相对人"分裂、崩溃，以形势、政策、法律、

证据、道理、情感信息等为"武器"向被讯问人展开攻势，以这些"武器"促使被讯问人与"相对人"分裂、崩溃。

（2）攻心分化瓦解是从精神上或心理上瓦解被讯问人的一种手段

以形势、政策、法律、证据、道理、情感信息等为"武器"向被讯问人展开攻势，使被讯问人抗审的精神或心理崩溃，不能再继续坚持进行抗审。

（3）攻心分化瓦解是使被讯问人在精神上或心理上与"相对人"分裂、崩溃的一种手段

被讯问人抗审的精神或心理崩溃，不能再继续坚持抗审，也就使被讯问人在精神上或心理上与"相对人"分裂、崩溃。这就从根本上使被讯问人从抗审势力中分裂出来，彻底崩溃了抗审的势力，从而使抗审势力土崩瓦解、分崩离析。

2. 攻心分化瓦解的实施

我们从前述攻心分化瓦解的概念可知，攻心分化瓦解是通过向被讯问人展开形势、政策、法律、证据、道理、情感信息等的攻势，从而使被讯问人的精神或心理瓦解而与"相对人"分裂、崩溃来实现分化瓦解的目的的。因而，攻心分化瓦解的实施，要围绕瓦解被讯问人的精神或心理展开攻势，瓦解其精神或心理。

（1）实施形势攻势，瓦解被讯问人的精神或心理

被讯问人之所以与"相对人"抱成一团，坚持抗审，拒不供述共同犯罪，或对合犯罪的事实，或拒不对犯罪嫌疑人的犯罪事实进行作证，其中一个原因，就是其看不到或看不清打击犯罪和查案的形势，认为"相对人"能够顶得住，只要自己也坚决顶住，不作出交代或不进行作证，讯问人员就无法突破案件。于是，被讯问人便以十足的信心、饱满的精神、必胜的心理进行抗审。而如果被讯问人看到或看清了打击犯罪和查案的形势的严厉，其就会感到形势严峻、形势逼人、形势不等人。在这样严厉的形势下，任何人都抵挡不住，也不敢抵挡滚滚而来的潮流，如若自不量力地进行抵挡，必是螳臂当车被碾得粉碎，飞蛾扑火

被烧成焦灰。"相对人"肯定不敢去顶，也顶不住讯问人员的讯问，自己也无法顶得住讯问人员的讯问。这样，就瓦解了被讯问人的精神和心理，使被讯问人从信心上、精神上、心理上败下阵来，就有可能与"相对人"分裂、崩溃。因此，讯问人员要善于对被讯问人实施形势攻势，以形势瓦解被讯问人的精神或心理。

关于对被讯问人实施形势攻势，我们在本书第二章"攻心为上"这一讯问策略中，就对以打击犯罪的严厉形势、此次查案的形势等对被讯问人进行攻心作了较为详细的叙述，这些对被讯问人进行攻心的方法和内容同样适用于这里的以形势攻心分化瓦解这一手段。但是，就以形势攻心分化瓦解这一手段而言，由于是通过对被讯问人实施形势攻势，瓦解被讯问人的精神或心理，使被讯问人与"相对人"分裂、崩溃。因而，对被讯问人实施形势攻势就要特别强调以下几点：

①严厉的形势似滚滚潮流，任何人都无法抵挡

讯问人员在向被讯问人宣讲严厉形势的基础上，要向被讯问人强调指出，严厉的形势似滚滚潮流，所到之处必是一片汪洋，任何人都不敢也无法抵挡。只有顺应潮流，才能得以生还，若逆潮流而动，必然葬身鱼腹，"相对人"不会看不到这一严酷的现实。在这一严酷的现实面前，他不敢抗拒，也抗拒不了。

②已是大势所趋

讯问人员要向被讯问人强调，在这种严厉的形势下，"相对人"要走"坦白从宽""投案自首""认罪认罚"的道路是必然的，因为摆在他面前的只有这一条路可走。因而，突破案件已是大势所趋。

③"相对人"已纷纷要走"坦白从宽""投案自首""认罪认罚"的道路

讯问人员要向被讯问人强调，由于摆在"相对人"面前的只有"坦白从宽""投案自首""认罪认罚"这一条路可走，因而，"相对人"已纷纷要走"坦白从宽""投案自首""认罪认罚"的道路，有的已经走上了"坦白从宽""投案自首""认罪认罚"的道路。

通过上述对被讯问人实施形势攻势，就有可能瓦解被讯问人的精神

或心理，从而分化瓦解被讯问人，促使其对共同或对合犯罪事实作出交代，或对犯罪嫌疑人的犯罪事实进行作证。

（2）实施政策攻势，瓦解被讯问人的精神或心理

被讯问人之所以与同案人或对合人抱成一团，坚持抗审，拒不供述共同或对合犯罪事实，其中的又一个原因，就是其不知道刑事政策或对刑事政策有误解、有偏见，从反面去理解刑事政策。认为交代了共同或对合犯罪的事实，自己和共同或对合犯罪人就要被处罚，就没有了出路。于是，被讯问人便下定决心，以坚决的态度、顽强的精神、顽固的心理进行抗审。而如果被讯问人知道了刑事政策，或对刑事政策有了正确的理解，相信了刑事政策，其就会感到刑事政策给自己指明了出路，是指路明灯，是拯救自己的法宝。这样，就瓦解了被讯问人的精神和心理，使被讯问人从决心上、精神上、心理上败下阵来，就有可能使其与共同犯罪人或对合犯罪人分裂，走上"坦白从宽"的道路。因此，讯问人员要善于对被讯问人实施政策攻势，以政策感召被讯问人，瓦解被讯问人的精神或心理。

关于对被讯问人实施政策攻势，我们亦在本书第二章"攻心为上"这一讯问策略中，就对以各项刑事政策对被讯问人进行攻心作了较为详细的叙述，这些对被讯问人进行攻心的方法和内容同样适用于这里的以政策攻心分化瓦解这一手段。值得注意的是，由于这里以政策对被讯问人实施攻势，旨在使被讯问人与"相对人"分裂、崩溃，因而，讯问人员在运用这些方法和内容对被讯问人进行攻心时，就要在讲清刑事政策基本内容的基础上，有重点地向被讯问人讲清以下几个方面的问题，以加速被讯问人与同案人或对合人分裂，崩溃。

①刑事政策是刑事司法的行动准则

讯问人员要向被讯问人阐明，"宽严相济"等刑事政策是我国刑事司法的行动准则。我国的刑事司法历来都是遵循这些刑事政策来处理案件和对待犯罪的人的。在对犯罪依法处罚时，综合运用宽和严两种手段，犯罪虽然严重，但能如实交代的，做到宽以济严，济之以宽；犯罪虽不严重，但拒不供述的，做到严以济宽，济之以严。只要如实交代犯

罪事实，进行悔罪、认罪认罚，就会有出路。

②从宽、从严都要抓典型

讯问人员要向被讯问人阐明，司法机关在处理共同或对合犯罪时，为了贯彻执行"坦白从宽，抗拒从严"和"宽严相济"的刑事政策，从宽和从严都要抓典型。对交代态度好的，就会作为从宽的典型，给以特别的从宽；对那些拒不交代的，就会作为从严的典型，给以特别的从严。通过向被讯问人阐明这一问题，使被讯问人感到自己如果继续执迷不悟，拒不交代犯罪事实，必然要作为从严的典型得到严厉的处罚，下场是可悲的。而同案人或对合人因交代态度好，就会作为从宽的典型得到从轻的处罚，甚至可能免于处罚。

③人人都想成为从宽的典型

讯问人员要向被讯问人阐明，在这些刑事政策面前人人都想成为从宽的典型而不想成为从严的典型。因而，都在争先恐后地走"坦白从宽"的道路，生怕晚一步而使这个从宽的典型被同案人或对合人夺走，自己被作为从严的典型。通过向被讯问人阐明这一问题，使被讯问人感到时不我待，如果不抓紧交代共同或对合犯罪的事实，这个从宽的典型就要被同案人或对合人夺走，自己就要成为从严的典型了。

通过上述对被讯问人实施政策攻势，就有可能瓦解被讯问人的精神和心理，促使其与同案人或对合人分裂、崩溃，从而对共同或对合犯罪事实作出交代。

（3）实施法律攻势，瓦解被讯问人的精神或心理

被讯问人之所以与"相对人"抱成一团，坚持抗审，拒不供述共同或对合犯罪事实，或拒不对犯罪嫌疑人的犯罪事实进行作证，其中的再一个原因，就是其不知道或不懂得有关的法律规定。共同或对合犯罪的被讯问人，有的认为，只要自己和同案人或对合人不交代，讯问人员没有自己和同案人或对合人的口供，就不能认定自己有罪和处以刑罚；有的认为，自己参与了共同或对合犯罪，交代了就要被定罪处罚。知道犯罪嫌疑人犯罪事实的被讯问人（证人），有的认为，犯罪嫌疑人实施犯罪行为，自己虽然知道，但没有必要向查案机关提供证言，多一事不

如少一事；有的甚至认为，把自己知道的犯罪嫌疑人的犯罪事实说成不是犯罪事实是人之常情，没有什么了不起。于是，被讯问人便持这些心理拒不对共同或对合犯罪的事实作出交代，或拒不对犯罪嫌疑人的犯罪事实进行作证，或作假证明将犯罪嫌疑人的犯罪事实说成不是犯罪事实。而如果被讯问人知道或懂得了法律的有关规定，其就会感到自己的这些认识是错误的，持这些认识只能使自己丧失了从宽处理的机会和条件，得到从重的处理，或导致自己要负法律责任。这样，就瓦解了被讯问人的精神和心理，使被讯问人从精神上和心理上败下阵来，就有可能与"相对人"分裂、崩溃，对共同或对合犯罪事实作出交代，或对犯罪嫌疑人的犯罪事实进行作证。因此，讯问人员要善于对被讯问人实施法律攻势，以法律瓦解被讯问人的精神或心理。

关于对被讯问人实施法律攻势，我们也在本书第二章"攻心为上"这一讯问策略中作过较为详细的叙述，这些以法律对被讯问人进行攻心的方法和内容同样适用于这里的以法律攻心分化瓦解这一手段。但是，同样是由于这里以法律对被讯问人实施攻势，是要促使被讯问人与"相对人"分裂、崩溃，因而，讯问人员在将这些方法和内容运用于这里时，要特别注意它的针对性，以针对性的法律对被讯问人实施攻势，促使被讯问人与"相对人"分裂、崩溃。

这种针对性主要有以下方面：

①根据被讯问人的心理情况，以针对性的法律进行攻心分化瓦解

被讯问人的心理不同，用以攻心分化瓦解的法律也应不同。这是马克思辩证唯物主义具体问题具体对待的基本原理在讯问实践中的运用。因此，讯问人员要根据被讯问人心理的具体情况，以针对性的法律对被讯问人进行攻心分化瓦解。只有这样，才能分化瓦解被讯问人。例如，被讯问人的心理是认为只要自己和同案人或对合人不交代，没有自己和同案人或对合人的口供，讯问人员就不能认定自己和同案人，或对合人有罪和处以刑罚。对此，讯问人员就要以我国《刑事诉讼法》第五十五条关于"没有被告人供述，证据确实、充分的，可以认定被告人有罪和处以刑罚"的规定，第五十条关于证据种类的规定和我国证据在

理论上的分类以及证据的运用原则对被讯问人进行攻心，通过这些法律的规定和法律理论对被讯问人进行攻心，使被讯问人感到，尽管自己和同案人或对合人不供述，没有口供，讯问人员照样能够收集到其他种类的证据，根据《刑事诉讼法》第五十五条规定认定自己和同案人或对合人有罪和处以刑罚，自己和同案人或对合人的不交代是毫无意义的。这样，就瓦解了被讯问人拒不供述的心理。又如，被讯问人的心理是认为自己虽然知道犯罪嫌疑人的犯罪事实，但是自己没有必要向查案机关提供证言，多一事不如少一事，或认为把自己知道的犯罪嫌疑人的犯罪事实说成不是犯罪事实是人之常情，没有什么了不起。对此，讯问人员就要以我国《刑事诉讼法》第一百二十五条关于证人应当如实地提供证据、证言和有意作伪证或者隐匿罪证要负的法律责任的规定、我国《刑法》第三百零五条关于证人对与案件有重要关系的情节，故意作虚假证明，意图陷害他人或者隐匿罪证的，处三年以下有期徒刑或者拘役；情节严重的，处三年以上七年以下有期徒刑的规定、《刑法》第三百一十条第一款关于明知是犯罪的人而作假证明包庇的，处三年以下有期徒刑、拘役或者管制；情节严重的，处三年以上十年以下有期徒刑的规定对被讯问人进行攻心。通过这些法律的规定对被讯问人进行攻心，使被讯问人感到凡是知道案件情况的人都有作证的义务，自己是有义务向查案机关对犯罪嫌疑人的犯罪事实进行作证的。隐匿罪证、作假证明包庇犯罪嫌疑人，自己是要负法律责任被判刑的。这样，就瓦解了被讯问人拒不对犯罪嫌疑人的犯罪事实进行作证或作伪证包庇的心理。

②根据被讯问人在共同或对合犯罪中的犯罪情况，以针对性的法律进行攻心分化瓦解

被讯问人在共同或对合犯罪中的犯罪情况不同，用以对其进行攻心分化瓦解的法律也应不同。也就是说，对被讯问人在共同或对合犯罪中的不同情况，要以不同的法律对被讯问人进行攻心分化瓦解。因此，讯问人员要根据被讯问人在共同或对合犯罪中的犯罪情况，以针对性的法律对被讯问人进行攻心分化瓦解。只有这样，才能分化瓦解被讯问人。例如，有的被讯问人在共同犯罪中只起次要或者辅助的作用，是从犯。

对这种在共同犯罪中只起次要或辅助作用，是从犯的被讯问人，讯问人员就要以《刑法》第二十七条第二款关于"对于从犯，应当从轻、减轻处罚或者免除处罚"的规定对被讯问人进行攻心。通过这一有针对性的法律规定对被讯问人进行攻心，使被讯问人感到，自己虽然参与了共同犯罪，但自己只是实施了次要或辅助的犯罪行为，在共同犯罪中仅起到了次要或辅助的作用，根据法律的规定，自己是从犯，"应当从轻、减轻处罚或者免除处罚"。只要自己作出如实交代，讲清问题，是一定能够得到从轻、减轻处罚或免除处罚的。这样，就瓦解了被讯问人与同案人抱成一团，拒不供述的心理，将其从抗审势力中分化出来。又如，有的被讯问人是被他人胁迫而参加犯罪的，在犯罪中，也没有严重的犯罪情节。对这种被胁迫参加犯罪，是胁从犯的被讯问人，讯问人员就要以《刑法》第二十八条关于"对于被胁迫参加犯罪的，应当按照他的犯罪情节减轻处罚或者免除处罚"的规定对被讯问进行攻心。通过法律对被讯问人进行攻心，使被讯问人感到，自己是因为受他人胁迫，在精神受到强制的情况下参加犯罪的，自己在犯罪中又没有严重的情节。而且，我国法律明文规定对于被胁迫参加犯罪的，应当按照他的犯罪情节减轻处罚或者免除处罚。只要自己如实作出交代，讲清问题，自己是一定能够得到减轻处罚或者免除处罚的，没有必要与他们玉石俱焚。这样，就瓦解了被讯问人与同案人抱成一团、拒不供述的心理，将其从抗审势力中分化出来。

③根据被讯问人的行为的具体情况，以针对性的法律进行攻心分化瓦解

被讯问人所实施的行为的具体情况是不同的，有的行为法律规定具备一定的条件，可以减轻处罚或者免除处罚，有的行为法律规定具备一定的条件，就不是犯罪行为。因此，讯问人员要根据被讯问人所实施的行为的具体情况，以针对性的法律规定对被讯问人进行攻心分化瓦解。只有这样，才能分化瓦解被讯问人。例如，有的被讯问人实施的是行贿行为，对于行贿行为，讯问人员就要以《刑法》第三百九十条第二款关于"行贿人在被追诉前主动交待行贿行为的，可以从轻或者减轻处

罚"的规定对被讯问人进行攻心。通过这一有针对性的法律对被讯问人进行攻心，使被讯问人感到自己虽然实施了行贿的行为，但法律明文规定"行贿人在被追诉前主动交待行贿行为的，可以从轻或者减轻处罚"。只要自己在被追诉前对行贿行为作出主动交代，便可从轻或者减轻处罚。这样，就瓦解了被讯问人拒不供述的心理。又如，有的被讯问人是因被勒索给予国家工作人员以财物的，获得的是正当的利益而非不正当的利益。对于被讯问人的这种行为，讯问人员就要以《刑法》第三百八十九条第三款关于"因被勒索给予国家工作人员以财物，没有获得不正当利益的，不是行贿"的规定对被讯问人进行攻心。通过这一有针对性的法律对被讯问人进行攻心，使被讯问人感到，自己虽然给予国家工作人员以财物，也获得了利益。但自己给予国家工作人员以财物是因被国家工作人员勒索，自己获取的利益又是正当的而非不正当的。根据法律"因被勒索给予国家工作人员以财物，没有获得不正当利益的，不是行贿"的规定，自己的行为不属于行贿，不需要负刑事责任。这样，就瓦解了被讯问人拒不供述的心理，将其从抗审势力中分化出来。

通过上述对被讯问人实施法律攻势，就有可能瓦解被讯问人的精神或心理，促使被讯问人与同案人或对合人分裂、崩溃，进而作出交代或进行作证。

（4）实施证据攻势，瓦解被讯问人的精神或心理

被讯问人之所以与同案人或对合人抱成一团，坚持抗审，拒不供述共同或对合犯罪事实，其中的一个原因，就是其认为讯问人员没有掌握他们共同或对合犯罪的证据，只要自己和同案人或对合人不对犯罪事实作出交代，讯问人员就没有证据，无法认定共同或对合犯罪的事实并对自己和共同或对合犯罪人作出处罚。于是，被讯问人便在这种心理的支配下，拒不对共同犯罪或对合犯罪的事实作出交代。而如果被讯问人感到或见到讯问人员已掌握其共同或对合犯罪的证据，其就会感到自己的抗审已毫无意义，而且，继续抗审下去，就失去了从宽处理的条件，得到的是从重处理。这样，就瓦解了被讯问人的精神和心理，使被讯问人

从精神上和心理上败下阵来，就有可能与共同或对合犯罪人分裂、崩溃，对共同或对合犯罪事实作出交代。因此，讯问人员要善于对被讯问人实施证据攻势，以证据瓦解被讯问人的精神或心理，促使其与同案人或对合人分裂、崩溃。

关于对被讯问人实施证据攻势，我们同样在本书第二章"攻心为上"这一讯问策略中作过较为详细的叙述，这些以证据对被讯问人进行攻心的方法和内容同样适用于这里的以证据攻心分化瓦解这一手段。但是，值得特别提出的是，作用为分化瓦解的以证据攻心，在实施中要特别注意以下几点：

①要出示有震慑力的证据

以证据瓦解被讯问人的精神和心理，促使其与同案人或对合人分裂、崩溃，所出示的证据对被讯问人要有震慑力。因为，只有有震慑力的证据，才能使被讯问人感觉到讯问人员已掌握了他们共同或对合犯罪的铁板钉钉的证据，不交代已经没有任何的意义，从而给被讯问人的精神和心理以沉重的打击，进而才有可能促使被讯问人与同案人，或对合人分裂、崩溃。如果出示的证据没有震慑力，被讯问人就会认为讯问人员掌握的证据并不能证明他们共同或对合犯罪的事实，自己不作出交代，讯问人员就没有招数。而且认为，这种没有震慑力的证据也不能使同案人，或对合人作出交代。这样，就不能瓦解被讯问人的精神和心理，也就无法促使被讯问人与同案人，或对合人分裂、崩溃。因此，讯问人员向被讯问人出示的证据要具有震慑力。

证据具有震慑力，从共同和对合犯罪来说，主要有以下两种情况：

第一，同案人或对合人的供述。

向被讯问人出示同案人或对合人的供述，表明同案人或对合人已对共同或对合的犯罪事实作出交代，他们已不可能抱成一团进行抗审，他们的抗审势力已经崩溃。这种证据无疑对被讯问人具有震慑力，使其感到自己不交代已毫无意义，只能作为从重处罚的典型。这样，被讯问人就有可能放弃抗审，对共同或对合犯罪事实作出交代，从而从抗审势力中分裂出去，与同案人或对合人分裂、崩溃。

第二，充分的证据。

在共同或对合犯罪的情况下，有的案件在实施犯罪时，只有被讯问人和同案人或对合人两人在场，这就使有的被讯问人认为，即使同案人或对合人已作出交代，只要自己不交代，证据"一对一"，讯问人员就无法认定犯罪事实和作出处罚。向被讯问人出示充分的证据，表明讯问人员掌握他们共同或对合犯罪的证据已达到了充分的证明要求，符合了证明的标准。证据达到了证明的要求，就使所证明的他们共同或对合犯罪事实铁板钉钉，他们的任何抗审都是毫无意义的。充分的证据无疑对被讯问人具有震慑力，使被讯问人感到证据已不是"一对一"，自己不抓紧从抗审势力中分裂出去，与同案人或对合人分裂、崩溃，对共同或对合犯罪事实作出交代，自己就要被作出处罚了。这样，被讯问人就有可能从抗审势力中分裂出去，对共同或对合犯罪事实作出交代。

②要以最巧妙的方法出示证据

虽然以最巧妙的方法出示证据是老生常谈，但以证据瓦解被讯问人的精神和心理，促使其与同案人或对合人分裂、崩溃，在出示证据的问题上特别要讲究出示证据的方法，要以最巧妙的方法出示证据。因为，共同或对合犯罪的案件，在被讯问人和同案人或对合人还没有分裂，抱成一团进行抗审，拒绝作出交代的情况下，讯问人员已收集到的证据是非常有限的，有的只收集到点滴的证据，有的甚至连点滴的证据都没有收集到，而只掌握某一信息或线索，仅仅是怀疑而已。在这种情况下，讯问人员只有在出示证据的方法上下功夫，讲究出示证据的方法，以最巧妙的方法出示证据，才能使有限的证据发挥出无限重要的作用，才能使某一信息或线索起到证据的作用。从而使被讯问人感到同案人或对合人已作出交代，或讯问人员确实已掌握了他们共同或对合犯罪的充分证据，进而才有可能瓦解被讯问人的精神和心理，促使其与同案人或对合人分裂、崩溃。如果讯问人员出示证据的方法不巧妙，就暴露了同案人或对合人没有作出交代，讯问人员没有掌握证据，更没有掌握充分证据的底细。这样，就无法瓦解被讯问人的精神和心理，促使被讯问人与同案人或对合人分裂、崩溃。因此，讯问人员向被讯问人出示证据，一定要特别讲究出示证据的方法，以最巧妙的方法出示证据。

以最巧妙的方法出示证据，这种巧妙的方法主要有：

第一，虚实并举地出示证据。

虚实并举地出示证据，是指把客观上有，但抽象的、笼统的（虚的）证据材料或案件的事实、情节与明确的、具体的（实的）证据材料或案件的事实、情节结合起来向被讯问人出示。

讯问人员要根据案件和所掌握的证据情况，把抽象的、笼统的与明确的、具体的证据材料或案件的事实、情节结合起来，在向被讯问人出示明确的、具体的证据材料或案件事实、情节的同时，向被讯问人出示抽象的、笼统的证据材料或案件的事实、情节。例如，以语言表述的方法出示明确的、具体的证据材料或案件的事实、情节，以肢体语言出示抽象的、笼统的证据材料或案件的事实、情节，从而使被讯问人感觉到同案人或对合人已作出交代和讯问人员已掌握了充分的证据。

第二，"无中生有"地出示证据。

"无中生有"地出示证据，是指把客观上有，但还没有收集到某一证据装扮成已经收集到该证据向被讯问人出示。即向被讯问人制造已收集到共同或对合犯罪证据的假象。

讯问人员要根据案件和客观上有，但尚未收集到的证据的情况，把客观上有，但尚未收集到某一证据装扮成已经收集到，以虚示的方法向被讯问人出示。例如，让被讯问人看到或知道讯问人员正在或已对同案人或对合人进行讯问，把同案人或对合人尚未作出供述装扮成同案人或对合人已在讯问中作出供述，并向被讯问人出示这一供述。从而促使被讯问人感觉到同案人或对合人已作出交代。

第三，明、暗结合地出示证据。

明、暗结合地出示证据，是指把明示出示证据和暗示出示证据这两种出示证据的方法结合起来，既采用明示又采用暗示的方法向被讯问人出示证据。

讯问人员同样要根据案件和所掌握的证据的情况，或将已掌握的某一证据从多个角度分解成多项内容，对这项内容以明示的方法出示，对那项内容以暗示的方法出示；或对已收集到的证据以明示的方法出示，对某一信息或线索以暗示的方法出示；或对同案人或对合人采取的强制措施以明示的方法出示，对同案人或对合人已经到案或已作出交代以暗示的方法出示；等等。从而使被讯问人感觉到讯问人员已掌握了充分的证据。

通过上述对被讯问人实施证据攻势，就有可能瓦解被讯问人的精神和心理，促使被讯问人与同案人或对合人分裂、崩溃，进而作出交代。

（5）实施道理攻势，瓦解被讯问人的精神和心理

被讯问人之所以与"相对人"抱成一团，坚持抗审，拒不供述共同或对合犯罪的事实，或拒不对犯罪嫌疑人的犯罪事实进行作证，其中还有一个原因，就是其不懂得有关的道理。有的认为，自己与同案人或对合人实施的犯罪行为，是在非常秘密的情况下实施的，只有自己和同案人或对合人知道，没有其他人知道，只要自己和同案人或对合人不供述，讯问人员就收集不到证据；有的认为，自己与同案人或对合人，或犯罪嫌疑人已经订立过攻守同盟，所订立的攻守同盟牢不可破；有的认为，自己与"相对人"关系密切，这种密切的关系是不可能分裂的，是会永远地保持下去的。被讯问人在这些心理的支配下，便进行坚决的抗审，拒不供述共同或对合犯罪的事实，或拒不对犯罪嫌疑人的犯罪事实进行作证。而如果讯问人员以有针对性的道理对被讯问人进行攻心，使被讯问人懂得了其中的道理，其就会感到自己的这些认识在理论上是错误的，在实践中是有害的，要坚决地予以矫正、摒弃。这样，就瓦解了被讯问人的精神和心理，使被讯问人从精神上和心理上败下阵来，进而，就有可能使其与"相对人"分裂、崩溃，对共同或对合犯罪事实作出交代，或对犯罪嫌疑人的犯罪事实进行作证。因此，讯问人员要善于对被讯问人实施道理攻势，以道理瓦解被讯问人的精神和心理。

关于对被讯问人实施道理攻势，我们也在本书第二章"攻心为上"这一讯问策略中作出过较为详细的叙述，这些所述的以道理对被讯问人进行攻心的方法和内容亦同样适用于这里的以道理攻心分化瓦解这一手段。但是，值得讯问人员予以特别注意的是，在将这些方法和内容运用

于这里时，要特别讲究它的针对性，根据被讯问人的心理，以针对性的道理对被讯问人实施攻势，促使被讯问人与"相对人"分裂、崩溃。

①对于被讯问人认为共同或对合犯罪行为是在非常秘密的情况下实施的，只有自己和同案人或对合人知道，只要自己和同案人或对合人不供述，讯问人员就收集不到证据的心理，讯问人员要以"要想人不知，除非己莫为"的道理对被讯问人进行攻心，来瓦解被讯问人的这一心理。

讯问人员向被讯问人阐明这一道理，通过这一道理对被讯问人进行攻心，使被讯问人认识到由于共同或对合犯罪行为是发生在一定的时间和空间之内的，必然要在这一定的时间和空间中留下主观知觉痕迹或客观物质痕迹；世界上的事物都是互相联系着的，它们之间互相影响、互相制约、互相作用。共同或对合犯罪行为的实施，必然要影响、制约、作用于其他事物而留下痕迹。从而使被讯问人感到尽管自己和同案人或对合人的犯罪行为是在非常秘密的情况下实施的，只有自己和同案人或对合人知道，自己和同案人或对合人也都拒不作出供述，但还是要被讯问人员知道和收集到证据的。而且，使被讯问人认识到，其与同案人或对合人在实施犯罪时虽是在非常秘密的情况下实施的，但在实施犯罪以后，自己做到了严守秘密，而同案人或对合人不一定能做到严守秘密。这样，也就瓦解了被讯问人的这一心理。

②对于被讯问人认为自己与"相对人"已经订立过攻守同盟，所订立的攻守同盟牢不可破的心理。讯问人员要以"任何攻守同盟都是有漏洞的，不可能面面俱到""彼一时，此一时""任何人都不会把他人家的棺材抬到自家去哭"的道理对被讯问人进行攻心，来瓦解被讯问人的这一心理。

讯问人员向被讯问人阐明"任何攻守同盟都是有漏洞的，不可能面面俱到"的道理，通过这一道理对被讯问人进行攻心，使被讯问人感到自己与"相对人"所订立的攻守同盟必然有漏洞的存在，特别是细节方面不可能都全面、周到。这样，就必然要被讯问人员发现漏洞或已被讯问人员发现了漏洞。讯问人员抓住攻守同盟的漏洞，就能破除攻守同盟，攻守同盟不可靠。

讯问人员向被讯问人阐明"彼一时，此一时"的道理，通过这一道理对被讯问人进行攻心，使被讯问人感到订立攻守同盟的时候风平浪静，现在被查处已时势不同、情况有别，在现在的形势下，"相对人"不可能再坚持攻守同盟，攻守同盟肯定不可靠。

讯问人员向被讯问人阐明"任何人都不会把他人家的棺材抬到自家去哭"的道理，通过这一道理对被讯问人进行攻心，使被讯问人感到与之订立攻守同盟的人不可能会为了他坚持攻守同盟而让其自己受处罚，其一定会为了其自己不受处罚而放弃攻守同盟，如实作出供述或进行作证，攻守同盟必被打破。

③对于被讯问人认为自己与"相对人"关系密切，这种密切的关系是不可能被分裂的，会永远地保持下去的心理，讯问人员要以"分久必合，合久必分"① 的道理对被讯问人进行攻心。

讯问人员向被讯问人阐明"分久必合，合久必分"的道理，通过这一道理对被讯问人进行攻心，使被讯问人感到"分久必合，合久必分"是天下大势，是自然规律，是任何人都不可抗拒的。自己虽然与"相对人"关系密切，但人生有合必有分，关系再密切，也有分的时候，"相对人"不可能与自己永远地合下去，合久了必然要分离，自己与"相对人"分裂符合天下大势，这是由自然规律所决定的。

通过上述对被讯问人实施道理攻势，就有可能瓦解被讯问人的精神和心理，促使被讯问人与"相对人"分裂、崩溃，进而作出交代或进行作证。

（6）实施情感攻势，瓦解被讯问人的精神和心理

被讯问人之所以与同案人或对合人抱成一团，坚持抗审，拒不供述共同或对合犯罪的事实，其中还有一个原因，就是有的被讯问人情感的大门紧闭，对自己失去了信心，抱着"破罐子破摔"的想法，"躺在茅草丛中任蛇咬"。被讯问人在这种精神的作用下，任凭讯问人员如何讯

---

① 见罗贯中：《三国演义》第一回，中华书局 2005 年版，第 2 页。

问，无论是形势严峻还是政策宽大、法律庄严，证据确实、充分，道理彰明，就是不交代共同或对合犯罪的事实。对这种被讯问人的分化瓦解，确是讯问中的一个难点。而如果讯问人员能够开启其情感的大门，激起其情感，被讯问人就有可能"情发于中，言无所择"，与同案人或对合人分裂、崩溃，交代共同或对合犯罪的事实。因此，讯问人员要善于对被讯问人实施情感攻势，以情感瓦解被讯问人的精神和心理。

关于对被讯问人实施情感攻势，我们在本书第二章"攻心为上"这一讯问策略中作过较为详细的叙述，这些所述的以情感对被讯问人进行攻心的方法和内容同样适用于这里的以情感攻心分化瓦解这一手段。只不过在这里运用这些方法和内容对被讯问人进行分化瓦解，特别要重视它的针对性和实施的时机。

①针对性

这里的针对性，是指讯问人员要根据被讯问人情感上的执着点或弱点，以针对其情感上的执着点或弱点的情感信息对被讯问人实施情感攻势。

每一个被讯问人情感上的执着点和弱点是不同的，有的被讯问人情感上的执着点或弱点是此，而有的被讯问人情感上的执着或弱点是彼。讯问人员只有以针对被讯问人情感上的执着点或弱点的情感信息对被讯问人实施情感攻势，才能激起被讯问人的情感，使其在情感的作用下"言无所择"，与同案人或对合人分裂、崩溃。如果讯问人员用以对被讯问人进行攻心的情感信息不能针对被讯问人情感上的执着点或弱点，被讯问人就会毫无感觉，也就无法激起被讯问人的情感而使其"言无所择"。这样，就无法使被讯问人与同案人或对合人分裂，崩溃。因此，针对性非常重要。

要做到有针对性，讯问人员就要摸准被讯问人情感上的执着点和弱点是什么，这是有针对性的基础和前提。只有摸准了被讯问人情感上的执着点和弱点，才有可能向被讯问人输入有针对性的情感信息，离开了这一点，以针对被讯问人情感上的执着点或弱点的情感信息对被讯问人实施情感攻势就无从谈起。

②实施的时机

对被讯问人实施情感攻势，以情感瓦解被讯问人的精神和心理，要十分讲究实施的时机。时机有利，对被讯问人实施情感攻势就能起到事半功倍的效果，顺利地激起被讯问人的情感；而如果实施的时机不利，被讯问人就不会去理讯问人员向其输入的情感信息，甚至会认为讯问人员已没有了招数，是在讨好他、求他。这样，不仅不能激起被讯问人的情感，而且，还会引起被讯问人的反感和厌恶，从而坚定其抗审的决心和信心。因此，实施的时机非常重要，一定要在最有利的时机对被讯问人实施情感攻势。

要做到在最有利的时机对被讯问人实施情感攻势，促使被讯问人在情感攻势下与同案人或对合人分裂、崩溃，讯问人员就要根据被讯问人和讯问的进程情况，在最能激起被讯问人情感的时候对被讯问人实施情感攻势。

通过上述对被讯问人实施情感攻势，就有可能瓦解被讯问人的精神和心理，促使被讯问人与同案人或对合人分裂、崩溃，"言无所择"地作出交代或进行作证。

（三）施压分化瓦解

1. 施压分化瓦解的概念

所谓施压分化瓦解，是指讯问人员在讯问中，以各种方法向被讯问人施加心理压力，使被讯问人的心理压力加重，促使被讯问人在心理压力的作用下，为摆脱心理压力而与同案人、对合人或犯罪嫌疑人（以下简称"相对人"）分裂、崩溃，对共同或对合犯罪事实作出交代，或对犯罪嫌疑人的犯罪事实进行作证的一种分化瓦解手段。

施压分化瓦解概念主要有以下几点：

（1）施压分化瓦解是以各种方法向被讯问人施加心理压力的一种手段

在讯问中，讯问人员以各种方法，即以形成强大的阵势、揭露问题、表明各方态度、利用有利的时机和形势、抓住被讯问人的把柄等方法向被讯问人施加心理压力，形成高压之势，向被讯问人压去。

（2）施压分化瓦解是使被讯问人心理压力加重的一种手段

被讯问人在讯问人员给其所施加的压力的作用下，其心理压力加重，无法承受这种心理压力。

（3）施压分化瓦解是促使被讯问人为摆脱心理压力而与"相对人"分裂、崩溃的一种手段

被讯问人在心理压力无法承受的情况下，为摆脱这种心理压力的重压而与"相对人"分裂、崩溃，进而对共同或对合犯罪事实作出交代，或对犯罪嫌疑人的犯罪事实进行作证。

2. 施压分化瓦解的实施

笔者曾在拙作《讯问步骤》一书第八章"促使被讯问人作出交代"中从"形成强大的阵势、给被讯问人施加压力""揭露问题，给被讯问人施加压力""表明各方态度，给被讯问人施加压力""利用有利形势和时机，给被讯问人施加压力""抓住被讯问人的把柄，给被讯问人施加压力"这五个方面就向被讯问人施加压力的方法和内容作过较为全面、详细的叙述。① 这些所述的方法和内容同样适用于这里的施压分化瓦解。但是，由于这里的向被讯问人施压，是要通过向被讯问人施压，使被讯问人在心理压力的作用下与"相对人"分裂、崩溃。因而，这里的施压就要从使被讯问人与"相对人"分裂、崩溃出发运用好这些施压的方法和内容。只有这样，才能有效地分化瓦解被讯问人，促使其与"相对人"分裂、崩溃。

那么，应当如何运用好这些施压的方法和内容呢？

（1）施压要重磅

所谓施压要重磅，是指要向被讯问人施以分量重、重量大的压力。压得被讯问人喘不过气来，没有反抗的余地，使之只有与"相对人"分裂、崩溃这一条路可走。

---

① 见拙作《讯问步骤》，中国法制出版社 2021 年版，第 568—592 页。

讯问人员向被讯问人施压，要向被讯问人施以分量重、重量大的压力。只有这样，才能使被讯问人感到压力沉重，从而才有可能使被讯问人与"相对人"分裂、崩溃，进而对共同或对合犯罪事实作出交代，或对犯罪嫌疑人的犯罪事实进行作证，使施压分化瓦解起到作用。如果讯问人员向被讯问人所施压力没有什么分量，重量不大，被讯问人就会感到无所谓，不能形成被讯问人心理上的压力，更不能使被讯问人感到压力沉重，从而也就不能使被讯问人与"相对人"分裂、崩溃。因此，讯问人员向被讯问人所施的压力，必须是重磅的。

那么，怎样才能做到向被讯问人所施的压力是重磅的呢？

要做到向被讯问人所施的压力是重磅的，讯问人员就要做到以下几点：

①了解掌握可以作为向被讯问人施压的情况

讯问人员要通过调查了解，全面掌握可以作为向被讯问人施压的各种情况。例如，掌握了案件的哪些证据，都是一些什么样的证据；被讯问人有哪些破绽，这些破绽的情况如何；被讯问人有什么谎言，这些谎言的情况怎样；领导对案件的态度怎样，都有一些什么批示或指示；群众对案件的态度如何，都有一些什么呼声和行动；被害人及其家属的态度怎样，都有一些什么要求和举动；都有哪些有利的形势和时机，这些形势和时机的情况怎样；被讯问人都有些什么把柄，这些把柄的情况如何；等等。

②选择出最为重磅的施压情况

讯问人员要在全面了解掌握可以作为向被讯问人施压的各种情况的基础上，对施压的各种情况进行分析。通过分析，明确各种施压情况的分量。然后对各种施压情况进行比较，通过比较，选择出一种或几种最具分量的情况作为向被讯问人施压的内容。

③以巧妙的方法进行施压

在向被讯问人施压的过程中，讯问人员要讲究向被讯问人施压的方法，以最巧妙的方法将这些向被讯问人施压的内容付诸实施。为此，讯问人员要根据这些向被讯问人施压内容的具体情况，做到具体情况具体对待。例如，以证据揭露被讯问人的犯罪事实真相已经暴露给被讯问人施加压力的，对有的证据以明示的方法出示；对有的证据以暗示的方法出示；对有的证据以明、暗结合的方法出示；对有的证据以实示的方法出示；对有的证据以虚示的方法出示；对有的证据以虚实并举的方法出示。又如，以揭露被讯问人的破绽给被讯问人施加压力的，对已完全掌握的破绽，以公开的方法进行无情揭露，使被讯问人感到自己的破绽已被讯问人员掌握；对只掌握部分情况的破绽，以明、暗结合的方法进行既无情又留有余地的揭露，使被讯问人感到自己的破绽已经暴露，讯问人员不彻底地予以揭露，是给自己留一个从宽处理的条件；对虽掌握一些情况，但未取得证据，尚不完全清楚的破绽，以虚实并举的方法进行揭露，促使被讯问人联想，越想越感到自己已暴露出破绽；对于还只是一种迹象或一条信息的破绽，以暗示的方法婉转地向被讯问人进行揭露，使被讯问人产生悬念，在悬念中不断扩大心理事实，使其感到讯问人员已掌握了这一破绽；等等。

通过上述方法，向被讯问人施以重磅的压力。

（2）施压要针对

所谓施压要针对，是指讯问人员向被讯问人施压要针对被讯问人的心理施以有针对性的压力。

被讯问人的抗审心理是不同的，有的被讯问人持自信性侥幸心理，或认为自己与同案人或对合人的行为诡秘，或认为作案手段高明，或认为已对现场进行破坏、伪装，或认为已经订立攻守同盟且牢不可破，或认为讯问人员是人而不是神，没有什么特别的能力，收集不到其共同或对合犯罪的证据；有的被讯问人持盲目性侥幸心理，认为没有口供，就不能认定案件的事实和作出处理；有的被讯问人持畏罪心理，害怕坐牢、被判刑。有的被讯问人对这个人和这件事最关心，而有的被讯问人则对那个人和那件事最关心；有的被讯问人对这个人和这件事最担心，而有的被讯问人则对那个人和那件事最担心；有的被讯问人对这个人和这件事最放心，而有的被讯问人则对那个人和那件事最放心；等等。对于被讯问人的不同心理，讯问人员要根据被讯问人心理的具体情况，向被讯问人施以有针对性的压力。只有这样，才能促使被讯问人分化瓦解，与同案人或对合人分裂、崩溃。如果讯问人员向被讯问人所施的压力不能针对被讯问人的心理，被讯问人就感觉不到有压力，从而也就不能使被讯问人与同案人或对合人分裂、崩溃。因此，讯问人员向被讯问人所施的压力，必须针对被讯问人的心理。

那么，怎样才能做到向被讯问人所施的压力是针对的呢？

要做到向被讯问人所施的压力是针对的，讯问人员就要做到以下几点：

①要准确掌握被讯问人的心理

要使所施的压力针对被讯问人的心理，讯问人员首先要准确掌握被讯问人的心理。只有准确地掌握被讯问人的心理，向被讯问人所施的压力才有可能针对被讯问人的心理，被讯问人的心理不明或掌握得不准，针对就无从谈起。这是不言而喻的道理。

而要准确地掌握被讯问人的心理，讯问人员就要通过向熟悉被讯问人有关情况的人、接触过被讯问人的人调查访问，同被讯问人面对面地接触，对被讯问人的有关情况，案件的主、客观事实情况进行分析等方法准确地掌握被讯问人的心理。对此，笔者曾在拙作《讯问的知彼知己》中就这些方法进行过较为详细的叙述，[①] 在此不再赘述。

②选择针对被讯问人心理的施压内容向被讯问人施加压力

讯问人员在掌握了被讯问人的心理后，就要根据被讯问人的心理，对施压的内容进行选择，选择出针对被讯问人心理的施压内容，在讯问中施于被讯问人，增大被讯问人的心理压力。促使被讯问人在心理压力的作用下与同案人或对合人分裂、崩溃，进而对共同或对合犯罪的事实作出交代。例如，被讯问人的心理是认为讯问人员是人，而不是神，没有什么特别的能力，收集不到其共同或对合犯罪的证据。对于被讯问人的这种心理，讯问人员就要选择增加讯问人员和实施技术手段以显示出强大的阵势以及以证据表明共同或对合犯罪事实已经暴露，向被讯问人施压。在增加的讯问人员中注意增加那些仪表既威武又憨厚，态度既严

---

① 见拙作《讯问的知彼知己》，中国方正出版社 2017 年版，第 416—429 页。

肃又诚恳，既精明强干又精通业务的法律专家、讯问能手、专业技术人员；在实施技术手段中要装录音、录像设备，用测谎仪对被讯问人进行测谎。同时向被讯问人宣讲科学技术的高、精、尖以及在侦查中的运用和所起的重大作用；在以证据揭露中向被讯问人出示其共同或对合犯罪的证据。这样，被讯问人面对技术能手、业务精英、现代科学技术和证据，其心理压力就会不断地增大，感到自己与同案人或对合人实施的犯罪已被收集到证据。又如，被讯问人的心理是认为自己已与同案人或对合人订立攻守同盟，攻守同盟牢不可破。对于被讯问人的这种心理，讯问人员就要选择以揭露攻守同盟的破绽向被讯问人施压。这样，被讯问人面对攻守同盟被揭露，其心理压力就会随之增大，感到攻守同盟已破。

通过上述方法，向被讯问人施以有针对性的压力。

（3）施压要"立桩打软地"

所谓施压要"立桩打软地"，是指讯问人员向被讯问人施压的目标须是被讯问人的软弱之处，即把压力施在被讯问人的弱点上。

施压分化瓦解是通过向被讯问人施以压力，使被讯问人在压力的作用下与"相对人"分裂、崩溃。这种压力施在不同的地方所产生的作用是不同的。所施的压力能否起作用，能起多大的作用，在同一压力的情况下，取决于被施目标的情况。如果被施的目标是被讯问人的软弱之处，那么所施的这一压力就能起到它的作用，或起到它的重大作用，就能促使被讯问人与"相对人"分裂、崩溃；如果所施的目标是被讯问人的坚硬之处，那么所施的这一压力就起不到它的作用，或起到的作用是甚微的，也就不能促使被讯问人与"相对人"分裂、崩溃。这是众所周知的道理。因此，讯问人员向被讯问人施压，这个压力要施在被讯问人的软弱之处。

要做到向被讯问人施压施在被讯问人的软弱之处，使所施的压力起到作用，讯问人员就要做到以下几点：

①要摸准被讯问人的软弱之处及其具体情况

将压力施在被讯问人的软弱之处，首先要知道被讯问人的软弱之处在哪里，软弱之处的具体情况怎样。讯问人员只有知道了被讯问人软弱之处的所在，知道软弱之处的具体情况，才能目标准确地向被讯问人施加压力，才能把压力施在被讯问人的软弱之处。如果讯问人员不知道被讯问人的软弱之处在哪里，也不知道被讯问人软弱之处的具体情况如何，所施的压力是不可能施在被讯问人的软弱之处的。因此，要使所施的压力施在被讯问人的软弱之处，就要知道被讯问人的软弱之处的所在，知道软弱之处的具体情况。

被讯问人的软弱之处在哪里，软弱之处的具体情况如何，既不会从天而降，被讯问人也不会告诉讯问人员。它需要讯问人员通过调查、了解、分析的方法摸准。因而，讯问人员要全面、深入地调查、了解案件和被讯问人的情况，然后根据调查、了解所得的案件和被讯问人的情况，进行入情入理的分析，摸准被讯问人的软弱之处及其具体情况。

②要根据被讯问人软弱之处的具体情况向被讯问人施加压力

讯问人员向被讯问人施加压力，要根据被讯问人软弱之处的具体情况，对不同情况的软弱之处施以不同的压力。其实，这也是一个针对性的问题。只不过这里的针对性是针对被讯问人的软弱之处。只有这样，所施的压力才能目标准确地施在被讯问人的弱点上，从而才能起到作用。如果讯问人员向被讯问人施加的压力不是根据软弱之处的具体情况而是乱施压力，不能做到对症下药，那么，所施的压力也就不能做到目标准确，不能真正地施在被讯问人的软弱之处，从而导致施压毫无意义。因此，向被讯问人的软弱之处施压一定要根据该软弱之处的具体情况进行。例如，被讯问人的弱点是在被讯问人的性格上，其性格上弱点的具体情况是怕硬，其一见到讯问人员来硬的就变成缩头乌龟，内心恐惧。对此，讯问人员就要根据被讯问人这种弱点的具体情况，向被讯问人施以强大阵势这种硬的压力：以领导出场、增加讯问人员、武警或警察到场站岗、实施技术手段、场外配合等显示出强大的阵势，给被讯问人施加压力。

（4）施压要压中有压

所谓施压要压中有压，是指讯问人员向被讯问人所施的压力之中还有一种压力，使被讯问人感到双重的压力。

讯问人员向被讯问人所施的压力之中还有一种压力，两种压力同时向被讯问人压去，使被讯问人感到双重的压力，这无疑增加了压力的分量，比只有一种压力所起的作用显然要大得多，效果必然要好得多，这是不言而喻的。因此，讯问人员在向被讯问人施压时，要善于做到使所施的压力压中有压，使被讯问人感到双重的压力。这样，就能使被讯问人在双重压力的作用下，迅速地与"相对人"分裂、崩溃，进而对共同或对合犯罪的事实作出交代，或对犯罪嫌疑人的犯罪事实进行作证。

要使所施的压力做到压中有压，以双重的压力压向被讯问人，讯问人员就要讲究施压的技巧，促使被讯问人产生联想，使被讯问人在联想中感到双重的压力。例如，以抓被讯问人把柄的方法向被讯问人施压。讯问人员在向被讯问人施以这一压力的过程中，一方面要态度坚决地向被讯问人表明，其如果不对共同或对合犯罪的事实作出交代，或不对犯罪嫌疑人的犯罪事实进行作证，讯问人员就先放下其与同案人或对合人所实施的共同或对合犯罪，或先不查犯罪嫌疑人的犯罪，而是集中力量先查被讯问人这些已被抓住把柄的问题，并对被讯问人展开全面的彻查，查清被讯问人的所有问题后，再转过头来去查其共同或对合犯罪，或犯罪嫌疑人的犯罪。另一方面，在向被讯问人表明这一明确态度的同时，要以隐晦的语言暗示被讯问人，讯问人员也是以这种方法向同案人、对合人或犯罪嫌疑人施压的。通过这样明、暗结合的方法，一方面使被讯问人感到讯问人员如果先查自己的问题，不仅自己这些已被抓住把柄的问题很快就会被查清，而且，自己那些还没有暴露出来的问题也要被查清。这样，自己就要被数罪并罚，或不仅自己的刑事责任要加重，而且自己卑下的人格、沦丧的道德要被公布于众，败坏了家风，害得父母、下代儿孙没脸见人，从而使被讯问人产生巨大的压力。另一方面又使被讯问人产生联想，感到讯问人员也是这样讯问"相对人"，向"相对人"施加压力的。"相对人"在这种压力下，为了保全其他问题不被查处，必然要对共同或对合的犯罪事实作出交代。如果"相对人"作出了交代，不仅犯罪事实要被查清，自己的拒不交代毫无意义，而且，自己就会因此而处于被动的地位，要因态度恶劣被从重处罚。从而使被讯问人产生又一巨大的压力。

（5）施压要留有余地

所谓施压要留有余地，是指讯问人员向被讯问人施压要把握施压的度，不要压得太深太狠，一压到底，把被讯问人压到绝路上去。

施压同任何事物一样，都有一个度的问题。只有这个度恰当，才能促使被讯问人与"相对人"分裂、崩溃。如果超过了这个度，性质就变了，不但不能起到施压的作用，使被讯问人与"相对人"分裂、崩溃，而且，要把被讯问人压到绝路上，导致其破罐子破摔，下定决心不交代共同或对合犯罪的事实，或不对犯罪嫌疑人的犯罪事实进行作证。这是向被讯问人施压最为忌讳的问题。因此，讯问人员向被讯问人施压，要把握好施压的度，不要压得太深太狠，一压到底，而是要留有余地。

要使施压留有余地，讯问人员就要做到以下几点：

①要把握施压的度

向被讯问人施压，把握施压的度非常重要。如同鸡蛋孵小鸡一样，温度不够，仍然是鸡蛋，孵不出小鸡；温度过高，烫熟了鸡蛋，也孵不出小鸡；只有温度正好恰当，才能孵出小鸡。向被讯问人施压也是这个道理，施的压力不够，不能促使被讯问人与"相对人"分裂、崩溃；施的压力过头了，就会把被讯问人压到绝路上去，同样不能促使被讯问人与"相对人"分裂、崩溃。只有所施的压力既无不够，又不过头，才能促使被讯问人与"相对人"分裂、崩溃。由于这里讨论的是要留有余地，因而，这里要把握的度是指施压不能过头的问题。要使施压不过头，要求讯问人员在向被讯问人施压的过程中，不能压得太深太狠，一压到底，在被讯问人的心理上已经产生了压力，这个所产生的压力已经达到了能够促使被讯问人与"相对人"分裂、崩溃的"度"就应停止对被讯问人施压。也就是说，被讯问人所产生的压力以能促使被讯问人与"相对人"分裂、崩溃为已足，而不能一味地压下去。

②要引而不发

向被讯问人施压，对有的压力，要做到引而不发，似拉满弓，却不把箭射出去。例如，抓住被讯问人的把柄，向被讯问人施加压力。向被讯问人施加这种压力，要把被讯问人的把柄攥在手中，做出要彻查的样子，但不马上进行彻查。向被讯问人言明其若不如实交代共同或对合犯罪的事实，或不对犯罪嫌疑人的犯罪进行作证，就展开彻查。这样引而不发地向被讯问人施加压力，一方面使这种压力更具有威慑性，使被讯问人感到自己如不交代共同或对合犯罪事实，或不对犯罪嫌疑人的犯罪事实进行作证，讯问人员就会展开彻查；另一方面给被讯问人留有了余地，使被讯问人感到还有回旋的余地，只要自己如实交代共同或对合的犯罪事实，或对犯罪嫌疑人的犯罪事实进行作证，讯问人员就不会展开彻查。这样，被讯问人就会进行权衡，在压力和趋利避害心理的作用下，被讯问人就有可能与"相对人"分裂、崩溃，对共同或对合犯罪事实作出交代，或对犯罪嫌疑人的犯罪事实进行作证。如果对这种压力不以引而不发的方法向被讯问人施压，而是以立即实施的方法向被讯问人施压，被讯问人就会认为反正彻查已经实施，事实既定，自己作出交代或进行作证与不作出交代或不进行作证的结果都是一样的。这样，被讯问人就不会作出交代或进行作证。因此，讯问人员对有的压力要做到引而不发地施压。

（四）拉拢分化瓦解

1. 拉拢分化瓦解的概念

所谓拉拢分化瓦解，是指讯问人员在讯问中，以各种手段拉拢被讯问人，被讯问人在讯问人员拉拢手段的作用下，靠拢到讯问人员一边来，与同案人，或对合人，或犯罪嫌疑人（以下简称"相对人"）分裂、崩溃，对共同或对合犯罪事实作出交代，或对犯罪嫌疑人的犯罪事实进行作证的一种分化瓦解手段。

拉拢分化瓦解概念主要有以下几点：

（1）拉拢分化瓦解是以各种手段对被讯问人进行拉拢的一种分化瓦解手段

在讯问中，讯问人员采用各种手段，即以表示对被讯问人的理解、同情，对被讯问人关心、爱护，肯定被讯问人的良好表现，指出被讯问人所具有的从轻、减轻或免除处罚的情节，许诺被讯问人某种利益或利用亲情等手段对被讯问人进行拉拢。

（2）拉拢分化瓦解是感化被讯问人的一种分化瓦解手段

被讯问人在讯问人员各种手段的拉拢下，其心理受到了感化，思想逐渐向好的方面转化，认为讯问人员是在帮助、挽救自己，是值得信任的，从而靠拢到讯问人员一边来，与同案人，或对合人，或犯罪嫌疑人分裂、崩溃，进而促使被讯问人作出交代或进行作证。

2. 拉拢分化瓦解的实施

以各种方法对被讯问人进行拉拢，分化瓦解被讯问人，在实施中要做到以下几点：

（1）拉拢的时机要有利

所谓拉拢的时机要有利，顾名思义，是指讯问人员以拉拢的手段对被讯问人进行分化瓦解，要在最有利的时机进行。

做任何事情都要讲时机，时机有利，就能起到事半功倍的效果，顺利地实现要实现的目的，时机不利，虽有经天纬地之才，也难以实现要实现的目的。

拉拢分化瓦解被讯问人，同做任何事情一样，必须在有利的时机对被讯问人进行拉拢，时机越有利，越能拉拢被讯问人，促使被讯问人与"相对人"分裂、崩溃。如果时机不利，不仅不能拉拢被讯问人，促使被讯问人与"相对人"分裂、崩溃，而且，越拉越使被讯问人与"相对人"更紧密地抱成一团，从而无法促使他们分裂、崩溃，突破案件。因此，对被讯问人进行拉拢分化瓦解，一定要选择在最有利的时机进行，切忌不顾时机地乱拉一通。

要在最有利的时机对被讯问人进行拉拢，讯问人员就要根据案件、被讯问人的情况和讯问的进程，对时机进行选择和把握。

总结讯问实践，在以下时机对被讯问人进行拉拢最为有利：

①同案人或对合人到案的时候

同案人或对合人到案的时候，被讯问人就会认为，既然同案人或对合人已经到案，讯问人员就要对同案人或对合人进行讯问，在讯问中，同案人或对合人就有可能对共同或对合的犯罪事实作出交代，一旦同案人或对合人作出交代，不仅共同或对合犯罪的事实已无法隐瞒，自己拒不交代也无济于事，没有任何的意义，而且，自己要处于被动的地位，讯问人员会以自己态度不好将自己作为从重的典型。因而，如果在这个时候，讯问人员对被讯问人进行拉拢，被讯问人就有可能接受讯问人员的拉拢，为争取主动而与同案人或对合人分裂、崩溃，对共同或对合的犯罪事实作出交代。因此，同案人或对合人到案的时候，是对被讯问人进行拉拢的有利时机。讯问人员要利用好这一有利时机，对被讯问人进行拉拢，促使被讯问人与同案人或对合人分裂、崩溃，对共同或对合犯罪事实作出交代。

②被讯问人抗审信心不足的时候

被讯问人抗审信心不足的时候，被讯问人就会认为，在如此严厉的形势下、浩大的查案声势中、精明强干的讯问人员面前，抗审起不了什么作用，自己难以抗得住讯问人员的讯问，而且，不仅自己难以抗得住讯问，同案人或对合人也无法抗得住讯问人员的讯问。被讯问人的抗审信心不足，其就不会有抗审的意志、抗审的决心和毅力、抗审的充分准备。一句话，其就不能坚持抗审。因而，如果在这个时候，讯问人员对被讯问人进行拉拢，其就经不起讯问人员的拉拢而与同案人或对合人分裂、崩溃，对共同或对合犯罪的事实作出交代。因此，被讯问人抗审信心不足的时候，是对被讯问人进行拉拢的有利时机。讯问人员要利用好这一对被讯问人进行拉拢的有利时机，拉拢被讯问人，促使被讯问人与同案人或对合人分裂、崩溃，交代共同或对合的犯罪事实。

③被讯问人感觉到讯问人员已掌握证据的时候

被讯问人感觉到讯问人员已掌握他们共同或对合犯罪证据的时候，其就会认为，既然讯问人员已掌握了证据，共同或对合犯罪的事实已无法隐瞒，抗拒已没有任何的意义，办案机关必然会根据《刑事诉讼法》第五十五条的规定认定犯罪事实和作出处罚。而且，讯问人员已掌握了证据，即使自己不作出交代，同案人或对合人也会作出交代。因而，如果在这个时候，讯问人员对被讯问人进行拉拢，被讯问人就会很愿意接受讯问人员的拉拢而靠向讯问人员，与同案人或对合人分裂、崩溃，对共同或对合的犯罪事实作出交代。因此，被讯问人感觉到讯问人员已掌握证据的时候，是拉拢被讯问人的有利时机。讯问人员要创造出使被讯问人感到其已掌握证据的有利时机对被讯问人进行拉拢，促使被讯问人与同案人或对合人分裂、崩溃，对共同或对合的犯罪事实作出交代。

（2）拉拢的手段要具有针对性

所谓拉拢的手段要具有针对性，是指讯问人员所实施的拉的手段要根据案件和被讯问人的情况，以有针对性的手段对被讯问人进行拉拢。

做任何事情都要讲针对性，像医生治病一样，做到"对症下药"。只有这样，才能起到效果，药到病除。对被讯问人进行拉拢，同样是这个道理。拉拢的手段具有针对性，被讯问人才有可能接受讯问人员的拉拢，愿意让讯问人员拉拢，从而才有可能拉拢被讯问人，把被讯问人拉到讯问人员这边来，使之与"相对人"分裂、崩溃。如果讯问人员拉拢的手段不具有针对性，被讯问人就不会接受讯问人员的拉拢，甚至对讯问人员的拉拢产生反感、厌恶的心理，从而反抗、抵制讯问人员的拉拢。这样，不仅无法把被讯问人拉到讯问人员这边来，使之与"相对人"分裂、崩溃，而且，有可能越拉拢，越使被讯问人与"相对人"更加紧密地抱在一起。因此，对被讯问人进行拉拢分化瓦解，讯问人员用以拉拢被讯问人的手段一定要具有针对性，切忌不讲针对性而乱拉一通。

要使拉拢的手段具有针对性，讯问人员就要根据案件和被讯问人的情况，以有针对性的手段对被讯问人进行拉拢。

①根据被讯问人犯罪的客观环境和原因，以对被讯问人表示理解的手段对被讯问人进行拉拢

被讯问人的犯罪，有的是受客观环境的影响，有的是客观原因导致。对于这些受客观环境影响或客观原因导致而走上犯罪道路，实施犯罪行为的被讯问人，讯问人员要根据被讯问人犯罪的客观环境和原因，以对被讯问人表示理解的手段对被讯问人进行拉拢。在讯问中，对于受

客观环境影响而走上犯罪道路的被讯问人，讯问人员要实事求是地指出影响被讯问人犯罪的当时当地的环境，或社会的大环境，或身边的环境，言明在这样的环境下，谁都有可能与他人共同或对合进行这种犯罪，被讯问人实施这一犯罪不足为奇，是不正常中的正常，是情理之中的事；对于因客观原因导致而走上犯罪道路的被讯问人，讯问人员要在指出导致其犯罪的客观原因的基础上，向被讯问人说明其犯罪是因为这种客观原因，并不是被讯问人自己主动要实施这一犯罪行为的。并指出，在这种客观原因下，谁都有可能会与他人共同或对合实施这种犯罪行为，这是难以避免的。

对于因受客观环境影响或客观原因导致犯罪的被讯问人，讯问人员通过这样有针对性地对被讯问人表示理解，就有可能把被讯问人拉拢过来，使之与同案人或对合人分裂、崩溃，对共同或对合的犯罪事实作出交代。

②根据被讯问人参与犯罪的情况，以对被讯问人表示同情的手段对被讯问人进行拉拢

被讯问人参与共同或对合犯罪，有的被讯问人是因受同案人或对合人的拉拢或纠缠，被动参与犯罪的；有的被讯问人是因受同案人或对合人的引诱、欺骗而参与犯罪的；有的被讯问人是因受同案人或对合人的胁迫而参与犯罪的。讯问人员要根据被讯问人参与犯罪的这些情况，以对被讯问人表示同情的手段对被讯问人进行拉拢。在讯问中，对于受同案人或对合人拉拢或纠缠而参与犯罪的被讯问人，讯问人员要指责同案人或对合人的拉拢或纠缠，并指出要是没有同案人或对合人的拉拢或纠缠，其就不会参与犯罪；对于受同案人或对合人引诱、欺骗而参与犯罪的被讯问人，讯问人员要指责同案人或对合人的不道德，并对被讯问人表示惋惜，指出其要是没有同案人或对合人的引诱、欺骗或要是当时其提高警惕，不受引诱、欺骗，其也就不会参与犯罪；对于受同案人或对合人胁迫而参与犯罪的被讯问人，讯问人员更应指责、抨击同案人或对合人丧尽天良，并指出其参与犯罪是因为不得已，同情被讯问人的不幸遭遇，等等。

对于因被动，或被引诱、欺骗，或被胁迫而参与犯罪的被讯问人，讯问人员通过上述有针对性地对被讯问人表示同情，就有可能把被讯问人拉过来，使之与同案人或对合人分裂、崩溃而作出交代。

③根据被讯问人的身体和困难情况，以对被讯问人予以关心、爱护、照顾的手段对被讯问人进行拉拢

有的被讯问人患有慢性疾病，需要监测和定期服药；有的被讯问人突发疾病，需要治疗；有的被讯问人由于种种原因，要吃稀饭，或面条，或素食；有的被讯问人因路途遥远或家中没有家人，不能送来换洗或御寒的衣服；有的被讯问人的亲人生病，需要医治；有的被讯问人的长辈去世；有的被讯问人的家中有一大堆的急事需要处理，等等。

讯问人员要根据被讯问人的这些身体和困难情况，以对被讯问人予以关心、爱护、照顾的手段对被讯问人进行拉拢。在被讯问人被关押期间，对于患有慢性疾病，需要监测和定期服药的被讯问人，要按时对被讯问人的身体进行监测和给被讯问人服药；对于突发疾病，需要治疗的被讯问人，要及时地请来医师或送医院给予治疗；对于需要吃稀饭，或面条，或素食的被讯问人，要满足他的需要；对于不能送来换洗或御寒衣服的被讯问人，要买衣服或将自己的衣服拿来给被讯问人换洗或御寒；对于亲人生病，需要医治的被讯问人，要主动帮助被讯问人的亲人就医；对于长辈去世的被讯问人，要根据被讯问人的犯罪情况，在不违反原则的前提下，对于可让其前去尽孝的，讯问人员要尽量陪同被讯问人前去尽孝；对于家中有急事需要处理的被讯问人，讯问人员要伸出援助之手，主动联系、协调有关部门，帮助被讯问人办理；等等。

对于有这些情况的被讯问人，讯问人员通过这样有针对性地对被讯问人予以关心、爱护、照顾，就有可能把被讯问人拉拢过来，促使其与同案人或对合人分裂、崩溃而作出交代。

④根据被讯问人的闪光点和良好表现，以对被讯问人予以肯定和赞扬的手段对被讯问人进行拉拢

有的被讯问人曾有过辉煌的人生经历，有着耀眼的人生闪光点。有的在工作、学习中表现突出，得到过领导的赞扬或组织的表彰；有的在

工作中有创新精神，被推广到各地；有的为党和人民作出过重大贡献，因此而立功受奖；有的多次被评为先进工作者、劳动模范和标兵；有的年纪轻轻就走上领导岗位。有的被讯问人的人品高尚，为人正直、光明正大、敢作敢为、心直口快、刚正不阿；有的在荣誉面前不争，在责任面前不推，把荣誉让给他人，把责任揽给自己；有的在困难和危险面前不顾自己的安危，把生的希望让给他人，把死的危险留给自己；有的待人诚恳、真心、热情，乐于助人；有的为人忠厚老实、诚信；有的在政治、工作、学习方面表现突出；等等。

对于这些有着人生闪光点和良好表现的被讯问人，讯问人员要根据被讯问人的这些情况，以对被讯问人的人生闪光点和良好的表现予以肯定和赞扬的手段对被讯问人进行拉拢。在讯问中，讯问人员要对被讯问人的人生闪光点和良好的表现予以充分的肯定，并给予实事求是的评价、恰如其分的赞扬。

对于有着人生闪光点和良好表现的被讯问人，讯问人员通过这样有针对性地对被讯问人予以肯定和赞扬，就有可能把被讯问人拉拢过来，使其与"相对人"分裂、崩溃而作出交代或进行作证。

⑤根据被讯问人在共同或对合犯罪中所处的地位、所起的作用和各种情节情况，以向被讯问人指出其所具有的从轻、减轻或免除处罚的情节的手段对被讯问人进行拉拢

有的被讯问人在共同或对合犯罪中是被动犯罪，起次要的作用；有的被讯问人是从犯，起次要或者辅助的作用；有的被讯问人是胁从犯，犯罪情节轻微；有的被讯问人还具有各种法定的从轻、减轻或免除处罚的情节；有的被讯问人还具有各种酌定的从轻情节，等等。

对于被讯问人具有的这些法定从轻、减轻或免除处罚的情节和酌定的从轻处罚情节，讯问人员要根据被讯问人在共同或对合犯罪中所处的地位、所起的作用和各种情节的情况，以向被讯问人指出其所具有的法定从轻、减轻或免除处罚的情节和酌定从轻处罚的情节的手段对被讯问人进行拉拢。在讯问中，讯问人员要实事求是地向被讯问人指出其具有哪些法定的从轻、减轻或免除处罚的情节和哪些酌定的从轻情节及其法

律的规定和理由，使被讯问人认识到其具有从轻、减轻或免除处罚的情节。

对于具有从轻、减轻或免除处罚情节的被讯问人，讯问人员通过这样有针对性地向被讯问人指出其所具有的从轻，减轻或免除处罚的情节，从而使被讯问人感到讯问人员实事求是，同时，感到自己没有必要与同案人或对合人兰艾同焚，白白浪费了自己的从轻情节。这样就有可能把被讯问人拉拢过来，使其与同案人或对合人分裂、崩溃而作出交代。

⑥根据被讯问人对某种利益的渴求，以对被讯问人许以某种利益的手段对被讯问人进行拉拢

被讯问人作为犯罪嫌疑人或被调查人接受侦查或调查，在侦查或调查的过程中和案件终结后，被讯问人有的利益将被剥夺，有的利益将无法得到。而被讯问人对这些利益往往都十分在乎，有的渴求某种利益不被剥夺，有的渴求某种利益能够被得到，等等。

对于这些对某种利益有着渴求的被讯问人，讯问人员要根据被讯问人对利益的渴求情况，以对被讯问人许以或不剥夺其某种利益，或给予某种利益的手段对被讯问人进行拉拢。在讯问中，对于渴求能保住某种利益不被剥夺的被讯问人，讯问人员要许以只要其对共同或对合的犯罪事实作出交代，就不剥夺其这种利益；对于渴求能够得到某种利益的被讯问人，讯问人员要许以只要其对共同或对合的犯罪事实作出交代，就给予其这种利益。

对于对某种利益有渴求的被讯问人，讯问人员通过这样有针对性地向被讯问人许以某种利益，就有可能把被讯问人拉拢过来，使之与同案人或对合人分裂、崩溃而作出交代。

但是，许诺是一种政策性很强的手段，切不可随意许诺，所许的利益要符合法律的规定。

事实上，以对被讯问人许以某种利益的手段对被讯问人进行拉拢，实质上是讯问人员拿利益与被讯问人对犯罪事实作出交代进行交易。关于如何实施好这种交易，笔者曾在本书第二章"攻心为上"中作了较为详细的论述，故在此不予赘述。

⑦根据被讯问人的亲情情况，以向被讯问人输入其亲人信息的手段对被讯问人进行拉拢

每一个被讯问人都有他最爱的人和最关心、挂念的人，其在被关押期间或留置期间总是思念着其最爱、最关心、最挂念的亲人；被讯问人的亲人中同样有着对被讯问人最爱、最关心、最挂念的人，其在被讯问人被关押期间或留置期间总是思念着被讯问人。

对于有这些情况的被讯问人，讯问人员要根据被讯问人的这些亲情情况，以向被讯问人输入其亲人信息的手段对被讯问人进行拉拢。在讯问中，讯问人员要向被讯问人输入其最爱、最关心、最挂念的亲人的信息和最爱、最关心、最挂念被讯问人的亲人对被讯问人的关心、爱护、挂念、忧虑的信息情况，以此刺激被讯问人的感情。

对于有这些亲情情况的被讯问人，讯问人员通过有针对性地向被讯问人输入其亲人的信息，就有可能激起被讯问人的情感，把被讯问人拉拢过来，促使其为了亲人而与同案人或对合人分裂、崩溃，"言无所择"地对共同或对合犯罪事实作出交代。

（3）拉拢的力量要适度

所谓拉拢的力量要适度，是指讯问人员在实施对被讯问人拉拢的过程中，要把握好拉拢的度，做到适度。

做任何事情都要讲一个度，离开了这个度，所做的某件事情就不能成为某事情。拉的力量适度，才有可能把被讯问人拉拢过来，从而使之与"相对人"分裂、崩溃。如果讯问人员拉的力量不适度，力量不足拉不动被讯问人，无法使之与"相对人"分裂、崩溃；力量超过了就会引起被讯问人的反感，同样无法使之与"相对人"分裂、崩溃。因此，对被讯问人进行拉拢分化瓦解，讯问人员拉拢被讯问人所使的力量一定要适度，切忌不讲度而乱折腾。

要使拉拢的力量做到适度，讯问人员在拉拢被讯问人的过程中就要注意做到以下几点：

①要注意做到拉得到位

讯问人员以拉拢的手段分化瓦解被讯问人，一定要注意做到拉得到

位。也就是说，拉的力量要"及"拉得动被讯问人这个度。只有拉的力量"及"拉得动被讯问人这个度，才能拉动被讯问人，从而把被讯问人拉拢过来，使之与"相对人"分裂、崩溃。如果拉得不到位，也就是说，拉的力量"不及"拉得动被讯问人这个度，也就拉不动被讯问人，无法使之与"相对人"分裂、崩溃。而且，被讯问人还会认为讯问人员不真诚，不是在帮助他，是不怀好意，另有图谋。这样，被讯问人就会增强抗审的心理，下定决心与"相对人"风雨同舟，背水一战。因此，要做到拉得适度，就要注意做到拉得到位，使拉的力量"及"拉得动被讯问人这个度。

要做到拉得到位，讯问人员就要在拉的内容、拉的态度上下功夫，做到拉的内容具体、有效，拉的态度真诚、恳切。使被讯问人感觉到讯问人员确是一片好心，真心实意在为自己着想。

②要注意做到拉得不过头

讯问人员以拉拢的手段分化瓦解被讯问人，在注意做到拉得到位的同时，一定要注意做到拉得不过头，也就是说，拉的力量不能"过"拉拢被讯问人这个度。因为，"过犹不及"，① 过头了和不及是一样的，都不能把被讯问人拉拢过来，使之与"相对人"分裂、崩溃。因而，只有拉的力量不过头，不"过"拉拢被讯问人这个度，才能把被讯问人拉到讯问人员这边来，促使其与"相对人"分裂、崩溃。如果讯问人员拉得过头了，也就是说，拉的力量超过了拉拢被讯问人这个度，就有可能引起被讯问人的厌恶和警惕，使其认为讯问人员是在讨好自己，是在求自己交代，已没有了招数。这样，就不仅不能促使被讯问人与"相对人"分裂、崩溃，而且，会增强被讯问人的抗审心理，使之与"相对人"更紧密地抱在一起，共同抗审。因此，要做到拉得适度，就要做到拉得不过头，使拉的力量不能"过"拉拢被讯问人这个度。

---

① 见《论语·先进》，载程树德撰：《论语集释》（下），中华书局 2013 年版，第 890 页。

要做到拉得不过头，讯问人员同样要在拉的内容、拉的态度上下功夫。做到拉的内容实事求是，不扩大，拉的态度朴实，不谄媚，使被讯问人感觉到自己听不听从讯问人员的话，在讯问人员看来都是无所谓的。

③要注意做到拉中有打

讯问人员以拉拢的手段分化瓦解被讯问人，还要注意做到拉中有打。也就是说，在拉拢被讯问人的过程中，要对被讯问人实施打击。只有拉中有打，在拉的手段中体现出打击的成分，才能一方面显示出拉的效力，做到拉得到位；另一方面显示出拉得不夸张，不谄媚，做到拉得不过头。从而才有可能把被讯问人拉拢过来，使之与"相对人"分裂、崩溃。如果讯问人员只是一味地对被讯问人进行拉拢，拉中没有打击，一方面就有可能使拉拢拉得过头，另一方面使被讯问人认为讯问人员软弱无能，已是黔驴技穷，只会讨好自己。这样，不仅无法拉拢被讯问人，而且要使被讯问人紧密地与"相对人"团结在一起，坚持抗审。因此，要做到拉得适度，讯问人员还要注意做到拉中有打。

要做到拉中有打，讯问人员就要在拉拢被讯问人的过程中做到拉拉打打，打打拉拉，在拉了一阵后，打几下，在拉中体现出打的成分。

（五）陈说利害分化瓦解

1. 陈说利害分化瓦解的概念

所谓陈说利害分化瓦解，是指讯问人员在讯问中，向被讯问人陈述利害关系，使之认识到与同案人或对合人或犯罪嫌疑人（以下简称"相对人"）分裂、崩溃，交代共同或对合犯罪事实或对犯罪嫌疑人的犯罪事实作证对其的有利之处和继续与"相对人"抱在一起，拒不交代共同或对合犯罪事实或不予作证对其的危害之处，在趋利避害心理的作用下与"相对人"分裂、崩溃，对共同或对合的犯罪事实作出交代或对犯罪嫌疑人的犯罪事实予以作证的一种分化瓦解手段。

陈说利害分化瓦解概念主要有以下几点：

（1）陈说利害分化瓦解是向被讯问人陈说利益和危害的一种分化瓦解手段

在讯问中，讯问人员向被讯问人陈述其与"相对人"分裂、崩溃，对共同或对合犯罪事实作出交代，或对犯罪嫌疑人的犯罪事实进行作证对其所产生的利益和其与"相对人"继续抱成一团，不与"相对人"分裂、崩溃，拒绝对共同或对合犯罪事实作出交代，或拒不对犯罪嫌疑人的犯罪事实进行作证对其所产生的危害，使被讯问人认识到利益和危害。

（2）陈说利害分化瓦解是促使被讯问人权衡的一种分化瓦解手段

被讯问人听了讯问人员关于利益和危害的陈述后，在讯问人员陈述的利益和危害面前产生了思想斗争，对讯问人员所陈述的利益和危害这两者进行衡量、考虑，权衡自己是与"相对人"分裂、崩溃，对共同或对合犯罪事实作出交代或对犯罪嫌疑人的犯罪事实进行作证好，还是与"相对人"继续抱在一起，拒绝交代共同或对合犯罪事实，或拒绝对犯罪嫌疑人的犯罪事实进行作证好的问题。

（3）陈说利害分化瓦解是促使被讯问人趋利避害的一种分化瓦解手段

被讯问人经思想斗争，通过对利益和危害的权衡，在趋利避害心理的作用下，与"相对人"分裂、崩溃，不再与"相对人"抱在一起，抗拒讯问，对共同或对合的犯罪事实作出如实的交代，或对犯罪嫌疑人的犯罪事实进行如实的作证。

2. 陈说利害分化瓦解的实施

我们在本书第二章"攻心为上"这一讯问策略中，就"以向被讯问人宣讲利害关系对被讯问人进行攻心"作过叙述。由于这里是以向被讯问人陈说利害关系的手段对被讯问人与"相对人"的关系进行分化瓦解，因而，讯问人员以陈说利害的方法对被讯问人进行分化瓦解，在实施中要特别强调做到以下几点：

（1）在陈说利害前，要向被讯问人阐明"天下无不散之筵席"的道理

以陈说利害的方法对被讯问人进行分化瓦解，讯问人员首先要向被

讯问人阐明"天下无不散之筵席"的道理，指出最好的筵席，总会有散的时候，人与人之间，有聚就有散，不可能永远地聚下去，总有散的时候。这是自然规律，是任何人都不能抗拒和左右的。

被讯问人与同案人或对合人，或犯罪嫌疑人之间的关系最好、最铁、最硬，却不可能永远地好下去、铁下去、硬下去，最终是要分裂、崩溃的，这是因为：

①任何人都有自己的利益需要保护

讯问人员要向被讯问人指出，人在社会上生活，要使自己生活下去，就要保护自己的利益，避免自己失去利益。因而，任何一个同案人，对合人或犯罪嫌疑人都有自己的利益需要保护。当其面临由于自己坚持抗审而就要失去利益，大祸加身，而如实交代就会保住利益或得到利益时，其就会为了利益而毫不犹豫、义无反顾地与被讯问人分裂、崩溃，如实地对共同或对合的犯罪事实作出交代，或如实地对自己的犯罪事实作出交代。这是不容怀疑的，谁都会这样做。任何一个同案人、对合人，或犯罪嫌疑人都不可能宁愿失去利益或不要利益而坚持到底，拒不对共同或对合犯罪事实作出交代或拒不对自己的犯罪事实作出交代。否则其就无法使自己和家人在社会上生活下去。因此，分裂、崩溃是必然的。

②任何一个犯案的人都想从宽处理

讯问人员要向被讯问人指出，任何一个犯案的人，在证据和法律面前都是无能为力的，其无法与证据和法律相抗衡。因而任何一个犯案的人，在抗拒已无出路的情况下，都想得到从宽的处理。当其面临由于抗拒不仅要被处罚，而且要被从重处罚和如实交代可以得到从轻处罚的情况下，其就会为了得到从轻处罚而宁愿背叛被讯问人，与被讯问人分裂、崩溃，对共同或对合的犯罪事实或自己的犯罪事实作出交代，走"坦白从宽"的道路，这同样是不容怀疑的，谁都会这样做的。任何一个犯案的人都不可能宁愿自己被从重处罚而坚持到底，拒不对共同或对合的犯罪事实或自己的犯罪事实作出交代。否则，其就无法过这一关，弄得个家破人亡、妻离子散的悲惨下场。因此，分裂、崩溃是必然的。

③任何事物都是变化、发展的

讯问人员要向被讯问人指出，世界上的任何事物都是变化、发展的，都会随着时间、环境的变化而变化。因而，"相对人"与被讯问人之间的相互关系也是随着时间、环境的变化而发展变化的。过去风平浪静，在共同利益面前，"相对人"与被讯问人可以抱成一团，共同对抗讯问，而现在风急浪高，在各自利益面前，"相对人"与被讯问人就会各奔前程。"彼一时也，此一时也，岂可同哉?"① 说的就是这个道理。因而，分裂、崩溃是必然的。

通过上述道理的宣讲，使被讯问人认识到其和同案人或对合人，在讯问人员的案件查处和讯问面前，分裂是不以人的意志为转移的。这样就为被讯问人听讯问人员陈说利害打下了基础。否则，被讯问人认为自己与同案人或对合人不会分裂，其也就不会去听讯问人员的陈说。因此，以这种方法对被讯问人进行分化瓦解，必须先讲清这一道理。

（2）要以对比的手段陈说利益和危害

以陈说利害的方法对被讯问人进行分化瓦解，讯问人员要根据共同或对合犯罪的实际，以对比的手法向被讯问人陈说利益和危害。

①交代态度好要成为从轻处理的典型，交代态度不好要成为从重处理的典型

讯问人员要向被讯问人指出：宽严相济是我国的一项基本刑事政策。为了贯彻宽严相济的刑事政策，在对共同或对合犯罪的处理中，从严、从宽都要抓典型。在共同或对合犯罪中，作为从严或从宽处理典型的依据是共同或对合犯罪人的交代态度。交代态度好的，就要被作为从宽处理的典型，得到从轻甚至减轻或免予处罚；交代态度不好的，就要被作为从严处理的典型，得到重的处罚。交代态度好，表现为交代早，如实交代；交代态度不好，表现为迟交代，不交代，不如实交代。因此，在共同或对合犯罪案件中，谁早交代，如实交代谁就会被作为从宽处理的典型；谁迟交代，不交代，不如实交代，谁就会被作为从严处理的典型。

---

① 见［汉］班固撰：《汉书·东方朔传》，中华书局 2007 年版，第 656 页。

②先交代就有可能构成自首，迟交代就不能构成自首

讯问人员要向被讯问人指出：共同或对合犯罪，既然是已发生的犯罪，无论是否已被讯问人员掌握，总是要暴露出来的，因为，这个共同或对合犯罪的人不交代，而那个共同或对合犯罪的人会交代，不可能所有共同或对合犯罪的人都不交代。这同单个人犯罪是不同的，单个人犯罪的，这个犯罪人不交代就没有人交代。我国《刑法》第六十七条第二款规定："被采取强制措施的犯罪嫌疑人、被告人和正在服刑的罪犯，如实供述司法机关还未掌握的本人其他罪行的，以自首论。"根据《刑法》的这一规定，共同或对合犯罪的案件，谁先作出交代，谁就有可能构成《刑法》这一规定的自首，可以得到从轻或者减轻处罚；谁迟作出交代，谁就不能构成《刑法》规定的自首。因为，迟作出交代的同案人或对合人，他的共同或对合犯罪的事实，由于先作出交代的人已作出交代，共同或对合犯罪的事实已被司法机关掌握，所以，其不能构成自首。

讯问人员通过上述对比的手法，向被讯问人陈说利益和危害，就能更加彰显利益和危害，从而给被讯问人以告诫和警示。

（3）要利用利益和危害对被讯问人进行规劝

以陈说利害的方法对被讯问人进行分化瓦解，讯问人员最后要利用利益和危害对被讯问人进行规劝。

①规劝被讯问人要争取主动，不要错失良机

讯问人员要在向被讯问人阐明其与同案人或对合人之间的关系必然要分裂、崩溃，其共同或对合犯罪事实必然要被查清的基础上，规劝被讯问人要争取主动，不要错失良机。机不等人，时不我待，"过了这个村，就没这个店"。一旦错失良机，就失去了利益，招来了危害，其结果是天堂和地狱之别。

②规劝被讯问人要认清形势，不要执迷不悟

讯问人员要在向被讯问人宣讲严厉打击犯罪形势、此次查案浩大声势的基础上，规劝被讯问人要认清形势，赶快回头，不要执迷不悟，形势严厉、形势严峻、形势紧张、形势逼人、形势不等人。如若认不清形

势，继续执迷不悟，不对共同或对合犯罪事实作出交代，继续与同案人或对合人抱成一团，就要失去利益，招来危害，其结果必然是被滚滚而来的洪流所淹没。

③规劝被讯问人要丢掉"怕"字，不要"怕"字当头

讯问人员要在向被讯问人宣讲各项刑事政策和《刑法》第六十七条第三款关于"犯罪嫌疑人虽不具有前两款规定的自首情节，但是如实供述自己罪行的，可以从轻处罚；因其如实供述自己罪行，避免特别严重后果发生的，可以减轻处罚"的规定的基础上，规劝被讯问人要丢掉"怕"字，不要"怕"字当头，被"怕"字吓破了胆而不敢交代共同或对合的犯罪事实。政策是一贯的，法律的规定是明确的，查案机关和讯问人员的态度是诚恳的。如若"怕"字当头而不敢交代共同或对合的犯罪事实，就要失去利益、招来危害。其结果是被讯问人"怕鬼有鬼"，其所"怕"的问题定要降临其身。

④规劝被讯问人要正视现实，不要抱有任何的侥幸心理

讯问人员要在向被讯问人出示证据和对被讯问人进行证据运用原则，即《刑事诉讼法》第五十五条的规定教育的基础上，规劝被讯问人要正视现实，不要抱有任何的侥幸心理。共同或对合的犯罪事实是客观存在的，讯问人员掌握的证据是确实、充分的，"没有被告人供述，证据确实、充分的，可以认定被告人有罪和处以刑罚"的法律规定是明确的。如若不能正视这些现实，抱有侥幸心理而不对共同或对合的犯罪事实作出交代，就要失去利益、招来危害，其结果必然是遗恨终生，后悔莫及。

⑤规劝被讯问人要趋利避害，不要被江湖义气所困

讯问人员要在向被讯问人阐明"船翻争上岸"道理的基础上，规劝被讯问人要趋利避害，不要被江湖义气所困。共同或对合犯罪暴露，面临被查处，就像船翻入江河大海一样，共同或对合犯罪人就像船上的落水之人争先恐后地要上岸活命一样，为使自己得到从轻的处理，甚至要对共同或对合人进行揭发，或把责任推给共同或对合人。如若不能趋利避害，被江湖义气所困，就要被共同或对合人抢先夺得利益而失去利益、招来危害，其结果必然是被江湖义气所害，悔之晚矣。

第八章

讯问策略运用中辩证方法的实施

讯问策略的运用是一件十分科学、周密、精细、艺术的工作。讯问人员只有科学、周密、精细、艺术地运用讯问策略，才能使讯问策略运用得出神入化。而要科学、周密、精细、艺术地运用讯问策略，莫过于以辩证的方法予以实施。

所谓讯问策略运用中的辩证方法，是指在运用讯问策略的过程中，把对立统一的两个方面结合起来实施，既实施对立的这一方面，又实施与这一方面对立的那一方面，并使两者有机地结合起来，使之成为一个既威慑，又和谐的整体。

总结讯问实践，讯问策略运用中的辩证方法主要有：威与恩、严与宽、张与弛、正与奇、实与虚、明与暗、露与隐、惑与醒、直与迂、害与利、堵与疏、聚与分十二对。本书阐述在实践中普遍运用的前面六对。

一、威与恩

（一）威

所谓威，是指讯问人员向被讯问人施以能压服人的力量或使人敬畏的态度，造成被讯问人心理上的畏惧，使之失去反抗的能力。

在运用讯问策略中，威的方法主要有：

1. 营造查案的浩大声势

查案的浩大声势所表现出来的是一种大兵压境，锐不可当的气势，显示出强大的威力。营造出全党重视、各部门参与的查案氛围；组织起一支战无不胜、攻无不克、所向披靡、浩浩荡荡的查案队伍；宣传和贯彻领导对案件查处的指示和批示；召开各种会议，部署查案的任务，贯彻落实查案的措施；制造动员和发动群众积极参与提线索、摆疑点、找证据、寻逃犯的查案浩大声势，把浩大的声势摆在被讯问人的面前。

2. 渲染严厉的形势

严厉的形势所表现出来的是一种杀气腾腾、车压螳臂的气势，显示出强大的威慑力。向被讯问人宣讲打击犯罪常态的严厉形势，各种重大事件或者活动而出现的严厉形势，此次查案的严厉形势以及涉案分子纷纷争取从宽，主动交代，投案自首的形势，把严厉的形势摆在被讯问人的面前。

3. 形成强大的阵势

强大的阵势所表现出来的是"舳舻千里，旌旗蔽空"的气势，显示出强大的威力。以领导亲临现场坐镇讯问或直接担任主审，增加法律专家、讯问能手、专业技术人员参加讯问，由武警或警察到场站岗，实施技术手段，场外配合讯问进行，形成强大的阵势，把强大的阵势摆在被讯问人的面前。

4. 凌厉的进攻

向被讯问人发起迅速而猛烈的主动进攻，以各种"武器"对被讯问人发起进攻，以各种策略对被讯问人发起进攻，以各种方法对被讯问人发起进攻，以各种技巧对被讯问人发起进攻；从多个角度对被讯问人发起进攻，从各个侧面对被讯问人发起进攻。使被讯问人根本无法抵挡讯问人员的进攻，处于四面受攻，被动挨打的境地。

5. 坚决的措施

对被讯问人采取坚决的措施，果断对被讯问人采取刑事强制措施或留置措施，严格地对被讯问人采取各种侦查或调查措施，给被讯问人造成心理上的威慑。

6. 强硬的态度

向被讯问人表明我们什么都不怕，有的是力量，有的是办法和决不姑息、决不罢休、"挖地三尺"全面彻查的强硬态度，以强硬的态度给被讯问人以威慑。

7. 威严的仪表

讯问人员以威严的仪表出现在被讯问人面前，做到仪表堂堂，仪容端庄肃穆，仪态威武英姿，精神饱满旺盛，以无形的压力压向被讯问人。

8. 精明强干的能力

讯问人员向被讯问人表现出高强的知识素质、业务素质、心理素质和高水平的办案能力以及所具才能的实物成果，以精明强干的能力使被讯问人敬畏。

9. 刚正不阿的品格

讯问人员表现出刚强正直、公平公正、铁面无私、秉公执法的品格，做到在权力面前不屈从，在权势面前不迎合，在权贵面前不谄谀，在众口一词面前不随波逐流，"举事不私，听狱不阿"①"不为利动，不为威劫"，以刚正不阿的品格使被讯问人敬畏。

（二）恩

所谓恩，是指给予被讯问人或使被讯问人受到好处，使被讯问人感到温暖、亲切、实惠，感化被讯问人。

在运用讯问策略中，恩的方法主要有：

1. 和谐的氛围

在威慑的前提下，要努力创造和谐的氛围，使被讯问人感到讯问人员是善良的、亲切的、宽厚的、讲理的和诚挚的，从而使被讯问人信任讯问人员，心理与讯问人员相容，看到了自己的出路和希望，进而消除对立的情绪，以和谐的氛围对被讯问人施恩。

2. 诚恳的态度

向被讯问人表示出诚恳的态度，做到语重心长地对被讯问人进行教育，循循善诱、入情入理；坚持摆事实，以事实说话；攻打中留有余地，留给被讯问人从宽处理的条件；坚持讲道理，以理服人；对被讯问人犯罪的危害进行客观的评价；对被讯问人所具备的从轻、减轻或免除处罚的情节予以实事求是的认定；对被讯问人的良好表现予以充分的肯

---

① 见《晏子春秋·内篇问上七》，载汤化译注：《晏子春秋》，中华书局 2015 年版，第 178 页。

定；对被讯问人的辩解耐心地听，有道理的予以采纳；对被讯问人无理狡辩的批驳掌握好一个度，适可而止，不要得理不饶人，穷追猛打，以诚恳的态度对被讯问人施恩。

3. 尊重的姿态

尊重被讯问人的人格，做到语言文明，礼貌待人；尊重被讯问人的生活习惯，做到尽量满足被讯问人生活习惯的要求；尊重被讯问人的宗教信仰，做到尽量允许被讯问人在宗教信仰方面的行为或满足被讯问人在宗教信仰方面的要求；尊重被讯问人的爱好，做到尽量允许被讯问人的爱好行为和尽量满足其爱好的要求，以尊重的姿态对被讯问人施恩。

4. 关心的言行

关心被讯问人的生活、关心被讯问人的健康、关心被讯问人的家庭，做到询问被讯问人的生活有什么要求和需要、健康有什么需要照顾、家庭有什么需要关照。对被讯问人的要求和需要只要不违反法律的规定，就要付诸行动，尽量予以满足，以关心的言行对被讯问人施恩。

5. 爱护的举止

爱护被讯问人的身体，爱护被讯问人的名誉，爱护被讯问人的前途，爱护被讯问人的家人。对被讯问人的身体、名誉、前途和家人，以实际行动予以爱护，以爱护的举止对被讯问人施恩。

6. 帮助的行为

帮助被讯问人排忧解难，对被讯问人所遇到的困难真心实意地伸出援助之手，力所能及地主动帮助被讯问人解决困难或主动为被讯问人着想，给予某种方便，或满足被讯问人的正当要求，以帮助的行为对被讯问人施恩。

7. 许诺合法的利益

许诺被讯问人以合法利益，给以某种利益或保留其已有的某种利益不予剥夺，以许以利益的方法对被讯问人施恩。

（三）威与恩相结合

威与恩相结合的谋略思想运用于讯问之中，就是讯问人员在运用讯问策略的过程中，把施威与施恩这两种手段结合起来同时使用，既向被讯问人施以威严的高压手段，又向被讯问人施以恩惠的怀柔手段。

威与恩相结合，主要有以下方法：

1. 先威后恩

先威后恩，就是讯问人员在威、恩结合运用的过程中，先对被讯问人施以威的方法，而后，对被讯问人施以恩的方法。

先威后恩在实施中要做到以下几点：

（1）施威要施得到位

讯问人员对被讯问人进行先威后恩，在实施中，施威要做到施得到位，真正能压服被讯问人或使被讯问人敬畏，使被讯问人实实在在地感到畏惧，产生惧怕的心理。只有这样，接下来所施的恩才能起作用，使被讯问人在威、恩的作用下，由拒供的心理向交代的心理转化，从而对犯罪事实作出交代。如果讯问人员所施的威不到位，没有压服被讯问人或使被讯问人敬畏，被讯问人就不会产生惧怕的心理，认为讯问人员只不过是虚张声势，吓唬吓唬自己而已。接下来向被讯问人所施的恩被讯问人肯定不屑一顾，不接受讯问人员所施的恩，从而，所施的恩就不会有任何的效果，起不到任何的作用。而且，有可能使被讯问人反感、厌恶，认为讯问人员假惺惺。因此，先威后恩，先施的威一定要做到施得到位。

（2）施恩要施得适时

讯问人员对被讯问人进行先威后恩，在后恩时，施恩要施得适时，要掌握在被讯问人对讯问人员所施的威感到畏惧，产生惧怕心理的时候对被讯问人进行施恩。只有这样，才能使被讯问人在惧怕的心理作用下，对讯问人员所施的恩倍感珍贵、温暖，从而，使讯问人员所施的恩起到事半功倍的效果，产生巨大的作用。如果在被讯问人还没有产生惧怕心理的时候对被讯问人进行施恩，由于被讯问人的精力集中在抗审上，其对讯问人员所施的恩就会听而不闻、视而不见，即使闻了、见了，也认为不足为奇，甚至有可能从反面进行理解，增强其抗审的心理；如果在被讯问人的惧怕心理减弱或消除后对被讯问人进行施恩，由于被讯问人已镇定、冷静下来，其就会对讯问人员所施的恩进行分析，就有可能认为讯问人员是另有企图，进而认为讯问人员先前所施的威亦有着不可告人的目的。这样，就使讯问人员的威恩结合不仅起不了作用，而且起了反作用，坚定被讯问人的抗审决心，使之与讯问人员抗衡下去。因此，先威后恩，后施的恩一定要做到施得适时，在被讯问人产生惧怕心理的时候对被讯问人进行施恩。

2. 威恩并施

威恩并施，就是在向被讯问人施威的同时，向被讯问人施恩，威和恩同时存在，使被讯问人既感觉到威，又感觉到恩，受着威、恩的双重作用。

威恩并施在实施中要做到以下几点：

（1）威和恩要同时贯穿于讯问策略的运用之中

讯问人员对被讯问人进行威恩并施，在实施中，要做到一边向被讯问人施威，一边向被讯问人施恩，使威和恩同时贯穿于讯问策略的运用之中，整个讯问策略的运用过程中始终都保持着威和恩这两种因素。只有这样，才能使被讯问人在受到威的压力的同时，又受到恩的感化，受到威、恩的双重作用。其在威的作用下，产生惧怕的心理，使之认识到不交代犯罪事实过不了这一关，下场可悲，从而不敢与讯问人员反抗，产生交代的心理；其在恩的作用下，产生希望的心理，使之认识到交代犯罪事实自己是有希望的，是有出路的，从而配合讯问人员，对犯罪事实作出交代。如果威和恩不能同时贯穿于讯问策略的运用之中，只有威，就使被讯问人看不到希望，看不到出路，从而使被讯问人不敢对犯罪事实作出交代；只有恩，就使被讯问人认为讯问人员是在讨好他，没有了招数，从而使被讯问人增强抗审的心理，因此，威恩并施，威和恩一定要同时贯穿于讯问策略的运用之中。

（2）施威是主要的

讯问人员对被讯问人进行威恩并施，在实施中，要做到施威和施恩不能等量齐观，施威是主要的。讯问实践告诉我们，被讯问人之所以能萌发交代的动机，对犯罪事实作出交代，首先源于畏惧的心理，没有畏惧的心理，不要说产生交代的动机，对犯罪事实作出交代，就是让其接受讯问都不可能。也就是说，被讯问人如果没有畏惧的心理，其是不会接受讯问，不会回答讯问人员的提问的。只有被讯问人产生了畏惧的心理，其才有可能接受讯问，才有可能产生交代的动机，才有可能对犯罪事实作出交代。而被讯问人畏惧心理的产生依赖施威的作用。可见，施威作用的重要性。如果讯问人员在威恩并施的过程中，不能把施威作为主要的，或施威和施恩等量齐观，或施恩是主要的，被讯问人不仅不会产生畏惧的心理，归顺讯问人员，萌发交代的动机，对犯罪事实作出交代，而且会把讯问人员施恩的行为视为讯问人员的软弱表现，从而，越发地嚣张起来，与讯问人员对着干。这样，威恩并施就起不了任何作用，而且起了反作用。因此，威恩并施一定要做到施威是主要的。

3. 威中有恩，恩中有威

威中有恩，恩中有威，就是讯问人员在向被讯问人所施的威中体现着恩的成分，恩中藏有威的成分。

威中有恩，恩中有威在实施中要做到以下几点：

（1）所施的威或恩中都包含着威和恩的成分

讯问人员对被讯问人进行威中有恩，恩中有威，在实施中，要做到在向被讯问人所施的威或恩中都包含着威和恩的成分，不能所施的威全是威，所施的恩全是恩。例如，讯问人员向被讯问人施以威仪仪表的威，就不能只有庄严，而没有憨厚，要做到既庄严，又憨厚，庄严的威中包含着憨厚的恩。又如，向被讯问人施以许诺利益的恩，就不能只有利益，而没有条件，要做到既许诺利益，又提出条件，利益的恩中包含着条件的威，等等。

（2）把握好一个度

事实上，无论以哪种方法进行威恩结合，施威和施恩都要把握好一个度。因为，过犹不及，不及犹过。而以威中有恩、恩中有威的方法进行威恩结合，更应强调施威和施恩都要做到把握好这个度。因为，威中有恩的恩和恩中有威的威是靠这个度表现出来的，离开了这个度就无法做到威中有恩，恩中有威。例如，讯问人员向被讯问人施以凌厉进攻的威，要使这个凌厉进攻的威中包含着恩的成分，进攻中就要留有余地，留给被讯问人从宽处理的条件，而不能一攻到底，把被讯问人攻到绝路上去。这个给被讯问人所留的从宽处理的条件就是讯问人员施给被讯问人的恩。如果讯问人员不把握好凌厉进攻的度，一攻到底，被讯问人从宽处理的条件这个恩就没有了。施恩同样也是这个道理。因此，威中有恩，恩中有威，在施威或施恩时要把握好一个度。

二、严与宽

（一）严

所谓严，是指讯问人员在运用讯问策略的过程中，以严肃、严格、严厉的态度和手段对待被讯问人，使之不敢、不能反抗。

在运用讯问策略中，严的方法主要有：

1. 严肃

（1）气氛严肃

在运用讯问策略对被讯问人以"严"的方法进行讯问的过程中，讯问人员要营造出浩大的声势，表现出一种强大的威力和磅礴的气势；要选择肃静的讯问地点，表现出一种庄重的景象；要布置庄严的环境，表现出一种威严的格调。

（2）神态严肃

在运用讯问策略对被讯问人以"严"的方法进行讯问的过程中，

讯问人员的精神要饱满，神采要飞扬，显示出豪迈的气概，稳操胜券的气势、无坚不摧的神情；仪表要端正、仪容要端庄、仪态要整肃，显示出威武雄壮的威仪；着装要整洁、规范、整齐，显示出严谨、威武的风姿；举止要庄重、沉稳，显示出成竹在胸、从容不迫的风度；神情要刚毅、凛然，显示出凛凛的威风。

（3）态度严肃

在运用讯问策略对被讯问人以"严"的方法进行讯问的过程中，讯问人员对被讯问人的犯罪行为要表示出决不姑息、决不留情的态度，表明一查到底、一审到底、不获全胜、决不罢休的态度；对被讯问人抗审的恶劣态度，嚣张气焰坚决地予以狠刹；对被讯问人抗审的心理防线发起凌厉的进攻；对被讯问人的犯罪事实和危害予以无情的揭露；对被讯问人的谬论、谎言和无理的狡辩予以狠狠的驳斥；对被讯问人的错误认识和思想予以深刻的批判。

2. 严格

（1）要求严格

在运用讯问策略对被讯问人以"严"的方法进行讯问的过程中，讯问人员要严格要求被讯问人遵守法律的规定，一有违反，就予以严令纠正；严格要求被讯问人老老实实地接受讯问，一不老实，就予以严正的勒令；严格要求被讯问人不得有抗审的行为，一有抗审的行为，就予以坚决的制止；严格要求被讯问人正面回答讯问人员的提问，一有转换话题或不予正面回答，就予以郑重的责令；严格要求被讯问人的辩解要如实，一有无理的狡辩，就果断地予以阻止、批驳。

（2）标准严格

在运用讯问策略对被讯问人以"严"的方法进行讯问的过程中，讯问人员要严格罪与非罪的标准，绝不将犯罪降为非犯罪；严格重罪与轻罪的标准，绝不将重罪降为轻罪；严格情节恶劣与非恶劣的标准，绝不将恶劣的情节降为非恶劣的情节；严格人身危险性大小的标准，绝不将人身危险性大的降为人身危险性小的。

（3）施行严格

在运用讯问策略对被讯问人以"严"的方法进行讯问的过程中，讯问人员要严格地实施讯问手段，以一丝不苟的认真态度出示证据、宣讲教育、利用矛盾，催化情感；严格地讯清犯罪事实和情节，严格地进行深挖，以深入细致的认真态度深挖被讯问人犯罪，挤清油水，扩大战果。

3. 严厉

（1）措施严厉

在运用讯问策略对被讯问人以"严"的方法进行讯问的过程中，讯问人员要做到措施严厉。对该采取刑事强制措施或调查措施的要坚决地采取刑事强制措施或调查措施；对该采取强度大的刑事强制措施或调查措施的，绝不采取强度小的刑事强制措施或调查措施；对该戴上械具进行讯问的，要坚决地给以戴上械具；对该在讯问中进行人身搜查或勘验、检查的，要坚决地对其进行人身搜查或勘验、检查；对该进行技术侦查的，要坚决地实施技术侦查措施。

（2）手段严厉

在运用讯问策略对被讯问人以"严"的方法进行讯问的过程中，讯问人员要做到手段严厉。要以强硬的方法对被讯问人进行讯问，没有任何的商量余地；要以高超的方法对被讯问人进行讯问，使被讯问人没有任何的反抗余地；要抓住被讯问人的要害进行讯问，使之"一刀毙命"；要抓住被讯问人的软肋进行讯问，使被讯问人不能反抗；要抓住被讯问人的把柄进行讯问，使被讯问人不敢反抗；要抓住问题的本质进行讯问，"刀刀见血"。

（3）措辞严厉

在运用讯问策略对被讯问人以"严"的方法进行讯问的过程中，讯问人员要做到措辞严厉。词意要深刻、郑重，字字千金，掷地有声；词气要严肃、宏大，个个磅礴，气势雄伟；句子要严密、规范，句句万钧，泰山压卵；概念要明确，判断要恰当，推理要严密；用词要准确无误，精练明了，深达问题的本质，字字像炸弹，句句似利箭，直击被讯问人的要害。

（二）宽

所谓宽，是指讯问人员在运用讯问策略的过程中，以宽大、宽厚、宽慰的态度和手段对待被讯问人，给被讯问人以温暖，使之感动，看到希望。

在运用讯问策略中，宽的方法主要有：

1. 宽大

（1）要辩证地看待被讯问人和被讯问人所实施的犯罪行为

在运用讯问策略对被讯问人以"宽"的方法进行讯问的过程中，讯问人员要辩证地看待被讯问人和被讯问人所实施的犯罪行为。任何一个被讯问人，无论其表现如何坏，也有表现好的地方，不可能都是一无是处的。讯问人员要看到其好的方面，不能以其表现坏的方面对被讯问人予以全盘否定；被讯问人所实施的犯罪行为，无论如何恶劣、严重，也有轻的情节，不可能所有的情节都是恶劣、严重的。讯问人员要看到其轻的情节，不能以其恶劣、严重的情节而否定其轻的情节。

（2）要坚持实事求是的态度，并做到实事求是

在运用讯问策略对被讯问人以"宽"的方法进行讯问的过程中，讯问人员要坚持实事求是的态度，并做到实事求是。对被讯问人实施的犯罪行为，要以实事求是的态度分清其轻重情节和情节的轻重程度。当是重的，就是重的，当是轻的，就是轻的，不能从一概从重的方面去考虑、认定；在重的情节方面，也有程度的不同。有的是十分严重，有的是一般严重，有的是严重之中有轻的因素，不能不分轻重程度，不加区别地统统认定为十分严重。

（3）要坚持有利于被讯问人的原则

在运用讯问策略对被讯问人以"宽"的方法进行讯问的过程中，讯问人员要坚持有利于被讯问人的原则。有的被讯问人的行为和犯罪的

情节介于"两可"之间。就被讯问人的行为而言，既可认定为犯罪行为，也可不认定为犯罪行为；就被讯问人犯罪情节而言，既可认定为从重情节，也可不认定为从重情节。对这些情况，讯问人员要坚持有利于被讯问人的原则，能近取譬地为被讯问人着想，向有利于被讯问人的方面靠，在不违反法律、政策、原则的前提下，舍不利于被讯问人的，取有利于被讯问人的。可不认为是犯罪的，就不认为是犯罪，可不认为是情节严重的，就不认为是情节严重的。不要勉强往犯罪或情节严重上靠。

（4）要充分肯定被讯问人的从轻情节

在运用讯问策略对被讯问人以"宽"的方法进行讯问的过程中，讯问人员要充分肯定被讯问人的从宽情节，向被讯问人指出其所具有的从轻、减轻或免除处罚的情节。属于可以型的，就指出其可以从轻、减轻或免除处罚；属于应当型的，就指出其应当从轻、减轻或免除处罚。不要该肯定的不肯定，或含糊其词，更不能颠倒是非，反其道而行之。

（5）要给被讯问人以出路

在运用讯问策略对被讯问人以"宽"的方法进行讯问的过程中，讯问人员要给被讯问人以出路。要给被讯问人留下出路，指出其出路所在，指引其沿着出路走向光明，不要让被讯问人看不到出路，看不到希望，更不能断了其出路。

2. 宽厚

（1）要以善良的心地对待被讯问人

在运用讯问策略对被讯问人以"宽"的方法进行讯问的过程中，讯问人员的心地要善良。要出于教育、挽救被讯问人的目的，对被讯问人进行讯问，做到教育耐心细致，挽救真诚恳切，使之认罪悔罪，改邪归正，回归社会，重新做人。对那些罪行严重、情节恶劣可能要被判处死刑的被讯问人，也要从教育、挽救的目的出发，只要还有一线希望，就要把被讯问人教育、挽救过来。而不能以歹毒的心肠对待被讯问人，出于整人的目的，将被讯问人往死里整，置之死地而后快。

（2）要以诚恳的态度对待被讯问人

在运用讯问策略对被讯问人以"宽"的方法进行讯问的过程中，讯问人员的态度要诚恳。攻打要留有余地，给被讯问人留出从宽的机会和条件，不能对被讯问人往死里打；揭露要实事求是，以事实为依据，不能无限上纲上线；驳斥要讲事实、法律，以事实和法律对被讯问人的谬论和无理狡辩进行驳斥，得理要饶人，而不能离开事实和法律进行驳斥，或得理不饶人；批判要讲科学、道理，以科学和道理对被讯问人的错误思想认识进行批判，而不能扣帽子、打棍子；分析要入情入理，有根有据，而不能将自己的主观意志强加于被讯问人；教育要语重心长，循循善诱，而不能简单、粗暴；听被讯问人的回答要耐心，要允许被讯问人辩解，对其合理的辩解要采纳，而不能心不在焉或不让被讯问人辩解，更不能不采纳合理的辩解；答复被讯问人的要求要实意，对被讯问人的合理要求要予以满足，对被讯问人不合理的要求要予以否定，并说明否定的理由，而不能盲目乱答复，乱许诺，更不能欺骗被讯问人。

（3）要以真挚的感情对待被讯问人

在运用讯问策略对被讯问人以"宽"的方法进行讯问的过程中，讯问人员的感情要真挚。要把被讯问人当子女看待，像父母爱护子女般地爱护被讯问人，一切言语行为都倾注着爱护之心；要把被讯问人当弟妹看待，像兄长关心弟妹般地关心被讯问人，一切言语、行为都深藏着关心之意；要把被讯问人当学生看待，像老师教育学生般地教育被讯问人，一切言语、行为都蕴涵着教育之盼；要把被讯问人当病人看待，像医生挽救病人般地挽救被讯问人，一切言语、行为都体现着挽救之望。

（4）要以公正、公平的立场对待被讯问人

在运用讯问策略对被讯问人以"宽"的方法进行讯问的过程中，讯问人员的立场要公正、公平。要始终站在公正、公平的立场上观察和处理被讯问人的问题，不能因为被讯问人涉嫌犯罪而有偏斜；要公正、公平地对待被讯问人的人格，被讯问人的人格与任何人一样，都是平等的，不能因为被讯问人涉嫌犯罪就低人一等；要公正、公平地给被讯问人以正当的待遇，不能因为被讯问人涉嫌犯罪就可任意剥夺；要公正、公平地保护被讯问人的合法权益，不能因为被讯问人涉嫌犯罪就可侵犯。

（5）要以诚信的言语对待被讯问人

在运用讯问策略对被讯问人以"宽"的方法进行讯问的过程中，讯问人员的言语要诚信。要准确地宣讲、解释法律，而不能歪曲法律欺骗被讯问人；要正确宣讲、解释各种刑事政策，而不能任意突破，坑蒙被讯问人；要从客观存在的事实和法律的规定对被讯问人进行规劝和引导，而不能捏造事实和谎称法律的规定进行规劝和引导；要向被讯问人阐述真实的情况，而不能以根本不存在的情况欺瞒被讯问人；要向被讯问人许以合法、能实现的利益，而不能许以非法、根本不可能实现的利益。

（6）要以文明的行为对待被讯问人

在运用讯问策略对被讯问人以"宽"的方法进行讯问的过程中，讯问人员的行为要文明。言语行为要文明，不能破口大骂，脏话连篇；动辄训斥、恶语相加；讽刺挖苦、讥笑嘲讽；乱开玩笑、戏谑嘲弄。行为举止要文明，不能扭耳朵、抓头发、挚衫襟、戳指枪、拍头部、捶桌子、摔板凳、扇耳光、踢脚头。

（7）要以宏大的度量对待被讯问人

在运用讯问策略对被讯问人以"宽"的方法进行讯问的过程中，讯问人员的度量要宏大。对被讯问人的恶劣态度、嚣张气焰，只要被讯问人已经收敛、改正，就不要计较；对被讯问人反复无常，出尔反尔，要有耐心；对被讯问人以言语冒犯讯问人员，不要耿耿于怀，要宽容；对被讯问人以行为侵犯讯问人员，不要怀恨在心，要一笑了之。

3. 宽慰

（1）以犯罪是历史、社会现象进行宽慰

在运用讯问策略对被讯问人以"宽"的方法进行讯问的过程中，讯问人员要以犯罪是历史、社会现象对被讯问人进行宽解安慰。要说明犯罪是一个历史、社会概念，是一种历史、社会现象，历朝历代都有人犯罪，没有人犯的朝代是没有的，过去有，现在有，将来还会有；社会的任何地方都有人犯罪，没有人犯罪的地方是没有的，高层有，中层有，低层有，凡是有人的地方都会有。因而，一个人实施了犯罪并不可怕，可怕的是不承认、改正。承认了、改正了就是好的。

（2）以查案的方针进行宽慰

在运用讯问策略对被讯问人以"宽"的方法进行讯问的过程中，讯问人员要以查案的方针对被讯问人进行宽解安慰。要表明查案机关的查案方针是"惩前毖后，治病救人"。惩戒已犯的错误，是为了使今后谨慎小心，不再重犯，对犯罪的人像医治疾病一样，把他挽救过来。因而，查案机关查处案件惩处只是一种手段，通过这种手段将犯罪的人教育、挽救过来，使之成为新人。

（3）以从轻情节进行宽慰

在运用讯问策略对被讯问人以"宽"的方法进行讯问的过程中，讯问人员要以被讯问人涉嫌犯罪的从轻情节对被讯问人进行宽解安慰。要实事求是地肯定被讯问人自身所具有的从轻情节，被讯问人犯罪事实所具有的从轻情节，被讯问人犯罪后表现所具有的从轻情节。当是法定从轻、减轻或免除处罚的情节，就肯定其哪些情节是法定从轻、减轻或免除处罚的；当是酌定从轻的情节，就肯定其哪些情节是酌定从轻的；当是应当从轻、减轻或免除处罚的情节，就肯定其哪些情节是应当从轻、减轻或免除处罚的；当是可以从轻、减轻或免除处罚的情节，就肯定其哪些情节是可以从轻、减轻或免除处罚的。

（4）以政策进行宽慰

在运用讯问策略对被讯问人以"宽"的方法进行讯问的过程中，讯问人员要以政策对被讯问人进行宽解安慰。要向被讯问人宣讲"坦白从宽、抗拒从严"的政策、"宽严相济"的政策、"教育、感化、挽救"的政策、"给出路"的政策等。

（5）以法律进行宽慰

在运用讯问策略对被讯问人以"宽"的方法进行讯问的过程中，讯问人员要以法律的规定对被讯问人进行宽解安慰。要向被讯问人宣讲《刑法》第六十七条第三款的规定、量刑的原则、有关的量刑制度、法律对该犯罪的从轻规定和《刑事诉讼法》第十五条的规定、相对不起诉的规定、变更强制措施的规定等。

（6）以典型案例进行宽慰

在运用讯问策略对被讯问人以"宽"的方法进行讯问的过程中，讯问人员要以典型案例对被讯问人进行宽解安慰。要选择那些犯罪情节严重，但由于被讯问人认罪、悔罪态度好，而被从轻处罚的典型案例向被讯问人进行宣讲。

（7）以道理进行宽慰

在运用讯问策略对被讯问人以"宽"的方法进行讯问的过程中，讯问人员要以道理对被讯问人进行宽解安慰。要向被讯问人阐明"不贵于无过，而贵于能改过"①"人谁无过，过而能改，善莫大焉"②"君子之过也，如日月之食焉。过也，人皆见之；更也，人皆仰之"③的道理。

（8）以情感进行宽慰

在运用讯问策略对被讯问人以"宽"的方法进行讯问的过程中，讯问人员要以情感对被讯问人进行宽解安慰。对被讯问人的闪光点、高尚的人品、良好的表现、作出的贡献、取得的成绩要予以充分的肯定和赞扬，树立被讯问人的形象，激发被讯问人的情感。

（三）严与宽相结合

严与宽相结合的谋略思想，出自《左传·昭公二十年》："仲尼曰：'善哉！政宽则民慢，慢则纠之以猛。猛则民残，残则施之以宽。宽以济猛，猛以济宽，政是以和。'"④这种谋略思想的核心就是宽和严（猛）两种手段配合起来使用，宽大和严厉互相调节补充。

---

① 见［明］王守仁：《教条示龙场诸生·改过》，载《王阳明全集》（第三册），黄山出版社 2014 年版，第 1024 页。

② 见《左传·宣公二年》，载程林主编：《四书五经》（第三卷），北京燕山出版社 2008 年版，第 1460 页。

③ 见《论语·子张》，载程林主编：《四书五经》（第一卷），北京燕山出版社 2008 年版，第 119 页。

④ 见《左传·昭公二十年》，载程林主编：《四书五经》（第四卷），北京燕山出版社 2008 年版，第 1822 页。

严与宽相结合的谋略思想运用于讯问之中，就是讯问人员在运用讯问策略对被讯问人进行讯问的过程中，把从严和从宽这两种手段结合起来使用，既运用从严的手段，又运用从宽的手段，把从严和从宽作用于被讯问人。

严和宽相结合，主要有以下方法：

1. 当严则严，当宽则宽

当严则严，当宽则宽，就是讯问人员在严宽结合运用的过程中，对于应当从严的问题或在应当从严的时候则坚决地予以从严；对于应当从宽的问题或在应当从宽的时候则坚决地予以从宽。

当严则严，当宽则宽，在实施中要做到以下几点：

（1）根据讯问的需要，当严则严，当宽则宽

在运用讯问策略对被讯问人进行讯问的过程中，有的时候需要对被讯问人从严。例如，向被讯问人发起凌厉进攻的时候，就要运用从严的手段；有的时候需要对被讯问人从宽。例如，对被讯问人进行教育、劝说的时候，就要运用从宽的手段。如果讯问人员在需要以从严的手段对被讯问人进行讯问的时候不从严，却从宽，在需要以从宽的手段对被讯问人进行讯问的时候不从宽，却从严，这样就无法运用好讯问策略，使讯问策略失去作用。因此，讯问人员要根据讯问的需要，在应当从严的时候，坚决地予以从严，绝不心慈手软；在应当从宽的时候，则毫不犹豫地予以从宽，绝不打折扣。

（2）根据案件的情况，当严则严，当宽则宽

每一个案件的情况都是各不相同的。案件的起因、发案的时间、发案的地点、现场的情况、案件的性质、案件的形式、案件的形态、作案的工具、案件的经过和作案的手段、案件的结果等，没有案件是相同的。就同一个案件来说，案件的事实情节和处罚情节也是各不相同的，有的某一事实情节是从重的情节，有的某一事实情节是从轻的情节；有的某一处罚情节是从重的情节，有的某一处罚情节是从轻、减轻或免除处罚的情节。而且，从重或从轻的程度也各不相同，有的从重或从轻的

幅度大，有的从重或从轻的幅度小，等等。对于案件的这些不同情况，在运用讯问策略进行讯问的过程中，就要根据这些不同情况进行具体分析，有的要运用从严的手段，有的要运用从宽的手段，也就是说，应当从严的就运用从严的手段，应当从宽的就运用从宽的手段。只有这样，讯问策略的运用才会有效果。如果讯问人员在运用讯问策略的过程中，不根据案件的情况，而是任意地想从严就从严，想从宽就从宽，也就是说，当严的不予以从严，而是从宽，当宽的不予以从宽，而是从严，那么，讯问策略的运用就不会有任何的效果，而且，有可能起反作用。因此，讯问人员要根据案件的情况，对应当从严的，坚决地予以从严；对应当从宽的，毫不犹豫地予以从宽。

（3）根据被讯问人的情况，当严则严，当宽则宽

各个被讯问人的情况亦是不同的。被讯问人的阅历、被讯问人的性格、被讯问人的态度、被讯问人的心理、被讯问人动机和目的、被讯问人的人身危险性等，都是各不相同的。就同一个被讯问人来说，其在讯问的不同阶段，有的情况也是不同的。例如，被讯问人对待讯问的态度。对于被讯问人的这些不同情况，在运用讯问策略进行讯问的过程中，同样要根据这些不同情况具体分析，有的要运用从严的手段，有的要运用从宽的手段。也就是说，根据被讯问人的某一情况，应当从严的就运用从严的手段，应当从宽的就运用从宽的手段。只有这样，运用讯问策略对被讯问人进行讯问，讯问才会有效果。否则，讯问是不会有效果的。因此，讯问人员要根据被讯问人的情况，对应当从严的，坚决地予以从严；对应当从宽的，毫不犹豫地予以从宽。

2. 宽严相济

宽严相济，就是讯问人员在宽严结合运用的过程中，要综合运用宽和严两种手段，对不同的案件，不同的被讯问人，在不同的时候区别对待，做到严中有宽、宽以济严；宽中有严，严以济宽。

宽严相济，① 在实施中要做到以下几点：

（1）区别对待

讯问人员运用讯问策略对被讯问人进行讯问，是以从严的手段进行讯问，还是以从宽的手段进行讯问，要根据案件和被讯问人的情况综合作出分析判断，区别对待。对有的案件和被讯问人总体上以从严的手段进行讯问，对有的案件和被讯问人总体上以从宽的手段进行讯问。在实施中，对于总体上以从严的手段进行讯问的，并不是一概从严，而是在以从严手段进行讯问的过程中，对有的问题或在有的时候以从宽的手段进行讯问，济之以宽，宽以济严；对于总体上以从宽的手段进行讯问的，同样不是一概从宽，而是在以从宽手段进行讯问的过程中，对有的问题或在有的时候以从严的手段进行讯问，济之以严，严以济宽。

（2）严中有宽，宽以济严

讯问人员在运用讯问策略对被讯问人进行讯问的过程中，在运用某一具体的从严手段对被讯问人进行讯问时，要根据讯问的需要、案件的情况和被讯问人的情况，在该一从严手段中体现出从宽的成分。也就是说，实施该一从严手段并不是一严到底，而是该一从严的手段中有从宽的手段。使之严中有宽，宽以济严。

（3）宽中有严，严以济宽

讯问人员在运用讯问策略对被讯问人进行讯问的过程中，在运用某一具体的从宽手段对被讯问人进行讯问时，同样要根据讯问的需要、案件的情况和被讯问人的情况，在该一从宽的手段中体现出从严的成分。

---

① 有的读者也许会认为，这里的表述应该是"严宽相济"才对。因为这个问题的题目就是严与宽，严字在前，宽字在后，如果反过来说"宽严"，这不符合逻辑。在这个问题上，南怀瑾先生认为："因为中国文字与西方不同，它是一种独立的方块字，一个字代表了好几个观念，好几个意思。要好几个中国的方块字凑拢了，才能表达一个观念。……它的文字逻辑不是西方白话文那个逻辑，因此它可以运用自如。中国文字的每一个字，不仅具有独立的一个观念，也往往会连带了很多观念。不管你怎么摆，怎么配合，它转了一圈，回来还是那个意义。"（见南怀瑾著述《易经系传别讲》，复旦大学出版社 2016 年版，第 10 页）因此，题目严字在前，宽字在后，而这里宽字在前，严字在后，并不影响宽与严个别的含义。其他地方的表述同此理。

也就是说，实施该一从宽的手段并不是一宽到底，宽大无边，而是该一从宽的手段中有从严的手段。使之宽中有严，严以济宽。

3. 时严时宽

时严时宽，就是讯问人员在严宽结合运用的过程中，有时对被讯问人运用从严的手段，在严到一定程度的时候运用从宽的手段；有时运用从宽的手段，在宽到一定程度的时候运用从严的手段。

时严时宽，在实施中要做到以下几点：

（1）以严开路

讯问人员以时严时宽的方法对严宽进行结合，在运用的过程中，要以严开路，首先以从严的手段对被讯问人进行讯问，给被讯问人以精神上、心理上的强制。只有这样，才能使被讯问人从气势、意志、精神、心理、信心败下阵来。如果讯问人员不以严开路，不先给被讯问人一个"下马威"，当头一棒，讯问人员就无法镇住被讯问人，使之乖乖受审。在被讯问人不能被镇住的情况下，对其运用从宽的手段，不仅不起任何作用，而且被讯问人会认为讯问人员对其没有办法，从而强化被讯问人的抗审心理。因此，运用时严时宽的方法对严宽进行结合，在开始的时候就要对被讯问人实施从严的手段，以严开路，切忌在开始的时候以从宽的手段对被讯问人进行讯问。

（2）以宽辅助

讯问人员以时严时宽的方法对严宽进行结合，在以严开路后，在严到一定程度的时候，就要对被讯问人实施从宽的手段，以从宽的手段进行辅助。只有这样，才能使被讯问人受到感化，从而使败下阵来的气势、意志、精神、心理、信心加速瓦解，彻底崩溃。如果讯问人员不以宽的手段进行辅助，而是继续地严下去，尽管被讯问人已从气势上、意志上、精神上、心理上、信心上败下阵来，但被讯问人就会来一个破罐子破摔，认为反正就是那么回事，任讯问人员折腾，拒供的心理就无法转化为交代的心理。因此，运用时严时宽方法对严宽进行结合，在严到一定程度的时候就要对被讯问人实施从宽的手段，以宽辅助，切忌一严到底。

（3）严严宽宽，宽宽严严，严宽适时适度

讯问人员以时严时宽的方法对严宽进行结合，并不是只进行一轮的严和宽就了事，而是在进行了一轮严和宽后，要根据讯问的情况，不间断地进行一轮又一轮的严和宽，严一阵，宽一阵，宽一阵后，再严一阵……严严宽宽，宽宽严严，又严又宽，又宽又严，循环往复地以从严的手段和从宽的手段对被讯问人进行讯问，直至被讯问人对犯罪事实作出交代。

但是，值得特别注意的是，讯问人员对被讯问人进行严严宽宽，宽宽严严，并不能随心所欲，而是要做到适时适度。

适时，就是在最适当的时候对被讯问人实施从严或从宽的手段，不能不顾时机地对被讯问人实施从严或从宽的手段，切忌在应当从严的时候不从严或应当从宽的时候不从宽，在不应当从严的时候却从严或不应当从宽的时候却从宽。这样，势必不仅起不到作用，而且要起反作用。

适度，就是对被讯问人从严和从宽都要掌握好一个度，从严和从宽都要适可而止，从严不能严得过度，从宽也不能宽得过头，切忌凭自己的兴趣一严到底或一宽无边。这样，势必同样不仅起不到作用，而且要加剧被讯问人的对立情绪，使被讯问人破罐子破摔，造成僵局或使被讯问人认为讯问人员是在讨好他、求他。

三、张与弛

（一）张

所谓张，是指讯问人员在运用讯问策略的过程中，以紧凑的方法对被讯问人进行讯问，使被讯问人处于连续挨"打"的境地，只有招架之功，没有反抗之力。

在运用讯问策略中，张的方法主要有：

1. 先发制人

（1）先声夺人

在运用讯问策略对被讯问人以"张"的方法进行讯问中，讯问人员要做到先声夺人。营造大兵压境、泰山压卵的声势；张扬无坚不摧、所向披靡的声威；宣扬精明强干、能力超群的声望，以声势压倒被讯问人，使被讯问人首先从气势上败下阵来。

（2）单刀直入

在运用讯问策略对被讯问人以"张"的方法进行讯问中，讯问人员要做到针对目标，勇猛精进。以强硬的手段、强大的力量、确实的事实或证据，不绕弯子，直截了当地狠击被讯问人的要害，似钢刀狠插被讯问人的心脏，使被讯问人即刻倒地，没有任何反抗的能力。

（3）攻其无备，出其不意

在运用讯问策略对被讯问人以"张"的方法进行讯问中，讯问人员要做到攻其无备，出其不意。向被讯问人没有防备、不知防备、不能防备、来不及防备、防备薄弱的地方发起进攻，向被讯问人没有意料、料想不到、来不及意料的地方发动突然袭击，使被讯问人措手不及，束手无策。

2. 加快讯问节奏

（1）从不同的角度，不同的侧面向被讯问人提出问题

在运用讯问策略对被讯问人以"张"的方法进行讯问中，讯问人员要就某一个问题从不同的角度，不同的侧面向被讯问人提出一个接一个的一连串的问题，连续向被讯问人发问，责令被讯问人作出回答，不让被讯问人有考虑对策的时间。

（2）纵横交叉地向被讯问人提出问题

在运用讯问策略对被讯问人以"张"的方法进行讯问中，讯问人员对案件中的事实和情节，要既细致入微，又合情合理地从事到人、从人到事、从人到人、从事到事向被讯问人提出一连串的问题，责令被讯问人作出回答。

（3）顺序倒逆地向被讯问人提出问题

在运用讯问策略对被讯问人以"张"的方法进行讯问中，讯问人员对案件中的事实和情节，要分别从开始到结束、从结束到开始，从因到果、从果到因向被讯问人提出一连串的问题，责令被讯问人作出回答。

（4）化整为零地向被讯问人提出问题

在运用讯问策略对被讯问人以"张"的方法进行讯问中，讯问人员对案件的同一事实和情节，要拆散成若干个具体问题，夹杂在其他事实和情节中向被讯问人提出一连串的问题，责令被讯问人作出回答。

（5）跳跃式地向被讯问人提出问题

在运用讯问策略对被讯问人以"张"的方法进行讯问中，讯问人员对案件的经过，要打破讯问的常规，不断地跳过某些环节向被讯问人提出表面上看起来凌乱无序，而实质上是按一定的意图分进合击的一连串问题，责令被讯问人作出回答。

（6）间隔重复地向被讯问人提出问题

在运用讯问策略对被讯问人以"张"的方法进行讯问中，讯问人员对案件的同一事实和情节，在讯问过后间隔一定时间，再重复地向被讯问人提出一连串的问题，责令被讯问人作出回答。

3. 连续进攻

（1）以多种"炮弹"向被讯问人连续进攻

在运用讯问策略对被讯问人以"张"的方法进行讯问中，讯问人员要以证据、法律、政策、道理等多种"炮弹"一颗接一颗地连续向被讯问人发起进攻。打得被讯问人没有反抗的机会，没有反抗的胆量，没有反抗的能力。

（2）以证据向被讯问人连续进攻

在运用讯问策略对被讯问人以"张"的方法进行讯问中，讯问人员要以不同的方法向被讯问人连续出示证据，以不同的证据向被讯问人连续出示，向各个事实和情节分别连续出示证据。使被讯问人在确实、充分的证据面前不能反抗。

（3）以揭露的手法向被讯问人连续进攻

在运用讯问策略对被讯问人以"张"的方法进行讯问中，讯问人员要以不同的事实和理由连续揭露被讯问人的矛盾，要以不同的方法连续揭露被讯问人的矛盾，要从不同的角度连续揭露被讯问人的矛盾。揭得被讯问人体无完肤，原形毕露。

（4）以驳斥的手法向被讯问人连续进攻

在运用讯问策略对被讯问人以"张"的方法进行讯问中，讯问人员要以不同的事实和理由连续驳斥被讯问人的谬论和伪供、狡辩，要以不同的方法连续驳斥被讯问人的谬论和伪供、狡辩，要对被讯问人的各种谬论和伪供、狡辩分别予以连续的驳斥。驳得被讯问人理屈词穷，无言以对。

（5）以从重的法律和政策向被讯问人连续进攻

在运用讯问策略对被讯问人以"张"的方法进行讯问中，讯问人员要针对被讯问人犯罪的事实和情节，选择从重的不同法律规定和政策连续进行阐述，以不同的方法连续阐述从重的法律规定和政策。使被讯问人在从重的法律规定和政策面前胆战心惊。

（6）以从重处罚的典型案例向被讯问人连续进攻

在运用讯问策略对被讯问人以"张"的方法进行讯问中，讯问人员要针对被讯问人的态度，选择从重处罚的典型案例连续进行宣讲，把血淋淋的事实摆在被讯问人的面前，警示被讯问人。

（二）弛

所谓弛，是指讯问人员在运用讯问策略的过程中，以松弛的方法对被讯问人进行讯问，使被讯问人在和谐的氛围之中接受讯问。

在运用讯问策略中，弛的方法主要有：

1. 缓和气氛

（1）赞扬被讯问人的闪光点

在运用讯问策略对被讯问人以"弛"的方法进行讯问中，讯问人

员要赞扬被讯问人的闪光点、为党和国家所作出的贡献、高尚的人品和良好的表现。

（2）评价被讯问人在讯问中的良好态度

在运用讯问策略对被讯问人以"弛"的方法进行讯问中，讯问人员对被讯问人接受讯问的端正态度，如实回答讯问人员所提的问题、交代的犯罪事实、悔罪的表现要实事求是地予以评价，肯定被讯问人这些良好的态度。

2. 慢节奏提问

（1）自由交谈提出问题

在运用讯问策略对被讯问人以"弛"的方法进行讯问中，讯问人员可采用自由交谈的方式，在自由交谈中向被讯问人提出问题。

（2）启发提出问题

在运用讯问策略对被讯问人以"弛"的方法进行讯问中，讯问人员可采用启发的方式，在启发中向被讯问人提出问题。

（3）间接侧面地提出问题

在运用讯问策略对被讯问人以"弛"的方法进行讯问中，讯问人员不要直接向被讯问人提出其犯罪的问题，而是间接从侧面提出与犯罪有关的问题。

（4）婉转淡化地提出问题

在运用讯问策略对被讯问人以"弛"的方法进行讯问中，讯问人员不要把犯罪行为明确地称为某种性质，而是以不刺激的措辞说出，进行淡化。

（5）留有余地地提出问题

在运用讯问策略对被讯问人以"弛"的方法进行讯问中，讯问人员所提的问题要留有余地，给被讯问人留一个从轻处理的条件。

3. 以善言善行对待被讯问人

（1）入情入理地分析

在运用讯问策略对被讯问人以"弛"的方法进行讯问中，讯问人

员要入情入理地分析被讯问人走上犯罪道路的主、客观原因、犯罪的动机和目的、犯罪行为的社会危害性、被讯问人的错误思想认识及其根源、其犯罪为什么会暴露、抗拒对其所带来的不利后果和如实交代对其的利益等。

（2）循循善诱地教育

在运用讯问策略对被讯问人以"弛"的方法进行讯问中，讯问人员要对被讯问人循循善诱地进行形势、前途、政策、法律、世界观、人生观、道德观的教育，一步一步地引导教育被讯问人。

（3）情真意切地感化

在运用讯问策略对被讯问人以"弛"的方法进行讯问中，讯问人员要情真意切地帮助被讯问人解决困难，善意劝导被讯问人，使被讯问人的思想和行为逐渐向好的方面转化。

（4）仁至义尽地挽救

在运用讯问策略对被讯问人以"弛"的方法进行讯问中，讯问人员要以各种方法，千方百计，仁至义尽地对被讯问人进行挽救。

（5）能近取譬地同情、理解

在运用讯问策略对被讯问人以"弛"的方法进行讯问中，讯问人员要能近取譬，就近拿自己打比方，就自己的心情来推知被讯问人的心境，对被讯问人予以同情、理解。

（6）言近旨远地解说

在运用讯问策略对被讯问人以"弛"的方法进行讯问中，讯问人员对被讯问人不懂的、疑惑的方面要话语浅近、含义深远地进行解释、说明。

（7）语重心长地规劝

在运用讯问策略对被讯问人以"弛"的方法进行讯问中，讯问人员要言辞郑重恳切、情深意长，真诚地忠告劝说被讯问人认识错误，改正错误，不要执迷不悟。

（8）满腔热忱地鼓励

在运用讯问策略对被讯问人以"弛"的方法进行讯问中，讯问人

员要满腔热忱，心里充满热烈真挚的感情鼓励被讯问人丢掉幻想，放下包袱，走"坦白从宽"的道路。

（9）有依有据地感召

在运用讯问策略对被讯问人以"弛"的方法进行讯问中，讯问人员要有依有据地向被讯问人宣讲从轻、减轻或免除处罚的法律、政策和案例，感召被讯问人。

（10）不急不躁地等待

在运用讯问策略对被讯问人以"弛"的方法进行讯问中，讯问人员要不急不躁、耐心等待被讯问人的思想转变，允许思想反复。

（11）深入浅出地阐明道理

在运用讯问策略对被讯问人以"弛"的方法进行讯问中，讯问人员在阐明道理时，要深入浅出，用浅显易懂的语言文字把深刻的道理、内容表达出来。

（12）深情厚意地输入情感

在运用讯问策略对被讯问人以"弛"的方法进行讯问中，讯问人员要怀着深厚的情意向被讯问人输入各种情感信息，激发被讯问人的情感。

（13）扎扎实实地搭好台阶

在运用讯问策略对被讯问人以"弛"的方法进行讯问中，讯问人员要扎扎实实地为被讯问人搭好台阶，让被讯问人顺着台阶走出窘境。

（14）耐心细致地消除顾虑

在运用讯问策略对被讯问人以"弛"的方法进行讯问中，讯问人员要耐心细致地消除被讯问人的顾虑，使之放下包袱，轻装上阵。

（15）诚信真实地许以合法利益

在运用讯问策略对被讯问人以"弛"的方法进行讯问中，讯问人员对被讯问人所许的利益要诚信真实、能够实现。

（三）张与弛相结合

张与弛相结合，出自《礼记·杂记下》："张而不弛，文武弗能也；

弛而不张，文武弗为也，一张一弛，文武之道也。"① 其谋略思想的核心就是"一张一弛"。即一时拉紧弓弦，一时放松弓弦，交替进行。这种谋略思想运用于讯问中，就是在讯问中，有时紧凑地对被讯问人进行讯问，有时松弛地对被讯问人进行讯问，对被讯问人进行紧凑和松弛的交替讯问。

事实上，张与弛，也就是严与宽。只不过在讯问中是从程序上来说的，而前面我们论及的严与宽是从实体上来说的。因而，张与弛相结合的方法也就相当于我们在前面论述的严与宽相结合的方法。即当张则张，当弛则弛（当严则严，当宽则宽）；张弛相济（严宽相济）；时张时弛（时严时宽）。故在此不再赘述。

四、正与奇

所谓奇正，原指阵法中的奇兵与正兵，后引申为特殊战术与常规战术，以及机动灵活、出奇制胜的作战方法。②

（一）正

所谓正，是指讯问人员在运用讯问策略的过程中，以通常、正规的方法对被讯问人进行讯问或从正面对被讯问人进行进攻。

在运用讯问策略中，正的方法主要有：

1. 在力量部署上，组织强有力的讯问力量，担任正面进攻、钳制被讯问人的任务，面对面地向被讯问人发起进攻，讯问被讯问人的犯罪事实，以强力从多方限制被讯问人，使被讯问人难以反抗，失去主动权，陷入被动挨打的境地。

2. 在讯问的目标上，针对被讯问人犯罪的起因、时间、地点、动

---

① 见《礼记·杂记下》，载程林主编：《四书五经》（第三卷），北京燕山出版社2008年版，第1110页。

② 见陈曦等译注：《孙子兵法·三十六计》，中华书局2016年版，第110页。

机、目的、经过、手段、后果等事实和情节进行讯问，正面讯问被讯问人的犯罪事实和情节。

3. 在讯问的方式上，按照案件的发生、发展和经过的顺序，或针对被讯问人的抗审心理，采取正面攻击、明攻的方式对被讯问人进行讯问。

4. 在讯问的方法上，采用出示证据、宣讲法律、政策、阐明道理、揭露矛盾、驳斥谬论和狡辩、批判错误认识、进行规劝和输入情感信息等正规的讯问方法，对被讯问人进行讯问。

5. 在运用的内容上，运用已收集到的确实证据，已掌握的事实材料，原原本本的法律规定和政策，以这些实实在在的内容对被讯问人实施明确的进攻。

（二）奇

所谓奇，是指讯问人员在运用讯问策略的过程中，以出奇制胜的方法对被讯问人进行讯问，从奇路和以奇法出击取胜被讯问人。

在运用讯问策略中，奇的方法主要有：

1. 在力量部署上，组织精明强干的力量担任秘查、突击的任务

（1）组织秘查力量，深入被讯问人后方，担任了解掌握案件和被讯问人及其有关的深层次情况的任务，进一步地了解掌握案件的事实情况、尚未收集到的证据、被讯问人的心理、被讯问人的薄弱环节、同案人、对合人和被讯问人亲人、朋友的活动情况；及时地查证被讯问人的交代和辩解，为正面讯问源源不断地提供"炮弹"，使讯问顺利地向纵深发展。

（2）组织参加讯问的增加力量，在适当的时候投入讯问，增加讯问人员，以增强讯问的气势，解决讯问中的专业问题，把讯问推向一个新的高潮。

（3）组织应急力量，根据讯问的需要，对被讯问人的人身进行搜查，对相关地点进行勘验、检查，依法给被讯问人戴上械具，前往抓获

同案人、对合人。

2. 在讯问的目标上，向被讯问人的薄弱环节和案件中容易攻破的事实情节发起进攻

（1）向被讯问人自身所具有的弱点发起进攻

被讯问人在性格、处事、生活、兴趣爱好、经历、人品、情感等方面都会存在一些弱点，讯问人员要善于发现和抓住被讯问人的这些弱点，针对这些弱点向被讯问人发起进攻。

（2）向被讯问人抗审心理障碍的弱点发起进攻

被讯问人抗审的自信性侥幸心理、盲目性侥幸心理、选择性侥幸心理、畏罪心理、优势心理、对抗心理、无赖心理、定势心理、戒备心理、慌乱心理、顾虑心理、悔恨心理都有着弱点的一面。[①] 讯问人员要善于发现和抓住被讯问人这些抗审心理障碍弱点的一面，针对弱点向被讯问人发起进攻。

（3）向被讯问人构筑的抗审心理防线的弱点发起进攻

被讯问人构筑的抗审心理防线的情绪基础、理论基础、意志基础、认识基础、客观基础[②]都有着弱点的地方，而且，构筑的抗审心理防线不可能严密得无懈可击，总有漏洞，讯问人员要善于发现和抓住被讯问人抗审心理防线各构筑基础的弱点和构筑上的漏洞，针对弱点和漏洞向被讯问人发起进攻。

（4）向被讯问人防备上的弱点发起进攻

被讯问人在防备上，有的是不能防备的，有的是不知防备的，有的是不会防备的，有的是防备不过来的，有的是防备有漏洞的，有的是防备不可能详尽的，有的是防备不坚固的。讯问人员要善于发现和抓住被讯问人防备上的这些弱点，针对这些弱点向被讯问人发起进攻。

---

① 这些抗审心理障碍的弱点，见拙作《讯问艺术》（增订版），中国方正出版社2015年版，第198—204页。

② 抗审心理防线的情绪基础、理论基础、意志基础、认识基础、客观基础，见拙作《讯问步骤》，中国法制出版社2021年版，第382—563页。

（5）向已有确实、充分证据的案件事实、情节发起进攻

这种已有确实、充分证据的案件事实、情节，由于事实、情节清楚，证据铁板钉钉，被讯问人无法进行辩解和否认，容易被攻破。因此，讯问人员应向着已有确实、充分证据的案件事实、情节发起进攻。

（6）向容易造成被讯问人错觉的案件事实、情节发起进攻

这种容易造成被讯问人错觉的案件事实、情节，由于极易引起被讯问人的错误知觉，作出错误的判断，容易被攻破。因此，讯问人员应向着容易造成被讯问人错觉的案件事实、情节发起进攻。

（7）向表面上看似无关紧要，但实质上与犯罪之间具有内在联系的案件事实、情节发起进攻

这种表面上看似无关紧要，但实质上与犯罪之间具有内在联系的案件事实、情节，由于其表面上看似无关紧要，被讯问人容易作出如实的回答，一旦被讯问人作出如实的回答，因其在实质上与犯罪之间具有内在的联系，就等于被讯问人承认了犯罪的事实。因此，讯问人员应向着表面上看似无关紧要，但实质上与犯罪之间具有内在联系的案件事实、情节发起进攻。

（8）向特殊的案件事实、情节发起进攻

这种特殊的案件事实和情节，由于只有被讯问人自己或被讯问人与同案人，被讯问人与对合人，被讯问人与被害人知道，一旦讯问人员也知道了这种特殊的事实、情节，被讯问人就会误认为讯问人员连这种事实、情节也都已掌握，肯定是已掌握了案件的其他所有的事实和证据。这样，被讯问人就容易作出交代。因此，讯问人员应向着特殊的案件事实、情节发起进攻。

（9）向反常的案件事实、情节发起进攻

这种反常的案件事实、情节，由于是被讯问人为转移侦查人员的侦查方向，把侦查工作引入歧途，或为毁灭、隐匿罪证，使侦查人员无法收集到其犯罪证据而有意为之的结果，这就暴露了被讯问人做贼心虚的弱点和授讯问人员以把柄。讯问人员就可针对被讯问人做贼心虚的弱点和利用授予的把柄进行追审，使被讯问人胆战心惊和无路可

退，只得说出实情。因此，讯问人员应向着反常的案件事实、情节发起进攻。

（10）向与客观存在的事实和情理矛盾的事实、情节发起进攻

这种与客观存在的事实和情理矛盾的事实、情节，由于是被讯问人编造出来的虚假事实、情节，它经不起客观存在的事实和情理的检验，一旦讯问人员以客观存在的事实和情理进行揭露，被讯问人就理屈词穷，无言以对，真相就会大白。因此，讯问人员应向着与客观存在的事实和情理矛盾的事实、情节发起进攻。

（11）向具有从轻、减轻或免除处罚的事实、情节发起进攻

这种具有从轻、减轻或免除处罚的事实、情节，由于是对被讯问人予以从轻、减轻或免除处罚的依据，一旦讯问人员肯定被讯问人、被讯问人知道自己具有这种从轻、减轻或免除处罚的事实、情节，被讯问人就会如释重负，畏罪心理顿消，并在讯问人员实事求是态度的感召下，争取宽上加宽，如实地交代犯罪的事实。因此，讯问人员应向着被讯问人具有的从轻、减轻或免除处罚的事实、情节发起进攻。

3. 在讯问的方式上，采用灵活多样的方式对被讯问人进行讯问

（1）自由交谈

讯问人员有计划地就某一方面的情况与被讯问人进行自由交谈，缓和讯问的气氛，消除被讯问人思想上的戒备，使之在自由交谈中暴露出与犯罪有关的情况。

（2）互相讨论

讯问人员有目的地提出某个问题，与被讯问人进行讨论，让被讯问人谈看法、谈观点，分散被讯问人抗审的注意力，使被讯问人在讨论中，通过谈看法、谈观点暴露出与犯罪有关的问题。

（3）和气询问

讯问人员有方向地和气询问被讯问人某一方面的情况，解除被讯问人思想上的武装，使被讯问人在回答讯问人员的询问中，不知不觉地说出与犯罪有关的问题。

（4）淡化问题

讯问人员对被讯问人有关的问题进行淡化，消减被讯问人的危险感，使被讯问人在感觉到危险不大或没有危险的情况下说出与犯罪有关的问题。

（5）投被讯问人所好

讯问人员投被讯问人所好，以为被讯问人着想的角度，以不讲清某一情况可能会影响被讯问人今后的某一问题，激起被讯问人对其所好问题的贪欲，为使今后不影响其所好的问题，讲出与犯罪有关的问题。

（6）讲故事、吹牛说笑

讯问人员有针对性地讲故事、吹牛说笑，松懈被讯问人的警惕性，把被讯问人引导到讲故事、吹牛说笑的行列，使被讯问人在放松警惕的情况下，于讲故事、吹牛说笑中无意说出与犯罪有关的问题。

（7）侧面迂回地提问

讯问人员隐蔽意图，从侧面迂回地向被讯问人提出从表面看起来与案件的实质问题关系不大，或者与被讯问人关系不大，但又与案件相关的实质问题，或者与被讯问人犯罪问题有着某种内在联系的问题，使被讯问人在认为这些问题同自己关系不大的情况下对讯问人员所提的问题作出如实的回答，暴露出与犯罪有着内在联系的问题。

（8）倾听被讯问人辩解

讯问人员在被讯问人辩解的过程中要认真地倾听被讯问人的辩解，从而促使被讯问人大胆地为自己辩解，使被讯问人在进行辩解中，言多必失，或无意地讲出一些他本来不愿讲、不想讲的与案件有关的事实和情节。

（9）赞同被讯问人的某些观点

讯问人员对被讯问人的某些观点作出赞同的表示，抓住被讯问人的心理、牵住被讯问人的鼻子，促使被讯问人讲出犯罪的事实。

（10）运用计谋

讯问人员根据案件和被讯问人的情况，运用各种有针对性的计谋，迷惑被讯问人，使被讯问人中计而交代犯罪的事实。

（11）先温后厉

讯问人员先以温和的方式对被讯问人进行讯问，待抓住把柄后，突然变脸，向被讯问人发难，提出最尖锐的问题，以最严厉的方式对被讯问人进行讯问，使被讯问人无法回避，无路可退，只得作出如实交代。

（12）先厉后温

讯问人员先以严厉的方式对被讯问人进行讯问，待被讯问人产生惧怕心理后，转而以温和的方式对被讯问人进行讯问，向被讯问人阐明道理，输入情感，感化、感召被讯问人。

4. 在讯问的方法上，具体问题具体对待，以因人制宜、因案制宜、因事制宜、因变制宜、因机制宜的方法对被讯问人进行讯问

（1）根据被讯问人的具体情况，以针对被讯问人具体情况的方法讯问

对有的被讯问人以硬的方法进行讯问，对有的被讯问人以软的方法进行讯问，对有的被讯问人以软硬结合的方法进行讯问，对有的被讯问人以反常规的特殊方法进行讯问，对有的被讯问人以欲擒故纵、声东击西或挑拨离间等用计的方法进行讯问。

（2）根据案件的具体情况，以针对案件具体情况的方法讯问

对有的案件以单刀直入的方法进行讯问，对有的案件以迂回围歼的方法进行讯问，对有的案件以循序渐进的方法进行讯问，对有的案件以主动出击的方法进行讯问，对有的案件以连续进攻的方法进行讯问。

（3）根据事情的具体情况，以针对事情具体情况的方法进行讯问

对有的事情以突袭的方法进行讯问，对有的事情以偷袭的方法进行讯问，对有的事情以旁敲侧击的方法进行讯问，对有的事情以堵死退路的方法进行讯问，对有的事情以网开一面的方法进行讯问，对有的事情以以柔克刚的方法进行讯问。

（4）根据变化了的具体情况，以针对变化了的具体情况的方法进行讯问

对有的变化了的情况用以变应变的方法进行讯问，对有的变化了的

情况用以不变应万变的方法进行讯问。

（5）根据时机的具体情况，以针对时机具体情况的方法进行讯问

对有的时机以出示证据的方法进行讯问，对有的时机以宣讲法律、政策的方法进行讯问，对有的时机以阐明道理的方法进行讯问，对有的时机以催化情感的方法进行讯问。

5. 在运用的材料内容上，运用被讯问人料想不到、疏忽防备、不能抵挡、虚虚实实、"无中生有"的材料内容

（1）料想不到的材料内容

讯问人员运用被讯问人没有能力料想、没有意识料想、没有经验料想、没有条件料想、没有机会料想这些被讯问人料想不到、不知防备的材料内容对被讯问人进行袭击，使被讯问人在这些材料内容面前措手不及。

（2）没有防备的材料内容

讯问人员运用被讯问人认为讯问人员不可能取到的证据、不可能知道的事实、不可能了解掌握的细节这些被讯问人没有进行防备的材料内容对被讯问人进行袭击，使被讯问人在这些材料内容面前猝不及防。

（3）不能抵抗的材料内容

讯问人员运用确实、充分的证据、无可辩驳的事实、法律的明文规定和解释、放之四海皆准的道理这些被讯问人不能抵抗的材料内容对被讯问人进行袭击，使被讯问人在这些材料内容面前无言以对。

（4）虚实结合的材料内容

讯问人员运用虚虚实实、虚中有实、实中有虚、虚实并存这些虚实结合的材料内容对被讯问人进行袭击，使被讯问人在这些材料内容面前草木皆兵。

（5）"无中生有"的材料内容

讯问人员运用"无中生有"的手段"生"出客观上存在，但讯问人员并未掌握和取得的材料内容对被讯问人进行袭击，使被讯问人信以为真，认为讯问人员已确实掌握和取得这些材料内容。

6. 在讯问的技巧上，技高一筹，高深莫测

（1）以智、以谋、以计取胜，"攻人以谋不以力，用兵斗智不斗多"①。通过巧妙的技巧，让被讯问人自己"走出来"。

（2）变化无常，不按常规出牌，忽而在左，忽而在右，忽而在上，忽而在下，不可捉摸，使被讯问人不知其所守，束手无策，始终处于被动挨打的境地。

（三）正与奇相结合

正与奇相结合的谋略思想，出自《孙子兵法·势篇》："凡战者，以正合，以奇胜。"② 这种谋略思想的核心就是"用正合战，用奇胜敌"③。

正与奇相结合的谋略思想运用于讯问之中，就是讯问人员在运用讯问策略的过程中，把通常、正规的讯问方法或从正面对被讯问人的进攻与运用计谋、奇妙的办法或从侧面袭击被讯问人结合起来，一边以通常、正规的方法或从正面对被讯问人进行讯问，一边运用计谋、奇妙的方法或从侧面袭击被讯问人，攻其无备，出其不意。

正与奇相结合，主要有以下方法：

1. 先正后奇

先正后奇，就是讯问人员在正奇结合运用的过程中，先对被讯问人以正兵进行攻击，动摇被讯问人抗审的心理防线。此时，突然出奇兵对被讯问人进行袭击，击得被讯问人措手不及。

先正后奇，在实施中要做到以下几点：

（1）先以正兵向被讯问人发起猛烈的进攻

讯问人员以这种方法进行正与奇相结合，首先要以正兵向被讯问人

---

① 见［宋］欧阳修：《准诏言事上书》，载《欧阳修全集》（上），中国书店出版社 1986 年版，第 314 页。

② 见《孙子兵法·势篇》，载陈曦等译注：《孙子兵法·三十六计》，中华书局 2016 年版，第 114 页。

③ 见［三国］曹操等注，杨丙安校理：《十一家注孙子》，中华书局 2012 年版，第 81 页。

发起猛烈的进攻，以气势、形势、刑事政策、法律、证据、道理等对被讯问人进行主动、连续的攻击，攻得被讯问人心理惧怕、精神萎靡、信心丧失、意志消退、决心全无，从气势上压倒被讯问人，从而动摇被讯问人抗审的心理防线。

（2）突出奇兵对被讯问人进行袭击

讯问人员以这种方法进行正奇相结合，在以正兵对被讯问人进行了猛烈的攻击的同时，要不失时机地突出奇兵对被讯问人进行袭击。以迅雷不及掩耳之势对被讯问人的虚弱之处进行突然的袭击，攻其无备，出其不意，打得被讯问人措手不及，使之毫无反抗的能力，从而乖乖受擒，对犯罪事实作出交代。

2. 先奇后正

先奇后正，就是讯问人员在正奇结合运用的过程中，先对被讯问人以奇兵进行进攻，通过奇兵进攻，暴露出被讯问人有关犯罪的问题或矛盾，此时，讯问人员一反常态，抓住被讯问人暴露出来的有关犯罪的问题或矛盾的关键，以正兵对被讯问人发起猛烈的进攻，攻得被讯问人只有如实交代这一条路可走。

先奇后正，在实施中要做到以下几点：

（1）先以奇兵对被讯问人进行进攻

讯问人员以这种方法进行正与奇相结合，首先以奇兵对被讯问人进行进攻。在先以奇兵对被讯问人进行讯问中，讯问人员要缓和讯问的气氛，以诚恳的态度、关心帮助的姿态出现，松懈被讯问人的警惕性，解除其思想上的武装，使被讯问人认为已没有了危险，说清这些问题不会对自己构成威胁，而只会对自己有利，从而促使被讯问人说出那些其认为与其犯罪没有关联而在实际上却与其犯罪具有内在联系的问题，或说出与其本人先前所说相矛盾的或与事实、与证据、与情理相矛盾的问题，暴露出其犯罪的事实情况或矛盾。

（2）再以正兵对被讯问人予以狠击

讯问人员以这种方法进行正与奇相结合，在以奇兵对被讯问人进行进攻，当被讯问人暴露出与犯罪有关的事实或矛盾后，讯问人员要一反奇兵时的常态，以严肃的态度、郑重的言辞、针对性的内容对被讯问人予以正面狠击。在以正兵对被讯问人予以狠击中，讯问人员要以出示证据、宣讲法律、阐明道理、利用矛盾、驳斥谬论和狡辩、批判错误认识的讯问手段对被讯问人暴露出的与犯罪有关的事实或矛盾进行揭露，予以狠击，击得被讯问人理屈词穷，哑口无言，没有任何反抗的余地。

（3）辅之以"拉"被讯问人一把

讯问人员以这种方法进行正与奇相结合，在被讯问人被击得理屈词穷、哑口无言、毫无反抗余地的情况下，还要辅之以"拉"被讯问人一把。

①以政策和法律"拉"

讯问人员要向被讯问人宣讲"坦白从宽、抗拒从严""宽严相济"的刑事政策和《刑法》第六十七条第三款、《刑事诉讼法》第十五条的规定，指出被讯问人的出路，以政策和法律感召被讯问人，"拉"被讯问人一把。

②以规劝的方法"拉"

讯问人员要对被讯问人进行规劝，规劝其面对现实，要识时务；规劝其不要错失良机；规劝其要为亲人着想等，以规劝的方法"拉"被讯问人一把。

③以情感"拉"

讯问人员要向被讯问人输入情感信息，激发被讯问人的情感，以情感"拉"被讯问人一把。促使被讯问人在情感的作用下"言无所择"，对犯罪事实作出交代。

3. 奇中有正，正中有奇

奇中有正，正中有奇，就是讯问人员在正奇结合运用的过程中，所运用的奇兵中有正兵，正兵中有奇兵，奇正之变，不可胜穷。

奇中有正，正中有奇，在实施中要做到以下几点：

（1）在实施的奇兵中要表现出正兵的内容

讯问人员以这种方法进行正与奇的结合，在实施的奇兵中要表现出正兵的内容，使被讯问人认为讯问人员实施的不是真正的奇兵，而是正兵。"吾之奇，使敌视以为正。"① 只有这样，才能使讯问人员以奇兵击被讯问人。否则，就无法达到以奇兵击被讯问人的目的。正所谓"以奇为正，使敌视以为正，则吾以奇击之"。②

（2）在实施的正兵中要表现出奇兵的内容

讯问人员以这种方法进行正与奇的结合，在实施的正兵中要表现出奇兵的内容，使被讯问人认为讯问人员实施的不是真正的正兵，而是奇兵。"吾之正，使敌视以为奇。"③ 只有这样，才能使讯问人员以正兵击被讯问人。否则，就无法达到以正兵击被讯问人的目的。正所谓："以正为奇，使敌视以为奇，则吾以正击之。混为一法，使敌莫测。"④

五、实与虚

（一）实

所谓实，是指讯问人员在运用讯问策略的过程中，在进攻的目标上、进攻的手段上、进攻所运用的材料上是实打实的。目标是真实的，手段是朴实的，材料是确实的。

在运用讯问策略中，实的方法主要有：

1. 在目标上，向讯问人员真实要进攻的目标进行攻打

讯问人员要对哪个目标进行攻打的，就毫不遮掩地直奔这个目标，向这个目标发起进攻，进行攻打。例如，要攻打被讯问人抗审恶劣态度

---

① 见［唐］李靖撰：《李卫公问对》，载《六韬·三略·李卫公问对》，北方文艺出版社 2015 年版，第 128 页。

② 见［三国］曹操等注，杨丙安校理：《十一家注孙子》，中华书局 2012 年版，第 81 页。

③ 见［唐］李靖撰：《李卫公问对》，载《六韬·三略·李卫公问对》，北方文艺出版社 2015 年版，第 128 页。

④ 见［三国］曹操等注，杨丙安校理：《十一家注孙子》，中华书局 2012 年版，第 81 页。

的，就对被讯问人的抗审恶劣态度进行攻打，狠刹被讯问人抗审恶劣态度的表现，深挖被讯问人抗审恶劣态度的根源，指出被讯问人这种恶劣态度表现的危害，表明讯问人员的坚决态度，端正被讯问人抗审的恶劣态度。

2. 在手段上，以朴实的手段对被讯问人进行攻打

讯问人员攻打的手段敦厚、直率、纯真，不加修饰。出示证据就实实在在地出示，宣讲法律就原原本本地进行宣讲，阐明道理就深入浅出地阐述，揭露问题就有根有据地揭露，批驳就义正词严地予以批驳，许以利益就言而有信地予以许诺，指出出路就真心实意地予以指出，等等。总之，不使阴、不使假、不使诈。

3. 在运用的材料上，以确实的材料内容对被讯问人进行攻打

讯问人员用以攻打的材料真实掌握、真实可靠、真实可信。运用的材料是已经收集到的实实在在的材料，材料的内容是客观事实的反映，材料所反映的事实清楚，等等。总之，不掺假，不虚夸。

（二）虚

所谓虚，是指讯问人员在运用讯问策略的过程中，在进攻的目标上，进攻的手段上，进攻的材料上不是实实在在的。目标并不是真实的目标，手段并不是真实的手段，材料并不是真实的材料。

在运用讯问策略中，虚的方法主要有：

1. 在目标上，向讯问人员不是要真实进攻的目标进行攻打，而是表面上装着声张要攻打的目标

（1）装着声张攻打这一起犯罪，而实际上是要攻打那一起犯罪。

（2）装着声张攻打犯罪的这一情节，而实际上是要攻打犯罪的那一情节。

（3）装着声张攻打被讯问人轻的犯罪问题，而实际上是要攻打被讯问人重的犯罪问题。

（4）装着声张攻打被讯问人已公开暴露的犯罪事实或情节，而实

际上是要攻打被讯问人没有暴露的犯罪事实或情节。

（5）装着声张攻打被讯问人坚固的某一地方，而实际上是要攻打被讯问人虚弱的某一地方。

（6）装着声张攻打与被讯问人犯罪事实关系不大的情节，而实际上是要攻打与被讯问人犯罪事实关系重大的情节。

（7）装着声张攻打被讯问人的一些表面问题，而实际上是要攻打被讯问人的实质问题。

（8）装着声张攻打被讯问人的前科把柄问题，而实际上是要攻打被讯问人现行的犯罪问题。

（9）装着声张不是攻打犯罪的问题，是在例行检查工作，了解情况，征求意见，而实际上要攻打被讯问人的犯罪的问题。

（10）装着声张查他人的犯罪问题，让被讯问人反映情况，提供线索，摆出疑点，陈述事实，发表看法，而实际上是要查被讯问人的犯罪问题。

2. 在手段上，故意实施宽纵的手段，使被讯问人放松警惕，解除思想武装而骄纵起来

（1）故纵的手段

讯问人员故意认为被讯问人不是本案的作案人或其实施的行为不是犯罪行为，是讯错了被讯问人，对被讯问人予以释放，或认为被讯问人的问题不是讯问人员要追查的问题，讯问人员对此不感兴趣。

（2）迁就的手段

讯问人员故意对被讯问人的犯罪不予深究，对被讯问人的错误言行听而不闻，视而不见，任其自然，或将就、凑合地草草应付，得过且过。

（3）开脱的手段

讯问人员故意把责任归咎于被害人、同案人、对合人或客观原因、客观环境、社会风气。

（4）指点的手段

讯问人员故意指点被讯问人如何做才是正确的，要如实地说清某一

方面的情况，并向被讯问人说明说清某一方面情况对其有什么利益和不说或说不清对其有什么危害及其理由。但是，值得特别注意的是，指点必须实事求是。

（5）夸奖、称赞的手段

讯问人员故意夸奖、称赞被讯问人讲义气、实事求是、敢作敢当、光明正大，把被讯问人抬得飘飘然。

3. 在材料内容上，把无说成有、小说成大、模糊说成清楚、表面说成实质

（1）把根本没有掌握的材料说成已经掌握了材料

讯问人员把未抓获的同案人、对合人说成已经抓获；把没有取得的证据说成已经取得了该证据；把未发现的情况说成已经发现；把同案人、对合人未作出交代的说成已作出交代；把证人未作证的说成已经作证；把已经死亡的被害人说成未死亡；把未能作出鉴定意见的说成已经作出鉴定意见；把留下的痕迹不清楚的说成留下的痕迹清楚；等等。

（2）把掌握小的材料说成掌握大的材料

讯问人员把只掌握某一情节的说成已经掌握了全过程；把只掌握某一部分的说成掌握了全部；把只掌握轻的说成掌握了重的；把只掌握现象的说成掌握了实质的；把只掌握孤证的说成掌握了充分的证据；等等。

（3）把掌握模糊的材料说成掌握清楚的材料

讯问人员把只掌握大概的材料说成已掌握了详细的材料；把只掌握笼统的材料说成已掌握了具体的材料；把只掌握隐约的材料说成掌握了明显的材料；等等。

（三）实与虚相结合

实与虚相结合的谋略思想，出自《三国演义》第四十九回："云长曰：'曹操望见烟，知有埋伏，如何肯来？'孔明笑曰：'岂不闻兵法虚虚实实之论？操虽能用兵，只此可以瞒过他也。他见烟起，将谓虚张声势，必然投这条路来。'"① 这种谋略思想的核心就是真真假假，有实有虚。

实与虚相结合的谋略思想运用于讯问之中，就是讯问人员在运用讯问策略对被讯问人进行讯问的过程中，把真实的情况与虚的情况这两者结合起来，对被讯问人进行讯问。

实与虚相结合，主要有以下方法：

1. 以虚为实

以虚为实，就是讯问人员在实虚结合运用的过程中，把虚的当作实的出示给被讯问人，造成被讯问人的错觉，从而促使被讯问人做出错误的行动。

以虚为实，在实施中要做到以下几点：

（1）以虚为实的"虚"，并不是本质上的"虚"，在本质上是"实"的

讯问人员以这种方法进行实虚结合，前提要做到这个以虚为实的"虚"，并不是本质上的"虚"，在本质上是"实"的。也就是说，在本质上这个"虚"是客观存在的，并不是不存在的，而只是在此时讯问人员还没有掌握它。只有这样，以虚为实才有可能使被讯问人信以为真，造成错觉，起到实虚结合的作用。否则，被讯问人是不可能相信这个"虚"充当的"实"是真实的。从而，使讯问人员自己露馅，暴露了自己的底细，进而增强被讯问人的抗审心理。而且，如果这个"虚"在本质上不是"实"的，讯问人员就涉嫌以欺骗的非法方法对被讯问人进行讯问。因此，以虚为实的"虚"在本质上不能是"虚"的，而必须是实的。

（2）"为实"的手段要符合情理

讯问人员以这种方法进行实虚结合，将"虚"充当作"实"的手段要符合情理。也就是说，实施充当的具体方法要合情合理，天衣无缝，没有破绽。只有这样，被讯问人才有可能把这个以"虚"充当的

---

① 见［明］罗贯中著：《三国演义》第四十九回，中华书局2005年版，第274页。

"实"认为是真正的实，从而才有可能使被讯问人信以为真，作出错误的判断，造成错觉。如果这个实施充当的具体方法不合情合理，也就露出了破绽，被讯问人识破这个"实"是讯问人员以"虚"充当的，并不是真实的。这样，就暴露了讯问人员的底细，被讯问人不仅不会信以为真，形成错觉，而且要引起被讯问人的愤怒，加剧与讯问人员的对立，增强抗审的信心和决心。因此，以虚为实的"为实"手段要符合情理。

2. 以实为虚

以实为虚，就是讯问人员在实虚结合运用的过程中，把实的装扮成虚的示给被讯问人，似《孙子兵法·计篇》所云："能而示之不能，用而示之不用，近而示之远，远而示之近。"① 像"鸷鸟将击，卑飞敛翼；猛兽将搏，弭耳俯伏；圣人将动，必有愚色"。② 从而使被讯问人放松警惕，疏于防范，骄纵起来。

以实为虚，在实施中要做到以下几点：

（1）要从广义上理解这个"实"和"虚"

讯问人员以这种方法进行实虚结合，要开阔视野，从广义上理解这个"实"和"虚"，而不能仅将其理解为"真实"和"虚假"。因而，以下情况都属于以实为虚："强示弱，勇示怯，治示乱，实示虚③，智示愚，众示寡，进示退，速示迟，取示舍，彼示此。"④ 只有这样，才能全方位地使被讯问人放松警惕，疏于防范，彻底解除思想武装。

（2）"为虚"的手段要讲究技巧

讯问人员以这种方法进行实虚结合，将实装扮成虚的手段要讲究技

---

① 见《孙子兵法·计篇》，载陈曦等译注：《孙子兵法·三十六计》，中华书局2016年版，第27页。

② 见《六韬·武韬·发启》，载唐书文撰：《六韬·三略译注》，上海古籍出版社2012年版，第35页。

③ 这里的实示虚是狭义的，即真实示虚假。

④ 见［三国］曹操等注，杨丙安校理：《十一家注孙子》，中华书局2012年版，第13页。

巧。也就是说，要以最巧妙的方法把实装扮成虚，装扮得合情合理，天衣无缝，不留痕迹。只有这样，被讯问人才有可能把这个以"实"装扮的"虚"认为是真正的"虚"，从而，才有可能使被讯问人放松警惕，疏于防范，彻底解除思想武装。否则，就有可能露出破绽，"画虎不成反类犬"，使被讯问人加倍地提高警惕，加强防范。因此，以实为虚的"为虚"手段要讲究技巧，做得不留任何的痕迹。

3. 虚中有实、实中有虚

虚中有实、实中有虚，就是讯问人员在虚实结合运用的过程中，向被讯问人所示的虚中有实的情况，向被讯问人所示的实中有虚的情况。

虚中有实、实中有虚要做到以下几点：

（1）所示的虚中要夹杂着实，所示的实中要包含着虚

讯问人员以这种方法进行虚实结合，要做到在向被讯问人所示的虚中要夹杂着实的，向被讯问人所示的实中要包含着虚的。也就是说，要做到虚中有实，不能纯虚；实中有虚，不能全实。只有这样，才能混淆被讯问人的视听，迷惑被讯问人，使被讯问人无法分辨哪些是虚的，哪些是实的。从而，才有可能促使被讯问人做出错误的行为，实现讯问人员的目的。

（2）要把握好度

讯问人员以这种方法进行实虚结合，要做到把握好一个度。也就是说，虚中夹杂着的这个"实"和实中包含着的这个"虚"要适度，只有这样，才能在虚中有这个实或实中有这个虚。如果虚中的这个实或实中的这个虚不及，就体现不出有这个实或这个虚，表现出来的就只有虚或实。同样，如果虚中的这个实或实中的这个虚过了，就体现不出虚中的这个虚或实中的这个实。表现出来的就全是夹杂的实或包含的虚。这样，被讯问人就容易分辨虚或实是真的，还是假的。从而也就难以促使被讯问人做出错误的行动。因此，无论是虚中有实，还是实中有虚都要把握好一个度。

4. 时实时虚

时实时虚，就是讯问人员在实虚结合运用的过程中，有时向被讯问

人示以实的，有时向被讯问人示以虚的，实一阵、虚一阵。

讯问人员以时实时虚的方法对实虚进行结合，在实施中最重要的是要做到把握好示实、示虚的时机。也就是说，时实时虚的这个"时"要在最恰当、最有利的时候。只有这样，才能使被讯问人感到讯问人员所示的这个实是确实的，讯问人员所示的这个虚也是确实的，从而使"时虚"的这个"虚"以假乱真；使"时实"的这个"实"实实在在。如果讯问人员不把握好示实、示虚的时机，在不应当示实的时候进行示实或在不应当示虚的时候进行示虚，或在应当示实的时候却示虚，或在应当示虚的时候却示实，就有可能暴露讯问人员的底细，使时实时虚的这种方法起反作用。因此，讯问人员以这种方法进行实虚结合，特别要强调把握好时机。

5. 实虚并示

实虚并示，就是讯问人员在实虚结合运用的过程中，把明确的、具体的（实的）材料或情况与抽象的、笼统的（虚的）材料或情况结合起来使用，在向被讯问人示以实的材料或情况的同时，向被讯问人示以虚的材料或情况，使实的与虚的材料或情况成为一个和谐的整体。

实虚并示，要做到以下几点：

（1）实的一定要搞准

讯问人员以这种方法进行实虚结合，实的材料或情况一定要搞准，要扎扎实实、真实可靠、铁板钉钉。只有这样，实虚并示才有扎实的基础。被讯问人才有可能对同时示以的虚的材料或情况信以为真。如果讯问人员对实的材料或情况没有搞准，是虚假的，被讯问人就不可能对讯问人员同时示以虚的材料或情况信以为真，一看一听就知道全是虚的、假的，是骗人的把戏。因此，对实的材料或情况一定要搞准，千万不可在没有搞准、搞扎实的情况下就作为实的向被讯问人出示。

（2）虚的一定要笼统、抽象

讯问人员以这种方法进行实虚结合，虚的材料或情况一定要笼统、抽象。而且，越笼统、越抽象越好。只有这样，实虚并示才有可能使被讯问人认为讯问人员所示的虚的是真实的。如果虚的材料或情况不笼统、不抽象，而是带有某些实的情况，就有可能因为所带有的实的情况不准而露出了虚假的真面目。这样，实虚结合不仅不起作用，而且起到了无法弥补的反作用。因此，虚的材料或情况一定要笼统、抽象，不能带有丝毫实的内容。

（3）结合要巧妙

讯问人员以这种方法进行实虚结合，在实施的过程中，一定要做到结合巧妙，使之自然、顺理成章。做到结合巧妙，最重要的是对不同的实虚材料或情况要以不同的方法结合出示。对有的实虚材料或情况要以语言进行出示；对有的实虚材料或情况要以行为动作进行出示；对有的实虚材料或情况要以行为动作配合语言出示，或以语言配合行为动作出示；对有的实虚材料或情况，实的以语言出示，虚的以行为动作出示；对有的实虚材料或情况，实的以行为动作出示，虚的以语言出示。总之，做到具体问题具体对待。

六、明与暗

（一）明

所谓明，是指讯问人员在运用讯问策略的过程中，公开地进行某种行为。

在运用讯问策略的过程中，明的方法主要有以下几种：

1. 公开地组织查案力量

讯问人员公开地挑选、抽调人员，组织一支精明强干、业务精通、知识全面、水平高、能力强的查案力量，对案件展开侦破、调查，查处被讯问人的犯罪行为。使被讯问人明明白白地看到一支战无不胜的队伍兵临城下。

2. 公开地发动群众

讯问人员公开地张贴标语，利用电视、广播，召开大会、小会、座谈会发动群众，动员群众，提线索，摆疑点，提供证据。使被讯问人明明白白地看到一场人民战争正在进行。

3. 公开地查被讯问人的问题

讯问人员公开地把被讯问人列为侦查或调查的对象，实施一系列的侦查或调查措施，对其问题展开侦查或调查。使被讯问人明明白白地知道自己已被作为犯罪嫌疑人或被调查人，正在接受侦查或调查。

4. 公开地收集证据

讯问人员公开地捕获同案人、对合人，对同案人、对合人进行讯问，收集同案人、对合人的供述证据；公开地询问被害人、知情人，收集被害人的陈述和证人证言；公开地对被讯问人的住处、人身和藏有物证、书证的场所进行搜查，收集物证、书证；公开地对被讯问人的人身进行检查，收集检查、勘验笔录；公开地对物品、痕迹、书证等进行鉴定，收集鉴定意见；等等。使被讯问人明明白白地知道讯问人员已经在收集其犯罪的证据以及收集到什么证据。

5. 公开地向某一目标发起进攻

查案队伍公开地针对某一目标展开侦查或调查，讯问人员在讯问中集中力量，集中优势，大张旗鼓地向某一目标发起进攻，向被讯问人提出问题，责令其回答。使被讯问人明明白白地知道讯问人员针对的是某一目标，而不是其他的问题。

6. 公开地出示证据

在讯问中，讯问人员公开地向被讯问人明示证据载体，把证据载体摆在被讯问人面前，让被讯问人观看或阅读；公开地以口头形式向被讯问人明示证据，说出证据的名称或特征，或说明某种证据已经被获取，或说明某种证据的内容、情节。使被讯问人明明白白地知道讯问人员已经收集到其犯罪的证据。

7. 公开地例行工作检查

讯问人员公开地例行对被讯问人单位的工作、项目展开检查、调研，了解工作的成效情况，项目的进展情况，贯彻执行党的路线、方针、政策、纪律情况，审计财会账目情况。使被讯问人确信讯问人员是在例行公事，而不是在查处其犯罪的问题。

8. 公开地向被讯问人介绍、说明情况

讯问人员公开地向被讯问人介绍、说明案件的来源，为什么把被讯问人列为犯罪嫌疑人，是如何下决心对其采取强制措施或调查措施的。为什么要对被讯问人采取这些措施，现在所持的是何种态度，等等。使被讯问人明明白白地知道自己的问题确已暴露无遗。

9. 公开地与被讯问人闲聊

讯问人员公开地与被讯问人聊一些表面与其犯罪无关的被讯问人的家乡情况、家庭情况、阅历情况、工作情况、爱好兴趣情况、朋友交往情况、近来的去向、活动情况。使被讯问人明明白白地感觉到讯问人员是在无话找话，已无什么可讯了。

10. 公开地问与被讯问人犯罪有关人的情况

讯问人员公开地询问与被讯问人犯罪有关的同案人、对合人、特定关系人的有关情况和与被讯问人的关系情况。使被讯问人明明白白地知道讯问人员只是想了解这些人的情况和与自己的关系情况。

11. 公开地向被讯问人说某种情形

讯问人员公开地向被讯问人说出某种事实、情节、现象、信息或某个道理、某条规律。使被讯问人明明白白地知道讯问人员已知道了这些情形的有关情况。

12. 公开地向被讯问人指出其还存在的问题

讯问人员公开地向被讯问人指出其还存在的问题，使被讯问人明明白白地知道自己的这些问题已被讯问人员掌握。

13. 公开地表露讯问人员已无能为力

讯问人员公开地向被讯问人表现出自己对被讯问人已无能为力，山穷水尽了。使被讯问人明明白白地知道讯问人员已没有了招数。

14. 公开地放松监管

讯问人员公开地放松对被讯问人的监管，降低警戒，放松防护，与外界接触视而不见，与外界联系听而不闻。使被讯问人明明白白地知道讯问人员已对他的问题不当一回事了。

15. 公开地释放被讯问人

讯问人员表明把被讯问人作为犯罪嫌疑人是搞错了对象，讯问讯错了，被讯问人的行为不是犯罪行为，公开地对被讯问人予以释放。使被讯问人明明白白地知道自己已经没有问题了，讯问人员不会再追查了。

（二）暗

所谓暗，是指讯问人员在运用讯问策略的过程中，秘密地进行某种行为。

在运用讯问策略的过程中，暗的方法主要有以下几种：

1. 秘密地走访群众

讯问人员秘密地访问案发地点附近的人、被讯问人的邻居、有可能知道案件情况的人、同被讯问人有过接触的人、与被讯问人有嫌隙的人、消息灵通的人、被害人的亲人、同被害人关系密切的人，向这些人了解情况，请他们提供线索，提出疑点，如实陈述其所知道的情况。使被讯问人对讯问人员的这些动作全然不知。

2. 秘密地进行初查

讯问人员秘密地将被讯问人列为犯罪嫌疑人，根据现场情况，控告材料或报案材料情况，所获得线索或疑点情况，背靠背、不动声色、悄悄地对被讯问人展开初查。使被讯问人蒙在鼓里。

3. 秘密地收集证据

讯问人员秘密地对现场进行勘查，提取遗留在现场的痕迹、物证；秘密地对同案人、对合人进行突审；秘密地接触知情人，对知情人进行询问；秘密地搜查被讯问人的住处和可能匿藏物证、书证的场所，提取物证、书证；秘密地对遗留在被讯问人身体上、衣服上的痕迹进行提取、检验；秘密地对银行账户、各种记录进行调查，收集证据；秘密地对收集到的物证、书证进行鉴定；秘密地对被讯问人采取技术侦查手段，收集证据；等等。使被讯问人对讯问人员展开的收集证据毫无知晓。

4. 偷偷地向真正的进攻目标发起突袭

讯问人员在公开进攻目标的掩护下，秘密地做好向真正进攻目标进行进攻的各项准备工作，一旦时机成熟，就偷偷地向这一真正的进攻目标发起突然袭击，以迅雷不及掩耳之势大举进攻。使被讯问人措手不及。

5. 暗示证据

在讯问中，讯问人员以隐含、比喻、双关、反语、问情况、说情况等语言向被讯问人暗示证据；以行为、表情、肢体语言等动作向被讯问人暗示证据；以查获的赃物、作案工具、现场遗留的物品或与案件有关的其他物品等实物向被讯问人暗示证据；以同案人、对合人、知情人、被害人等知道被讯问人犯罪事实的人向被讯问人暗示证据；等等。使被讯问人感觉到讯问人员已收集到其犯罪的证据。

6. 秘密地寻找、暗中调查犯罪问题

讯问人员在公开例行工作检查的掩护下，把注意力集中在寻找被讯问人犯罪的问题上，利用例行检查进行暗中调查，收集被讯问人犯罪的证据。使被讯问人对讯问人员针对他调查和取得的证据一无所知。

7. 在介绍、说明情况中秘密地对被讯问人实施进攻

讯问人员在向被讯问人公开地介绍说明案件的来源，为什么把被讯问人列为犯罪嫌疑人，是如何下决心对其采取强制措施或调查措施的，为什么要对被讯问人采取这些措施，现在所持的是何种态度的过程中，以暗示的方法、隐含的语言，"打栋柱应板壁"，对被讯问人实施进攻。使被讯问人感觉到讯问人员已查清了其犯罪的问题。

8. 在闲聊中秘密地堵被讯问人可能要进行的辩解

讯问人员在同被讯问人闲聊有关情况，围绕被讯问人可能要进行的狡辩，有计划、有步骤地秘密进行堵塞，以被讯问人自己所聊的情况堵其自己的狡辩。使被讯问人无法进行狡辩。

9. 秘密地制造矛盾

讯问人员在讯问被讯问人与其犯罪有关人的情况和其关系中，有意识进行离间，秘密地制造矛盾，促其与同案人、对合人、特定关系人之间产生矛盾。使被讯问人憎恨同案人、对合人、特定关系人。

10. 秘密地促使被讯问人联想

讯问人员在公开向被讯问人说某些情形的过程中，向被讯问人暗示某些情况，促使被讯问人进行联想。使被讯问人在联想中形成心理证据。

11. 暗示已掌握其犯罪的事实

讯问人员向被讯问人暗示已掌握其其他犯罪的事实。使被讯问人在权衡中交代其他犯罪的事实。

12. 暗中单刀直入

讯问人员在公开表露自己对被讯问人已无能为力的情况下，突然抽出"刀"，单刀直入地刺向被讯问人，使被讯问人猝不及防。

13. 暗中观察被讯问人的动静

讯问人员在公开放松对被讯问人监管的同时，暗中观察被讯问人的动静。使被讯问人在与外界接触、联系时，被逮个正着。

14. 暗中加强侦查

讯问人员在公开释放被讯问人的同时，暗中落实各项侦查措施，加强侦查，盯死被讯问人。使被讯问人的一举一动都在讯问人员的掌握之中，及时地收集到其犯罪的证据。

（三）明与暗相结合

明与暗相结合的谋略思想，出自《史记》。据《史记·高祖本纪》载，楚汉相争时，刘邦攻下咸阳后，项羽自立为西楚霸王，把巴蜀、汉中一带划归刘邦，封刘邦为汉王，刘邦按照张良的计策，在往汉中行走时，"去辄烧绝栈道，……示项羽无东意"，不再回咸阳，用以打消项羽的疑虑；不久，刘邦表面上又整修栈道，暗中用韩信之计，偷偷地从故道出发，在陈仓打败章邯，回到了咸阳。① 史称"明修栈道，暗度陈仓。"这种谋略思想的核心就是表面上以明显的某种行动迷惑麻痹对方，暗地里却采取出其不意的行动以出奇制胜，达到某种目的。

明与暗相结合的谋略思想运用于讯问之中，就是讯问人员在运用讯问策略的过程中，既公开地进行某种行为，又秘密地进行某种行为，并把公开的与秘密的结合起来，使被讯问人防不胜防。

明与暗相结合，主要有以下方法：

1. 明、暗同时进行，双管齐下

讯问人员在运用明、暗结合的过程中，同时使用明的和暗的方法，一边采用明的方法对付被讯问人，一边采用暗的方法对付被讯问人，两种方法同时进行。

明、暗同时进行，双管齐下的方法，要特别注意做好暗的这方面的隐蔽，不让被讯问人有丝毫的觉察。只有这样，暗的方面才能顺利地进行，才能进行得有成效，才能使被讯问人没有防备，不会作出对策。否则，被讯问人就会对暗的方面加强防备，进行对策，从而使暗的方面无法进行下去或毫无作用。因此，以这种方法进行明、暗结合，暗的方面一定要做得隐蔽，做好保密工作，做得神不知，鬼不觉。例如：

幸某系某银行行长，在大楼建设中玩忽职守，收受贿赂，在信贷工作中收受贿赂被查处。讯问人员采取明、暗同时进行，双管齐下的方法进行查处和对幸某进行讯问。

讯问人员一边采用明的方法组织起一支富有战斗力的查案力量，公开地查处幸某在大楼建设中的玩忽职守和收受贿赂的问题，查处其在信贷工作中收受贿赂的问题，并对幸某采取措施，公开地讯问其玩忽职守和收受贿赂的问题。

在对幸某采取明的方法的同时，讯问人员另一边又采用暗的方法组织起一支查案力量，对相关人员进行调查取证。通过上述行动，在暗中

---

① 见 ［汉］司马迁著：《史记·高祖本纪》，中华书局2009年版，第75—76页。

收集到了陈某等人向幸某行贿的证据。

通过上述一边采用明的方法，一边采用暗的方法，收集到了幸某玩忽职守和收受贿赂的证据，通过讯问，突破了幸某收受巨额贿赂的口供，查清了全案。

2. 先明后暗，或先暗后明

讯问人员在运用明、暗结合的过程中，先对被讯问人实施明的行为，在实施明的行为后，接着实施暗的行为，或者先对被讯问人实施暗的行为，再对被讯问人实施明的行为。即明的行为和暗的行为先后进行。

先明后暗或先暗后明的方法，在运用中要特别注意明和暗这两者的衔接和配合，使之成为一个和谐的整体，没有漏洞，更没有矛盾，互相支持，互相作用，使被讯问人只有招架之功，没有反击之力，处于被动挨打的地位，不得不低头承认犯罪的事实。如果讯问人员不能做到明和暗这两者的衔接或衔接得不紧密，留有漏洞或出现矛盾，被讯问人就会针对漏洞和矛盾进行反击，那么，明、暗这种结合不仅起不到它的作用，而且要起反作用。因此，以这种方法进行明、暗结合，特别要做到明和暗这两者的衔接和配合，不给被讯问人以任何的机会和条件。例如：

李某于×年8月23日上午9时将未婚女青年金某骗到祠堂，在稻草堆里强行奸淫了金某。由于金某经不起这一打击，数日后服毒死亡。在服毒前，金某曾同其母说过："娘，我没人做了，你叫大哥去李×家赖命吧！"金某死亡后，金某的父亲向公安机关控告李某强奸其女儿。公安机关经对金某住处勘查，发现了金某的日记本，日记中记录了其被奸的时间和地点。

李某到案后，认为金某已自杀，已死无对证，且公安侦查人员又不知道自己强奸的时间和地点，无法取到证据，态度十分恶劣。侦查讯问人员经研究，决定以先暗后明的明、暗结合方法对李某进行讯问。

讯问人员先问李某："你有写日记的习惯吗？"当李某回答"没有，

农村里的人写日记干什么"时，讯问人员接着说："那可不一定。有的人就是喜欢把自己每天所发生的事情都记下来，有事多写，没事少写，无论是喜的、忧的、悲的、怒的都一五一十地记在日记本里，长年累月都是如此，一直到生命结束的那一刻。"当李某回答"谁爱写写去，跟我有什么关系"时，讯问人员肯定地说："这跟你有关系"，并告诉李某："金某死后，我们可是到她家进行过详细的勘查。"

这是向李某暗示金某写有被强奸事实的日记，并已被讯问人员取得。

讯问人员在向李某做了上述暗示后，李某先是一怔，但又故作镇静地回答："我不明白你跟我说这是什么意思。"李某的表情和回答表明李某的侥幸心理已有所动摇，但还不想彻底认输，还想进行最后的挣扎。于是，讯问人员接着以明示的方法对李某进行讯问。

讯问人员问："你8月23日上午9时许在哪里？"这句话虽隐含，但实际上是明示李某作案时间的事实。当李某回答"我下地劳动去了"时，讯问人员以肯定的语气明示："不对！你到祠堂的稻草堆里去了。"

这是向李某明示其强奸金某的时间和地点。

李某在讯问人员先暗后明的明、暗结合方法讯问下，顿时神色非常紧张，忐忑不安，冷汗直冒，低头不语。在讯问人员的政策教育下，李某交代了强奸金某的事实经过。

在上例中，讯问人员先以暗示的方法对李某进行讯问，暗示其讯问人员已取得了金某被奸事实的日记，在李某侥幸心理已有所动摇，但还想抗拒的情况下，讯问人员又以明示的方法对李某进行讯问，明示其作案的时间和地点。这样，以暗示取得金某的日记知道了其作案的事实，以准确明示作案的时间、地点证明所掌握其作案事实的真实，就使明、暗这两种方法成为一个和谐的整体，既没有漏洞，也没有矛盾，李某处于连续挨打的境地。从而彻底地破除了其侥幸心理，没有了任何的反抗余地。

3. 明中有暗，暗中有明

讯问人员在运用明、暗结合的过程中，在明中掺杂着暗的，即把暗的夹杂在明的之中，明的进行中有暗的成分；在暗中掺杂着明的，即把明的夹杂在暗之中，暗的进行中有明的成分。

明中有暗，暗中有明的方法，在运用中要特别注意明中的明和暗与暗中的暗和明都要做得自然、顺理成章，使被讯问人既感觉到明中有暗的成分、暗中有明的成分，又感觉到这种暗的或明的成分都是客观的、实实在在的。使被讯问人对明、暗都深信不疑。如果做得不自然、顺理成章，那么，就会露馅。因此，以这种方法进行明、暗结合，明和暗都要做得自然、顺理成章，不露破绽。例如：

我们在第二章"攻心为上"中叙述的吴某案，吴某以临摹多人笔迹的作案手段书写情报报往境外，他认为讯问人员不可能对临摹的笔迹作出鉴定。针对吴某的这一抗审心理，讯问人员以明中有暗的方法对吴某进行了如下的讯问：

一是明确告诉吴某："尽管都是临摹他人的字，但一个人的书写习惯是很难改变的，例如起笔和落笔，无论怎么伪装，在不经意的时候还是要把书写习惯流露出来的。""尽管这份情报的笔迹都是临摹他人的字体，但也明显地显露着临摹人的书写习惯。"

二是明确告诉吴某："有了这份情报字体的书写习惯，我就可以通过技术鉴定把这个作案的人找出来。"

三是明确告诉吴某，从公安部、国家安全部、上海市公安局和国家安全局、广州市公安局和国家安全局请来的笔迹鉴定专家"他们昨天刚走"。

以上三段话，以明的方法公开告诉被讯问人吴某："临摹他人的笔迹，由于人的书写习惯很难改变，可以通过书写习惯进行鉴定，讯问人员已请来多名专家进行鉴定，专家昨天刚走"的情况，但在这明的情况中夹杂着"已经作出了鉴定意见"这一暗的情况。这就使明中的明和暗显得非常的自然、顺理成章。

4. 明的掩护，暗的进行

讯问人员在运用明、暗结合的过程中，公开地进行明的行为，在明的行为掩护下，秘密地进行暗的行为，即"明修栈道，暗度陈仓"，表面上以明的行为迷惑被讯问人，暗地里采取出其不意的行动。

明的掩护暗的进行的方法，在运用中，要特别注意以下两点：

（1）明的行为要做足、做真、做实

讯问人员公开进行的明的行为一定要做足、做真、做实。使被讯问人没有任何的怀疑。只有这样，被讯问人才能信以为真，从而真正地起到掩护的作用。如果讯问人员明的行为做得不足、不真、不实，就会引起被讯问人的怀疑，从而就无法起到掩护的作用。

（2）暗的行为要做得秘密、巧妙

讯问人员暗中进行的行为必须做得秘密、巧妙，使被讯问人没有任何的察觉。只有这样，被讯问人才不会进行防备，从而真正地起到出其不意的作用。如果讯问人员暗的行为做得不秘密，就会使被讯问人察觉，从而也就不能出其不意。

因此，以这种方法进行明、暗结合，必须做到以上两点。例如：

某市监察机关对某县粮食系统贪污、受贿串案的查处，就是采用明的掩护暗的进行的明、暗结合方法，然后讯清贪污、受贿、挪用公款的犯罪事实，查清全案的。

在该案的查处中，查案人员以明的，即对该县粮食系统进行表面上调查研究，掩护暗的，即查处该县粮食系统的贪污受贿犯罪问题，对该案进行了查处。

在明的方面，市长出面以市政府展开对该县粮食系统进行调查研究的名义抽调了监察、审计组成的调研组前往该县。调研组前往该县后，通过向该县县委书记、县长传达了市政府关于展开对该县粮食系统进行调查研究的决定；召开全县粮食系统干部、职工大会；前往粮食系统下属各单位召开调研座谈会；分别找干部职工进行座谈，对有关账目进行审计等，展开了轰轰烈烈、认认真真、扎扎实实的调查研究工作，使人感觉到调研组真的是在搞调查研究。

在暗的方面，查案人员在公开调研的掩护下，暗中把注意力集中在发现犯罪的问题上，寻线索，找疑点，发现对象，锁定目标。通过近一个月的工作，发现了一大批线索和五个有贪污、受贿、挪用公款嫌疑的人。于是，负责案件查处的组长秘密地派出取证力量，暗中前往河南、山东这些距离较远的地方进行取证，收集到了这五名嫌疑人贪污、受贿、挪用公款的证据。收集到证据后，调研组即摇身变为查案组，并增加查案力量，突然对该五名嫌疑人同时采取了措施，进行讯问。由于这五名嫌疑人毫无防备，加之查案声势迅猛，都先后交代了贪污、受贿、挪用公款的事实。接着，查案人员又乘势深入，整个案件查处势如破竹，查清了全案。

在上例中，讯问人员运用明的掩护，暗的进行的明、暗结合方法，在明的方面，以市政府调研的名义进行调研，在调研的过程中进行了轰轰烈烈、认认真真、扎扎实实的调研工作。可谓做得足、做得真、做得实，起到了真正的掩护作用。在暗的方面，在极其保密的情况下去寻找、发现犯罪的人和事，发现问题后，为不惊动嫌疑人，又秘密地派出力量前往距离较远的地方进行查证，取得证据后，又突然同时对五名嫌疑人采取措施，进行讯问。可谓做得秘密、巧妙，真正做到了出其不意。

5. 时明时暗

讯问人员在运用明、暗结合的过程中，有时运用明的方法，有时运用暗的方法，明的方法和暗的方法穿插进行。明明暗暗，暗暗明明，时现时隐，时明时暗。

在运用时明时暗的方法时，要特别注意明的行为和暗的行为都要选择最为有利的时机进行。只有时机有利，明的或暗的行为才能彰显其作用，从而起到事半功倍的效果。如果讯问人员不顾时机运用明的方法或暗的方法，不仅起不到这一种方法的作用，而且有可能引起互损，明的损暗的，暗的损明的。因此，以这种方法进行明、暗结合，无论是实施明的方法，还是实施暗的方法，都要选择在最为有利的时机进行。例如：

何某系某局局长，其利用职务上的便利，先后收受五个下属单位五人的贿赂。其将收受的贿赂都交给其妻子存入银行。何某在得知查案机关查处他的问题后，便先后叫这五个向他行贿的人到某佛殿，点上香烛，双双跪在案桌前向神灵起毒誓，订立攻守同盟。为了使起誓到位，何某还将起誓的内容"坚决不向政府交代我和何××局长之间的那些事，如果我把那些事交代出去，大儿子死亡"书写好，交给行贿人，起誓时照着书写的内容念。后这五名行贿人在强大的攻势和政策的感召下，为了自己眼前的利益，不顾已起的毒誓，分别先后交代了向何某行贿的事实和到佛殿起誓订立攻守同盟的经过，其中一名行贿人还交出了未烧毁的何某书写的起誓内容纸片。

何某被采取措施后，认为自己已同行贿人到佛殿起过毒誓，订立攻守同盟，他们是不可能交代向自己行贿的事实的，自信性侥幸心理很强。为了有效地破除何某的自信性侥幸心理，讯问人员决定以时明时暗的明、暗结合方法对何某进行讯问。

讯问人员先暗示何某其与行贿人到某佛殿起誓订立攻守同盟的事实。对此，讯问人员是这样进行暗示的："有人说某佛殿的神灵很灵验，如果点上香烛，跪在案桌前许愿、起誓更灵验。但现在看来事实不尽然。"听讯问人员这么一说，何某的脸上露出了惊慌的神情。

接着，讯问人员向何某明示其到过某佛殿与五名行贿人分别订立攻守同盟的事实。对此，讯问人员是这样进行明示的，问："你都与什么人一起到过那佛殿？"当何某回答"我根本就没有到过那佛殿，我去那佛殿干什么"后，讯问人员以明示的方法肯定地指出："你去过，而且去过五次，每次都是两个人去的，还带上香烛。"此时，何某惊慌不已。

又接着，讯问人员向何某暗示其与行贿人订立攻守同盟的内容。对此，讯问人员这样进行暗示："我告诉你一个道理，世界上还没有人会把别人家的棺材抬到自己家里去哭。难道别人会为了你而甘愿自己顶着，落得个家破人亡吗？这是不可能的！你相信交代了问题，大儿子会死亡，可人家为了自己的家庭，自己的人身自由，都不相信交代了问题真会发生大儿子死亡的事。"此时的何某本能地一惊，脸上冒出了冷汗，产生了极大的思想压力。但假装镇定回答："你的话我听不懂。"

再接着，讯问人员向何某明示与行贿人订立攻守同盟的书证，对此，讯问人员这样进行明示："你真的听不懂？那这个你总看得懂吧！"讯问人员边说边将何某写的那张起誓内容的纸片出示给何某，问："这张是你写的吧！现在应该听懂了吧！"此时的何某魂不附体，不知所措。

还接着，讯问人员向何某暗示其受贿的赃物已被查获。对此，讯问人员这样进行暗示："你家里可是你妻子管的钱？你进来以后的这几天，你妻子可从银行提出了不少的钱。"

何某经讯问人员时明时暗的方法讯问后，拒供的自信性侥幸心理已被破除，但畏罪心理油然而生。讯问人员针对其畏罪心理进行了讯问："怎么样，从宽的路子你自己走不走？我可是给你留了条从宽的路子，你自己说说清楚，与我把证据都摆出来，后果可不一样。我之所以有的没有说明，就是给你留从宽的条件。"

最后，何某交代了收受这五人贿赂和与这五人订立攻守同盟的事实。

在上例中，讯问人员在何某自信性侥幸心理严重，对证据最没有思想准备的时候，向何某暗示了其与行贿人到佛殿起誓订立攻守同盟的事实；在何某出现惊慌的时候，向何某明示了其到过某佛殿与五名行贿人订立攻守同盟的事实；在何某越发惊慌的时候，讯问人员向何某暗示了其与行贿人订立攻守同盟的内容；在何某思想压力加重的时候，讯问人员向何某明示了攻守同盟的书证；在何某极度害怕的时候，讯问人员向何某暗示了其受贿的赃物已被查获的事实。通过这样在最有利的时机以明的方法和暗的方法穿插进行对何某进行讯问，彻底地破除了其自信性的侥幸心理，最后又以暗拉的方法对其畏罪心理进行消除，促使何某对受贿事实作出了如实的交代。

后 记

拙作《讯问策略》在中国法制出版社的大力支持下，终于要付梓了。

我的《讯问艺术》一书在 2010 年 4 月曾由中国方正出版社出版发行，受到了广大读者的欢迎。2011 年 11 月，我应中央纪委中国纪检监察学院邀请，前往该校帮助工作。尔后，我开始对《讯问艺术》作大幅度的修订。《讯问艺术》（增订版）出版发行后，我又继续撰写《讯问的知彼知己》、《讯问步骤》、《讯问策略》等书。历时十年，随着《讯问策略》一书的付梓，我撰写的有关讯问的系列著作《讯问艺术》（增订版）、《讯问的知彼知己》、《讯问步骤》、《讯问策略》四部书均出版发行。

《讯问策略》一书同样既是我一生查办案件，特别是讯问被讯问人工作的总结，也是我与在纪检监察机关工作的大儿子廖鹏程和在中央机关工作的小儿子廖万里的共同成果。

本书的出版得到了中国法制出版社和社有关领导、同志的大力支持和无私帮助。特别是编辑一部主任袁笋冰老师不辞辛苦，对书中所涉及的一些疑难问题的提法进行反复地推敲，并亲自精心把关，从而保证了本书观点、叙述的正确性。责任编辑刘晓霞老师文字功底扎实、深厚，水平高、责任心强，为本书的出版付出了大量的心血，她认真严谨的高水平编辑显著提高了本书的编校质量。在此，一并深表谢忱。

本书的出版与《讯问艺术》（增订版）、《讯问的知彼知己》、《讯

问步骤》一样，得到了全家人的支持和帮助，在此，再次衷心祝愿他
（她）们幸福安康、永绥吉劭。

　　是为后记。

　　　　　　　　　　　　　　　　　　　　　　　　　廖福田

　　　　　　　　　　　　　　　　　　　　　　　2024 年 7 月

图书在版编目（CIP）数据

讯问策略 / 廖福田著 . --北京 ： 中国法制出版社，
2024.9

ISBN 978-7-5216-4468-5

Ⅰ.①讯… Ⅱ.①廖… Ⅲ.①刑事侦查-预审 Ⅳ.
①D918.5

中国国家版本馆 CIP 数据核字（2024）第 080491 号

责任编辑：刘晓霞   封面设计：李　宁

讯问策略

XUNWEN CELÜE

著者/廖福田
经销/新华书店
印刷/三河市紫恒印装有限公司
开本/787 毫米×1092 毫米　16 开   印张/ 44.5　字数/ 541 千
版次/2024 年 9 月第 1 版   2024 年 9 月第 1 次印刷

中国法制出版社出版
书号 ISBN 978-7-5216-4468-5   定价：168.00 元

北京市西城区西便门西里甲 16 号西便门办公区
邮政编码：100053   传真：010-63141600
网址：http：//www. zgfzs. com   编辑部电话：010-63141664
市场营销部电话：010-63141612   印务部电话：010-63141606

（如有印装质量问题，请与本社印务部联系。）